Das Buch

Donaueschingen, Sigmaringen, Ulm, Regensburg, Straubing und Passau, Linz, Melk und Wien, Preßburg, Esztergom, Budapest, Belgrad, Galatz und Ismail. Mit 2840 Stromkilometern in acht Staaten ist die Donau der größte Strom Europas. Sowjetarmisten bewachen ihn an seinem wichtigsten Mündungsarm – an seiner Quelle pflegt man noch immer den biederen Geist altdeutscher Residenzstädtchen. Von Kraftwerken und Schifffahrtsgesellschaften in Dienst genommen, strömt die Donau vorbei an barocken Klöstern, Heurigenschenken, stolzen Uferpromenaden der Städte, Industrieanlagen und Pußtadörfern, gotischen Kathedralen und türkischen Minaretten, quer durch den Kontinent und senkrecht durch die Jahrtausende. Landschaft und Geschichte dieses einmaligen Stromes hat Ernst Trost in einer erregenden Studie zusammengestellt. Die Donau hat er nicht nur gesehen, sondern erlebt: an Bord eines Schleppschiffes, als Gast bei Zöllnern und Schmugglern, als Reporter in Belgrad und Peterwardein, als Wanderer durch die Landschaft am Ufer und als Historiker, der nicht nur der großen Geschichte, sondern auch den kleinen Episoden nachspürte. Wer das Denken und Fühlen, aber auch die Politik der Donauländer verstehen will, muß dieses Buch gelesen haben.

Der Autor

Ernst Trost wurde 1933 geboren. Nach begonnenem Jurastudium wechselte er zum Journalismus über. Von 1955 bis 1959 schrieb er – vor allem außerpolitische Artikel – für den Wiener ›Kurier‹, später für die ›Kronenzeitung‹. Er bereiste Rußland, Frankreich, Italien, die USA, Südamerika, Japan, Rotchina und die Balkanstaaten. 1967 nahm er als Berichterstatter am Israelfeldzug teil und wurde verwundet.
Veröffentlichungen: ›Das blieb vom Doppeladler‹ (1966, dtv-Band 561), ›David und Goliath‹ (1967), ›Aufstand in der Kirche‹ (1969), ›Figl von Österreich‹ (1972).

Ernst Trost:
Die Donau
Lebenslauf eines Stromes

Deutscher
Taschenbuch
Verlag

Vom Verfasser überarbeitete Ausgabe
September 1972
Deutscher Taschenbuch Verlag GmbH & Co. KG,
München

Umschlaggestaltung: Celestino Piatti
Gesamtherstellung: C. H. Beck'sche Buchdruckerei,
Nördlingen
Printed in Germany · ISBN 3-423-00845-8

Inhalt

1. Kapitel

Genossin Dunaj

Der sowjetische Hafen Ismail

Scharfe Schäferhunde zerren wild an ihren Laufketten. Die Hunde verbellen die Nacht, den Vollmond am klaren Sternenhimmel, die träge, schläfrige Donau und das Schiff, das am Ponton vertäut ist. Ihr heiseres und aufgeregtes Kläffen hat in der Stadt noch andere Hunde geweckt. Die stören die Nachtruhe privat. Die Schäferhunde am Donauufer bellen dienstlich. Sie bewachen den Hafen von Ismail. Nicht nur sie sorgen dafür, daß der Sperriegel zwischen Stadt und Donau sicher hält. Ein Scheinwerferstrahl fixiert den Bug des österreichischen Motorschiffes »Kammegg« und das rote Flaggentuch mit dem Sichel-und-Hammer-Zeichen. In seinem grünen Wachhäuschen am Kai reibt sich der Posten die Augen und gähnt. Die Frühjahrsnacht ist auch nahe dem Schwarzen Meer noch kühl. Trotz des schweren, überlangen, braunen Mantels und der grauen Pelzmütze mit dem roten Stern friert den Burschen. Kritisch studiert der Grenzsoldat den »Propusk«, den Ausgangsschein eines Matrosen aus Wien. Er vergleicht den Spätheimkehrer noch mit dem Foto im Schifferpaß und läßt ihn dann über den Steg. Der Matrose gelangt gerade rechtzeitig auf sein Schiff. In Ismail ist nämlich um 22 Uhr Sperrstunde. Das heißt, der Stundenzeiger auf der Uhr des Wieners zeigt zehn an, für den kontrollierenden Soldaten ist es jedoch schon Mitternacht. In Ismail, nicht ganz 2800 Kilometer von der Donauquelle in Donaueschingen entfernt und 95 Kilometer von der Mündung des Chilia-Armes in das Schwarze Meer, gehen die Uhren nach Moskauer Zeit. Der letzte große Donauhafen am nördlichsten Mündungsarm ist russisch, sowjetisch. Deshalb weht die rote Fahne am Bug der »Kammegg«. Die Donau wird hier Dunaj genannt, und man könnte ohne weiteres ein »Genossin« davorstellen.

»Genossin Dunaj« – im Schwarzwald und in Schwaben, in Bayern und in Österreich pflegt die Donau mit alteingesessenen Fürstengeschlechtern Umgang, mit Abteien, Reichsstädten und demokratischen Institutionen, für die man hier in Ismail nur die Eigenschaftswörter »feudal« und »kapitalistisch« finden würde. Aber der gesellschaftliche Zustand der Donau ändert sich bald. Nach knappen tausend Kilometer, bei Theben, kurz vor Preßburg, wird der Strom zum Objekt von Fünfjahresplänen, zum Gegenstand von COMECON-Debatten, zum Anlaß »freiwilliger« Arbeitsschichten, zum Manövergelände der Truppen des Warschauer Paktes und zu einer der wichtigsten Verkehrsadern des vom Kommunismus dominierten Weltteiles; die Donau wird sozialistisch.

Und sie wird auch slawisch und magyarisch. Die Slowaken sagen zu dem nach der Wolga längsten Strom Europas »Dunaj«, die Ungarn »Duna«, die Jugoslawen und Bulgaren »Dunav«, die Rumänen »Dunarea« und die Russen wieder »Dunaj«. Obwohl die Sowjetunion mit nur vier Kilometer eigener Donaustrecke und 133 gemeinsamen Stromkilometer mit Rumänien der donauärmste Anrainer ist, hat sie sich seit 1945 zur wahren Herrin der Donau aufgeschwungen. Nachdem der ewige russische Traum von einem festen Platz an der Donaumündung ein für allemal gesichert war, übernahmen die Wirtschaftslenker und -planer des Kremls jene Funktion, die einst für die Donau kaiserliche Beamten aus Wien oder ungarische Magnaten, die großen Herren der »Ersten k. k. privilegierten Donau-Dampfschiffahrtsgesellschaft« oder die Statthalter, Paschas, Großwesire und andere Untergebene des Sultans an der Hohen Pforte innehatten. Der Kreml diktiert zwar nicht, wie die Donau fließen soll, aber was auf ihr geschieht. Die Sowjetunion befiehlt über die größte und modernste Donauflotte; in der Internationalen Donaukommission wiegt ein sowjetisches Njet schwerer als das Ja der sieben übrigen Staaten. Kein anderer Donaustaat kann den Russen einen ernsthaften Konkurrenzkampf liefern. Ihr Brückenkopf für diese Eroberung der Donau, ohne daß dabei ein Kilometer gewonnen werden muß, ist die ehemalige türkische Festung Ismail.

»Ismail zählt 21000 Einwohner, darunter viele fremde Mohammedaner und einheimische islamische Tataren, welche ihre Moscheen haben; die Basare und Kaufläden sind hier schon ganz nach orientalischer Einrichtung«, weiß ein Reiseschriftsteller des 19. Jahrhunderts zu berichten. 80 Jahre haben genügt, um diesen Bericht im Vergleich zur Wirklichkeit zum Märchen aus fernen Zeiten zu verformen.

Die Türken und Mohammedaner in Ismail kann man an den Fingern zweier Hände abzählen, ihre Moscheen wurden zuerst orthodoxe Kirchen und dann Lagerhäuser, Ruinen oder leere Plätze. Der Basar wird durch das Kaufhaus »Univermag« ersetzt, und vom Orient her weht höchstens ein schwüler Wind den Steppenstaub auf. Die völlige Russifizierung Ismails ist längst vollzogen worden, die kommunistische Gleichmacherei hat die letzten Reste des einstigen Völkergemisches der Griechen, Rumänen, Moldauer, Tataren, Lipowaner usw. dem Eintopf braver Sowjetbürger einverleibt. Statt 21 000 Einwohner zählt Ismail nun über 70 000, und bald werden es noch mehr sein. Am Morgen strahlt die Sonne über ein weites Hafengelände, über dem fast nur rote Fahnen wehen.

Die schweren Wellen, die an der »Kammegg« und am Ponton rütteln, wurden von den Schrauben zweier einlaufender Frachter aufgewühlt, ihre Heimathäfen sind Murmansk und Wladiwostok. Eine »Raketa«, ein sowjetisches Tragflügelboot, schießt mit mehr als 70 Stundenkilometer Geschwindigkeit über die Wasseroberfläche und bringt Fischer und Kolchosenbauern aus Kilia zum Markt nach Ismail. Beim Gasöltankschiff schleppt eine dralle Frau in Gummistiefeln, das Gesicht mit einem dicken Schal verhüllt, den schweren Schlauch. Auf die Frage eines Österreichers: »Deine Frau?« antwortet der russische Steuermann nur: »Njet Frau, Matros'.« Lautlos liften Kräne Kisten mit der Aufschrift »Made in USSR« und Adressaten in Bengasi, in Beirut, in Kairo, in Algier usw. in der Höhe. Die Magazine der österreichischen Schleppkähne werden mit Roherz aus dem Donezbecken für die VÖEST in Linz angefüllt. Im Hafengelände lassen rote Transparente die Kommunistische Partei hochleben, blicken Arbeiterhelden heroisch von Anschlagtafeln, und utopische Planziffern in Schaukästen versprechen den Himmel auf Erden – für die Zukunft.

Nach einer Zollkontrolle gelangt man endlich in die Stadt bzw. auf die weite Fläche, die sich zwischen Stadt und Hafen dehnt, als ob die Donau hier unter Quarantäne gestellt worden sei. Auch auf dem Trockenen steht man sofort wieder einem sowjetischen Schiff gegenüber – einem gepanzerten, schwerbestückten Donaumonitor in frischem Blaugrau, der einen für ein Schiff recht ungewöhnlichen Standort erhalten hat – fünf Meter über der Erde, auf einem geschwungenen Betonsockel. Trotz seiner stets geputzten Waffen, seines dicken Panzers und der Kränze, die auf den Denkmalstufen liegen, nimmt sich der Monitor 134 hier so hilflos aus wie ein Haifisch im Wüstenmeer. Auf Fotos im Museum kann man die sowjetische Donauflotte im Einsatz erleben – Bilder von 1945, von der Schlacht um Budapest, eine Stalinorgel, die von einem solchen Schiff aus ihre

Flammenakkorde gegen Wien schickt, und schließlich eines der wendigen Fahrzeuge unter der Wiener Reichsbrücke vor dem Feuerhorizont der umkämpften Stadt. Seit der letzten Türkenbelagerung 1683 waren keine fremden Schiffe kriegsmäßig auf der Donau so weit vorgedrungen. Sicher leben in Ismail noch einige Veteranen dieser Unternehmungen. Denn Ismail war der Stützpunkt der Miniflotte. »Haben Sie heute noch solche Monitoren im Dienst?« fragt man. »Nur wenige, wir brauchen sie nur zur Grenzsicherung«, heißt es. Aber ab und zu sind Donaufahrern doch einige schnelle blaugraue Schiffe begegnet, die im Ernstfall wohl auch noch andere Aufgaben erfüllen könnten.

Die wahre Donaumacht der Sowjets ist jedoch die SDGP, die »Sowjetskoje Dunajskoje Gossudarstwennoje Parohodstvo«, die sowjetische staatliche Donauschiffahrt. Die meisten ihrer 15 000 Angehörigen wohnen in Ismail, für die ein ganzer Stadtteil von der Gesellschaft errichtet wurde. Die jungen Seeleute können in der Donauschiffahrt einen Teil ihrer Militärzeit abdienen. Dafür herrscht auf den weißen Donauschiffen mit dem roten Ring auf schwarzen Schornsteinen auch militärische Disziplin: Alkoholverbot, gemeinsame Gymnastikübungen, politische Schulung und Aufsicht durch einen Politoffizier, der dem Kapitän meist als Kommandant beigegeben ist. In den Straßen Ismails trägt jeder zweite die schwarze Uniform der Marine: Offiziere mit steifen breiten Tellerkappen und viel Gold auf Mützenschild und Ärmeln, Matrosen, die etwas weniger Wert auf ihr Aussehen legen, die Mützen kühn aus der Stirn schieben und sich ihrer auf das Handgelenk tätowierten Anker nicht schämen.

Für ankommende Seeleute oder auch »Stromleute« wurde 1956 der Seemannsklub eröffnet: Wie der Verwaltungspalast einer abgestorbenen Monarchie ist dieser im nachstalinistischen Hochbarock gestaltete, mehrstöckige Protzbau der realistischen Kranfront des Hafens gegenübergestellt. Vielleicht wollte man den Marineuren aus allen Republiken der Sowjetunion und aus aller Welt als Angehörigen des Arbeiteradels eine ihnen würdige schloßartige Behausung schaffen. Architektonisch drücken sich diese Ambitionen in provinziellem Kitsch aus. Tatsächlich ist dieses größte und auffälligste Gebäude Ismails allerdings eine angenehme Einrichtung. Neben Propaganda wird den rastenden Matrosen Unterkunft geboten, für die Ausländer flimmern Filme, die von der Stärke der Sowjetarmee zeugen, über die Leinwand. Die Klubmitglieder können sich beim Tischtennis erholen, eben werden die Tennisplätze für den Sommer hergerichtet, in der Bibliothek werden die Bücher nicht nur verliehen, sondern auch verschenkt, und in der heißen Jahreszeit organisiert der Klubleiter Badefahrten ans Meer oder an einen nahen See. Die erfolgreichste Klubveranstaltung ist der Tanz am Samstag- und Sonntagabend. Da gibt sich Jung-Ismail ein Stelldichein mit der großen, weiten Welt, die hier am häufigsten von österreichischen Donaumatrosen repräsentiert wird.

Die Stadt Ismail – sie ist breit und lang, die Höhe als dritte Dimension fehlt ihr. Der Sandboden ist locker, und Steine sind in Ismail um vieles rarer als Brot. Dieses Erdreich trägt keine Hochbauten. In der Stadt begnügt man sich noch heute meistens mit ebenerdigen oder einstöckigen Häusern. Nur in den neuen Distrikten weiter landeinwärts wagt man sich mit den Wohnblocks in Vier- oder Fünfstockwerkregionen. Dafür sind der Ausdehnung Ismails keine Grenzen gesetzt. Die Stadt mißt von der Donau bis zu ihrem Horizont acht Kilometer und in der Breite fünfzehn. Doch wenn sich ein Matrose an Ismail erinnert, dann vor allem an den Suworowprospekt, an die breite, baumgesäumte, acht Kilometer lange Achse, die vom Hafen bis ans Ende der Häuserzeilen reicht. Und dabei denkt er auch wieder nur an die 500 Meter lange Strecke vom Kino an der Kathedrale vorbei bis hinauf zum Kaufhaus und zum Lenin-Denkmal. Dort lebt Ismail, dort trifft es sich, dort zeigt es sich – am Korso.

Am frühen Abend lärmen nicht nur Starschwärme in den Bäumen, da schwirrt die Luft auch von Schlagermelodien in allen Sprachen: Radio Istanbul, ein rumänischer Sender, ein russischer, die Voice of America usw. Individueller Musikkonsum beim privaten Bummel gehört zum Korsozeremoniell wie einst Strohhut und Sonnenschirm. Wer also jung ist, etwas auf sich hält und auch noch ein Transistorradio besitzt, nimmt es mit auf den täglichen Spaziergang. Einige jugendliche Wohlstandsbürger scheuen die Mühe nicht, sogar größere Tonbandgeräte mit sich herumzuschleppen. Die Frühjahrsmode wird seit Jahren von den billigen blauen, braunen und grünen Nylonmänteln westlicher Herkunft beeinflußt, die zwischen Preßburg und dem Ural zum unentbehrlichen Statussymbol geworden sind. Die Zöllner wundern sich immer wieder, wie der anscheinend unendlich aufnahmefähige Markt ihrer Wachsamkeit zum Trotz nie unter Versorgungsschwierigkeiten leidet. Ein weiteres wichtiges Korsozubehör kommt aus einheimischen Beständen: der »ukrainische Kaugummi«, die Sonnenblumenkerne, die alte

Frauen in kleinen Säckchen feilbieten. Manchmal schütten sie sie einem einfach aus einem Maßtöpfchen in die Tasche. Dann wird gekaut, gespuckt, gekaut, gespuckt, solange der Vorrat reicht.

Die Ninas, Galinas, Anjas und Tatjanas tauschen mit den Juris, Wladimirs, Petjas und Iwans Blicke. Sie zeigen ihre Knie und einige Kenntnis westlicher Teenagerbräuche. Und sie wissen auch, welche Schiffe im Hafen liegen.

Die Mädchen von Ismail sind hübsch, die Vermischung der Rassen hat sich gelohnt. Ismail gehört den jungen Menschen, die Alten sind eine bescheidene Minderheit. Aus allen Teilen des riesigen Reiches, aus Sibirien und Kasachstan, aus Litauen und Georgien, aus Aserbeidschan und Estland hat es Familien an die Donau verschlagen. Die Jugend überspielt die schäbigen Fassaden, die holprigen Seitengassen, die eine Asphaltdecke nicht einmal vom Hörensagen kennen, die dürftigen Restaurants, die graue Eintönigkeit der Arbeit, die puritanische Enge des sozialistischen Alltags. Sie verleiht Ismail einen gewissen Charme, der im Frühling vergessen machen kann, daß die unzähligen Bäume die Stadt noch nicht mit ihrem wohltätigen Grün überdachen, daß man noch nicht in den Gärten sitzen kann, daß der Klubtanz im Saal und nicht in der Tanzarena im Freien stattfindet, daß man unter einem System lebt, das selbst das Glück verstaatlichen möchte.

Neben seiner Jugend, der Donauschiffahrt und dem Hafen hat Ismail noch eine Konservenfabrik – »200 Millionen Büchsen im Jahr, für jeden Sowjetmenschen eine«, sagt man stolz –, eine Zellulosefabrik, die Schilf verarbeitet, eine moderne Werft und einen Nationalhelden vorzuweisen. Hoch zu Roß und in Bronze nimmt er die Parade der »Ismailiten« auf dem Boulevard ab, der sich seines Namens bedient: Feldmarschall Alexander Wassiljewitsch Suworow, Fürst Italijskij, Heerführer des Zaren und spätestens im Zweiten Weltkrieg unter Stalin trotz seines Adelstitels zum Vorbild sowjetischer Militärs erkoren. Dieser Marschall, dessen schmächtige Gestalt ihn beinahe einer Bürokratenkarriere vorbehalten hätte, erwarb sich in Ismail Heimatrecht, indem er 1791 die türkische Festung Ismail den Truppen des Sultans entriß. Bis dahin war Ismail ein für unüberwindlich geltendes Bollwerk an der Donaumündung.

Wer Suworow war, wird einem im Suworow-Museum in Wort und Bild erklärt, was vom türkischen Ismail blieb, kann man an der Donau besichtigen. Von weitem bemerkt man nur einen Obelisken mit einem die Schwingen ausbreitenden Adler, ein sicheres Indiz dafür, daß hier einmal Soldaten ihr Leben für eine gute oder schlechte Sache hingegeben haben. Der Hügel, der sanft aus dem sonst völlig flachen Land wächst, zwang zur Errichtung einer Feste. Die türkischen Festungsbauten waren den europäischen in keiner Weise unterlegen. Jetzt sind jedoch nur noch die tiefen, überwachsenen Gräben da und die Reste einer Moschee, die einmal eine Kirche war. Matrosenschüler sonnen sich an der weißen Wand, auf die die Stromkilometermarke Ismails gepinselt wurde: 95. »Dort lag die alte Stadt, von hohen Mauern umschlossen«, wird einem erklärt. Das ständige Hin und Her zwischen Sultan und Zaren hat sie nicht überdauert. Denn einige Jahre nach Suworows Sieg holten sich die Türken den günstigen Platz an der Donau wieder zurück, 1829 gehörte Ismail dem Zaren, nach dem Krimkrieg wurde es den Rumänen zugesprochen, beim Berliner Kongreß 1878 den Russen, nach dem Ersten Weltkrieg wurde es rumänisch, 1940 mit Bessarabien russisch, 1941 von rumänischen und deutschen Truppen erobert und im August 1944 endgültig von der Sowjetarmee besetzt. Im Museum kann man sich davon überzeugen, wie schwer es Suworow und sein tüchtigster Schüler, General Kutusow, hatten, die Feste zu erstürmen. Ein maßstabgetreues Modell erlaubt einem eine geistige Rekonstruktion der Schlacht. Die Russen hatten Ismail seit Wochen umzingelt; auch von der Donau aus nahmen russische Schiffe die Wälle unter Feuer. Nur der Angriff wurde nicht gewagt. Bis Suworow selbst den Oberbefehl übernahm und dem Festungskommandanten ein Ultimatum stellte; dieser lehnte den angebotenen freien Abzug ab. Eher würde das Firmament einstürzen als die Festung fallen. Da ließ Suworow zum Angriff blasen. Nach sechs Stunden war der Halbmond zum Neumond geschrumpft, war Ismail russisch. Zwischen 20000 und 30000 tote Türken soll der Tag gefordert haben. Der Rest gab sich gefangen. Nur einem soll es gelungen sein, schwimmend über die Donau zu entkommen. Er überbrachte die Unglücksbotschaft dem Sultan und wurde zum Dank dafür auch prompt geköpft.

Auch Suworow fiel nach den ersten Napoleonischen Kriegen und seinem legendären Übergang über den Sankt Gotthard beim Zaren in Ungnade; der Dank Ismails war ihm gewiß. So hat man alle verfügbaren Schlachtengemälde kopiert, sein Leben in rührenden Lesebuchzeichnungen dargestellt, Uniformen aus seiner Zeit, erbeutete türkische Säbel, Kanonen und Roßschweife, Münzen usw. aufbewahrt. Suworow in Gips, Suworow in Kreide, Suworow in Porzellan, Suworow in Blei – der geniale Heerführer, dessen Buch ›Die Lehre vom Sieg‹ noch heute Pflichtlektüre für jeden sowjetischen Offiziersanwärter ist, wird an der Stätte eines seiner größten Siege entsprechend gewürdigt. Daneben gedenkt man noch der Siege Kutusows, hat ein Bild von Dürnstein in der Wachau aufgehängt, weil dort 1805 Russen mit Franzosen zusammengestoßen sind, registriert die verschiedenen Donauübergänge im türkisch-russischen Krieg 1877/78 und feiert endlich die Träger des von Stalin gestifteten Suworow-Ordens.

Der Suworow-Kult in Ismail ist nicht frei von politischen Hintergedanken. Durch die Person des Marschalls wollten die Sowjets jenen Einwohnern Ismails, die sich über ihre innere Zugehörigkeit zum russischen Reich noch nicht ganz im klaren waren, russisches Nationalbewußtsein einpauken. Suworow hat Ismail der offiziellen Sprachregelung gemäß auch nicht erobert, sondern »befreit«. Schon im ersten Museumsraum erfährt man, daß in der Gegend von Ismail lange vor den Türken und Tataren Russen gehaust haben sollen.

Die Sowjets haben sich nicht ohne Grund für den Hafen am Rande des Donaudeltas so strapaziert. Ohne diese Basis wäre die wirtschaftliche Russifizierung der Donau nicht möglich. Hier bringt der Nationalismus Internationalität – denn durch die geschickte Ausnutzung des Stroms fließt ein unaufhörlicher Devisenstrom in die sowjetischen Kassen. Mit niedrigen Frachtsätzen werden österreichische und deutsche Konkurrenten ausgebootet. Harte Währungen durch harte Politik auf weichem Wasser.

In ihrem Streben nach der Beherrschung der Donaumündung hatten die Russen viele Vorgänger, und den Machtansprüchen einzelner Herrscher wurde in diesem Raum, wo sich Bessarabien, die Dobrudscha und die Baragansteppe in den Sümpfen, Schilfflächen, Dschungeln, Teichen und Stromarmen des Donaudeltas verlieren, viel Blut geopfert. Skythen, Geten, Goten, Thraker, Perser, Makedonier, Griechen, Römer, Bulgaren, Türken, Rumänen, Deutsche, Österreicher haben sich hier neben den Russen geschlagen. Dareios, Alexander der Große, Trajan waren nur einige Große der Kriegsgeschichte, die vor Suworow hier mit ihren Truppen operierten. Der erste war jedoch Jason, der mit seinen Argonauten in vorgeschichtlicher Zeit von den Kolchern, einem Volk im Kaukasus, verfolgt wurde und Zuflucht in den Armen des Istros, des Isters – der Donau – suchte.

Der große unbekannte Strom, der in fernen Nebelreichen entsprang, entlockte der Phantasie griechischer Mythenschreiber immer neue Fabeln. Für die modernen Geographen wurde es zu einem beliebten Puzzlespiel, die realen Hintergründe der Sagen zu erforschen. In seinem Argonautenepos singt Apollonius von Rhodos:

»Denn vom Istros umgrenzt ist ein Eiland, Peuke genannt,
Mit drei Enden; die Breite gekehrt zum Ufer des Meeres,
Aber die schmälere Spitze dem Strom zu, doppelt gespalten
Strömt die Mündung von da: Narex heißet die eine –
Aber der andere Arm ist entfernter, man nennt ihn Kalon...«

Dieser letzte Vers ist die erste Kunde vom Chilia-Arm. Für die Griechen war das Delta die Insel Peuke, die zwischen dem Kalon-(Chilia-)Arm und dem Narex, dem heutigen Sankt-Georgs-Arm, lag. Der mittlere Arm, der Sulina-Arm, der war ihnen unbekannt. Jason fuhr mit der »Argos« in den Sankt-Georgs-Arm ein und entkam so den Kolchern, die ihn durch den Chilia-Arm an Ismail vorbei verfolgten. Daß Jason, der Ahnherr der Donauschiffer, stromaufwärts bis zur »schattenverhüllten Quelle« des Istros, also bis in den Schwarzwald, gelangt sein soll, hält jedoch kein Gelehrter für möglich. Aber auch hier hat man den Mythos schon entschleiert: Jason habe bei Belgrad die breite Save für den Hauptstrom gehalten und sei so bis zum nun verkarsteten Berg- und Sumpfland bei Laibach vorgedrungen. In der Vorzeit war dieses Gebiet von einem ansehnlichen Binnensee bedeckt, dessen Abfluß, der Laibachfluß, in die Save mündet. Dort hatten die Argonauten ihre Istros-Quelle entdeckt. Als die Ruderfahrt zu Ende war, nahmen sie die »Argos« auf die Schultern und trugen sie zwölf Tage »über des Landes wüsten Rücken« und erreichten so endlich wieder das Meer – die Adria. Damit könnte man auch den Namen Istrien erklären, obwohl dieses Küstenland nirgends vom Ister, von der Donau benetzt wird.

Weil sich die Grundsätze des Marxismus-Leninismus auf Homer, Apollonius oder Hesiod nur schwer anwenden lassen, bleibt die griechische Mythologie aus den Klassenzimmern Ismails meist verbannt. Der dialektische Materialismus schuf sich seine eigenen Mythen. Geduldig sucht die Bevölkerung nach einem Kompromiß zwischen dem, was ihr gesagt wird, und dem, was wirklich ist.

Die von der Donau herabgespülte balkanesische Leichtlebigkeit hilft dabei. Auch manche importierte Sowjetmenschen sind von dieser Gleichgültigkeit demgegenüber, was um einen geschieht, angesteckt worden. So richten sie sich ihr Dasein so gut es geht ein und freuen sich darüber, wenn es jedes Jahr ein wenig besser wird. Der Wasserstand ist bei Ismail meist hoch, der Wohlstandspegel im Vergleich zu Belgrad, Budapest, Wien, Passau oder Ulm niedrig. Aber die Tendenz ist steigend.

Das Meer und die Donau, die Schiffe, russische und fremde, und die Seeleute halten die Verbindung mit der übrigen Welt aufrecht. Ismail hat nichts von der Verruchtheit der unteren Donaustädte, wie sie in den Schilderungen aus den Jahren vor dem Ersten und Zweiten Weltkrieg immer wieder genüßlich ausgebreitet wird. Aber es ist doch eine Hafenstadt. Ihr Horizont ist trotz der Wachttürme und trotz der strengen Kontrollen weiter als der einer Stadt irgendwo drinnen in der Sowjetunion.

Man weiß auch, was man dem Strom schuldet. Darum heißen die beiden beliebtesten Treffpunkte, die zwei Restaurants, »Dunaj« und »Wolnja« (die Welle). Im »Wolnja« verleihen die blauen Wandmalereien mit Fischern, Fischen, Pelikanen, Schilfpassagen, Donauwellen und Meereswogen dem großen Saal die Gemütlichkeit eines Aquariums. Das Lokal ist voll, die Tischtücher sind schmutzig, die Kellnerinnen führen ihre blonden oder rötlichen Turmfrisuren in gemessenen Bewegungen spazieren und lassen sich von lauten Bestellungen der Gäste durchaus nicht aus der Ruhe bringen. Die tanzenden Matrosen, Marineoffiziere, Studentinnen, Fabriksarbeiterinnen und Lehrerinnen stört auch der freiwillige Hilfspolizist mit der roten Armbinde nicht, der seine Blicke prüfend durch den Raum schweifen läßt. Die Marine hat schon die freien rhythmischen Leibesübungen westlicher Tanzmoden importiert. Auf ein Lied, in dem Talisman auf Kapitan gereimt wird, folgt ein heißer Shake oder Twist, auf ›Moskauer Abende‹ ein Charleston und dann auf Wunsch ›La Paloma‹.

Man denkt gleich an Hamburg, an die Nordsee, an die Ostsee, an rauhe Seemannsstimmen und an einen Korn statt an einen Wodka. Die Donau fließt auf einmal bergwärts – ein kaffeebrauner dreckiger Strom, der von Kraft, Breite und Tiefe strotzt und sich dennoch Zeit läßt, gealtert von einer 2800 Kilometer langen Reise. Er hat ein Leben hinter sich, nicht von der Wiege bis zum Grabe, sondern von der Quelle bis zum Meer, unberührt von den Narreteien und großen Taten der Völker an seinen Ufern. Die Donau trägt bei Ismail Seeschiffe, und sie stützt das sowjetische Wirtschaftsimperium, aber sie hat auch was von einer Babuschka an sich – von einer der russischen Großmütter, die mit den Enkelkindern unterwegs sind, während die Eltern Rubel verdienen. »Babuschka Dunaj.« Sie hat die Menschen an ihren Ufern immer wieder geleitet und geführt, ihnen den Weg gewiesen – die über Stunden, Jahre, Jahrhunderte und Jahrtausende erhabene Urgroßmutter Europas. Auch sie beginnt ihren Lauf wie jeder andere Strom, Fluß, Bach als winzige Quelle. Die Fahrt dorthin ist länger als die Argonautenroute. Man muß aus der Sowjetunion durch sechs Länder in die deutsche Bundesrepublik, nach Donaueschingen am Rande des Schwarzwaldes.

2. Kapitel

Der Streit um die Quelle
Donaueschingen und Furtwangen

Wie eine löchrige Landsknechtstrommel schaukelt ein umgestülptes, ausrangiertes Blechschaff in dem seichten, trüben Wässerchen. Ufergräser sind mit vermodernden Lumpen behängt, leere Konservenbüchsen, hungrig nach Corned beef, Sardinen oder Heringen, rosten in dem fast stehenden Bach. Oder muß man ihn schon mit Fluß titulieren? Zum Hinüberspringen ist das andere Ufer zu weit entfernt. Um dieses Hindernis zu überwinden, braucht aber niemand schwimmen zu lernen. Von drüben weht kein sehr einladendes Lüftchen. Einsam stochert ein Mann mit seinem Rechen in dem glosenden, stinkenden und dampfenden Abfallhaufen. Die fürstlich-fürstenbergische Residenzstadt Donaueschingen sorgt hier dafür, daß ihr Müll verbrannt wird. Der Wind treibt den Rauch gegen Osten, auf die niedrigen Hügel zu, die noch nichts von Bergen wissen, über die roten Dächer durch grüne Baumkronen getarnter Dörfer, in dieselbe Richtung, die der Fluß einschlägt. Der Fluß, der sich von dieser Stelle an den Namen Donau anmaßt. Er wirkt dabei genauso unglaubwürdig wie ein blutjunger Aspirant, der sich auf seine erste heimliche Visitenkarte schon den Titel »Generaldirektor« drucken läßt. Denn dieser leichtbewegten Lache, die aus dem Zusammenfluß von Brigach und Breg entsteht, traut man den großen Strom nicht zu. Dennoch vollzieht sich hier, am Rande des Schloßparkes, jener Geburtsakt, der die Geographielehrer zu dem Merkspruch »Brigach und Breg bringen die Donau zuweg« inspiriert hat. All die Vokabeln wie »abendländischer Strom«, »Brücke zwischen Ost und West«, »Heerstraße der Völker«, und die Eigenschaftswörter mächtig, majestätisch, stolz, hehr, gewaltig und was sonst noch alles der Donau angehängt wird, passen ganz und gar nicht zu der banalen Ausstattung dieser wäßrigen Premiere: zu rostbraunem Stacheldraht, gemähten Wiesen, einer Vogelscheuche, Hochspannungsleitungen, Schrebergärten, Krähen . . . und auch nicht zu der wenig einfallsreichen Begleitmusik eines blubbernden Traktors, zum hellen Kindergeschrei aus dem nahen Schwimmbad und zu dem angenehm dumpfweichen Ton, den im Park

Tennisbälle den Saiten der Schläger entlocken. So beginnt jedoch die Karriere eines Stromes wie das abgedroschene Erfolgsmärchen von dem Mann, der als Tellerwäscher, als schmieriger Schuhputzer oder Zeitungsboy angefangen und es schließlich zum Supermanager, Millionär und Drahtzieher hinter den Kulissen der großen Politik gebracht hat. Nein, die Zukunft des Flusses ist hier noch nicht zu deuten. Nur: das Donaubaby geht so träge und müde auf die weite Reise, als ob es ahnte, wie sehr es sich die 2840 Kilometer bis zum Schwarzen Meer zu plagen haben wird.

Trotz des Mangels an attraktivem Beiwerk wurde die Donau schon von allem Anfang an doch standesgemäß ausgestattet. Direkt beim Zusammenfluß hält eine Sandsteinheroine unter Linden ein Kind auf den Knien. »Die junge Donau als Kind im Schoße der Baar« wird das Kunstwerk aus der Gründerzeit tituliert. Die Dame soll also die Baar darstellen, das liebliche Hochland ringsum, das sich allerdings eher durch eine fröhliche Teenagerschar verkörpern ließe als durch die würdige Wagnerheldin. Jüngeren Datums als die Skulptur ist der Sockel mit der goldenen Inschrift: »Der lieben Heimatstadt Donaueschingen zur Erinnerung an unsere goldene Hochzeit, 19. Juni 1939, *Irma Max Egon.*« Es handelt sich dabei natürlich nur um zwei Personen, da deutschen Duodezfürsten Doppelnamen schon immer gut zu Gesicht gestanden sind. Die Verzierung des Donauursprungs ist nämlich eine fürstlich-fürstenbergische Familienangelegenheit – wie so ziemlich alles in Donaueschingen. Als Symbol der lokalen Macht der Fürstenberg prangt vor jeder Schenke ein einladendes Wappenschild, das Labung durch das weltberühmte fürstenbergische Bier verheißt. Der Donaueschinger Stadtplan aber vermittelt einem nicht nur die fürstlich-fürstenbergische Brauerei und das fürstlich-fürstenbergische Schloß. Nein, auch nur im Vorbeifahren würde man das Städtchen mit seinen 11 000 Einwohnern sofort aus dem F. F. kennenlernen. Denn diese beiden Buchstaben haben dort so viel Gewicht wie k. u. k. in der österreichisch-ungarischen Monarchie. F. F. – fürstlich-fürstenbergisch. So begegnet man da der F. F. Hofkammer, der allgewaltigen Wahrerin der fürstlichen Geschäfte, der F. F. Hofbibliothek, dem F. F. Hofarchiv, den F. F. Sammlungen und noch einigen anderen F.-F.-Institutionen. Die verblichenen Fürstenberg sind nicht nur durch Gedenksteine verewigt, sondern auch auf Straßentafeln – Karlstraße, Max-Egon-Straße, Irmastraße, sogar eine Prinz-Fritzi-Allee kann man durchwandeln. Die lebenden Fürstenberg, noch immer eines der ersten Häuser des deutschen Hochadels, wachen eifersüchtig darüber, daß die Donauquelle weiter in ihrem Besitz bleibt. Donaueschingen rühmt sich nämlich nicht nur des Zusammenflusses von Brigach und Breg. Es hat auch die Donauquelle zu bieten. »Original, garantiert echt, gesetzlich geschützt«, wie sie einem so mancher eifernde Bürger der Residenzstadt anpreist.

Während des Zehnminutenspazierganges von der Donau bis zur Quelle braucht man fürstenbergischen Boden nicht zu verlassen. Auf kiesbestreuten Wegen schlendert man durch den Schloßpark. Da rinnen Bäche und Bächlein, schweben Schwäne auf der glatten Wasserfläche, so stolz, als ob sie wie kleine Komtessen schon im Gotha stünden, und genießen Pensionisten die von knorrigen Bäumen konservierte Kühle. Die Fassade des Schlosses – eine den künstlerischen Nachahmungstrieb des späten 19. Jahrhunderts befriedigende Kopie irgendwelcher Barockschlösser an der Loire oder bei Paris –, wieder Kieswege, noch mehr Schatten, und dann jener steinerne Topf, der vom Quellwasser gefüllt ist, als ob es zum Eierkochen oder Teesieden bestimmt wäre.

Hier also soll die Donau entspringen: in einem Ring aus Stein, einer Art Swimming-pool, in dem Schwimmen verboten ist, einer kreisrunden Wasseransammlung, die die frommen Bräuche der Touristen zu einem feuchten Klingelbeutel werden ließ. Wie auf dem Grund der Fontana di Trevi funkeln, blitzen, rosten oder zerfallen Hunderte von grünspanigen Münzen aller Währungen. Jahr für Jahr zieht es Tausende aus den Reiseautobussen von überallher zu dem Quell, der so gar nicht quillt. Drei Minuten starren sie meist in den Wasserspiegel, die Kinder turnen an dem Eisengeländer, Erinnerungsfotos in bewährten Posen werden geknipst, bei der nahen Andenkenbude Abzeichen, Ansichtskarten und Gläser mit einem Gruß von der Donauquelle erstanden und schließlich ein Zehnpfennigstück, fünf Cent oder ein Schilling geheimnisvollen Flußgöttern als Opfer dargebracht. Mütterlich blickt die zweite Statue der Baar auf den Quellenkult, ohne dabei in ihrer überaus wichtigen Tätigkeit innezuhalten, ihrer noch sehr unschuldigen Tochter, der jungen Donau, den Weg nach Osten zu weisen. Frau Baar wurde dazu bereits 1896 engagiert, als Professor Adolf Heer aus Karlsruhe die zum Brigach-Breg-Zusammenfluß verbannte Sandsteingruppe durch ein marmornes Monument ersetzte.

Die fast kultische Betriebsamkeit rund um den künstlich aufgewerteten Quellentümpel ist aber keineswegs eine fürstlich-fürstenbergische Erfindung. Wenn die Donaueschinger für ihre Quelle in den Streit ziehen – und sie müssen heutzutage deswegen recht oft ihre Rüstungen anlegen –, dann dürfen sie sich auf einige recht ehrwürdige historische Zeugen berufen: den römischen Kaiser Tiberius, den Geographen Strabo, den antiken Weltreisenden Plinius den Älteren und einige andere klassische Gestalten, die alle die Donaueschinger Quelle besucht, besungen oder bedichtet haben, obwohl Donaueschingen damals noch in keinem Atlas verzeichnet war.

Tacitus, der gewandte Geschichtsschreiber, dem die Germanen nie so ganz verziehen haben, daß er von ihnen behauptete: »... bei mühsamer Arbeit zeigen sie keine entsprechende Ausdauer...«, hält sich aus dem Streit um die Quelle geschickt heraus: »Die Donau entströmt einem sanften, nur leicht ansteigenden Höhenrücken des Schwarzwaldes, kommt zu ziemlich vielen Völkern, bis sie schließlich in sechs Rinnen ins Schwarze Meer durchbricht.« Er will sich eben nicht festlegen.

Als der Schloßpark von Donaueschingen, in dem es von Quellen nur so quillt, fürstenbergisch wurde, hatte man sich jedoch schon lange auf die eine Quelle geeinigt – und würdigte sie auch dementsprechend. Wie man in jener spielfreudigen Gesellschaftsschicht, zu deren Exponenten beispielsweise Prinzessin Ira Fürstenberg (aus der Wiener Seitenlinie) gehört, bei turbulenten Partys gerne im Smoking einen Sprung in den Swimming-pool tut, so marschierten bis ins 17. Jahrhundert fürstenbergische Gäste schnurstracks in den Quellenpott. Statt einer Jazzband bliesen fürstliche Trompeter dazu, und um der Zeremonie noch die gebührende Feierlichkeit zu geben, knallte man auch mit Pistolen und Kanonen. Als Belohnung für die äußere Berührung mit dem Donauwasser folgte die innere Labung durch einen kräftigen Humpen Wein. Da die Fürsten stets enge Beziehungen zu den Musen unterhielten, mußten die Quelltaucher ein Verslein für das Protokollbuch der Quelle ersinnen.

Um einige Proben dieser verwässerten Lyrik zu kosten, muß man den Weg in die Haldenstraße nehmen, wo, eingebettet in den Malzduft der Brauerei, die Fürstenberg eine ihrer Schatzkammern eingerichtet haben: die F. F. Hofbibliothek mit 1180 Handschriften und 500 Inkunabeln.

»Ja, wo ist denn bloß das Quellenbuch?« fragt man in der

Gelehrsamkeit und Bücherweisheit atmenden Bibliothekarstube, in der einst der ›Ekkehard‹-Dichter Joseph Victor von Scheffel als Hofbibliothekar gebundene Juwelen gehütet hat. Die Suche nach dem Quellenbuch läßt einem Zeit, das kostbarste Stück der Sammlung zur Hand zu nehmen. Ehrfurchtsvoll und mit einer gewissen Scheu streicht man über den festen Rücken der Handschrift und schlägt die pergamentenen Seiten auf: das Nibelungenlied, der Codex, mit dessen Entdeckung dieses große deutsche Volksepos dann im 18. Jahrhundert auf dem Vorarlberger Schloß Hohenems der Literatur wiedergeschenkt wurde. Die Wissenschaftler nennen sie die Hohenems-Laßbergsche Handschrift. Aus dem Nachlaß des Germanisten Josef von Laßberg ist sie dann um 1850 nach Donaueschingen gelangt.

Es ist ein einfaches Buch mit wenig Firlefanz und Zierat, einzelnen schmückenden Initialen in blauer oder roter Federzeichnung, aufgeschrieben um 1220, der Versroman des Donauraumes, der erste dichterische Donaubaedeker, denn der Strom hat die Fahrten Kriemhilds und der burgundischen Helden bestimmt, und der unbekannte Verfasser war wohl in Passau oder im Österreichischen an der Donau zu Hause.

Uns ist in alten maeren / wunders vil geseit
von helden lobebaeren / von grozer arebeit...

Man blättert weiter. Kriemhild zieht in Etzels Land, Gunther, Gernot, Giselher und Hagen folgen ihr. Die Tragödie bahnt sich an. Das Pergament erzählt's in dämmrigem Braunweiß, abgegriffen von eifrigen Lesern, stockfleckig – oder hat da vielleicht der hochgelehrte Freiherr von Laßberg oder ein noch älterer Besitzer der Handschrift einmal eine Schale Kaffee umgestoßen?

Die Nibelungen setzen über den Strom, und Etzel harrt ihrer. Die Donaulandschaft ist in zweigeteilte Strophen gefaßt. Man grübelt über die Logik des Zufalls nach, der die Handschrift hieher zur Donauquelle gebracht hat. Das ist eben das Gesetz des Stromes, der alle Länder, Städte und Menschen vom Ursprung bis zur Mündung verbindet, sie hin und her schiebt, Beziehungen schafft, Völker und Kulturen vermischt und für alle seine Anrainer zu einer unendlichen Lebenslinie wird, die sie automatisch benützen müssen, hinunter oder hinauf.

»Ja, wo ist denn bloß das Quellenbuch«, heißt es noch einmal, und der Gast wird aus hochtrabendem Donauphilosophieren gerissen und zum »Quellenstudium« in die Buchbinderei geschickt.

Dort wird der Foliant gerade einer kosmetischen Behandlung unterzogen. Ein kurzer Blick in das Quellenstammbuch ist jedoch gestattet: Da wollte 1660 Johann Wilhelm Rheingraf lieber sterben als sich ändern. Das Sterben dürfte ihm inzwischen gelungen sein. Auch der Mann, der 1683 wesentlich dazu beigetragen hatte, daß die Donau nicht von der Mündung bis zur Quelle ein türkischer Strom geworden ist, hat 1696 sein Autogramm gegeben: Ernst Rüdiger Graf von Starhemberg, der Verteidiger von Wien.

Auch die Gegenwart läßt die Quelle dann und wann zum Rendezvousplatz interessanter Leute werden. Neben den Touristen trifft man jedes Jahr im Spätherbst auffallende Gestalten in Donaueschingen, Figuren, die nicht dem Familienalbum des Städtchens entstiegen sind – und einmal im Jahr doch hineinpassen: junge Burschen mit langen Mähnen und blitzenden Hornbrillen, die von Weitblick und großen Ideen künden, nervöse Mädchen unter Schirmmützen à la Mao Tse-tung, Brigitte Bardot oder Nurejew, mit strähnigem Haar, das das Gesicht verbirgt, wofür dann die Verkleinerungsform eines Rockes das runzelige Antlitz der Knie entblößt, daneben gelehrte Denkerstirnen als Zierde von Professorenköpfen, disputierende Kritiker, die den Schloßpark zur Arena ihres Pointenfechtens machen, und gläubige Anbeter der großen Meister, das brave Fußvolk avantgardistischer Begegnungen, bei denen im Schutz historischer Mauern oft schon die Barrikaden von übermorgen gestürmt werden.

Ja, wenn der träge Spiegel der Quelle von braunen Blättern gesprenkelt ist, dann erlebt Donaueschingen alljährlich an einem langen Wochenende seine seltsamsten Tage, die weltberühmten »Musiktage für zeitgenössische Tonkunst«.

Obwohl Donaueschingen seine vielgerühmten Musiktage schon seit 1921 hat, obwohl Hindemith dort bekannt geworden ist, einmal Strawinsky dirigiert, dann wieder das Modern Jazz Quartett aufgespielt hat, Namen wie Schönberg, Webern, Krenek, Boulez, Henze und Stockhausen in den Programmheften stehen, sind auch heute Verständigungsschwierigkeiten selbstverständlich – zwischen den zukunftsgewandten Gästen und den die Vergangenheit hegenden Donaueschinger Bürgern. Aber auch unter den in so vielen musikalischen Idiomen parlierenden Kompositeuren, Kritikastern, Konzertmanagern, Musikverlegern und musikalischen Adabeis. Sonst würden die Veranstalter dem Publikum vor Konzertbeginn nicht mitteilen, daß sie zwar eine entschiedene Stellungnahme zu den aufgeführten Werken begrüßen, aber gleichzeitig ersuchen, mit Beifall oder Pfiffen jeweils bis zum Ende des Stückes zu warten. Das Fürstenhaus hat daher seit über 40 Jahren stets seine Dolmetscherdienste angeboten.

Die Fürstenberg waren stets fürstliche Förderer der Musiktage, sie bewirteten das Musikervolk, beruhigten die lokalen Honoratioren, begeisterten einige von ihnen sogar für das neutönerische Treiben und trugen außerdem einen Teil der Veranstaltungskosten. Dem nun regierenden Erbprinzen Joachim sagt man zwar weniger Hingebung an die neue Musik nach – das alljährliche Reitturnier soll ihm mehr bedeuten –, aber auch er läßt noch immer 5000 Mark in die Kasse fließen. Das Eröffnungskonzert beginnt erst, wenn die Mercedes-Kavalkade des Erbprinzen vorgefahren ist und ein behender Saaldiener vor dem Eingang der Stadthalle die rotweißblaue Fahne des Fürstenhauses aufgezogen hat.

Der Umgang mit den Künsten war den Fürstenberg nie fremd. Die Grünewald, Holbein, die Tafelbilder des Meisters von Meßkirch und welche Kostbarkeiten altdeutscher Malerei die Gemäldegalerie noch birgt, legen dafür Zeugnis ab. Rund um das Schloß verstummte auch die Musik nur selten.

Im Archiv bewahrt man einen Mozartschen Kanon und mehrere Werkproben auf, die der Komponist dem Fürsten zur Ansicht zugeschickt hatte. Die Stadt an der Donauquelle erlebte aber auch die erste deutsche Aufführung von Haydns ›Schöpfung‹, Konzerte Liszts und das Wirken Konradin Kreutzers als Hofkapellmeister. 1921 schrieb dann ein fassungsloser Kritiker über die Uraufführung von Hindemiths Zweitem Streichquartett in Donaueschingen (durch das Amarquartett, in dem Hindemith selbst Bratsche spielte): »Es war Revolution – Bolschewismus –, aber großartig.« Und als Richard Strauss dem jungen Komponisten sagte: »Warum komponieren S' denn atonal? Sie habn ja Talent!«, antwortete Hindemith: »Herr Professor, mache Se Ihre Musik und ich die meine!« Kurz vorher hatte Hindemith noch ein heiteres Divertimento mit dem Titel ›Minimax‹ und Sätze wie ›Ouvertüre Wasserdichter und Vogelbauer‹, ›Abend an der Donauquelle‹, ›Intermezzo für zwei Trompeten aus der Entfernung‹, ›Zwei lustige Mistfinken, Charakterstück für zwei Pikkoloflöten‹ komponiert. Und beim großen Empfang im Schloßpark geigte das Amarquartett auf einer Plattform mitten im Geäst eines riesigen Baumes Mozarts ›Kleine Nachtmusik‹.

So mancher Musiker wurde durch diese Musiktage geformt, doch der Alltag der Stadt blieb davon unberührt. Das Biedermeier- oder Rokokoidyll der stillen Residenz wurde zwar durch einen furchtbaren Brand Ende des vorigen Jahrhunderts empfindlich gestört, aber die feinen Donaueschingerinnen treffen sich noch immer zu gemütlichem Plausch und einer Schwarzwälder Kirschtorte beim Hofkonditor. Der Uhrmacher hat ein »Hof« auf sein Firmenschild gemalt, ebenso der Apotheker und der Buchhändler. Die örtliche Zeitung berichtet von Feuerwehrübungen, Dichterlesungen von Heimatvertriebenen, plötzlichen Todesfällen, einem überfahrenen Hund und vom Geschichtsverein, von der Kolpingfamilie und dem Kriegsopferverband. Am Stammtisch im »Schützen« erhitzt man sich bei einem »Schoppen« und bei knusprigen Brezeln über Bonner Politik und NATO-Sorgen. Durch die Stadt rollt gerade eine Kolonne französischer Militärlastwagen. Das Blau-Weiß-Rot der Trikolore über Frankreichs östlichster Garnison gehört seit 1945 zum Ortsbild wie seit eh und je das Rot-Weiß-Blau der Fürstenberg. Früher haben sich manche Bürger aufgeregt, als Harkis, marokkanische Hilfstruppen, in der Stadt gelegen sind und die stillen Straßen angeblich nicht mehr so sicher waren wie sonst. Nun hat man eine französisch-deutsche Gesellschaft gegründet und hält Kontakt zu den Offiziersfamilien. »Lauter nette Leute«, heißt es, »das Infanterieregiment hat seine Heimatgarnison in der Normandie.« Und dann wird von etwas anderem geredet, vom Wetter, von neuen Autos und vom nächsten Wein. Man könnte die Behäbigkeit und Zufriedenheit des Stammtisches höchstens durch einen einzigen Satz stören: »Die Donauquelle ist gar nicht die Donauquelle!« Da werden die Donaueschinger nämlich böse. In letzter Zeit wagen es immer wieder einige vorlaute Nachbarn, die Donaueschinger mit dieser Behauptung zu ärgern. An einem Faschingsmontag marschierte der Bürgermeister vom benachbarten Furtwangen an der Spitze eines Narrenkonsortiums sogar in frevelnder Weise zu dem Quelltopf und leerte eine Flasche mit Wasser aus der Breg hinein. Damit die Donauquelle nicht so sehr unter Wassermangel leide.

Seither sind die Donaueschinger auf die Furtwangener nicht gut zu sprechen. Denn die Bewohner der fleißigen Uhrmacherstadt im Schwarzwald, 35 Kilometer von Donaueschingen, posaunen es in alle Winde: Die wahre Donauquelle liegt bei Furtwangen, der dortige Ursprung der Breg ist die mündungsfernste Quelle und demnach der eigentliche Anfang des Stromes.

Zur Überprüfung dieses Tatbestandes ist ein Lokalaugenschein im Schwarzwald nötig. Man vertraut sich der kleinspurigen privaten Lokalbahn an, auf deren Waggons für Magenbitter und Zigaretten geworben wird. Schulkinder füllen das Abteil. Das Bähnle transportiert uns sicher aus dem welligen Hochland hinauf in die einige hundert Meter höher gelegenen dunkleren Gründe. Städtchen und Dörfer, in denen der Kuckuck das Schreien von den Uhren gelernt hat und die Kirsche in Form von Wasser genossen wird, tiefgrüne saftige Wiesen, Bächlein, die Breg auf ihrem Weg zur Donau, unbekümmert um jeden Quellenstreit, und endlich Furtwangen: sauber, stattlich, hügelig, ein strenger, spitzer Kirchturm, auf dem Stadtplatz der Sängerbrunnen mit der Frakturinschrift: »Grüß Gott mit hellem Klang, Heil deutschem Wort und Sang.« Holzgeschnitzte Wegweiser, buntbemalte Schwarzwälder Uhrenträger, die einem den Weg zum Uhrenmuseum sagen, zu der berühmten Sammlung in dem Glaspalast der neuen Ingenieurschule. Sie war einst Uhrmacherschule, und nun wird dort Elektronik und Regelungstechnik gelehrt. So sind aus vielen Uhrmachern Feinmechaniker geworden, und in den Furtwangener Fabriken wird neben Kuckucksuhren und Weckern an verwirrenden Zahnradmechanismen und komplizierten Einzelteilen für das amerikanische Raumfahrtprogramm gebastelt.

Neben all diesen Sehens- und Wissenswürdigkeiten kann einem in Furtwangen etwas nicht entgehen: die Schilder, die da schlicht und sicher bedeuten: »Zur Donauquelle.« Damit ist aber nicht der nächste Weg nach Donaueschingen gemeint. In Furtwangen hat man den Bregursprung offiziell zur Donauquelle erklärt. Im Stadtrat hat es keine einzige Gegenstimme gegeben. Am 18. November 1965 erhob sich darauf im Stuttgarter Landtag der CDU-Abgeordnete Franz Leuser zu einer kleinen Anfrage: ob das Kultusministerium nun dafür sorgen wolle, daß künftig das Bächlein bei Furtwangen in allen Schulbüchern und Nachschlagewerken und auf den Landkarten als Donauquelle registriert werde. Eine parlamentarische Anfrage über die Quellen größerer Ströme ist nichts Ungewöhnliches. Auch mit der jungen Themse wurde schon einmal das Parlament beschäftigt.

So folgt man also getrost dem Wegweiser, durchquert die Stadt und verliert sich in die Schwarzwaldlieblichkeit: Die Wiesen werden noch grüner und steiler, der Wald schiebt sich immer weiter in die Landschaft vor und läßt kaum noch Platz für Haus und Vieh. Die Tannenregimenter stehen so dicht, daß das Grün ihrer stacheligen Uniformen zu dem Schwarz wird, das dem Wald die Markenbezeichnung verliehen hat. Am Rande des schwarzen Waldes stemmen sich mächtige Höfe gegen das Holz, breite Häuser, die wie Gluckhennen auf dem Land sitzen und die großflächigen Dächer schützend fast bis zum Boden herabgezogen haben. Hölzerne Bauernburgen, nicht wie gebaut, sondern wie aus dem Wald gewachsen, jedes Haus für sich inmitten der Felder, die dazugehören, beherrschend und selbstsüchtig, alles unter das eine Dach zusammenraffend, die gute Stube, die Kammern, die Scheune, die Stallungen. Und neben dem Scheunentor ist ein Volkswagen geparkt oder ein Opel. Sie tragen schöne Namen, die Schwarzwaldhöfe: Gabrielenhof, Bernhardenhof, Doldenhof, Rotebauerhof – und die Gegend nennt sich Katzensteig. Ein Weg zweigt ab ins Furtwängle, wo der Dirigent Wilhelm Furtwängler seine Vorfahren zu suchen hatte. Die Quelle liegt jedoch noch höher, beim Kulmhof neben der Martinskapelle.

Die Quelle ist in Privatbesitz. So wie in Donaueschingen die Fürstenberg ihre Hand über die Quelle halten, so tut es hier ein Würzburger Arzt, Dr. Ludwig Öhrlein. Seine inzwischen verstorbene Frau hat die Quelle entdeckt, er hat das Grundstück gekauft und streitet seitdem mit Vehemenz und auch einigem finanziellen Aufwand für die Quellenehre und den Ruhm Furtwangens. Das ging sogar so weit, daß der wasserkundige Arzt einer Versammlung des Donaueschinger Geschichtsvereines, auf der zur Verteidigung der eigenen Quellenrechte gesprochen wurde, folgende Karte sandte: »Grüßen Sie mir in Ihrem Vortrag die Mitglieder des Vereins für Geschichte und Naturgeschichte der Baar mit der Empfehlung, die Schloßquelle als Bestandteil des Fürstenbergischen Museums zu betrachten. Mit der wirklichen Donauquelle hat diese hochmütige Pfütze nichts zu tun.«

»Hochmütige Pfütze« ist zweifellos ein hartes Wort für das vornehme fürstenbergische Quellengeschirr. Beim Vergleich mit Dr. Öhrleins Quelle gerät es allerdings ins Hintertreffen. Die fürstenbergische Quelle sieht aus, als ob sie von den Fürsten im Park wie eine Statue oder ein Musikpavillon aufgestellt worden wäre. Die Quelle des Arztes schaut hingegen wie eine Quelle aus: am Waldrand ein kleiner Schlitz im Boden, einige Steine, wie die Natur sie hier abgelegt hat – und klares Wasser quillt und sprudelt aus den Steinen und dem Erdreich. Es hält in einem winzigen Sumpf inne, der noch zu seicht für den Standplatz einer Forelle ist, und entschließt sich alsogleich, ein Bächlein zu werden, das sich, wie Dichter und Lieder es bei Quellen gerne haben, im stillen Wiesengrund auf die Talwanderung begibt. Wenn man ein wenig lauscht, vernimmt man zwischen Vogelgezwitscher, dem metallischen Ton fernen Sensendengelns und dem regelmäßigen Schlag eines Holzfällers aus dem Wald auch das jeder anständigen Quelle zu Gesicht stehende Murmeln.

Eine in den Stein eingelassene Tafel gibt dazu einen autoritären Kommentar: »Donauquelle. Hier entspringt der Hauptquellfluß der Donau, die Breg, in der Höhe von 1078 m ü. d. M., 2888 km von der Donaumündung entfernt, 100 m von der Wasserscheide zwischen Donau und Rhein, zwischen Schwarzem Meer und Nordsee.«

Man schaut hinauf auf den dunklen Kamm und weiß, daß drüben jeder Bach in ein anderes Weltmeer fließt, daß der nächste Bach drüben auf der anderen Seite und dieser hier so verschiedene Wege eingeschlagen haben wie Kapitalismus und Kommunismus, daß dieser sanfte Höhenzug eine jener entscheidenden Barrieren der Natur ist. Und er ist nichts anderes als ein geheimnisvoller Wald, aus dem jeden Augenblick äsende Rehe treten könnten oder ein altes Weiblein, das trockene Äste gesammelt hat.

Das Idyll wird jedoch von imaginärem Schreibmaschinengeklapper unterbrochen. Der Streit um die Quelle hat die Bürokraten mobilisiert. Er wurde »aktenkundig«. Unter der Tafel »Naturdenkmal Donauquelle – nimm Rücksicht!« hat der Quellenbesitzer ohne Rücksicht auf Natur und Denkmal ein sauber gerahmtes Aktenstück ausgestellt, ein Zertifikat der Landesstelle für Gewässerkunde und wasserwirtschaftliche Planung, Baden-Württemberg, daß die Breg mit der Quelle hier eine längere Strecke zur Donau zurücklegt und auch mehr Wasser führt als die mit ihr rivalisierende Brigach. Unter das amtliche Schreiben hat Dr. Öhrlein seine privaten Folgerungen gesetzt: »Donauursprung. Hier ist die mündungsfernste Quelle der Donau, des weltgeschichtlich bedeutendsten und wasserreichsten Stromes Europas. An dieser geographischen Stelle beginnt die Donaumessung bis zum Schwarzen Meer.« In Klammern hat er noch hinzugefügt: »48,5 Kilometer oberhalb von Donaueschingen.« Man vermeint, ein schadenfrohes Kichern zu hören.

Da haben wir es also: Die Quelle ist authentisch, amtlich beglaubigt. Sie hat ihren Stempel, und damit basta. Der Streit ist damit jedoch nicht beendet. Die Donaueschinger schickten ihre Leute zum Südwestfunk und ließen Vorträge halten, Dr. Öhrlein trat zur Antwort vors Mikrofon, das eine Wasseramt ist für den Doktor, das andere für die Tradition. Sie berufen sich auf Geologen und auf alte Bücher. Die meisten Lexika aber sind der Meinung, daß der Streit überflüssig sei. Sie verzeichnen die beiden Quellflüsse Brigach und Breg, die sich nahe bei Donaueschingen zur Donau vereinen, und daneben auch noch den Quellenzufluß im Schloßpark.

Der Streit hat allerdings noch eine Pointe, wie ein Kriminalstück, in dem man zum Schluß erfährt, daß die Leiche nie gestorben ist. Dazu muß man jedoch von Donaueschingen rund 40 Kilometer nach Südosten reisen, in Richtung Bodensee, in den Hegau, ins Städtchen Aach. Dort sagt einem der Bürgermeister ganz entschieden. »Das Aachtal braucht das Donauwasser, das darf man uns nicht absperren.« Er hat recht, obwohl Aach keineswegs an der Donau liegt. Wohl aber an der Aach, die nichts anderes als das Wasser der jungen Donau enthält. Aber die tritt eben hier unter falschem Namen auf. Die Erklärung dafür findet sich in geologischen Lehrbüchern. Dort befaßt man sich mit dem Phänomen der Donauversickerung, die einen Großteil der jungen Donau schon bald nach Donaueschingen wieder im Boden verschwinden und 40 Kilometer weiter südlich als Aach ganz plötzlich entspringen und letzten Endes durch den Bodensee in den Rhein fließen läßt.

Dabei fängt alles so harmlos an. Die frisch getaufte Donau wird wenige Kilometer nach dem Donaueschinger Schloßpark von einem gewissen Flußbewußtsein erfüllt, das sie zu übermütigen Schlangenlinien veranlaßt – manchmal twistet sie wie ein ausgelassener Teenager durch das Tal. Doch rechts und links an ihren Ufern wurde bereits vor Jahrhunderten und Jahrtausenden Geschichte gemacht. Die schwäbischen Dörfer, deren Fachwerkhäuser ihr hölzernes Balkenskelett ungeniert und ohne Diskretion zur Schau stellen, verheißen vorwiegend landwirtschaftlichen Wohlstand. Darum sind ja auch die stattlichen Misthaufen wie bäuerliche Zunftzeichen vor jedem Haus der Straße zu aufgebaut und versorgen die Gegend mit würziger Landluft. So verwundert es einen kaum, daß hier die Bauern von einem fürstenbergischen Jagdschloß Besitz ergriffen haben: von den Trutzmauern der Entenburg bei Phohren, die eher einer Fluchtburg als einer Basis fröhlichen Jagens gleicht. Früher ärgerten sich leibeigene Bauern, als der Fürstenberg mit Maximilian, dem letzten Ritter, in der Donaulandschaft jagend, durch die Felder streifte, als Wild die Saat zerstörte und die Bauern vor den hohen Herren den Rücken krümmen und die Hüte ziehen mußten. Damals floß die Donau auch dicht um das Gemäuer, heute hat sie sich etwas absentiert. Denn die Entenburg ist zu einer der festesten Scheunen, die es gibt, degradiert worden. Rundherum stolzieren Hühner in einer frisch gemisteten Wiese, und statt Wildentenschreie hört man unfreundliche Hausgänse schnattern.

Die Regeln der Aristokratie, das Verhältnis Herr zu Knecht, die Achtung vor Namen und langen Stammbäumen werden an diesem Fluß im Volksschulalter dennoch gehegt: in Neudingen, dem schattigen Begräbnisplatz der Fürstenberg. Vorsichtig und mißtrauisch betrachtet der greise Kaplan die Fremden, die da die Gruftkapelle sehen wollen. Erst nach längerem Verhör fühlt er sich sicher und beginnt von seinen Herren zu sprechen: von den Fürstenberg, die unter der großen Kuppel dieses Baues aus dem vorigen Jahrhundert schlummern, von den anderen, deren Gräber im friedlichen Park liegen, von ihren Verdiensten, ihren Hausfarben, ihren Orden, ihrem Reichtum, ehrfürchtig im Stil des Hofkaplans, für den nach dem lieben Gott meist gleich der Fürst als nächste Autorität gilt. Selbst für die Scheidungsaffäre Ira von Fürstenbergs und ihre Filmkarriere findet er nur respektvolle Worte.

Aber die Donau bleibt den Fürstenberg nicht. Sie verläßt ihr Territorium, um unzählige andere Fürstentümer und Staatsgebilde, wie sie die Geschichte der Donaulande eben eingeteilt hat, zu passieren. Das heißt, wenn sie nicht versickert. Denn die meiste Zeit des Jahres tut sie das bei Immendingen. Sie verschwindet einfach in den Ritzen und Spalten eines karstigen Flußbetts und läßt an die 300 Tage im Jahr ein trockenes Flußbett zurück, in dem nur einige Pfützen etwas von der Donau wissen und Industrieabwässer Gestank verbreiten. Diese Durststrecke der Donau ist einige Kilometer lang, von Immendingen bis Tuttlingen, dann erhält der Fluß wieder einen Wasserzuschuß aus der Schwäbischen Alb; aber bei Fridingen wiederholt sich das für die Donauanrainer böse Spiel der Natur noch einmal. Die Donau sagt abermals ihren Dienst auf wie ein unzufriedenes Hausmädchen.

Lange Jahre hat man nach den Ursachen geforscht. Schon zu Beginn des 18. Jahrhunderts vermutete ein Gelehrter, daß die Donau vielleicht auf irgendwelchen unterirdischen Wegen in den Bodensee gerate. Am 22. September 1877 um 16 Uhr wurden bei Immendingen 12 Zentner Schieferöl in das Flußbett geschüttet. 60 Stunden später hatte man dann den Beweis. 25 Kilometer weiter südlich in Aach, in der Aachquelle, entdeckte man einen leichten Ölgeschmack. Zwei Tage später wurde der Versuch mit 200 Zentner Kochsalz erfolgreich wiederholt. Die größte Quelle Deutschlands, der Aachtopf, jener große Teich, in dem durchschnittlich 10000 Liter Wasser je Sekunde (manchmal sind es bis zu 25 000 Liter, dann wieder nur 3000 Liter) aus den Kalkfelsen sprudeln oder schießen, ist im Grunde nichts anderes als die irregeleitete junge Donau. Nach genauen Messungen braucht sie für die 12 Kilometer bei einem Höhenverlust von 186 Meter 55 Stunden. Als Aach betreibt sie bald munter Mühlen, E-Werke, Textilfabriken und versorgt auch die Stadt Singen mit Wasserkraft. So begreift man die besorgte Miene des Bürgermeisters von Aach. Die Pläne, den Tuttlingern das Donauwasser auf Kosten der Aach zu erhalten, erscheinen ihm als nicht ungefährlich.

An der Donau hat man schon allerlei probiert. So verstopfen die Tuttlinger Ritzen im Flußbett mit Lehm, Holzpfählen und Beton. Weil früher die Donau dem Staate Württemberg, die Aach jedoch zu Baden gehört hatte, kam es deswegen 1927 sogar zwischen den beiden Ländern zu einem Prozeß vor dem Reichsgericht in Leipzig. Damals wurde entschieden, daß man der Natur nicht ins Handwerk pfuschen dürfe.

Inzwischen sind Baden und Württemberg zum Südweststaat vereinigt worden. 1950, als über diesen Staat eine Volksbefragung durchgeführt wurde, war die Donauversickerung Objekt der Wahlpropaganda. »Soll der Hegau trockengelegt werden?« fragte ein Flugblatt. »Bewohner des Hegau, am 24. September 1950 liegt auch die Entscheidung über die Aachquelle in eurer Hand. Die Südweststaatler versuchen in der Schwäbischen Alb Anhänger dadurch zu gewinnen, daß sie die Bewässerung der Alb durch Ableitung der Donau vor der Versickerung versprechen!«

Die Propaganda war vergebens. Der Südweststaat wurde Wirklichkeit. Und 1967 bewilligte der Stuttgarter Landtag 3,5 Millionen Mark zur Bekämpfung der Versickerung. Durch einen Stollen zwischen Immendingen und Tuttlingen soll das Donauwasser vor der Versickerung bewahrt werden. Gleichzeitig will man jedoch durch mehrere Stauungen und eine entsprechende Regulierung dem Aachtal über die zweite Versickerung bei Fridingen genügend Wasser zukommen lassen.

»Wenn es schiefgeht, dann hat der Staat 3,5 Millionen umsonst ausgegeben«, meint der skeptische Ortsobere von Aach und betrachtet sinnend das Donauwasser, das munter Bodensee und Rhein zustrebt.

3. Kapitel

Wo die Hohenzollern herrschten
Von Beuron über Sigmaringen nach Ulm

Der Morgen tritt in ein Stadium, in dem der Anteil der Nacht noch recht beträchtlich ist. Die Sonne läßt ihr Aufgehen erst ahnen. Und der erste Ton der Glocke ist fast eine Beleidigung der Stille. Keine Glocke, wie sie zu festlichen Hochämtern ruft, sondern eine einfache, leichte, kleine mit dünnem Schlag, für die armen Sünder, für eine Waldkapelle, ein bimmelnder Weckruf. Vier Uhr früh. Die Glocke verstummt. Es bleibt still in dem großen Haus, obwohl in vielen Fenstern Lichter aufflammen. Das Haus erwacht, das Schweigen regiert jedoch weiter. Durch lange Gänge eilen schwarze Gestalten. In den weiten Gewändern mit den Kapuzen über den Köpfen gleichen sie eher Schatten als Menschen. Sie sind schon auf, aber ihr Wesen ist noch nach innen gekehrt oder zu Gott – so wie es die Regel des heiligen Benedikt den Mönchen befiehlt.

Lautlos bewegt sich der schwarze Zug in die Barockkirche. Die Mönche lehnen sich in dem Chorgestühl zurück und greifen nach dicken Gesangbüchern. Ein Vorsänger stimmt an, dann beginnt das Wechselspiel der Psalmenverse, im jahrtausendealten Gebetsrhythmus, wie zu dieser Stunde täglich in unzähligen Klöstern in der ganzen Welt zum Lob Gottes und des neuen Tages.

Ein Morgen im Donautal, ein normaler Morgen im Kloster. Im ersten Kloster jener langen Reihe von Gotteszitadellen, die zu dem Strom gehören wie Schleusen und Schiffe, wie Häfen und Brücken. Ein Morgen in der Erzabtei Beuron.

Die Donau hat bereits ihre erste Bewährungsprobe bestanden. Nach dem Seitensprung mit Bodensee und Rhein hat sie ihre Identität wiedergefunden, sich nun endlich flußgemäßen Tätigkeiten zugewandt und sofort ein anscheinend unlösbares Problem gelöst. Das gemütliche Flüßchen, gerade stark genug, die ersten Miniaturkraftwerke zu treiben, hat die Herausforderung der Schwäbischen Alb angenommen – und ihre Barriere aus weißem Juragestein frech durchbrochen. Die Arbeit währte wohl einige hunderttausend Jahre, aber sie ist gelungen. Die Leistung ist beachtlich, das Resultat: ein selbstgeschneidertes landschaftliches Ausgehkleid – das Maß dafür wurde nicht an der bescheidenen jungen Donau genommen, sondern an dem künftigen Strom, der es noch mit Alpen und Karpaten aufnehmen wird. Die Donau sagt hier zum erstenmal, wer sie ist, sie stellt sich vor – und der erste Eindruck ist unvergeßlich. Von weitem erscheinen die Jurafelsen unüberwindlich, und auf einmal tun sie sich auf, vom Fluß bezwungen. Ein Felsenstadion umschließt den Betrachter, eine Arena für Raubritterromanzen oder Karl-May-Spiele, ein Festsaal der Natur, ein Auditorium für den Massenchor unzähliger Vogelstimmen. Aber in den Wänden gibt es weder Sitze noch Stehplätze, nur die Straße, die in den Fels gehauen ist und durch einen vom Sturm arg zerrauften Wald auf die vom Strom so jäh durchbrochene Hochebene führt. Vom senkrechten Abfall des flachen Landes aus schaut man in den Kessel hinunter, in dem tiefgrüne Wiesen und gelbe Getreidefelder die Schroffheit der Wände mildern. Für den Fluß scheint es hier keinen Ausweg zu geben. Er ist durch seine eigene Kühnheit in die Falle gegangen. Der Eindruck täuscht. Die Donau kennt ihre Richtung und ihre Bestimmung. Der Jurakalk ist nicht zäh genug, sie festzuhalten.

Beuron ist ein geistiges Zentrum, Sammelplatz für Gläubige und manchmal auch Ungläubige, ein Ort, den man aufsucht, um Ruhe zu finden, ein Platz, der diese Mittelpunktfunktion der bedeutenden Klöster der Vergangenheit noch immer oder schon wieder ausfüllt.

Die Donaufahrt vermittelt Begegnungen mit Zwiefalten, Obermarchtal, Elchingen, Weltenburg, Metten, Niederalteich, Melk, Göttweig, Klosterneuburg und was es an prunkenden, manchmal auch protzenden, gewaltigen, reichen und armen Donauklöstern noch gibt. Viele sind lebendig geblieben, andere sind – obwohl äußerlich intakt – nur Klosterruinen. Durch die Säkularisierung haben sie ihre innere Substanz verloren. Durch jenen von Napoleon bestimmten Staatsakt, der den papierenen Namen »Reichsdeputationshauptschluß« führt. Für die deutschen Lande bewirkte er unter anderem das, was Joseph II. in Österreich bereits mit Erfolg vorexerziert hatte: Aufhebung der Klöster, Verfall ihrer Güter zugunsten der Landesherren.

Dieses denkwürdige Dokument, das auch im deutschen Donautal der Geschichte vielfach einen neuen Lauf diktiert hatte, wurde am 25. Februar 1803 erlassen. Von vielen Klöstern ist seither nur noch die Barock- und Rokokoschale geblieben, ohne den Kern des täglichen Betens und Arbeitens einer Schar frommer Männer, die glauben, daß nicht alles wichtig ist, was für die meisten Menschen Gewicht hat.

Die Beuroner Landesherren, die Sigmaringer Hohenzollern, napoleonische Musterschüler, hatten die Augustiner-Chorherren sogar schon einige Monate früher, im Dezember 1802, auf die weite Reise geschickt. Im Gegensatz zu vielen anderen Abteien wurde Beuron aber nach 60 Jahren wieder dem Schlaf entrissen. Mutige Benediktinerpatres wagten den Versuch. Er gelang. Hier, an der jungen Donau, wuchs eine Erneuerungsbewegung, die eine Renaissance des Mönchtums in Deutschland auslöste. Die Erzabtei Beuron selbst ist heute Heimstätte von 150 Mönchen und Laienbrüdern und Mutterkloster der Beuroner Kongregation, der neben dem berühmten Maria Laach in der Eifel eine Reihe deutscher Klöster, Seckau in der Steiermark und das erst 1949 von Beuron aus gegründete Prioriat Las Condes in Chile angehören.

Da die Klöster für den Lauf der oberen Donau so etwas wie geistige und geistliche Staustufen sind, tut ein kurzer Blick hinter die Mauern des ersten Donauklosters gut – zur »Enthüllung« der »Geheimnisse« des Tagesablaufes einer Gemeinschaft, deren Uhren ein wenig anders gestellt sind als sonstwo in der Welt. Die Entdeckungsfahrt in *diese* Welt beginnt an der Klosterpforte. Die Pforte ist keine Pforte, sondern ein breites, offenes Tor zu einer Art klösterlichem Wartesaal, in dem gerade ein Pater Ausflüglern die Bedingungen für den Erwerb einer Fischkarte erläutert, Eltern ihren Sohn erwarten, der an der theologischen Hochschule der Abtei studiert, ein Universitätsprofessor aus Göttingen eines Kollegen im Mönchsgewand harrt, Besucher in Sprechzimmer geleitet werden und die erste Verständigung mit dem Gastpater über eine Gegensprechanlage stattfindet.

Für Gäste hat man in den Klöstern stets offene Arme und freie Zimmer. Auf dem Tisch des einfachen Gastzimmers liegt neben der Bibel, einigem Material über Beuron und der Hausordnung auch die Regel des heiligen Benedikt: ein dünnes Büchlein, vor 1400 Jahren in Italien geschrieben, noch heute gültig. Ihr ist das Leben hier untergeordnet, der ganze Tag, der schon um 4 Uhr 15 mit den Vigilien, der Nachtwache der Mönche, in der Kirche beginnt. Nach den Frühmessen wird die Arbeit der Mönche auch untertags immer wieder von dem Glöckchen unterbrochen, das zu den verschiedenen Gebetsstunden ruft. Daneben aber herrscht auch in den langen Gängen des Klosters, im Garten, in den Zellen und Sälen ein emsiges Treiben. Jeder Pater hat sein Amt, seinen »Job«, seine Aufgaben: Die einen tun als Seelsorger Dienst zur Aushilfe in Nachbarpfarren, zur Betreuung der Wallfahrer, als Exerzitienleiter. Andere befassen sich mit Gott auf höherer Ebene – in der ersten Universität an der Donau, als Professoren und Dozenten im Beuroner theologischen Seminar, in dem junge Mönche auch aus anderen Abteien zu Priestern herangebildet werden. Eine Katechistinnenschule »produziert« Religionslehrerinnen am laufenden Band. Zum Nachschlagen und Nachlesen sind für die wissenschaftlich arbeitenden Mönche in dem das alte Kloster überragenden neueren Bibliotheksbau 200000 Bände geschlichtet – und für weitere 200000 ist noch Platz. Die Beuroner Benediktiner brüten jedoch nicht nur in Studiersälen und engen, sparsam eingerichteten Zellen über dickleibigen Wälzern. Für die Forschung hat man in Beuron fast so etwas wie ein Laboratorium eingerichtet: das Palimpsestinstitut und das Vetus-Latina-Institut. Mit diesen beiden Gelehrtenwerkstätten steht Beuron in jedem Lexikon. Fluoreszenzfotografie und andere neuartige Methoden werden benutzt, um aus einem mittelalterlichen Pergament zwei oder mehr zu machen. Pergament war nämlich knapp und teuer, so daß schon beschriebene Stücke wieder abgeschabt oder einfach übermalt wurden. Diesen Schriften, Palimpsesten, entlocken nun die Beuroner mit Hilfe verschiedener fotografischer Verfahren verschollene Texte und diverse Geheimnisse längst vergangenen Schreibens: eine literarische Röntgenklinik.

In der Vetus Latina geht man dagegen der Bibel auf den Grund. Aus Bibelfragmenten bei den Kirchenvätern und anderen uralten Texten will man die frühen lateinischen Fassungen der Bibel rekonstruieren – aus der Zeit, bevor die Vulgata, die Übersetzung des heiligen Hieronymus, von der Kirche als allgemeingültige Version übernommen wurde. Wissenschaftler im Mönchshabit als Bibeldetektive, mit der Erschwernis, daß ihr Fall nicht erst einige Tage oder Jahre alt ist, sondern beinahe zwei Jahrtausende zurückliegt. Im Laufe der Zeit sollen etwa 35 Bände Frucht der Arbeit sein – der Band für mehrere tausend Mark. Dennoch warten Universitäten, Bibliotheken und Bibelspezialisten in aller Welt auf jede Neuerscheinung wie normale Bücherkonsumenten auf einen aufregenden Bestseller.

Während man sich in der Vetus Latina an einem Büchermarkt für Ewigkeiten orientiert, richtet sich der Beuroner Kunstverlag eher nach dem Tagesbedarf. Die Erzeugnisse des Verlages – Kunstdrucke, Karten usw. – können heute allerdings nicht mehr wie früher unter dem Sammelnamen »Beuroner Kunstschule« verkauft werden. Denn die einst berühmte Schule hat nichts mehr zu lehren gewußt. Im Kloster und in der Kirche begegnet man noch den herbsüßlichen, byzantinisch verbrämten, steifen Heiligen- und Engelsgemälden und -statuen, mit denen im vorigen Jahrhundert Beuroner Malermönche dem frommen Kitsch den Kampf angesagt hatten. Der strenge Kanon dieser Künstlergemeinschaft – rund um den Maler Desiderius Lenz hatte sich damals eine Gruppe religiöser Künstler der Ordensregel unterworfen – wurde vom schöpferischen Individualismus jüngerer Generationen überwunden. Geblieben sind die Werke dieses weit über Beuron hinaus gerühmten kirchlichen Jugendstils. (Daß der Festsaal der Abtei in reinem Jugendstil gestaltet wurde, geschah bestimmt nicht zufällig.)

Beuron hat sich aber noch einer anderen Kunst verschworen: der Kunst, den Gottesdienst in Vollendung zu feiern, der Liturgie im Verein mit dem gregorianischen Choral höchste Schönheit und Pracht zu verleihen. Das Erlebnis eines Sonntagsgottesdienstes zeugt dafür. Daneben blüht auch die Kunst im Kleinen, nicht nur, wenn die Orgel aufrauscht, nein, auch dann, wenn die Laienbrüder zur Verschönerung der Fronleichnamsprozession oder des Kirchweihfestes mit ihrer Blaskapelle ausrücken.

Beuron ist eben doch nur ein Dörfchen mit etwa 500 Seelen, zwei Hotels, einigen Läden, der Bahnstation, mit dem Kloster und allem, was dazugehört: ein Dorf, aber ein Staat für sich, abgeschlossen, selbständig, inmitten von 100 Hektar Landwirtschaftsfläche, die das Kloster auch zum Selbstversorger machen. Darum braucht die Erzabtei auch alles, was zu so einer Gemeinde gehört – von der Freiwilligen Feuerwehr (aus den Laienbrüdern gebildet) bis zu den geistlichen »Managern« in der Verwaltung und Leitung der Ökonomie, die genauso wie ihre weltlichen Kollegen Bilanzen, Steuererklärungen und Gewinn- und Verlustrechnungen beherrschen müssen.

Vor 300 Jahren hat in der Nachbarschaft ein Mann den Reichtümern der Welt entsagt, um der Welt Reichtümer des Wortes zu schenken. Dabei ist der Mann auf der Hochebene über der Donau in einem recht weltlichen Gasthaus in der Dorfwirtschaft »Zur Traube« in Kreenheinstetten aufgewachsen. Dort ist eine gemütliche Ecke jenem Mann gewidmet, dessen Predigten den Wienern manchmal die Gemütlichkeit ausgetrieben haben: Abraham a Sancta Clara, dem Barfüßer-Augustiner. Als Ulrich Megerle wurde er 1644 ins Kreenheinstettener Taufbuch eingetragen. In dem nun 400 Jahre alten Wirtshaus hat er seine Kindheit verbracht und sein Vokabular bei deftigen schwäbischen Biertischdiskussionen bereichert. Zu einem barocken Sprachvulkan entwickelte sich der junge Mann aus Kreenheinstetten erst später: als Hofprediger in Wien, dessen Predigten uns als Echo von Pestzeit und Türkennot erhalten sind, aber auch als ein literarischer Schatz, als Zeugnis eines drastischen Kreuzzuges gegen Luxus, menschliche Schwächen und gottfernes Leben.

Die Statue Bruder Abrahams vor der Kirche hat auch einen schimpfenden Gestus. Und man vermeint den wortgewaltigen Schwaben donnern zu hören: »Schaut, meine Wiener! Der sterblichen Wampen, dem futtergierigen Schmerbauch, diesem üppigen Märzenkalb, diesem verkleideten Sautrog, dem Leib, schlagt man nichts ab, es koste, was es wolle. Alle Elemente müssen spendieren: Ob der Erde die Vögel, auf der Erden die Tiere, in der Erden die Wurzeln müssen diesem aus Erde gepappten Dalken zu Dienst sein, es koste, was es wolle. Pfeffer von Callecuth, Nagele von Molucco, Zucker aus Dandia, Ambra aus Presilia muß er schlecken und schmecken, es koste, was es wolle. Eigene Landesspeisen sind nimmer Brauch. Der Wein im deutschen Grund gehört für eine Bauernhochzeit; Fisch aus süßen Flüssen machen einem Grausen, bald wird man fragen, ob derjenige Fisch noch lebe, in dem der Jonas logiert; bald wird man nach indischen Bachstelzen auf der Post schreiben, bald wird die Schleckerkunst also wachsen, daß man aus Zeiselhirn wird Baffesen backen; bald wird man die Spannsau mit Zucker mästen, es koste, was es wolle...«

Fast eine Stimme von heute, ein scharfer Kommentar zu aktuellen Erscheinungen, die in dem Schlagwort »Edelfreßwelle« zusammengefaßt werden! Abraham a Sancta Clara war einer jener vielen großen Geister, deren Lebensweg dem Fluß der Donau parallel verlief. Der Strom hat ihm die Richtung diktiert, ihn in die Donaustadt geleitet, nach Wien. So wie seine Landesherren, die Hohenzollern, zwei Jahrhunderte später ebenfalls donauabwärts gestrebt sind, noch weiter als nach Wien, und Rumänien zwei Könige geliefert haben.

Hohenzollern assoziiert man zuerst mit Preußentum und Protestantismus, mit Friedrich dem Großen und Wilhelm II. Die Hohenzollern an der Donau sind aber katholisch und nie mehr als Fürsten gewesen. Ihrem stolzen Namen haben sie noch, wie eine Ortstafel, »Sigmaringen« angehängt – ihre Residenz, ihre Burg.

Sigmaringen – ein steiler Felsen hebt eine Märchenburg hoch über die Donau empor, nicht genau das, was man sich unter einer originalen Ritterburg vorstellt, sondern ein Gebilde, wie es aus den Märchenbüchern des vorigen Jahrhunderts in die Träume unzähliger Kinder eindrang: mit spitzen Türmen und Türmchen, Zinnen und Zacken, aber doch nicht zu bedrohlich, ein wenig Lebkuchenhaus und Baukastengotik, Lesebuchrenaissance und Burgfräuleinromantik der Dreigroschenhefte; dazu ein Städtchen, das sich noch mehr als Donaueschingen auf seine Fürsten zugute hält, und natürlich wieder alle Attribute der Residenz – Hoftheater (man spielt gerade den ›My-Fair-Lady‹-Film), Hofbüchsenmacher, Hofschuhmachermeister usw. – aufweist, samt dem noch wohl konservierten Bürgerstolz, einem Gemisch aus Arroganz und Unterwürfigkeit, wie es den Untertanen eines Fürsten wohl ansteht. Dazu kommt eine tiefe Sehnsucht nach der Vergangenheit, in der die Werte noch nicht so verschoben waren wie heutzutage. Schreibt doch ein Historiker der Stadt über die Glanzzeit Sigmaringens vor dem Ersten Weltkrieg: »Zu großen Hof- und anderen Festen, Kaiserbesuchen, Veranstaltungen und Tagungen von weitgespannter Bedeutung gab sie jahraus, jahrein einen würdigen Rahmen. Die Beziehungen des Fürstenhauses zu den Höfen ganz Europas machten die Stadt zu einem internationalen Treffpunkt. Das kulturelle und gesellschaftliche Leben erhielt durch den Hof, die staatliche und fürstliche Beamtenschaft, ein selbstbewußtes Bürgertum und ständige Gäste die vielseitigsten Anregungen. Wenn alte Sigmaringer aus jenen Jahren erzählen, von den bunten Uniformen, welche das Straßenbild beherrschten, dem Marstall mit seinen rassigen Pferden, den bei allem Respekt so freundlichen Beziehungen aller Kreise unter sich und zum Fürstenhaus, so kommt es der jüngeren Generation wie ein Märchen vor.«

An diesem Märchen hängt man im sauberen Sigmaringen noch. Wie ein Schrei aus einer brutalen, noch nicht lange verwehten Wirklichkeit mutet einen dagegen eine andere Beschreibung Sigmaringens an, die vor wenigen Jahren entstanden ist:

»Sigmaringen... was für ein pittoresker Aufenthalt!... als wäre man in einer Operette... ein höchst gelungenes Bühnenbild... Sie hätten dort Soprane und leichte Tenöre erwartet...

und fürs Echo war der ganze Wald da!... zehn, zwanzig bewaldete Berge! Der Schwarzwald, Tannenforste, Wasserfälle... die Hochfläche, die Bühne, die ganze Stadt, alles so hübsch poliert, rosa, grün, ein bißchen Bonbonfarbe, Kneipen, Gasthöfe, Läden, alles verschroben wie für eine ›Inszenierung‹... Für uns da, muß ich sagen, war die Gegend traurig... Für uns da in den Dachkammern, Kellern, unter den Treppen, ausgehungert, gab's keine Operette – das können Sie mir glauben! Ein Plateau von zum Tode Verurteilten!... 1142!... ich wußte die Zahl ganz genau... Gucken Sie mal das Schloß an: Stuck, Bastelei, Stilmischmasch, Türmchen, Kamine, Wasserspeier... kaum zu glauben... ein Superhollywood! alle Epochen... Verdammte Hohenzollernwiege! Sakra! Wie es da oben auf seinem Felsen aufgepflanzt lag!... Horst, Wiege der stärksten Zucht von durchtriebenen Raubwölfen Europas! Eine ulkige Hochburg!... denken Sie mal, es würde umgekippt... die wurmstichige Bruchbude... das Gleichgewicht dauert nicht ewig! es wird in die Donau fallen!... das Schloß und die Bibliothek! die Labyrinthe! die Holztäfelungen und das Porzellan und die Verliese! in die Soße! mit allen Erinnerungen!... und allen Teufelsfürsten... und -königen! ins Delta da unten! ... ach, die so wütende reißende Donau! wird alles mitreißen... ach, ›blaue Donau‹!... kann mich mal!... ungestümer, zornbrausender Fluß, reißt alles fort, das Schloß und seine Glocken ... und alle Dämonen... Hohenzollern, Gangster der Donau!...«

Verständlich, daß die Sigmaringer mit dieser Beschreibung ihrer Stadt, ihres Schlosses und ihrer Fürsten nicht viel anzufangen wissen. Auf die Frage, was es über Sigmaringen für Bücher gebe, sagt der Schloßbibliothekar: »Ja, da ist dann noch so ein Buch von einem Franzosen, Tseline oder wie er heißt, etwas verworren, recht eigenartig.« Der Hüter fürstlicher Bücher spricht von Louis-Ferdinand Celine und dessen autobiographischem Roman ›Von einem Schloß zum andern‹, aus dem das Zitat stammt. Für Celine, den Arzt und Dichter (›Reise ans Ende der Nacht‹), wurde Sigmaringen zur Hölle. Er gehörte zu den Franzosen, die im Sommer 1944 dem Präsidenten des Vichy-Frankreich, Marschall Pétain, ins Exil nach Sigmaringen gefolgt waren. Er hatte hier die Ohnmacht der einstmals Mächtigen ausgekostet, Haß, Verachtung und Bitterkeit, Neid, Intrigen und Angst ums nackte Leben, die gespenstische Existenz in einer Scheinwelt, die letzte Manifestation eines politischen Irrtums.

Celine selbst mußte für seine Haltung im Gefängnis büßen. All seinen Abscheu vor dieser Welt entlud er in seinem Buch, deshalb auch die poetischen Haßgesänge auf Sigmaringen und die Hohenzollern, die in dieser Geschichte selbst auch nur Leidtragende waren.

Bei der Schloßführung sind keine Pétain-Reliquien zu sehen, nur die Appartements, in denen Pétain und Laval vom August 1944 bis März 1945 gelebt haben, wurden nicht verändert. Im Josephinenstift aber, einem fürstlichen Altersheim, empfängt ein über 80 Jahre alter rüstiger Preuße, genauso steif und aufrecht wie die Hohenzollernfürsten auf den Sigmaringer Denkmalsockeln. Der fürstliche Leibjäger Kreis war in den letzten Kriegsjahren Schloßverwalter, also für Pétain, Laval und Gefolge Hausherr. Ihm ist wie vielen Bediensteten großer Häuser ein Stück des Adels in die Knochen gefahren. In seinem kleinen, ebenerdigen Zimmer sitzt er da, im dunklen Anzug mit zugeknöpfter Weste, weißem Hemd, mit dunkler Krawatte und feierlicher Miene – so als ob er jeden Moment seinen Herrn, den Hohenzollern, erwarten würde. Doch niemand anderer ist angesagt als die Schwester mit dem Abendessen. So reserviert er für den unangemeldeten Gast eine Haltung, wie sie seiner Meinung nach auch der Fürst zur Schau tragen würde.

Dann erzählt er aus jenen Tagen, in denen Schloß Sigmaringen noch einmal aus dem Schwarzweiß der Hohenzollerischen Hausgeschichte in die vielfarbene Turbulenz der Weltgeschichte gedrängt wurde, als von dem Schloß aus ein Land regiert wurde, das nicht mehr zu regieren war, von einer Regierung, die gar nicht regieren durfte, ja zum Teil nicht einmal regieren wollte. Die Franzosen waren nämlich untereinander gründlich zerstritten und in drei rivalisierende Parteien zerspalten. Pétain selbst betrachtete sich zu diesem Zeitpunkt lediglich als ein Gefangener der Deutschen und weigerte sich, irgendwelche Funktionen auszuführen.

»Es war im Spätsommer 1944«, erinnert sich der alte Herr. »Plötzlich kam ein Anruf aus Stuttgart. Die fürstliche Familie habe das Schloß binnen vierundzwanzig Stunden zu räumen, weil hier Marschall Pétain« (der alte Herr sagt »Peteng«) »eingewiesen würde. Der Fürst war empört. Er protestierte beim Gauleiter. Vergeblich. Der fürstlichen Familie wurde ein Stauffenberg-Schloß zugesprochen – die Stauffenberg hatte man vertrieben, weil sie mit dem 20.-Juli-Attentäter verwandt waren. Dann kam eine Wagenkolonne an: begleitet von SS-Offizieren, mehrere Herren in Zivil – Marschall Pétain und Laval mit ihren Frauen, ein General des französischen Heeres, ein Luftwaffengeneral, ein Admiral, der deutsche Botschafter in Vichy, ein Arzt. Alle waren wirkliche Herren. Pétain erhielt die Gemächer der Fürstin, sie dienen heute als Gästezimmer. Laval wurde einen Stock tiefer in den Josephinenräumen untergebracht. Ich hatte mit den Herren nicht viel Kontakt, aber sie waren immer freundlich und zuvorkommend. Laval ging viel spazieren, seine Frau kaufte in der Stadt ein. Pétain hielt sich zurück. Er wollte damit dokumentieren, daß er nicht frei sei. Als mir der Fürst sagte, ich sollte Pétain das Gästebuch vorlegen, da blätterte der Marschall lange darin, las viele Namen, auch den Wilhelms II., schüttelte dann aber den Kopf: ›Nein, ich kann nicht unterschreiben. Ich bin hier kein Gast, ich bin Internierter.‹ Kurz vor Kriegsende mußten die Franzosen dann plötzlich weg. Am Abend kam die Weisung, sie hätten um vier Uhr früh zum Aufbruch fertig zu sein. Ich blieb die ganze Nacht auf. Schließlich war allerhand Begleitpersonal dabei, und ich mußte aufpassen, daß nichts gestohlen wurde. Wir haben ja so viele wertvolle Stücke im Schloß stehen. Der Marschall verabschiedete sich recht herzlich von mir und bedankte sich für alles. Dann fuhren sie ab . . .«

Der Leibjäger verschränkt die Hände vor der Brust. Sein Blick verliert sich in der Vergangenheit. Und er verstrickt sich weiter im Gewebe untertänigster Reminiszenzen aus seiner Dienstzeit. Er schwärmt von den Festen in dem Donauschloß, von hochgeborenen Gästen und von den Fischadlerjagden im Donaudelta. »Wir waren tagelang mit der Jacht des rumänischen Königs unterwegs. Die Trophäen hängen noch im Schloß . . .« Sie sind gleich neben den Trophäen Hohenzollerischer Jagden nach Einfluß und Kronen ausgestellt. Hohenzollernmacht, Hohenzollernreichtum spiegeln auch die Sammlungen alter deutscher Meister, niederländischer Gobelins, mittelalterlicher Rüstungen und exotischer Waffen wider. In den Vitrinen liegen einige Stücke von Völkern, die einmal an der Donau residiert haben: Ein goldener Helm blieb von einem Alemannenhäuptling des 7. Jahrhunderts, und Reifen, Schmuckstücke, Schwerter und anderer wertvoller Kleinkram der Vorgeschichte werden noch ein Millennium früher datiert. Sie gehörten einst den Keltern, die zwischen 800 und 400 vor Christus den strategischen Wert der Donau erkannt und zu nutzen gewußt hatten.

Es war zwar nicht der wenig einladende Hohenzollernfelsen von Sigmaringen, der sie verlockte, sondern es waren die milden Kuppen über der Donau, die sich vom Hohenzollernnest weiter gegen Riedlingen erstrecken. Die abgeflachten Höhen über dem zahmen Fluß deuten schon an, daß hier Menschen die Natur verändert haben. Auf dem Gipfel des Tafelberges am linken Donauufer, nicht weit von einem Flecken mit dem lieblichen Namen Hundersingen, verbergen sich Mauerreste, die den Archäologen heute noch eine gewisse Denkarbeit abnötigen. Hier im Donauland, in der sogenannten Heuneburg, hat vor zweieinhalbtausend Jahren vermutlich ein griechischer Baumeister einem auf großem Fuß lebenden keltischen Fürsten eine Festung errichtet, wie man sie sonst nur aus südlicheren Breiten kennt – die erhaltenen Mauerreste des Rundwalls sind nämlich nicht aus Stein, sondern nach griechischem Vorbild aus Lehmziegeln aufgeführt worden. Aus dem Schutt der Jahrtausende gruben die Archäologen Bronzekrüge aus Rhodos, Trinkbecher aus Attika, Amphoren aus der Provence und manch anderes Stück aus, das uns den Reichtum der unbekannten Herren der Heuneburg überliefert. Selbst im Tod wollten sie alles bisher Dagewesene übertrumpfen. Nicht weit von der Burg am »Hohmichele« wurde 1937, als auch Deutschlands Vergangenheit verstaatlicht war, von SS und Arbeitsdienst der größte keltische Grabhügel Mitteleuropas freigelegt und ausgekundschaftet.

Unberührt von Archäologie und Geschichte plätschert die Donau weiter zwischen grünen Wiesen und wechselt ihre Gestalt je nach Biegung, Wehr, Brücke, Dorf oder Gefälle vom friedlichen Flüßchen dritten Ranges zu einem ruhigen Gewässer oder einer feuchten Illustration schattiger Uferpromenaden. Das Donautal hat seit eh und je Kaisern, Königen, Fürsten, Heerführern und Politikern automatisch eine Marschroute geliefert, egal, ob es nun darum ging, Reitergeschwader zu dirigieren, moderne Truppen zu verschieben oder, nur auf dem Papier, diplomatische Gefechte zu liefern. Das winzigste Wegstück eines großen Stromes enthält eine Spur vom Ganzen. Jeder Strom bildet von der Quelle bis zur Mündung einen einheitlichen Körper. Darum ist es nichts Besonderes, daß sich im oberen Donautal in den siebziger Jahren wieder verschiedene Heerstraßen kreuzen. Auf den Straßen begegnet man den graugrünen Kolonnen der NATO-Truppen: Wie früher Römer, Kelten, Germanen und Franken, so ziehen nun Franzosen, Deutsche und Amerikaner dieselben historischen Bahnen.

Auch in Riedlingen begegnen einem in der Früh zuerst einmal Soldaten. In diesem Donaustädtchen, dessen Fachwerkszenerie als Hintergrund für die Prügelszene aus den ›Meistersingern‹, als Kulisse für altdeutsche Balladen und treudeutsche Handwerksgesänge errichtet zu sein scheint, hält gerade eine Kolonne kampfbereiter Bundeswehrsoldaten an. Ein Offizier springt aus dem letzten Jeep und entfernt eine handgeschriebene Richtungstafel gegenüber der Kirche. Sie wurde wahrscheinlich von einem Vorkommando angebracht. Der Stadtbrunnen murmelt trotz des kriegerischen Geschehens unverdrossen in sein Becken, und die Riedlinger gehen in den von unten aufsteigenden Donaunebeln ihren Geschäften nach. Ein Plakat der Polizei mit der drohenden Zeile ›Raubmord in Freiburg‹ schreckt sie nicht aus ihrer behäbigen Beschaulichkeit, die sie selbst in der Morgenhast bewahren.

Denn Riedlingen ist ein Städtchen, in dem die Zeit stehengeblieben ist. Die Jahrhunderte, die Kriege und die verschiedenen politischen Systeme haben den Mauern, Toren und Türmen kaum etwas anhaben können; auch nicht den Fachwerkhäusern, deren Spiegelbild die Donau mit Gitterfenstern versieht. Die ›Riedlinger Zeitung‹ meldet an diesem Tag im April triumphierend die letzte Sensation: Das Storchenpaar, das sonst stets früher aus dem Süden zu den Riedlinger Schornsteinen zurückkehrt, ist endlich eingetroffen. Die Stadt ist einer großen Sorge ledig. Die Bürger können sich geruhsam Gesprächen über die Viehauktion und den Fohlenmarkt, den größten Süddeutschlands, zuwenden. Ihr breites Schwäbisch macht aus jedem »ist« ein »ischt«, aus ihrer Stadt ein »Städtle«, aus jedem Haus ein »Hüsle« und aus Teigwaren »Spätzle«. Der Doppeladler über dem Stadttor stempelt die Riedlinger Schwaben jedoch zu ehemaligen Untertanen der Habsburger. Im Fleckerlteppich der deutschen Geschichtslandschaft hatte das Geschlecht, dem die Donau ein zweiter Blutkreislauf war, seine Vorposten schon bald nach der Quelle. Nachdem die Habsburger Sigmaringen an die Hohenzollern vergeben hatten, war Riedlingen durch Jahrhunderte ihre vorgeschobene Donauposition – wenn sie, in Geldnöten, die Stadt nicht gerade an eine finanziell besser gestellte Familie verpfändet hatten. Trotz dieser das Wohl der Bürger nicht gerade fördernden Transaktionen wird die Habsburg-Vergangenheit, der Napoleon eine württembergische Zukunft folgen ließ, von geschichtskundigen Riedlingern gehegt und hochgehalten. »Wir sind bis heute etwas anderes als die schwäbischen Städte, die nichts mit Wien zu tun hatten«, heißt es im Rathaus, und vermutlich meinen die Riedlinger damit ihre Lebensart.

Barocke Größe vermittelt ein kleiner Abstecher, wenige Kilometer von der Donau weg, nach Zwiefalten und Obermarchtal. Farbentaumel eines barocken Universums in den Kuppeln, dazu die zarte Begleitung weißer Stuckharmonien und die expressive Dramatik der hellglänzenden Marmorakteure des Spieles vom Sieg über den Tod auf der Kanzel – das ist Zwiefalten, die alle Glaubenssätze zum Himmel jubelnde Kirche der Benediktiner.

Barocke Frömmigkeit in Weiß und Gold, noch nicht so gewagt und ausgelassen wie das später entstandene Nachbarkloster, dominiert in Obermarchtal bei den Prämonstratensern. Hier wie dort war jene Schar von Baumeistern, Architekten, Bildhauern und Stukkateuren am Werk, die entlang der Donau so etwas wie den grandiosesten Verschönerungsverein der Welt gebildet hatte. Ende des 17. und im 18. Jahrhundert haben sich Fürsten und Äbte in einem herrlichen Komplott verschworen, die Donau zum Strom des Barocks zu erheben. Und sie engagierten von Beuron bis nach Wien und noch weiter hinunter nach Ungarn die besten Künstler ihrer Zeit und ihres Raumes für diese Aufgabe. In Zwiefalten sind es Johann Michael Fischer, der Riedlinger Meister Josef Christian und der Wessobrunner Stukkateur Johann Michael Feuchtmayer, in Obermarchtal die Vorarlberger Gebrüder Thumb und Franz Beer.

Die Mönche hatten ihre Empfangssäle für Gott vollendet und wurden vertrieben. In Obermarchtal zogen die Postmeister des Heiligen Römischen Reiches ein, die Fürsten Thurn und Taxis – sie hatten dafür Besitzungen am linken Rheinufer aufgeben müssen. Eduard Möricke huldigte 1831 der Familie und den Gärten rund um das ehemalige Kloster: »Wie feierlich rauschen die Wipfel der schlanken Forchen! Man glaubt den Adel jenes edlen Fürstenhauses in der Bewegung dieser Zweige zu erkennen.« Heute wird die Thurn- und Taxische Präsenz durch ein Schild der fürstlichen Bierbrauerei markiert.

Und in Zwiefalten? Auch dort mußten die Benediktiner ihre Bündel schnüren. Heute sitzt man gegenüber der Kirche auf einer steinernen Bank, noch berauscht von dem Tanz der Fresken und den Bewegungen des Kirchenraumes. Auf einmal öffnet sich ein Hoftor, und mehrere Männer in schäbigem Arbeitsgewand schieben und ziehen einen Karren. Sie reden nicht, nein, sie lallen nur, unartikulierte Laute dringen aus ihren Kehlen, die Männer grinsen einen an und deuten mit den Händen, dann schließt sich ein zweites Tor hinter ihnen. Die Vollkommenheit des Bauwerks wird durch diese spukhafte Erscheinung zerstört, wie ein Spiegel, durch den ein Sprung läuft. Die Harmonie zerbricht in einer Dissonanz. Zwiefalten ist seit 1812 Irrenanstalt.

Die Donau spült die dunklen Gedanken wieder weg. Noch ein Blick zurück nach Riedlingen: Außerhalb der Mauern ist eine regelmäßige Siedlung entstanden, mit kleinen Grundstücken vor jedem Haus, fast wie ein eigenes Dorf. Nach 1945 haben sich hier Schwaben aus Ungarn niedergelassen, Flüchtlinge, die mit ihren von struppigen Pferdchen gezogenen Panjewagen die Donau entlang nach Deutschland getreckt sind. Ein großer Kreis hat sich in tragischer Weise geschlossen. Denn die Ausfahrt der Vorväter dieser Zwangsheimkehrer hat 200 Jahre früher in der ersten großen Stadt an der Donau, in Ulm, begonnen.

4. Kapitel

Bürger, Schiffer und Soldaten
Ulm

»Von Ulm aus zogen deutsche Siedler im 18. Jahrhundert auf der Donau nach dem Südosten Europas. Ihre Nachfahren kehrten nach dem Zweiten Weltkrieg, vom Schicksal aus der Heimat vertrieben, in das Land ihrer Väter zurück.« Diese Inschrift – ein metallenes Kreuz und ein stilisiertes Boot auf einem Gedenkstein – wird zur Kurzformel für eine Tragödie, die Hunderttausende betroffen hat oder noch immer betrifft, die Tragödie der Donaukolonisation. Hier, unter den strammen ziegelroten Wällen der einstmals freien Reichsstadt Ulm, sind die Auswanderer aufgebrochen, die dem Ruf Prinz Eugens, Maria Theresias und Josephs II. gefolgt waren, um das den Türken abgerungene leere Land in Ungarn, im heutigen Jugoslawien und Rumänien zu besiedeln. Hier haben Schwaben, Lothringer, Pfälzer, Elsässer, und woher sie noch überall gekommen sind, die in Ulm gebauten Schiffe bestiegen und die Fahrt ins Unbekannte gewagt. In Ungarn und auf dem Balkan nennt man sie deshalb alle Schwaben. Und »Donauschwabenufer« heißt auch die Promenade mit dem Denkmal: Bänke, schattige Wege, hohe Bäume, Blumenbeete, eine Schmuckpackung für die Donau, die hier durch den Zufluß der kalten, grünen Iller aus den Alpen und der sanfteren Blau aus der Schwäbischen Alb an Breite zunimmt und zu einer stattlichen Wasserstraße wird.

Wo die Ulmer heute ihre Hunde spazierenführen, junge Leute ihre Rendezvous vereinbaren und Ruderer mit ihren Booten anlegen, da haben die Leute von den Schwabenzügen Pferdewagen, Binkel und Säcke, Ziegen und Kühe auf die festen Schiffe verfrachtet. Sie schufen weit, weit unten an einer größeren Donau ein Paradies, bis 1945 alles zunichte wurde. Ein Großteil der Donauschwaben flüchtete zurück nach Deutschland und Österreich. Viele leben wieder nahe der Donau. Und die, die in Rumänien nicht vertrieben wurden, wünschen sich heute nichts sehnlicher als die Erlaubnis, den Weg ihrer Vorväter in umgekehrter Richtung einschlagen zu dürfen. Ihnen werden wir donauabwärts noch begegnen.

Für Ulm ist dieses Ufer, unberührt von geschichtlichen Betrachtungen, so etwas wie eine Schauseite. Die Fotos von den Stadtwällen und Promenaden an der Donau werben auf Plakaten und Prospekten für Ulm. Stadt und Fluß sind eine glückliche Verbindung eingegangen. Der Stadt Ulm war die Donau jahrhundertelang Quelle des Wohlstandes. Die Donau gerät hier zum erstenmal vom Land in die Stadt.

Der Ulm-Tourist strebt meist sofort dem Münster zu, dessen Turm aus jeder Himmelsrichtung zum unübersehbaren Blickfang wird. Aber es lohnt sich, noch kurz am Ufer zu verweilen. Da wird der Grünstreifen immer knapper, und die Mauern treten schroff ans Wasser heran. Ein Doppeladler, steinernes Relikt der Reichsunmittelbarkeit, ist am Wall angebracht. Deshalb heißt die Bastei auch Adlerbastei. Vor mehr als 150 Jahren, 1811, wollte es hier ein Ulmer Handwerker den Adlern gleichtun, der berühmte Schneider von Ulm: Albrecht Ludwig Berblinger.

Im Ulmer Stadtarchiv kann man beim Blättern in welken Zeitungsseiten den Spuren dieses Abenteurers folgen. Der Schneider hatte versucht, was 80 Jahre später Otto Lilienthal als erstem gelungen ist: einen Gleitflug mit Hilfe der eigenen Muskelkraft und riesiger, selbstgebastelter Flügel.

Der Flugpionier kündigt am 24. April 1811 im ›Ulmer Intelligenzblatt‹ sein kühnes Experiment an:

»Nach einer unsäglichen Mühe in der Zeit mehrerer Monate mit Aufopferung einer sehr beträchtlichen Geldsumme und mit Anwendung eines rastlosen Studiums der Mechanik hat der Unterzeichnete es dahin gebracht, eine Flugmaschine zu erfinden, mit der er in einigen Tagen hier in Ulm seinen ersten Versuch machen wird, an dessen Gelingen er, bestärkt durch die Stimmen mehrerer Kunstverständiger, nicht zweifeln zu dürfen glaubt. Von heute an ist die Maschine bis an den Tag des Versuches, der nebst der Stunde in diesen Blättern vorher genau angezeigt werden wird, hier im Gasthofe ›Zum goldenen Kreuz‹ jedem zur Ansicht und zur Prüfung ausgestellt. Berblinger.«

Daß die Flugschau an der Donau Wirklichkeit wurde, hatte auch politische Hintergründe. Durch die napoleonische Neuordnung Deutschlands war Ulm noch nicht allzulange dem Königreich Württemberg einverleibt worden. Nun wollten die Ulmer dem König anläßlich seines Besuches ein sensationelles Schauspiel bieten. Ein Augenzeuge, der Apotheker Ludwig Georg Reichert, hat viele Jahrzehnte später darüber zu Protokoll gegeben:

»Berblingers Flügel und der sogenannte Träger, nach Art der Hosenträger verfertigt, hingen im Saal des Wirtshauses. Ich war öfters dort und sah, daß ein starkes Seil in dem Plafond befestigt war, an welchem die Träger und die Flügel, welche mit den Armen bewegt wurden, hingen. So konnte man sich ohne Gefahr an den Träger anschnallen, und man konnte auch freie Bewegungen im Saale machen. Weil ich aber selbst den Versuch machte, so bemerkte ich zu Berblinger, daß, wenn das Seil entfernt würde, die Flügel die Schwere des Körpers nicht zu tragen vermögen. Diesem Einwurf schenkte er aber keine Gehör, und so unternahm er den Flug von der Adlerbastei.«

Der König war unter den Tausenden von Zuschauern, die beide Ufer säumten. Auf der 13 Meter hohen Bastei war ein 7 Meter hoher Sprungturm errichtet worden, und Berblinger hätte, um ans andere Ufer zu gelangen, eine Strecke von etwa 40 Metern überwinden müssen. Er schnallte sich die 4,46 Meter breiten Schwingen an – und plumpste wie ein Stein in die Donau.

Die wackeren Bürger von Ulm fühlten sich genarrt und verfolgten den Schneider mit Schimpf und Spott. Obwohl man sein Mechanikertalent anerkannte – vor den Flügeln hatte Berblinger schon Bein- und Armprothesen konstruiert –, jagte man ihn aus der Stadt. In ganz Deutschland entstanden Spottgedichte wie z. B. der Vers:

»Der Schneider hat das Fliegen probiert,
da hat ihn der Teufel in die Donau geführt.«

Berblinger verschwand, tauchte wieder auf, war eine Zeitlang Schneider im Troß der Ulmer Reiterei, vertrank sich immer mehr, wurde mit der Einweisung in ein Zwangsarbeitshaus bedroht, dann 1816 sogar vom Oberamtsgericht für bürgerlich tot erklärt. Aber Berblinger erschien noch einmal, inserierte in der Zeitung für Bruchbandagen und Schneider- und Tapeziererarbeiten und starb schließlich 1829 an Auszehrung. Die Ulmer begruben ihn im Armenfriedhof. Sein Grab ist vergessen. Heute hat man für Berblinger an der Stelle, von wo aus er seinen »Flug« riskierte, eine Gedenktafel in den Boden eingelassen.

Fachleute prüften Berblingers Bemühungen. Sie nötigten den Experten Respekt ab. Der Schneider gehört zu den echten Flugpionieren. Wahrscheinlich sind ihm bei seinen heimlichen Experimenten in den Weinbergen nahe der Stadt einige kurze

Gleitflüge gelungen. Von der Adlerbastei aus hatte er jedoch keine Chance. Der Platz war aerodynamisch ungeeignet. Durch die Vereinigung der Donau mit der kalten Iller herrscht bei warmem Wetter stetiger Abwind. Jeder Gegenwind, der sonst zum Aufwind wird, verwandelt sich an der Adlerbastei wegen der senkrechten Uferwand in ein Wirbelfeld. Auch könnte hier jederzeit ein gefährlicher Rückwind auftreten. So mußte Berblinger scheitern. Die Ulmer mußten sich noch ein Jahrhundert lang gedulden, bis ein in ihrer Stadt geborener Wissenschaftler die Geschicke der Menschheit entscheidend beeinflußte: Albert Einstein, der Schöpfer der Relativitätstheorie, der am 14. März 1879 in Ulm das Licht der später von ihm verwandelten Welt erblickt hat. Aber dafür können die Ulmer wenig. Sie haben in ihren Mauern auch Kepler mehrere Jahre beherbergt. Dennoch greifen sie lieber nach handfesten irdischen Gütern als nach den Sternen. Für Ulms Bürger war der Flug des Schneiders wohl nichts anderes als ein nasses Spektakel, bei dem als logische Schlußpointe der Sturz in den Strom nicht fehlen durfte. Die Donauufer sind ihnen immer schon so etwas wie ein Stadion oder eine große Zuschauertribüne gewesen, immer dann, wenn sie alten Bräuchen gehorchend zum Fischerstechen hinausziehen. Die Ursprünge dieses heute vor allem den Fremdenverkehr fördernden sportlichen Vergnügens dürften ein wenig in der Großmannssucht reich gewordener Kaufleute, Fischer und Handwerksmeister gelegen sein. In jenen Jahren, da man sagte, »Ulmer Geld regiert die Welt«, wollten es die neureichen Bürger den Rittern gleichtun – und so wurde die Donau auch für sie zum Turnierplatz. Wie bei einem ritterlichen Zweikampf fechten beim Fischerstechen junge Männer, auf Zillen stehend, mit Stangen und versuchen einander ins Wasser zu stoßen.

Die Zünfte haben ihre Läden längst geschlossen und im Museum abgeliefert. Die Fischer fischen nur noch zum Vergnügen, und die Schiffer wurden Ende des vorigen Jahrhunderts aufs Trockene gesetzt. Sie sind dadurch nicht in Not geraten. Holzhandel war schon immer ihr Metier, und einer hat aus seiner Schiffsbauwerkstatt eine Wagnerei gemacht, die sich zu einem Autobuswerk auswuchs. Die strombewußten Bürger mühen sich dennoch, der Donau zurückzuzahlen, was sie ihr an Wohlstand und Ansehen zu verdanken haben. Wirtschaftlich ist der Strom in Ulm im Ausgedinge, er dient zur Erholung und Verschönerung der Stadt. Die von den Nachkommen der Schiffer- und Fischerfamilien veranstalteten Wasserfeste lassen die Glanzzeiten der Donau nur fallweise wiederaufleben.

Es gibt sie noch alle, diese Donauaristokraten: die Scheuffele, die Wolfender, die Käsbohrer, Heilbronner und wie sie alle heißen. Ihre Namen füllen viele Zeilen in der Chronik der Stadt. Und wer mit ihnen verwandt ist, gehört nun dem Schifferverein an. In diesem exklusiven Klub kann kein Außenstehender, den nicht ein Blutband an die Herren der Ulmer Donau bindet, Mitglied werden.

Der Verein hat nach dem Krieg auch die traditionelle Donauschiffahrt wieder lebendig werden lassen – die Fahrten mit den berühmten Ulmer Schachteln, den Zillen, die nur donauabwärts schwammen.

Als »Ordinari« bildeten sie jahrhundertelang die bequemste Verbindung von Ulm nach Wien. Sie wurden in Wien oder in Ungarn entweder an andere Schiffer verkauft oder aber an Holzhändler. Das Wort »Schachtel« hören die Schiffer nicht allzugern. Damit verspotteten nämlich neidische Nachbarn und Konkurrenten die eckigen Ulmer Gefährte. Sie reden lieber von »Wiener Zillen«.

Als die Ulmer nämlich erkannten, daß man außer Flößen auch richtige Schiffe bauen könnte, gingen sie zuerst in Wien in die Lehre. Sie haben es ihren Lehrmeistern stets vergolten. Schwäbische Hilfstruppen wurden Jahrhunderte hindurch zum Kampf gegen die Türken auf Ulmer Schiffen die Donau abwärts herangeschafft: schon bei der ersten Türkenbelagerung 1529, dann 2500 Mann 1664, als Montecuccoli die Krieger Mohammeds bei Sankt Gotthard an der ungarischen Grenze schlug, und 1683 ein Teil des Entsatzheeres für die bedrängte Kaiserstadt. Nach dem Sieg von Wien aber, als die Türken auch aus Ungarn vertrieben wurden, gelangten die Ulmer Schiffsleute bis nach Belgrad. Die logische Folge war dann eine friedlichere Tätigkeit: Die Ulmer Schiffsmeister leiteten die großen Schwabenzüge und brachten so Zehntausende von Siedlern nach Ungarn und ins Banat.

Der Ruhm der Ulmer Schiffer drang bis in höchste Kreise. Die hochschwangere Maria Theresia vertraute sich ihnen an, als sie am 18. Oktober 1745 mit ihrem Gemahl Franz Stephan von Lothringen, der eben in Frankfurt zum Kaiser gekrönt worden war, auf einem prächtig ausgestatteten Leibschiff, dem 33 Zillen mit dem Hofstaat folgten, nach Wien zurückfuhr. Am 27. Oktober schon konnte Wien die Majestäten empfangen, und der

Ulmer Zunftmeister Daniel Scheuffele samt Sohn Johann Jakob war stolzer Gast in der Hofburg.

Die Ulmer verluden auf ihren Zillen nicht nur Soldaten und gekrönte Häupter, sondern auch Wein, Fische, die sie selbst gefangen oder über die Hansestädte aus Norwegen importiert hatten, und während der Fastenzeit als besondere Delikatesse für die Wiener Schnecken aus Oberschwaben, Tausende von Zentnern. »Die alten Leute haben es noch als Kinder erlebt, wie an warmen Tagen die Schneckenfässer auf der Donau krachend zerplatzten«, weiß ein geschichtskundiger Ulmer, »weil die Schnecken aus den Häusern schlüpften und die Fässer mit ihrer Muskelkraft sprengten«. Ja sogar die feste Grundlage für einen modernen Großstadtverkehr in Wien und Budapest wurde auf schwankenden Ulmer Schiffen transportiert – der Asphalt aus dem französischen Jura. Auf 30 Meter langen und 7,5 Meter breiten Zillen, die 4000 bis 6000 Zentner – die Ladung von Eisenbahnzügen – aufnehmen konnten. Aber dann waren die Eisenbahnen doch die Stärkeren. Dampfschiffe verträgt die Donau erst ab Regensburg; die letzte Zille aus Ulm legte 1897 in Wien an.

Im Feuersturm der Brandbombennächte 1944 und 1945 fiel Ulm in Trümmer und damit manches Relikt stolzer Schiffer- und Fischerzeiten. Im Stadtzentrum ging das Ringen um die Erhaltung der ursprünglichen Identität Ulms an vielen Stellen schlecht aus. Graue Gleichmacherei verlieh dem Antlitz der Stadt Züge, die nicht zu Münster, Mauerwerk und Strom passen. Ähnliches haben jedoch viele wiederaufgebaute deutsche Städte erlitten. Ein verlorenes Gesicht läßt sich nur schwer wiederfinden. Bei 21 Luftangriffen wurden 54,3 Prozent aller Gebäude zerstört, 2006 Menschen kamen ums Leben. Eines der letzten Fotos vom unzerstörten Stadtkern ist von makabrer Verlogenheit: Es stammt vom Staatsbegräbnis, das Hitler für Marschall Rommel anordnen ließ, nachdem er ihn vorher zum Selbstmord gezwungen hatte. Bald darauf schien für die Stadt die Stunde des Todes geschlagen zu haben.

Aber dort, wo die Blau in die Donau mündet und alles eher auf Wasser als auf festem Boden gebaut zu sein scheint, im alten Fischerviertel, da wurde der Geist des alten Ulm gerettet. Da neigen sich müde Fachwerkhäuser leicht vornüber zu den Kanälen, drehen sich noch Mühlräder, knarren Holztreppen, sind in kunstvoll gedrechselte Türstöcke Ulmer Schachteln eingeschnitzt und Jahreszahlen, die einem Respekt abnötigen. Da stehen die Häuser einander so knapp gegenüber, daß zwei Fischerdamen zu ihrem Mittagsplausch von Fenster zu Fenster ihre Stimmen kaum erheben müssen. Die Hände könnten sie einander fast reichen, wenn sie sich nur richtig streckten. Weiden senken sich zur Blau, und gemischte Düfte steigen zum Himmel – ein Fachwerk-Venedig, die Ansiedlung von Menschen, die vom Wasser lebten und wenn schon nicht *im*, so womöglich vom Wasser umgeben leben wollten. Wenn sie Durst hatten, dann pilgerten sie in die »Forelle«, tranken in niedrigen Stuben einen rosigen Weißherbst und brachen dazu resche schwäbische Laugenbrezeln. Und sie tun es in den vom Lauf der Geschichte kaum berührten Räumen noch heute. Das ist das Schöne an dieser Fischergaststätte – sie hat sich nicht nur ihr gemütliches Inneres erhalten, sie ist nicht nur ein historisches Schaustück, auch das Publikum blieb das alte; es redet vom Oberbürgermeister, von der hohen Politik, an der sowieso alles falsch ist, von mancherlei Schiffen, die es nicht mehr gibt, und von großen Fischen, die vielleicht nur in der lebhaften Phantasie der fröhlichen Zecher existieren.

An eines dieser Häuser hat ein Schiffsmeister das Bild jener Stadt pinseln lassen, die für die Ulmer damals so etwas wie das Ende ihrer Welt bedeutete: Belgrad. Zur Erinnerung an die Truppentransporte für Prinz Eugen. Und wenn man die Glocke mit einer bronzenen Ulmer Schachtel als Griff betätigt, öffnet sich ein Ulmer Schifferhaus, wie es die Scheuffele, Heilbronner und Wolfender, die alle einmal hier Hausherren waren, geschaffen haben. Die neuen Besitzer haben weiterhin donauverbundene Altertümer gesammelt: Schiffsmodelle und Ruder, Kostüme der Fischerstecher und Gemälde vom Strom. Die Wäsche liegt in Renaissance- und Barockschränken. Auf dem Vorblatt einer Bibel haben sich die Großen der Schifferzunft unterschrieben. Und die Hausfrau erzählt von Sonntagsausflügen in einer Zille auf der Donau.

Die Fachwerktraulichkeit des Ulmer Fischerviertels fand durchaus nicht bei allen Reisenden Anklang. Als Leopold Mozart im Sommer 1763 mit seinen beiden Kindern, dem elfjährigen Nannerl und dem siebenjährigen Wolfgang Amadeus, auf seiner über drei Jahre lang dauernden Konzerttournee durch Europa in Ulm Station machte, vertraute er einem Brief sein völliges Unverständnis für das alte Ulm an. Er drückte damit allerdings nur den herrschenden Zeitgeschmack aus:

»Ulm ist ein abscheulicher, altvätterischer und so abgeschmackt gebauter Ort... Stellen Sie sich nur Häuser vor, wo sie von Außen das ganze Stock- und alles Holzwerk, so wie es angelegt ist, sehen müssen, und wenn es hoch kommt, solches mit einer Farbe überstrichen, das Mauerwerk aber schön weis oder jeder Zigl, so wie er liegt, natütlich angemahlt ist, damit die Mauer und das Holzwerk desto deutlicher gesehen wird...« Eine seltsame Definition der Fachwerkarchitektur.

Etwas mehr Achtung zollte barocke Kunstbetrachtung dem gotischen Münster, in dem der kleine Wolfgang Amadeus die Orgel spielte. Auch dabei war es eher Respekt vor dem monströsen Steingebirge als Begeisterung für gotisches Himmelstreben. Besteigt man den Münsterturm, so drängen sich einem unwillkürlich Vergleiche mit einer Bergpartie auf. Der Turm garantiert nämlich die Anwesenheit Ulms in sämtlichen Lexika wegen seiner 161 Meter – damit ist er der höchste Kirchturm der Welt. Die Familie Mozart hatte das Münster jedoch noch unvollendet angetroffen. Nur 70 Meter hoch war die sich auftürmende Westfront gediehen, dann hatten die Ulmer im 16. Jahrhundert die Lust am Bauen verloren. Unbefriedigt und griesgrämig scheint einen der viereckige, zu Höherem berufene Turmblock auf alten Ansichten anzustarren.

Die Wiederentdeckung der Gotik im 19. Jahrhundert eiferte die Ulmer zu neuen Taten an. Wie sich heutzutage städtische Prestigesucht mit Hilfe schlanker Fernsehtürme abreagiert, so damals mit der Wiederentdeckung seit über 300 Jahren schlafender gotischer Dombauhütten zur Vollendung steckengebliebener Turmbauten. In Ulm brauchte man nur die Bauzeichnungen Matthäus Böblingers, des letzten großen Dombaumeisters, hervorzuholen und sein Werk, das an technischen Schwierigkeiten gescheitert war, weiterzuführen. Von 1881 bis 1890 erlebten es die Ulmer, wie sich durch das Wachsen des Münsterturmes bis zur Rekordhöhe die Silhouette ihrer Stadt von Tag zu Tag wandelte.

Die Dombauer haben dem vorwitzigen Turmerkletterer einen Bußgang vermeint: Kein Aufzug verkürzt die Tour über 768 Stufen. Beim großen Viereck, nach 392 Stufen, der ursprünglichen Turmplattform, stellt man bereits keuchend Betrachtungen darüber an, ob es nicht doch besser gewesen wäre, den Turm so zu lassen, wie er war. Die Wendeltreppen winden sich weiter nach oben. Man tastet sich im Dunkeln die abgegriffene Mauer entlang, drückt sich ermattet an die Seite, wenn eine andere »Seilschaft«, die sich schon auf dem Abstieg befindet, einem in die Quere kommt, fühlt den Herzschlag im Hals, die Muskeln in den Oberschenkeln und erklimmt zäh, von Durchhaltewillen besessen, Stufe für Stufe. Nach insgesamt 560 Stufen weht einem dann ein frischer Höhenwind um die Nase. Vom Achteck aus vermittelt der Rundblick dem Turmbesteiger erstmals einen Vorschuß auf den Lohn für seine Leistung und spornt ihn an, die letzten 41 Meter und 208 Stufen im luftigen Mauerskelett des Turmhelmes bis zur Kranzgalerie zu bezwingen. 18 Meter unter der Turmspitze hat die Münsteralpinistik ihr Ende. Der Gipfel ist erreicht. Der Blick zur Schwäbischen Alb und über das Donautal hinweg erweist, daß die Natur in dieser Landschaft dem Werk aus Menschenhand nichts Höheres als Konkurrenz gegenübergestellt hat.

Waren es in Regensburg, in Ingolstadt, in Straubing, in Passau, in Wien, in Preßburg und Budapest meist Könige, Bischöfe und Fürsten, die ihre Beziehungen zum Himmel durch die Förderung des Kathedralenbaues geregelt haben, so kommt in der Reichsstadt Ulm allein den Bürgern dieses Verdienst zu. Man möchte ehrfürchtig den Hut ziehen vor dem Gottvertrauen der rund 12000 Ulmer, die am 30. Juni 1377 die Grundsteinlegung zum Münster feierten. Sie wollten eine neue Pfarrkirche, denn das alte Gotteshaus lag außer den schützenden Mauern. Das Grundkonzept für den Dom, der nach mehreren Mitgliedern der berühmten Familie Parler Ulrich von Ensingen und schließlich Böblinger zum architektonischen Vater hatte, war in seiner Größe und Erhabenheit so maßlos, daß es die engen Stadtmauern zu sprengen drohte. Im Münster sollten nämlich mehr Menschen Platz haben als die Stadt Einwohner zählte – die Kathedrale als geistliche Leistung, in der die gesamte Bürgerschaft Zuflucht suchen kann.

Kunst und Handwerk waren damals eins, auch in den Dombauhütten, denen viele heute unbekannte Meister angehörten Steinmetze, Poliere, deren Handfertigkeit von schöpferischem Genie beseelt war. Auf einem der Hügel, die Ulm umgeben, hoch über der Donau, hat seit dem letzten Krieg eine Gemeinschaft ihre Heimstätte, die von ähnlichen Gedanken geleitet wird. Sie will alle Bereiche des Lebens mit Schönheit infizieren: die Hochschule für Gestaltung. Wie ungleich komplizierter der Umgang mit dem Schönen geworden ist, vermittelt der Lehrplan der Schule. Auch hier sind zum Teil Schreiner und Maler an der Arbeit, junge Leute mit Schweißbrennern, mit Zirkel und Lineal, aber ihr Schaffen findet in neuen Sprachbereichen statt: Da gibt es die Abteilung Produktgestaltung, die Abteilung Bauen, die Abteilung Visuelle Kommunikation, die Abteilung für Filmgestaltung. Hier werden neben Mathematik, Soziologie und Philosophie visuelle Methodik, Kommunikationstheorie, Begriffsbildung, Methodologie, Design-Analyse, Sozialdynamik der Kultur, Modularkoordination und ähnliche Fächer gelehrt. Dozenten und Schüler streben aus aller Welt zu den schmucklosen funktionellen Betonkuben, in denen die Schule untergebracht ist. Die meisten Räume gleichen Werkstätten. Überall wird an Modellen gefeilt, gepinselt und gesägt. Die Schule will, daß die Menschen mit neuen Augen sehen lernen. Sie will das Aussehen unserer Umwelt verändern. Ihre Absolventen, aber auch die noch zur Schule gehörigen Entwicklungsgruppen machen alles: Sie haben der deutschen Lufthansa ein komplettes »Image« geliefert – von dem Symbol der Luftlinie über die Ausstattung der Kabinen, das Bordbesteck, die Uniformen der Stewardessen bis zu jedem einzelnen Plakat und zu jeder Werbeschrift. Sie haben die deutsche Radioindustrie mit revolutionären Entwürfen versorgt, die sich dann auch durchsetzten. Sie arbeiten an Strahlenschutz- und Raumanzügen und suchen nach idealen Auto- und Tankstellenformen. Die Ulmer Studenten werden Architekten, Designer, Werbegraphiker, Werbeleiter, Kunsthandwerker, kurzum alles, was mit optischer Gestaltung zu tun hat. Eine Ulmer Entwicklungsgruppe ist gerade dabei, dafür zu sorgen, daß die Olympiade in München ein Gesicht erhält. Die äußere Form der Olympischen Spiele, vor allem Plakate und Werbematerial, werden von Ulmern bestimmt.

So ganz und gar als Ulmer werden die jungen Weltverschönerer auf den Hügeln oben von den Eingesessenen allerdings nicht akzeptiert. Die Künste haben trotz des Münsters im Zentrum neben dem guten Ulmer Geschäftssinn immer ein etwas peripheres Dasein geführt. Eine Stadt wie Ulm ist für die Großen meist nur Anfang oder Durchgangsstation. Ludwig Speidel, einer der bedeutendsten Kritiker und Feuilletonisten der ›Neuen Freien Presse‹, ist in Ulm geboren, aber in Wien wurde er berühmt. Hildegard Knef hat in ihrer Geburtsurkunde Ulm stehen, und Anfang der dreißiger Jahre wirkte am Stadttheater ein junger Kapellmeister namens Herbert von Karajan. In Ulmer Musikerkreisen kolportiert man, daß ein empörtes Orchestermitglied einmal eine Pistole in die Probe geschmuggelt hatte, mit der festen Absicht, den anspruchsvollen Jungmaestro zu erschießen. Das Attentat dürfte aber nicht stattgefunden haben. In irgendeinem Ulmer Keller hütet ein anderer Musiker noch das Fahrrad, auf dem Herr von Karajan von Tür zu Tür geradelt war, um sein Orchester zu außertourlichen Proben zusammenzutrommeln. Einer der letzten Opernchefs der Stadt kam übrigens die Donau aufwärts aus Wien: der Komponist und Dirigent Paul Angerer. Seine Wien-Sehnsucht manifestierte sich darin, daß er vor seinem Haus auf einer der Höhen über der Stadt jeden Morgen die rotweißrote Fahne hißte. »Weil ein Fahnenmast da war...«, begründete Angerer seinen Patriotismus.

Trotz des Respektabstandes zu den Gestaltungsstudenten läßt sich der Einfluß der Hochschule dennoch nicht verleugnen. Die Stadtprospekte sind den Gesetzen des Hochschulstils unterworfen, und mancher Ulmer Geschäftsmann hat wesentliche Details seiner Werbung ebenfalls denen da oben abgeschaut.

Sollten sich die Ulmer im Kino einmal Werke des jungen deutschen Films zu Gemüte führen, dann können sie sogar auf diesen Zelluloidpfaden zu ihrer Hochschule gelangen. Die beiden Leiter der Filmabteilung Alexander Kluge und Edgar Reitz haben nämlich mit ›Abschied von Gestern‹ und ›Mahlzeiten‹ entscheidend zur Revolutionierung von »Papas Kino« beigetragen. Sie sind wesentliche Vertreter der deutschen »Jungfilmer«.

Seltsames Spiel mit Namen. Die neue deutsche Welle nahm zum Teil von Ulm ihren Ausgang, die Pariser Cinemathek, das Filmmuseum, in dem Frankreichs junge Regisseure vor zehn Jahren durch sorgfältiges Studium historischer Flimmerepen die Impulse zu ihrer »Nouvelle Vague« erhielten, liegt in der Rue d'Ulm.

Für die Franzosen ist Ulm mit einem der größten Triumphe Napoleons, für Österreich mit einer seiner schmählichsten Niederlagen verbunden. Nur die Ulmer Bürger standen zwischen den Fronten, ohne recht zu wissen, wie sie sich verhalten sollten. Der Krieg störte die Geschäfte. Aber Ulm war immer sehr militärisch. Es wird noch heute von den Resten eines Festungsgürtels gesäumt: von klassizistischen Forts, Basteien, Vorwerken, Pulvertürmen, Artilleriestellungen, der Zitadelle Wilhelmsburg, dem Fort Prittwitz und verschiedenen zackigen Toren. Feste Mauern, die von keinem Feind erprobt wurden und lediglich zum Teil vor der Spitzhacke kapitulieren mußten. Der Deutsche Bund hatte Ulm von 1842 bis 1859 zu einer unüberwindlichen Festung gegen die Franzosen ausgebaut. Als dann 1945 die Amerikaner Ulm besetzten, versuchten sie den Festungsbereich durch ein an die Mauern gepinseltes »Off Limits«

zu entschärfen. Die düsteren Gänge und Kasematten sollen nämlich allerlei dunklem Treiben Schutz gewährt haben. Deshalb war dieses Terrain für die GIs verboten.

Als unüberwindlich galt die alte Donaufestung Ulm auch 1805, als sich ihr eine feindliche Armee näherte. Bei Ulm ist die Donau bereits eine Schlacht wert, und bis hinunter zum Delta wurde immer wieder um den Übergang über den Strom gestritten. Seine Wellen schwemmten Blut und Leichen mit. Kriegs- und Feldherren, wie Trajan und Marc Aurel, Attila, Soliman und Kara Mustafa, Prinz Eugen, Marlborough und Laudon, Erzherzog Karl, List und Malinowski, schlugen sich an der Donau und um die Donau. Der berühmteste und größte unter ihnen eröffnet das donauländische Schlachtenpanorama in Ulm: Napoleon.

Er führte im Oktober 1805 seine Grande Armée gegen die Donau, um sich seine neue Kaiserwürde durch das Schlachtenglück bestätigen zu lassen. Noch bevor er die Festung attackierte, entschloß sich der Kaiser donauabwärts bei Elchingen zur Überquerung des Flusses. Wenn man heute im Garten des ehemaligen Klosters von Oberelchingen an der Mauer lehnt, versteht man kaum, wie es den Franzosen gelang, die Österreicher hier zu schlagen. Die Angreifer hatten einen steilen Hang zu überwinden – im Feuer der auf dem Berg verschanzten Verteidiger. Dort, wo sie, angeführt von General Ney, hinaufgekeucht waren, wachsen heute Obstbäume. Handwerker und Maurer arbeiten an einem halbfertigen Fabriksgebäude. Daneben ist die Villa des Besitzers schon bezogen. Wo einmal ein Teich war, der nach der Schlacht vor Leichen überging, ist ein Swimming-pool in den Boden gefügt. Leichter Auwald trennt im Tal die Donau von der Straße. Im Garten blühen Blumen; ein Drahtzaun hält die Hühner der Pfarrersköchin von den Gemüsebeeten fern. Da ist noch die Bresche in der Mauer, durch die die ersten Franzosen eindrangen, das Ney-Loch. Napoleon selbst logierte im Kloster, um von dieser alles beherrschenden Höhe die Eroberung von Ulm zu dirigieren. Er erhob Ney zum Herzog von Elchingen mit den Worten: »Der Sieg kam uns teuer zu stehen, aber Herzog eines so schönen Ortes zu sein, ist auch etwas wert.« In der Barockkirche, die Napoleon »einen Salon des lieben Gottes« genannt haben soll, gemahnt eine Gedenktafel an die gefallenen Österreicher. Sie haben es nicht leicht, hier nicht in Vergessenheit zu geraten. Zu sehr überschattet das Gastspiel Napoleons das übrige Geschehen.

Napoleon quartierte sich am 15. Oktober in Oberelchingen ein. Am selben Tag waren in der Festung Ulm 25 000 Österreicher stationiert, eine stattliche Armee. Nichts kennzeichnet jedoch besser die Sorgen des Oberbefehlshabers, des Feldmarschalleutnants und Generalquartiermeisters Karl Freiherr von Mack, als dessen Befehle an diesem Tag. Beim Schreiben seiner Proklamation an die Bevölkerung von Ulm scheint Mack den General vor seinem Titel abgelegt und lediglich dem Quartiermeister Tribut gezollt zu haben. Sonst hätte er sich in einer solch bedrohlichen Situation – er war von Napoleon umzingelt – nicht mit so kleinlichen Dingen beschäftigen können. Mack schrieb:

»Zweimal haben die braven Truppen Seiner kaiserlichen und königlichen Majestät die Stadt Ulm vor den Klauen des Feindes mit Hinfall einer unvermeidlichen Plünderung gerettet. Es ist also billig, daß jeder Einwohner der Stadt auf einige Tage seine Speise und Trank, seine Wohnung und seine Bettgeräte mit ihnen teile. Alle Battaillone müssen alsobald jedes in 16 oder 20 größeren oder kleineren Häusern untergebracht und jedem Mann eine gute Hausmannskost nebst einer Maß Bier oder halben Maß Wein abgereicht werden. Die Kavallerie wird in den Häusern, wo sich nur immer Stallungen finden, untergebracht, und hat es gar nichts zu bedeuten, wenn in einem Haus Infanterie und Kavallerie gemeinschaftlich bequartiert wird. Von diesem Augenblick an müssen auch alle Schuhmachermeister der Stadt und ihre Gesellen bloß für die Armee arbeiten, teils um die Schuhe oder Stiefel zu reparieren, teils neue zu verfertigen. Es muß also unverweilt jedem Bataillon eine Zahl der Schuhmacher für seine Flickarbeit angewiesen werden, für welche dem arbeitenden Meister täglich zwei Forint und für jeden Gesellen ein Forint 32 Kronen in Papiergeld vergütet werden, überdies aber der Wert der Sohlen oder anderen Leders, welches sie dazu verwenden und worüber ihnen von den Kompaniekommandanten Quittungen auszustellen sind. Ich verspreche mir um so zuversichtlicher, daß alle Einwohner der Stadt noch zum letztenmal einen Beweis ihrer guten Denkungsart ablegen werden, daß sie bei dem nicht mehr zu bezweifelnden Rückzuge des Feindes ehester Tage werden erleichtert und vollkommen beruhiget werden... Wenn aber einzelne undankbare oder übelgesinnte Menschen sich gegenteilig betragen sollten, so würde ich sie mit der äußersten Strenge behandeln lassen, welches sich besonders auf die Schuhmacher versteht, die, wenn sie durch einige

Tage mit einer anderen Arbeit als für die Armee beschäftigt gefunden werden, alsogleich und exemplarische Bestrafung zu erwarten hätten...«

Dieses Verwaltungsgenie war nun also mit 16 Generalen, einem Generalstab, einem Genie- und Artilleriekorps und so berühmten Einheiten wie den Schwarzenberg-Ulanen, den Hohenlohe-Dragonern, den Infanterieregimentern Kaiser, Auersperg, Rainer, den Tirolerjägern und noch vielen anderen bewährten Truppenkörpern Napoleon in die Falle gegangen. Die Festung Ulm war umzingelt. Mack mobilisierte die Schuhmacher und erließ folgenden Generalsbefehl:

»Ich mache im Namen Seiner Majestät alle Herren Generale, Stabs- und Oberoffiziere auf ihre Ehre und Pflicht und ihr eigen Glück verantwortlich, das Wort Übergabe nicht mehr hören zu lassen, sondern nur an die standhafteste und hartnäckigste Verteidigung zu denken, die ohnehin nicht lange dauern kann, weil in einigen Tagen schon die Avantgarden zweier mächtiger Armeen, einer kaiserlich-königlichen und einer russischen, vor Ulm erscheinen werden, um uns zu befreien. Die feindliche Armee ist in der schrecklichsten Lage, teils durch die Witterung, teils durch Mangel an Lebensmitteln. Es ist unmöglich für sie, daß sie länger als einige Tage in der Gegend aushalten könne. Sie kann nur in sehr schmalen Abteilungen stürmen, da wir fast allenthalben sehr breite Wassergraben haben. Nichts ist also leichter, als die Stürmenden totzuschlagen oder gefangenzunehmen. Wir haben, wenn es uns etwa an Lebensmitteln fehlen sollte, mehr als 300 Pferde, um uns zu nähren. Ich selbst will der erste sein, Pferdefleisch zu essen. Und ich hoffe, daß jedermann gerne mit mir gemeinsame Sache machen wird.«

Macks optimistische Beurteilung der Lage war nur in einem Punkt richtig: nämlich, daß die Verteidigung nicht lange dauern könne. Der Feldmarschalleutnant enthob sich schon zwei Tage später, am 17. Oktober, der Sorge, Pferdefleisch essen zu müssen, und sprach das von ihm verbotene Wort »Übergabe« ohne Zögern aus. Am 20. Oktober paradierten die 25 000 Österreicher am Fuße des Michelsberges an Napoleon vorbei, lieferten Waffen, Pferde und Munition ab und marschierten wieder in die Stadt zurück. Mack, der Held von Ulm, durfte gegen Ehrenwort samt seinen Offizieren nach Österreich heimkehren.

Dort erwartete ihn das Kriegsgericht. Der 53jährige Feldmarschalleutnant, der sich im letzten Türkenkrieg vor Belgrad ausgezeichnet hatte und einmal aus französischer Kriegsgefangenschaft geflohen war, wurde zum Tod verurteilt und zu Festungshaft begnadigt. 1808 winkte ihm wieder die Freiheit. Vergrämt starb er 1828 nahe der Donau in St. Pölten.

Für Ulm hatten Napoleons Siege Folgen, die bis heute die Stadt belasten. 1802 hatte Ulm schon seinen Status einer unabhängigen freien Reichsstadt verloren. Es wurde Bayern zugesprochen. 1810 vereinbarten die Könige von Bayern und Württemberg ein Tauschgeschäft. Ulm kam zu Württemberg – aber nur die alte Stadt am linken Donauufer, das rechte Ufer mit Neu-Ulm blieb bayrisch. Seitdem ist Ulm eine geteilte Stadt.

Wer heute über eine Donaubrücke wandert, überschreitet die Grenze. Obwohl die Stadt am anderen Ufer natürlich weiterwächst und durch Straßenbahnen und Autobusse mit der Altstadt verbunden ist, befindet man sich in einem anderen Land: in Bayern. Darüber lassen die Bayern keine Zweifel aufkommen. Am Brückenkopf haben die Bayerische Staatsbank und die Bayerische Vereinsbank protzige Filialen aufgebaut, als ob man hier eine andere Währung einkaufen müßte. Die mächtigen Mauern einer Zitadelle des Bayerntums stemmen sich allen fremdländischen Einflüssen aus Württemberg entgegen: die Brauerei Löwenbräu.

Für die Ulmer birgt die Teilung einige Probleme. Ein großer Teil des Grundbesitzes der Stadt liegt in Bayern. Bis vor kurzem begann in Ulm das Schuljahr zu Ostern und in Neu-Ulm im Herbst. Jenseits der Donau wird nach anderen Lehrplänen unterrichtet als diesseits. Ulm hat Schwierigkeiten, sich auszudehnen, weil es zwischen den Ausläufern der Schwäbischen Alb und der Donau eingezwängt ist. Aber die Donau bildet hier eine eiserne Grenze. Nicht einmal den Machthabern des Dritten Reiches gelang es, den Widerstand der Bayern zu brechen und die zwei Donaustädte Ulm und Neu-Ulm, das schon über 25 000 Einwohner zählt, wieder zu einer einzigen Stadt zu vereinen.

5. Kapitel

Schlachtenlärm und Glockenklang
Von Ulm über Ingolstadt nach Kelheim

Ein donnernder Knall zerreißt die Stille. Die Fenster erzittern, von den dicken, gewölbten Mauern rieselt Kalk, die Degen, Schilde und Schwerter an der Wand klirren leise. »Wenn das so weitergeht, dann werden hier noch alle Häuser kaputt«, murmelt der Schloßherr grimmig. Ein Düsenjäger vom nahen NATO-Flugplatz hat die Schallmauer durchbrochen und bringt damit die seit vielen hundert Jahren unverrückbaren Quadersteine des Schlosses Leipheim in Gefahr.

Trotz NATO-Donner, trotz des eleganten Bogens der Autobahnbrücke, die sich hier über die Donau spannt und dem Strom seine Zweit- und Drittrangigkeit als Verkehrsweg ständig vorhält, hat das 20. Jahrhundert im Donautal von Ulm bis nach Regensburg den Kampf mit den Geistern der Vergangenheit nicht unbedingt gewonnen. Denn am langen Band des Stromes ist die Geschichte aufgefädelt – der Städte und Städtchen, Herrschaftssitze und Fürstengeschlechter, Schlachtfelder und Feldherren, Klöster und Kirchen, Philosophen und anderen Geistesadels, der Bauern und Soldaten. Der ewige Fluß der Donau verwischt die Epochen, überspült Jahrhunderte, vermengt die Heere des Dreißigjährigen Krieges mit römischen Legionen und konfrontiert maria-theresianische Münzmeister mit feldgrauen Bundeswehrrekruten. Der Strom hebt die Zeit auf. Die Historie wird nicht nach Jahreszeiten gemessen, sondern nach Stromkilometern. Mindestens zwei Jahrtausende sind an der Donau Gegenwart.

Das Schloß Leipheim hat im Mittelalter die Donau kontrolliert und seinen Besitzern reiche Zölle eingebracht. Als Ulm die wehrhafte Feste übernahm, wurde sie bürgerlich. In diesem Stand ist sie nun über hundert Jahre lang verblieben. Der letzte Besitzer war ein österreichischer Korvettenkapitän; seit acht Jahren gebietet ein Landwirt aus Reuttlingen über den einstigen Adelssitz.

Die hohe, düstere Vorhalle, in der die Wände von Waffen starren und Rüstungen wie Torwächter aus dem Dunkeln blitzen, wird von sanftem Knoblauchduft aus der Küche durchweht.

Einem überlaut aufgedrehten Radio entringt sich das hohe C eines italienischen Operntenors. Die Burgfrau ist damit beschäftigt, im Söller die Fenster zu putzen. Der Burgherr entschuldigt sich wegen seiner schmutzigen Hände, weil er im Park gerade einen Zaun geflickt hat.

Die Demokratisierung der einstigen Feudalherrschaft ist total. In einer sozialen Jubelstimmung hat sich schon 1881 Alexander von Heksch, der Verfasser einer ›Schilderung von Land und Leuten des Donaugebietes‹, bei der Beschreibung dieser Gegend eingedenk eines Gemetzels der Bauernkriege zu folgenden Lobpreisungen seiner »neuen« Zeit hinreißen lassen: »Freuen wir uns dessen, daß wir wirklich Kinder einer besseren Zeit sind, denn nur finstere Fanatiker können das die ›gute alte Zeit‹ nennen, was selbst noch im vorigen Jahrhundert an der Tagesordnung war; erst seitdem der freie Ackerbürger den freien Boden bearbeitet, kann von menschenwürdigem Dasein gesprochen werden.« Nun, ein freier Ackerbürger hat sich vom Acker frei gemacht, seine Landwirtschaft verkauft und Schloß Leipheim ersteigert. Doch er hat für seine neue Existenz genügend aristokratisches Gerät mitgebracht – eine Sammlung von Waffen, Möbeln, Uhren, Bildern und unzähligen anderen Kleinodien, denen das Schloß nun vom Keller bis zum Dachboden als Schatzkammer dient. Der Sammler selbst kopiert alte Meister, bastelt an seinen Uhren, schnitzt Figuren aus Holz, repariert Pistolen und Gewehre und ist jederzeit bereit, seine Gäste durch Hallen, Gänge und Turmzimmer wie ein professioneller Museumsführer zu lotsen.

Er ergeht sich nicht nur in kunst- und waffenhistorischen Betrachtungen, sondern delektiert sich auch an Kuriositäten seiner Sammlung, an zusammenklappbaren Wildererstutzen, Stockflinten und Stockdegen, und an einer besonderen Rarität, einem Pianola mit einem Stapel Papierwalzen, die zum Teil von Johann Strauß und Franz Lehár selbst bespielt worden sein sollen. Vorläufer der Schallplatte, der Donauwalzer, original gewalzt, fünfzig Meter hoch über der Donau, die im stets gleichbleibenden Rhythmus ihres Wellenspiels Günzburg zufließt, dem 12500-Einwohner-Städtchen, das sich mit einigen anderen ähnlichen Siedlungen um den Titel »Kleinwien« streitet.

Für Bayern hat Günzburg ein ehrliches Anrecht auf diese Auszeichnung. Die breite Hauptachse zwischen den beiden Stadttoren bildet eine Allee von Gasthöfen und Kaffeehäusern, von lebhaften Fassaden, auf denen sich Barock- und Rokokozierat in ein illegitimes Verhältnis mit bayrisch-schwäbischer Giebelarchitektur eingelassen haben. In dem Café wird zwar trotz aller Wiener Verwandtschaft Kaffee auf der ersten Silbe betont – er schmeckt auch danach –, aber die Biertassen, die einem auf den runden Marmortisch geworfen werden, werden zum Paß für die Reise in Günzburgs österreichische Vergangenheit. Auf die runden Kartonscheiben sind nämlich Maria Theresia und der habsburgische Doppeladler gedruckt. Wir haben hier den Mariatheresientaler, der zwar nicht zu Papiergeld, aber doch zu einem Pappendeckelgroschen abgewirtschaftet hat. 44 Jahre lang wurde nämlich diese dauerhafte Silberwährung, die bis vor kurzem von Beduinenscheichs nocht immer als die sicherste Geldanlage betrachtet wurde, in Günzburg geprägt. Die Münze ist geschlossen, und Geld wird heute nur noch mit dem Günzburger Münzbräu gemacht. Wer in dieser ehemaligen kaiserlichen Münzburg übernachten will, kann im Gasthof »Münzhof« absteigen und hat er etwa gar bei der Stadtpolizei zu tun, dann trifft er die Beamten in der ehemaligen Münzkanzlei. Über die Köpfe der Uniformierten ergießt von der Decke eine üppig gemalte Göttin Moneta ihren Goldsegen auf die Erde. Und Münzensammler kennen sicherlich die Günzburger Mariatheresientaler am eingeprägten Wappen der Markgrafschaft Burgau und dem SF – dem Zeichen der Münzmeister Schöbl und Faby.

Als Guntia war Günzburg schon römischer Donauwachtposten. Für die Habsburger hat es diese Funktion als Hauptstadt der österreichischen Markgrafschaft Burgau von 1301 bis 1805 erfüllt. Es wurde zum habsburgischen Verwaltungszentrum im östlichen Schwaben, und noch mehr. Die Beamten und Soldaten austrianisierten dieses Städtchen mehr als andere Donaustädte in habsburgischem Besitz. Die große Donaumacht Österreich meldete schon hier oben, nicht einmal 200 Kilometer nach der Quelle, ihre Ansprüche an. In Jahrhunderten wurde Günzburg zum nördlichsten und westlichsten Brückenkopf habsburgischer Donauinteressen ausgebaut. Die Günzburger haben es den Bayern noch immer nicht so ganz verziehen, daß sie als Ersatz für ihre einstige Schlüsselstellung lediglich den Status einer verschlafenen Kreisstadt erhalten haben.

Günzburg war nicht nur Münze. Die Straße Wien–Paris führte durch ihre Tore, und jede Kutsche mußte hier übernachten, weil an diesem Kontrollpunkt der Pferdewechsel Pflicht war. 22 Gaststätten hatte man früher hier gezählt, und viele haben sich ja auch noch in die ruhigere Gegenwart herübergerettet. Österreichs Rekrutenwerber hatten in Günzburg ihre Basis, und von 1771 bis 1780 wurden 12500 schwäbische Rekruten, die mehr oder weniger gewaltsam in kaiserliche Dienste gelockt worden waren, die Donau abwärts in Richtung Wien verschifft. Die schwäbischen Kolonisten, die dem kaiserlichen Ruf nach Ungarn folgten, berührten ebenfalls Günzburg. Weil in dem leeren Land an der unteren Donau nur verheiratete Siedler erwünscht waren, sind in dem Traubuch der Günzburger Martinskirche in der zweiten Hälfte des 18. Jahrhunderts fast 2000 Paare aus elsässischen und vorderösterreichischen Dörfern eingetragen. Sie hatten in Günzburg noch schnell die Gelegenheit wahrgenommen, die Ringe zu tauschen. Die Leinen- und Tuchhändler aus Italien, die Brentanos und die Mollos, ließen sich in Günzburg nieder, bauten sich vornehme Häuser – in das Brentano-Palais wird heute noch Gold getragen, weil die Sparkasse das Erbe der Kaufleute angetreten hat – und pflegten Handelsverkehr mit der ganzen Welt.

Am 28. April 1770 erlebten die Bürger Günzburgs die Sensation jenes fürstlichen Brautzuges mit 370 Pferden und 57 Wagen, der den Anfang des Staatsbegräbnisses der europäischen Monarchien bildete: Die Tochter Maria Theresias, Marie-Antoinette, war unterwegs nach Paris, wo ihrer der zukünftige König Ludwig XVI. harrte. Die kaiserlichen Beamten und die Geistlichkeit huldigten der Prinzessin, und »die Markgrafschaft Burgau legte durch eine aus den schönsten Leuten zusammengesetzte Bürgerparade von zehn Kompanien Grenadieren und Dragonern ihre Freude augenfällig an den Tag. Gedenktaler in Silber und Gold wurden geprägt. Aber die guten Wünsche haben sich nicht erfüllt«.

Der Tod der französischen Königin österreichischen Geblüts durch die Guillotine verhieß auch den Günzburgern den Wechsel im Herrschaftssystem. 1803 verlegte der Kaiser die Verwaltung Vorderösterreichs aus dem von Napoleon zu sehr bedrohten Freiburg nach Günzburg. 1805, nach Ulm, Austerlitz und dem Frieden von Preßburg, verbrannten die Diener des Kaisers ihre Papiere oder luden die Aktenbündel auf Reisewagen und Donauschiffe und räumten die Stadt, weil Napoleon sie den Bayern als Belohnung für treue Dienste versprochen hatte.

Jahrhundertelang war die Donau für Günzburg in umgekehrter Richtung geflossen – die entscheidenden Strömungen für die Stadt waren von unten gekommen, von Wien. Nun folgte das

Geschehen dem Lauf des Flusses. Die neuen Ideen sind im Westen entsprungen. Für Günzburg hieß es aber, von der Geschichte Abschied zu nehmen. Es blieben einige schöne Häuser, der Komplex der kaiserlichen Amtsgebäude, in denen heute Stadtverwaltung, Kreisgericht, Schulen usw. hofmäßig residieren, die Frauenkirche von Dominikus Zimmermann, dem Erbauer des schönsten bayrischen Rokokojuwels, der Wieskirche, eine Maria-Theresia-Schule, eine Maria-Theresien-Straße, mehrere italienische Familiennamen, ein Internat der Englischen Fräulein, denen im alten Österreich traditionell die Erziehung vieler höherer und noch höherer Töchter anvertraut wurde, und das Bewußtsein, daß ein Günzburger kein gewöhnlicher Bayer oder Schwabe sei, weil Günzburg einst zur großen Welt gehört hat und das Herz dieses Donaulandes war. Deshalb blicken die Günzburger von der Oberstadt, die die Donau mit keinem Hochwasser schrecken kann, etwas hochmütig auf ihre Nachbarn in Lauingen herab, die nie kaiserlich waren und außerdem auch noch ebenerdig am immer breiter und gemächlicher werdenden Strom hausen müssen.

Vielleicht erzählt man sich in Günzburg auch spöttisch die Geschichte von der Lauinger Blunzen, einer Riesenblutwurst, die Lauinger Metzgerkunst einmal im Winter zustande gebracht hat. Sie war so groß, daß sie in keinen Kessel paßte. Da stiegen von der Donau milchige Nebel auf, und die einfältigen Lauinger glaubten, der Fluß koche. So steckten sie die Blutwurst in das eisige Wasser, damit sie gar werde. Wie sie geschmeckt hat, wird nicht weiter berichtet.

Die heimatbewußten Lauinger brauchen aber nicht zu fürchten, in die Kategorie der Schildbürger eingereiht zu werden. Lauingen ist nämlich die Vaterstadt eines Mannes, mit dessen Wissen und Gescheitheit Jahrhunderte hindurch wenig andere konkurrieren konnten: In Lauingen wurde 1193, 1198 oder 1205 – die Lexika haben darüber verschiedene Meinungen – Albertus Magnus geboren, der große Universalgelehrte des Mittelalters. Er hatte sich lange Zeit selbst Albert von Lauingen genannt.

Doch alle Weisheit der Welt genügte nicht, um die kleine Welt der kleinen Städte an der Donau davor zu bewahren, immer wieder in den wilden Strudel der Geschichte hineingerissen zu werden. Regelmäßig wie die Hochwasser überfluteten fremde Heere das Land, immer wieder die Donau als Leitlinie ihrer Operationen benutzend. So dröhnten auch in Lauingen oft die

Trommeln – und als im Sommer 1704 französische und bayrische Truppen bei Lauingen den Strom überquerten, traten sie in eine der großen Schlachtarenen ein und marschierten in Richtung Höchstädt und Blindheim.

Die Fürstenhäuser regelten damals ihre Testamentsangelegenheiten in Form von Kriegen, und weil sich Frankreichs Ludwig XIV. und der Kurfürst von Bayern einerseits, die Österreicher, Briten, Holländer und noch mehrere andere Verbündete anderseits über die Besetzung des verwaisten spanischen Thrones nicht einig werden konnten, fand zwischen 1701 und 1713/14 der erste Weltkrieg der Neuzeit statt. Die Kriegsschauplätze lagen in Spanien, Italien, in den Niederlanden, auf den Ozeanen und an der Donau.

Lauingens Name wird in der Chronik jener Tage nur klein geschrieben. Das ruhige Städtchen an der Donau war zu dieser Zeit nur mehr eine Durchgangsstation. Und auch Dillingen, das man in einem letzten Innehalten vor dem Sturm der Schlacht besucht, blieb verschont. In dieser Stadt über der Donau ist die Stille zu Hause, wenn sie nicht gerade von Kirchenglocken unterbrochen wird. Dillingen war stets geistlich. Die Donau hatte hier oben viele Herren: Ulm, die freie Reichsstadt, Günzburg kaiserlich, Lauingen bayrisch – und nun im ständigen Wechsel der Donauregenten Dillingen unterm Krummstab. Hier hatten die Bischöfe von Augsburg ihre Besitzungen, und einer ihrer größten, der Kardinal von Waldburg, gründete Mitte des 16. Jahrhunderts eine Universität, die sehr bald dem jungen Jesuitenorden übertragen wurde. Jesuitischer Stil prägt auch die Stadt – die Kirchen, die Kollegiengebäude, die heute eine philosophisch-theologische Hochschule beherbergen. Vom geistigen Weltreich der Jesuiten künden die Fresken des Augsburger Malers Christoph Thomas Scheffler in der Studienkirche. In dem ruhigen barocken Rahmen der ursprünglichen Kirchenarchitektur hat der Freskant buntes Rokokoleben angesiedelt – nicht nur Maria im Glorienschein und im Kranz der ihr huldigenden Jesuitenheiligen, sondern auch eine Dokumentation jesuitischen Missionseifers und ihrer besonderen Missionsmethoden: Jesuiten in Afrika und Brasilien, unter Schwarzen und Roten, Muttergottesbilder zwischen Palmen, ein deutscher Missionar in Paraguay, wo rund 80 Patres 140 Jahre lang 100000 Indianer nach humanen Grundsätzen regiert haben, und dann Jesuiten vor der barocken Front ihrer Kirche in Peking – Männer, die vieles vorweggenommen haben, was nun nach dem Konzil wieder Gültigkeit hat. Sie verbanden chinesische religiöse Bräuche mit christlichen Riten, kleideten sich wie Chinesen, führten chinesische Namen und hatten die Vision eines christlichen China. Aber ein päpstliches Dekret untersagte diese Anpassung an die »Heiden«. Das große Experiment scheiterte wie das des Jesuitenstaates in Paraguay durch äußere Mächte, die seinen inneren Gehalt nicht erkennen konnten und wollten.

Mit anderen ungewöhnlichen historischen Reminiszenzen hatte sich 1949 die amerikanische Besatzungsmacht in Dillingen zu befassen. Es ging darum, ein Stück Nußholz per Luftpost nach England zu senden. Die deutsche Post sah sich unter den damaligen Umständen außerstande, den Wunsch zu erfüllen. Deshalb griffen die Amerikaner ein – das Nußholz aus dem nahen Dorf Blindheim wurde von der Air Force nach England transportiert und in etwas veränderter Form Sir Winston Churchill überreicht. Eine britische Stadt hatte Churchill nämlich zum Ehrenbürger ernannt. Die Urkunde sollte er in einer ausgehöhlten Nachbildung des Marschallstabes seines großen Vorfahren, des Herzogs von Marlborough, erhalten. Das Holz sollte am Schlachtfeld von Blindheim gewachsen sein, dort, wo der Herzog zusammen mit Prinz Eugen seinen triumphalen Sieg über die Franzosen und Bayern erfochten hatte. Deshalb wurde ein Brief an den »Dear Herr Burgomaster« verfaßt. Und der Bürgermeister spürte das geeignete Holz bei einem Drechsler auf.

Churchill selbst soll das Schlachtfeld an der Donau zweimal visitiert haben, zum erstenmal am 18. September 1909, als er sich beim Pfarrer als Großbritanniens Handelsminister auswies. Damals kutschierte der Breisachmüller, in dessen Haus Marlborough Quartier genommen hatte, den britischen Gast kreuz und quer über das Schlachtfeld. Die Leute redeten noch lange von dem englischen Herrn, der angeblich nach dem goldenen Trinkbecher geforscht hatte, den der Herzog nach einem Trunk an der Quelle neben der Mühle im sumpfigen Boden verloren haben soll. 1929 soll Churchill noch einmal an dieser »Familien«-Gedenkstätte gewesen sein – in einem eleganten Auto, das bei dem Kramladen der Scherer-Zens in der Nähe des Gedenkkreuzes gehalten hat. Eine junge Dame, vermutlich Churchills Tochter Sarah, kaufte einen Rosenkranz, hing ihn sich um den Hals und meinte entschuldigend: »Nicht katholisch, nur Andenken.«

Für Churchill war es selbstverständlich, direkt nach Blindheim zu fahren, denn in der britischen Geschichtsschreibung rangiert die Schlacht vom 13. August 1704 unter diesem Namen. In den deutschen Geschichtsbüchern wird dieser Tag jedoch unter Höchstädt registriert. Wieder einmal hat ein größerer Ort, der eine Schlacht nur peripher miterlebt hat, diese für sich beansprucht. Gekämpft wurde an jenem Tag um Blindheim und die Flecken Lutzingen, Sonderheim und Oberglauheim. Höchstädt sah nur den Rückzug der Geschlagenen.

Es ist ein Samstagnachmittag. In Blindheim macht man schon Feierabend. Fleißige Frauen fegen vor jedem Haus die Straße – der traditionelle dörfliche Wochenendputz. Sonst hat Blindheim wenig zu bieten – außer frommen Sprüchen über den Haustüren und einer pedantischen Sauberkeit. Um das Gelände der Schlacht zu überblicken, muß man auf eine kleine Anhöhe hinauf. Ein Lehrer hat das Führeramt übernommen. Die Schlacht ist sein Hobby. Vor einem dehnen sich flache Kornfelder, zur Linken steigt die Ebene in sanfte bewaldete Höhen auf, zur Rechten schließt die Donau mit ihrem Busch- und Auengürtel das Panorama ab. Hier also hatten Marlborough und Prinz Eugen ihr entscheidendes Rendezvous: der elegante britische General und einflußreichste Mann bei Hof, dem die Opposition die Expedition tief ins Innere des Kontinents so verübelte, daß sie ihm drohte, ihn zu »zerreißen wie die Hunde einen Hasen« – und Eugen von Savoyen, der Feldherr und Held der Donau schlechthin. Der Savoyer hat Schlachten in Italien und in Flandern gewonnen. In der Geographie seiner militärischen und politischen Karriere wird ihm die Donau jedoch zum Lebensstrom. Eugen siegte bei Peterwardein und Belgrad. Er hat die Donau dem Halbmond entrissen, die Donauländer dem Abendland zurückerobert, den Grundstein für ihre Ordnung bis 1918 gelegt und sich selbst inmitten der Donau angesiedelt – seine ungarische Herrschaft Ráckeve nimmt einen Teil der Donauinsel Csepel ein.

Die Donau als Wegweiser nach Wien und letzten Endes auch zur Vorherrschaft im Deutschen Reich hatten sich auch Ludwig XIV. und Kurfürst Max Emanuel von Bayern erwählt. Der Bayer strebte sogar nach der Kaiserkrone. Die starke Armee der verbündeten Franzosen und Bayern, unter dem Kommando des Kurfürsten und der französischen Marschälle Tallard und Marsin, hatte sich nun an der Donau zu einem kurzen Atemholen verschanzt; in der Wiener Burg war man gar nicht so überzeugt davon, daß es gelingen würde, die den Strom entlang vorrükkenden Feinde aufzuhalten. Die Stellung des Hauses Habsburg war ernstlich bedroht. Auf getrennten Wegen hatten Marlborough und Eugen ihre Heere in Eilmärschen nach Bayern gehetzt. Die Gegner konnten ihre Vereinigung nicht verhindern. Die Franzosen und Bayern hatten 56000 Mann, darunter Frankreichs beste Regimenter, Eugen und Marlborough 52000 – der Prinz befehligte vor allem pfälzische, dänische und brandenburgische Einheiten (bei denen sich Prinz Leopold von Anhalt-Dessau, später der »Alte Dessauer«, auszeichnete) und der Herzog Briten, Niederländer, Deutsche und Dänen; dafür kämpfte in den Reihen der Franzosen eine irische Brigade.

Die Bayern und Franzosen rechneten nicht mit einem Angriff. So etwas gehörte sich in dieser Situation einfach nicht. Sie waren schließlich wohl verschanzt, hatten die Donau als Flankendekkung und waren zahlenmäßig leicht überlegen. Vor ihren Stellungen schienen außerdem der Nebelbach und sumpfiges Wiesenland totale Sicherheit zu garantieren.

Eugen und Marlborough, die ausgezeichnet miteinander harmonierten und nur von chauvinistischen Geschichtsschreibern in ein Konkurrenzverhältnis gebracht werden, waren jedoch zum Angriff entschlossen. Während in der Nacht zum 13. August die Franzosen und Bayern friedlich schliefen, marschierten die Alliierten bereits durch die Donaunebel. Als sich die Schwaden gegen sieben Uhr hoben, hatten die Franzosen die schöne Illusion, daß der Gegner abzöge. Aber dann berannten die alliierten Sturmkolonnen auf einmal ihre Schanzen und Schanzkörbe. Im sumpfigen Zentrum, wo die Linien der Franzosen am schwächsten waren, versuchte Infanterie mit Hilfe von Balken unpassierbare Stellen zu überwinden. Bald tobte in einer Länge von sechs Kilometer eine blutige Schlacht. Am linken Flügel bei Lutzingen stieß Eugens Reiterei aus dem Wald gegen die Bayern vor. In Blindheim hielten sich Marschall Tallards Grenadiere hinter der festen Friedhofmauer, die erst vor einigen Jahren abgerissen wurde. Weder Eugen noch Marlborough kamen so richtig vom Fleck. Marlborough geriet sogar in solche Bedrängnis, daß ihm Eugen eine Brigade Kürassiere zu Hilfe senden mußte. Dann exponierte sich wieder der Savoyer so, daß er mehrmals in Lebensgefahr geriet. Als eine seiner Attacken abgeschlagen wurde, soll er zwei Offiziere, die sich zur Flucht wandten, eigenhändig niedergeschossen haben. Die Entscheidungsstunde schlug um fünf Uhr nachmittags. Marlborough warf die gesamte Kavallerie ins Zentrum. Die gigantischste Reiterschlacht des 18. Jahrhunderts brachte die Wendung, den Sieg. Dort, wo sich heute Kornfelder dehnen, starb Ludwigs XIV. schönste Armee.

Was von ihr übrigblieb, wollte sich über die Donau retten, aber der Fluß wurde zur tödlichen Falle. Er war damals noch nicht reguliert. Die Auen bildeten ein verhängnisvolles Netz von Seitenarmen, Sümpfen und Tümpeln. Tausende von Offizieren und Soldaten ertranken. Tallard wurde gefangengenommen. Die Franziskaneroberin in Günzburg zeichnete ihre Eindrücke vom Rückzug der Franzosen und Bayern in der Chronik auf: »Es ist erbärmlich anzusehen gewesen, wie die Trümmer der bayrisch-französischen Armee durch Günzburg flüchteten, denn viele Vornehme sind dahergelaufen nur in den Hosen ohne Rock und ohne Schuhe, viele sind geritten ohne Hand oder Arm oder Fuß. Man hat hier diese alle verbunden, und es war ein erbärmliches Jammergeschrei, auch der Kurfürst selbst ist den 14. August des Abends allhier im Pfarrhaus gewesen, hat dort gespeist und geschlafen, dann ist er mit den Seinigen nach Ulm marschiert.«

Dieses Elendsfinale, das sich nach jeder Schlacht wiederholt, wird von den Siegern, aber auch von den Besiegten meist nur allzu schnell wieder vergessen. Die Bilanz des Tages: Die Alliierten verloren 12000 Mann an Toten und Verwundeten, die Franzosen und Bayern 30000 (etwa 12000 davon gerieten in Gefangenschaft). Die Beute war gewaltig: an die 200 Fahnen und Standarten, über 5000 Troßwagen und, wie ein Chronist vermerkt, »34 Kutschen mit französischen Frauenzimmern«.

Wien war gerettet, Ludwig XIV. gebremst, Bayern für zehn Jahre unter österreichischem Besatzungsregime. Das persönliche Honorar für die Sieger: Prinz Eugens Wiener Winterpalais in der Himmelpfortgasse wurde für ewige Zeiten von allen Steuerlasten befreit. Ironie der Geschichte: Heute residiert hier der österreichische Finanzminister. Marlborough wurde in England von der Regierung der monumentale Blenheim-(Blindheim-)Palast erbaut. Die Baumalleen im Park spiegeln bis heute die Aufstellung der Armeen bei Blindheim wider – Schlachtengeometrie als Gartenschmuck, historisches Feldherrenschach im Grünen. Und im letzten Krieg donnerten britische Bristol-Blenheim-Bomber über die deutsche Landschaft, manchmal wohl auch über das Dorf, dem sie ihre Typenbezeichnung verdanken. Der sentimentale Schlachtfeldtourist und Marlborough-Biograph Winston Churchill ist im Blenheim Palace geboren, und nur eine Meile von Blenheim entfernt, im stillen Kirchhof von Bladon, wurde er begraben.

Über Blindheim aber steigen wieder die Donaunebel auf. Die

Vögel in den Auen verstummen, ein Fischer packt sein Angelzeug ein. Am Ortsausgang von Höchstädt betrachtet man schweigend den Gedenkstein, der 1954 errichtet wurde: ein stilisiertes, in die Erde gerammtes Schwert, einige wenige Worte von dem großen Ringen, nichts von Siegern und Besiegten, nur von den Gefallenen aller beteiligten Völker, und der Spruch: »Überwindet den Haß, sucht den Frieden.«

Dieses Mahnmal hätte schon vor 1704 im Donautal zwischen Ulm und Ingolstadt errichtet werden können. Dieses breite Becken hat die Heerführer seit eh und je angelockt, hier ihre Taktik, ihre Reiterei oder ihre Kanonen zu erproben. Die Donau wurde immer wieder indirekt als Mordinstrument mißbraucht, indem man den Feind in ihre Wellen trieb, oder einfach als geduldiges Bestattungsunternehmen. In den Gespenstergeschichten, die sich die Leute an langen Winterabenden auch heute noch, trotz des Fernsehapparates, erzählen, wimmelt es von erschlagenen Offizieren und Soldaten aller Zungen und Länder. Zur Geisterstunde dürfte es an manchen unheimlichen Stellen unter den Weiden in den Donauauen einiges Gedränge geben.

Am meisten heimgesucht wurde das Donautal im Dreißigjährigen Krieg. Im Zeichen des Kreuzes ließ sich Deutschland damals gründlicher verwüsten als im Namen Mächtiger von dieser Welt. Was immer der Zweck einer Kriegshandlung war, der religiöse Anlaß der Auseinandersetzung erlaubte es, jede Tat für den rechten Glauben zu begehen. Nur darüber, welcher der rechte Glaube sei, waren die Meinungen gründlich geteilt.

Die Menschen, die hier lebten und überleben wollten, erhielten von ihrem jeweiligen Herrn den Glauben verpaßt wie eine Uniform. Die nächsten beiden Städte flußabwärts, Donauwörth und Neuburg, sind die besten Beispiele dafür, wie schwer es sein konnte, fromm zu bleiben.

Heute ist Donauwörth an einem Sonntag vom Katholizismus durchtränkt. Vor der Kirche haben sich im Sonnenschein die Erstkommunikanten versammelt, Mädchen und Buben genauso herausgeputzt wie die hohen Kommunionskerzen, weiße Kleider, dunkelblaue Anzüge, die ersten langen Hosen, Kindergesichter – vom Gefühl, im Mittelpunkt zu stehen, ein wenig gealtert –, betuliche Mütter und Tanten, Autos, Glocken und Nonnen. Überdies ist Donauwörth eines der bedeutendsten katholischen Verlagszentren Deutschlands.

Dieses Donauwörth, das sich in den Ring seiner Mauern

kuschelt und allein durch seine erkerreichen spitzgiebeligen Häuserzeilen einem Zurückschalten auf ein anderes Jahrhundert keinen Widerstand leistet, hat einen der indirekten Anlässe zum großen Religionskrieg geliefert. Die Mehrheit der schwäbischen Reichsstadt Donauwörth war um 1600 protestantisch. Eine vom Abt des Heiligkreuzklosters 1607 veranstaltete Prozession wurde daher als Herausforderung empfunden. Die Protestanten fielen über die Katholiken her, worauf der Kaiser die Reichsacht über die Stadt verhängte. Daß dann auch noch Herzog Maximilian von Bayern die Strafe vollstrecken durfte, die Stadt für sich kassierte und die Bürger zwang, sich dem Papst zu unterwerfen, wurde vom protestantischen Deutschland als Ungeheuerlichkeit angesehen. Dieses Vorgehen trug viel dazu bei, die Kriegsbereitschaft unter den reformierten Fürsten Deutschlands zu vermehren.

Die Kriegsfurie setzte Deutschland von der Nordsee bis nach Böhmen in Flammen; 1632 belagerte Schwedenkönig Gustav Adolf das von kaiserlichen Serben verteidigte Donauwörth.

Die Donaukarte gleicht auch noch weiterhin einem militärischen Atlas. In dem hügeligen und bewaldeten Gelände vor Neuburg lenkt einen ein sarkophagartiges Monument von der Straße ab. Steigt man über die niedrige Umzäunung, befindet man sich auf französischem Boden. Die Republik Frankreich hat das Grundstück 1800 gekauft und ist bis heute als Eigentümer im Grundbuch eingetragen. An dieser Stelle fiel Théophile Malo Corret de Latour d'Auvergne, der »Erste Grenadier der Armee der Republik«. Hier wurde er auch begraben. Heute ist der Sarkophag leer; die Gebeine wurden 1889 exhumiert und nach Paris überführt.

In Frankreich hat jeder Schulbub von dem wackeren Soldaten gelernt. Latour ist ein wahrer Bilderbuchkrieger, ein »miles gloriosus« ohne dessen Aufschneiderqualitäten: Offizier noch unterm König, in Amerika kämpfend, nach der Revolution wieder voll Kriegs- und Republiksbegeisterung als gemeiner Soldat in der Armee von Napoleon hochgeehrt und schließlich trotz mehrmaliger Verabschiedung beim Deutschlandfeldzug 1800 wieder mit dabei. Im Gefecht von Oberhausen bei Neuburg fiel er dann nahe der Donau. Aber die Franzosen haben damals gesiegt. Und wie um das Debakel von 1704 aus der Geschichte auszuradieren, haben sie die im Rathaus von Höchstädt deponierten französischen Fahnen und andere Blindheim-Beutestücke wieder nach Frankreich gebracht. Die Geschichte als

Pfandhaus ... In Neuburg wird sie zur Kostümverleihanstalt. Die Prospekte und Fremdenführer preisen die Stadt in schwärmerischen Phrasen an. Die Silhouette mit dem Auf und Ab von Türmen über einem beruhigenden Dächergeschiebe, die zu einer einzigen Burg zusammengewachsen scheint, verheißt Größe. Und dieser vollkommene Bühnenhorizont löst sich in Palais, Kirchen, Bürgerhäuser, Gassen, Plätze, Höfe und Säle auf, die Bewunderung, Erstaunen und Entzücken hervorrufen – eine Renaissanceinsel im barocken Meer der Donau. Mit all dem wertvollen Tand hat sich die Gegenwart jedoch nur dekoriert. Das Kleid der Vergangenheit ist ihr zu groß und zu schwer geworden. Die Stadt lebt von ihrem längst verblaßten Ruhm. Im Gegensatz zu anderen Residenzstädten ohne dazugehörige Fürsten schlägt sie nicht Kapital daraus, sondern zehrt nur von der Substanz. Neuburg schläft einen Dornröschenschlaf. Es gibt sich seligen Träumen hin, weil es in solcher Vollkommenheit über der Donau aufgeschichtet ist, als ob es von einer Hand konstruiert worden wäre. Die Stadt zeigt dem Fluß einen geradezu imperialen Habitus. Der Strom ist ihr völlig untertan. Kein Donaufürstentum hat sich bis dahin so selbstsicher gebärdet. Aber der Verputz blättert ab, im Schloß hausen Regierungsstellen, die statt den Musen den Akten huldigen, und die kleine Streitschar wackerer Restaurateure, die an manchen Stellen an der Arbeit ist oder ihr Werk bereits vollendet hat, fürchtet, den Kampf gegen die Zeit zu verlieren. Neuburg scheint zu arm zu sein, sich selbst zu erhalten, und zu müde. Aber auch der Mann, dem Neuburg seine Größe verdankt, hat am Aufbau der Stadt sein Geld verloren: Pfalzgraf Ottheinrich, der erste Herr der sogenannten »Jungen Pfalz«, der erste bayrische Fürst, der es mit Luther hielt, der vollendete Renaissancemensch, der hier an der Donau um die Mitte des 16. Jahrhunderts eine Residenz schaffen wollte, die das Echo aller Hauptstädte der damaligen Welt sein sollte und auch wurde. In Neuburg nennt man den schönsten Teil des Schlosses den Ottheinrichbau; die ganze Stadt sollte so heißen. Denn dieser tatkräftige Fürst, der auf den diversen Gemälden ein wenig Heinrich VIII. ähnelt, glaubte allein durch seinen Willen und seinen Schönheitssinn Schloß und Stadt nach seinen weltmännischen Maßstäben einrichten zu können. Und er ging darob auch bankrott.

Ein Erbschaftsstreit im Hause Bayern wurde dadurch geregelt, daß man ein neues Fürstentum gründete – so wie heute eine Firma oder Aktiengesellschaft: Pfalz-Neuburg. Und 1522 trat

Ottheinrich die Regierung an (gemeinsam mit seinem Bruder Philipp, der aber nur nominell beteiligt war). In Europa herrschten Kaiser Karl V., Franz I. in Frankreich und Heinrich VIII. in England. Sie ließen sich von Holbein und Tizian porträtieren. Michelangelo malte an seinem ›Jüngsten Gericht‹, Benvenuto Cellini beglückte die Höfe mit seiner Goldschmiedekunst, und Ottheinrich hielt sich an die großen Vorbilder. Er gestaltete seine Residenz von Grund auf neu. Wo immer man heute durch rote Marmortore schreitet, sind seine ineinander verschlungenen Initialen OH eingemeißelt. Die Wände des Arkadenhofes im Ottheinrichbau sind von italienischen Sgraffiti übersponnen, die Kunst des Südens leuchtet in mildem Schein über die Stadt.

Aber so wie Ottheinrich künstlerisch für alle neuen Ideen aufgeschlossen war, so auch für das neue Christentum, das Luther predigte. 1542 wechselte Ottheinrich sein Bekenntnis, und mit ihm hatten sich seine Untertanen zu Luthers Thesen zu bekennen. Der Kaiser schickte Ottheinrich ins Exil. Die Residenz litt Not, weil der Fürst schon vorher alles Geld verbraucht hatte. Noch einmal kehrte er zurück, wurde schließlich 1556 Kurfürst und residierte die letzten drei Jahre seines bewegten Lebens in Heidelberg. Dort begann er den Bau des schönsten deutschen Renaissanceschlosses, das in vielen architektonischen Zügen dem Neuburger Schloß verwandt ist. Neuburg blieb bis 1614 streng protestantisch. Fürstliche »Censoren« achteten darauf, daß die Bevölkerung der neuen Religion treu war. Aber 1614 schwenkte Fürst Wolfgang Wilhelm aus politischen Gründen wieder zum Katholizismus um. Und die Neuburger hatten ihm zu folgen.

Die Pendelei zwischen den Religionen fand in Neuburg ausdrucksvollen Niederschlag. Anderswo paßten die Protestanten ehemalige katholische Gotteshäuser ihren Zwecken an. In Neuburg erbauten ihnen die Fürsten neue Kirchen. Die kraftvollen Fresken des Salzburger Meisters Hans Bocksberger in der Schloßkapelle, biblische Szenen, in denen die Propheten und Apostel vor allem Menschen sind, wurden nach einem protestantischen Programm gemalt. Deshalb wurden sie auch aus religiösen Gründen später übertüncht und erst 1933 durch einen Zufall wiederentdeckt. 1607, im gleichen Jahr, da über Donauwörth die Reichsacht verhängt wurde, entschlossen sich die Neuburger Fürsten zum Bau der Hofkirche, die mit einem mächtigen Turm als reformierter »Trutzmichael« das Gegenstück zur Münchner Jesuitenkirche Sankt Michael werden sollte.

Die Kirche wurde vollendet. Ihr Inneres leuchtet im vornehmen Weiß barocken Stucks. Für den protestantischen Wortgottesdienst wurden noch breite Emporen in die Kirche eingezogen. Aber die Kirchweih nahmen 1618 vier katholische Bischöfe vor. Das Gotteshaus wurde zur Marienkirche und bald darauf den Jesuiten überantwortet. Die Reformation hatte in Bayern einen ihrer bedeutendsten Stützpunkte verloren. Ein Jahr später, nach der Krönung Ferdinands II. zum römischen Kaiser in Frankfurt, hatte das nunmehr katholische Neuburg einen Mann zu Gast, dessen Denken die neue Philosophie begründete: René Descartes. Der dreiundzwanzigjährige französische Edelmann wollte das europäische Kriegstheater aus eigener Anschauung studieren und hatte sich deshalb als Freiwilliger zuerst dem Prinzen von Oranien und dann dem bayrischen Herzog Maximilian angeschlossen. Nun lag Descartes in der Stadt Neuburg im endlos langen Winterquartier. Er schrieb später darüber:

»Ich war damals in Deutschland, wohin mich die Kriege gelockt hatten. Als ich nun von der Krönung des Kaisers zur Armee zurückkehrte, hielt mich der Beginn des Winters in einem Quartier fest, wo ich mich, da ich keine mich zerstreuende Unterhaltung fand und im übrigen glücklicherweise durch keine Sorgen und Leidenschaften gestört wurde, den ganzen Tag über allein im warmen Zimmer eingeschlossen hielt, so daß ich alle Muße hatte, mich mit meinen Gedanken zu unterhalten ...«

Descartes gibt sogar den Tag an, an dem er plötzlich spürte, daß er nur das »klar und deutlich« Gedachte annehmen dürfe, zur Einfachheit zurückkehren und ganz von vorn anfangen müsse. Dieser Tag der Erleuchtung war der 10. November 1619. So fand Descartes in Neuburg zur Philosophie und Mathematik, die er durch die Begründung der analytischen Geometrie wesentlich weiterbrachte, und schließlich zu seinem klassischen Satz: »Cogito ergo sum – ich denke, also bin ich.« Im Neuburger Descartes-Gymnasium nagen jetzt die Schüler an ihren Kugelschreibern, wenn sie über Gleichungen und Kurven brüten, deren geistiger Ahnherr der Neuburger Wintergast ist.

Die Zeit großer Disputationen ist für Neuburg jedoch endgültig vorbei. Nur die politischen Konflikte färben noch ein wenig auf die Stadt ab. Die Donau ist hier nämlich in der Ostverteidigung der NATO schon zur vordersten Linie geworden. Von Neuburg starten Starfighter der deutschen Luftwaffe zu Patrouillenflügen, die sie in wenigen Minuten an die Zonengrenze bringen. Und in dem Neuburger Aufnahmelager finden Menschen aus der DDR, die diese eiserne Grenze als Flüchtlinge überwunden haben, erstes Asyl. Viele sind es allerdings angesichts der immer vollkommener werdenden »technischen Sperren« nicht. In den Neuigkeiten kommt Neuburg heutzutage kaum noch vor.

Über den einstigen Punkt hat sich eine museale Staubschicht gebreitet. Ottheinrich würde neuerlich das Herz stillstehen, sähe er sein Jagdschloß Grünau in den wildreichen Waldungen an der Donau. Er hat es seiner Gemahlin Susanne gewidmet. Er hat hier Feste gefeiert, die seiner Großzügigkeit geziemten. Kühne Reiter waren die breite Treppe hinaufgesprengt. Nun ist das Haus der Krankheit des Verfalls preisgegeben. Die Tore werden einem nicht geöffnet, in den Fürstenzimmern wohnen Privatleute, in den Fenstern hängen Wäschestücke, und statt Hörnerklanges »tönt« von ferne Autohupen. In Neuburg hat sich die Schönheit mit der Melancholie vermählt – so wie in der nächsten Donaustation Ingolstadt eine ruhmreiche Tradition mit einer technisierten Zukunft.

Auch Ingolstadt hat sein Schloß, seine Mauern, Türme und Kirchen, seine Herzöge und andere historische Stadtprominenz vorzuweisen. In der weiten Donauebene weitab von der Altstadt aber blitzen in dem reizlosen Flachland hohe silbrige Zylinder, umgeben vom geregelten Wirrwarr nur Fachleuten verständlicher Rohrkonstruktionen. In der Nacht stellen Hunderte von Lichtern einen zur Erde geholten Sternenhimmel dar, und ewige Fackeln züngeln in das Dunkel. Rund um Ingolstadt sind in den letzten Jahren fünf Riesenraffinerien entstanden, gespeist von einem nie versiegenden Strom, der unter der Donau durchfließt, für Ingolstadt jedoch tausendmal bedeutsamer ist als der Fluß: vom Ölstrom der Pipelines.

Auf der Fahrt die deutsche Donau entlang fühlt man überall, daß der Strom in Deutschland eine falsche Richtung eingeschlagen hat, daß die großen Strömungen des Wirtschaftslebens anderen Achsen folgen, von anderen Polen angezogen werden, daß das Donauland um eine Spur stiller ist als andere Gebiete, um eine Spur weniger wichtig und um eine Spur ärmer. Nicht einmal zum jüngsten Statussymbol einer deutschen Großstadt hat man es an der Donau gebracht – zu einem Bundesligaklub.

Fußballerisch hat man auch in Ingolstadt nichts Besonderes zu bieten. Mit ihren knapp 70000 Einwohnern reiht sich die Stadt hinter Regensburg und Ulm. Als moderner Wirtschaftskörper hat es beide Städte weit überflügelt. Seine Zukunft ist gesichert. Denn Ingolstadt liegt im Schnittpunkt der Achsen München–Nürnberg und Augsburg–Regensburg. Es ist der geographische Mittelpunkt Bayerns, bietet genügend freien Raum für die Ausbreitung von Industrieanlagen, hat eine direkte Autobahnverbindung und die Donau zur Deckung des Kühlwasserbedarfs: der ideale Standort für das größte Raffineriezentrum Europas. Die Ölgiganten der Welt haben im Raum Ingolstadt in wenigen Jahren fünf Raffinerien aus dem Boden gestampft. Das größte Öl-Gas-Kraftwerk Bayerns mit seinen eleganten kubischen Bauten und dem schlanken rot-weiß gestrichenen Schornstein führt in Bayerns Stromproduktion, ein zweites Werk ist im Bau. Die Raffinerien sind in der Lage, den gesamten bayrischen Bedarf an Gas, Benzin und Heizöl zu dekken. Dabei fallen noch zahlreiche Nebenprodukte ab, aus denen die Chemiker von Jahr zu Jahr mehr Wunderdinge zu zaubern vermögen.

Genährt wird diese Ölmetropole von drei transkontinentalen Ölpipelines, die die Donau an drei Stellen in einer Tiefe von einem Meter unter dem Stromboden unterqueren. In Marseille, Genua und Triest führt die Ölstraße bis zur Donau, bis nach Ingolstadt; eine weitere Verbindung reicht über Karlsruhe zum Rhein. Das in Triest durch die Pumpen laufende Rohöl braucht für seine Reise von der Adria an die Donau drei Wochen. Die Kapazität der Raffinerien im Raum Ingolstadt: 15 Millionen Tonnen jährlich. Mehr als genug, um das über zehn Millionen Einwohner zählende Bayern und Westösterreich zu versorgen.

Die Donau nimmt sich neben diesen unterirdischen Strömen unansehnlich aus. Sie ist noch nicht schiffbar und dient neben ihrer Funktion als Kühlwasserlieferant der Stadt vor allem als Zierde und den Pionieren der Garnison als Truppenübungsplatz.

Ingolstadts Reichtum ist heute auf Öl, auf die Auto-Union-Werke mit 8000 Beschäftigten und die Deutsche Spinnereimaschinenbau AG gegründet, aber auch auf seinen Status als Bundeswehrstandort, der der Stadt Millionen D-Mark einbringt.

Den Festungscharakter kann Ingolstadt nicht verleugnen. Die Amerikaner haben 1945 zwar den größten Teil der Befestigungsanlagen in die Luft gejagt – offenbar in der Angst, daß die veralteten Bunker noch einmal von Nutzen sein könnten –, aber die verbliebenen Mauern, die klassizistische Tilly-Redoute und der Stadtplan verraten die kriegerische Natur Ingolstadts. Jeder Krieg in Bayern hat vor den Mauern an der Donau eine Belagerungsarmee antreten lassen. Und nach Napoleons Untergang wurden die von den Franzosen geschleiften Wälle wiederaufgebaut und Ingolstadt zur bayrischen Landesfestung erklärt. Damit waren die Soldaten die Herren der Stadt. Sie wurde zu einem einzigen Militärlager, und im Herzogsschloß waren Munitionsdepots und Lebensmittelmagazine.

Im Ersten Weltkrieg hatte die Festung außerdem die Ehre, in Fort 9 besonders schwierige Kriegsgefangene höheren Ranges zu behüten. Eines Tages wurde ein hochgewachsener, mürrischer französischer Capitain eingeliefert. Er war nach einer Verwundung bei Verdun gefangengenommen worden und hatte bereits drei Fluchtversuche riskiert. Deshalb wurde ihm die sichere Sonderhaft in Ingolstadt verordnet. Er benützte seine Mußestunden, Deutsch zu lernen, Vortragsreihen zu organisieren und zu schreiben. Er hieß Charles de Gaulle. Einer seiner Mitgefangenen war ein junger russischer Offizier: Michail Nikolajewitsch Tuchatschewskij. 1921 führte er die Rote Armee bis in die Vororte Warschaus, einer seiner Gegner war de Gaulle als Mitglied einer französischen Militärmission in Polen. Tuchatschewskij wurde Generalstabschef und modernisierte die sowjetische Armee. 1937 ließ ihn Stalin nach absurden Spionageanklagen liquidieren. Noch ein Mann der Weltgeschichte hat das Gefangenenfort betreten: der damalige päpstliche Nuntius in Deutschland, Monsignore Eugenio Pacelli, der sich nach dem Befinden der Offiziere erkundigte und ihnen Liebesgabenpakete überbrachte. 1939 wurde er als Pius XII. zum Papst gekrönt.

Die Ingolstädter glaubten, daß ihnen der Lebensfaden abgeschnitten würde, als nach dem Ersten Weltkrieg keine Uniform in den Straßen zu sehen war. Ohne das Militär hatte die Stadt ihren Inhalt verloren. Bald war Ingolstadt jedoch wieder Garnison; 1945 sprengten dann die abziehenden deutschen Truppen die Donaubrücken, die Amerikaner importierten Besatzungsleben »made in USA«, und seit 1957 investiert die Bundeswehr gutes Geld in das Ingolstädter Gewerbe. Die neue deutsche Armee braucht Ingolstadt weniger als Festung denn als Fabrik: Die Luftwaffe hat ihr Aufklärungsgeschwader 51, das nach Immelmann, dem »Blauen Max«, dem Lufthelden von 1914/1916, benannt ist, hierherverlegt, eine Erprobungsstelle für Luftwaffengeräte und eine Messerschmitt-Filiale, die die übel beleumundeten »Starfighter« zusammensetzt. Ingolstadt am meisten verbunden sind jedoch die Pioniere. Sie gehören zur Donau wie die Fischer und die Schiffersleute. Ein Besuch bei ihnen lohnt sich.

Am Donauufer, dort, wo es der Bundeswehr reserviert ist – Betonrampen, die ins Wasser führen, von den schweren Doppelreifen der Laster umgepflügte Wiesen, Kommandorufe, blaugraue Uniformen. Die Soldaten bewegen sich grundsätzlich nur im Laufschritt. Schwimmwesten werden verteilt, ein Seil fliegt über die Donau, Leichtmetallpontons klatschen ins Wasser. In sieben Minuten ist ein Steg über den Strom gelegt – Brückenbau im Schnellsiedeverfahren. Die ganze Einheit hetzt über die schwankende Unterlage. Die Zuschauer folgen etwas zaghafter: Offiziersanwärter in Heeres-, Luftwaffen- und Marinemonturen von der Führungsakademie in Hamburg auf ihrer Besichtigungsreise durch die deutschen Garnisonen und einige ausländische Offiziere, Amerikaner, Franzosen, Spanier, Türken. Für sie wird auf der Donau die große Pionierschau abgezogen. Motorboote schießen durchs Wasser, Kommandorufe werden durch Megaphone gebrüllt. Lastautos schleudern durch ihren harten Bremsruck Riesenpontons in den Strom. Der Gischt spritzt auf. Dann wird der Stolz der Pioniere präsentiert – Amphibienfahrzeuge wie gepanzerte Autobusse, die frischfröhlich ins Wasser hineinrollen, ihr Oberteil ausbreiten und sich, von schreienden Feldwebeln dirigiert, zu Mammutfähren zusammenfügen, die Kranwagen und Panzer übersetzen können. Preis eines solchen schwimmenden Ungeheuers: knapp unter einer Million D-Mark. Die Donau macht in dem Kriegsspiel friedlich mit. Sie ist es gewohnt, Staffage für Manöver abzugeben. Je nach Bedarf wird sie zu einem harten Trainingsgrund.

In der Kaserne, die für eine Soldatenunterkunft fast zu freundlich ist, kontrollieren neben den Wachen zivile Angestellte die Hereinkommenden; Gärtnerinnen betreuen die Grünanlagen. Das Militärpersonal ist für solche Dienste zu knapp. Der Kommandant zeigt eines der langgestreckten Häuser. Im Korridor hängen Bilder mit historischen Uniformen, aber auch das Porträt eines Pioniergenerals, der von einem sowjetischen Gericht wegen Kriegsverbrechen zum Tod verurteilt worden ist. »Er war unschuldig«, sagt man. Über seinem Schreibtisch hat der Kommandant ein Gemälde aus dem Zweiten Weltkrieg, in dem heroischen Stil, in dem es damals opportun war zu malen: »Pioniere im Sturmboot.« Der Offizier hält es jedoch mit den ferneren Zeiten und kramt Fotos von einem Pionierpicknick an der Donau bei Sigmaringen hervor – in den Kostümen von Wallensteins Lager. »Besuchen Sie uns bald wieder«, sagt er.

In einem Zelt am Donauufer werden inzwischen den offiziellen Gästen Erfrischungen gereicht; es gibt eine richtige Uferparty mit Pontonschaukeln, Schlauchbooten und knipsenden Amateurfotografen. Die jungen Marineleute sind die elegantesten von den Soldaten, die Gesichter der Luftwaffenstudenten unterscheiden sich kaum von denen der Fliegerasse von früher, frech, kühn, übermütig und ein wenig skeptisch. In keiner Waffengattung trägt man das Käppi so schief über dem Ohr. Die Pioniere – nicht so vornehm – sind unterdessen weiter damit beschäftigt, dem Donauwasser Balken zu verpassen – aus Leichtmetall.

So sieht die militärische Gegenwart dieser Donaufestung in Ruhe aus. Viel Schweiß, viel Technik, viel Disziplin, aber weniger Schießen und ein Hauch von Zivilistendasein trotz der Uniform. Der Kommiß hat eine Stromlinienform erhalten. Die Tradition wird dennoch gewahrt. Das Herzogsschloß Ludwigs des Gebarteten, die ehemalige Vorratskammer der Garnison, wird eben zum Magazin bayrischer Kriegstrophäen, Schlachtenbilder, Uniformen und Feldherrengemälde umgestaltet – es wird in seinen spätgotischen Sälen das Münchner Armeemuseum beherbergen. Die Bemühungen der Schlachtenmaler erwecken bei Kunstbetrachtern selten enthusiastische Gefühle. In einer Ingolstädter Sakristei wird jedoch ein großer Sieg durch ein Kunstwerk verherrlicht, in dem aus Krieg, Grauen, Tod und Verderben Schönheit und Vollkommenheit destilliert worden sind: die Lepanto-Monstranz in der Kirche Maria de Victoria.

Am 7. Oktober 1571 brachte die vereinigte Flotte der Spanier, Venezianer und des Papstes, unterstützt von vielen anderen katholischen Städten und Fürsten, den bis dahin für unbesiegbar geltenden Türken vor der griechischen Küste bei Lepanto eine vernichtende Niederlage bei. Für die katholische Welt wurde dieser Sieg zum Symbol für die Unüberwindlichkeit der Kirche und eng mit dem Rosenkranzfest am ersten Oktobersonntag verknüpft. Papst Pius V., der die Koalition zustande gebracht hatte, ließ alljährlich zum Gedächtnis der Schlacht das Fest »Maria vom Siege« feiern.

Die Türkengefahr war allerdings nicht gebannt. Deshalb inspirierte das Lepanto-Motiv Gläubige und Künstler noch gute 150 Jahre lang. 1678, fünf Jahre bevor die Türken Wien belagerten, erteilte die fromme Ingolstädter Bürgerkongregation

»Maria vom Siege«, die sich der Rosenkranzverehrung widmete, dem Augsburger Goldschmied Johann Zeckl den Auftrag zu einer Monstranz, die an Lepanto erinnern sollte. Anscheinend war man sich an der Donau, deren Wasser in die Machtbereiche des Sultans flossen, der Türkengefahr bewußter als anderswo.

So wurde die Angst zum Mäzen. Als Zeckl die Monstranz ablieferte, waren die Türken bereits eingedämmt. Der Augsburger hatte für sein 1,23 Meter hohes und 18 Kilogramm schweres Werk aus Gold und Silber 30 Jahre gebraucht. Dennoch zahlten ihm die Ingolstädter ohne Murren den vereinbarten Preis von 991 Gulden. Zeckl hatte sich das Honorar redlich verdient.

Der goldschimmernde Strahlenkranz der Monstranz wurde zum Schauplatz der Schlacht. Das Admiralsschiff mit Don Juan d'Austria, dem in Regensburg an der Donau geborenen unehelichen Sohn Kaiser Karls V., auf der Kommandobrücke dominiert auf dieser geschmiedeten Schlachtbeschreibung. Es rammt gerade eine türkische Galeere: Masten splittern und knicken, Wellen schäumen auf, mit den Köpfen ertrinkender Türken spielend, Todesschreie erstarren in Metall, Säbel werden geschwungen, Kanonen dräuen, Haremsfrauen beugen sich verzweifelt über die Reling, der türkische Admiral will im Rettungsboot entkommen, Seile reißen, Matrosen klammern sich in der Takelage fest, Engel schleudern Blitze oder blasen Wind in die Segel, in einem Medaillon leuchtet das Bild des Papstes, aber das Herzstück des Getümmels bleibt die Mondsichel des Ostensoriums, in dem nur die weiße Hostie fehlt. Aufregender hat ein Goldschmied wohl selten gearbeitet, nie ist einer so sehr in die Rolle eines Kriegsberichterstatters gedrängt worden. Und fassungslos steht man dem goldenen und silbernen Gestrahle und Gefunkel, das sich in unzählige kriegerische Einzelheiten auflöst, gegenüber: die Wochenschau im Tabernakel, Segen durch Sieg, der Triumph in Gold aufgewogen.

Als die Monstranz beendet war, stand die Kirche noch nicht. Sie wurde erst dem letzten Sieger über die Türken geweiht, nach den Siegen Prinz Eugens vor Peterwardein und bei Belgrad. Maria de Victoria ist auch weniger eine Kirche als ein großer Saal, ein Versammlungssaal der jesuitischen Studentenkongregation. Die Rosenkranzbrüder haben ihn aber erst übernommen, als der Jesuitenorden aufgelöst wurde.

Die relativ niedrige Decke des Raumes hat das Malergenie Cosmas Damian Asam durch perspektivische Kunststücke in rosigen und perlmutterleuchtenden Porzellanfarben des Rokokos in himmlische Höhen und höllische Tiefen ausgeweitet: die Gloria Dei zwischen allen Kontinenten, über Menschen aller Farben, über Elefanten und Kamelen, Indianern und Heiligen, ein Jubeltanz, der sich im Stuck des anderen Asam-Bruders Egid Quirin und dem gewundenen Gestühl nahtlos fortsetzt.

Dieser Rokokoaufschwung der Ingolstädter Jesuiten war eine der letzten Etappen ihres Wirkens an der Donau. Sie hatten bald nach der Ordensgründung auf der schon 1472 gegründeten Ingolstädter Universität großen Einfluß erlangt. Petrus Canisius machte sie zur Hochburg der Gegenreformation. Aber dann wurden die Jesuiten vertrieben, ihre Bibliothek und ihre Archivalien als Altpapier – 18 000 Kilogramm für 667 Gulden – versteigert und die Universität nach Landshut verlegt. Schon vor den Jesuiten hat in Ingolstadt Magister Johann Eck Theologie gelehrt und Kirche und Papst gegen Luther verteidigt.

Der streitbare Magister ist neben vielen anderen gelehrten Männern der Ingolstädter Universität in der gotischen Liebfrauenkirche begraben. Sie kündet von der größten Zeit der Herzogsstadt im späten Mittelalter, von den Pariser Einflüssen, die Ludwig der Gebartete nach langen Jahren als Schwager der Königin am französischen Hof gefördert hat. Das spinnen- und korallenartige Netzwerk im Gewölbe der Seitenkapellen, das stachelig und bedrohlich über die Decke wuchert und noch immer zu atmen und sich auszudehnen scheint, wuchs jedoch in der Phantasie zweier Regensburger Baumeister. In der Endzeit der Gotik wird dieser Stil in berauschender Weise mit den ihm eigenen Mitteln ad absurdum geführt: der Totentanz einer Bauepoche, das manieristische Begräbnis des Spitzbogens; die Kunstgeschichte ordnet die Ingolstädter Gewölbe der Donauschule zu.

Das Kreuztor, die Stadtmauern, die Hohe Schule – eben die alte Universität –, der Herzogskasten und viele andere Ingolstädter Schätze, das alles ist Mittelalter. Darüber aber flutet das bewegte Leben einer modernen Stadt: breite Straßen, viel Neonlicht, viele geradlinige, saubere Neubauten, eine neue Donaubrücke, der Beton-und-Glas-Bunker des Stadttheaters, an dem viele Bürger lange zu schlucken hatten, die Zeitung ›Donaukurier‹. Die Donau verläßt die Stadt, borgt ihre Wasser den Raffinerien, läßt sie sich wieder zurückzahlen und bereitet sich auf die harte Arbeit vor, wieder einmal gegen natürliche Barrieren ankämpfen zu müssen.

Doch vor dem Weltenburger Donaudurchbruch streift man an die letzten Überreste einer von den Menschen errichteten Barriere. Sie hatte ein Weltreich geschirmt, wurde überrannt, vergessen und wiedergefunden: der Limes. Heutzutage, wo wieder so viele Mauern, Wälle und Zäune politische Interessen schützen und die Freiheit des einzelnen einengen, hat man ein offenes Herz für den römischen Grenzwall.

Die Landschaft hat sich gewandelt. Die Donau gräbt eine immer tiefere Spur in den Boden, die Ufer werden höher und steiler. Die Ebene hat ihre Weite verloren. Ein Maschenzaun trennt das Steinfeld von der Straße. Eine Pförtnerin sperrt die Tür zu dem Kastell auf, das einst ein Imperium bewacht hat und nun von einer Frau behütet wird: das Grenzkastell Abusina bei Eining, auf einer vorgeschobenen Kuppe, die steil zur Donau abfällt, einer der wichtigsten Punkte in diesem römischen Verteidigungssystem. Als die Römer Angst vor der eigenen Größe fühlten, ihre Schwächen zu merken begannen und sich deshalb mit der Ausdehnung ihres Reichs zufriedengaben, da konstruierten sie diese fixe Grenze. Vom Schwarzen Meer bis nach Eining mußten die Donau und die Uferkastelle diese Funktion übernehmen. Eining war das letzte Grenzkastell am Strom. Von hier aus bzw. von Hienheim am anderen Ufer führte die steinerne Mauer, die von den Bauern nur Teufelsmauer geschimpft wurde, quer durch Deutschland, bis nach Lorch an die Grenze Rätiens, wurde dort zum Pfahlwall und griff hinauf zum Rhein – lückenlos, meist schnurgerade, und für lange Jahre fest genug, die Barbaren abzuwehren.

Eining sperrte den Donauübergang. Hilfstruppen waren hier stationiert, zuerst die 4. Gallische Kohorte, dann die 3. Britannische. Für die Frau sind die römischen Soldaten noch immer da. »Da war das Bad. Schauen Sie doch die Fußbodenheizung an, das alles hat man damals schon gehabt.« Und sie erzählt vom ersten Sturm der Alemannen, die den Limes durchbrochen und das Lager zerstört haben, vom Wiederaufbau im kleineren Stil – an Hand der freigelegten Grundrisse mühelos zu verfolgen –, von den kleinen Einheiten, denen das Reich immer ferner und die Germanen immer vertrauter wurden, von dieser Militärgrenze, hinter deren Mauern Soldaten Felder bestellten, von dem langsamen Absterben, Hinüberdämmern und Verfallen einer Grenze, die drei- bis vierhundert Jahre lang zwei Welten voneinander getrennt hat. Die Frau benützt keine wohlgesetzten Worte, aber aus dem, was sie erklärt, läßt sich die Tragödie einer Kultur und die Geburt einer anderen auf ihren Trümmern zusammenfügen. »1945 waren hier wieder Kämpfe. Die Amerikaner sind über die Donau, und mehrere Dörfer wurden zerstört. Die Leute haben sich zum Wiederaufbau Steine aus dem Kastell geholt.«

Der römische Donauübergang war für die amerikanische Armee von Wichtigkeit. Und die Bauern taten, was ihre Vorfahren entlang des Limes seit Jahrhunderten getan haben: Sie benutzten die römischen Befestigungen als Steinbruch.

Am anderen Ufer ist man zu einer Wanderung verlockt. Man möchte einen Rucksack aufpacken und tagelang der Limesroute folgen, dieser Schicksalslinie Germaniens, der man fast ohne Unterbrechung bis zum Rhein nachspüren könnte.

Man würde die sanfte Bodenwelle, die sich vom hohen Donauufer weg durch die Felder hinzieht, nicht unbedingt beachten, wenn man nicht nach ihr Ausschau hielte. Sie scheint nur die Äcker zweier Bauern auseinanderzuhalten, eine willkürliche Krümmung des Bodens, ab und zu von Büschen gekrönt, parallel zu einem Fahrweg. Doch dann steht ein Denkmal da, kantig wie ein Römerstein. Der Geschichte huldigend, hat Bayernkönig Max II. den Stein vor mehr als hundert Jahren setzen lassen. Damit niemand den Limes übersieht. Man wandert die Linie weiter. Sie führt talab und wieder bergauf, sie verkriecht sich im Wald. Dort sollen sich die Reste eines Römerturmes im Unterholz tarnen. Die Linie fließt weiter, unaufhaltsam, weg von der Donau, selbst ein Strom, der nur ausgetrocknet ist, weil die Quelle, das Imperium Romanum, allmählich versiegte.

An der Donau, wo sie wieder zwischen Felsen eingezwercht wird, haben jedoch schon lange vor den Römern Herdfeuer gebrannt. Vor wenigen Jahren erst entdeckte ein Amateurforscher die Spuren einer Siedlung aus der Zeit der Bandkeramik. Die Grundrisse von Häusern, in denen 3960 Jahre vor Christus Menschen an und von der Donau gelebt haben, wurden ausgegraben. Wie jung mutet da das Kloster Weltenburg an, an dessen Platz 600 oder 700 nach Christus, also vor 1260 Jahren, irische Mönche in spartanischen Klausen gebetet und gearbeitet haben.

Wälder, steinerne Wände, die grünblaue Donau, kein Dorf, keine Privathäuser, nur der klösterliche Bautenkomplex – die meditierenden Mönche scheinen gegen jede Lärmbedrohung gefeit zu sein. Aber still war es in Weltenburg nie. Früher hatte das Kloster große Anziehungskraft auf die Pilgergruppen, heute auf ihre Nachfahren, die bunt zusammengewürfelten Gesellschaften in bequemen, vielfarbigen Reiseautobussen mit Namen wie »Der fröhliche Wanderer«, »Wiking«, »Schauinsland« usw. Schuld an diesem Wallfahrtsbetrieb sind die Mönche, die sich seit Jahrhunderten in echt bayrischer Klostertradition auf die Kunst verstanden, ein besonders kräftiges Bier zu brauen, die Künstlerbrüder Asam und die Natur, die hier im Donaudurchbruch mit allen Architekten und Bildhauern der Welt in einen edlen und erfolgreichen Wettstreit getreten ist.

Eher abweisend und unfreundlich hat sich der graue Klosterbau an den Strom hingelagert. Die Kirche ist hinter kaum gegliederten Fensterfronten begraben. Das Nieselwetter gestaltet die Szenerie nicht einladender. Dafür sind an einem solchen Tag nur wenig Touristen gestrandet. Die Buden der Devotionalienhändler sind nicht umlagert, die Holzbänke und Tische im Klosterhof, wo normalerweise das dickflüssige dunkelbraune bis schwarze Weltenburger Bräu verkostet wird, bleiben leer. Die einfache Kirchenfassade ist hinter einem Gerüst versteckt. Zögernd öffnet man die schwere Tür: eine ovale Vorhalle, Beichtstühle und Bußsymbole aus Stuck. Die Augen haben sich noch nicht an das Dunkel gewöhnt. Das Innere des hohen Zentralbaues offenbart sich nicht sofort. Im ersten Augenblick haben die Augen für Raumwirkungen und Fresken keinen Sinn. Sie werden magnetisch zum Hochaltar gezogen, zu dem Lichtspiel, das die Brüder Asam dort veranstaltet haben.

Wie von verborgenen Scheinwerfern angestrahlt, bricht eine Reitergestalt im Gegenlicht aus der Finsternis hervor: der heilige Georg, der den Drachen tötet. Der Altar wird zur Bühne – das Licht aus unsichtbaren Quellen erzeugt aufregende Silhouetteneffekte – das Helldunkel eines Rembrandt oder Caravaggio durch die Mittel der Plastik und Architektur ausgedrückt, spätbarockes Welttheater in Weltenburg, ein leuchtender Akkord in der Stille der Finsternis. Der heilige Georg hat seinen großen Auftritt, inszeniert von den Asams, die voll Souveränität das Tageslicht ihren dekorativen Absichten untertan machten.

Die barocke Georg-Statue des Egid Quirin ist dem streitenden und sich mit dem Drachen abmühenden Ritter, wie ihn so viele Künstler auf die Altäre stellen, kaum verwandt. Der Weltenburger Georg sitzt funkelnd auf einem tänzelnden Pferd, sein flammendes Schwert lässig dem Untier entgegenhaltend. Das Drachentöten wird zur Nebensache, der Glanz des Siegers zum

Mittelpunkt. In plastischer Farbigkeit züngelt der Basilisk gegen den ihn nicht beachtenden Ritter. Das Böse wird ignoriert. Nur die einer vergrößerten Porzellanfigur gleichende gerettete Prinzessin ist noch vom Entsetzen umarmt. Aber ihr Schrecken wird verniedlicht durch die Gans des nebenan placierten Kirchenpatrons Sankt Martin, die zischend auf den Drachen losfährt. Der Heroismus eines Tamino, die Lieblichkeit einer Papagena, irgendwo im Hintergrund das Glockenspiel Papagenos, und das Drachengezücht, das allen Regisseuren der ›Zauberflöte‹ so viel Denkarbeit abverlangt. Aber die Kirche wurde zwischen 1717 und 1721 erbaut, Mozarts Oper hatte 1791 Premiere. In diesem Jahrhundert hatte die Baukunst vor der Musik einen zeitlichen Vorsprung. Und deshalb möchte man auch die Bach-Fuge, die eben ein fleißiger Organist auf der Orgel probiert, eher in einer gotischen Kathedrale hören, obwohl diese Musik zur gleichen Zeit geschrieben worden sein könnte, als die Asams in Weltenburg am Werk waren. Bach war damals Kammermusikdirektor am Hofe des Fürsten Leopold von Anhalt in Köthen. Die Asam-Brüder, die erst vor wenigen Jahren ihre Lehrzeit in Rom beendet hatten, waren – beeindruckt von Berninis Bildhauerkunst, von seiner Virtuosität im Umgang mit Licht und Raum, von der malerischen Scheinarchitektur Pozzos – aus Italien nach Bayern zurückgekehrt. In Weltenburg vertraute ihnen ein kunstsinniger Abt sein Kirchenprojekt an – und sie hatten die Chance, hier ein Gesamtkunstwerk zu schaffen, in dem alle ihre römischen Impressionen in die ein wenig erdhaftere, naivere Sprache des bayrischen Barocks übersetzt wurden.

Denn das sakrale Schauspiel des Hochaltars ist noch nicht die ganze Kirche. Über gedrehte Säulen, Emporen und goldene Friese wird der Blick in die Kuppel getragen, die der Münchner Kunsthistoriker Herbert Schindler mit folgenden Worten beschreibt: »Sie ist ein riesiges Auge Gottes, mit weiß-goldener Pupille; sie ist eine Planetenbahn um die Sonne, begleitet von dreiunddreißig Sternen; sie ist eine Vision des geöffneten Himmels mit Heiligen- und Engelschören; sie ist eine Gralsburg in den Lüften, in der sich ein Wunder ereignet; sie ist ein riesiger Krater, durch den man nach oben geschleudert wird, eine Explosion des Alls und die Verkündigung unserer Wiederkehr in einer anderen Welt. Die Füße sind zu schwach, um ihren Anblick zu lang zu ertragen, und die Hände suchen einen Halt...«

Diese Beschreibung einer barocken Raumfahrt endet sogar mit dem Gefühl der Schwerelosigkeit. Und unter dem Reifen, der Himmel und Erde trennt, schaut lächelnd, wie auf eine Umlaufbahn gebracht, Cosmas Damian Asam, jugendlich, fast ein wenig spöttisch, nur durch die lange und sorgfältig ondulierte Allongeperücke mit der Würde des großen Meisters ausgestattet, auf den überwältigten Betrachter. Er hat es nicht lassen können, sich selbst in dieses Theater einzubauen, als der Regisseur, der aus den Kulissen heraus einen prüfenden Blick auf ein Publikum wirft.

Man bewundert die Künstler, die aus Dörfern kamen, einer alten Steinmetz-, Stukkatur- oder Malertradition treu, noch wie Handwerker an ihre großen Aufgaben herangingen und ihr Genie dann ohne Hemmungen erblühen ließen. Man bewundert jedoch auch die Äbte, die in ihrem Bauwillen nicht davor zurückschreckten, ihre Klöster oft an den Bettelstab zu bringen, nur um zu vollenden, was sie geplant hatten, um alles von Grund auf zu erneuern, zu revolutionieren, umzustürzen, Konkurrenten zu übertreffen – untergeordnet, unterworfen einer künstlerischen Idee zur Verherrlichung Gottes und der Kirche und wohl auch des eigenen Namens.

Doch sie hatten in Weltenburg noch eine Konkurrenz – die Natur. Wind und Wasser haben die Felsenpassage des Donaudurchbruchs mit einer Reihe seltsamer Gestalten bevölkert, die nicht einer Oper oder dem barocken Jesuitenschauspiel, sondern einem antiken Drama zu entstammen scheinen: eine steinerne Monsterschau von gewaltiger archaischer Wucht.

Das Ausflugsschiff schaukelt gemütlich in Richtung Kelheim, einige hundert Meter lang begleitet von den Klostermauern am rechten Ufer und einem schmalen Steig. Dann wird die Donau zum einzigen Weg. Nur einige Eisenringe sind in die senkrecht ins Wasser stürzenden Wände eingelassen. Mit langen hakenbewehrten Stangen können Boote stromaufwärts gezogen und gestakt werden.

Die Ufermauern sind einmal glatt, dann wieder zerrissen. Auf ihrer Kappe wachsen Nadelbäume wie eine stoppelige Stehfrisur. Die Donau nimmt die Gestalt eines jener Alpenseen an, in deren Bereichen sich Ganghofersche Klosterjäger oder von amerikanischen Filmregisseuren erfundene jodelnde Fischerinnen tummeln. Die Wände wurden von der Phantasie der Menschen besiedelt und belebt. Da erkennt man plötzlich den bayrischen Löwen, fast so eindrucksvoll wie der Leu vom Münchner Oktoberfest, der durstig für eine Brauerei brüllt, dann weiter einen Bischofskopf, streng, asketisch, kein lebensfreudiger Kirchenfürst, wie ihn die Bayern gewohnt waren, ein küssendes Brüderpaar – Brancusis abstrakter ›Kuß‹ von Wind und Wetter vorweggenommen –, die Mauern der Festung von Ingolstadt, eine steinerne Kanzel, von der Luther zu mitternächtlicher Stunde seine Redekunst dazu bemühen sollte, die Fische zu reformieren, und schließlich Napoleon auf einem den Kopf hängenlassenden Pferd, geschlagen, vor den Russen fliehend, an der Donau den Rhein suchend, wie von Wotruba gemeißelt. Die Zusammenarbeit von natürlichem Formenspiel und menschlicher Einbildungskraft klappt vorzüglich. Nur eines wird man nie erfahren – was die Menschen aus den Felsbildern herauslasen, bevor ein Napoleon Reiche zertrümmerte, bevor Ingolstadt zinnen- und turmbewehrt war, bevor Luther ein religiöses Erdbeben auslöste. Denn in die bizarren Felsformen der Weltenburger Enge haben sicher schon die ältesten Donaubewohner und auch Donauschiffer ihre Gedanken, Phantome und Fabeln hineingedeutet. Verspielt, ein wenig ironisch und vor allem zu unserer Ergötzung und Unterhaltung schreiben wir heute im nachhinein ein Drehbuch für diesen Historienfilm aus Jurakalk. Die Alten werden die Felsen ehrfürchtig betrachtet haben – als Beweis dafür, daß die Natur den Geistern gehört, als Bestätigung der Allmacht und Allgegenwart der Götter.

Kurz bevor die Donau ihre Fleißaufgabe als Felsenbrecher vollendet hat, korrigiert menschlicher Tatendrang die Steinarchitektur. Ein König wollte die Naturwunder des Donaudurchbruchs übertreffen, der heroischen Landschaft gleichsam die Krone aufsetzen – aber es wurde nur ein steifer Hut für alldeutsche Vaterlandsbegeisterung, eine bombastische Gugelhupfform für deutsches Einigungsstreben, ein Gasometer des Ruhmes: die Befreiungshalle von Kelheim.

Der Bauherr, der der europäischen Donau Deutschtum einpflanzen und sie dem Rhein angleichen wollte, war ein Wittelsbacher, Ludwig I. Er liebte aufregende Frauen, den griechischen Befreiungskampf gegen die Türken und ein geeintes Deutschland. Sein erstes Hobby kostete ihn in Gestalt der feurigen Tänzerin Lola Montez 1848 den Thron, den Griechen hat er seinen Sohn Otto als König geliehen, und dem Wittelsbachschen Deutschbewußtsein verdankt die Donau südöstlich von Regensburg den Walhallatempel und bei Kelheim eben die Befreiungshalle.

Beide aufwendigen Bauwerke stellen so etwas wie eine Sühnegabe für die bayrische Selbstsucht dar, die dieses große Land so oft an der Seite der Feinde des Kaisers und des Reiches, als Verbündete der Franzosen in den Krieg ziehen ließ. Als Kronprinz kommandierte Ludwig 1809 die bayrischen Truppen, die für Napoleon gegen die Österreicher marschierten – obwohl er den Korsen aus tiefster Seele haßte. Und ganz wird er es wohl nie überwunden haben, daß Bayern die große Schwenkung erst im letzten Augenblick vollzog, als Napoleons Schiff schon zu sinken begann – nämlich zehn Tage vor der Völkerschlacht bei Leipzig. Da erst machten sie mit Preußen, Österreichern und Russen gemeinsame Sache.

Für Ludwig wurde so der 18. Oktober 1813, der Tag der siegreichen Schlacht, zum Geburtstag des neuen Bayern. Ihn wollte er prächtig begehen. Als erstes Geburtstagsgeschenk präsentierte er den Deutschen die Walhalla, und am Tag nach der Einweihung, 30 Jahre nach Leipzig, legte der König den Grundstein zur Befreiungshalle.

Während in der Walhalla die großen Deutschen im allgemeinen einquartiert wurden, sollte das Kelheimer Pantheon den Kriegshelden der Befreiungskriege gegen Napoleon als symbolische Unterkunft dienen. Der klobige Backsteinpudding mit seinen allegorischen Frauengestalten, Säulenumgängen und der riesigen überdachten Kuppel auf dem Plateau über der Donau verrät nicht, unter welchen Schwierigkeiten er entstanden ist. Ludwig hatte nämlich inzwischen seine Stellung als König verloren und sein Werk erst nach einigem Zögern unter der Leitung seines ehemaligen Hofbaumeisters Leo von Klenze, des Architekten der Feldherrnhalle in München, weiterführen lassen.

Am fünfzigsten Jahrestag des Leipziger Völkertreffens konnte der Exkönig mit der großen Privatschatulle die Vollendung der Halle mit Veteranen aus den Befreiungskriegen und selbstverfaßten Versen feiern. Und seither wacht sie über die Donau wie ein unzerstörbarer, für die Ewigkeit gebauter Flakturm.

Im Zweiten Weltkrieg war sie dennoch bedroht. Um sie vor Luftangriffen zu schützen, wurde die Halle mit gigantischen Tarnnetzen überspannt; in ihren Kellergewölben lagerten Privatschätze Hitlers und Görings. Als im letzten Kriegsmonat ein SS-Kommando die deutsche Ehre durch die Sprengung der Befreiungshalle retten wollte, griff der Verwalter mutig ein und rettete den Koloß von Kelheim. Und so darf der Rundtempel weiter die Harmonie der Landschaft stören. Im Inneren tanzen marmorne Siegesdamen weiter ihren bewegungslosen Ringelreihen, und die Schritte unzähliger mehr oder weniger ehrfürchtiger Touristen hallen unter der 45 Meter hohen Kuppel.

Wenn wir schon bei den Zahlen sind – Ludwig hatte einen ausgesprochenen Sinn für Zahlensymbolik: Ohne etwas von Elektronenrechnern gehört zu haben, übte er sich in der Befreiungshalle in der Kunst der Datenverarbeitung. Weil die Völkerschlacht an einem 18. Oktober und die Schlacht bei Waterloo an einem 18. Juni (1815) stattgefunden hat, bildet der Grundriß der Halle ein Achtzehneck, finden sich außen 18 Strebepfeiler, 18 Statuen der verschiedenen deutschen Volksstämme, dann dreimal 18, nämlich 54 Säulen und 54 Balusterpfeiler, im Inneren 18 Nischen mit 18 Wandpfeilern, zweimal 36 Säulen am oberen Umgang, Inschrifttafeln für 18 Feldherren – darunter Schwarzenberg, Blücher, Radetzky, Scharnhorst, Gneisenau, York usw. –, die Namen von 18 zurückeroberten Festungen, 36 Felder im Hauptgesims und vierzehnmal 18, also 252 vertiefte Kassetten in der Kuppel. Es fehlt eigentlich nur noch ein Schild: »Für Jugendliche unter 18 ist der Eintritt verboten.«

Wer sich vom Überprüfen dieser Angaben noch keine Kopfschmerzen geholt hat, soll den Aufstieg zur äußeren Galerie, wo einem der Wind um die Ohren pfeift, nicht versäumen. Da wird Ludwigs Monumentalität in die Bereiche des Spielzeugbaukastens zurückverwiesen, und es herrscht einzig und allein die Monumentalität der Donaulandschaft, die von diesem Blickpunkt aus dem Auge keine Grenzen zu setzen scheint. Und am Horizont tauchen die Mauern und Türme jener Donaustadt auf, deren Größe nicht von einem einzigen königlichen Bauherrn befohlen wurde: die Silhouette des zweitausendjährigen Regensburg, des großen Drehkreuzes an der Stelle, wo der Lauf der Donau seinen nördlichsten Punkt erreicht hat: eine Zusammenballung von kaiserlicher, fürstlicher, bürgerlicher und kirchlicher Macht auf römischen Grundmauern.

6. Kapitel

Drehkreuz der Jahrtausende
Regensburg

»Die Eichenpfähle, die die Fundamente der Brückenpfeiler halten, sind noch original, 800 Jahre alt. Sie stehen ja immer unter Wasser und können dadurch nicht in Fäulnis übergehen, im Gegenteil, sie werden härter.« Der Tiefbauingenieur muß es wissen. Er ist für die Brücke verantwortlich, für *die* deutsche Donaubrücke, für die Steinerne Brücke zu Regensburg. Über eine Spanne von 350 Meter verbinden 16 halbkreisförmige Bögen Regensburg über zwei Landzungen der Donauinseln Oberer Wöhrd und Unterer Wöhrd hinweg mit Stadtamhof. Keine leichte über den Strom schwebende Brücke, kein von einem Wald von Streben gehaltener Holzsteg, sondern fast eine in den Strom gerammte Mauer, in der 15 Öffnungen frei geblieben sind, damit Strom und Schiffahrt auch zu ihrem Recht kommen. Vergleichbar nur mit der Karlsbrücke in Prag und der Mainbrücke in Würzburg, aber wesentlich älter, verwandt den steinernen Brücken der Römer, aber zu einer Zeit entstanden, da man durch Jahrhunderte hindurch die Baukunst der Besatzungsmacht gründlich vergessen hatte und ihr altes Wissen nun durch kühne eigene Versuche wieder von neuem entdecken mußte. »Wenn man bedenkt, wie wenig technische Hilfsmittel die Baumeister vor 800 Jahren zur Verfügung hatten, dann ist die Regensburger Brücke ein technisches Wunderwerk.«

Vor mehr als 800 Jahren, 1135, gab ein siebenundzwanzigjähriger Welfenherzog, Heinrich der Stolze, der Vater Heinrichs des Löwen, den Befehl zum Brückenbau. Sein Schwiegervater, der Sachse Lothar III., ist eben in Rom zum Kaiser gekrönt worden und streitet sich mit den Staufen. Papst Innozenz II. muß seine Tiara gegen einen Gegenpapst verteidigen. In Deutschland und Frankreich werden die letzten romanischen Dome vollendet, an den Höfen der Provence besingen die ersten Troubadoure mit poetischen Versen ihre Damen, in Paris beschreibt der Scholastiker Abaelard seine tragische Liebe zu Héloise, und vor den Toren der Stadt, in Saint-Denis, versuchen phantasievolle Baumeister erstmals, sich in einem neuen Stil – der später Frühgotik heißen wird – auszudrücken. Die

Bürger der reichen Handelsstadt Regensburg erleben jedoch elf Jahre lang – bis 1146 –, wie das Wagnis der Brücke Wirklichkeit und zur unglaublichen Tatsache wird, daß sie die oft so reißende Donau trockenen Fußes überqueren können. Heinrich ist zwar schon vier Jahre nach Baubeginn gestorben, aber unter der Brücke versammelt sich schon 1147 das deutsche Heer, das, angeführt von Konrad III., dem Staufer, dem Onkel Friedrich Barbarossas, und angespornt durch die flammenden Predigten Bernhards von Clairvaux, zum unglücklichen zweiten Kreuzzug aufbricht. In der Stadt werden Urkunden vom Tag der Einweihung der Brücke datiert, die Brücke erhält ihr eigenes Siegel, ein Brückenfrieden verbietet jeden Zweikampf auf der Brücke, und wer dort mit offenem Schwert angetroffen wird, dem kann die Hand abgeschlagen werden.

Bis 1935, als sie durch die Nibelungenbrücke entlastet wurde, war die Steinerne Brücke die einzige Verbindung zwischen den beiden Ufern. »Die Brücke ist jetzt für zwölf Tonnen zugelassen, aber sie könnte ohne weiteres 60 Tonnen tragen«, sagt der Brückenbauer von heute.

Über die schmale Fahrbahn der Brücke donnert der Verkehr – Autos, Mopeds, Fahrräder. Die Brücke ist nicht immer gleich breit (zwischen 5,5 und 4,5 Meter), und sie hat auch einen kleinen Knick wie ein angebrochener Grashalm. »Das kommt wohl davon, weil damals für jeden Brückenabschnitt ein anderer Polier verantwortlich war. Und dabei haben sie ihre Arbeiten nicht immer hundertprozentig koordiniert. Die engste Stelle liegt am drüberen Brückenende – vielleicht ist zum Schluß eben das Geld knapp geworden.«

Und wie hat man damals eine Brücke gebaut, ohne Maschinen und anderes modernes Gerät? Es fehlen authentische Berichte darüber, aber aus der Konstruktion der Brücke läßt sich einiges erkennen. »Ich würde die Brücke heute vielleicht an einer anderen Stelle planen, dort, wo eine der beiden Inseln am breitesten ist. Dadurch hätte ich nicht so viel Wasser zu überbrücken. Aber die Leute im Mittelalter werden wohl ihre guten Gründe gehabt haben. Eines ist sicher: 1135 und vielleicht auch in den Jahren danach hatte die Donau einen extrem niedrigen Wasserstand. So war es möglich, für jeden Brückenpfeiler eine große Insel in der Donau zu schaffen. Ein Eichenpfahl neben dem anderen wurde in das Strombett geschlagen, ein äußerer Ring und ein innerer, dazwischen füllte man Steine und Geröll, das innere Pfahlbündel wurde zum Fundament für die Pfeiler –

das ist die Basis für die Brücke, die heute noch unverändert erhalten ist. Die Quadersteine der Bogen und Pfeiler wurden mit heißem Kalkmörtel zusammengefügt – der ist heute so fest, daß man ihn mit Kompressoren kaum auseinanderbringt. An diesen Inseln, den sogenannten Beschlächten, wurde vermutlich gleichzeitig gearbeitet, weil man die Trockenheit ausnützen mußte. Pro Beschlächt waren 15 bis 20 Mann am Werk...«

Aus den Fugen der Bogen sprießt Unkraut. Auf dem Geländer sitzt das Brückenmännchen und blickt höhnisch zum Dom. Weil niemand genau weiß, was es bedeutet, haben die Regensburger einen Streit zwischen Dombaumeister und Brückenbauer ersonnen. Mit Hilfe des Teufels habe der Brückenarchitekt die Wette gewonnen und sein Werk früher vollendet und zum Spott noch das Männchen draufgesetzt. Wahrscheinlich war es für die Menschen des hohen Mittelalters einfach unfaßbar, daß man ohne Hilfe des Teufels so souverän mit der Donau fertig werden konnte.

Kriegsherren verschiedenster Prägung haben auch immer wieder Gründe gesucht, die Brücke zu zerstören. Von den drei Brückentürmen, die auf alten Ansichten dem Bauwerk noch mehr Wucht verleihen, blieb nur einer, der am Regensburger Ufer vor dem hochgiebeligen Salzstadel, verschont. Zum letztenmal machten sich 1945 Sprengkommandos an der Brücke zu schaffen – sie jagten zwei Bogen und einen Pfeiler in die Luft. Amerikanische Pioniere bedienten jedoch die Regensburger in kurzer Zeit mit einer Behelfsbrücke. Bis die Steinerne Brücke wieder so war, wie sie sein soll, dauerte es noch einige Jahre. Die hellere Farbe gewisser Steinquadern verrät, wo die Brücke verletzt war. In ihrer Substanz ist die älteste noch benutzbare Donaubrücke jedoch unversehrt, ihr Herz schlägt seit 800 Jahren. Sie ist eine Brücke über Jahrhunderte hinweg – wie die ganze Stadt Regensburg, vom befestigten römischen Donaulager zur Pfalz fränkischer und bayrischer Könige und Herzöge, zum Quartier so vieler römisch-deutscher Kaiser, zum Sitz des Reichstages und fürstlicher Hofhaltung bis Anfang des 19. Jahrhunderts. Eine Klammer von zwei Jahrtausenden hält die Stadt zusammen. Man nähert sich ihr, vor Ehrfurcht, fast zögernd, über die Brücke. Da ist noch die gerade Uferfront, vom Rechteck der römischen Castra Regina, der gotische Dom Sankt Peter, der Mühe hat, in diesem Meer von Kirchtürmen seine beiden hohen Spitzen an der Oberfläche zu behalten, dann sind daneben die »zivilen« Türme, die Wohntürme der Patrizier, die die Regensburger Kaufleute den Italienern abgeschaut haben – das vollkommene Porträt einer gotischen Großstadt, ins 20. Jahrhundert herübergerettet. Aber im Vergleich zu den römischen und romanischen Schätzen, die sich dahinter verbergen, ist die Regensburger Gotik schon wieder jung und modern.

Vorläufig bleibt man jedoch noch in der Periode des Brückenbaues. Eine Wolke von Bratwurstduft hält einen darin gefangen, eine wahre Geruchspalette, die auf dem Holzkohlengrill nicht nur brutzelndes Fleisch, sondern auch eine Kollektion exotischer Gewürze, Sauerkraut und appetitlich Verbranntes und Verrauchtes verheißt. Automatisch stellt sich Hunger ein, und es ist unmöglich, an dem winzigen Häuschen vorbeizugehen, das ohne seine kulinarische Ausstrahlung neben dem riesigen Salzstadel völlig verschwinden würde. Deshalb zwängt man sich in die Hütte, die sich die »Historische Wurstkuchel« nennt, als Rückwand den letzten Rest der Stadtmauer für sich beansprucht und außerdem behauptet, die Bauhütte von 1135 zu sein. Schon damals hätten hier hungrige Steinmetzen und Maurer Würste und Bier probiert. Die Wissenschaftler zweifeln zwar an dieser Theorie, aber bis jetzt hat noch niemand ein Bild dieses Platzes aus den letzten 800 Jahren auftreiben können, auf dem das Häuschen nicht präsent war.

In dem dunklen, niedrigen Raum, zwischen Dunst und Bier, zwischen Brezeln und Kartoffelsuppe, drängen sich Einheimische und Fremde, in bunter Reihe auf den Bänken aufgefädelt, und bestellen »sechse« oder »viere«, je nachdem, wieviel weißbraune Minibratwürste sie zu verspeisen gedenken. An den Wänden erzählen Zeitungsausschnitte Anekdoten, und Wasserstandsmarken zeigen an, wie hoch hinaus die Donau gewollt hat. Das Bier ist dennoch unverdünnt, und der Besitzer dieser geschichtsträchtigsten Wurstbraterei von Donaueschingen bis zum Schwarzen Meer verweist voll Stolz darauf, daß seine Familie die Wurstküche schon seit 1820 betreibt.

Aber, was ist denn das schon in Regensburg – knappe 150 Jahre! Wo in dieser Stadt doch Kegelbahnen römische Mauern haben, wo sich das Hotel Bischofshof an einer Ecke auf die Porta Praetoria, das elf Meter hohe ehemalige römische Lagertor, stützt – es wurde Ende des vorigen Jahrhunderts wiederentdeckt, als an dem damaligen Brauereigebäude größere Reparaturen notwendig waren. Nur die Porta Nigra in Trier kann im deutschen Sprachraum mit diesem Römertor konkurrieren. Im Museum erprobt man seine Lateinkenntnisse an der ältesten

Gründungsurkunde einer deutschen Stadt. Der Gründer der Stadt, Kaiser Marc Aurel, hat 179 nach Christus folgendes in Stein meißeln lassen: »Kaiser Marcus Aurelius, Sohn des vergöttlichten Pius, Bruder des Verus, Enkel des vergöttlichten Hadrian, Urenkel des vergöttlichten Trajan, des Parthersiegers, Ururenkel des vergöttlichten Nerva, Erlaucht, Germanen- und Sarmatensieger, Oberpriester, im sechsunddreißigsten Jahre seiner tribunizischen Gewalt, Feldherr zum neunten Male, Konsul zum dritten Male, Vater des Vaterlandes, und Kaiser Lucius Aurelius Commodus, Erlaucht, Sarmatensieger und größter Germanensieger, Sohn des Kaisers Antonius, Enkel des vergöttlichten Pius, Urenkel des vergöttlichten Hadrian, Ururenkel des Trajan, des Parthersiegers, Ururenkel des vergöttlichten Nerva, im vierten Jahre seiner tribunizischen Gewalt, Feldherr zum zweiten Male, Konsul zum zweiten Male, haben den Wall mit den Toren und Türmen errichten lassen durch die III. Italische Legion und die 2. Aquitanische Kohorte unter der Leitung des kaiserlichen Provinzstatthalters Marcus Helvius Clemens Dextrianus.«

Staats- und Stadtoberhäupter lieben es auch heute noch, sich auf ähnliche Weise verewigen zu lassen, nur – mit ihrer Verwandtschaft können sie nicht so viel Staat machen. Commodus war der weniger begabte Mitregent des großen Stoikers Marc Aurel. Die III. Italische, die Regensburger Hauslegion, entstand, als Rom in Bedrängnis geriet, aus einem Häuflein auf italienischen Straßen zusammengefangener Strauchdiebe und entlaufener Sklaven, wurde aber später zu einer recht reputierlichen Einheit. Die Aquitanier stammten aus Südfrankreich. Sie alle wachten an der Donau, um nach den Markomannenstürmen – die »Barbaren« hatten die römischen Linien überrannt und waren fast bis zur Adria vorgestoßen – Roms Herrschaft über das damals bekannte Europa zu untermauern. Castra Regina, das Militärlager Regensburg, mit der sich daneben ausbreitenden Zivil- und Händlerstadt, sollte einer der stärksten Pfeiler in diesem Bollwerk sein.

Weil Jahrhunderte in Regensburg jedoch weniger zählen als anderswo – man hat zwischen Donau, Naab und Regen so viel davon gespeichert –, konnten die Legionare der Dynamik der jungen Völker nicht mehr allzu lange standhalten. Der »Wind of Change«, der »Wind des Umsturzes«, war zu mächtig. Die Entwicklungsvölker servierten die Kolonialherren ab und nahmen ihr Geschick in die eigenen Hände.

Trotz Völkerwanderung, langsamem Verschwinden der Römer und Jahren der Anarchie wurde die Erinnerung an die römische Kolonialzeit doch zu einer Art Statussymbol. Wie bei uns eine Ware im Wert steigt, wenn man sie als »original englisch« einstufen kann, so wird der dräuende Turm, der kantig und widerspenstig am Alten Kornmarkt in den Regensburger Alltag hineinragt, als »Römerturm« geführt – obwohl seine Steine »erst« kurz nach 800 als ein Teil der Pfalz Ludwigs des Deutschen, des Königs von Bayern, aufgeschichtet wurden. Den Regensburgern war ihr Schatzdepot, diese tausendjährige Bank, dennoch zu jung. Deshalb strapazierten sie auch in diesem Zusammenhang die Römer. Und einem so »jugendlichen« Gebäude wie dem Herzogshof daneben, an dem noch einige Jahrhunderte später gebaut wurde, wird in Regensburg lediglich die Ehre zuteil, Akten der Bundespostdirektion vor den Unbilden der Zeit und des Wetters zu bewahren. Nur sein Festsaal, der späteren Datums ist, dient manchmal noch feierlichen Anlässen.

Ja, in Regensburg hat man es eben. Bei diesem Überfluß an Denkmälern, von denen jedes einzelne genügen würde, Kunst- und Geschichtswallfahrer in die Stadt zu locken, muß sich jede historische Stätte von ihrer besten Seite zeigen, um überhaupt beachtet zu werden. Regensburg ist wie eine Jukebox. Man drückt auf eine Taste, und schon springt eine andere Geschichtsepoche heraus – die Vergangenheit Europas und Deutschlands ist hier auf engstem Raum konzentriert. Und da brüstet man sich in der Wurstküche mit der hundertfünfzigjährigen Familientradition.

Dennoch haben es die Leute »unter der Brücke« leichter. Die Dome, Klöster und Herzogshöfe verbreiten nämlich im Gegensatz zur Wurstküche keine einladenden Gerüche. Sobald man aber seine Bratwürste verspeist hat, gerät man zwangsläufig in den Bann der winkeligen Regensburger Gassenfronten, der Dächer und Türme, der Erker und Portale. Die Keplerstraße parallel zur Donau, läßt noch vieles von einstiger Kaufmannsherrlichkeit ahnen. Hier, an der früheren Donauwacht, hatten die großen Familien gehaust. Denn hier waren sie nur durch die inzwischen verschwundene Stadtmauer vom Strom getrennt. Hier waren die Lagerhäuser, hier, bei der Steinernen Brücke, legten die Schiffe mit Waren aus aller Herren Ländern an. Hier waren das Weintor, das Mauttor, das Posttürchen. Hier war gut leben, als die Häuser nur Namen und noch keine Nummern hatten. Aber die Hausnamen sind noch geblieben: »Zum blauen

Hecht«, »Runtingerhaus«, »Zum Sauseneck«. Eines der Häuser hat erst in unseren Tagen seinen Namen erhalten – das Keplerhaus. Der große Astronom ist hier am 15. November 1630 im Alter von 59 Jahren gestorben.

Ein Freund Johannes Keplers, der protestantische Prediger Jakob Fischer, erzählt: »Während der jüngsten Tagung des Reichstages kam Kepler hier auf einer Schindermähre an, die er danach für zwei Gulden verkaufte. Er war gerade drei Tage hier, als ihn das Fieber anfiel... Es stieg bald sehr an, so daß er bewußtlos wurde. Solange die Krankheit währte, sprach er nicht wie einer, der seiner selbst mächtig ist. Als er im Todeskampf lag und den Geist aufgab, sprach ihm in männlicher Weise, wie es sich gehört, ein Diener Gottes zu...«

Kepler, kaiserlicher Mathematikus, damals aber im Dienst Wallensteins stehend, war nach Regensburg geeilt, um bei Kaiser Ferdinand eine Gehaltsschuld von 12000 Gulden einzutreiben. Das Geld hat er nicht bekommen. Dafür wurde er in Regensburg begraben. Auf den Grabstein setzte man den von ihm selbst verfaßten Grabspruch: »Einst maß ich die Himmel, nun mess' ich die Tiefen der Erde, vom Himmel ward mir der Geist, im Dunkel ruht nun der Leib.«

Der Friedhof wurde bei der Belagerung Regensburgs durch die Schweden vernichtet. Das Grab ist verloren. Nur in dem Sterbehaus an der Donau geht noch Keplers Geist um. Noch mehr, der Astronom scheint leibhaftig seinen Nachlaß, seine Instrumente und alles, was von ihm übrig ist, zu hüten. Denn läutet man am frühen Abend an der Haustür, dann öffnet einem ein hagerer Mann mit tiefliegenden Augen und einem Knebelbart vor dem Kinn, wie eine moderne Ausgabe des Himmelsforschers. Und der Mann, der durch dieses Regensburger Bürgerhaus, in dem man die Zeit aufgehalten hat, führt, kennt seinen Kepler auch. Vor dicken Folianten, Handschriften, Inventarverzeichnissen, Atlanten, Himmelsgloben, Planetenmodellen, astronomischen Uhren und Tischen, Fernrohren und anderem Gerät erläutert er Keplers Lebensweg zwischen Graz und Prag und dann immer wieder an der Donau, in Regensburg, Linz, Ulm und wieder Regensburg; er doziert über die Keplerschen Gesetze von den Planetenbahnen, spricht von der ›Harmonie der Welt‹, dem großen astronomisch-philosophischen System Keplers, und von seinen drückenden Geldsorgen. Und er weist auf das erst nach Keplers Tod erschienene Buch ›Die Traumreise zum Mond‹ hin, das sich stellenweise wie ein aktueller Science-fiction-Roman liest: »Der Anfangsstoß der Beschleunigung ist das Schlimmste, denn der Reisende wird wie durch die Explosion von Schießpulver nach oben geworfen ... Deswegen muß er vorher mit Einschläferungsmitteln betäubt und seine Glieder müssen sorgfältig geschützt werden, sonst würden sie ausgerissen, denn der Rückstoß breitet sich über alle Teile des Körpers aus ... Sobald der erste Teil der Reise vorüber ist, geht es leichter, weil der Körper auf einer derart langen Reise zweifellos der magnetischen Kraft der Erde entrinnt und in die des Mondes gerät, die nun die Oberhand gewinnt. An diesem Punkt geben wir die Reisenden frei und überlassen sie ihren eigenen Einfällen. Sie werden sich wie Spinnen ausdehnen und zusammenziehen und sich mit Hilfe der eigenen Kraft weiterbewegen ...«

Eine Vision von gewaltigem Ausmaß in einem Haus mit anheimelnd dunklen Treppen und Holzdecken, gedrechselten Stiegengeländern, runden Türöffnungen und niedrigen Schlafstuben. Glanz und Elend eines Großen werden einem in diesem Museum, das mehr als ein Museum ist, bewußt. Man vergleicht den von finanziellen Nöten geplagten Gelehrten mit dem Prunk der Reichstage, durch die sich Kaiser und Fürsten in Regensburg ihre Macht bestätigten.

Nach ihrer mittelalterlichen Bedeutung als Handelszentrum an der Donau war die Stadt in der Renaissance von Nürnberg und Augsburg überflügelt worden. Wie heutzutage Städte, die in Gefahr geraten, von den großen Verkehrsströmungen isoliert zu werden, danach trachten, internationale Organisationen in ihre Mauern zu lotsen, so profitierten die Regensburger in ihren wirtschaftlich eher schwächeren Perioden von den Reichstagen. Schon seit karolingischer Zeit hat diese höchste Versammlung des Reiches mit Kaiser, Kurfürsten, geistlichen und weltlichen Ständen, den Vertretern der Reichsstände usw. immer wieder an der Donau stattgefunden, bis zum 16. Jahrhundert allein etwa fünfundvierzigmal. Als nicht mehr zwischen Kaiser und Papst oder Kaiser und Fürsten gestritten wurde, sondern zwischen Papisten und Lutheranern, als Seelenheil und Politik eins wurden, entwickelte sich Regensburg zum idealen Schauplatz dieser die Geschicke des Reiches so wesentlich beeinflussenden Zusammenkünfte. Regensburg war neutral wie später Genf oder nun Wien.

Die freie Reichsstadt lag mitten im bayrischen Land. Die Bayern waren katholisch, der Rat der Stadt bekannte sich jedoch zum protestantischen Christentum. Dennoch gab es in Regensburg noch genug katholischen Boden – in der Stadt waren auch noch der Fürstbischof und die Abteien Sankt Emmeram und Ober- und Niedermünster reichsunmittelbar und dem Papst treu. Regensburg hatte außerdem stets ein gutes Verhältnis zu den Habsburgern, war die Wien am nächsten gelegene Reichsstadt und dank der Donau verkehrsmäßig überaus günstig. Was für die Großen von heute die Düsenmaschine ist, war für die Großen von einst das komfortabel ausgestattete Flußschiff. In Regensburg herrschte also trotz wirtschaftlicher Rezession politische Konjunktur. Die Kassen der Kauf- und Wirtsleute füllten sich stetig. Und die Bände der Stadtchronik wuchsen und wuchsen. Es gab auch genügend Aufzeichnungswertes in dieser Zeit: Die Regensburger waren eifrig darauf bedacht, ihren hohen Gästen das Leben so angenehm wie möglich zu gestalten. Deshalb führten sie 1546 Kaiser Karl V. eine ihrer schönsten Bürgerstöchter – vielleicht war sie die damalige »Miß Regensburg« –, Barbara Blomberg, zu. Das Gastgeschenk wurde mit einem Sohn bedankt: Don Juan d'Austria, dem späteren Sieger von Lepanto. Der Kaiser verheiratete die Regensburgerin mit einem wohlbestallten Offizier. Jedermann in Regensburg kennt den Ort der Liebesnacht, das »Goldene Kreuz«, jene Fürstenherberge, in der auch Ludwig I. und Ludwig II. von Bayern, Kaiser Franz Joseph, Wilhelm I. und andere gekrönte Häupter abgestiegen sind. Trotz seiner ursprünglichen Gestalt ist das berühmte Haus mit seinem bemalten Turm nun zur Mietskaserne, schlecht verputzt und besserer Zeiten harrend, herabgewürdigt worden.

Doch weiter in den Annalen der Kaiserstadt Regensburg: Rudolf II. wurde 1575 im Dom zum König gekrönt, 1576 starb Kaiser Maximilian II. während des Reichstages im Bischofshof, 1630 wurde Wallenstein seines Amtes als kaiserlicher Feldherr enthoben, 1636 wurde Ferdinand III. gekrönt – weil in der Krönungsstadt Frankfurt die Pest umging – und 1653 Ferdinand IV.

Aus dem Reichstag wurde nach dem Dreißigjährigen Krieg 1664 eine ständige Versammlung, bei der sich der Kaiser durch einen Prinzipalkommissär, die Fürsten durch Gesandte vertreten ließen. Der Führer im Rathaus nennt diesen »immerwährenden Reichstag« voll Stolz das erste deutsche Parlament, obwohl er von einer Volksversammlung noch sehr weit entfernt war. Der Reichstagssaal tut dennoch seine Wirkung – denn in dem ehemaligen Tanzsaal der Regensburger Patrizier hat man alles so belassen, wie es bis 1803 war, als Napoleon die hohen Herren auseinanderjagte.

Gotische Fenster, Fahnen, der kaiserliche Doppeladler, Wandteppiche, Butzenscheiben, dämmriges Licht und die konservierte hierarchische Ordnung, mit der die Fürsten das Heilige Römische Reich bewahren wollten, obwohl es schon längst nicht mehr Wahrheit war: an der Stirnseite der gelbe Baldachin, unter dem Rudolf II., Matthias und Ferdinand II. in Regensburg eingezogen sind. Darunter der lederne Lehnsessel, der dem Prinzipalkommissär gedient hat – der Kaiserthron hat sich, dem Zug der Zeit entsprechend, als nicht so haltbar erwiesen. Der Sessel steht auf einem rotbespannten vierstufigen Podium. Zur Rechten und zur Linken, zwei Stufen tiefer, die ebenfalls rotbespannten Bänke für die Kurfürsten, dann an den beiden Längsseiten auf nur einer Stufe die grünbezogenen Bänke der geistlichen und weltlichen Reichsfürsten, in der Mitte hinten, ohne die erhebende Stufe, dem Thron gegenüber die Bänke der Reichsstädte. Was mag Kepler, der so viel über System und Aufbau des Kosmos nachgedacht hat, angesichts dieser von Menschen geschaffenen und für unumstößlich gehaltenen Scheinordnung gefühlt haben? Kepler war nämlich einmal vor den Reichstag zitiert worden, um für die Einführung des Gregorianischen Kalenders ein Sachverständigengutachten abzugeben.

Der Reichstag hat Regensburg nicht nur Erinnerungen an festliche Aufmärsche, an rauschende Feste und kleinliche Etikette- und Kompetenzstreitigkeiten der Gesandten beschert, sondern auch seine Fürsten. Trotz seiner Überfülle an Geschichte, trotz seiner relativen Größe mit 125 000 Einwohnern wird das moderne Regensburg von einer fürstlichen Familie mindestens so dominiert wie irgendeines der winzigen Residenzstädtchen an der oberen Donau. Wenn die Regensburger sagen: »Unser Fürst«, meinen sie Thurn und Taxis. Seit 1748 hatten die Erbgeneralpostmeister des Heiligen Römischen Reiches die Stellung des Prinzipalkommissärs inne, vertraten vor dem »immerwährenden Reichstag« die Interessen des Kaisers und saßen auf dem kaiserlichen Lehnsessel zwei Stufen über den Gesandten der Kurfürsten. Die Familie hatte durch die gute Idee, einen Postdienst einzurichten, seit dem 15. Jahrhundert so viel verdient, daß sie auch in ihrem Lebenswandel in Regensburg wahrhaft majestätisch auftreten konnte. Die Kaiser schlummern in dunklen Grüften, der Reichstag wurde zum Museum, im fürstlichen Schloß wird jedoch weiterhin die blaurote Fahne mit dem Turm, dem Dachs und dem Löwen aufgezogen, wenn Fürst Franz Joseph von einem seiner zehn oder zwölf Schlösser einen Ausflug in die Hauptresidenz unternimmt. Die Regensburger betonen es eher mit Stolz als mit Neid, daß das reichste deutsche Fürstengeschlecht zu ihrer Stadt gehört.

Wenn die Fürsten nicht da sind, dann öffnen sich die prächtigen Repräsentationsräume und das erst vor einigen Jahren eingerichtete Marstallmuseum für das Publikum. »Wir haben den Wagenbetrieb 1928 eingestellt und den Reitbetrieb 1950. Die verstorbene Fürstin Margarethe ist bis zu ihrem vierundachtzigsten Lebensjahr jeden Tag ausgeritten, außer freitags. Weil sie eine österreichische Erzherzogin war, durfte sie sechsspännig ausfahren, der Fürst jedoch nur vierspännig.« Der etwa fünfzigjährige Mann, der die Thurn-und-Taxissche Herrlichkeit interpretiert, spricht zwar kein nasales Aristokratendeutsch, betont aber durch sein »wir« eindeutig, daß er dazugehört und der Besucher nur ein armseliger Außenseiter ist. Seine Familie hat schon drei Generationen hindurch den Fürsten gedient. Ebenso wie die anderen Bediensteten zieht unser Mann zu festlichen Anlässen noch die rotgoldene Livree mit dem Wappen auf den Schultern an und stülpt sich eine gepuderte Perücke über. »Früher hatten die Fürsten zweitausend Bedienstete, jetzt nur noch sechshundert. Bei großen Festen werden auch die Handwerker in die Livree gesteckt.«

Da stehen all die Prunkkarossen, schwarzglänzend, messingblinkend, als ob sie gerade auf eine Ausfahrt warteten. Ein Schlitten mit australischem Oppossumpelz und dem Fußpelz von einem sibirischen Wolf, ein moderner Reisewagen mit einer Zugleine für den Kutscher, mit der die Herrschaften im geschlossenen Gefährt dem Mann auf dem Bock ihre Wünsche mitteilten, Scheinwerfer mit Batterien, Paradedecken, ein richtiger Winteranzug für einen Schimmel – alles Prestige, das heute teure Autos verleihen, wird hier von Kutschen, Kaleschen, Landauern, Berlinern und so weiter samt kostbarem Zubehör geliefert. Aber Autos waren den fürstlichen Briefträgern schon vor dem Ersten Weltkrieg nichts Unbekanntes: »Wir hatten schon 1910 zehn Autos.« Wenn die fürstliche Familie auf ihrer sogenannten Schlössertour übersiedelte, wurden dazu eigene Lastzüge mobilisiert. Heute gibt man es etwas billiger: Der mehr als siebzigjährige Fürst reist nur mit einem Reisegefolge von 15 bis 20 Leuten, darunter einem Leibkoch, der schon 30 Jahre für die Familie sorgt: »Wir haben französische Küche.«

In einem anderen Trakt des weitläufigen Gebäudes residiert die fürstliche Domänenverwaltung. Doch hinter diesem altväterlichen Titel verbirgt sich modernes Management. Der europäische Landbesitz der Thurn und Taxis – zuerst durch die Ablösung der Postprivilegien gewachsen – ist zwar nach zwei Kriegen von 130000 Hektar auf 34000 Hektar reduziert worden, daneben dirigiert die Domänenverwaltung nun aber vier Betriebe der Edelmetallverarbeitung in Pforzheim, Ziegelwerke in Baden und Bayern, zwei Brauereien, von denen eine einen Jahresausstoß von 300000 Hektoliter hat, eine eigene Bank mit Filialen in München und Nürnberg. Um gegen alle Fährnisse der Politik gesichert zu sein, hat man für die Zukunft auch ein Thurn-und-Taxissches Imperium in der Neuen Welt gegründet: 5000 Hektar Wald in Kanada, acht Farmen bei Toronto, 50000 Hektar Land im Mato Grosso in Brasilien – Weideland für 7000 Stück Vieh, Pfeffer- und Gummiplantagen, ein Reich für sich.

Der Herr über all den Reichtum ist nicht der greise Fürst, sondern sein energischer Neffe Erbprinz Johannes. Er hat wenig Zeit für fürstliche Hofhaltung, sorgt aber als moderner Großunternehmer dafür, daß Thurn und Taxis auch in Zukunft zu den reichsten Fürstenhäusern der Welt gehört.

Wenn man das Schloß verläßt, weht einem Sauerkrautgeruch um die Nase. Vor einer kleinen Pforte warten einige ältere Leute. Über der Tür liest man in Fraktur »Fürstliche Notstandsküche«. Ein Anachronismus? »Nein, hier erhalten über vierhundert Rentner und Studenten täglich eine Mahlzeit. Sie können es brauchen. Es ist gute, kräftige Militärkost«, erläuterte der fürstliche Angestellte.

Die so Verköstigten speisen in einem ehemaligen Klosterrefektorium. Die Thurn und Taxis haben ihr Schloß in die ehrwürdigste Abtei Regensburg hineingebaut – in die mehr als eintausenddreihundertjährige Reichsabtei Sankt Emmeram.

Schuld daran ist wie an so vielen Geschehnissen in Schwaben und Bayern Napoleon. Er hat den Prinzipalkommissär zur Arbeitslosigkeit verurteilt, aus Regensburg zuerst ein privates Fürstentum des ihm treu ergebenen Bischofs Carl von Dalberg gemacht und die Stadt endlich an Bayern übergeben; weil die Fürsten damit ihre bayrischen Postprivilegien verloren, erhielten sie 1811 als Entschädigung das aufgehobene Kloster Sankt Emmeram.

Vorher, im April 1809, mußte Napoleon aber das von Erzherzog Karl verteidigte Regensburg noch einmal erobern – die

Stadt entsann sich ihrer Traditionen. Die ehrwürdigen Mauern wurden noch einmal berannt, und wie im Mittelalter traten die Franzosen zu einem Sturm mit Leitern an. Diese hatten sie vorher in den umliegenden Dörfern requiriert. Einem Tiroler Standschützen widerfuhr die hohe Ehre, den Kaiser der Franzosen mit einer Kugel am Bein zu streifen. Der dabei zertrümmerte Sporn wird in Paris im Museum gezeigt.

Thurn und Taxis erbten damit aber eines der ehrwürdigsten Klosterbauwerke Deutschlands und verwandelten es in die wohnliche und feudale Residenz – Mauer an Mauer, Tor an Tor mit der Aufeinanderhäufung von Krypten, Kreuzgängen, Kirchen und Gewölben –, die Sankt Emmeram heute darstellt. Hier wuchern die Stile und Epochen, hier pilgert man in einer halben Stunde vom deutschen Frühchristentum in die Barockzeit. Wo sich heute Sankt Emmeram erhebt, soll schon im 4. oder 5. Jahrhundert eine christliche Kirche gestanden sein. Im 7. Jahrhundert wurde hier der fränkische Wanderbischof Emmeram, den ein bayrischer Herzog ermorden ließ, bestattet. Hier ist noch ein Vorkämpfer für die Christianisierung Deutschlands begraben, der heilige Wolfgang, hier ruhen die letzten Karolinger, Arnulf von Kärnten und Ludwig das Kind, ein achtzehnjähriger schwächlicher Jüngling, dem die Last des Erbes Karls des Großen viel zu schwer war. Und in einer Nische schläft stehend eine der schönsten – da paßt auch das Wort hehrsten – Frauen, die deutsche Steinmetzen um das Jahr 1200 gemeißelt haben: Königin Hemma, die Gemahlin Ludwigs des Deutschen, 876 gestorben. Der steinerne Kopfpolster unter ihrem gekrönten Haupt deutet an, daß das Grabmal der Deckel eines Sarkophags war: das Gesicht einer großen Dame, verschlossen, elegant, dabei ein wenig wehmütig und innig; die Falten ihres Gewandes scheinen von der Zugluft, die durch die geöffnete Kirchentür strömt, bewegt zu werden.

Keine Rücksicht auf die romanische Strenge Sankt Emmerams, auf das Wesen der Heiligen, der Könige und Königinnen, der Herzöge und Fürsten, der Gelehrten und Geistlichen, die dieses Gotteshaus zur letzten Ruhestätte erwählt haben, nahm Abt Reginhard, der 1731 den Brüdern Asam die barocke Neuausstattung der Kirche übertrug. Die Asam gingen mit viel Geschmack ans Werk und schufen hier wieder einen ihrer vollkommenen, mit und vom Licht lebenden Innenräume. Ganz wird man seiner dennoch nicht froh. Man sehnt sich an dieser Stätte nach schmucklosen romanischen Säulen, zu denen die spitzen Gesichter einzelner Statuen passen, nach geraden Dekken und schummrigem Dunkel, nach dumpfen Trommeln und schrillen Pfeifen statt himmlischem Geigenklang.

Auch im gotischen Sankt-Peters-Dom, dessen zwei Türme erst im 19. Jahrhundert vollendet wurden, bildet die Allerheiligenkapelle eine romanische Enklave. Sonst herrschen gotische Weite und gotische Höhensehnsucht. Der berühmte Verkündigungsengel hat alles Heil einer Botschaft in seinem verklärten Lächeln eingefangen; und vor dem Dom warnen Tafeln »Achtung, Steinschlag« den Beschauer, der die dämonischen Wasserspeier näher kennenlernen möchte. Das Warnschild läßt einen nur noch mehr fühlen, daß man hier wie bei jeder gotischen Kathedrale vor einem von Menschenhand geschaffenen Gebirgsmassiv steht. Nur, weil es aus Sandstein gefügt wurde, schaden ihm Rauch und Witterung, und die Dombaumeister haben niemals über Arbeitsmangel zu klagen.

Die Wallfahrt durch Regensburgs Kirchen könnte allein ein Buch füllen. Kein Wunder, daß angesichts der Vielzahl der Türme Hitler Regensburg als eine »schwarze Stadt« bezeichnet hat und sie trotz aller Reichstraditionen kaum besucht hat. Dieses Regensburg, aus dem der größte Volksprediger des 13. Jahrhunderts, der Mönch Berthold, hervorging – vor seinen Predigten vor Zehntausenden von Menschen auf freiem Feld, auf großen Plätzen bestimmte er mit einer Feder die Windrichtung, um sich akustisch richtig zu placieren. In Böhmen und Ungarn standen ihm Dolmetscher zur Seite, die seinen heiligen Redeschwall übersetzten. Dieses Regensburg, in dessen Rat Albrecht Altdorfer, der größte Maler der Donauschule, als Stadtbaumeister saß. Im Museum hütet man nur ein Freskenstück für das Kaiserbad: einen bärtigen Mann beim Ausziehen einer willigen Dame, eine deftig-sinnliche Szene, die für die Herren Monarchen offenbar eine ähnliche Funktion haben sollte wie heute die Zeitschrift ›Playboy‹ für Entspannung suchende Manager. Auf einer Miniatur von einer Ratssitzung sticht der Meister durch seine modischere, schickere Kleidung hervor, wie eben Maler oft auf eine differenziertere Gewandung bedacht sind. Dieses Regensburg ...

Kann bei all der großartigen Vergangenheit das moderne Regensburg überhaupt noch bestehen? Es hat sich im Alten eingenistet. Läden und Garagen haben gotische und romanische Portale, das ›David-und-Goliath‹-Fresko Melchior Bocksbergers leuchtet nach seiner Erneuerung wieder im sogenannten Goliathviertel von einer Hauswand. »Radi«- und »Schwammerl«-

Händlerinnen halten ihre Ware auf mittelalterlichen Plätzen feil. Die Altstadtsanierung in Regensburg wird von internationalen Experten bewundert. In den 20 Patriziertürmen – früher waren es einmal 50 bis 60 –, die gerettet werden konnten, wohnen vornehme Familien. Ein Notar führt die Besucher durch seinen Turm, den er wieder restauriert hat, wie er vor 500 oder mehr Jahren war, mit all seinen Gewölben und gotischem Zierat. In diesen Räumen tummeln sich Sekretärinnen, schrillen Telefone, werden Verträge abgeschlossen, wird Geld ausgegeben und verdient, wie zu Zeiten der großen Regensburger Kaufleute, die ihre Niederlassungen in Venedig und Brügge, ihre Handelsverbindungen bis nach Kiew und Nischnij Nowgorod hatten.

Sonst spürt man davon in Regensburg wenig. Die Stadt ist ruhiger als andere deutsche Städte gleicher Größe – die Donau ist in Deutschland eben nur ein Nebenstrom. Eine neue Universität ist im Wachsen, aber mit der Industrialisierung klappt es noch immer nicht ganz. Regensburg blieb im Zweiten Weltkrieg fast von den Bomben verschont – und ebenso von dem danach folgenden Wirtschaftswunder. Nur an der Donau, ein Stück außerhalb der Stadt, hat Regensburg noch direkte Verbindung mit der weiten Welt: im Donauhafen. Ab Regensburg ist die Donau für Dampfer, Motorschiffe und Schleppzüge befahrbar. Regensburg ist die Kopfstation der Donauschiffahrt.

Das Haupthafenbecken ist vom Strom streng separiert, eine Ehe mit getrennten Schlafzimmern. Lagerhäuser, Kranwälder, Öltanks und Ladeflächen liegen zwischen Hafen und Strom. Mehr als am Ufer spürt man an den Kais die europäische Donau. Hier fluchen jugoslawische Matrosen, eilen Ungarn mit ihren Frauen zum Einkaufen in die Stadt, weht die bulgarische Fahne, werden zwei rumänische Kähne entleert, haben die Tschechen ihre Vertretung, sind österreichische DDSG-Kähne neben einem Schiff des Bayrischen Lloyd vertäut. Hier ist die Donau endlich international. Ein Kran hebt Säcke mit ungarischen Kartoffeln aus einem Lastkahn, am Ufer sind österreichische Bleche gestapelt, aus denen einmal Karosserien werden sollen. Ein österreichisches Schleppschiff erhält gerade eine Ladung exotischen Holzes aus Brasilien, bulgarische Obstkonserven werden gestapelt, ein jugoslawisches Schiff löscht eine Ladung Bauxit und ein deutsches wird mit Kunstdünger für Rumänien angefüllt.

In Regensburg ist an der Donau noch immer ein Schnittpunkt weltweiter Verkehrsverbindungen. In den Büros der

Hafenverwaltung und des Bayrischen Lloyd hängen Weltkarten; man redet hier weniger von München und Nürnberg als von den Nordseehäfen, der Adria und dem künftigen Rhein-Main-Donau-Kanal. »Wir haben heute drei Millionen Tonnen Umschlag an nassen Gütern in unserem Hafen«, heißt es.

Aber wenn Anfang der achtziger Jahre der Rhein-Main-Donau-Kanal vollendet sein wird – er soll bei Kelheim in die Donau münden, dort, wo der unternehmungslustige König Ludwig I. schon vor mehr als hundert Jahren mit der Verwirklichung dieses Projektes in etwas kleinerem Maßstab begonnen hat –, dann steigt die Bedeutung der Donau als Binnenwasserstraße, aber der Hafen Regensburg wird zur Durchgangsstation degradiert. »Wir müssen dazusehen, daß wir aus dem bayrischen Raum mehr Fracht erhalten. Aus dem Raum Regensburg kommen heute zum Beispiel nicht mehr als fünf Prozent unseres Umschlages.«

Auch beim Bayrischen Lloyd, bei dieser traditionsreichen Donauschiffahrtsgesellschaft mit dem BL auf den Schiffen und der weiß-blauen Fahne, hat man Sorgen. »Die Donau gehört heute dem Osten. Die Schiffahrt der Oststaaten ist Österreich und der Bundesrepublik in einem Verhältnis von 70 zu 30 überlegen. Und die Ostgesellschaften müssen nicht kostendeckend operieren. Hauptsache, sie fahren. Durch ihre günstigen Tarife lotsen sie viele westliche Frachtgüter auf ihre Schiffe, während wir weniger Chancen haben, etwas aus dem Osten zu erhalten.« Wie kämpft die Regensburger Gesellschaft dagegen an? Sie modernisiert ihre Schiffe, baut Selbstfahrer, also Frachtkähne, die keinen Schleppdampfer brauchen. Sie baut Schubschiffe und spart damit vor allem Besatzung ein – auf den alten Schiffen tun 12 bis 14 Mann Dienst, auf den neuen genügen vier Mann. »Der Donauschiffahrt stehen harte Jahre bevor«, meint man.

7. Kapitel

Unter dem Wald und über den Fluß
Von Regensburg nach Passau

Weiße Marmorsäulen blitzen über grünen Matten, ein griechischer Tempel hat sich auf einen Hügel nahe dem Strom verirrt – klassische Maße am Rande des Bayrischen Waldes, die Antike an der Donau, die Germanen als Griechen, Walküren im Parthenon –, die Walhalla Ludwigs I. auf dem Breuberg bei Donaustauf ist der zweite Teil der königlichen Bestrebungen, für den Ruhm der deutschen Nation die notwendigen Behälter zu schaffen, das heißt eigentlich der erste Teil. Denn die Walhalla, diese hellenische Tempelkopie mit teutonischem Inhalt, dieses Heldenmagazin und Depot für große Deutsche, war fix und fertig, als Ludwig bei Kelheim den Grundstein zur Befreiungshalle legte. Von seiner Donauakropolis hat Ludwig schon geträumt, als er noch Kronprinz war. Darüber äußert sich viel beredter und begeisterter ein Festredner des 19. Jahrhunderts, ein Orator, dessen bombastischer Stil dem marmornen Heroenkult aufs innigste verwandt ist:

»Es war zu Anfang des Jahres 1807, im Augenblicke der tiefsten Erniedrigung Deutschlands, am Tage, wo Kaiser Napoleon an der Spitze seiner romanischen Völker triumphierend in Berlin einzog, daß König Ludwig von Bayern, damals noch Kronprinz und ein zwanzigjähriger Jüngling, im vollsten unmittelbarsten Gefühle aller soeben über das gemeinsame Vaterland ausgegossenen Beschimpfungen, sich selbst zum Troste und zur Erhebung, den großen Gedanken faßte, gegenüber dieser vergänglichen Komödie fremden Siegesgepränges dem unvergänglichen weltgeschichtlichen Ruhme der ganzen germanischen Vorzeit ein künstlerisches Ehrendenkmal zu errichten, ein Denkmal, in dessen Anblick, wie er selbst in dem Entschlusse, es zu gründen, die gemißhandelte deutsche Mitwelt dereinst auch den begeisterten Mut sammeln möge, das ihrem betäubten Nacken auferlegte Joch durch einen kühnen Entschluß der Selbstermahnung wieder abzuwerfen. Dieses dem vergangenen und zukünftigen deutschen Ruhme, gleichsam den zürnenden Walküren Germanias gelobte Denkmal war die Walhalla...«

Wie sich andere junge Leute Bilder von Filmstars und Sportgrößen ausschneiden und übers Bett oder in Kasernenspinde kleben, so sammelte der Kronprinz große Deutsche. Er beauftragte mehrere Bildhauer, die Konterfeis der von ihm ausgesuchten Persönlichkeiten zu verfertigen, lange noch bevor er einen geeigneten Platz für seine Büstenkollektion gefunden hatte. Der Berg am Rande der Thurn-und-Taxisschen Güter bürgt für das Raum- und Naturgefühl des Königs und seines Architekten Leo von Klenze – eine schönere Kuppe hätte er für seinen Glorienschrein nicht wählen können. Im Norden wölben sich sanfte Bergrücken, unter den Säulengängen windet sich eine milde gestimmte Donau durch das Tal, und nach Süden und Westen dehnt sich die weite Ebene des Gäubodens, der Kornkammer Bayerns. Im Gegensatz zu der von Hollywoodfalschheit strotzenden Befreiungshalle fügt sich das Marmorviereck in die Landschaft, fremdartig, aber klar und einfach, durch sein Äußeres gleichsam für sein Inneres Abbitte leistend.

Unter dem eisernen Dachstuhl und den kupfernen Dachplatten – für jene Zeiten eine revolutionäre Konstruktion –, im Schimmer verschiedenfarbiger Marmorsorten, hat Ludwig den großen Deutschen einen Himmel auf Erden bereitet. Bewacht und behütet von flügelbewehrten Walküren – weniger martialisch als die Germanendamen Früh-Bayreuths – haben hier 114 Männer und drei Frauen – Maria Theresia auf Hera getrimmt, Katharina die Große und Amalia, Landgräfin von Hessen-Kassel, die sich im Dreißigjährigen Krieg Verdienste erworben hat – in Form von Büsten eine Heimstätte erhalten. Wer ein großer Deutscher war, wert, für die Ewigkeit konserviert zu werden, das bestimmte Ludwig selbst. Er schloß auch Holländer und Flamen in den Kreis ein. Er bemühte deutsche Kaiser und Könige, Herzöge und Feldherren, Gelehrte, Komponisten, Maler: Dürer, Wieland, Goethe, Karl V., Scharnhorst, Blücher, Radetzky – einen sehr böhmischen Griechen mit Schnurrbart –, Friedrich den Großen als perfekten Cäsar, aber auch Herren wie Fürst Barclay de Tollyden, Graf Diebitsch-Sabalkanskij und Münich, die sich als Generale in russischen Diensten in den Kriegen gegen Napoleon bewährt haben. Prinz Eugen dagegen fehlt, weil in seinen Adern romanisches Blut floß. 95 Büsten konnten schon 1842 zur Einweihung der Halle geliefert werden. Manche sind ausdrucksstarke Porträts, andere seelenlos stilisierte Steingebilde, langweilige Resultate einer Suche nach der verlorenen Klassik. Bis 1962 wurde die Reihe großer Deutscher immer wieder ergänzt. So war zum Beispiel

Händel, ohne Perücke, schon von Anbeginn dabei, während Bach erst 1916 als walhallawürdig eingestuft wurde. Vorher rückten auch Bismarck und Moltke ein, in den dreißiger Jahren wurde Schubert – in Dreimäderlhausadjustierung – und Bruckner, nach dem Krieg unter anderen Max Reger und Adalbert Stifter ein Platz an der bajuwarischen Ruhmessonne zugeteilt. Der jüngste Walhallarecke ist Max von Pettenkofer, der Begründer der modernen Hygiene, 1962 zur Ehre der germanischen Altäre erhoben.

Etwas betreten verläßt man die Halle, nimmt noch einmal die Landschaft in sich auf und schwankt zwischen Respekt und Zweifel. Ob die Mehrzahl der so geehrten Herrschaften ihre Anwesenheit auf dieser Mustermesse deutschen Geistes schätzen und billigen würde?

So deutsch wie hier wird die Donau nirgends mehr sein, dafür hat der Wittelsbacher gesorgt. In der nächsten Donaustadt, in Straubing, hat das Bajuwarische eindeutig ein Übergewicht über die alldeutschen Vorstellungen des Bayernkönigs. Und nicht nur, weil die 40000-Einwohner-Stadt fünf Bierbrauereien besitzt. Straubing – das ist vor allem einmal der langgezogene Marktplatz, der sich nicht ganz darüber klargeworden ist, ob er nun Platz oder Hauptstraße sein will. Dann wird er auch noch von dem fünfspitzigen gotischen Stadtturm unterbrochen und – die nahe Grenze Österreichs kündigt sich an – von einer barocken Dreifaltigkeitssäule. An einem Samstagvormittag ist hier eindeutig Markttag, obwohl weit und breit kein Verkaufsstand zu sehen ist. Straubing ist die Einkaufsstadt der Getreidebauern des Gäubodens. Sie spannen nicht mehr den Wagen an, wenn sie ihre Höfe – mit 15 bis 20 Kühen und vielen Hektar rundherum – zur Stadtfahrt verlassen. Sie setzen sich in ihren Mercedes. Auf dem Marktplatz herrscht fast großstädtisches Verkehrsgetümmel. Unter jeder Rokoko- oder Biedermeierfassade locken neumodische Auslagen reicher Läden. Der Begriff Armut scheint hier weithin unbekannt zu sein, Geschäft und Geschäftigkeit beleben den Alltag.

Im Café Krönner, nicht etwa in einem Biergarten, treffen sich dann die Herren, die Bayern mit Weizen und Korn versorgen, zu einem gemütlichen Schwatz in ländlicher Vornehmheit. Es paßt zu diesem Zentrum eines gehobenen Bauernstandes, daß Straubing auch eine Trabrennbahn hat, die drittgrößte Bayerns. Und die Bauern kommen von weit, um schnelle Pferde zu beobachten und dabei das Glück ein wenig zu versuchen.

Gleichzeitig betont man in Straubing auch, daß die Fachleute von weit her reisen, um eine andere Attraktion der Stadt zu besichtigen – das Zuchthaus. »Es ist das festeste von ganz Bayern«, versichert man einem mit einem gewissen Besitzerstolz. »Sogar aus Amerika interessieren sich jedes Jahr Gruppen dafür.« Zu den tausend Häftlingen sollen einige Leute gehören, die es durch ihre Taten und Prozesse zu Illustriertenprominenz gebracht haben.

Mit Straubing verbindet man auch das Geschick einer jungen Frau, die jahrhundertelang die Herzen der Bevölkerung so bewegte wie heute eine Soraya, Farah Diba oder Jackie Kennedy-Onassis: Agnes Bernauer. Illustrierte bereicherten damals das Geistesleben noch nicht. Aber Volkslieder, Bänkelsänger, Geschichtenerzähler und später Schriftsteller und Dichter wie Otto Ludwig und Christian Friedrich Hebbel und der Komponist Carl Orff besangen und bedichteten ihr herzzerbrechendes Geschick. Eine wehmütigere Magazinstory ließe sich kaum ausdenken.

Deshalb pilgert man hinaus auf den Sankt-Peter-Friedhof und wird selbst von der historischen Wirklichkeit, der tiefen Tragik des Lebens und Sterbens der Augsburger Baderstochter ergriffen. Der Sankt-Peter-Friedhof ist einer jener Totenhaine, in denen der Tod vor allem mit dem Begriff Frieden verbunden ist. Der Friedhof liegt am Rand der Stadt, das heißt, einst war hier die Stadt, bevor die Wittelsbacher die regelmäßigen Straßenzüge im Karree um den heutigen Marktplatz aufführen ließen. Das ganze alte Straubing aber scheint sich hier unter hohen Bäumen, unter denen auch die ältesten der hier Bestatteten noch hätten wandeln können, zur Ruhe gebettet zu haben. Schmiedeeiserne Kreuze wachsen wie schwarze Blumen zwischen Weinranken und Immergrün, verblassende graue Steine zwängen sich aus dem wuchernden Pflanzenwerk, weinende Engel, Totenköpfe, fromme Sprüche, Weihwasserkessel, ein weicher Boden, der jeden Schritt verschluckt, ferner Kinderlärm, das romanische Gotteshaus – ein Garten der Stille. Auch in der gotischen Kapelle aus dem 15. Jahrhundert, die sich an die Mauer drückt, wird der Friede durch nichts gestört. Dennoch wurde sie zur Sühne eines grausamen Mordes errichtet. Das Opfer lehnt an der Wand: eine Frau, deren Gestalt von wallendem Gewand verhüllt wird. Das große Kopftuch verbirgt nicht nur ihr Haar, sondern fällt auch über die Schultern und verdeckt den Hals bis zum Kinn. Frei bleiben nur Gesicht und Hände. Die Frau, die einer Nonne gleicht oder einer Heiligen, hat die Augen niedergeschlagen. Ihre Miene verschweigt, was sie gelitten hat. Auch die Schönheit dieses »Engels von Augsburg« wird einem von den herben steinernen Zügen vorenthalten, und die übereinander gelegten Hände versprechen keine liebkosende Gebärde, sondern nur ewigen Schlaf.

Der schöne Grabstein und die Kapelle sollen dafür entschuldigen, daß Agnes Bernauer der Legion Frauen eingereiht wurde, deren Liebe der Staatsräson geopfert wurde. Der junge Herzog Albrecht von Bayern hatte das Mädchen, dessen langes Haar gerühmt wurde, während eines Turniers in Augsburg getroffen: bei einem Besuch in der Badestube ihres Vaters, in der es recht lustig herzugehen pflegte. Deshalb zweifeln manche Forscher an der Tugend der schönen Augsburgerin. Dagegen spricht, daß sich Albrecht nicht nur in sie verliebte, sondern sie auch heimlich heiratete und mit ihr in einer turmartigen Burg nahe der Donau, unweit von Ingolstadt, glückliche Tage verlebte. Sein Vater, Herzog Ernst, glaubte an eines der bei hohen Herren immer wieder üblichen Verhältnisse mit einem nicht ebenbürtigen Mädchen, das nicht von langer Dauer sein würde. Er irrte sich. Als er aus politischen Gründen eine Tochter des Herzogs von Braunschweig für Albrecht erwählte, sah sich der Sohn gezwungen, seine Heirat einzugestehen. Herzog Ernst tobte. Albrecht aber ließ Agnes nun alle einer Herzogin gebührenden Ehren zuteil werden und übersiedelte mit ihr in sein Straubinger Schloß. Herzog Ernst konnte diese Ehe jedoch nicht dulden. Albrecht war sein einziger Erbe, und er früchtete, daß der Kaiser Kinder aus der Ehe mit der Baderstochter nicht anerkennen würde. Als Albrecht einmal längere Zeit von Straubing fern war, erschien ein durch Herzog Ernst gedungener Richter mit seinen Bütteln und nahm Agnes Bernauer fest. Wieder einmal ließ sich die Justiz von der Politik vergewaltigen. Ein Gericht kam im Jahre 1435, vier Jahre nachdem die Jungfrau von Orleans als Hexe verbrannt worden war, zu dem Schluß, daß Agnes Herzog Albrecht behext habe. Nur deshalb habe er sie geheiratet. Der Richter von Straubing, Emmeram Rusperger, wurde beauftragt, »die Hexe ins Wasser zu werfen und zu ersäufen«. Am 12. Oktober 1435 – in den Kulturgeschichten rechnet man dieses Jahr schon dem Zeitalter des Humanismus zu – hatten die Straubinger Bürger ihr Spektakel. Jung und alt eilte zur Donau. Niemand wagte es, für die Frau einzutreten. Die Neugier überwog alle Gefühle. Agnes Bernauer bekannte sich bis zum letzten

Augenblick zu ihrem Mann. Kräftige Knechte warfen sie über die Brücke. Aber ihre Kleider hielten sie lange Zeit über Wasser. Sie trieb dem Ufer zu. Da standen jedoch die Leute des Herzogs. Einer wand ihr langes Haar um eine Schifferstange und drückte ihren Kopf so lange unter Wasser, bis sie tot war. So erzählte man es. Und der Richter meldete dem alten Herzog den Vollzug der grausigen Tat: Man habe die Bernauerin »zu Himmel gefertigt«.

Diese Wendung beinhaltete unbeabsichtigt schon die baldige Rehabilitierung der jungen Frau. Vorerst zog jedoch der zürnende Albrecht gegen seinen Vater ins Feld. Kaiser Siegmund mußte in dem Familienzwist vermitteln, und Albrecht heiratete die ihm bestimmte Braunschweigerin. Aus der großen »Hexe« Agnes Bernauer wurde jedoch eine kleine Heilige. Man setzte ihr die Grabkapelle, und alles war wieder in bester Ordnung.

Nur im Volk lebten die Bernauer-Geschichten noch lange. Da wurde geraunt und geflüstert, gedeutelt und gedichtet.

Die Donau bildet bei Straubing die Grenze zwischen zwei Welten, obwohl beide Ufer in Bayern liegen. Denn am linken Ufer erheben sich Hügel und Berge – da beginnt der Bayrische Wald, der sich dann im Böhmerwald fortsetzt. Da beginnt das Reich der Bergler und Waldler, Glasbläser und Holzfäller, der Aschenbrenner und Einsiedler, der schrulligen Alten, der verborgenen Kapellen und Klöster, der harten Winter und kühlen Sommer, der ebenso unzeitgemäßen Armut wie Stille, der Romantik abgelegener Täler und dunklen Tanns.

Wie ein steinernes Stoßgebet aller Waldler – und sie beten gern und halten viel vom Wallfahren – erhebt sich direkt an der Donau auf dem Bogenberg, einem Vorposten des Bayrischen Waldes, die Marienkirche: mit dem Gnadenbild, das gegen den Strom schwimmend aus der Donau gefischt worden sein soll und das, wenn es nicht mit gold- und silberbestickten Gewändern angetan ist, in einer Öffnung seines Bauches ohne Scham ein Jususkind aller Welt zum Anblick bietet. Neben dem Altar sind zwei Kerzen aufgestellt. Was heißt Kerzen, zwei 13 Meter hohe Holzstangen, die von Wachs umwunden und mit Blumen geschmückt sind – die Pfingstkerzen aus Holzkirchen. In diesem niederbayrischen Dorf unweit von Vilshofen haben die Bauern 1492 ein Gelübde getan, um ihre Wälder vor dem Borkenkäfer zu bewahren. Seitdem tragen sie Jahr für Jahr zu Pfingsten eine solche Riesenkerze auf den Bogenberg. Von Holzkirchen bis Bogen, etwa 75 Kilometer, wird sie von den Burschen und

Männern der Pfarre eineinhalb Tage lang im Fußmarsch auf den Schultern geschleppt. Am Fuße des Kirchenberges wird der Wachsbaum aufgerichtet. Und nun packt einer nach dem andern an und stemmt die hundert Kilo schwere Kerze vor sich her, hält sie mit ausgestreckten Armen wie eine Standarte, schwankend, keuchend, schwitzend, balancierend, jeder nur ein paar Schritte, und dann packt schon wieder ein anderer zu, mit den Griffen, die sie zu Hause gründlich trainiert haben, nie läßt einer die Last sinken oder umkippen. Die Mädchen und Frauen singen und beten zu diesem akrobatischen Kraftakt, der ebenso ein Akt kindlichen Glaubens und Gottvertrauens ist.

Die Leute auf beiden Donauufern richteten sich jedoch nicht nur nach dem katholischen Kredo. Wenn sie ihre Zukunft wissen wollen, lassen sie sich gerne und vertrauensvoll von den Propheten des Bayrischen Waldes prophezeien. Ihr berühmtester, der »Mühlhiasl«, der eine Zeitlang beim Kloster Windberg, 15 Autominuten von der Donau im Wald drinnen, als Klostermüller angestellt war, soll um 1800 folgende Weisheiten verkündet haben: »Eine Zeit wird kommen, wo die Menschen wieder wenig werden und die Welt abgeräumt wird, dann, wenn die Bauern mit gewichsten Stiefeln in die Miststatt hineinstehen, wenn sich die Bauernleut gewanden wie die Städtischen und die Städtischen wie die Narren, wenn die Bauersleut die Hennen und Gänse selber fressen, wenn die schwarz' Straß', die eiserne Straß' über die Donau herüberkommt und ins Böhm hineinlauft, wenn der eiserne Hund auf der Donau heraufbellt, wenn d' Leut in der Luft fliegen können, wenn die Wägen ohne Roß und Deichsel fahren, wenn der Hochwald ausschaut wie dem Bettelmann sein Rock, wenn man Sommer und Winter nicht mehr auseinanderkennt, dann ist's nimmer weit hin. In der Stadt werden Häuser baut, fünf- bis sechsstöckige, auf dem Land Häuser wie die Schlösser. D' Leut werden erst recht schlecht, die Religion wird noch so klein, daß man's in ein' Hut hineinbringt, der Glaube wird so dünn, daß man ihn mit der Geißel abhauen kann, Gold geht zu Eisen und Stahl, um ein Goldstück kann man noch einen Bauernhof kaufen. Einerlei Geld kommt auf, Geld wird g'macht, so viel, daß ma's gar nimmer kennen kann, wenn's gleich lauter Papierflanken sind, kriegen die Leut nicht genug davon, auf einmal gibt's keins mehr. Nachher kommt der große Krieg. Nach dem Krieg meint man, es ist Ruh, ist aber keine. Die hohen Herren sitzen z'sammen und machen Steuern aus. Nachher steht's Volk auf. Bald's angeht, ist einer übern andern, raufen tut alles, wer etwas hat, dem wird's genommen, in jedem Haus ist Krieg, kein Mensch kann mehr dem anderen helfen. Die reichen und noblen Leut wer'n umbracht, wer feine Händ hat, wird totgeschlagen. Von Straubing auf den Pilmersberg hinauf wird eine Straß' baut. Und auf der Straß' kommen sie einmal heraus, die Roten, die Rotjankerl, die Rotkapperl. Wenn sie aber einmal kommen, muß man davonlaufen, was man kann, und muß sich verstecken mit drei Laib Brot. Wenn man beim Laufen einen verliert, soll man sich nicht bücken, wenn man auch den zweiten verliert, macht es trotzdem nichts, man kann es auch mit nur einem aushalten...«

Und dann droht der Mühlhiasl mit Seuchen und Tod. Aber schließlich: »... wenn die Welt abgeräumt ist, kommt eine schöne Zeit. Große Glaubensprediger stehen auf und heilige Männer, die Wunder tun, und die Leut glauben wieder...«

Dem Mühlhiasl haben die Leute zwischen der böhmischen Grenze über die Donau hinweg bis weit nach Bayern hinein schon immer geglaubt. Zuerst wandten sie seine Prophezeiungen auf die Napoleonischen Kriege an, dann auf den Ersten Weltkrieg. Auch für das Dritte Reich ließ sich manche von den Machthabern wenig geschätzte Analogie aus den Waldweisheiten herauslesen, und seit dem Krieg passen die Worte des voraussehenden Müllers wieder auf den Lauf der Welt.

Nur, wieweit sind es seine Worte, und wieweit wurden sie nicht von phantasiereichen Gläubigen dem aktuellen Geschehen angepaßt? Im Prämonstratenserkloster Windberg hat Pater Norbert Backmund die Spuren des einstigen Klostermüllers verfolgt. An der historischen Person des Hellsehers zweifelt der Mönch nicht. Ein Matthias Lang hat tatsächlich kurz vor 1800 die Windberger Klostermühle in Apig verwaltet. Er dürfte mit dem Waldpropheten identisch sein. Des Mühlhiasls Vorschauen seien jedoch mit anderen Zukunftsdeutungen vermengt und den jeweiligen aktuellen Erfordernissen entsprechend zurechtgebogen worden. Die Nachfrage nach einer verläßlichen Botschaft der Zukunft ist eben wesentlich höher als das Angebot der Hellseher. Im Bayrischen Wald ersetzt der Mühlhiasl noch immer die Futurologie, die heute so sehr geschätzte wissenschaftliche Erstellung von Prognosen. Wenn einem Pater Norbert dann in der Bibliothek das Gästebuch des Klosters öffnet und eine Eintragung aus dem Jahre 1934 aufblättert, dann werden die Unheilprophetien und Endzeitvisionen des Waldweisen zu beklemmender Wirklichkeit und

Vergangenheit. Da steht auf dem noch nicht vergilbten Papier in strammer Handschrift:

»Treue um Treue – In Dankbarkeit für die freundliche Aufnahme im Kloster zu Windberg. Adolf Eichmann, 7. Mai 1934.« Dieselbe Unterschrift, die wenige Jahre später für Millionen Juden den Tod bedeutete. Und die Erfüllung aller Weltuntergangsvorhersagen. Der Manager der Endlösung hatte 1934 im Kloster Windberg eine Woche lang Erholung von seinen Gewissensqualen gesucht. Er war aus Linz nach Deutschland geflohen und hier in das neue Konzentrationslager Dachau kommandiert worden. Was er dort erlebte, bewog ihn, sich mit einem Schulfreund aus Linz, einem Windberger Pater, in Verbindung zu setzen. Der lud Eichmann ins Kloster ein. Aber die langen Gespräche Eichmanns mit dem Priester sind ohne positives Resultat geblieben. Die Skrupel schwanden, und Eichmann ging die »Arbeit« leicht von der Hand.

Schon bei der Rückkehr aus dem Wald zum Strom verweilt man wieder kurz in einem weiteren Kloster: in Metten, wo sich Schüler tummeln und früher Mönche Bücher illuminierten, die unter die Schätze der Bayrischen Staatsbibliothek eingereiht werden. Man versucht die Bildsprache der Stuck- und Freskenpracht des Bibliothekraumes zu ergründen. Philosophie, Theologie und andere Wissenschaften wurden in einem tiefsinnigen Programm zu einer religiösen und mönchischen Deutung der Kunst des Lesens mobilisiert. Ein Pater, dem die klösterliche Geduld nicht in Fleisch und Blut übergegangen ist, läßt jedoch durchblicken, daß an einem Sonntagnachmittag allzu neugierige Besucher in der Bibliothek nicht erwünscht sind. Er klimpert mahnend und etwas ungeduldig mit den Schlüsseln.

So entschließt man sich schweren Herzens zum Gehen; man hat Kunst genossen, ohne seinen Hunger gestillt zu haben – und dabei war der Tisch so überreich gedeckt. Stumm verabschiedet man sich von den Karyatiden, aus denen die bemalten Wölbungen wie ein wogendes Blätterdach quellen. Vom nahen Sportplatz hört man anfeuernde Rufe: zwei Mannschaften des Abteigymnasiums liefern sich ein erbittertes Match. Im weiten Stiftshof wandern Eltern mit den bei den Benediktinern zur Erziehung deponierten Söhnen auf und ab. Das Kloster lehnt sich noch an die letzten Hänge des Bayrischen Waldes, von denen ein erfrischender kühler Wind bläst. Die Donau aber wandert in der Ebene einer wichtigen Kreuzung entgegen: Deggendorf.

Wieder so eine Stadt, die die Wittelsbacher mit dem Lineal in der Hand an einem Verkehrsknotenpunkt angelegt haben. Im Raum von Deggendorf werden einander in zehn Jahren die Europastraße E 5 von Amsterdam nach Istanbul und die Autobahn München–Pilsen–Prag treffen. Hier mündet die Isar in die Donau, von hier führte die Bahn über den Wald nach Pilsen. Seit 1945 sind an der tschechischen Grenze die Schienen demontiert. Nach Deggendorf strömen aber auch die Leute aus dem Wald, um einzukaufen. In der Stadt mit knapp 19000 Einwohnern braucht man sieben Banken. Das Geld fließt aus dem Bayrischen Wald und aus Niederbayern in die Stadt.

Der Name Deggendorf wird heute jedoch auch mit einem internationalen Markenbegriff verknüpft. Die Produkte der Schiffswerft Deggendorf sind in allen Erdteilen bekannt. Schiffsbau ist allerdings die Sparte, die in den riesigen Hallen am Donauufer das geringste Gewicht hat. In der Deggendorfer Werft wurde nämlich die Krise im Schiffsbau beweglich und elastisch aufgefangen – man steht hier nicht nur auf einem Bein.

Zwischen Modellen von alten Schubschiffen und neuen Saugbaggern und Schwimmkränen – für Kolumbien, für Mexiko, für Finnland – spricht der Direktor des Unternehmens von den Schwierigkeiten einer Donauwerft, und er gibt auch das Rezept preis, wie man sie überwinden kann. Kurz skizziert er die Geschichte der Werft: »Die Werft entstand im Ersten Weltkrieg. Damals operierte die deutsche Armee Falkenhayn am Balkan und benötigte dringend Schiffe für die Donau – sie wurden aus Hamburg in zerlegtem Zustand bis nach Deggendorf geliefert. Hier montierte man sie dann. Das waren die Anfänge der Werft. Zuerst schaltete sich der Bayrische Lloyd ein, dann übernahm die Oberhausener Gute-Hoffnung-Hütte den Betrieb. Wir experimentierten 1931 als erste mit Schubschiffen. Hauptsächlich lieferten wir damals in die Balkanstaaten. 1945 war's zu Ende. Deutschland wurde der Schiffsbau verboten. Die Schiffahrt lag still. Viele Schiffe vom Balkan saßen zwischen Passau und Regensburg fest. Da war für uns nichts drin. Wir haben dann einige kleinere Fahrzeuge, die während des Krieges vom Rhein zur Donau geschafft worden sind, auseinandergeschnitten und wieder repatriiert. Die nächste Sache war für uns der Brückenbau, denn im Zuge der letzten Kriegshandlungen wurden die meisten Brücken hier gesprengt. Angesichts der Wirtschaftsverhältnisse und einer völlig veränderten Konkurrenzlage konnten wir uns ausrechnen, daß wir auch im Schiffsbau keine Zukunft haben werden. So suchten wir nach neuen Wegen, um unsere Erfahrung und Kapazität im Stahlbau zu verwerten. Wir fanden zum Baggerbau, lieferten die Schiffskörper für Schwimmkräne, bauten Schwimmbagger und Saugbagger. Die Aufträge trudelten bald aus der ganzen Welt ein. Und schließlich erhielten wir die Anregung, Kontaktöfen für die chemische Industrie zu produzieren.« Heute werden für über 25 Prozent der Weltproduktion synthetischer Fasern Deggendorfer Öfen verwendet – in den USA, in Kanada, in Brasilien, Südafrika, Italien, Österreich, Rotchina, in der DDR, in der CSSR, in Rumänien, Dänemark, Holland, in der Bundesrepublik. Überall sind die oft über hundert Tonnen schweren Öfen begehrt. Daneben entstehen aber auch noch Behälter und Tankanlagen für Heizöl, Kraftwerke, Textilfabriken, Brauereien usw. Der direkte Schiffsbau schwankt zwischen 1 und 30 Prozent der Produktion der Werft. Eine Fähre für ein oberösterreichisches Donaukraftwerk wurde gerade vom Stapel gelassen, und die Schiffschreinerei rüstet nebenbei verschiedene öffentliche Gebäude und Krankenhäuser ein. Dynamik und Phantasie haben hier an der Donau Krisen überwunden.

Neben diesem modernen Deggendorf, das schon für das 21. Jahrhundert präpariert ist, lebt noch das alte Deggendorf, das bayrische Städtchen mit dem hohen Barockturm seiner Grabeskirche, von der so viel geredet wird. Denn zwischen dem schlanken, hohen Turm mit der Monstranz auf der Spitze und dem Windberger Klostergast Adolf Eichmann läßt sich ohne weiteres eine Verbindung herstellen. Die Kirche, zu der zwischen Michaelstag, am 29. September, und 4. Oktober früher jährlich 90000 bis 120000 Wallfahrer aus dem ganzen altbayrischen und böhmischen Raum pilgerten – heute sind es 8000 bis 21000 –, erinnert an ein Judenmassaker.

Im »Bitt für uns« der Prozessionen klang lange Zeit ein »Schlagt die Juden« mit.

An einem Pfeiler der Kirche erzählt eine Inschrift in knappen Worten das Geschehen: »Anno 1337, den nächsten Tag nach Michaelistagen, do wurden die Juden erschlagen, die Stadt sie anzunden, do war Gottes Leichnam funden. Das sahn Frau und Mann. Do hub man das Gotteshaus zu bauen an.«

Und wenn man die schweren Vorhänge im Chor zur Seite schiebt, hat man an der Wand die bildliche Darstellung jenes Ereignisses. Juden, die die Hostie durchstechen und auf einem Amboß zerschlagen, und dann die Ritter und Bürger bei ihrem Mordgeschäft. In einer Welle des Antisemitismus wurden damals in vielen süddeutschen Städten die Juden der Hostienschändung bezichtigt. In Deggendorf soll es sogar ein vom Stadtrat und dem Ritter Hartmann von Deggendorf ausgeklügeltes Komplott gewesen sein. Auf Verabredung begannen die Sturmglocken zu läuten, und der Ritter und seine Mannen sprengten durch das Tor, fielen gemeinsam mit den Bürgern über die Judengemeinde her, erschlugen Männer, Frauen und Kinder, plünderten die Häuser und zündeten sie an. Der Mord wurde mit einer frommen Legende verbrämt. Eine Hostie habe die Schändung durch die Juden unversehrt überstanden – und bald war Deggendorf Ziel frommer und fanatischer Pilgerscharen. Man wallfahrtet zur »Gnad«. Und die Päpste honorierten diese Mordfeier mit einem Ablaß, wie er nur noch im Markusdom in Venedig am Christihimmelfahrtstag zu erwerben ist – Antisemitismus als bester Pfad zur ewigen Seligkeit. Mit besonderen Vollmachten versehene Beichtväter tun während der »Gnad« ihren Dienst, und die Deggendorfer Wirtschaft erhält alljährlich durch die Invasion der Ablaßsuchenden eine kräftige finanzielle Injektion. Drum reagiert heute noch mancher Bürger der Stadt unmutig, wenn man auf die befremdenden Hintergründe dieser Wallfahrt hinweist. »Darüber wird viel zuviel geredet. Heute hat das doch nichts mehr mit Antisemitismus zu tun.« Und er redet sich auf die gemischte katholisch-jüdische Kommission aus, die bestätigt habe, daß die »Gnad« heute eine eucharistische Wallfahrt sei und keinerlei antisemitische Tendenzen beinhalte. Aber die malerische Verewigung der Mordtat war noch bis 1967 im Chor der Kirche allen Blicken offen.

Erst nach heftigen Zeitungskampagnen wurden die Bilder im Zuge einer Renovierung durch Vorhänge verhüllt. Die Inschrift blieb, und wenn man darauf hinweist, heißt es mißtrauisch: »Ja, da ist so ein verrückter junger Pater in Niederalteich, der keine Ruh' gibt und sich immer wieder aufregt. Der soll doch endlich stad sein...«

In der erzkatholischen und erzkonservativen Landschaft Niederbayerns, in der der Pfarrer neben dem Evangelium seinen Schäflein auch ein politisches Glaubensbekenntnis predigt und CSU-Boß Franz Josef Strauß gleich nach dem lieben Gott kommt, erscheint das Leben und Treiben der Benediktiner in Niederalteich manchem biederen Gläubigen als verrückt, absurd und ketzerisch. Da kann es einem doch passieren, daß beim Hochamt in der barocken Kirche plötzlich Posaunen und Trompeten ein Spiritual blasen, daß einem orthodoxe Mönche mit hohen runden Popenhüten und langen Bärten über den Weg laufen, daß das katholische Abteigymnasium neben einigen Mädchen auch – welch ein Frevel – lutherische Schüler aufnimmt. Man begegnet dort Pastoren, die mit Pfarrern reden, und katholischen Priestern, die evangelische Theologie studiert haben und der Meinung sind, daß eine Mischehe nicht unbedingt die ewige Verdammnis bedingt. Nein, in Niederalteich ist man anders katholisch als an vielen anderen katholischen Flecken Bayerns. Ein junger Pater formuliert das so: »Zuerst sind wir vor allem Christen, die versuchen, das Christentum in der modernen, offenen Gesellschaft am Leben zu erhalten. Und da dürfen wir zwischen Christen keine Barrieren dulden.«

Dabei war Niederalteich viele Jahrhunderte hindurch, bis zur Aufhebung 1803, nur seines hohen Alters – es ist eines der ersten Benediktinerklöster in Bayern – und seines Reichtums wegen berühmt.

Nur 600 Meter von der Donau entfernt haben es die Mönche riskiert, ihre zweitürmige Basilika zu erbauen. Und sie haben der Donau für ihre Kühnheit öfter Tribut leisten müssen. Ein Chronist schreibt: »Anno 1432 war zu Niederalteich die niemahlen erlebte Überschwemmung vom Donaufluß, da man auf Zillen sogar in die Kirchen hineinfahren mußte, dahero es die Noth erforderte, Gerüste über die Altäre aufzurichten und ober denselben das heilige Meßopfer zu verrichten. Zehen Tägen hat diese Ergießung gedauert, und eine fast allgemeine Theuerung nach sich gezogen.« Der Abt von Niederalteich hat also Anlaß genug, alljährlich am Fronleichnamsfest die Donau zu segnen.

Das moderne Alteich, das erst 1918 wiedererweckt worden ist und in den Jahren der Weltwirtschaftskrise sogar noch einmal den Konkurs ansagen mußte, ist heute jedoch Quell anderer Segnungen. Es will ein Zentrum sein, das in alle Himmelsrichtungen Kraft ausstrahlt. Der junge Pater in dem neuen, sachlichen Bau des Ökumenischen Institutes, das bewußt außerhalb des eigentlichen Klosterbereiches errichtet wurde, sieht auf seinen Terminkalender: »Ich komme eben von einer Vortragsreise im Rheinland. Am Wochenende war das Fernsehen hier, gestern zwei Leute vom amerikanischen ›Time‹-Magazin. Morgen muß ich zu einer Tagung, aber jetzt habe ich eine Stunde für Sie Zeit.« Das Gespräch wird allerdings mehrmals von Besuchern und Telefonanrufen unterbrochen, und fast wäre man versucht, dem Pater einen Prospekt für das »Kloster auf Zeit« in die Hand zu drücken – eine Niederalteicher Institution, durch die Menschen aller Berufssparten für kurze Zeit eine Periode der Einkehr, Ruhe und Stille ermöglicht werden soll. Die Idee stammt von einem Barbesitzer, der zum Ausgleich oft bei den Mönchen zu Gast war. Und von einem weitgereisten Freund der Abtei, der sich buddhistischer Klostersitten erinnerte. In Südostasien ziehen sich nämlich Männer, die im öffentlichen Leben stehen, Politiker, Geschäftsleute, Professoren, Offiziere, von Zeit zu Zeit in ein Kloster zurück, um sich der mönchischen Tagesordnung zu unterwerfen und dann neu gestärkt in die Welt zurückzukehren.

Seit mehreren Jahren reisen nun Unternehmer und Arbeiter, Universitätsprofessoren, Lehrer und Studenten, Akademiker und Vertreter freier Berufe, Journalisten, Diplomaten und Geistliche nach Niederalteich – und sind für 14 Tage Mönche. Sie legen ihre Titel ab und ziehen schwarze Mäntel mit Kapuzen über ihr Alltagsgewand. Sie bilden eine kleine Gemeinschaft, stehen um 6 Uhr 30 auf, halten gemeinsam Chorgebet und Gottesdienst, hören Vorträge, meditieren, diskutieren, essen mit den Mönchen im Refektorium, nennen einander Bruder und haben vor allem viel Muße zu schweigen. Einer dieser Urlaubsmönche sagte nachher: »Mit das Schönste am Klosterleben war für mich die Stille, das ständige Horchen auf Gott und die innere Bereitschaft dazu.« Und ein anderer: »Sehr heilsam war das Schweigen. Hier scheiden sich die Geister in einem selbst.« Der Andrang nach Niederalteich ist groß, diese Ausflüge ins Mönchtum sind lang im voraus »ausgebucht«.

Im Ökumenischen Institut will man jedoch weniger Ruhe in die Welt tragen, als angesichts der Spaltung der Christenheit Unruhe verbreiten. Man streitet in zwei Richtungen, man ringt um die Versöhnung mit den Protestanten, und man verständigt sich mit der Orthodoxie. An großen Festtagen kann man in der Kirche ein Hochamt nach griechischem Ritus erleben. Jeden Tag feiert eine kleine Gruppe von Mönchen in der Sankt-Nikola-Kapelle vor und hinter einer Bilderwand Messe und Stundengebet in der Liturgie des Ostens. Ihr Sonntagsgottesdienst verlangt viel Geduld. Ihre nicht enden wollenden Gesänge, ihre griechischen Anrufungen, die vielen Verneigungen, das Verschwinden hinter der Ikonenbarriere, all das versetzt einen nach Griechenland oder nach Rußland. Diese Mönche wollen ihre christlichen

Brüder im Osten nicht nur verstehen, sie wollen auch auf deren Weise fromm sein.

In Niederalteich werden täglich Mauern eingerissen. Es ist nur eine winzige selbstverständliche Geste, daß sich die protestantische Gemeinde von Niederalteich zu ihrem Sonntagsgottesdienst in der Kapelle des Ökumenischen Institutes versammelt. Nebenbei organisieren die Mönche geistliche und geistige Tagungen, christlich-jüdische Gespräche, laden Dr. Otto Habsburg, Franz Josef Strauß und andere Persönlichkeiten aus der Politik zu Vorträgen ein und leiten ein musisches Gymnasium, das sogar sein eigenes Radioprogramm produziert. Wir werden an der Donau noch viele Klöster betrachten – sie sind da, haben alle eine Funktion, und man kann nicht an ihnen vorübergehen –, aber nirgends hat man die Beziehungen zu diesem und zum kommenden Jahrhundert so sachlich und einfallsreich geregelt wie in Niederalteich. »Wir müssen uns an der Welt orientieren, wir müssen uns nach der Welt richten, aber wir dürfen uns ihr nicht völlig unterwerfen«, sagt ein Pater. »Wenn wir auf die Strömungen und Bewegungen in der modernen Gesellschaft nicht reagieren, werden wir mehr und mehr in ein Gettodasein gedrängt werden, nicht nur die Katholiken, alle Kirchen!« Niederalteich wirkt jedoch wie ein Lager katholischer Special Forces, Spezialtruppen, die bereit sind, unkonventionell zu kämpfen, um mit allen Mitteln die drohende Isolierung zu verhindern – sozusagen als Guerillakämpfer des Glaubens.

Die düsteren Worte des Paters scheinen gerade in der bayrischen Donaulandschaft fehl am Platz zu sein. Denn hier ist alles vom Katholizismus durchtränkt wie die sumpfigen Wiesen zwischen den Altwassern des Stromes nach einer Überschwemmung. Nach jeder Donauwindung erhebt sich eine andere christliche Bastion, haben die Menschen dieser Gegend Opfer gebracht, um sich ihre Religion, die ihren Tages- und Jahreslauf reguliert, durch immer teurere und wirtschaftlich riskantere Kirchenbauten verschönern zu lassen. In Osterhofen zum Beispiel gingen die Prämonstratenser schon 1783 mit einer Schuldenlast von 300000 Gulden bankrott – und weil die Kasse nicht stimmte, war es auch mit dem mönchischen Leben vorbei. Das Kloster wurde 20 Jahre vor der Säkularisation aufgehoben. Übrig blieb eine Rokokokirche des Dreigestirns Johann Michael Fischer, Egid Quirin Asam und Cosmas Damian Asam, wie sie zarter, reicher und erregender kaum wo an der Donau zu finden ist: Heilige und Engel wie aus einer Porzellansammlung, Märtyrer mit Puppengesichtern, Verzückung, Schwung, Licht, Farbe und ein Schuß Galanterie – die vollkommene Verherrlichung Gottes durch ein Konzert von Architektur, Plastik und Malerei. Mozart ohne Musik. Heute betreuen die Englischen Fräulein die Kirche, und beatkundige moderne »höhere Töchter« besuchen hier die Schule.

In dieser Landschaft war auch ein Dichter so vom Katholizismus durchdrungen, daß er sich gegen ihn zwar aufbäumte, ihn kritisierte, seine Auswüchse anprangerte und doch in fast allen seinen Werken die katholische Lebensart seiner niederbayrischen Heimat niemals verleugnen konnte: Heinrich Lautensack aus Vilshofen, dem Fischerstädtchen kurz vor Passau. Der hohlwangige Literat, Dichter, Kabarettist, Filmautor und Narr Heinrich Lautensack (sein bekanntestes Werk: ›Die Pfarrhauskomödie‹), der 1919 mit 37 Jahren in einer Heilanstalt starb, liebte die Donau: »Doch da ist sie nun mit einemmal, die Donau: und zwar sogleich so nah, daß ich denke, sie müßte bis unter die Trittbretter unseres Waggons heranreichen... Und es ist nur die Freude, daß ich dich wiedersehe, mein Fluß, riesiger, wilder, und just hier, von Pleinting abwärts, die letzte Strecke erschrecklich breiter – und dennoch mit einem jeden kleinsten Wellchen für meine Papierschiffchen ein einst so gutmütiger Spielkumpan meiner Knabenjahre...«

Seine Geburtsstadt Vilshofen erwähnt den Dichter in der Festschrift anläßlich ihrer 750-Jahr-Feier überhaupt nicht, aber eine Gasse hat man doch nach ihm benannt. Mehr bildet man sich dagegen auf den Vilshofener Braumeister Josef Grall ein, der als erster in Pilsen Pilsner Bier gebraut hat. Lautensack war einer, der die Ruhe der Bürger störte, der nur Skandale heraufbeschwor, den man in einer Gemeinde, in der zumindest nach außen hin alles stimmt und seinen ordentlichen Gang geht, nur mit Mühe verkraften konnte. Er hingegen hat seiner Heimat in seinem Werk viele Denkmäler errichtet.

»Zu Vilshofen. Die Fischerstadt... Sind ihrer zwölf Fischermeister... Wo die Vils in die Donau mündet, liegen an den beiden Ufern der Vils nicht viel mehr als die zwölf Fischerhäuser, die ›Fischerzeile‹. Und links und rechts siehst du mächtige Netze zum Trocknen aufgehängt, zahlreiche Kähne und auch Fischbehälter halb ans Land gezogen...«

Dann stellt Lautensack den Patron der Zwölfapostelfischer vor, Sankt Petrus, das »Peterle«: »Ein hölzernes Männlein mit einem äußerst einnehmenden, erst letzthin durch den wackeren

Malermeister Scheibenzuber aufgefrischten Gesicht. Auffallende Spitznase, blecherner Heiligenschein. In der Rechten – hart an den Leib gedrückt – ein Buch; in der Linken – in riesiger Ausdehnung – das Zeichen der Pförtnergewalt. Zu seinen Füßen ein einziger Fisch ... ohne Leben, wie tot ans Land geschwemmt. Das Gesicht ein wenig eingefallen. Beinahe allzu rote Bäcklein. Und dabei von fast jugendlichem Aussehen. Wohlgepflegter Greisenbart. Charakter: inhaltslos, gutmütig, freundlich. Nur die Augen sprechend gemalt. Eine blaue Seele. Wasserblau ...«

Alle drei Jahre wandert die Figur in bestimmter Reihenfolge von einem Fischerhaus ins andere. Bei der Ankunft und beim Abschied wird je eine Münze an ihr Gewand geheftet. Und gleichzeitig begeht man das Fischerfest, ist fröhlich und doch bedrückt. Denn nach altem Glauben stirbt in dem Haus, das das Peterle verläßt, jemand. Hören wir wieder Lautensack zu: »Ich erinnere mich des Tages noch genau, da ich Gelegenheit hatte, an dem Feste teilzunehmen. Die Mutter des Fischermeisters lag krank im ersten Stock; vor dem Hause Musik und Jubel. Die Kinder bedrückt – halb weinend im Flur: Großmutter muß sterben. Im Hause das laute Weinen der Schwiegertochter. Der Fischermeister – volltrunken vor Fest und Schmerz – stolpert durch die Haustür heraus mit dem klingenden, klirrenden Petrus. Ein Taler löst sich und fällt klirrend zur Erde – der blecherne Heiligenschein ist verbogen – Musik und Jubel hier draußen – Weinen von drinnen – der wankende Fischermeister übergibt soeben feierlich Sankt Peter – da läuft schreiend ein Kind aus dem Hause: ›Vater – Großmutter ist tot.‹«

Der Tod als makabres Fest – für Lautensack wurde diese Vorstellung schicksalhaft; beim Begräbnis des von ihm verehrten und geliebten Dramatikers Frank Wedekind am 12. März 1918 auf dem Münchner Waldfriedhof. Lautensack wollte einen Film von der Beerdigung drehen. Der Theatermann Otto Falckenberg, einer der unzähligen Trauergäste, erinnert sich: »Als der Sarg hinabgesenkt wurde, durchbrach ein großer, magerer, schwarzhaariger junger Mensch die Ordnung, warf einen Kranz roter Rosen hinab, stürzte nieder, griff sinnlos in die Grube und schrie: ›Frank Wedekind, meinem Lehrer, meinem Vorbild, meinem Meister – dein unwürdiger Schüler.‹ Man war entsetzt. Die Horde der unreif Lüsternen drängte, Unerhörtes witternd, hinzu. Das war keine Trauer, kein Schmerz, das war ein Schrei jenseits allen Leides. Man versuchte, den Niedergebrochenen zurückzuhalten, hinwegzuziehen. Er wehrte sich rasend. Bei Heinrich Lautensack war der Wahnsinn am offenen Grab Frank Wedekinds ausgebrochen...«

Lautensacks Fischer aber müssen das todbringende Peterle nicht mehr fürchten. Es hat nämlich nur noch ein einziger Vilshofener dem Gewerbe die Treue gehalten. Er bewahrt die Figur und hat keine Zunftgenossen mehr, an die er sie weitergeben müßte. Die Fischerzeile auf der einen Seite der Landzunge zwischen Donau und Vils, auf der sich das Städtchen vorwitzig in die Flüsse hineinschiebt, hält sich noch an Lautensacks Beschreibung. Nach Fisch riecht es allerdings nur noch in einem einzigen Haus, und statt der Netze aus Hanf und Baumwolle werden jetzt die viel schneller trocknenden und haltbareren Nylonnetze an die Sonne gehängt. Die Zillen wurden durch Boote mit Außenbordmotoren abgelöst, und für den Aalfang verwenden der Fischmeister und seine Söhne ein Stromaggregat, das in einem Bereich von zwei bis zweieinhalb Metern im Umkreis und etwa drei Meter tief wirksam ist. »Mit der Fischerei geht es zu Ende«, sagt der Fischmeister. »Seit vor Passau das Kraftwerk Kachlet gebaut worden ist, hat sie eigentlich aufgehört. Ich habe erst später wieder mit der Berufsfischerei begonnen. Aber wenn die Donau weiter durch die Raffinerien, durch die Zellstoffwerke usw. verunreinigt wird, dann sterben die Fische aus. Huchen, Zander und Hechte sind am meisten bedroht. Sie werden immer rarer. Die Aale sind noch am widerstandsfähigsten...« Und er spricht von seinen Söhnen, die sich wohl einmal nach einem anderen Beruf umschauen werden. Von der Fischerzunft wird dann nur noch der Peterle mit seinem Talergewand übrig sein.

Statt großer Fischerfeste feiert man in Vilshofen den politischen Aschermittwoch. In zwei verschiedenen Sälen treten da gleichzeitig prominente Politiker von CSU und Bayernpartei auf und reden vor einer ebenso prominenten Zuhörerschaft bei kräftigem Bier über ihre Ziele. Und die SPD schickt am Sonntag darauf ebenfalls einen ihrer Stimmagneten nach Vilshofen zur Erläuterung ihres Programmes. Diese politischen Treffen zum Ende des Karnevals gehören in Vilshofen schon seit hundert Jahren zur Tradition, und niemand hat genau geklärt, ob damit die enge Verbundenheit von Politik und Narrentum demonstriert werden soll oder der Zusammenhang von Fastenzeit mit Budgetmanövern und Regierungsgeschäften. Eine Feststellung am Rande – in diesem »schwarzen Land«, in diesen Domänen der CSU zwischen Regensburg und Passau wurden 1967 sämtliche Städte mit Ausnahme Passaus von SPD-Bürgermeistern regiert, selbst Deggendorf, obwohl die CSU dort bei Bundestagswahlen die absolute Mehrheit erringen konnte.

Mit aktueller Politik wird man überraschend auch in der Abtei Schweiklberg, auf der Höhe über Vils und Donau, konfrontiert. Einmal ein Kloster ohne Barock- und Rokokoprunk, erst 1905 von Missionsbenediktinern gegründet. Und Pater Gabriel Frömmer erläutert zuerst das Wirken der Patres im südafrikanischen Zululand, in Tansania, in Korea. »Wo waren Sie, Pater?« fragt man. »Ich? In Nordkorea.« Damit wechselt die Szene vom stillen Schweiklberg zur Hölle kommunistischer Gefangenenlager. Pater Gabriel ist nämlich einer der 42 deutschen Benediktiner und Benediktinerinnen, die nach viereinhalbjährigem Häftlings- und Lagerdasein im Jänner 1954 überraschend in die Bundesrepublik entlassen worden sind. 25 Mönche, Schwestern und Brüder, haben die Leidenszeit nicht überlebt. Pater Gabriel aber hat das Martyrium durchgestanden: die ersten Monate 1949 im Gefängnis von Pjöngjang, 18 Mann in einer Zelle von acht Quadratmetern, Prügel und Hungerrationen, den Todesmarsch in eisigem Winter über den Jalufluß in die Mandschurei, weil die Amerikaner heranrückten, Erfrierungen, das Leiden und Sterben der Mitbrüder, Schuften unter unmenschlichen Bedingungen, Mangel an Kleidung. »Manchmal schien uns der Tod als das einzig Wünschenswerte.« Die heimlichen Messen, Weihnachtsabende in finsteren Löchern bei ein paar brennenden Holzspänen, lebensgefährliche Holzarbeit auf steilen Hängen, Krankheit, Schwäche, Zweifel, amerikanische Bombenangriffe, völlige Ausweglosigkeit einer Situation, in der blindes Gottvertrauen das einzige ist, was diese gequälten Männer und Frauen aufrechterhält. Plötzlich ein Ende des Drills, ein Offizier, der neue Kleider anschaffen läßt, die Übersiedlung in ein Hotel, der Abtransport über Peking und Sibirien in bequemen Zügen, die Ankunft in Ostdeutschland und schließlich im westdeutschen Entlassungslager Friedland. Ein Schicksal zwischen Ost und West, eines von vielen. Jetzt kümmert sich der Pater um Seminaristen. Andere seiner Leidensgenossen wirken bereits wieder in Südkorea. In Schweiklberg sind schon wieder viele junge Menschen bereit, in die Ferne zu ziehen. Sie sind kühn und entschlossen wie einst ihre Vorgänger, die irischen Missionare, als sie die von den Römern geräumten germanischen Provinzen betraten. Die Basis der heiligen Männer, die den Südosten für die Kirche erobern wollten, lag nur 20 Kilometer donauabwärts: in der uralten Bischofsstadt Passau. Hier werden Donau, Ilz und Inn zu einem einzigen großen Strom gebündelt. Hier entscheidet sich die Zukunft der Donau. Hier blickt man in die Richtung, die der Strom eingeschlagen hat. Und die Türme des Domes sind nicht genau nach Osten ausgerichtet, sie schauen nach Südosten, nicht nur nach Österreich, auch nach Ungarn, so weit einst die Stimme des Bischofs von Passau, der ein »Fürst« vor seinem Titel hatte, vernommen wurde.

8. Kapitel

Die schwimmende Stadt
Passau

Und nun mündet die Donau in den Inn. Breit, selbstbewußt, grün wälzt er sich aus dem Westen heran, krümmt sich leicht nach Süden und schluckt gierig die schmälere graue Donau, die ihrerseits am Nordufer noch im letzten Augenblick Verstärkung durch die schwarze Ilz empfängt. Passau verdient sich dadurch das Prädikat »Dreiflüssestadt«, aber der Inn behält eindeutig die Oberhand und scheint das weitere Schicksal der beiden anderen Flüsse zu diktieren. Dieser Strom ist ja auch ein »Er«, während Donau und Ilz nur ein weibliches »Die« für sich beanspruchen dürfen. So steht man also »Am Ort« – auf dem schmalen Streifen Erde, wo sich die Landzunge, die der Passauer Altstadt als Sicherung gegen feindliche Überfälle diente, wie ein Bleistift zuspitzt. Links hat man die Donau, rechts den Inn; und man starrt ins Wasser und ist überrascht, daß eine Donaufahrt – und damit auch ein Donaubuch – nicht schon in Passau endet. Man fragt sich, ob man die Reise nicht gescheiter im Engadin hätte beginnen sollen statt im Schwarzwald. So herrisch nämlich benimmt sich der Fluß aus den Alpen mit seinem hellen, klaren, kalten Wasser, das wie ein Gruß von Gebirgsbächen, Felswänden und Gletschern in die wesentlich mildere Donaulandschaft eindringt.

Ein gewässerkundiger Passauer belehrt einen jedoch eines Besseren: Die Vormachtbestrebungen des Inn beruhen lediglich auf einer optischen Täuschung. Trotz mancher Tiroler und Innviertler Einwände führt die Donau bis zum Schwarzen Meer ihren Namen zu Recht. Der Inn ist bei Passau wohl breiter, aber der tägliche Wasserstandsbericht setzt die Donau sofort wieder in die ihr gebührende Position. Sie ist nämlich zu normalen Zeiten bei Passau etwa viereinhalb Meter tief – der Inn nur zweieinhalb. Außerdem ist die Donau schon über 600 Kilometer unterwegs, während der Inn erst 510 Kilometer Inntal »konsumiert« hat. Schleppzüge, die an den steilen Stadtufern vorübergleiten, werden zum äußeren Beweis für die Schiffbarkeit der Donau. Das Gegenteil für den Inn beweist das verfallende Gebäude, von dem aus unternehmungslustige Geschäftsleute einstmals eine Inndampfschiffahrt organisieren wollten; doch der Inn war für maschinengetriebene Schiffe zu seicht. Und noch ein letztes Argument führt der Passauer Donauadvokat an: »Der Inn ändert bei Passau seinen Kurs. Die Donau aber behält ihre Richtung bei.«

An diesem trüben Wintertag macht die Donau ihre Vorrangstellung auch für weniger gut informierte Betrachter offenkundig. Ihre mangels Sonne und Himmelblau mausfarbenen Wasser drängen den Inn rücksichtslos zur Seite. Der Gebirgsstrom scheint vor dem Strom aus dem Hügelland eine Habachtstellung anzunehmen und, statt sich mit der Donau zu paaren, den Rückzug in die Berge antreten zu wollen. »Das ist kein normales Bild«, kommentiert der Passauer. »Die Donau ist jetzt durch ihre Hochwasser führenden bayrischen Nebenflüsse so angeschwollen, daß sie den Inn ausnahmsweise zurückschiebt. Sonst ist hier eher der Inn stärker, weil er ein größeres Gefälle hat. Auf alten Ansichten begibt sich der Inn noch recht kraftvoll in sein neues Tal und läßt Donau und Ilz kaum noch Platz. Durch die vielen Stauwerke im Inntal wurde aber seine Kraft gebrochen. Der einst reißende Inn ist zu einem harmlosen Wasser geworden, fließt aber doch etwas schneller als die Donau.«

Im Streit der Großen kann sich die schmale Ilz nur passiv verhalten und mit ihrem schwarzen Wasser aus den Hochmooren des Bayrischen Waldes die feuchte Farbenpalette um einen dunklen Ton bereichern. Nebenbei sorgt sie noch dafür, daß Passau, das ohnehin nur aus Ufern, Kais und Länden zu bestehen scheint, noch ein wenig mehr am Wasser liegt und daß für die Donaubollwerke der Festungen Ober- und Niederhaus eine zweite uneinnehmbare Halbinsel entsteht. Auf dem »Spitz« aber, wo sich die Geister zwischen Inn und Donau scheiden, wird einem die Funktion einer Galionsfigur übertragen. Man fühlt sich hier wie an der Bugspitze einer Fregatte, und hinter einem wachsen die Aufbauten eines Schlachtschiffes in den Himmel – die Mauern, Kuppeln und Türme der Passauer Altstadt. Das Bild von der schwimmenden Stadt wird Realität, obwohl sich Passau noch nie von der Stelle gerührt hat.

Die Uferpromenade ist verwaist, der Weg entlang dem Wasser glitschig und wenig einladend. Den Häusern, die nun respektvoll zurücktreten, um der Donau mehr Spielraum zu gewähren, merkt man an, daß sie einst vom Strom umspült wurden. Aber die Pforten mit den steinernen Stufen, an denen einst die Zillen wie bei venezianischen Palazzi die Gondeln anlegten, sind vermauert. Fenster gibt es bestenfalls im ersten Stock, weil einer wildgewordenen Donau sonst das »Fensterln« zu leicht fallen würde. Von den Fischern, die hier einst ihrem Handwerk nachgingen, hat sich lediglich ein Laden für Fischereigerät erhalten. Die Regulierung der Donau hat das bayrische Venedig trotz mancher Gemeinsamkeit mit der Lagunenstadt doch um eine Spur binnenländischer werden lassen. Es sei denn, das Hochwasser kommt – dann droht die schwimmende Stadt wirklich davonzuschwimmen, dann macht Passau Venedig ernstlich Konkurrenz.

»Hier stand das Wasser noch ein paar Meter über Ihrem Kopf«, erklärt ein Ortskundiger. Zweifelnd betrachtet man die Kerben in den Hauswänden, die anzeigen, wie hoch hinaus die Donau manchmal gewollt hat. Zehn Meter waren es, zwölf Meter. Wer den Hochwassermarken nicht traut, den müssen die Streifen im Verputz überzeugen – die Fingerabdrücke eines alle Gesetze brechenden Stromes. Eine der höchsten Marken wird noch durch die Jahreszahl 1954 ergänzt. In diesem Sommer hatten sich Donau und Inn verschworen, die Bischofsstadt hinwegzuschwemmen. Jede Sintflut beginnt programmgemäß mit Regen, Regen und nochmals Regen. So war es auch Anfang Juli 1954. Es regnete ohne Pause, und immer mehr Passauer lauschten den Wasserstandsberichten im Radio und beobachteten mit kritischen Blicken, wie sich bei den Donau- und Innbrücken der Abstand zwischen Wasseroberfläche und Brückenfahrbahn mehr und mehr verringerte. Am 7. Juli war der Pegelstand der Donau bei 6,60 Meter. Die Meteorologen wußten bereits, daß Gefahr nahte. Die Bevölkerung wurde gewarnt. In der Nacht zum 9. Juli schlief in Passau niemand, der am Wasser lebte oder etwas mit dem Wasser zu schaffen hatte. Die pensionierten Fischer und Schiffer hatten auf den Brücken Posten bezogen. Der Inn stieg stündlich um 20 Zentimeter. Bei Polizei und Feuerwehr läuteten die Telefone, die ersten Hilferufe kamen. Großfirmen wollten ihre Lagerhäuser räumen, in der Ilzstadt drang das Wasser schon in die Keller ein. Am 10. Juli brauchten Inn und Donau nicht erst an der Passauer Halbinsel vorbeizufließen, um sich zu vereinen. Sie trafen einander schon in den Gassen der Stadt, auf den Plätzen, und in mancher guten Stube plätscherte Donau- und Innwasser in friedlicher Eintracht. Der Donaupegel registrierte den höchsten Wasserstand seit Menschengedenken: 12,20 Meter. In der Zeit vom 9. bis 12. Juli war die unvorstellbare Wassermenge von 2,5 Billionen Liter durch Passau geströmt.

Die Ströme hatten in diesen Tagen über die Stadt den Belagerungszustand verhängt. Das Kachletwerk konnte keine Elektrizität mehr erzeugen, in manchen Vierteln gab es weder Licht noch Gas. Weil mehrere Bäckereien ausgefallen waren, bildeten sich vor den »trockenen« Läden lange Menschenschlangen. Die männlichen Einwohner zwischen 20 und 40 wurden für Notstandsarbeiten mobilisiert. Die meisten Brücken wurden gesperrt, weil sie einzustürzen drohten. 2000 Obdachlose mußten versorgt werden, und inmitten des Überflusses an Wasser herrschte Wassermangel: In der ertrinkenden Stadt wurde Trinkwasser zur Rarität.

Der Bundesgrenzschutz – eine Bundeswehr war den Deutschen damals noch nicht erlaubt – wurde alarmiert, die Amerikaner rückten mit Amphibienfahrzeugen, Tankwagen und Wasserfiltrierungsanlagen an, und Reporter aus ganz Deutschland eilten nach Passau. Sie wurden zu Chronisten der Katastrophentage und berichteten in alle Welt: »Auf der Passauer Innpromenade schob sich das Wasser immer höher an den Straßenlampen hinauf, die schließlich ängstlich zu flackern begannen, aber unentwegt weiterbrannten, zum Teil sogar noch, als die Glühbirnen bereits von den schmutzigbraunen Wogen des Inn überspült worden waren. Ein gespenstischer Anblick: der schwankende Wasserspiegel von unten her erleuchtet, unklar erkennbar einige Baumwipfel, verwischte Silhouetten von Männern in Gummistiefeln, die Zillen festmachten, und durch das ständige Rauschen des Regens deutlich vernehmbar das Klatsch-klatsch-klatsch der Wellen an den Hausmauern... Dicht neben dem Rathauseingang schaukeln riesige Schlauchboote einer Pionierabteilung. Im Rathauskeller steht das Wasser bis zur Fenstermitte... Der Verkehr zwischen Innstadt und Altstadt wird nur über die Eisenbahnbrücke durch Sondertriebwagenzüge aufrechterhalten. Da Passaus Friedhof auf der Innstadtseite liegt, müssen die Särge der Toten mit der Eisenbahn hinübergebracht werden. Am ärgsten ist die Ilzstadt, zu der man nur per Zille gelangt, betroffen. Man fährt durch den Straßentunnel, bei dem ein Einbahnschild gerade noch aus dem Wasser ragt. Die Menschen sind in der Ilzstadt in den dritten Stock gezogen. Sie haben die Fenster ausgehängt. Durch die Fensterhöhlen schaut man in Küchen und Wohnzimmer. Da schwimmt ein Sofa dicht unter der Decke. Küchenstühle schaukeln leicht in den Wellen, die das Boot verursacht. Auf einem kleinen Balkon, der eben noch aus dem Wasser ragt, rasiert sich ein junger Mann.

Von manchen Häusern sieht man nur noch die Dächer. Die Menschen liegen in den Fenstern und warten. Eine Frau sticht zum Einkaufen mit einem Boot in See...«

Auf dem Rathausplatz, der sonst die auf der Donau anlangenden Gäste fast mit südlicher Grandezza empfängt, hatte sich das Wasser bis über die Nasenspitze der Kaiserin Elisabeth erhoben. Die Spuren der Flut sind auf der Gedenktafel bis heute eingegraben. Sie erinnert an ein freudigeres Ereignis hundert Jahre vor der Sintflut, das ebenfalls direkt mit der Donau zu tun hatte: an die Brautfahrt der künftigen Kaiserin von Österreich. »Dem Angedenken weiland Ihrer Majestät der Kaiserin Elisabeth, höchstwelche am 21. April 1854 auf ihrer Donaubrautfahrt nach Wien hier in Passau von den bayrischen Landen Abschied nahm.« Die Tafel wurde 1904 enthüllt, sechs Jahre, nachdem die Kaiserin auf einem anderen Kai – in Genf – Opfer eines Mörders geworden war.

Unvergeßlich war für alle, die die festliche Schiffahrt miterlebt hatten, der Anblick der blutjungen bayrischen Prinzessin, die erwählt war, Mitteleuropas schwerste Krone zu tragen. Entzückt und verklärt schwärmten die Frauen von der Romanze »Sissys« mit dem jugendlichen Monarchen, von dem glücklichen Umstand, daß hier Liebe und Staatsräson einmal vollkommen übereinstimmten. Sechsspännig war die Braut von München nach Straubing gefahren und dort an Bord des Dampfschiffes »Stadt Regensburg« gegangen. Die Ufer der Donau waren von Landvolk im Sonntagsstaat gesäumt, von Gesangsvereinen, Ehrenjungfrauen, Bürgermeistern und Feuerwehren, von Neugierigen und verehrungsvollen Menschenscharen, die der künftigen Herrscherin zujubelten. Am Landungssteg in Passau harrte ihrer der Bischof. Franz Joseph, der kaiserliche Bräutigam, war seiner Elisabeth nach Linz entgegengeeilt. Aber Elisabeth übernachtete noch einmal auf bayrischem Boden, in dem heute nicht mehr bestehenden Gasthof »Zum wilden Mann« neben dem Rathaus.

Vielleicht wurde vielen Passauern gerade an diesem Festtag die Armut und Bedeutungslosigkeit ihrer Stadt bewußt, seitdem die Passauer Bischöfe nur noch geistliche und nicht auch noch weltliche Fürsten waren. Für Elisabeth, die 13 Jahre später in Budapest auch zur ungarischen Königin gekrönt werden sollte, war Passau eine hübsche bayrische Provinzstadt, gerade recht zum Adieusagen. Über tausend Jahre lang war Passau jedoch von weit größerer Bedeutung: eine Kraftquelle für den ganzen Südosten, die Ausgangsbasis der Missionierung Ungarns, die Zentrale der kirchlichen Verwaltung der Donaulande. Die Grenzen der Diözese Passau reichten bis über Gran hinaus tief ins Ungarische. Die Mutterkirche des Wiener Stephansdoms ist der Passauer Dom, ebenfalls dem Erzmärtyrer der Kirche geweiht. Erst 1469 wurde die Stadt Wien ein eigenes Bistum. Auch die Stephanskathedrale in Gran (Esztergom) hoch über der Donau, der Sitz der Primas von Ungarn, ist eine Passauer Filialkirche. Nicht zufällig folgen die Blicke des steinernen Sankt Stephan auf dem spätgotischen Türmchen über dem Westchor des Passauer Domes dem Lauf der Donau. Der größte Herrscher der Ungarn, Herzog Vajk, der den christlichen Glauben angenommen hatte, wurde von einem Passauer Bischof getauft – natürlich auf den Namen des Patrons der Diözese, des heiligen Stephan. Von diesem König kommt auch die Stephanskrone. Zum Grab der ersten Königin von Ungarn, der seligen Gisela, hätte Elisabeth bei ihrem Passauer Zwischenhalt wallfahrten können – zu dem einfachen gotischen Sarkophag in der Kirche des Klosters Niedernburg in der Altstadt. Immer sind hier Blumen und Kränze mit rotweißgrünen Schleifen und magyarischen Aufschriften deponiert. Immer wieder beten Ungarn am Grab der Deutschen, der Schwester Kaiser Heinrichs III., die nach Stephans Tod vom ungarischen Adel gefangengenommen wurde, aber nach Passau entfliehen konnte und in diesem Kloster um 1060 als Äbtissin starb. Der letzte Hüter der ungarischen Krone, Reichsverweser Nikolas von Horthy, hat während des Krieges einen Kranz niederlegen lassen, und 1945, als Horthy vor den sowjetischen Truppen fliehen mußte, machte seine Donaujacht, die eines der stolzesten Schiffe des Stromes gewesen sein soll, im Passauer Hafen halt. Der Bischof, der den Ungarn das Christentum bescherte, ist nach der Meinung der meisten Gelehrten mit dem Passauer Bischof Pilgrim aus dem Nibelungenlied identisch, bei dem Kriemhild, eine andere Königin auf Donaubrautfahrt, ins Hunnenland zu König Etzel reisend, Rast hielt.

In der stat ze Pazzouwe / saz ein bischof
die herberge wurden laere / und ouch des vuersten hof:
si ilten gein den gesten / uf in Beier lant,
da der bischof Pilgerin / die schoenen Kriemhilde vant.

Der Bischof Pilgrim gibt der Siegfried-Witwe noch bis gegen Enns Geleit und wird auch ein zweites Mal als gastlicher Herr genannt, als die 1000-Mann-Truppe der Nibelungen – zu Kriemhild unterwegs – vermutlich neben der Innstadt auf freiem Feld ihr Lager aufschlägt, weil die Mauern der Stadt für so viele Leute zu eng sind. In Passau hat ein in Donausachen wohl bewanderter Dichter, vermutlich um 1205, dem Nibelungenlied auch die letzte Fassung, den letzten Schliff verliehen.

Der Zusammenfluß der drei Flüsse, die dadurch entstehenden Halbinseln, diese Schlüsselstellung zur Kontrolle des Verkehrs und eine dem menschlichen Sicherheitsbedürfnis so entgegenkommende Natur mußten schon in grauer Vorzeit Siedler anlocken: Am Domberg grub man die Reste einer keltischen Siedlung aus, in der Gegend der heutigen Innstadt hatten die Römer schon 15 vor Christus ihre neue Donaugrenze befestigt – aus einem Keltendorf wurde das Castrum Boiodurum. Bald richteten sich die Römer auch in den Bereichen der Altstadt wehrhaft ein. Sie verlegten die 9. Batavische (holländische) Kohorte hierher und nannten das Lager aus diesem Grund Batavis (Patauuia – Pazzawe – Passau).

Zu Passaus Ruf als fromme Stadt, in der die Luft weihrauchgeschwängert ist, paßt, daß schon zu Beginn seiner Geschichte ein heiliger Mann auftritt – eine der bedeutendsten Persönlichkeiten der Donauländer in den Wirren der Völkerwanderung: der heilige Severin. Er war kein Priester, kam aber aus dem Orient, vielleicht auch aus Nordafrika, um die Mitte des fünften Jahrhunderts, unmittelbar nach Attilas Tod, in Noricum und Pannonien für das Christentum zu streiten. Severin muß mehr als nur ein frommer Mensch gewesen sein. Er war eine Führergestalt, die auch politisch gedacht hat. Die spärlichen und verkümmernden, schon lange christlichen römischen Gemeinden wußten nicht, wie sie der Flut der Germanenstämme standhalten sollten. Sie glaubten noch an die alte römische Ordnung, obwohl diese nur noch eine Fiktion war. Sie wollten trotz dem rings um sie herrschenden Chaos der Gesetzlosigkeit die alten Sitten hochhalten. Da war Severin ein Mann, an den man sich klammern konnte. Und viele Wunder, die ihm nachgesagt wurden, waren wohl nur Ergebnis seiner Klugheit und seiner Energie.

Severin lebte in Passau, in Lorch, in Mautern. Die Donau war seine Straße. Sein Schüler, der Bischof Eugipius, hat in seiner Severin-Biographie einen bewegenden und erschütternden Report von Anarchie und Weltuntergangsstimmung an der Donau gegeben:

»Batavis heißt eine Stadt, die zwischen den Flüssen Inn und Donau liegt, wo der heilige Severin nach seiner Gewohnheit eine kleine Zelle für einige Mönche gegründet hatte. Von den Bürgern gerufen, kam er öfters dorthin, vor allem wegen der beständigen Einfälle der Alemannen, deren König Gibuldus ihm mit größter Ehrfurcht begegnete. Einmal kam der König auch in dem dringenden Verlangen herbei, den Heiligen zu sehen. Dieser ging Gibuldus entgegen, damit er nicht die Stadt durch sein Kommen bedränge. Dabei redete er den König mit solcher Festigkeit an, daß dieser anfing, vor ihm heftigst zu zittern. Daraufhin machte der König kehrt und ließ seine Scharen erkennen, daß er weder im Kampf noch in einer anderen schwierigen Lage jemals von gleichem Schrecken erfaßt worden war.«

Severin wird hier also als letzte Verkörperung einer im Schwinden begriffenen römischen Autorität präsentiert – nur statt auf den Kaiser berief er sich auf Gott. Auch die so gefürchteten Barbaren – Germanen der unterschiedlichsten Stämme – schienen ihn wegen seiner Strenge und seiner diplomatischen Fähigkeiten geachtet zu haben.

Severin prophezeite der Stadt Passau den baldigen Untergang und zog sich donauabwärts nach Mauern zurück. Seine Voraussagungen trafen ein. Passau wurde zerstört. Und ein anderer Heiliger wird genannt, wenn der Name Passau in den Annalen wieder auftaucht: Bonifatius, der aus Irland stammende Apostel Deutschlands. Als Bevollmächtigter des Papstes bestätigte er 739, als das Land bereits den Bayern gehörte, den in Passau amtierenden Bischof Vivilo. Seitdem war Passaus weiterer Weg mit dem seiner Bischöfe identisch. Neben dem Krummstab des kirchlichen Herrn stand das Schwert des weltlichen Machthabers – so wie es auf den Grabmälern der Kirchenfürsten im Dom verewigt ist.

Passaus Bürger aber waren damit nicht immer zufrieden. Sie hatten die Vorbilder der reichen freien Reichsstädte an der Donau – Ulm, Regensburg – und wollten es ihnen gleichtun. Sie erhoben sich mehrmals gegen die streitbaren Bischöfe. Die Anlage der Stadt verrät einiges über diesen Konflikt; am augenfälligsten wird die Strategie der Bischöfe unten am Rathausplatz an der Donau. Da saßen die wohlhabenden Bürger, die Schiffsmeister, Kaufleute und Fischer. Gegenüber auf dem Georgsberg haben die Bischöfe die Feste Oberhaus und, durch Wehrmauern und -gänge verbunden, unten zwischen Donau und Ilz die Wasserburg Niederhaus hingestellt. Wenn nun die Bürger murrten und zu den Worten der Fürsten im Tal nicht immer »Amen« sagten, dann wählten die Bischöfe das ebenso bequem eingerichtete wie uneinnehmbare Oberhaus zum Wohnsitz. Ihre Kanoniere konnten sich aussuchen, welches Bürgerhaus zu ihren Füßen mit einer trefflichen Steinkugel bestraft werden sollte. Einige der Geschosse stecken als letzte Kunde von diesem ganz und gar nicht theologischen Disput zwischen Stadt und Bischöfen in den Hausmauern an der Donaulände.

Am längsten haben sich die Passauer 1367 unter dem Schiffsmeister Andrä Haller gewehrt. Ein dreiviertel Jahr lang mußten Bischof und Geistlichkeit im Oberhaus hofhalten, während die Bürger das Fürstentum verheerten. Erst Hilfstruppen aus Österreich erwiesen sich den Passauern als überlegen. Der Fürst ordnete ein Blutgericht an; hundert Jahre später hatten dann aber auch die Passauer ihr eigenes Rathaus. Und seitdem ist mit der Macht und dem Einfluß der Bürger auch dieser Bau gewachsen – er besteht heute aus einem Winkelwerk von sieben miteinander verbundenen alten Häusern, wo man, sucht man den Bürgermeister, sich in die Küche des Ratskellers verirren kann oder auf dem Weg ins Archiv im Standesamt landet.

Die Bürger versöhnten sich im Laufe der Zeit mit ihren Herren, profitierten von der neutralen Stellung Passaus zwischen Österreich und Bayern, wurden durch die Stapelrechte reich, trieben Salzhandel – die Stufen am Innufer neben dem sogenannten Scheiblingturm markieren den einstigen Salzhafen – und nützten nicht nur Donau und Inn für ihre Geschäfte, sondern auch den Goldenen Steig: den legendären Handelsweg von der Passauer Ilzvorstadt über den Bayrischen Wald nach Böhmen. Rund 1300 Saumpferde und Maultiere schleppten jede Woche Salz nach Norden und brachten dafür Getreide, Holz, Hopfen, Malz, Wolle, Häute und Branntwein an die Donau. Später wurde der Handel noch in Richtung Süden erweitert. 1500 Tragtiere wurden wöchentlich eingesetzt, um Früchte, Öl, Papier, Wein und Gewürzzeug von Italien nach Böhmen zu liefern. Passau war der große Umschlagplatz, und viel Geld blieb in der Stadt hängen. Der Bischofssitz wurde zur begehrtesten Versorgungspfründe für zweite und dritte Söhne höchster Häuser der österreichischen Hocharistokratie. Auch die Domherren konnten sich alle auf eine lange Ahnenreihe mit besten Namen berufen. Ihre Palais in der Altstadt verschleierten nicht, daß es den Angehörigen des Kapitels mehr auf den Herrn als auf den Dom ankam.

Ober- und Niederhaus wurden dennoch nicht überflüssig: Die Türkengefahr ließ auch Passau erbeben, und man machte sich daran, die Bollwerke neu zu bestücken – als letztes Hindernis, das den Heeren des Sultans den Weg nach Deutschland wehren konnte, falls es Wien nicht gelang, sie aufzuhalten. In den Erbfolgekriegen stritten sich Österreicher und Bayern um die Feste – die drei Kompanien starke Armee des Bischofs hatte dabei wenig mitzureden. Nach der Säkularisation befahl Napoleon selbst den Ausbau der Festung gegen Österreich. Bäume wurden gefällt, Artilleriebastionen aufgeführt, nebenbei eine Feuersbrunst entfesselt und zahlreiche Bauwerke abgerissen, um freies Schußfeld über Donau und Inn hinweg zu schaffen. Napoleons Pioniere hatten sich umsonst geplagt. Die Schlacht um Passau fand nicht mehr statt. Die bayrische Armee übernahm das Erbe und verwandelte es in eine Militärstrafanstalt. 1932 wurde der Triumph der Bürgerschaft über die Bischöfe komplett: Der bayrische Staat vermachte die Festung der Stadt. Seither jammert jeder Passauer Stadtkämmerer über den Kasten auf dem Berg, dessen Erhaltung Unsummen verschlingt.

Das Wasserschloß Niederhaus ist dagegen zum Mietshaus geworden. Sein Besitzer, ein Beamter, der es von einem in seine Kulissen verliebten Historienmaler geerbt hat, soll jederzeit bereit sein, diese Zinsburg zwischen den Wassern zu verkaufen.

Ein unsichtbares »Zimmer frei« hing von 1933 bis 1945 über dem Oberhaus – ein eifriger Bürgermeister hatte oben nämlich ein »Führer-Appartement« auf Glanz herrichten lassen. Hitler sollte in Passau jederzeit ein Dach über dem Kopf haben – aber der Führer nutzte die Gelegenheit, wie ein Bischof zu übernachten, niemals aus. Er mied Passau, obwohl in der Innstadt einmal ein österreichischer Zollbeamter namens Alois Hitler gewohnt hatte, der auf der bayrischen Seite der Grenze Dienst tat – der Vater Adolf Hitlers. Dafür ließ sich längere Zeit hindurch einer von Hitlers markigsten Barden von einem Burgzimmer aus durch Passaus »welsche« Perspektiven zu deutscher Durchhaltelyrik inspirieren: Hans Baumann, der Schöpfer des zarten Liedes ›Es zittern die morschen Knochen‹. Als schließlich die Welt doch in Trümmer fiel, wurde diese letzte heroische Periode der bischöflichen Zwingburg durch einige amerikanische Granaten beendet.

Das Oberhaus diente dem Bischof als Sinnbild für das Schwert, für seine Position als Kriegsherr, als Fürst im Harnisch mit politischen Interessen. Aber die Festung ist nur eine Dominante des Passauer Stadtbildes. Passau hat auch eine geistliche Ansicht – die Altstadt, über deren Dächergewirr der Dom wie eine Gluckhenne brütet. Hier werden das Kreuz und der Krummstab hochgehalten. Während man im Oberhaus gotisch-deutschen Ritterträumen nachhängen kann, ist im Residenz- und Kanonikerviertel die Italianità des römischen Katholizismus Stein geworden. Der stille Domplatz scheint aus Achtung vor der hochbarocken Domfront so still zu sein. Dieses langgezogene Rechteck, in dem sich zu Füßen der Westtürme der Kathedrale die 16 Palais der adeligen Domherren reihen, ist aus der Geschäftigkeit der Einkaufsstadt Passau herausgelöst. Der Platz scheint zum Nachdenken reserviert zu sein. Seit Jahrhunderten war es hier verboten, Märkte zu veranstalten. Der Lärm der Stadt schlägt um den Domplatz noch immer einen Bogen, aber der Platzmangel in dem von den Flüssen zusammengepreßten Passau hat den Platz doch profaniert – er wird heute als Parkfläche mißbraucht. Die Autos werden jedoch zu Zwergspielzeugen angesichts der Monumentalität der Domfassade, die da den widerborstigen Deutschen sagt, daß es mit der Reformation ein für allemal vorbei ist und daß das Wort des Bischofs von Passau auf 42000 Quadratkilometer – so groß war die Passauer Diözese einmal – gleich dem Gesetz gilt.

Wie die Bombennächte des Zweiten Weltkrieges, so veränderten früher Brandkatastrophen das Antlitz der deutschen Städte. Der »Feurio«-Schrei war in Passau fast so oft zu vernehmen wie der Warnruf »Das Wasser kommt«. 1662 war das Feuer besonders gründlich. Die Flammen bereiteten die Barockisierung der gotischen Stadt vor. Von der Stephanskathedrale waren nur brandgeschwärzte Ruinen übrig. Ein junger Fürstbischof, Wenzeslaus von Thun, 35 Jahre alt, hatte in seiner Vaterstadt Prag und später in Salzburg Gefallen an der neuen Kunst aus Italien gefunden. Er engagierte den oberitalienischen Baumeister Carlo Lurago, der in Prag bereits das Palais Thun erbaut hatte. Lurago formte sich nun ein Team von Gehilfen, Steinmetzen, Stukkateuren, Freskanten und Polieren, alle aus seiner Heimat zwischen Mailand und dem Tessin. Für ein Honorar von 29500 Gulden lieferte Lurago Passau Barock, als man in Österreich noch zu sehr mit der Abwehr der Türkengefahr beschäftigt war, als daß man an große Bauten hätte denken können. Später erst sollte entlang der Donau von Passau bis Wien die österreichische Via triumphalis entstehen. In Passau aber feierte man mit italienischen Stilmitteln und welschen Künstlern den

Triumph der römischen Kirche über die Reformation. Der Dom als Mahnmal der Gegenreformation, obwohl in seinem Schatten einmal das Recht auf freie Religionsausübung für alle Deutschen bestätigt worden ist: 1552 im Palais Lamberg, wo die deutschen Fürsten durch den Passauer Vertrag die Religionsstreitigkeiten beenden wollten. Die darauffolgenden hundert Jahre haben dem Vertrag allerdings höchstens seinen Pergamentwert zugestanden. Den Passauer Unterhändlern war letzten Endes kein echter Erfolg beschieden. Lurago glückte an dieser Stelle jedoch ein geschickter und geschmackvoller Kompromiß mit der deutschen Kunst: Den gotischen Ostchor hatten die Flammen verschont. Lurago ließ ihn nach außen intakt und verstand es dann, die lichtdurchfluteten Glasflächen im Inneren mit seinem modernen Konzept zu verweben. Lurago vermählte Gotik und Barock, und die Ehe wurde glücklich.

Eine solche Kirche bedarf einer kräftigen Stimme – in das sechsstöckige goldene Barockgehäuse wurden zwischen 1924 und 1928 der Pfeifenwald der größten Kirchenorgel der Welt gepflanzt: fünf getrennte Orgelwerke, die von einem Hauptspieltisch mit fünf Manualen gespielt werden können; der Organist gebietet über die Stimmen von 16744 Pfeifen. Wenn das Orgelbrausen nicht genügt, helfen die Glocken des schönsten Geläutes in Süddeutschland aus – die »Pummerin«, 160 Zentner schwer, und die »Stürmerin«, die 110 Zentner wiegt, verstärkt durch fünf kleinere Glocken. Der Fürstbischof braucht nicht zu fürchten, von den Passauern überhört zu werden. Er selbst kann von einer goldenen Kanzel, deren Figurenkomposition dem Wiener Raphael Donner zugeschrieben wird, zu seiner Gemeinde predigen. Der Aufgang zur Kanzel ist jedoch nicht mit frommen Sprüchen geziert, sondern mit Waffen, mit Schwertern, Pfeilen und Hellebarden. Die Kanzel war Kampfstatt, das Wort Gottes wurde zu jener Zeit mit soldatischem Einsatz verbreitet.

Als die Bauleute am Dom noch auf Gerüsten herumkletterten, wurden Soldaten an Stelle der Streiter des Wortes benötigt, um die Kirche und die Christenheit überhaupt, katholisch oder lutherisch, zu retten. Die Donau wurde zum Fluchtweg, Passau zur Fluchtburg. 1683 wollte Kara Mustafa erreichen, was 1529 Sultan Soliman nicht gelungen war – er wollte Wien erobern und damit seinem 250000-Mann-Heer den Weg die Donau entlang nach Deutschland öffnen. Anfang Juli preschten die tatarischen Vorausabteilungen so ungestüm und überraschend gegen Wien, daß Kaiser Leopold I. bei einem Jagdausflug einer dieser Streifen auf ihren niedrigen zotteligen und ausdauernden Pferden beinahe in die Hände gefallen wäre. In Wien war eine Panik ausgebrochen. Die kaiserliche Schatzkammer wurde geräumt und die wertvollsten Güter donauaufwärts verfrachtet, und schließlich mußte auch die wertvollste Persönlichkeit des Reiches in Sicherheit gebracht werden: der mehr Gebet und Musik als dem Kriegshandwerk zugetane Kaiser Leopold. Der Hof requirierte Pferde und Wagen und formierte eine Karawane der Angst und Verzweiflung und auch der Erniedrigung, denn beim Ringen um einen Platz in dem höfischen Treck soll es unter Damen und Herren des Adels zu beschämenden Szenen gekommen sein. Die erste Nacht mußte der Kaiser samt Familie bei Korneuburg im Freien verbringen. Die von ihm so hochgehaltene spanische Etikette galt nicht mehr, und man war froh, bei verschreckten und eher feindseligen Bauern einige Eier zur Verköstigung der allerhöchsten Herrschaften zu ergattern. Ziel des Kaisers war zuerst Linz, die nächste Habsburgerburg an der Donau, aber wegen der sich häufenden schlechten Nachrichten zog man gleich weiter in die Bischofsfeste Passau.

Über allem stand die bange Frage, ob Wien gehalten werden könne oder ob Passau als letzter Wellenbrecher gegen die mohammedanische Flut würde fungieren müssen. Der Bischof überließ dem Kaiserpaar die prächtigsten Gemächer der Residenz und verfügte eine Schließung der Stadttore, damit niemand unkontrolliert Passau betreten könne. Zitternd erwartete man jede Botschaft vom belagerten Wien. Entschuldigend schrieb der Kaiser an seinen Freund und Beichtvater Marco d'Aviano: »Ich durfte mich nicht in Wien einschließen lassen. Ich war gezwungen, eines Abends unvorbereitet die Stadt zu verlassen und einen großen Teil der Nacht zu Fuße zu gehen bei all der Unbequemlichkeit, die eine so beschleunigte Flucht mit sich bringt. Gewiß ist es eine besondere Fügung der Vorsehung gewesen, daß bei all dem Ungemach weder die Kaiserin noch die Kinder irgendwie gelitten haben. Wir sind bis Linz gekommen, aber kaum hatten wir diese Stadt erreicht, als sich Tataren zwischen Wien und Linz zeigten. Gewichtige Verdachtsgründe nötigten uns, von da aufzubrechen und eilend für kurze Zeit hierher zu kommen...«

Der Kaiser leidet unter seiner Flucht: »... mir ist wohl bekannt, daß alle übel darüber urteilen werden; ich bekenne, daß ich jetzt Verdemütigungen erleide.«

Von der Passauer Residenz aus schwärmten Kuriere und Gesandte aus, um in Europa ein Entsatzheer auf die Beine zu stellen. Die ersten Truppen sammelten sich in Passau. Im August war die Residenz Stätte einer historischen Begegnung. Ein zwanzigjähriger kleingewachsener Edelmann, der von Ludwig XIV. als Offizier abgelehnt worden war, ersuchte Leopold um Audienz und bot dem Haus Habsburg seine Dienste an: Prinz Eugen von Savoyen. In seinen hoffnungslosesten Augenblicken pilgerte der Monarch über den Inn hinauf nach Maria Hilf. Das Wallfahrtskirchlein über der Innstadt ist neben dem kriegerischen Oberhaus und dem Dom als Wahrzeichen der herrschenden Kirche der dritte Passauer Blickfang: schlichter Ausdruck naiver ländlicher Frömmigkeit. Dennoch waren sich Kaiser nicht zu gut, ihre Anliegen zu dem Marienbild in das Kapuzinerkloster hinaufzuschleppen. Daß sie dabei auch die steinerne Stiege benützten, deren viele Stufen zum Beten Gelegenheit geben und auch zum Büßen, ist zweifelhaft. Aber sie haben sich in das Buch der Maria-Hilf-Bruderschaft eingeschrieben – Ferdinand II., Ferdinand III. und Leopold, der anläßlich seiner Hochzeit bei Augsburger Goldschmieden die sogenannte Kaiserampel bestellte. Daß der schwere Leuchtkörper mit seinen goldenen Grazien noch immer im Schiff des Kirchleins hängt, ist nur einer habsburgischen Intervention zu verdanken. Nach der Säkularisation des Klosters fand der bayrische Staat Gefallen an dem Stück und kassierte es – Kaiser Franz meldete sich daraufhin mit einer Beschwerde aus Wien. Die Kaiserampel wurde retourniert.

Über einem Seitenaltar sind recht unkirchliche Instrumente angebracht: ein Roßschweif, wie er auf türkischen Feldzeichen wehte, die Zeltspitze eines hohen Militärs vom Bosporus, ein Köcher mit Pfeil und Bogen und ein lederbezogener Tatarenschild. Kriegsbeute aus der Schlacht am 12. September 1683, bei der das Entsatzheer der Bayern, Österreicher und vor allem der Polen Wien befreite. Aus Dankbarkeit wurden die Trophäen gestiftet. Sie sind mit den Jahren schäbig geworden. Wie alte, abgegriffene Ansichtskarten, die man aus einer Schublade hervorkramt, stecken sie einen dennoch mit Fernweh an. Und sie rufen ins Gedächtnis, daß die Donau einst viele Länder des Sultans bewässerte.

Für Kaiser Leopold waren diese Beutestücke Siegeszeichen. Der Monarch war auf einmal »der Große«, und der Flüchtling verwandelte sich in den Türkenbezwinger. Ende August verließ er mit Hofstaat, Regierung und Troß die bischöfliche Residenz und folgte dem Heer in Richtung Wien, das letzte Stück des Weges auf der Donau, auf jener Straße also, die bald zur Via triumphalis der barocken Glorie Austriae werden sollte.

Die Bauwelle und Bauwut nach den siegreich beendeten Türkenkriegen machte auch vor Passau nicht halt. Die Bischöfe hielt es nicht mehr in der alten Residenz, die sogar für einen Kaiser gut genug war. In den kaiserlichen Asylgemächern brüten heute Landgerichtsräte über Urteilsbegründungen, tippen flinke Stenotypistinnen Gerichtsprotokolle, türmen sich Akten über Vergehen, Strafen und Begnadigungen. Die alte Residenz ist heute Landgericht, der Bischof aber wohnt in einem Prunkbau, den Fürstbischof Philipp von Lamberg nach 1700 begonnen hat und Kardinal Leopold von Firmian um 1770 noch im Sinne des Rokokos verschönern ließ. Wie die Dekolletés fürstlicher Mätressen wogen die beiden vorgebauschten Portale aus der zart gegliederten Front neben dem Ostchor des Domes, dem gotischen Antlitz der Kathedrale. Dahinter verbirgt sich ein Stiegenhaus, das in allen Reiseführern mit mehreren Sternen ausgezeichnet ist. Von den Balkonen wurde die oft lang umstrittene Wahl des Fürstbischofs proklamiert und Geld unter die wartende Menge gestreut. Auf dem Residenzplatz hielt man dann eine völlerische Massenausspeisung, bei der ganze Ochsen am Spieß gebraten wurden, und aus dem Brunnen, der heute nur Wasser speit, sprudelte für einige Stunden Weiß- und Rotwein.

Die heutigen Bischöfe sind zurückhaltender. In den Regierungsgeschehnissen der Stadt Passau haben sie dennoch – inoffiziell – ein gewichtiges Wort mitzureden.

Der alte hierarchische Geist, das klerikale Denken ist in der Bischofsstadt noch fest verwurzelt. Diese Haltung wird jedoch durch eine gewisse »Donaugesinnung« der Passauer gemildert. »Wir haben immer die Donau abwärts gestrebt, und wir fahren lieber nach Wien als nach München«, gesteht ein Passauer. Viele traditionelle Bindungen nach Österreich und zum Balkan sind abgerissen. Manche wurden aber auch wieder geknüpft. Im Hafen liegen österreichische, ungarische und jugoslawische Schleppkähne. Die Nibelungentradition wird durch ein Patrouillenboot der Wasserschutzpolizei namens »Brunhild« gewahrt. Im fürstbischöflichen Opernhaus, einem Rokokojuwel an der Innpromenade, spielt man ›Eine Nacht in Venedig‹, und alljährlich im Spätsommer hat die Wiener Eisrevue die Premiere ihrer neuen Show in der Passauer Nibelungenhalle: Sie ist die größte Halle zwischen Wien und München und wurde in den dreißiger Jahren errichtet, in denen Passau als Stützpunkt zur nationalsozialistischen Missionierung der »Ostmark« dienen mußte. Der Donauwalzer in der Schlußnummer der Eisrevue wischt jedoch alle Gedanken an die zackigen Anschlußkundgebungen, die unter der Patronanz der Nibelungen stattgefunden haben, hinweg. Die Donau vermittelt einen natürlicheren und logischeren Anschluß als alle politischen Bewegungen. Daß daneben ein gesunder Separatismus auch noch seine Berechtigung hat, beweist das weiß-blaue Rautenschild mit der selbstbewußten Aufschrift »Freistaat Bayern« am Grenzübergang zwischen der Bundesrepublik Deutschland und Österreich.

9. Kapitel

Gespenster, Teufel und Rebellen
Von Engelszell nach Wilhering

»Zu Engelhartszell wurden wir visitiert. Alles geschah in der besten Ordnung und mit ziemlich viel Gelindigkeit. Man hatte einen ganzen Tag mit dem Plombieren der Waren unseres Schiffes zu tun. Es war mir ein unerklärliches Rätsel, wie die Schiffer ihre Konterbande, von deren Dasein ich überzeugt war, durchbringen konnten; denn die Mautbediensteten schienen mir eben nicht geneigt zu sein, sich bestechen zu lassen.«

Das vermerkte Johann Kaspar Riesbeck, ein reisender und dichtender Schauspieler, als er 1780, auf dem Ordinarischiff von Passau nach Wien unterwegs, die österreichische Grenze passierte. Und 1836 fand die britische Schriftstellerin Frances Trollope ihre erste Begegnung mit den kaiserlichen Zöllnern nicht minder beschreibenswert: »Wir waren wiederholt gewarnt worden, daß unsere Effekten an dieser Grenze eine sehr lange und widerwärtige Untersuchung zu bestehen haben würden. Aber man überging uns völlig. Obwohl die Untersuchung vorschriftsmäßig und mit Genauigkeit durchgeführt wird, geschieht dies doch mit sehr artiger Rücksichtnahme auf die Bequemlichkeit der Reisenden. Ein Schmuggler würde allerdings Ursache haben, die Kontrolle in Engelhartszell zu fürchten...«

Wer sich heute in Passau auf der Donau in Richtung Wien einschifft, wird bereits an Bord von den Zollbeamten empfangen. Der Autofahrer muß schon am Stadtrand seinen Paß zücken. Grenzübergänge sind in Passau im Dutzend billiger zu haben. Dabei bleibt das linke Donauufer noch 25 Kilometer in bayrischer Hand. Am rechten Ufer aber ist man schon in Österreich. Statt der gelben, schwarzumrandeten Ortstafeln begrüßen einen weiße Schilder mit blauem Rahmen. Die Uniformen sind statt grün und blau blaugrau geworden. In den Gasthäusern trinkt man jedoch wie in Bayern das Bier noch per Maß, und im Dialekt der Bauern hat sich manch bayrischer Unterton verfangen. Die Kellnerin nennt dem Fremden die Preise sofort in Mark, und das Fernsehgerät ist auf einen deutschen Kanal geschaltet. Man hat zwar die Grenze überwunden, befindet sich aber noch immer auf deutschem Boden. Unmittelbar nach dem

Schranken beginnt nämlich das Reich des Nürnberger Bleistiftkönigs Faber Castell. Ihm gehören die Wälder ringsum, er hat ein zwischen Bäumen verborgenes Jagdhaus, in dem seine aristokratischen Freunde häufig zu Gast sind, und an der Donau wurde ein trutziger Bauernhof zu einem ländlichen Luxushotel umgekrempelt. In diesem breiten Tal zwischen manchmal sanften, dann wieder steilen überwachsenen Höhen, wo nur noch die Bezeichnung Strom auf die Donau paßt, sind die Grenzen etwas verwischt. Die Donau aber hat in Passau genügend Kraft getankt und vom Inn reichlich Wasserproviant empfangen, um die Reise zum Schwarzen Meer unbeschadet überdauern zu können. Bis Passau war die Donau ein deutscher Fluß, nun ist sie ein europäischer Strom. Und nichts kann ihren Rang anfechten.

Die Kette der Burgen und Ruinen entlang der Donau ist den vielen Versuchen zu verdanken, dem Strom Fesseln anzulegen. Hinter festen Mauern auf beherrschenden Höhen verschanzt, waren mehr oder weniger ehrenwerte Geschlechter emsig dabei, den Strom zu »verwalten«. Zuerst als waschechte Raubritter nur für die eigene Tasche und später, als sie durch diese Tätigkeit bereits reich und damit auch gesellschaftsfähig geworden waren, zum Teil auch für den Kaiser. Die ausgedienten Donauräuber erwarben kaiserliche Mautprivilegien, zahlten brav und holten sich, was sie brauchten, weiterhin von den Pfeffersäcken. Wird man heute in dieser Gegend eines Zollbootes ansichtig, besetzt mit den uniformierten Handlangern der Finanzminister, dann kann man es sich kaum verkneifen, gewisse Parallelen zu dem alten Mautsystem und seinen Anfängen im Raubrittertum zu ziehen.

Die modernen Burgherren an der Donau müssen heutzutage allerdings keine gewagten Ausfälle unternehmen, um ihre Schatztruhen zu füllen. Heute entschließen sich die Touristen zu dem oft beschwerlichen Aufstieg freiwillig und liefern Mark und Schilling in Burghotels und Burgtavernen ab. Um Krempelstein, die einstige Mautburg der Passauer Bischöfe, hat es deswegen sogar eine Gerichtsverhandlung im Rittersaal gegeben. Denn auf Krempelstein waren die Geister zu Hause, und ihr Herr und Beschwörer verkaufte sie wie die warmen Semmeln.

Schroff und abweisend drücken die Quadern des kantigen grauen Burgfrieds auf den bewaldeten Hügel. Freundlich und einladend warb vor einigen Jahren ein bunter Prospekt für die ausgezeichnete Schloßküche, den wohlausgestatteten Keller, eine unheimliche Nacht in der Galgenkammer und – ein

Tête-à-tête mit garantiert echten Gespenstern: »Zu vielen Zeiten des Jahres erscheinen nachts seltsame Burgfrauen mit weißen Gewändern, auch Männer in alten Trachten, die wundervolle Gesänge und Gebete hören lassen. Ritter und Soldaten in Purpurmänteln werden beobachtet sowie Lichterscheinungen über der Burg und in bestimmten Zimmern derselben. In den verschütteten unterirdischen Gängen kann man zu bestimmten Zeiten eindringliches Hämmern und Klopfen hören...« Vor einigen Jahren sorgte der Burgbesitzer, der pensionierte Volksschuldirektor Eduard Munninger, Medardus genannt, auch dafür, daß die Geister ihre Termine pünktlich einhielten. Man konnte sich den massigen Geisterbeschwörer besser in einer Biertischrunde denken als bei den geheimnisumwitterten Zeremonien des Rosenkreuzer Ordens, dem er in einer hohen Funktion angehörte. Der Herr Medardus verstand es jedoch, Krempelstein zu einem Mekka für DM-schwere Spiritisten auszubauen. Sie kamen von weit her, um die Vermittlung Munningers für Kontakte mit dem Jenseits in Anspruch zu nehmen und von ihm das Gruseln zu lernen. Munninger bot ihnen, wonach sie dürsteten. Der Rittersaal war nur von flackerndem Kerzenlicht erhellt, und ab und zu ließ ein leichter Luftzug die Waffen an den Wänden klirren. Die Kerzen zuckten, als ob sich bereits ein unsichtbares Wesen aus einer anderen Welt zu der Tischrunde gesellt hätte. Medardus in einem weißen Umhang, ein dunkles Käppchen auf dem grauen Haar, befahl einem Ei, aus eigener Kraft auf der Spitze zu stehen, und ließ sich dann mit Hilfe der auf einer Glasplatte über das Alphabet rutschenden Münze Botschaften aus dem Reich des Todes diktieren. Am ärgsten wurde dabei der Passauer Domdekan Ruprecht Moosheim beansprucht, der 1556 als Ketzer sein Leben im Burgverlies aushauchte, seither jedoch unentwegt als unsichtbarer Nachtwandler tätig sein soll.

Als 1964 Zeitungen Munningers Spukmenü unter die Lupe nahmen, erhielt Burg Krempelstein ungewohnte Gäste – skeptische Richter, Beisitzende, Schriftführer, Anwälte, einen Troß von Reportern. In einem Interview hatte Allan, ein Wiener Spezialist von Entlarvung von spiritistischen Scharlatanen, Munningers Vorstellungen als »Humbug« bezeichnet, durch den man »wundergläubige Leute um Geld und Gesundheit bringen könne«. Dieser Passus in einem deutschen Millionenblatt schien Munninger geschäftsschädigend genug, daß er auf 25 000 Schilling klagte – allerdings nicht des Geschäftes, sondern der Ehre wegen. Bei einem Lokalaugenschein wurde Ritter Medardus vom Richter glatt ausgespielt. Dieser hatte nämlich inzwischen durch eifriges Training den Ei-Trick ebenfalls gelernt. Munninger gab den Trick zu, beharrte jedoch weiter auf der Echtheit der anderen übernatürlichen Accessoires – um seine in stattlicher Zahl erschienenen Anhänger nicht total zu enttäuschen. Der Prozeß ging nie zu Ende. Ritter Medardus starb plötzlich, und in der Burg Krempelstein werden seitdem Bratwurst und Bier ohne Geisterbeilage serviert. Der Burgherr ist in Engelhartszell begraben.

Im nahen Kloster Engelszell folgen die Mönche den Gesetzen jenes Ordens, über den so viel geredet wird, weil er das Gebot des Schweigens am höchsten hält: des Trappistenordens. Ewiges Schweigen, Zeichensprache, Schlafen in einem Sarg, Lebendigbegrabensein – damit verknüpft die Welt dieses ihr so ferne Mönchsdasein. Und man zweifelt an der Klosterpforte selbst ein wenig, ob hier überhaupt jemand Auskunft erteilen wird. Auf einmal hat man jedoch ein ausführliches, interessantes und langes Gespräch mit einem Pater, der heiter und gelöst wirkt wie das Rokokoinnere der Klosterkirche. »Natürlich darf ich mit Ihnen sprechen. Das Schweigegebot und die Zeichensprache gelten in der Klausur, damit die Stille bewahrt wird, damit man sich leichter sammeln und konzentrieren kann.« Der Pater im weißen Kleid mit dem schwarzen Skapulier darüber wischt sich die Hände ab. Er hat eben im Garten gearbeitet. »Wir sind ein beschaulicher Orden, das heißt aber nicht, daß wir nichts tun. Im Gegenteil, bei uns macht auch jeder Pater irgendeine Handarbeit.«

Wenn man mit dem Pater dann durch die langen Gänge wandelt, möchte man selbst nicht reden, auch wenn er mit gedämpfter Stimme eine Frage stellt. Der Schlafsaal ist in kleine Holzverschläge unterteilt. »Seit dem Konzil hat sich auch bei uns manches geändert«, erläutert der Mönch. »Einige von uns sind nun in separate Zellen übersiedelt.« Eine Glocke bimmelt. Der Zeitplan des Klosterlebens fordert sein Recht. Der Tag beginnt in Engelszell schon um 2 Uhr 45, aber ab 19 Uhr 30 wird bereits Nachtruhe gehalten. Im Refektorium legen Brüder die Teller auf. Fleischgerichte sind nur für Kranke oder Alte und für Gäste auf dem Speisezettel. Der gewöhnliche Trappist ißt vegetarisch. Die wichtigste Einnahmequelle des Klosters ist jedoch durchaus weltlich: die Likörfabrik, in der Magenbitter, Kräuterlikör und andere beliebte Schnäpse von Patres und Brüdern erzeugt werden. An der Pforte wird verkauft, und der Pförtner läßt einen gern ein Stamperl kosten. Böse Zungen behaupten, daß die Mönche die handliche Form der Flaschen – mit einer leichten Krümmung – gewählt hätten, weil sie auf diese Weise von den Käufern in die Innentasche gesteckt und ungesehen von den Zöllnern über die deutsche Grenze geschmuggelt werden könnten.

Selbst die Donau scheint von dem Kloster angesteckt worden zu sein – auch sie fließt ruhiger, manchmal fast unbewegt, ein stehendes Gewässer. Sie wird durch die Staumauern von Jochenstein gebremst, dem österreichisch-bayrischen Gemeinschaftswerk, dem zweiten Bollwerk nach dem Kachletdamm kurz vor Passau, in einer langen Reihe von Befestigungen der Technik, durch die die Donau dem Menschen völlig unterworfen werden soll. Aschach, Ybbs-Persenbeug, Wallsee sind vollendet, Ottensheim wird gebaut – die Donau wird so lange in Stufen zerhackt, bis sie zu einer bequemen Treppe für die Hochseeschiffahrt geworden ist. Davon träumt man: daß Seeschiffe einmal vom Schwarzen Meer bis nach Regensburg fahren können. Und durch den Rhein-Main-Donau-Kanal weiter bis zur Nordsee.

Vorläufig ist die obere Donau allerdings noch keine »Autobahn« für Schiffe. Heimtückisch verborgene Hindernisse nahe der Fahrrinne halten Lotsen und Steuerleute in Atem. Auch die Romantik der Ruinen, Burgen, Wälder, Felsen und Stromwindungen wurde noch nicht hundertprozentig gegen das weiße Gold, gegen die Wasserkraft eingetauscht. Bei Schlögen hat anscheinend jemand probiert, einen Knopf in das Band der Donau zu schlingen; da krümmt sie sich, als ob sie sich alles noch einmal überlegt hätte und wieder die Rückfahrt in den Schwarzwald antreten wollte. Den Schiffspassagieren beschert die Donau dadurch ein weltentrücktes Tal, in dem nur Steinhaufen von Bergruinen und Kirchturmspitzen versteckter Dörfer von Menschen zeugen. Für eine Straße hat die Donau bis kurz vor Aschach keinen Platz gelassen. Dieses Stück Wasserweg läßt sich nur per Schiff entdecken. Darum sei hier, wo die Schiffspassagiere ein Exklusivrecht besitzen, angeführt, welche ebenso nützliche wie ergötzliche Tips A. Adolf Schmidt 1844 in seinem Wiener Gerold-Verlag erschienenen ›Handbuch für Reisende im Kaisertum Österreich‹ den Donaureisenden mit auf den Weg gibt:

»Was das Reisen auf der Donau betrifft, so ist es am genußreichsten, wenn man sich an kein bestimmtes Schiff für die ganze Reise bindet. Man suche sich den nächsten besten Ort aus, der irgendein Interesse bietet oder als Standquartier eben bequem ist, dort lasse man sich aussetzen und verweile nach Muße. Der Strom ist immer so mit Schiffen bedeckt, daß man sicher nicht lange zu warten braucht, um wieder ein Schiff vorüberfahren zu sehen. Entweder läßt man sich vom Ufer hinfahren oder wenn das Schiff eine Zille mitführt, so schreit man ihm zu: ›Hol aus!‹, und gewiß kommt ein Schiffer, den Harrenden abzuholen, denn diesen kleinen Nebenverdienst läßt nicht leicht einer fahren. Fährt man mit der Ordinäre, so ist das erste: sich durch ein gutes Trinkgeld des Nauführers (Steuermanns) zu versichern, in dessen voller Gewalt jeder Passagier rettungslos sich befindet. Selten legen die Schiffe mittags an, aber die Schiffer sind nie ohne Mundvorrat und mit Brot und Oberländer Bier, beides vortrefflich, reichlich versehen, das auch für Geld und gute Worte dem Reisenden zugute kommt. Mit der Dämmerung wird erst gelandet, und wehe dem Reisenden, der ein anderes Gasthaus suchen wollte, als in dem die Schiffer einkehren! Zur gehörigen Zeit kommen sie, ihre Passagiere zu wecken, denn mit dem ersten Grauen wird abgefahren; wer nun woanders einkehrt, darf zeitlich auf den Beinen sein und dann vielleicht ein paar Stunden in der Morgenfeuchte am Strande sitzen. Übrigens sind, außer Linz und Stein, die Wirtshäuser an der Donau durchaus schlecht – das Unangenehmste ist aber die Gesellschaft, die man gewöhnlich trifft und welche, wegen der Wohlfeilheit der Wasserfahrt, meist aus den untersten Volksklassen gewählt ist. Will man nun aus der Hütte ins Freie, so kommt man unter 20 bis 40 Handwerksburschen, welche gratis die Fahrt mitmachen, aber dafür rudern müssen. Diese besetzen das Verdeck, eigentlich der beste, aber gefährlichste Platz, wo die Schiffer andere Passagiere selten dulden. Man tut daher am besten, wenn man sich ein Plätzchen ganz vorne am Kranzl zu versichern weiß, wo man möglichst abgeschieden ist. – Damen mögen nicht versäumen, sich mit einem Schleier zu versehen, denn auf dem Wasser sind die sengenden Mittagsstrahlen ein gefährlicher Feind der Haut, und der Sonnenstich ist nichts Seltenes. Von Kindern gilt dasselbe ...«

Von den praktischen Winken des Herrn Schmidt lassen sich nur die wenigsten auf die moderne Donauschiffahrt anwenden – obwohl das Donautal bis zur Aschacher Staumauer kein Datum, keine Jahreszahl trägt und unberührt und unverändert ist, wie es Stromfahrer vor hundert und aberhundert Jahren erlebt haben.

In Aschach und in vielen anderen selbstbewußten und prosperierenden Donaugemeinden kann man es sich leisten, am Ufer sein Innerstes bloßzulegen, herzuzeigen, was man hat und wer man ist. Daß die Aschacher Schiffsmeister, Fischer und Kaufleute wer waren, das enthüllt einem spätestens der Blick in die Arkadenhöfe vieler Häuser oder in die Stadtchronik, in der nicht nur viel von Not und Krieg, sondern auch von guten Geschäften und frohen Festen aufgezeichnet ist. Um 1600 hat Herr Abraham Schachner von Ebenzweier, der Aschacher Mautpächter, mit Segelleinen, Marke Mohrenkopf, einen schwunghaften Handel über Venedig bis nach Afrika betrieben. Die Zillen vom Aschacher Schopperplatz wurden in vielen Donaustädten gern gekauft, und heute wird in den Schuppen der alten Werften noch immer an Booten gearbeitet; aber die Schoppermeister haben umgelernt. Sie verfertigen nun Kunststoffschiffe aus Polyester.

Die große Handelszeit aber ist jetzt vorüber. Viele Aschacher sind beim Donaukraftwerk, dem größten Österreichs, beschäftigt, andere haben sich dem einträglicheren Fremdenverkehr zugewandt. Über der neuen Brücke, am linken Ufer, wird Romantik zu festen Preisen an den Mann gebracht – im Faust-Schlößl, das in Landshaag, 30 Meter über der Donau, zwar nicht sehr schlößlhaft, doch recht anziehend Gäste lockt. Auf der Schwelle schon wird einem kundgetan, wo man sich befindet: Ein schwarzer Fleck im Treppenstein in der Form einer Schuhsohle wird als Fußabdruck Mephistos ausgewiesen. Über der Tür ist als Versicherung gegen die bösen Geister ein Drudenfuß eingelassen, und der Gast hat sofort die Wahl, ob er sich mit dem kulinarischen Angebot der Faustschen Hexenküche in der Wagner-Klause oder in Dr. Fausts Studierstube auseinandersetzen will. Hotelgästen ist ein Spaziergang durch Dr. Fausts Felsengarten nicht unbenommen, und bei Sonnenschein steht ihnen auch der Swimming-pool – mit Wasservorwärmung, wie betont wird – zur Verfügung. Der Kellner tischt einem neben dem Dessert »Des Pudels Kern« gratis und franko die donauländischen Memoiren des Dr. Faustus auf: Dr. Johannes Faustus sei die Donau abwärts nach Linz gezogen, um sich dort in die Schar der Okkultisten, Alchimisten und Sterndeuter einzureihen, die dort den wundergläubigen Kaiser Friedrich III. über den jämmerlichen Zustand seines schrumpfenden Reiches hinwegtrösten sollten. Bei Aschach habe ihn das Tal so entzückt, daß er seinem höllischen Butler oder Adlatus Mephisto befohlen habe, über Nacht ein Schloß aus dem Boden zu stampfen. Dem luziferischen Baumeister sei dieses Donauhotel (mit Vollpension, Halbpension und Bad oder Dusche im Zimmer) zu danken. Dr. Faust habe dann ein recht fröhliches Leben geführt, durch die Vermittlung Mephistos mit Aschacher Bürgern auf der Donau eine Kegelpartie ausgetragen, Mephisto einmal zum Bau einer Brücke veranlaßt, die hinter Faust wieder verschwand, und zu einem Festmahl auf der Donau geladen, bei dem Becher und Teller niemals leer wurden. Als es Mephisto jedoch nicht gelang, das Schlößl bis zum Himmel aufzustocken, mußte der teuflische Sekretär unter Entwicklung von Schwefeldampf und Feuerschein durch ein Loch in der Mauer zur Hölle fahren.

Geflissentlich wird jeder Gast zu dem Loch gebeten, das hinter einer Sitzbank in der Wagner-Klause in die Tiefe gähnt. Der Kellner, ein neuzeitlicher Famulus, erläutert in überzeugendem Tonfall: »Das Loch läßt sich nicht vermauern. Ich war selbst dabei, wie sich die Maurer bemüht haben. Nichts hat gehalten.« Tief beeindruckt leert man noch ein Viertel Weißen auf das Wohl des Magisters, läßt die Blicke über die abendliche Donau schweifen und nimmt sich die Geschichte des gastlichen Hauses einmal ohne gastronomische und legendäre Verbrämungen vor: In dem Gemäuer hatten die Mauteinnehmer eines honorabel gewordenen Raubrittergeschlechtes, der Schaunberger, ihr Quartier. Weil die Mauern so fest waren, schrieb man schon 1480 in einer Urkunde vom »Häusl am Fast«. Die Germanisten führen erklärend das althochdeutsche Wort »fasti« – »fest« ins Treffen. Es bezeichnete oft Plätze, die befestigt waren. Vorgeschichtliche Funde deuten darauf hin, daß dieser strategisch wichtige Punkt lange vor den Römern wehrhaft gemacht worden ist. Um die Wende des 18. und 19. Jahrhunderts liebte man es, sich in romantischer Verzückung von Märchen und Sagen aus vergangenen Zeiten einen Schauer über den Rücken jagen zu lassen. Bänkelsänger reisten mit der Faust-Geschichte von Ort zu Ort, Zauberkünstler wurden überall freundlich aufgenommen. Die gebildeten Stände hatten Goethes Urfaust und dann den ersten Teil seines großen Dramas konsumiert. Wen wundert es, daß aus »Haus am Fast« zuerst »Fast-Stöckl« und endlich »Faust-Stöckl« wurde – mit allen überzeugenden Indizien, daß Faust und Mephisto in Aschach einmal Heimatrecht besaßen. Als vor dem Krieg jüdische Schneiderinnen hier ihr

Erholungsheim hatten, dann die Deutsche Arbeitsfront ein Schulungshaus einrichtete und schließlich die Russen das Haus gründlich »renovierten«, geriet die Faust-Story in Vergessenheit. Im Dienst des Fremdenverkehrs feierte Dr. Faust Auferstehung. Warum soll der gelehrte Magister nicht einmal als Anreißer wirken, wenn er einem dadurch einen gemütlichen Abend über der von allen satanischen Kegelpartien und cleveren Werbespielereien unberührten Donau beschert?

In der Aschacher Gegend hat sich die Donau ganz andere Dinge gefallen lassen. Einmal versuchten die Bauern sogar, sie mit einer Kette zu sperren, 1626, als sich Oberösterreichs Bauern mit dem Wahlspruch »Es muaß sein« gegen ihre Herren erhoben. Senkrecht auf Stangen montierte Sensen, die genagelten Morgensterne, Beile und Prügel waren die Waffen eines Heeres von rund 40000 leibeigenen Rebellen, die niemand eigen sein wollten. »Pfaffenblut und Herrensaft verleihen den Waffen gute Kraft«, verhöhnten die Bauern, deren Führer der Hutmacher Stefan Fadinger war, die Landsknechte des Kaisers und des Herzogs von Bayern, und Aschach war ein Zentrum dieses Aufruhrs, bei dem eher um den Glauben als um soziale Rechte gestritten wurde.

Ein natürliches Hindernis bremst hier noch heute die Schiffahrt: das Aschacher Kachlet. Bei mittlerem Wasserstand schieben sich die gefährlichen Felsriffe noch harmlos aus dem Wasser; man würde es diesen Steinen gar nicht zutrauen, daß an ihnen Schubschiffe und Schleppdampfer hängenbleiben können.

Nur ein Auweg begleitet die Donau an dieser gefährlichen Passage. Die Nibelungenstraße – in Passau ist ihr dieser Ehrentitel wie ein Orden verliehen worden – schlängelt sich durch grüne Flächen und biegt nach Eferding ab, dem Städtchen, in dem Kriemhild übernachtet haben soll. Man hat längst die Gemarkungen eines fürstlichen Besitzes überschritten. Man befindet sich in den Domänen eines Geschlechtes, das an der Donau noch mehrere Male von sich reden machen wird, dessen Name in Österreichs Geschichte nicht immer den gleich guten Klang hatte: Starhemberg. Ernst Rüdiger Graf Starhemberg verteidigte Wien gegen die Türken, war Präsident des Hofkriegsrates und ein enger Freund Prinz Eugens. Der auf Schloß Eferding geborene Ernst Rüdiger Fürst Starhemberg war von höherem Adel, ohne das historische Ansehen seiner Vorfahren zu erlangen. Er hatte Oberösterreich als Basis für seine weltgeschichtlichen Operationen gewählt. Der elegante und redegewandte Leutnant des Ersten Weltkrieges und größte Großgrundbesitzer Oberösterreichs steckte sein ganzes Geld in die Politik, um mit seinen Starhembergjägern, der Keimzelle der späteren Heimwehren, auf seine Art die Zerrissenheit eines Staates, von dem niemand wußte, ob er überhaupt bestehen könne und solle, zu fördern. Zwischen Nationalsozialisten und klerikalen Christlichsozialen spielte Starhemberg, der sich stets in Uniform mit dem berühmten Hahnenschwanz auf der Kappe produzierte, mit faschistischen Ideen und Methoden. Nach dem Krieg hatte er sich als Freikorpskämpfer in Oberschlesien herumgeschlagen und dann in den Reihen der Anhänger Hitlers und Ludendorffs am 9. November 1923 in München vor der Feldherrnhalle den Putsch miterlebt. Von der Demokratie hielt er nichts. Er meinte Österreichs Probleme mit Hilfe seiner antimarxistischen Privatarmee lösen zu können. 1929 donnerte er in einer Rede vor einer fanatisierten Menge: »Das österreichische Volk stand 1918 an der Front, als hysterische Schmierenkomödianten, Kaffeehausliteraten, volksfremde Raubritter erster Sorte und Halunken aus der Großstadt den Augenblick benützten, um das Volk ehrlos zu machen... Wollen wir uns von den ausgewanderten, verwanzten und verlausten Falotten, von denen man nicht einmal weiß, woher sie stammen, regieren lassen?... Ich habe seinerzeit an dem Putsch in Deutschland lernen können. Ich sage offen, daß ich damals unter Hitler Soldat war und hoffte, daß der Putsch gelingen werde...«

Dieser fürstliche Kondottieretyp einer Zeit, die im Bürgerkrieg die Fortsetzung der Politik mit anderen Mitteln sah, mußte einmal von einem Bankenkonsortium vor dem Bankrott gerettet werden, weil seine Privatarmee sein Vermögen verschlungen hatte. 1930 ernannte man ihn zum Innenminister, um ihn besser unter Kontrolle zu haben. Bis zum Anschluß Österreichs an das Deutsche Reich 1938 war Starhemberg eine unberechenbare Komponente im Kräfteparallelogramm der österreichischen Innenpolitik. Der fesche Fürst hatte die Burgschauspielerin Nora Gregor, eine der schönsten Frauen Wiens, geheiratet. 1938 emigrierte er in die USA. 1956 erlag Starhemberg vor Aufregung einem Herzanfall, als ihn in Schruns in Vorarlberg ein kommunistischer Journalist interviewen wollte. Der Name Starhemberg stand einst für Österreichs Größe, für seine Bollwerkfunktion an der Donau, dann aber für die Tragik jener Jahre, in denen das geschrumpfte Österreich nichts mit sich anzufangen wußte, als es für viele Österreicher unfaßbar war, daß das Land, in dem die Donau auf einmal nur bis Hainburg österreichisch war, aus eigener Kraft existieren könne. Starhembergs berühmter Vorfahr hatte Österreich gegen einen äußeren Feind verteidigt, der Starhemberg der dreißiger Jahre glaubte, wie viele andere Österreicher auch, gegen einen Feind im Inneren mit der Waffe kämpfen zu müssen. Erst die Katastrophe des Zweiten Weltkrieges öffnete den meisten Österreichern die Augen.

Ernst Rüdiger Graf Starhemberg war ein großer Barockmensch, Ernst Rüdiger Fürst Starhemberg das Zerrbild eines Renaissancemenschen – die zeitlose Donau aber versetzt uns direkt ins Rokoko, in die Zisterzienserabtei Wilhering. Auch das Dorf scheint ein Kloster zu sein. Die Häuser außerhalb der Klosterhöfe prunken mit herrschaftlichem Anstrich. Die ineinander verzahnten Gevierte der Abtei sprechen nicht nur für die Frömmigkeit der weißen Mönche, sondern auch für ihre wirtschaftlichen Fähigkeiten – ein neues Gymnasium, weitausladende Ökonomiegebäude, alles in hellem Renovierungsglanz, kraftstrotzend und wohlhabend. Dabei zählt Wilhering in der Reihe seiner Äbte einen namens Erasmus auf, der in der Reformationszeit mit der Klosterkasse durchgegangen ist, um zu heiraten. Von diesem Unglück hat sich Wilhering rasch erholt. Ein herrischer Turm wächst aus der vornehmen Fassade. Das niedrige romanische Portal verschweigt, was sich dahinter verbirgt. Nichts warnt vor der künstlerischen Explosion, die einen im Inneren der Maria-Himmelfahrts-Kirche erwartet: ein Rokokotaumel, eine entfesselte Dekorationskunst, ein artistisches Feuerwerk aus Stuck, Marmor und Farben, der Sturm und Drang des Niedlichen, Zierlichen, Porzellanhaften, Pastellfarbenen, ein Rausch in Rot, Braungold, Rosa und Grün, ein hemmungsloser Tanz der Formen, ein rasender Galopp, demgegenüber der klassische Rhythmus des Barocks nur für ein zahmes Menuett reicht.

Im Kaiserhaus war man zuerst der Ansicht, daß nun genug gebaut worden sei und der Scheitel des Barocks nicht überschritten werden dürfe. Aber die Äbte von Wilhering und Engelszell, dem zweiten Rokokospätling an der Donau, trotzten allen Weisungen und Ermahnungen aus Wien. Sie wollten es den anderen Donauklöstern, die vor ihnen dran waren, gleichtun, ja sie durch radikale Modernität noch übertreffen. So tauschte Abt Johann Baptist Hinterhölzl seinen Stuckmeister aus, als er von der neuesten Moderichtung, den Muschelornamenten, hörte. Er engagierte die renommierten und modebewußten Wessobrunner Spezialisten Johann Georg Ueblherr und Johann Michael Feichtmayr. Baumeister der Kirche war der Linzer Johann Haslinger. Die restliche Ausschmückung der Kirche wurde zu einem Altomonteschen Familienfest: Vater Martino Altomonte schuf die Altarbilder, Sohn Bartolomeo übersetzte in den Fresken die Marienlitanei in Malerei, und ein naher Verwandter, der Theateringenieur Andrea Altomonte, konstruierte die Bühne des Gottesdienstes, den Hochaltar. Doch das Wilheringer Rokokowunder wäre nie geschehen, wenn nicht am 6. März 1733 eine vierzehnjährige Magd, von einem Landstreicher angestiftet, Feuer gelegt hätte. Kirche und Kloster brannten nieder, und ein genialer Abt und Bauherr konnte in den nächsten 20 Jahren seine Vorstellung von einer sinnlichen Marienverehrung durch die Mobilisierung aller Künste – ein Prachtstück Wilherings ist auch die Orgel – in die Tat umsetzen.

Einige Kilometer in Richtung Linz, wo die Traun in die Donau mündet, zwingt einen der Dorffriedhof von Leonding an einen Mann zu denken, der allein durch die teilweise Verwirklichung seiner Pläne grenzenloses Unheil über die Welt gebracht hat. Auf dem Grabstein mit dem Kreuz stehen die Namen von Alois und Klara Hitler, die Namen der Eltern Adolf Hitlers. Das Grab ist wohlgepflegt, und der Kranz aus Tannenreisig dürfte noch nicht lange auf dem Hügel liegen. Als Hitler im März 1938, unsicher über die Reaktion der Westmächte auf den Anschluß Österreichs, noch einen protokollarischen Vorwand für seine Einreise nach Österreich brauchte, erklärte Göring dem britischen Botschafter Henderson, Hitler kehre »als Tourist heim, um das Grab seiner Eltern zu besuchen«. Gleich hinter dem Friedhof, in dem einstöckigen Häuschen, das jetzt vom Gemeindearzt bewohnt wird, hat Hitler einige Jugendjahre hindurch gelebt. Von Leonding aus führte ihn sein Schulweg in die Stadt, die er später als Konkurrenz für Wien und Budapest zur neuen Donaumetropole umgestalten wollte: nach Linz.

10. Kapitel

Zwischen Hitler und Habsburg
Linz

»Beim Abendessen sprach der Chef Professor Speer auf die Planungen in Linz an. Er führte hierzu aus, daß heute Budapest die weitaus schönste Donaustadt sei. Es sei deshalb sein Ehrgeiz, eine deutsche Donaustadt in Linz aufzubauen, die Budapest weit überrage und den eindeutigen Beweis erbringe, daß der deutsche Geist und das deutsche Kunstschaffen dem magyarischen weit überlegen seien. Er plane nicht nur die Donauufer großzügig auszugestalten, sondern auch ein vorbildliches Wohnbauprogramm in die Tat umzusetzen. An öffentlichen Monumentalbauten solle das Donauufer außer einem großen ›Kraft-durch-Freude‹-Hotel einen Rathausbau, ein Gauhaus und ein Gemeinschaftshaus der NSDAP, einen Bau des Generalkommandos, ein Olympiastadion und so fort erhalten. An Brükken plane er als Besonderheit eine Hängebrücke ausführen zu lassen. Außerdem solle auf dem jenseitigen Donauufer ein Gebäude aufgeführt werden, das insbesondere der katholischen Pseudowissenschaft zum Trotz die drei Weltbilder des Ptolemäus, des Kopernikus und der Welteislehre enthalten solle... In spätestens zehn Jahren nach Kriegsende müsse Linz, die neue Weltstadt an der Donau, stehen. Gerade ihn als Künstler begeistere der Gedanke an diesen Ausbau von Linz immer wieder, da Linz eines habe, was eine noch so großartige Architektur keiner Stadt geben könne: die einmalig schöne Lage. Außerdem sei es ja auch – geschichtlich gesehen – eine unverzeihliche Parodie, wenn die Hauptstadt der Nachfahren König Etzels und seiner Hunnen die schönste Stadt am Nibelungenstrom wäre...«

Diese Äußerungen Hitlers notierte Dr. Henry Picker, der als Beauftragter des Reichsinnenministeriums ins Führerhauptquartier abkommandiert worden war, am 26. April 1942 nach einem Abendessen in der Berliner Reichskanzlei. Und noch oft berührte Hitler bei seinen Tischgesprächen dieses sein Lieblingsthema.

Den Weltstadtträumen folgte 1945 ein Erwachen auf Trümmerstätten. Die meisten Linzer Pläne schlummerten in Schubladen oder in Tresoren. Linz war wieder Hauptstadt des Landes Oberösterreich und nicht des Gaues Oberdonau. Die Ausführung der Hitlerschen Projekte, die zwischen grandios und größenwahnsinnig einzustufen sind, erreichte nur ein Embryonalstadium. Das Profil der Stadt, die den Beisatz »an der Donau« mit Recht verdient, wird vor allem vom Strom gezeichnet. Aber dem aufmerksamen Donaufahrer wird schon bei der ersten Vorstellung der Linzer Uferlinie der Einfluß neugermanischen Monumentalitätsstrebens nicht entgehen.

Das Schloß, das sich von der Stadt etwas abhebt, das mehr sein möchte als die Bürgerhäuser und sich doch eher kasernenhaft als fürstlich der Donau zuwendet, ist durch und durch habsburgisch. Die breite Nibelungenbrücke, die 1938 nach weltstädtischen Verkehrsmaßstäben entworfen worden ist, läßt die Prunk- und Prachtachse, die kulturelle Siegesallee, die Hitler durch Linz bahnen wollte, ahnen. Und die beiden Blöcke am Linzer Brückenkopf mit den vielen schmalbrüstigen Fenstern, diese hochgezogenen Vorderfronten, die mit Marmor kokettieren, ohne damit in Berührung gekommen zu sein, die mit Palästen liebäugeln, ohne es so weit gebracht zu haben, sind die ersten Musterstücke jener Donaufassade, die Budapest seines Ranges als schönste Donaustadt entkleiden sollte. Zu mehr als den beiden Häuserriesen reichte es jedoch kaum.

Adolf Hitler hat die Nibelungenbrücke den Linzern 1938 sozusagen als Willkommensgruß geschenkt. Am 13. März, einen Tag nach seiner Ankunft, gelobte er ihnen die Brücke. Im September rückten Hitlers Baukommandos bereits an. Der Führer hatte allen Grund, den Linzern dankbar zu sein. In der ersten Phase des Anschlusses war man sich nämlich in Berlin durchaus nicht darüber einig, wieweit Österreich in das Deutsche Reich eingegliedert werden sollte und ob man ihm nicht doch eine Scheinselbständigkeit gewähren müßte. Dann überschritt Hitler am 12. März bei Braunau am Inn, seiner Geburtsstadt, die Grenze. Was er in Linz erfuhr, beschreibt der britische Journalist Gordon Brook-Shepherd: »In Linz, wie überall entlang den Straßen, gab es natürlich auch solche, die schweigend und bitter daheim saßen; und wie überall bedeutete nicht jede zum Gruß erhobene Hand auch ein erhobenes Herz. Aber von den 120000 Einwohnern müssen 100000 auf der Straße gewesen sein, um den Einzug des Führers um acht Uhr abends mitzuerleben... Zum Teil in echter nationaler Leidenschaft entbrannt, zum Teil von nationalsozialistischem Fanatismus getrieben, zum Teil in diesem dramatischen Augenblick aber auch von einer Massenpsychose erfaßt, geriet die ganze Stadt in einen wilden Taumel und bereitete Hitler einen Empfang, der schon eher an den Orient erinnert als an ein Land im Herzen Europas...« Erst nach den abendlichen Kundgebungen auf dem von Menschen vollgestopften Hauptplatz, die Hitler vom Balkon des alten Rathauses aus entgegennahm, reifte in ihm der Entschluß, »die Sache ganz zu machen«. In der Nacht nach dem Linzer Empfang kam Hitler im Hotel Weinzinger, wo er abgestiegen war, dann die Idee, Österreich von der Landkarte zu streichen.

Kein Wunder, daß Hitler bald danach seine Leibarchitekten aufbot, um den begeisterten Linzern die ihnen gebührende Stadt einzurichten. Linz wurde zur »Patenstadt des Führers« ernannt. Am Donauufer sind jedoch einzig die beiden Büroblocks ausgeführt worden. Sie sollten das Oberfinanzpräsidium beherbergen. Nun steht unterm Dach statt »Ein Volk, ein Reich, ein Führer« »Stadtkeller« und »Linzer Bier«, und die meisten Räume sind von Magistratsbeamten besetzt. Der Donauplatz davor, die majestätische Freitreppe zum Strom, das KdF-Hotel mit 2000 Betten, der Verwaltungsbau für die »Reichswerke Hermann Göring« usw. – das alles blieb der Donaulände erspart. Auf Hitlers Nibelungenbrücke wurde von 1945 bis 1955 der völlige Bankrott seines Konzepts durch amerikanische und sowjetische Wachtposten angezeigt. Statt einer europäischen Hauptstadt war Linz eine geteilte Provinzstadt. Auf beiden Seiten des Stromes wurde kontrolliert. Die GIs unterhielten sich einige Jahre damit, die aus dem östlichen Urfahr kommenden Linzer mit einem Desinfektionsmittel zu bestäuben, um ja alle kommunistischen Bakterien abzutöten, und auf der sowjetischen Brückenseite wußte man nie, wie lange die Kontrolle dauern würde und was der Posten mit dem lebenswichtigen Ausweis, der Identitätskarte, anfangen werde. Oberösterreichs Landeshauptmann Gleißner sagte damals: »Wir haben die längste Brücke der Welt, sie beginnt in Washington und endet in Sibirien.«

Hitlers in Richtung Linz dirigierter Ehrgeiz beschränkte sich jedoch keineswegs nur auf das Donauufer. Für den verhinderten Künstler, dessen Aufnahme in die Wiener Akademie der bildenden Künste wegen ungenügender Probezeichnungen abgelehnt worden war, sollte Linz der Spielplatz zur Erfüllung seiner geheimsten Wünsche werden. Zwischen einem neuen Bahnhof und einer neuen Oper sollte sich in zartem Anklang an Berlin die Prachtstraße »Unter den Lauben« erstrecken. Die breite Wiener Reichsstraße ist die einzige Spur davon. Auf dem Zeichenbrett existierten die Oper, das Operettentheater, eine Bruckner-Halle, das Künstlerhaus, die Bibliothek, ein Uraufführungskino, ein Freiluftausstellungsgelände, ein Musikpavillon, ein Varieté, ein Schauspielhaus, ein Waffenmuseum und noch vieles mehr. Die Entwürfe schwanken zwischen nüchterner Zweckarchitektur, Reichskanzleistil und griechischen Tempelbauten mit germanischer Verbrämung.

Weiters sollte Linz noch durch eine Gaufesthalle für 30000 Menschen, einen 160 Meter hohen Glockenturm und ein Bismarck-Denkmal verschönert werden.

Hitler selbst kümmerte sich immer wieder persönlich um die Entwicklung dieses seines Hobbys. Den Intendanten der Münchner Oper, Clemens Krauss, beauftragte er, Sängernachwuchs und einen geeigneten Leiter für die Linzer Oper heranzubilden. Für die Ausstattung des Museums holte sich Hitler 1939 den Chef der Dresdner Gemäldegalerie, Dr. Hans Posse. Für den »Sonderauftrag Linz« waren nun immer genügend Mittel, auch Devisen, vorhanden. In Linz sollte das schönste, größte und deutscheste Museum des Reiches wachsen. Hitler ließ kaufen, rauben und beschlagnahmen. Nach dem Krieg entdeckte man ein sauber gedrucktes Inventar der für die Linzer »Sammlung« in Klöstern, Schlössern und Salzbergwerken eingelagerten Kunstschätze: unter anderem Leonardo da Vincis ›Leda und der Schwan‹, 9 Jan Steens, 14 David Teniers, 13 Tintorettos, 9 van de Veldes, ›Der Maler im Atelier‹ und ›Der Astronom‹ von Vermeer van Delft, 2 Veroneses, 7 van Dycks, 8 Frans Hals, 19 Rubens, 18 Krisdaels, 10 Rembrandts usw.

Von den glorreichen Aussichten, Welt- und Großstädter zu werden, reden die eingesessenen Linzer nicht mehr. Hitlers Linz-Bild ist verblaßt. Dafür ist der Himmel von Linz noch immer von ihm beeinflußt. Eine rostrote Wolke, oft so zart wie die Dunstgeflechte, auf denen Barockmaler pausbäckige Englein ausruhen ließen, dann wieder dicker und qualmiger, wurde – wie das Kirchturmpaar auf dem Pöstlingberg – zum Wahrzeichen der Stadt. Als überdimensionale Reklameschrift steht sie am Firmament – jeden, der sich Linz nähert, daran erinnernd, daß hier an der Donau Österreichs größter Eisen-und-Stahl-Gigant und daneben auch noch das größte chemische Werk ihren Standort haben: die VÖEST und die Stickstoffwerke AG.

Die Vereinigte Österreichische Eisen- und Stahlwerke Aktiengesellschaft trägt diesen Namen erst seit 1. Oktober 1945 auf Grund des Befehls Nummer 39 der amerikanischen Militärregierung. Vorher war das Rüstungszentrum an der Donau als »Reichwerke Hermann Göring« im Handelsregister eingetragen.

Die Wahl des Platzes an der Donau war logisch: die Verkehrsbedingungen waren günstig, die steirischen Erz- und Kohlenlager nah. Das Deutsche Reich, das 1936 einen Vierjahresplan mit dem Ziel der wirtschaftlichen Unabhängigkeit von der übrigen Welt entworfen hatte, brauchte diese Rohstoffe. Deshalb mußte das Stahlkombinat bei Linz, spezialisiert auf die Verwertung der weniger hochwertigen inländischen Erze, im wahrsten Sinn des Wortes aus dem Boden gestampft werden. So begann für Linz die Zukunft tatsächlich 1938, als die Arbeitskommandos der »Organisation Todt« und des Arbeitsdienstes anrückten, dazu noch eine Unzahl ziviler Arbeiter und Spezialisten aus dem »Reich«. Das Werk wuchs im Rekordtempo, wie sich eben der Bau solcher Unternehmungen in Diktaturen spektakulärer abwickeln läßt als in einer Demokratie. Es war selbstverständlich, daß der Stahlriese an der Donau Hermann Göring zum Namenspatron erhielt. Denn Hitler hatte den schwergewichtigen Luftwaffenchef mit der Gleichschaltung der deutschen Wirtschaft betraut und zum Einpeitscher des Vierjahresplanes bestimmt. Als dann die Kanonen sprachen, hatte das Linzer Werk einen aktiven Anteil daran, daß sie lange nicht verstummten. Diese kriegswichtige Konzentration von Hochöfen und Stahlessen sicherte Linz in den folgenden Jahren auch eine beachtliche Portion der alliierten Bombenlast.

1945 lag, wie so vieles, auch das Stahlwerk an der Donau in Trümmern. Das Heer der zur Arbeit gepreßten Ausländer strebte nach Hause. Am 1. Mai 1945 standen in dem Stahlwerk 9590 Fremdarbeitern nur 4673 Österreicher und 2265 Deutsche gegenüber. Am 1. Jänner 1946 zahlte die VÖEST Löhne und Gehälter an 3599 Österreicher, 186 Deutsche und 964 andere Ausländer aus. Der erste Hochofen konnte am 14. Juni 1947 angeblasen werden. Heute sind im VÖEST-Konzern rund 24000 Menschen beschäftigt. Die VÖEST produziert im Jahr fast zwei Millionen Tonnen Rohstahl und 1,2 Millionen Tonnen Blech, über 60 Prozent ihrer Produkte werden exportiert, mehr als 10 Prozent der österreichischen Exporte sind auf das Konto dieses größten Industrieunternehmens des Landes zu buchen.

Ein bewegliches Management hat alle wirtschaftlichen Krisen bis jetzt geschickt pariert. Neben Stahl und Blech hat der Konzern in seinem Produktionskatalog Werkzeugmaschinen, Einrichtungen für Bergbau- und Großbaustellen, Sortiermaschinen, Entstaubungs- und Trocknungsanlagen, Straßenbaumaschinen, Wasserturbinen, Stahlbrücken, Masten, Industriehochbauten, Rohrleitungen, Behälter, Seilbahnen, Bühnenmaschinerien und noch vieles andere in einer bunten Kollektion anzubieten. Der Weltruf der VÖEST gründet sich jedoch auf zwei Buchstaben: LD. Das L steht für Linz, das D für Donawitz (Stahlwerk in der Steiermark).

In Linz und Donawitz haben österreichische Techniker in den ersten Nachkriegsjahren ein Verfahren entwickelt, das die Stahlerzeugung revolutionierte. Das »Frischen«, das Herausbrennen des Kohlenstoffes aus dem Roheisen, erfolgt dabei durch Aufblasen von technisch reinem Sauerstoff. Die Vorteile gegenüber dem traditionellen Siemens-Martin-Verfahren? Die LD-Methode ist billiger, schneller, und außerdem können damit auch hochwertige Produkte hergestellt werden. Ein aus zwei 50-Tonnen-Tiegeln bestehendes LD-Stahlwerk hat eine Tagesleistung von 2000 Tonnen Rohstahl, das entspricht der Leistung von drei 3000-Tonnen-Siemens-Martin-Öfen. Und die Anlagekosten für ein solches LD-Werk sind noch um die Hälfte geringer.

Die ersten LD-Versuche konnten 1949 erfolgreich beendet werden, das erste Werk wurde 1952 in Betrieb genommen, und seitdem stellt sich die ganze Welt um LD-Lizenzen an. Manche Länder kaufen gleich komplette Werke – auch das kann die VÖEST liefern –, andere wollen nur das technologische »Knowhow« erwerben. Die gesamte japanische Schwerindustrie entschied sich vor allen anderen Konkurrenten für das Verfahren. 1960 betrug der LD-Anteil an der Weltrohstahlproduktion 4 Prozent, 1965 17 Prozent, 1969 rund 30 Prozent. Über 100 Stahlwerke in allen Kontinenten haben die österreichische LD-Technik übernommen. Bald werden es mehr als 150 sein. Angesichts dieser imponierenden Bilanz nehmen es die Linzer in Kauf, daß die charakteristische LD-Wolke zwar von der Reinigung des Eisens stammt, dafür aber die Linzer Luft verpestet.

Und sie atmen weiter VÖEST-Gase und Stickstoffdünste, weil sie nicht von der Luft leben können. Und keine andere österreichische Stadt wurde durch diese Zwangsindustrialisierung mehr gewandelt als Linz.

In jedem Buch über Linz, in jeder Broschüre wird einmal Linz auf Provinz gereimt und als Anerkennung für die technische Fortschrittlichkeit der Donaustadt das Attribut »Linz – an der Tramway« (weil Linz sehr früh eine elektrische Straßenbahn auf die Schienen stellte) benutzt. Sonst lebte Linz viele Jahrzehnte hindurch unter dem Eispanzer seiner Selbstgenügsamkeit, unberührt von großen Strömungen, dem großen Strom zum Trotz. Graz, Innsbruck, Salzburg, die durch ihre Universitäten stets wertvolle Impulse erhielten, überflügelten die Stadt mühelos. Wer ein richtiger Linzer sein wollte, begrüßte diese Entwicklung, kapselte sich sorgfältig von der bewegteren Umwelt ab.

Diese Linzer Gesellschaft mag noch immer eifersüchtig danach trachten, ihre scheinbar privilegierte Stellung zu behaupten. Und trotz der industriellen Sturmflut, in der das verzopfte und provinzielle Linz unterzugehen droht, halten die Verteidiger antiquierten Linzertums noch einige letzte Widerstandsnester. Wenn sich der Abend über die Stadt senkt, werden bei der VÖEST zwar die Hochöfen nicht ausgelöscht, aber aus der Linzer Innenstadt weicht das Leben wie die Luft aus einem aufgestochenen Reifen. Die sonst so lebendige Geschäftsachse, die Landstraße, ist einsam wie eine Landstraße. In den Gasthäusern bleiben viele Tische frei. Die Linzer sind lieber bei sich selbst zu Gast. Nicht einmal die neue Hochschule für Sozial- und Wirtschaftswissenschaften vermag bis jetzt das Flair einer Studentenstadt zu erzeugen. Zu weit draußen liegt ihr Bezirk, fast so, als ob man sie von der Stadt fernhalten wollte.

Wenn ein alter Linzer die trotz allem schwindende Bürgerlichkeit seiner Stadt noch einmal ganz auskosten möchte, dann steht ihm der Weg zum neuen Dom offen. Der Weg lohnt sich auch für den Fremden. Denn das neugotische Gotteshaus wurde zum Schrein Linzer Bürgerstolzes. Wie die einflußreichen und kontostarken Linzer sich selbst sahen, so sieht man sie – in den farbigen Glasfenstern der Bischofskirche. Der Dom wurde zwischen den Jahren 1862 und 1924 vor allem mit Hilfe von Spenden aus der Bevölkerung gebaut.

Der Dank der Kirche war den Spendern gewiß. All die verdienten Männer und Vereine erhielten ein Recht, im Dom verewigt zu werden – in Glas und bunten Farben. Bischöfe, Äbte, Statthalter, Minister, Kanoniker, Bürgermeister, Finanziers, Großkaufleute und andere Wohltäter agieren in verschiedenen realistischen Szenen auf den Fenstern. Porträtgetreu, wie vom

Hoffotografen auf die Platte gebannt, starren sie wichtig und ihrer Würde bewußt auf die Dombesucher. Im Bild von der Bischofsweihe wird die Zeremonie zur Nebensache. Die anwesenden Honoratioren scheinen die heilige Handlung am Altar nicht zu beachten. Sie wenden ihre ordensgeschmückte Brust dem Publikum zu – als ob dort der Fotograf seine Kamera aufgebaut und ihnen sein obligates »Achtung« zugerufen hätte.

Dafür erkennt man auch jedermann ganz genau. Und der Maler der Fenster wird vorher sicher einen Protokollfachmann zu Rate gezogen haben, damit ja niemand auf einen Platz gerät, der ihm nicht gebührt. In zwangloser Folge wechseln die Themen dieser Linzer Domlichtspiele: Oberösterreichs Geschichte, ein Pilgerzug Linzer Bürger 1900 ins Heilige Land – als Reisesouvenir ein Kirchenfenster, Ersatz für Farbdias –, im Linzer Fenster neben dem Bürgermeister die Allgemeine Sparkasse, Landleute, die dort ihr Geld deponieren, und Beethoven und Bruckner. Der Volksverein bei einer Mitgliederversammlung, der Priester-Anbetungsverein in vollem Glanz, und zwischen Heiligenfiguren immer wieder Rauschebärte und Stehkrägen, das Kaiserfenster mit einem im Gebet versunkenen Franz Joseph, Kaiserin Elisabeths Brautfahrt auf der Donau, ein Kinderbildnis des Kaiserenkels, der heute Herr von Schloß Persenbeug ist, dann wieder Klöster, Wallfahrtskirchen und Legenden – eine Mischung von Heiligenverehrung, Persönlichkeitskult, Schleichwerbung und frommem Materialismus, Abbilder oder besser noch Abziehbilder – so sehen sie nämlich aus – einer Epoche, in der die blinde und arrogante Sicherheit im Umgang mit Gott und der Welt menschliche Vollkommenheit vortäuschen sollte. Als die vor und während des Ersten Weltkrieges gemalten Fenster endlich eingesetzt werden konnten, war die Welt, die sie repräsentierten, längst vertan, vernichtet und verloren.

Eingesperrt im Zwinger provienzieller Rechtschaffenheit starb in Linz vor hundert Jahren jener Dichter, auf dessen idyllische Naturbeschreibungen, in denen anscheinend Ordnung und Autorität durch nichts gestört werden, sich brave Freunde der Dichtkunst oft berufen: Adalbert Stifter. Im Schatten eines Hochhauses aus Glas und Stahl wirkt das einst stattliche Haus an der Donaulände Nr. 6 recht unscheinbar: die sparsame Ornamentik und Gliederung der Biedermeierarchitektur, die zwei Balkone, das Grau der Mauern, nichts, was auffallen könnte. Das Haus gehört der Donaudampfschiffahrtsgesellschaft. Lange Zeit wohnte hier ihr Agentieleiter. Im zweiten Stock residiert das Adalbert-Stifter-Institut, und bereitwillig wird man durch die Büroräume in das Arbeits- und Sterbezimmer des Dichters geführt: Nicht alles ist so, wie es war, aber alle Gegenstände hier haben einmal Stifter gehört: der zartgliedrige Biedermeierschreibtisch, die Sitzgarnitur, der Fußschemel, der Rundtisch, dazu noch eine Stiftersche Vedute von Kremsmünster, weiße Vorhänge, der Blick über die Donau.

»Die Natur, das einzige Unschuldige, ist freundlich wie immer, meine Fenster gehen auf den Landungsplatz und auf die Donau. Der Tageslärm ist verstummt, durch die Fenster schwimmt die laue Augustus Nachtluft herein und krümmt mein Licht, an dem ich schreibe, und trägt das Rauschen des Stromes mit herein und sein Plätschern an den Schiffen, die beiliegen...«

So erfuhr Stifter die friedvolle Stimmung an der Lände. Von 1848 an lebte Stifter ununterbrochen hier, und als er am 28. Januar 1868 starb, widmete ihm die Linzer ›Tages-Post‹ folgenden Nachruf:

»Die Stadt Linz, ja ganz Österreich ist durch das Hinscheiden Adalbert Stifters, der heute den 28. Jänner um 8¼ Uhr Vormittags das Zeitliche gesegnet hat, um eine schriftstellerische Berühmtheit nicht nur, sondern um einen hochachtbaren Biedermann ärmer geworden. Die persönliche Erscheinung des Verblichenen war so natürlich und ungezwungen wie sein Styl, in welchem Klarheit und eine bis ins kleinste Detail ausgebildete Naturschilderung als Vorzüge glänzen. Stifter war auch als Dilettant in der Ölmalerei glücklich. Freundliche Gutmütigkeit, innige Vaterlandsliebe und Begeisterung für das Schöne und Edle waren hervorragende Züge seines Charakters.«

Biedermann, Vaterland, das Edle und Schöne – mit diesen Vokabeln wurde Stifter katalogisiert und der herrschenden Gesellschaftsordnung anbequemt. Man betrauerte den Herrn Schulrat, den k. k. Beamten mit künstlerischen Ambitionen. Man wollte nur das Bild des gesundheitstrotzenden, behäbigen Mannes mit einem dem Kaiser abgeschauten Backenbart bewahren und nicht die schrecklichen Fotos eines zerquälten, von Leberkrebs oder Leberzirrhose zerfressenen, von persönlichem Mißerfolg und dem Unverständnis der Umwelt gepeinigten Dichters. Als dann 24 Jahre nach dem Tod Stifters zum erstenmal durchsickerte, was sich in den letzten Tagen vor seinem Tod in dem Haus an der Donaulände wirklich zugetragen hatte, da wollte man es nicht wahrhaben, weil es nicht in das Idealbild paßte, das man sich von Stifter gemacht hatte: Stifter hatte sich am 26. Januar, von Schmerzen und Verzweiflung gequält, mit dem Rasiermesser die Kehle durchgeschnitten und war dann, noch über 50 Stunden am Leben, langsam verröchelt.

Selbstmord oder nicht, ein Unfall, eine Sinnesverwirrung? Vieles wurde darüber geschrieben. Wenn Stifter heute Schulkindern nahegebracht wird, verschweigt man meist sein Ende. Und seine beruflichen Schwierigkeiten, sein Unbehagen an Linz, den Selbstmord seiner Ziehtochter, die sich in die Donau gestürzt hatte, die Krankheit, die ihn zermürbte, die Tragödie eines der größten und am meisten verkannten deutschsprachigen Dichters. Die Wahrheit ist unbequem, sie zerstört das Idyll, die Legende.

Das stille Haus eines stillen Dichters, dessen Schmerzensschreie ungehört blieben, neben den Bruchstücken der Gigantomanie eines der lautesten Menschen unserer Zeit, ein abgetakeltes Habsburgerschloß neben einem gläsernen Hochhaus – aus der Linzer Donaulände lassen sich Zukunft und Vergangenheit wie aus einer durch ihre Linien sprechenden Handfläche lesen. Einige hundert Meter donauabwärts bröckelte noch vor kurzem der Verputz von den Wänden eines barocken Mauergevierts, das jedoch trotz seiner historischen Bedeutung eine Beute der Spitzhacke wurde: die ehemalige k.u.k. Linzer Wollzeugfabrik, das erste verstaatlichte Unternehmen Österreichs. Um die Mitte des 18. Jahrhunderts von Johann Michael Prunner erbaut, jenem Baumeister, der Linz barockisiert hat, ging die Fabrik bald aus privaten Händen in Staatsbesitz über. Zeitweise beschäftigte sie mehr als 30000 Menschen. Andere alte Häuser an der Lände überlebten und legen Zeugnis dafür ab, daß Linz in vergangenen Jahrhunderten nicht nur verträumte und verschlafene Provinz war, sondern seine eigene, von der Donau beeinflußte Wirtschaftsdynamik hatte – die Häuser der Schiffsmeister und Kaufleute, die souverän den Donauhandel kontrollierten. Ignaz Mayr, der Gründer der Linzer Schiffswerft, hat sogar das erste eiserne Donauschiff auf Kiel legen lassen. Und über dem Strom, in Urfahr, erinnert das Gasthaus »Zur Stadt Budweis« an eine Linzer Verkehrskuriosität – an die Pferdebahn Linz–Budweis, 1832 als erste Überlandbahn des Kontinents in Betrieb genommen. Im Museum im Schloß steht noch die Kopie eines der schweren Reisewagen – eine bequeme Postkutsche auf Schienen, von immer wieder wechselnden Pferden über die sorgfältig geplante Trasse gezogen. Die rasche Entwicklung der Dampflokomotive hat dieses seltsame Gefährt jedoch bald überholt und überflüssig werden lassen. Auch aus dem in Linz projektierten Donau-Moldau-Kanal wurde nichts.

Dafür hat Linz seit dem Zweiten Weltkrieg eine Verkehrsrevolution durchgemacht. Schiffssirenen, der Lärm der Ladearbeiter, das schwere Rollen der Fernlaster haben die Stille von den Donauufern verjagt: Die Kranalleen, die vielen Schlepps, die ent- und beladen werden, die Gebäude der Zollfreizone, das alles ist Teil des größten Donauhafens Österreichs. Einige Jahre hindurch war Linz umschlagmäßig der stärkste Donauhafen überhaupt, dann wurde er von den beiden sowjetischen Mündungshäfen Reni und Ismail überflügelt. Heute werden in den drei Becken des Handelshafens, dem Becken der Stickstoffwerke, den zwei Tankhafenbecken und im Privathafen der VÖEST über 3,5 Millionen Tonnen jährlich umgeschlagen – im Hafen Wien etwa 2,5 Millionen Tonnen. Die Propheten der Wirtschaft haben auch schon errechnet, daß nach der Fertigstellung des Rhein-Main-Donau-Kanals in der zweiten Hälfte der siebziger Jahre eine Umschlagsteigerung um mindestens 70 Prozent zu erwarten ist. Die Zahl von 6 Millionen Tonnen ist durchaus keine Traumziffer. Schon jetzt haben die Statistiker Linz auf ein ökonomisches Siegerpodest erhoben – pro Kopf der Bevölkerung wird in Linz mehr als dreieinhalbmal soviel erzeugt und nahezu viermal soviel exportiert als im österreichischen Gesamtdurchschnitt. Die kleinbürgerliche Schläfrigkeit ist in Österreichs wachster Stadt nur noch einer winzigen Minderheit vorbehalten. Zwischen fünf und sieben Uhr abends hat Linz »rush hours« westlicher Prägung. Über Schnellstraßen, Autobahnbrücken, durch Tunnels fluten die Kolonnen der Heimwärtsfahrenden. Sie streben Wohnanlagen zu, die in Österreich als vorbildlich gelten. Weite, von Grünflächen durchbrochene Siedlungen, Hochhäuser, Reihenhäuser: ein Bauen, das nicht nur von der Wirtschaftlichkeit, sondern auch von Schönheit und der Großzügigkeit einer auf Jahrzehnte vorausblickenden Stadtplanung geleitet wurde. Während man donauabwärts in Wien mit Problemen der Stagnation zu ringen hat, wird Linz nur noch weiter wachsen und sich ausdehnen. Der Linzer Industrieraum, dieses österreichische Ruhrgebiet, profitiert nicht nur von der Donau: Linz ist Knotenpunkt dreier großer kontinentaler Fernstraßen. Diese Europastraßen haben teilweise ihre Bezeichnungen nur auf den Landkarten. Niemand zweifelt daran, daß sie schon in den nächsten Jahren Teil eines modernen Autobahnnetzes sein werden.

Da ist einmal die E 17, die Längsverbindung Wien–Salzburg–Zürich, dann die E 5, die zu einer Schnellverbindung nach Passau ausgebaut werden soll und über Regensburg–Nürnberg–Frankfurt–Köln nach London weitergeht, und die E 14 von Stettin nach Triest, die bald ein Autobahnteilstück zwischen Prag und Linz erhalten soll. Man hat das Gefühl, als ob sich in Linz einmal das gesamte Auto fahrende Europa treffen könnte. Dann bliebe den Linzern allerdings nur die Flucht in die Donau übrig. Aber auch auf dem Strom wird dann durch den Rhein-Main-Donau-Kanal ein ganz anderes Verkehrsgedränge herrschen als heute.

Was Hitler für Linz geplant hat, ist auf eine völlig andere Weise, als er es vorausgesehen hat, Wirklichkeit geworden – nicht durch ein Großdeutsches Reich, sondern durch Europa.

Aus der günstigen Lage des Linzer Schloßhügels über der Donau haben schon Kelten und Römer Kapital geschlagen. Und wer sich in Linz eine stimmungsvolle Hochzeit wünscht, der läßt sich im Martinskirchlein trauen, in jenem kapellenartigen Bau nahe dem Burgtor. Seit tausend Jahren wird dort ohne Unterbrechung gebetet. Karl der Große hat das Kirchlein dem Kaplan Rodland verliehen. Und dann steht man vor dem großen Tor, dem Friedrichstor mit dem habsburgischesten aller Monogramme im Wappenstein: A. E. I. O. U. mit der Jahreszahl 1481. Kritische Entzifferer dieses Buchstabenrätsels deuten es ohne jede Romantik als: »Arcem exstruxit in oriente versam Fridericus Romanorum Imperator – Die gegen Osten gewandte Burg erbaute Friedrich, Römischer Kaiser.« Lieber liest man aus den Lettern jedoch den Wahlspruch Friedrichs III.: »Alles Erdreich ist Österreich untertan.« (Man kennt allerdings noch viele andere Auslegungen dieser Buchstabengruppe. Eine der beliebtesten war bei der alten k. u. k. Armee: »Aerarisches Essen ist oft ungenießbar.«) In unverdrossenem Optimismus und festem Glauben an die Sendung des Hauses Habsburg hatte Friedrich an seinem Motto festgehalten, wenn auch zeitweise die Hausmacht der Habsburger eher einer Hausohnmacht glich. Als Friedrich den Befehl zum Umbau der Linzer Burg erteilte, mußte er bereits an eine Fluchtmöglichkeit aus Wien oder Wiener Neustadt denken, an eine Reserveresidenz, falls er seinem gefährlichen Rivalen König Matthias Corvinus von Ungarn weichen müßte. Und Linz wurde auch tatsächlich zum Asyl des alternden Kaisers, während Matthias in der Wiener Burg residierte, sich Böhmen untertan gemacht und Niederösterreich, die Steiermark und Kärnten erobert hatte. Die vorderösterreichischen Lande der Habsburger waren zu allem Unglück verpfändet, und der über siebzigjährige Kaiser suchte in Linz Zuflucht und Ruhe. Wegen seines Zauderns, Zögerns, langsamen Taktierens und Abwartens wurde dem Kaiser der wenig schmeichelnde Beiname »Erzschlafmütze des Heiligen Römischen Reiches« zuteil.

Die neuere Geschichtsschreibung läßt Friedrich jedoch mehr Gerechtigkeit widerfahren. Er hatte fast das gesamte 15. Jahrhundert durchlebt (von 1415 bis 1493). Seine Gegenspieler waren farbigere, kühnere, energischere und phantasievollere Gestalten: Matthias, Georg Podiebrad, König von Böhmen, Karl der Kühne von Burgund, Ludwig XI., Francesco Sforza von Mailand, Mohammed II., der Eroberer Konstantinopels. Aber Friedrich hat länger als sie alle eine Krone getragen (von 1440 bis zu seinem Tod, 1452 wurde er als letzter deutscher Kaiser in Rom gekrönt), und er hat sie auch alle überlebt. Die Endabrechnung seines Lebens geht positiv auf. Friedrichs Ausdauer hat im nächsten Jahrhundert dazu geführt, daß alles Erdreich wirklich Österreich und dem Hause Habsburg untertan zu sein schien.

Die von Friedrich mit viel diplomatischen Mühen erreichte Heirat seines Sohnes mit Maria von Burgund war nur ein Schritt dazu. Ein anderer wurde 1521 in Linz getan, als der spätere Ferdinand I., damals nur Bruder Karls V., hier mit Anna von Ungarn vermählt wurde. Durch diesen Bund wurde Ungarn erheiratet. Nach dem Tod Ludwigs II. 1526 in der Schlacht bei Mohács fiel das ungarische Erbe Österreich zu. Wenn damals auch die Türken noch die Stärkeren waren, so hat der Linzer Ringwechsel doch Österreichs Stellung als erste Donaumacht durch Jahrhunderte begründet.

Heute ist ganz Oberösterreich in das Schloß hineingepackt – seine Geschichte, seine Kunst, sein Volkstum. Das Schloß wurde zum Landesmuseum und in seiner Gestaltung zu einem der schönsten Österreichs. Wer sich die Zeit nimmt, zwischen Morgensternen, Postkutschen, Donauschulepassionen, Barockengeln, rekonstruierten Bauernstuben, Rauchkucheln und Mostpressen dem Wesen des Landes ob der Enns nachzuspüren, wird als Gratisdraufgabe mit einer Vielzahl von Donauausblicken belohnt.

Linz hat aber noch ein anderes Museum – seine Altstadt, die Gassen und Gäßchen um den Hauptplatz, die tiefen Häuser, die oft 60 bis 90 Meter lange Gänge und Hoffluchten besitzen und nur eine drei Fenster breite Fassade – der seltene Fall, daß etwas in dieser Welt geringer erscheinen will, als es ist –, die Arkadenhöfe und Barock- und Rokokokirchen, an denen neben Prunner auch Hildebrandt, ein Carlone, die Altomonte und Haslinger ihre Kunst erprobt haben, die Dreifaltigkeitssäule auf dem großen Platz – geballte Dankbarkeit in weißen Marmorwolken; das Landhaus mit seinem Renaissancehof – Auftrumpfen der Stände gegen den Landesherrn. Hier hat Kepler unterrichtet. Und erst vor kurzem gelang es bei Renovierungsarbeiten, die landständische Schule zu lokalisieren. Im obersten Stock schälte man unter Verputz und Wandbemalung in gotischen Buchstaben gekritzelte Schülerinschriften heraus – so wie sie auch heute noch in Pausen an Mauern gezeichnet oder geschrieben werden. Eine gewisse moralisierende und aufklärerische Tendenz ist ihnen schwer abzusprechen. Da hat zum Beispiel der jugendliche Freiherr von Gladt 1579 in Schullatein folgenden Rat an die Nachwelt weitergegeben: »Solange du bei Kräften bist, lerne die jugendlichen Brüste kennen und widme dich Tag und Nacht der Fleischeslust.«

Daneben verwendeten die Schüler ihre Latein- und Deutschkenntnisse auch für Sentenzen wie »Wer seine Sache ausplaudern will, ist bestrebt, sie zu verlieren« und »Wer anderen Übel sagt und in ihrem Absein ihre Ehr abnagt, der soll neben verstehen dabei, daß er des Gottes Tisch unwürdig sei ...«

Im alten Dom, der Jesuitenkirche, die den Linzern als Kathedrale nicht genügte, gedenkt man eines anderen Großen und Stillen – Anton Bruckners. Er hat hier als Domorganist an der Orgel gesessen. Und am Pfarrplatz 4 stellt ein Steinporträt eine junge Frau vor, eine der romantischesten Figuren der Weltliteratur – Marianne Jung, verehelichte von Willemer, Goethes Suleika. Sie soll hier geboren sein, die Partnerin eines der poetischesten aller Zwiegespräche, eine dreißigjährige Julia, deren Romeo der fünfundsechzigjährige Johann Wolfgang Goethe war.

Ist es möglich! Stern der Sterne,
Drück ich wieder dich ans Herz!
Ach, was ist die Nacht der Ferne
Für ein Abgrund, für ein Schmerz!
Ja, du bist es! meiner Freuden
Süßer, lieber Widerpart;

Eingedenk vergangner Leiden
Schaudr' ich vor der Gegenwart.

Die junge Frau, der Goethe diese Verse widmete, blieb nicht stumm. Sie hatte die Gabe, ihm mit ebenbürtiger dichterischer Kraft zu antworten:

Nimmer will ich dich verlieren!
Liebe gibt der Liebe Kraft.
Magst du meine Jugend zieren
Mit gewalt'ger Leidenschaft.
Ach! wie schmeichelt's meinem Triebe,
Wenn man meinen Dichter preist.
Denn das Leben ist die Liebe,
Und des Lebens Leben Geist.

Aus der Begegnung Goethes mit Marianne wuchsen das ›Buch der Liebe‹ und das ›Buch Suleika‹ des ›Westöstlichen Diwans‹. Jedes Gedicht, über das Goethe den Namen Suleika geschrieben hat, ist von der Hand Mariannes.

Die Linzerin, Tochter einer Schauspielerin, erregte durch ihre künstlerischen Talente und ihren Charme nach einem längeren Gastspiel in Frankfurt das Interesse Clemens von Brentanos und des reichen Bankiers Johann Jakob Willemer. Der holte sie vom Theater weg, zahlte der Mutter eine Abfindung von 2000 Gulden und schloß Marianne als Pflegekind in seine Familie ein. Das Verhältnis änderte sich. 1814 heiratete der um 24 Jahre ältere Bankier die ehemalige Schauspielerin. Kurz zuvor hatte er Marianne mit Goethe bekannt gemacht. Goethe war von der schönen und geistvollen Frau fasziniert; er verliebte sich in sie und fand nicht nur Gegenliebe, sondern auch ein dichterisches Echo, Marianne war, wie einige Jahre später in Marienbad Ulrike von Levetzow, für den alternden Goethe das Wundermittel zur Verjüngung. »Und noch einmal fühlet Hatem Frühlingshauch und Sommerbrand«, schrieb er. Hatem – das ist im ›Westöstlichen Diwan‹ Goethe selbst. In dieser Gedichtsammlung sah Goethe sich und die Welt im Spiegel der orientalischen Lyrik, und unter seinem Namen nahm er die Suleika-Gedichte, Mariannes Liebesbotschaften, in das Buch auf.

Marianne Jung, von Willemer, Suleika – nicht einmal eine Geburtsurkunde hat man aus den Linzer Archiven ausgegraben. Sie hat die Stadt kaum gekannt, aber an der Donau freut man sich doch, mit dieser Frau irgendwie verbunden zu sein. Und wenn nur deshalb, weil ihre Geschichte schön, gefühlvoll und ein wenig wehmütig ist.

Die Linzer könnten auch noch andere Geschichten von prominenten Gästen ausplaudern: von Mozart, der eine seiner Symphonien in Linz eingemeindete, von Beethoven, der sich hier mit seinem Bruder, dem wohlhabenden Apotheker, stritt, von dem gewandten Polizeiminister Napoleons und mehrerer anderer französischer Regimes, Fouché, dem Linz kurze Zeit, weil seine Gewandtheit doch nicht ausreichte, als Exil dienen mußte; von zwei Linzer Kindern, dem weiblichen Generalsbaß der deutschen Bühne und des deutschen Films, Adele Sandrock, und von Richard Tauber, dem Tenor zwischen Schmelz und Schmalz; von Hermann Bahr, einem Linzer, der seiner Heimatstadt bald den Rücken kehrte, und – von der Linzer Torte, jenem spröden, vergitterten, im Mund zerstäubenden und doch so köstlichen Produkt donauländischer Konditorkunst. Zwei Konditoreien streiten sich darum, wer das Originalrezept besitzt. Für den Besuch des Fürstbischofs Firmian von Passau soll ein Koch im 18. Jahrhundert dieses süße Linzer Wahrzeichen komponiert haben; die anderen sagen, der Vater der Linzer Torte sei Johann Konrad Vogel. Man hat sogar eine Gasse nach ihm benannt, aber nicht wegen der Torte, sondern weil er sich um die nach der Gegenreformation wiedererstandene reformierte Gemeinde große Verdienste erworben hatte.

Wer oben auf dem Pöstlingberg in der Abenddämmerung mit einer Gabel das Tortenwerk zerbricht und vor sich Stadt und Donau dahindämmern sieht, denkt nicht an solche kulinarisch-akademische Disputationen. Er macht sich auch keine Gedanken über die Basteien und Wälle rund um die Wallfahrtskirche: darüber, daß hier einmal eines der stärksten Hindernisse gegen die Franzosen errichtet worden war. Nach dem Wiener Kongreß und den Erfahrungen der Napoleonischen Kriege wollte man die Donau ein für allemal für jeden Feind sperren. Ulm, Ingolstadt und Linz sollten als Festungen garantieren, daß Wien nie mehr vom Westen her erobert würde. Auf den Hügeln rund um Linz entstanden Mauerwerke und vor allem eine Kette von Türmen, die heute alle demobilisiert wurden und als unmilitärische Aussichtswarten, Nachtklubs, Künstlerateliers oder Eigenheime dienen.

Auf dem Pöstlingberg waren zeitweise hundert Kanonen postiert, aber sie haben nur Salut geschossen. Nach der Schlacht zwischen Österreichern und Franzosen um den Vorort Ebelsberg am 5. Mai 1809 wurde Linz erst wieder 1945 durch die Amerikaner erobert. Im Museum findet das Ebelsberger Treffen ohne Pause statt: Tausende von Zinnsoldaten gehen hingebungsvoll ihrem mörderischen Gewerbe nach. Noch eindrucksvoller ist jedoch der Bericht eines Augenzeugen, der zwei Tage nach der Schlacht den Ort passierte: Henri Beyle, bekannter unter dem Namen Stendhal, der Dichter der ›Kartause von Parma‹. Er notierte in seinem Tagebuch:

»Als wir die Traunbrücke hinübermarschierten, lagen noch rund dreißig tote Menschen und Pferde auf der Brücke. Viele hatte man in den Fluß geworfen. Mitten darin stand ein Pferd aufrecht und starr. Ein seltsamer Anblick. Ebelsberg war ausgebrannt; die Straße, durch die wir zogen, war mit Toten gesäumt, meist Franzosen und fast alle verbrannt. An mehreren Stellen lagen die Leichen in Haufen. Der Durchweg wurde immer enger, und schließlich unter und vor dem Tore mußten die Wagen über verkohlte Leichname fahren. Einige Häuser brannten noch. An einem Haus sah es so aus, als stürze ein toter Soldat mit zorniger Miene hervor. Ich gestehe, dieser erschütternde Anblick ging mir auf die Nerven. Ich vermochte kaum hinzusehen. Seitdem weiß ich, was Schaudern ist. Kenner versichern, der Anblick von Ebelsberg wäre tausendfach gräßlicher als der aller sonstigen Schlachtfelder, wo man zwar Menschen mit allerhand Verstümmelungen, aber nicht so grausige Leichen sehen könne, mit verbrannten Nasen, aber noch erkennbaren Gesichtern ...«

Auf dem Ebelsberger Hauptplatz wird durch ein Denkmal nur das Heldentum und nicht das Schaudern vorgeführt. Auch heute ist der so umkämpfte Platz nicht sehr friedlich, weil ihn eine Durchzugsstraße quert. Wenn man jedoch dem Wegweiser nach Stift Sankt Florian folgt, glaubt man nun den Frieden wiedergefunden zu haben. Aber auch dort wird die Kriegstrommel gerührt – mit barockem Pomp unter goldener Gloriole, im Wind sich blähender Fahnen ...

11. Kapitel

Triumphstraße, Grenzwall, Nibelungenweg
Von Sankt Florian nach Pöchlarn

Ein muskulöser, gefesselter Türke als Fußabstreifer für einen majestätischen Jupiter, den der Maler mit den Gesichtszügen Kaiser Karls VI. ausgezeichnet hat; ein rot-weißer Baldachin, von zwei Adlern in Schwebe gehalten; Österreich und Ungarn als üppige Damen mit Siegespalmen in den Händen; dann unter diesen wogenden, den Triumph über den Feind unterm Halbmond in alle Welt hinausposaunenden Gestalten das Panorama im Stil eines römischen Triumphators auf einem goldenen Wagen mit gefangenen Osmanen; Serbien und Siebenbürgen, ebenfalls zwei weibliche Wesen, die ihre Waffen an die Friedenspalme hängen; eine Ruhmesgöttin beim Verteilen jenes allseits gefragten Siegesgewürzes, des Lorbeers, an die Völker von Österreich; der Kaiser, wie er Prinz Eugen den Oberbefehl übergibt, auf ein Kreuz deutet und sagt: »In diesem Zeichen wirst du siegen«; die Wappen Serbiens und Siebenbürgens unter dem Kaiseradler mit der Unterschrift: »Durch Gottes Fügung um zwei Reiche vermehrt, Karl VI.«; Türken, die verzweifelt und bang auf Belgrad blicken und zur Erkenntnis kommen: »Im Kriege ist kein Heil«; die Türme der von Prinz Eugen eroberten Festung Temesvár unter dem zerbrochenen Halbmond; die Übergabe Belgrads und der Savoyer, seine Generale, ein Löwe mit seinem Wappen und der Umschrift: »Den Tapferen krönt das Glück«; der Kaiser mit dem Marschallstab und Eugen mit dem Degen, beide hoch zu Roß auf großen Ölbildern; geschnitzte Krummsäbel, Roßschweife, Pfeile, Bogen und Köcher, Turbane, Harnische, Kesselpauken, Helme, Posaunen und zwei Uhren, die statt des Stundenschlags einen Marsch spielen sollten. Diese Fähigkeit ist ihnen im Lauf der Zeit jedoch abhanden gekommen. Der Sieg des Friedens über den Krieg wird auch noch durch ein Bildnis dokumentiert, auf dem die Waffen verbrannt werden.

All dieses aufregende Geschehen leuchtet in barocken Farben zwischen goldenen Dekorationen und einem Akkord in Rot-Weiß-Rot von Marmor und Stuck: Austria triumphalis! Ein Raum, der Österreich in seiner größten Erfolgsperiode umfassen soll, ein Tempel des Krieges und des Friedens, in dem Helden, Majestäten und gewonnene Schlachten angebetet werden – der Marmorsaal nicht eines Kaiserschlosses oder eines Feldherrnpalais, sondern eines Klosters, des Stiftes Sankt Florian der frommen Augustiner-Chorherren, des ersten jener Kaiserklöster, die an und neben der Donau den Habsburgern jederzeit Ersatzresidenzen zur Verfügung stellen konnten, die durch souveräne, oft sehr weltliche Bauten und imperialen Prunk ihrer Treue zum Herrscherhaus, ihrer Verbundenheit mit den Habsburgern und der Größe Österreichs Ausdruck verleihen wollten: Sankt Florian, Melk, Göttweig und Klosterneuburg.

Klosterneuburg war den jeweiligen Herren über die österreichischen Lande, den Babenbergern und Habsburgern, am nächsten, es bestand ein familiäres Verhältnis zu dem Stift, das Karl VI. zum österreichischen Escorial ausersehen hatte. Göttweig, einsam auf seinem Berg, bleibt am distanziertesten. Melk wurde von Jakob Prandtauer in genialer Vereinigung von Natur und Baukunst zur prächtigsten und vollkommensten Apotheose des göttlichen Kaisertums und kaiserlichen Gottesgnadentums geformt. Sankt Florian aber bietet dem Geschlecht mit dem Doppeladler seine Dienste am großzügigsten an – es schöpft aus dem Überfluß, es deckt den Tisch am opulentesten, am üppigsten und wird dabei oft kaiserlicher als der Kaiser.

Der Marmorsaal, an dem Prandtauer, Martin und Bartholomäus Altomonte, der Stukkateur Franz Josef Ignaz Holzinger, der Architekturmaler Ippolyto Sconzani und der Holzschnitzer Leonhard Sattler gearbeitet haben, war auch als kaiserlicher Speisesaal vorgesehen. Aber nur zweimal haben Majestäten in diesem Rahmen die Klosterküche versucht – Karl VI. 1732 und Maria Theresia 1743. Auch sonst wurde die Flucht kaiserlicher Prunkgemächer, deren Ausstattung Schönbrunn in den Schatten stellt, selten benützt: Ein Stiegenhaus, das allein schon eine Einladung ist, das jede Begrüßungsdelegation überflüssig werden läßt, führt den Gast in das zweite Obergeschoß der Westfront, in den endlosen 175 Meter langen Korridor des Kaisertraktes. Auch hier bewiesen die geistlichen Inspiratoren der Künstler, daß sie die Antike kannten und mit der Welt vertraut waren. In den Schlafgemächern des Kaiserpaares tummeln sich Kleopatra, Krösus, Cyrus und Nero, und eine lateinische Inschrift beschwört vergeblich die Götter, damit sie das Wunder vollbrächten, Kaiserin Elisabeth, der Gattin Karls VI., den so inniglich ersehnten männlichen Nachkommen zu verschaffen:

»Mögen die Götter (Karl) dem VI. Nachfolger geben bis ans Ende der Welt. Damit Österreichs Fürstenhaus ewig dauere, sei der Kaiserin Elisabeth ein männlicher Sproß.« Der fromme Wunsch ging nicht in Erfüllung. Das nächste gekrönte Mitglied der Familie Habsburg, das sich in diesem Raum ausruhte, war Maria Theresia, und sie stand mitten im Kampf um ihr Erbe, das man ihr, der Frau, neidete.

Von so einem Kaiserkloster aus ließen sich auch die Regierungsgeschäfte besorgen. Deshalb gehörte auch ein Audienzsaal her. Wieder wird hier schon in den Deckenfresken große Politik gemacht – die vier Weltreiche des Altertums (das assyrisch-babylonische, das medisch-persische, das griechisch-mazedonische und das römische) werden in ihrem Untergang der Ewigkeit des habsburgischen Imperiums gegenübergestellt. Dunkelroter genuesischer Samt als Wandverkleidung, venezianische Wandleuchter in der Form von Doppeladlern, und neben Maria Theresia und ihrem Gemahl Franz Stephan von Lothringen Joseph II., in Öl gemalt, völlig deplaciert in dieser ihm in ihrem Luxus widerwärtigen Umgebung. Die Zimmerflucht nimmt kein Ende: Jagdszenen, Brüsseler Gobelins, bukolische Landschaften, kerzentragende Mohren, Vorbilder für den trippelnden Negerknaben im ›Rosenkavalier‹, ein Prinz-Eugen-Zimmer, obwohl der Prinz niemals hier abgestiegen ist, mit Kriegsallegorien und einem Bett, in dem man selbst im Schlaf den Türken knechten und demütigen kann – denn diese Schlafstätte wird zur Theaterdekoration mit gebundenen Türken und ungarischen Rebellen am Fußende, deutschen Kriegsknechten neben dem Polster und über dem Schlafenden ausgerechnet einem gut genährten Engel als Paukenschläger. Wer auf dieser nächtlichen Walstatt ein Auge schließen konnte, dem brauchte auch vor dem schrecklichsten Schlachtenlärm nicht bange zu sein. Und man versteht, warum dem Cupido, der sich in die kriegerische Versammlung verirrt hat, die Augen verbunden waren. Hier hat dieser Gott nichts verloren. Weiter geht es durch die Räume – das Bischofszimmer, das Gelbe Zimmer, das Grüne Zimmer, das Blaue Zimmer –, immer wieder Doppeladler, Habsburger, Austria, Austria über alles.

Hier haben Künstler ihr halbes Leben aufgewendet, um Räume zu schaffen, die von den gekrönten Häuptern dann höchstens einmal oder zweimal mit der Ehre ihrer Anwesenheit beglückt wurden. An dem eisigen Wintersonntag, da einen der junge Führer mit seinem monoton auswendig gelernten, in oberösterreichischer Dialektfärbung aufgesagten Sprüchlein durch diese Pompregionen geleitet, kriecht einem die Kälte in die Schuhe, die Schönheit wird leer, der Glanz nebelig und die irdische Ewigkeit recht kurz. Dann aber stürzt man auf einmal in ein malerisches Feuerreich, in dem die Eiszapfen weggeschmolzen werden und unvergängliches Leben aus einem Pinsel geflossen ist: Man steht vor dem kostbarsten Gut des Stiftes – vor der Tafelreihe des Sebastianaltars von Albrecht Altdorfer. Die Uhr ist um zwei Jahrhunderte zurückgestellt, das Barock weicht jener bekannten Malschule, die nach der Donau benannt ist.

Das Thema ist klassisch – die Passion. Die Tafeln gehorchen jedoch neuen Gesetzen, sie sprengen die alten Rahmen. Da flammt in der Ölbergszene der Himmel rot, orange, knallgelb, er beleuchtet schroffe Gebirge und statt eines Olivenhaines den dunkelgrünen deutschen Wald, im Hintergrund spannt sich eine Brücke über einen Strom – eine lebendige Landschaft, von Altdorfer, Lucas Cranach, dem Passauer Wolf Huber, Jörg Breu, Rueland Frueauf und anderen Künstlern um die Wende des 15. und 16. Jahrhunderts entdeckt, als in Wien der Humanist Conrad Celtes schrieb: »Mich entzücken die Quellen und die grünen Hügel, die kühlen Ufer des murmelnden Baches, die dichtbelaubten schattigen Wälder und die üppigen Gefilde.« Das Entzücken an der Natur aber wird im Sebastianaltar vom Grauen und von barbarischer Wildheit verdrängt: vertierte Folterknechte, die ein erbarmungsloser Realismus ihren brutalen Geschäften nachgehen läßt, ein vermenschlichter Christus, dem man jeden Schmerz nachfühlt und der ohne Schonung in seiner Niederlage dargestellt wird, kühne Kompositionen, ungebärdig, oft knallige Farben, die gräßlichen Martern Sebastians, dessen Körper im Pfeilhagel zuckt wie noch nie zuvor ein gemalter Sebastian, und am Rande der dramatischen Kreuzigungsszene ein friedlicher Holzfäller mit schwarzem, gekraustem Haar und Schnurrbart, zwei Scheitc über der Schulter, die Axt in der Hand, munter heimwärts schreitend, als ob ihn das alles nichts anginge.

Der Kunsthistoriker Otto Benesch nennt Altdorfer einen Visionär. Der spätere Regensburger Ratsherr und Stadtbaumeister hat die Donau bis hinunter nach Wien befahren, er hat in einer Innsbrucker Künstlerwerkstatt für Kaiser Maximilian, den letzten Ritter, gearbeitet und hat die Unruhe der neuen Zeit gefühlt, er und die anderen Maler des Alpenvorlandes in Regensburg, Passau, Krems, in Klosterneuburg und Wien. Die Zweifel an der Kirche, an ihren für unverrückbar erscheinenden

Normen, der neue Blick für das »gemeine Volk«, der mit dem Erkennen der Natur eins war, das Erwachen eines sozialen Gewissens, dessen Resultat die Bauernkriege waren, die Bedrohung der Sicherheit durch das Näherrücken der Türken – all das ist in diesen Bildern enthalten, Angst und Romantik, Grauen und Schönheit, revolutionäre, expressive Modernität und archaische Urgewalt.

Als der kunstsinnige Propst Peter Maurer um 1509 den Altar in Auftrag gab, erlebte das Stift gerade eine Blütezeit. Der Propst erkannte auch den Wert des Werkes und erwirkte sogar in Rom eigene Ablässe für das Gebet vor dem Altar. Dann aber begann eine Periode des Schreckens, der Not und des Niedergangs. Die Gestalten, die Altdorfer visionär erschaut hatte, nahmen Fleisch und Blut an. Die ersten Streifscharen der Türken drangen die Donau herauf über die Grenze; Sankt Florian mußte 1527 die Hälfte des Kirchenschatzes und ein Drittel seiner Jahreseinkünfte abliefern, 1528 drei Viertel der Jahreseinkünfte, 1529 die Hälfte der Einkünfte und ein Viertel seines Besitztums, 1531 alle goldenen und silbernen Kelche, weil man Geld zur Befestigung Wiens benötigte. Und so ging es 200 Jahre lang fort. Wen wundert es da noch, wenn dann nach der endgültigen Beseitigung der Türkengefahr die Klöster geradezu in einen Bautaumel gerieten. Nun konnten sie es sich auch wieder leisten.

Dennoch findet man auch in Sankt Florian ein stilles Kämmerlein, in dem das Gelübde der Armut und Schlichtheit noch Geltung hat – das Bruckner-Zimmer: ein Messingbett, ein nackter Tisch, ein Sessel, eine Kommode, ein Klavier, ein paar wertlose Bilder, verwelkte Kränze – es fehlt nur noch ein alter Mann mit ausgeprägter Hakennase und kurzem, weißem Haar, der sein Schälchen Kaffee trinkt. In seinem Nachlaß ist der Meister das, was er immer sein wollte und war – einfach, sparsam, genügsam, schlicht. Seinen Reichtum findet er in der Kirche, auf der Empore am Spieltisch der Orgel unter Carlones fulminanten Wölbungen: Die vieltönenden Pfeifen der großen Orgel, der weißes und goldenes Schnitzwerk wie eine Allongeperücke übergestülpt ist, kommandierte Anton Bruckner souverän. Hier war sein Reich. Beim Hochamt singen die Chorknaben eine Messe im gregorianischen Choral. Brucker war einer von ihnen, als der Dreizehnjährige 1837 nach dem frühen Tod seines Vaters aus dem nahen Ansfelden in das Stift geschickt wurde und dort die Anfangsgründe der Musik lernte. Als Lehrer und Organist kehrte er später nach Sankt Florian zurück. In seinen Symphonien klingen zwischen Wagner-Akkorden und den Chorälen des Brucknerschen Glaubensbekenntnisses die sanften und fröhlichen Melodien der weichen oberösterreichischen Donaulandschaft mit.

Bruckner, inzwischen längst in Wien wirkend, wollte unbedingt in Sankt Florian begraben sein, unter seiner geliebten Orgel. In der Höhe des Spieltisches in der Gruft unter der Kirche, wo die Gebeine von Pröpsten und Fürsten schlummern, steht der marmorne Sarg des 1896 verstorbenen Spielmanns Gottes. Bruckner hätte ihn wohl für zu feierlich, zu prunkvoll für seine Person gefunden. Gegenüber in einer Nische, da wird ein schauriges, stummes Dies irae angestimmt, ein Bruckner-Requiem, ausgeführt von einer Knochenschar. Da sind Totenköpfe geschlichtet, Handknochen, Beinknochen, fein säuberlich gezählt, geordnet, gebündelt und magaziniert, der Abfall der Unsterblichkeit – hier lagern die Knochen von etwa 6000 Menschen, die man schon im 13. Jahrhundert aus Massengräbern ausgegraben hat. Vermutlich waren es frühe Christen, ihr Geschick ist noch nicht enträtselt worden.

Ein anderes Rätsel versuchen Archäologen in der Düsternis der Gruft zu lösen. Liegt der Patron der Kirche, der heilige Florian, wirklich hier begraben? Eine rechteckige Öffnung im Boden soll den Beweis dafür erbringen: Hier hat man römische Ziegel ausgegraben; es konnte einwandfrei festgestellt werden, daß hier schon vor der romanischen Kirche Menschen waren, und man vermutet, daß sie zum Gebet am Grab des Heiligen zusammengekommen sind. Florian diente im nahen Lorch als Amtsvorsteher des römischen Statthalters von Noricum. Als er 304 während der Christenverfolgung des Diokletian 40 zum Tode verurteilte Christen retten wollte, wurde er am 4. Mai mit einem Stein um den Hals in die Enns gestoßen. Sein Leichnam soll jedoch wieder angeschwemmt und später von Gläubigen am Ort der heutigen Kirche bestattet worden sein. Der Wassertod hat Sankt Florian zum Schutzheiligen gegen Feuers- und Wassersnot werden lassen. In Oberösterreich verehrt man ihn überdies als Landespatron.

In den Vierkanthöfen, die wie Bauernburgen inmitten der Felder sitzen, jeder für sich, von dem dazugehörigen Grund und Boden eingeschlossen, hat der mutige Römer meist einen Ehrenplatz. Zur Erfüllung seiner Feuerwehrpflichten hat man ihm ein Wasserschaff in die Hand gedrückt. Die Verwandtschaft zwischen dem Grundriß des Stiftes und dem eines Vierkanthofes läßt sich nicht leugnen, wenn er beim Stift auch ins Überdimensionale gesteigert und um zwei Flügel verlängert wurde. Propst Johann B. Födermayr hieß einer der tatkräftigen Bauherren des Barocks; auf den Namen Födermayr ist seit mindestens 250 Jahren einer der stolzesten Höfe zwischen Enns und Sankt Florian geschrieben. Anfang der dreißiger Jahre zog der Besitzer des Hofes als Minister ins Wiener Landwirtschaftsministerium ein. Die rauhen Mauern seines Besitztums haben aber nicht deshalb ein rot-weiß-rotes Muster. Diese Bauweise ist im ganzen Traunviertel unter der Donau heimisch. Um Ziegel zu sparen, schichtete man zwischen zwei Lagen Ziegel immer wieder eine Lage billigeren Steins. Der jetzige Herr des Hofes, der Enkel des Ministers, gebietet über wesentlich weniger Gesinde als sein Großvater und seine Ahnen. »Früher hatten wir 14 Leute, und im Sommer zur Erntezeit sind dann auch noch die Schnitter aus dem Mühlviertel dazugekommen. Heute arbeite ich mit einem einzigen Landarbeiter.«

Eine breite Einfahrt öffnet den Innenhof. Der Misthaufen in der Mitte, einst traditionelles Wohlstandsmerkmal, ist den Geboten der Hygiene gehorchend aus dem Mauerviereck hinausgewandert. Die meisten Stallungen sind leer: »Auf der einen Seite war der Pferdestall, auf der anderen der Kuhstall, die Melker und Futterer haben dort auch ihre Schlafstätten gehabt. Früher hatten wir sieben Pferde und 30 Stück Vieh, 40 bis 50 Schweine. Aber die Viehzucht zahlt sich bei uns nicht mehr aus.« Der Pferdestall und die Wagenkammern haben eine andere Verwendung – hier sind mehrere Traktoren abgestellt, verschiedene Maschinen und ein nagelneuer Mähdrescher, wie ihn noch niemand in der Gegend hat, ein Ungetüm, das ganze Felder frißt.

In der modernen Landwirtschaft hat man nur durch Spezialisierung eine Chance, sagt der Bauer und redet von der Weizen- und Futtergetreideproduktion auf den 61 Hektar, die zum Hof gehören. Andere Bauern versuchen es auch mit Obstplantagen und Hühnerfarmen. Manche haben zwischen 3000 und 4000 Stück Geflügel. Hier hält man jetzt nur, was für den Eigenbedarf nötig ist, und betreibt daneben auch noch Schweinezucht. Die Milch für die Kinder wird gekauft. »In unserer Gegend liegt man mit dem Kunstdüngerverbrauch mit an der Weltspitze. So fortschrittlich wird im Traunviertel gewirtschaftet.« Zu eng kann es in dem Haus niemand werden, Platz ist in so einem Vierkanthof genug – Kammern, Werkstätten, Vorratsräume, Waschküchen, Badezimmer, eine weite Diele mit einer alten bemalten Truhe, die Bauernstube und ein völlig abgetrennter Wohntrakt in gemütlich städtischem Stil mit blitzenden Böden, die dicke Teppiche bedecken, von der Frau des Hauses selbst geknüpft.

Der Födermayr-Hof ist in diesem reichen Land und Zentrum einer hohen Bauernkultur wohl einer der vorbildlichsten. Aber auch die anderen Höfe ringsum sind fest auf Fleiß, Vermögen und Sicherheit gemauert. Und doch war das Gebiet, wo die Enns in die Donau mündet, Jahrhunderte hindurch eines der unruhigsten der Geschichte, eine friedlose Grenzlandschaft. Wenn die Ungarn in ihren Märchen und Sagen ein fernes weites Land lokalisieren wollen, dann reden sie von einer Gegend »jenseits des oberennsischen Meeres«, die Nibelungen betreten an der Enns das Reich des Hunnenkönigs Etzel, ungarische und türkische Streifscharen stießen bis zur Enns vor, und 1945 standen an der Ennsbrücke wieder Wachtposten, auf der einen Seite Soldaten aus Texas, aus Michigan, aus Mississippi, auf der anderen Soldaten aus Leningrad, aus Wladiwostok, von der Krim. Alle Züge hielten hier, manche oft stundenlang, und die Reisenden mußten geduldig die Kontrollformalitäten an der Demarkationslinie zwischen der amerikanischen und der sowjetischen Besatzungszone über sich ergehen lassen. Auf der Donau stoppten sowjetische Monitore die Schleppzüge und prüften Besatzung und Ladung. Der Fluß aus den steirischen und salzburgischen Bergen hat noch immer eine Grenzfunktion – er trennt das Österreich ob der Enns von dem unter der Enns, die beiden Bundesländer Ober- und Niederösterreich.

Mit schnellen Ruderbooten waren auch die römischen Grenzpatrouillen auf der Donau unterwegs. Für sie war nicht die Enns, sondern die Donau die Grenze. Am rechten Ufer lag die Provinz Noricum, das linke gehörte den ungebärdigen Markomannen. Die Kette der Donaukastelle setzte sich lückenlos fort. Nachdem aber die Markomannen im zweiten Jahrhundert durch ihren Stoß weit in die Provinzen hinein bewiesen hatten, daß die römische Grenzverteidigung veraltet war, mußte Kaiser Marc Aurel die Invasoren nicht nur zurückschlagen, sondern ein völlig neues und festeres Abwehrsystem an der Donau einrichten. Neue Truppenverbände wurden in Italien aufgestellt, die schon erwähnte III. Italische Legion, die in Regensburg einzog, und die Legio Secunda Italica, die an der Ennsmündung ihr Standlager erhielt: Lauriacum, die heutige zur Stadt Enns gehörende Ortschaft Lorch. Das Lager wurde zu einer riesigen Festung, die bis zu 6000 Mann unterbringen und versorgen konnte.

Die politischen Verhältnisse haben spätere Siedler gezwungen, die Ebene an der Donau zu verlassen und auf den sichereren Hügel umzuziehen, auf dem die noch immer festungsartige Stadt Enns thront. Unten in Lorch steht jedoch eine verwitterte Kirche, dem heiligen Laurentius geweiht, im freien Feld, von einem Friedhof umgeben, ein kantiger Turm, klobige Steine, grobe Formen, ein Gotteshaus, so gefügt, daß es allen Stürmen, denen dieser Landstrich ausgesetzt war, trotzen konnte. An dieser Stelle wurden schon vor mehr als 1800 Jahren zuerst die römischen Götter und dann Christus verehrt. Lange Zeit hat man es nur vermutet, Gewißheit hat man erst seit einigen Jahren.

Die Lage des Legionslagers Lauriacum war der Wissenschaft schon lange bekannt. Als beim Bau der Westbahn die Trasse mitten durch das Castrum geführt wurde, setzten großzügige Ausgrabungen ein – das Lager wurde gründlich erforscht, die Funde gesichtet und das Gelände wieder zugeschüttet. Erst später beschäftigte man sich mit der Zivilstadt rund um die Sankt-Laurenz-Kirche. Im Friedhof wurden zahlreiche Gebrauchsgegenstände zutage gefördert. Hier mußte auch das etwa 1300 Quadratmeter große Forum, das Stadtzentrum, zu suchen sein. Im Trümmerschutt fanden sich Teller, auf denen noch die Schalen von Weinbergschnecken klebten, und weggeworfene Geflügelknochen. Ein Bild von regem Leben mit Schenken, Garküchen und Krämerbuden erstand; vor einigen Jahren stieß man auf die Spuren eines »Forum venale«, eines römischen Großkaufhauses. Nur das zum Forum gehörige Capitol mit seiner Opferstätte geriet den Archäologen nicht unter den Spaten. Deshalb entschloß man sich 1960, direkt unter der Kirche zu graben.

Das Resultat war verblüffend. In der Mitte der Kirche war nicht nur die Cella mit der Basis des römischen Tempels begraben, sondern auch die Fundamente einer frühchristlichen Basilika. Der geöffnete Fußboden erlaubt heute einen Blick in die Zeit des frühen Christentums an der Donau – auf eine Apsis und die 23 Meter langen Grundmauern; auch der untere Teil des Kirchturmes ist römisch. Wenn man einen Stock tiefer steigt, dann strahlen grelle Lampen auf die Tempelreste. Das heidnische Heiligtum wurde überflüssig, als die gesamte romanische Bevölkerung den Göttern abschwor. Die Basilika dürfte um 350 gebaut worden sein – mit einem raffinierten Heizsystem für

Fußboden und Wände, damit die frommen Römer im rauhen Noricum auch beim Gottesdienst nicht frieren mußten.

Die weitere Geschichte der Basilika: Als die Hunnen im Jahre 450 Lager und Stadt verwüsteten, sank auch die Kirche in Schutt und Asche. In den Jahren darauf, als Severin die christlichen Gemeinden an der Donau reorganisierte, wurde sie wieder aufgebaut. In Severins Biographie wird ein Bischof von Lauriacum erwähnt. Severin nahm die Geschicke der Stadt entschlossen in seine Hände, als räuberische Germanenvölker das Land verheerten. Er führte einen Flüchtlingstreck nach Lauriacum, organisierte einen Wachdienst, weil die römischen Ordnungsorgane nicht mehr funktionierten, und hieß alles Volk hinter den Mauern Schutz suchen. Weil in der Stadt ein Heuschober in Brand geriet, glaubten die in den Wäldern auf den Angriff wartenden Feinde, sie seien entdeckt worden, und zogen ab. Severin wird dann noch als Unterhändler erwähnt. Durch seine Kontakte mit den Germanenführern konnte er von den Donauchristen mehrmals das Ärgste abwenden. Dann erkannte Severin jedoch, daß diese Positionen nicht mehr zu halten waren. Vermutlich hat er die Evakuierung der christlichen romanischen Bevölkerung aus Lorch eingeleitet. Er holte sie nach Favianae, dem heutigen Mautern bei Krems. Sechs Jahre nach Severins Tod am 8. Januar 482 schnürten die letzten Nachfahren der Römer noch einmal ihr Bündel und schlugen den langen, weiten Weg nach Süden ein. Das Bistum Lauriacum hörte für immer zu bestehen auf.

Lauriacum war aber kaum länger als 500 Jahre Niemandsland und Trümmerstätte, dann faßten die Bayern hier Fuß und benutzten die alten Befestigungsteile. Die Awaren ließen die Siedlung wieder brennen, aber als nächster prominenter Besucher ist Karl der Große bezeugt. Das Legionslager wurde karolingische Pfalz und diente als Basis für Karls Awarenfeldzug. An der Stelle der römischen Basilika stand nun eine fränkische, romanische Kirche. Von da an sollte das Ewige Licht in der Kirche nicht mehr verlöschen. Die neue Stadt breitete sich jedoch auf dem Berg aus, wurde zur Verteidigungsbastion gegen die Ungarn und zum Handelszentrum. Ein Spiel der Zahlen – Lauriacum erhielt 212 nach Christus sein Stadtrecht, Enns wurde 1212 zur Stadt erhoben. In der Neuzeit schrieb man Enns oft in die Annalen der Armee des Kaisers – Enns war Garnisonstadt der vornehmen Vierer- und Sechserdragoner.

Aus der 1907 gegründeten Militärunterrealschule wurde

schließlich die Unteroffiziersschule des österreichischen Bundesheeres. Die Wacht an der Enns wird damit kontinuierlich fortgesetzt.

Die unmittelbare »Betreuung« dieser Grenze oblag am linken Donauufer dem Mautort Mauthausen. Von dort aus wurde die Maut kassiert, eine Beschäftigung, die den Mauthausnern auch zum Schaden gereichen konnte: Als sie nämlich 1189 auch das Kreuzzugheer Friedrich Barbarossas besteuern wollten, beglich dieser die Rechnung auf seine Weise – er ließ Mauthausen an allen vier Ecken anzünden und zog weiter donauabwärts dem Heiligen Land zu. Von diesem Schreck hat sich der Ort erholt. Der Reiseführer erwähnt den sehenswerten Pranger, die Orgel der Pfarrkirche, auf der Mozart gespielt hat, die große Glocke aus türkischem Kanonenerz, die stattlichen Schiffsmeisterhäuser am Strom und den Wegweiser »Zu den Donaugasthöfen«.

Das alles wird unwirklich, existiert nicht, wenn man den Namen Mauthausen hört und liest. Dieser Name war für mehr als 100000 Menschen ein Todesurteil, dieser Name hat in der ganzen Welt traurige Berühmtheit erlangt. Aus dem freundlichen Städtchen zweigt ein breiter Fahrweg ab, hinauf zum Konzentrationslager Mauthausen.

Der Spruch »Arbeit macht frei« über dem Lagertor, die streng ausgerichteten Baracken – Holz auf Granitsockeln –, der breite, geräumige Appellplatz, Wachttürme, alles peinlich sauber, ordentlich, kasernenmäßig, auf einem Hochplateau, das einen weiten Blick ins Donautal erlaubt. Beim Eingang hat der Wächter die Sportseite einer Zeitung aufgeschlagen. Seine Frau ruft die Kinder. Die Sonne spiegelt sich in Fensterscheiben, der Kies knirscht unter den Tritten. Stumm wandert man durch die Barackengassen. Am anderen Ende taucht eine Besuchergruppe auf. Man pilgert von Station zu Station wie bei einem Kreuzweg: das Tor, bei dem die Häftlinge vom Kommandanten Franz Ziereis oft mit dem einen Satz begrüßt wurden: »Hier gibt es nur ein Hereinmarschieren, ein Herauskommen gibt es nur durch den Kamin des Krematoriums!« Mehr als 300000 Menschen haben dieses Tor zwischen 1939 und 1945 durchschritten, weit über 100000 haben es lebend nicht mehr verlassen. Allein die pedantische Buchführung der SS verzeichnet 122767 getötete Häftlinge. Auf dem Appellplatz herrscht Totenstille, früher hallte er wider von Kommandorufen, und Tausende von Häftlingen aus ganz Europa standen bei stundenlangen Zählappellen in eisiger Kälte oder glühender Hitze stramm.

Dann die verschiedenen Baracken zur »Behandlung« der Häftlinge: die Wäscherei, die Küche, der »Bunker«, das Lagergefängnis, anschließend gleich die Verbrennungsanlagen; das Feuer in diesem Krematorium brannte Tag und Nacht. Der aus dem Kamin schlagende hohe Flammenschein war bis weit ins Donautal zu sehen. Ein »Sezierraum«, in dem den Leichen die Goldzähne ausgebrochen wurden, eine Stiege hinunter in den Keller zur »Genickschußecke« – ein Größenmeßgerät mit einem Schlitz im Kopfbrett, durch den der tödliche Schuß abgefeuert wurde. Die nackte Sauberkeit der mit weißen Fliesen ausgelegten und als Bad mit Brausen und Wasserabfluß getarnten Gaskammer – und überall in diesen Werkshallen einer Todesfabrik kleine Bildchen, Tafeln, Kränze, Inschriften, der hunderttausendfache Tod wird in Einzelschicksale zerlegt, es wird der vielen Politiker und Lehrer gedacht, der Kommunisten und Kapitalisten, Professoren und Arbeiter, Liberalen und Nationalen, Partisanen und Widerstandskämpfer, Juden und Christen, Gottlosen und Priester, alle vereint in der Gemeinschaft dieses Infernos, und Mütter beklagen ihre Söhne, Kinder ihre Väter, Frauen ihre Männer, ein Wallfahrtsort, an dem jeder nur eine Bitte auf den Lippen hat: »Das darf nie wieder geschehen.«

Man verläßt das Lager und geht über einen Waldweg in Richtung Steinbruch. Vögel zwitschern, in mancher Steinbruchwand haben sich die Wurzeln von Sträuchern festgekrallt. Nun werden keine Steine mehr gebrochen, weil zu viele unter ihrer Last zusammengebrochen sind. Am Fuß der Granitwände hat sich Regenwasser zu einer großen Lache angesammelt. Zwei Wildenten fliegen auf. In der Ferne brummt ein Motor. Man schreitet über holprige, in die Felsen geschlagene, ungleich hohe Stufen – die Todesstiege. Die entkräfteten Häftlinge mußten die Steine für den Lagerbau über diese »Stiege« hinaufschleppen, über 186 Stufen. Tausende konnten nicht mehr weiter, fielen in die Tiefe, wurden von den herabstürzenden Steinen erschlagen oder von den Wachen erschossen. Der Steilabfall neben der Stiege hieß bei der SS »Fallschirmspringerwand«, weil immer wieder Häftlinge zum Sprung in den Tod gezwungen wurden. Oft mußten sie dazu nicht erst gezwungen werden.

Wieder im behaglichen Mauthausen mit der Kirche, den Glokken und dem Pranger. Der Satz im Reiseführer von 1936, daß Mauthausen seinen Ruhm und Reichtum den Steinbrüchen verdankt, tönt wie kalter Hohn.

Eine liebliche Donaulandschaft plagt sich ab, den Spuk zu

verscheuchen. Man kommt nicht los davon, man denkt nach, man erschauert, man ist beschämt. Klöster, Barockkirchen; am rechten Ufer Schloß Wallsee; einst gehörte es dem Feldherrn Maria Theresias, Leopold Graf Daun, nun einem Habsburger, einem Enkel Kaiser Franz Josephs; in der Familiengruft steht der Sarg der Tochter des Kaisers, der Erzherzogin Marie Valerie; das Kraftwerk; Ardagger, Dornach, Saxen, unscheinbare Dörfer; in Dornach ein Haus, das man allzuleicht übersieht. Jahrelang hat der schwedische Dichter August Strindberg mit seiner österreichischen Frau an der Donau gewohnt und aus der Umgebung von Grein Inspiration für seine Stücke ›Inferno‹ und ›Nach Damaskus‹ geschöpft.

Seine Tochter Kerstin hat das Haus noch nach dem Zweiten Weltkrieg besessen. Im Sommer 1932 schrieb sie von Dornach einen Brief an Lina Loos, die Exgattin des Architekten Adolf Loos:

»Die Donau hat seit Tagen Hochwasser, führt Kühe- und Schweinekadaver vorüber. Die Kadaver werden pünktlich gezählt und bestaunt und erwecken jedesmal prompt dieselben Gefühle teuflischer Neugier, wie man sie als Kind gehabt hat, wenn der alte Naz schrie: ›Jössas, da treibt scho wieda a Kuah.‹ Die Sandbank ist total unbrauchbar, weil nicht vorhanden, das Plakat des fremdensüchtigen Markts Ardagger steht bis zu den Knien im Wasser, der alte Freinhofer Überführer bringt jeden Tag schadenfrohe Nachrichten von ›abgroasten Fremden‹ aus seinem Heimatort (er ist nämlich inzwischen mit dem ›Verschönerungsverein Ardagger‹ uneins geworden), kurzum, die Lokalereignisse überwuchern in strotzender Ordinärheit die Schreckensnachrichten der kommenden Naziherrschaft aus Deutschland...«

Wenn sich früher Donaureisende jenen Regionen, die zum Strudengau gehören, näherten, betrachteten sie weder landschaftliche Schönheiten oder Dorfkäuze noch verloren sie sich in Prophezeiungen über politische Stürme. Auch der Anblick der Uferfront des Städtchens Grein vermochte die Stimmung der meisten Schiffsleute und Passagiere nicht zu heben: Sie hatten einfach Angst, wie die meisten, die in Jahrtausenden durch diesen schmalen, brausenden Gang mußten, den sich die Donau in die Granitblöcke des böhmischen Massivs hineingesprengt hat. Der Strom wurde hier auf die Hälfte seiner Breite zusammengequetscht, und er bedankte sich dafür mit Strudeln und Schwall und mit Schäumen und Brausen, so daß auch die Stadt ihren

Namen von diesem drohenden und bösen »Geräune« ableitet. Die Donau hat wieder einmal eine natürliche Barriere bezwungen, der Schiffahrt stellte sich jedoch das gefährlichste und am schwierigsten zu nehmende Hindernis zwischen Regensburg und dem Schwarzen Meer entgegen; nicht einmal die Katarakte und das Eiserne Tor weit unten im Süden waren so gefürchtet. Das bestätigt einem jeder Donaukapitän: »Wenn einem in Struden nur der geringste Fehler passiert ist, dann waren die Schleppkähne weg, die hat es ans Ufer geschleudert, und das Schiff ist auf einmal verkehrt und hilflos mitten in der Strömung gehangen.«

»Die Leute sagten, man komme zu den Stellen Strom und Wirbel, die den Schiffen sehr gefährlich seien. Alle sammelten sich nach und nach auf dem Dache des Schiffes. Als man zu der weißen Fläche gekommen war, stimmten die Menschen ein lautes Gebet an. Die Männer, denen die Leitung des Schiffes anvertraut worden war, spähten sorgsam, arbeiteten emsig und lenkten das Schiff in ein schnelles, tiefes Wasser zwischen dem Inselturme und der weißen Fläche, welche schäumendes, tosendes Wasser über Geklippe war. Das Schiff ging geschwinde in dem tiefen Wasser hinunter, wurde um einen Felsen gelenkt, und hinter dem Felsen sah man den Wirbel, der sich in großen Ringen drehte. Die Männer lenkten das Schiff an dem Rande der Ringe vorüber. Dann ruhten sie; blickten nach vorwärts und ließen das Schiff in das breitere stillere Wasser hinausgehen. Das Hilfegebet der Menschen verwandelte sich in ein Dankgebet...« In dieser klaren Sprache läßt Adalbert Stifter im »Witiko« eine Strudenfahrt erleben.

Joseph von Eichendorff reportiert seine Greiner Erfahrungen dramatischer, romantischer: »Kein Mensch ist hier zu sehen, kein Vogel singt, nur der Wald von den Bergen und der furchtbare Kreis, der alles Leben in seinen unergründlichen Schlund hinabzieht, rauschen hier seit Jahrhunderten gleichförmig fort. Der Mund des Wirbels öffnet sich von Zeit zu Zeit dunkelblitzend wie das Auge des Todes. Der Mensch fühlt sich auf einmal verlassen in der Gewalt des feindseligen, unbekannten Elementes, und das Kreuz auf dem Felsen tritt in seiner heiligsten und größten Bedeutung hervor...«

Mit dem prickelnden Vergnügen, das eine unternehmungslustige Touristin an einem Abenteuer empfindet, gedenkt dagegen die Engländerin Frances Trollope ihrer Strudenpassage 1836: »Wir sind gerade über den Strudel und über den Wirbel gefahren, was zwar mit wenig wirklicher Gefahr verknüpft ist, aber anders ist als die gewöhnlichen europäischen Flußschiffahrten und bei Frauen, welche die Fahrt zum erstenmal erleben, etwas Unruhe verursacht. Gerade da, wo die Stromschnellen zum erstenmal sichtbar werden, kam ein Lotse auf das Schiff, der sogleich die Leitung desselben übernahm und dessen Winken unser sonst so gebieterischer Kapitän mit größter Willfährigkeit gehorchte. Vielleicht war es die Beobachtung dieses Manövers, welche eine Bangigkeit verursachte, die ich nicht leugnen will, als wir durch diesen kochenden Wirbel hindurchschossen.«

Der kräftige, nicht mehr ganz junge Mann, der gemächlich den Uferweg, auf dem einst schwere Pferde die Schiffe bergwärts geschleppt haben, entlangschreitet und dabei mit einer gewissen Besitzermiene den Strom beaugapfelt, hätte die optimistische Miß Trollope aus eigener Erfahrung über die konkreten Gefahren dieses Donaudurchbruches aufklären können. Der nun bald 60 Jahre alte Karl Anibas hat, zusammen mit seinem Zwillingsbruder Josef – die Greiner können die beiden nie auseinanderhalten –, mehr als 50 Menschen das Leben gerettet. »I war immer am Wasser, als Stegwart der DDSG, da hat man meistens schon im voraus gsehn, wenn was los war, aber das steht eh alles da drin...«, und er deutet auf die Mappe mit Zeitungsausschnitten, in denen einige seiner Heldentaten berichtet, aber viele verschwiegen werden. Zillenfahrer und Paddler, die die Strömung unterschätzt haben und gegen den Ponton geschleudert wurden, Engländer, Österreicher, Deutsche, Tschechen, Sportler, Pfadfinder, Touristen waren in Todesnot geraten. Und stets waren die Anibas-Brüder zur Stelle. Sie hatten sich in den Schwall hineingewagt und Schleppleute aus ihren sinkenden Kähnen gefischt, sie hatten Ertrinkenden Leinen zugeworfen, waren ins Wasser gesprungen oder hatten in tollkühnen Zillenfahrten ihr Leben riskiert. »Steht eh alles da drin«, sagt Karl Anibas. Diplome und Orden hat er nicht viele bekommen. Auf die wartet er noch immer. Und 1935, als er gerade bei seiner siebenundzwanzigsten Lebensrettung hielt, sagte er einem Journalisten über die Dankbarkeit der Geretteten: »Einer hat uns einmal ein Fünfzigerl geschenkt, fünfzig Groschen. Ein anderer schenkte uns fünf Memphis-Zigaretten, und die haben wir uns erst trocknen müssen...«

Zwischen 1896 und 1945, in einer Zeit, als die ärgsten Hindernisse durch Regulierungsarbeiten bereits beseitigt waren, erlitten 251 Schiffe in der gewundenen 500 Meter langen Strudenpassage Havarien. Vier Schiffe sanken. Was macht diese Felsenstrecke, die schon die Künstler der Donauschule zu Skizzen und Zeichnungen veranlaßt hat, zu einer solchen Todesfalle?

Die erste Barriere war das weit in den Strom hineinspringende Schwalleck unter der Stadt, das den gefürchteten Greiner Schwall erzeugte; bei der Insel Wörth, die den Weg versperrt, überquerte der immer enger und rasender werdende Fluß eine Riffzone, die sogenannten Kugeln (weil sie vom Wasser bereits abgeschliffen waren) – und über diese Kugeln, die Maisenkugel, die Wolfskugel usw., und den dadurch entstehenden Strudel mußten die Schiffe hinweg. In einer neuen Krümmung wurde der Strom dann von zwei Felsen, dem Langenstein und dem Hausstein, eingezwängt, wodurch sich gewaltige Wirbel bildeten. War das Schiff hier nicht schnell genug und geriet es in die Gegenströmung, so konnten die Schiffer nur noch das Kreuz schlagen. Sie wußten, daß das kreisende Wasser in der nun folgenden Bucht den Namen »Freithoflackn« führte.

Wer auf der Donau fuhr, war auch darauf bedacht, die Maut, die im Struden die Natur vom Menschen forderte, zu senken, diese lebensgefährliche Strecke sicherer zu machen. Die Felsmauern in der Donau waren allerdings für die Stadt Grein eine gute Einnahmsquelle. Sie stellte Lotsen zur Verfügung; auf ihrem Wappen weist sogar ein Lotse, auf dem Dach eines Schiffes stehend, Ruderern den Weg durch die Riffe. In Grein wurden die tal- oder bergfahrenden Schiffe aber auch entladen, damit sich je nach Wasserstand der Tiefgang verringerte. Auch der Landtransport der Güter bis nach Sarmingstein, das sogenannte »Schiften«, war ein Privileg der Greiner. Die beste Einnahmsquelle war jedoch ihr Anrecht auf alle gestrandeten Schiffe. Nur Greiner Bürger durften in diesem Bereich tauchen. Früher hatten sie allerdings eine arge Konkurrenz: die verschiedenen Raubritterburgen auf den Felsspitzen, Piratennester, die oft das verschlangen, was der Struden übrigließ.

Bergwärts hatten die Schiffszüge bis zu 20 Pferde vorgespannt, und bei Niederwasser mußten die Zugtiere auf eine Plätte verladen und dreimal über die Donau gesetzt werden. Selbst die ersten Dampfschiffe benötigten zu ihren asthmatischen PS noch natürliche Pferde- und Ochsenstärken.

Maria Theresia entschloß sich, den Struden zu entschärfen. Im Jahre 1777 »geruhte die guttätigste Monarchin allergnädigst, der aufgestellten Navigationsdirektion an der Donau aufzutragen, sich mit wirksamem Eifer auf eine ernstliche Abhilfe dieses der Schiffahrt so nachtheiligen Anstoßes zu verwenden...«. Eine Sammlung von Kupferstichen berichtet, mit welchen Mitteln in den folgenden Jahren den widerspenstigen Riffen zu Leibe gerückt wurde: In die Felswände wurden Eisenringe eingegossen – zur Verankerung der Hilfsschiffe und Maschinen, mühselige Unterwassersprengungen sollten die einzelnen »Kugeln« beseitigen, Hebevorrichtungen zum Herausholen der Felstrümmer wurden auf Plätten montiert, ein Kanal ausgesprengt usw. Alles blieb nur Stückwerk. Der Struden forderte weiterhin seinen Zoll.

Selbst vor den Majestäten hatte der Strom keinen Respekt. 1854 fuhr die kaiserliche Dampfjacht beinahe auf das »Roß«, eine der Felskugeln, auf, leckte und wurde vom Kapitän bei Hausstein an Land gesetzt. Elisabeth und Franz Joseph mußten auf ein schnell herbeigeholtes Schiff umsteigen. Die Behörden waren nun jedoch auf einmal wesentlich emsiger dabei, den Struden zu entschärfen.

Durch Sprengungen, denen auch der Hausstein zum Opfer fiel, wurden die Gefahren geringer. Wirklich sicher ist der Struden erst seit der Fertigstellung der Staustufe Ybbs-Persenbeug. Das Aufstauen des Wassers hat den Wasserspiegel um zwölf Meter gehoben, so daß die Riffe ungefährlich sind. Das Schwalleck wurde gesprengt; die Landschaft verlor zwar einiges von ihrer Wildheit, die Schiffahrt aber gewann. Nun können sich die Schleppzüge auch des Nachts durch den Struden trauen. »Aber aufpassen muß man hier immer noch«, meint skeptisch ein Kapitän, der schon in alten, harten Strudenzeiten im Sterhaus auf Wache war.

Mit den Schrecknissen des Strudens läßt sich für die Greiner kein Geld mehr verdienen. Sie haben allerdings schon seit langem auf Fremdenverkehr umgeschaltet, verkaufen die Gegend, zeigen die Greinburg, auf der ein Verwandter des englischen Königshauses, der Herzog von Sachsen-Coburg-Gotha, sitzt, und vor allem – ihr Theater.

Für gewöhnlich wird heute ein Stadttheater von der Gemeinde subventioniert, und amusische Stadträte seufzen oft wegen dieses Budgetpostens. In Grein hatte ein findiger Gemeinderat und Buchbinder, ein gewisser Franz Xaver Dörer, vor 180 Jahren die Idee, es umgekehrt zu probieren – ein Stadttheater sollte der Stadt helfend unter die Arme greifen. Nachdem nämlich

Kaiser Joseph II. viele Klöster aufgehoben hatte, gingen sämtliche Wohlfahrtspflichten der geistlichen Institutionen zu Lasten des Stadtsäckels. Weil aber die Gemeinden nicht den rechten Eifer entwickelten, ließ der aufgeklärte Kaiser seit 1783 Haussammlungen für die Armen durchführen. In Grein sprang diesem vorweggenommenen Winterhilfswerk der Heller jedoch nicht in der erhofften Menge in die Sammelbüchse. Der Lebensstandard der Greiner Armen hob sich erst nach der Verwirklichung des am 30. November 1790 eingebrachten Antrags des Herrn Dörer. Denn fortan wurden Greiner Bürger auf den Brettern ihres Stadttheaters zu klassischen Heroen, und aus den Erträgnissen ihrer Übungen wurde der Ersatz für die Klostersuppe finanziert – Prinz Hamlet als Beauftragter der öffentlichen Fürsorge, Macbeth als barmherziger Samariter und Mephisto als Apostel der Nächstenliebe.

Der älteste erhaltene Theaterzettel, vom 13. Januar 1793, kündet nicht gerade von hohem literarischem Niveau – man erlaubte sich, dem geschätzten P. T. Publikum das Lustspiel ›Der Trauerschmaus oder Der Bäckermeister Kasperl‹ vorzuführen. Die Greiner Theaterleidenschaft hielt jedoch an und bewahrte der Nachwelt jenes Kleinod von Stadttheater, das für sich allein schon eine Vorstellung ist, selbst wenn keine Schauspieler auf der Bühne agieren.

Dem zum alten Rathaus gehörigen ehemaligen kommunalen Getreidespeicher merkt man auf den ersten Blick auch gar nicht an, daß hier die schönen Künste gespeichert werden. Die Treppe knarrt, und wenn man die falsche Tür erwischt, schließt man gleich mit dem Gemeindekotter Bekanntschaft. Da diese für den normalen Ablauf des Kleinstadtlebens unentbehrliche Einrichtung aus baulichen Gründen zu einer Einheit mit dem Zuschauerraum wurde, kann sich Grein nicht nur des ältesten Stadttheaters, sondern auch noch des musischsten und gemütlichsten Arrestes in Österreich rühmen. Die werten Insassen des Kotters hatten nämlich das Privileg, durch ein eigens dafür ausgeschnittenes Fenster am Kunstgenuß teilzunehmen. Auch bei Grein war die Erkenntnis, daß das Theater eine moralische Anstalt sei, durchgedrungen. Auf das leibliche Wohl der Herren Gefangenen wurde ebenso geachtet. Die Besucher waren gern zu einem gönnerhaften Schwatz durch das Fenster bereit und hatten meist einige Naturalien zur Aufbesserung des Gefängnismenüs parat; auch mit Tabak wurde nicht gespart. Wenn die Gäste einmal versuchten, sich dieser Fürsorgepflichten zu entziehen, so hatten die Künstler auf der Bühne eine lärmende Konkurrenztruppe im Kotter zu fürchten. Und der Prinzipal, der Herr Direktor, sorgte dann meist selbst dafür, daß die Gefangenen zu ihrem Anteil kamen und das Spiel ungestört beginnen konnte.

In dem kleinen halbrunden Saal mit seinen 180 Plätzen im Parterre und auf der Galerie, den zierlichen Säulen, dem Stadtwappen auf der bemalten Holzdecke, den goldenen fünfzackigen Sternen an den Logenbrüstungen – die Sterne wurden 1945 von Sowjetarmisten als sinniges Souvenir demontiert – fehlen eigentlich nur noch die Kavaliere von einst, die Damen in Krinoline und engem Mieder, die höheren Töchter, die uniformierten Beamten, die lokalen Intellektuellen, Honoratioren und was sich sonst noch zur Gesellschaft des Strudenstädtchens zählte, um die porzellanene Spätrokoko- oder Biedermeierwelt auferstehen zu lassen. Die Greiner waren natürlich auf ihre Plätze abonniert und verfügten über ihre Sperrsitze mit den dazugehörigen Schlüsseln. Noch heute können diese Stühle erst heruntergeklappt werden, wenn das daran befindliche Schloß aufgesperrt wird.

Ein wahrer Theaterrausch erfaßte die Greiner nach der Einweihung ihres Musentempels, für dessen Ausstattung auch Mobiliar aus dem aufgehobenen Franziskanerkloster verwendet wurde. Zuerst spielten die theatralisch begabtesten Greiner als Dilettanten selber, später wurde das Theater oft und öfter an Profitruppen vermietet. Im Gemeindearchiv sind noch die Verträge mit den Theaterdirektoren vorhanden. Dann wurde das Theater wieder verpachtet. Selbst Napoleon soll es einmal betreten haben. Bespielt wurde die wackelige Bühne die meiste Zeit hindurch, es gab Saisonen, da war jeden Abend eine Vorstellung angesetzt. Und nun sind Sommer für Sommer Schauspieler aus Wien zu Gast – mit Curt Goetz, Lope de Vega und Nestroy; die Zuschauer reisen von weit her, und die Greiner freut's, wenn sie sich heute auch nicht mehr in der hohen Kunst des Deklamierens von Klassikern, sondern lediglich in der profaneren Praxis des Kassierens und Geldzählens üben.

Wer aber in Grein Ritterdramen in Szene setzen möchte, der sollte sich lieber ein Stück in die Windungen des Strudentales hineintreiben lassen; die Ruinen, die Insel Wörth mit ihrem einsamen, dunklen Kreuz, die dräuenden Wände und die Burg Werfenstein geben dafür die richtige Kulisse ab. Einem Mann hat es Werfenstein sogar so angetan, daß er sich die Burg als

Stätte für ein höchst privates Ritterspiel einrichtete und im Zuge dieser seiner Betätigung auch den Ruhm für sich beanspruchen konnte, als erster in Österreich die Hakenkreuzfahne gehißt zu haben; im Jahre 1907, als der verkrachte Maler und Hilfsarbeiter Adolf Hitler in Wien eher nach einer Anstellung und Brot suchte als nach einer Weltanschauung. Der Burgherr von Werfenstein war Dr. Jörg Lanz-Liebenfels, ein ausgesprungener Zisterziensermönch, der, deutschtümelnd, Germanenkult und hehren Reckensinn pflegend, in den Schluchten des Struden dem Sonnenzeichen Wotans huldigte.

Wie Lanz-Liebenfels die Menschheit einteilt, sagt diese Probe aus seinem Beitrag zu einer Jubiläumsgabe »patriotischer Schriftsteller« anläßlich der Sechzigjahrfeier der Regierung Franz Josephs im Jahre 1908:

»Ein ritterlicher Zug durchzieht die Geschichte des wackeren Österreichervolkes. An diesem Lob haben jedoch alle deutschen Stämme Anteil. Denn so wie heutzutage junge wagemutige Männer nach Amerika und in die Kolonien gehen, um ihr Glück zu versuchen, so ritten ehedem junge abenteuerlustige schwäbische, fränkische, bayrische und sächsische Edelinge in die Ostmark, um ihr gutes deutsches Schwert auf awarische und madjarische Schädel niedersausen zu lassen, die nie sich beruhigende Woge der östlichen Unkultur zurückzudrängen und tüchtig und ruhig schaffend das weite und reiche Brachland zu kultivieren. Österreich ist ein Werk des edelsten Zusammenwirkens der Jungmannschaft des gesamten deutschen Volkes, deswegen der frische jugendliche, kraftstrotzende Zug in seiner Geschichte, deswegen dieses natürliche ariogermanische Rittertum...«

Mit religiösem Eifer destillierte der ehemalige Mönch aus dem österreichischen Völker- und Rassengemisch waschechte Urgermanen, verurteilte alle Slawen und Ungarn zum Untermenschendasein, nahm als Zutat noch eine Portion Antisemitismus und servierte dieses ideologische Gericht dann in seiner Zeitschrift ›Ostara‹. Einer der Käufer des Blättchens, das sich ausschließlich an germanische Übermenschen wandte, war Adolf Hitler. Von Lanz-Liebenfels hat er einige der wesentlichsten Gedanken übernommen und diese dann in so folgenschwerer Weise auch in die Tat umsetzen können. Auch das Hakenkreuzsymbol dürfte Hitler zum erstenmal in der ›Ostara‹ gesehen haben.

Aber nicht nur Hitler wurde von diesem Mystiker des Germanentums angesprochen. August Strindberg gehörte zu Lanz-

Liebenfels' Gästen auf Werfenstein. Nach geheimnisvollen Riten wurden die Anhänger des Burgherrn in eine Art Laienorden aufgenommen. Bei der Einkleidung stiegen sie im Turm aus tiefen Zellen von Stockwerk zu Stockwerk bis zur höchsten, blaugestrichenen Kammer der Erleuchtung. Vorher hatten sie eine Kammer mit Figuren und Wappen aus der Manessischen Minnesängerhandschrift und ein Rundzimmer mit Gipsmasken berühmter Toter bewohnen müssen. Durch Nacht zum Licht, aus der Finsternis zum Himmel – bis die romantische Spielerei eines historisch gebildeten Phantasten eine teuflische Umkehrung erfuhr und zu millionenfachem Leid führte.

Heute ist Werfenstein entgermanisiert, restauriert und Eigentum eines Linzer Arztes, der hoch über der gar nicht mehr schäumenden Donau vermutlich nur der Wochenendmuße huldigen will.

Während die Burg Werfenstein in Raubritterzeiten der Ausbeutung der Strudenreisenden diente, wurde im folgenden Dörfchen, in Sankt Nikola, der legale Obolus für die glückliche Errettung aus den Gefahren der Donau verlangt. Frances Trollope erstattete auch darüber getreulich Bericht:

»Sobald wir glücklich die Stromschnellen passiert hatten, stieß ein kleiner Kahn mit einem einzigen Fährmann darin vom Ufer ab. Als wir uns näherten, hing er sich mit einem Haken an unser Schiff und hob mit der einen Hand eine kleine Almosenbüchse, an der ein Heiligenbild mit einem knienden Heiligen angebracht war. Die Bitte geschah unter dem Vorwande, daß wir durch die Fürbitte dieses Heiligen glücklich durch den Strudel und Wirbel gekommen seien. Fast jedermann im Schiff gab etwas, aber diese Gaben frommer Dankbarkeit waren keineswegs zum Gebrauche des armen Bauern, der den hölzernen Heiligen darbrachte, bestimmt, sondern sie fielen durch einen engen Schlitz in eine blecherne Büchse, die mit einem mächtigen Schlosse verwahrt war...«

Der fromme und einträgliche Brauch hatte auf jeden Fall bis zum Ende des Ersten Weltkrieges Bestand. Sankt Nikola unterhielt seit dem 12. Jahrhundert ein Spital zur Beherbergung und Pflege der im Struden verunglückten Schiffsleute. Finanziert wurde diese Institution aus den Ergebnissen der Donausammlung. Auch das Kloster Waldhausen, auf einer Hochebene hinter dem schroffen Abfall des Tales gelegen, hatte das Recht auf ein Almosenschiffchen, das sich durch eine Glocke wie ein fahrender Eismann den Schiffen anzeigte. Das Stift verpflichtete sich dafür, alle in der Donau Ertrunkenen, die zwischen dem Strudel und der Kilianskirche zu Säbnich angeschwemmt wurden, mit einem christlichen Begräbnis zu versehen. Die Sammlerflotte unterhielt also nicht nur das Beherbergungs- und Sanitätswesen, sondern ermöglichte auch eine geordnete Bestattung der Strudenopfer.

Im Pfarrhof von Sankt Nikola steht noch eine solche schwere pensionierte Sammelbüchse mit einem barocken Sankt Nikolaus, der über dem großen Einwurfschlitz Wache hält. Die letzte Sammlerin ist erst vor einigen Jahren gestorben. Das Begräbnis wurde von einem Pater aus Kremsmünster gehalten, dem als Kind die Frau das Leben gerettet hatte – und der Bub war nicht der einzige Mensch, den die geübte Zillenfahrerin der Donau entriß. Am Sankt-Nikolaus-Tag, am 6. Dezember, pilgern viele Schiffsleute in das Kirchlein, um dort an einem Bitt- und Dankgottesdienst teilzunehmen. Als Schifferpatron hat der heilige Nikolaus auf den schwierigen Wassern der Donau trotz Radar- und Staustufen noch alle Hände voll zu tun. Nach einem der gefürchtetsten Rheinhindernisse, dem Binger Loch, ist ebenfalls ein Ort dem Heiligen geweiht. Lanz-Liebenfels und seine Jüngerschar dulden den kinderfreundlichen byzantinischen Bischof jedoch nicht in der »Ostmark«. Für sie ist Sankt Nikolaus nur die Christianisierung des urgermanischen Stromgottes Nikuz oder Nikhudr.

Bedarf für einen Fürsprecher war in diesem Donautal zweifellos stets vorhanden, und auch gar nicht kirchenfreundliche Schiffsleute haben hier schon das Fluchen vergessen und das Beten gelernt. Wenn das Tal sich ein wenig öffnet, die Hänge sanfter werden und die Sonne wieder mehr Licht zu spenden vermag, stellt sich den Schiffen schon wieder eine Sperrmauer in den Weg, die Staumauer von Ybbs-Persenbeug. Zwei Kraftwerke produzieren pro Jahr 1250 Millionen Kilowattstunden. Schon der Friedensvertrag von Saint-Germain verpflichtete Österreich 1919 zum Bau der Anlage, damit die zum internationalen Gewässer erklärte Donau leichter befahrbar werde. Aber Österreich fehlte das nötige Geld – es blieb bei Vorstudien. Unmittelbar nach dem Anschluß begann die Rhein-Main-Donau-AG mit den Arbeiten. Der Krieg erzwang dann die Einstellung dieses Unternehmens. Erst zwischen 1954 und 1956 konnte das Diktat der Siegermächte von 1919 erfüllt werden.

Die Schiffszüge stellen sich nun bei den Schleusenkammern an, und hoch oben in einem gläsernen Kommandostand regeln die Schleusenwärter wie Kapitäne den Verkehr. Direkt über ihnen, ein bis zwei Felsenstockwerke höher, trutzt jedoch jenes Schloß allen Umwälzungen der Technik, das früher durch viele Zeitalter den Eingang in das Tal kontrolliert und beherrscht hatte: Persenbeug.

»Kaiserliche Hoheit lassen bitten...« Der Sekretär geleitet einen aus der Kanzlei in ein einfaches, dunkles Bürozimmer im Parterre. Ein schlanker, hochgewachsener, älterer Herr empfängt in der kerzengeraden Haltung des einstigen Dragoneroffiziers, der auch ohne Uniform, Stiefel und Sporen bei der Begrüßung kurz und leicht die Hacken zusammenklappen läßt. Wenn man das glattrasierte Gesicht – nur über der Oberlippe steht ein weißes Bärtchen – mit dem Backenbart des Kaisers umrahmen könnte, dann wäre eine starke Ähnlichkeit mit Franz Joseph nicht zu verleugnen. Der Gastgeber ist nämlich der nächste noch lebende Verwandte des Monarchen – sein Enkel, der Sohn der Kaisertochter Marie Valerie, Erzherzog Hubert Salvator Habsburg-Lothringen, Doktor juris, Agrar- und Forstfachmann und eines der neun Mitglieder des Hauses Habsburg, denen das Schloß auf Grund eines besonderen Status im Kondominium gehört. Sie alle haben nach dem Ersten Weltkrieg eine Thronverzichtserklärung unterschrieben und durften deshalb in ihrer Heimat bleiben. Das Schloß war wie Wallsee Teil des Privatvermögens Franz Josephs und konnte deshalb von der Ersten Republik nicht eingezogen werden.

»Wir haben alle diese Jahrzehnte gut überstanden«, sagt der Gastgeber. »Unter den Nazis war es manchmal eher unangenehm. Die Russen dagegen haben große Zurückhaltung gezeigt und im Schloß kaum Schaden angerichtet. Wir sind mit ihnen sehr gut ausgekommen.« Anscheinend sitzt in jedem Russen noch so viel Achtung vor dem Zaren, daß für ihn auch der Enkel eines richtigen Kaisers zur Respektsperson wird.

Obwohl Habsburg in diesen schroffen Mauern über der Donau die Zeit überdauert hat, ist das Schloß auch eng mit dem Ende der Monarchie verbunden: In Persenbeug ist der letzte Träger der österreichischen Kaiserkrone und der ungarischen Stephanskrone, Kaiser Karl, 1887 geboren worden. Das kleine Geburtszimmer wird jedoch keineswegs als Gedenkraum gehalten. Es dient als Gästezimmer. Über der Tür hängt eine Huldigungsszene mit Elisabeth, den Farben Ungarns, dem bayrischen Weiß-Blau der Kaiserin und dem Schwarz-Gelb des Kaiserhauses, über dem Bett ein frommes Bild von Kuppelwieser – der heilige Franz und die heilige Karoline, die Namenspatrone jenes Kaiserpaares, das in Persenbeug am meisten zu Hause war, nämlich Franz I. und seine Frau Karolina Augusta. An Karl erinnert kein Bild, nur draußen in dem langen Gang mit der üblichen Schloßdekoration – Waffen und Jagdtrophäen – erkennt man den letzten Kaiser als jungen Erzherzog vor einer Reihe noch jüngerer Erzherzöge und Erzherzoginnen, die im Schönbrunner Schloßtheater für die kaiserliche Familie eine Operette aufführen.

Franz I., der letzte Kaiser des Heiligen Römischen Reiches, hat das Schloß 1800 dem Grafen Hoyos abgekauft. Er selbst liebte die Gegend und verbrachte viele Tage hier. Nun wird in dem weißgetäfelten Arbeitszimmer des Kaisers das Essen serviert, und an der Wand hängt ein Stich, der beweist, daß nichts an der Einrichtung geändert wurde. Ein anderer römischer Kaiser hat in Persenbeug wesentlich unangenehmere Erfahrungen gemacht als Franz I.: Auf einem Kriegszug gegen die Ungarn rastete Kaiser Heinrich II. am 12. Juli 1045 in dem Schloß und entkam dem Tod nur um Haaresbreite – während der feierlichen Empfangszeremonie erwies sich der Fußboden des Rittersaales als zu schwach für die gewichtige Gästeschar. Die Balken gaben plötzlich nach, der Fußboden brach ein, und die ganze festliche Versammlung stürzte in die Tiefe. Die Geschichtsschreiber streiten darüber, ob sich der Kaiser geistesgegenwärtig an einem Fenstergitter festgehalten habe oder in die Badestube im Stockwerk unter dem Saal gefallen sei. Manche behaupten auch, es wäre kein Bad, sondern eine Kloake gewesen. Kaiser Heinrich hatte einen Schutzengel. Er überstand die Katastrophe unverletzt, mehrere seiner Begleiter, darunter Bischof Bruno von Würzburg und die Gastgeberin, Gräfin Richlita von Sempt-Ebersberg, fanden jedoch den Tod.

Nun schwanken die Böden im Schloß nicht mehr, und das Schloß steht so sperrig und widerspenstig auf dem Felsen, als ob es die Absicht hätte, auch die Betonbollwerke der Stauanlagen zu überleben. Der Markt Persenbeug hat ebenso wie das schon von den Römern gegründete Ybbs am anderen Ufer trotz des Kraftwerkbaus sein ehrwürdiges Äußeres bewahrt. Und gleich unter dem Schloß, an der Uferpromenade, war in einem schloßartigen, eleganten Haus ein Donauaristokrat und oftmaliger Gesprächspartner des Kaisers, der Schiffsmeister Matthias Feldmüller, beheimatet. Der tüchtige Manager der Donauschiffahrt versorgte mit seinen Schiffen während des letzten

Türkenkrieges die kaiserliche Armee vor Belgrad. Später kommandierte der Schiffsmeister über ein Heer von 250 Knechten, hielt einen Stall von etwa ebenso vielen Pferden und schickte jährlich 350 Schiffe donauaufwärts nach Regensburg und rund 850 Schiffe und 25 Flöße stromabwärts nach Wien und Budapest. Auch seine Privatwerft war beachtlich: mit 20 Schiffsbauern und einer Jahresproduktion von 40 großen und kleineren Donaufahrzeugen. In den Franzosenkriegen verstand es Feldmüller, sich davor zu drücken, seine Flotte den Truppen Napoleons dienstbar zu machen. Und 1809 fuhr er mit seinen Munitionsschiffen unter der brennenden Franzensbrücke in Wien durch, um die Armee Erzherzog Karls mit dem dringend benötigten Pulver und Blei zu beliefern. Feldmüller führte den Ehrentitel »Admiral der Donau«. Dieser letzte große Donaureeder alten Schlages lehnte es jedoch ab, den Adelsbrief entgegenzunehmen. Er sei wohl ein tüchtiger Schiffsmeister, für einen gnädigen Herrn aber tauge er nicht. Der Persenbeuger Unternehmer konnte es jedoch in seinem künstlerischen Geschmack mit jedem gnädigen Herrn aufnehmen – er ließ sich von keinem Geringeren als Ferdinand Georg Waldmüller porträtieren. Als Feldmüller 1856 starb, soll er ein Vermögen von fast zwei Millionen Gulden hinterlassen haben.

Admirale der Wirtschaft, Heerführer, Fürsten der Kirche, Kaiser und Könige: die Donauufer und der Strom werden von solch hohen Herrschaften frequentiert wie eine staubige Landstraße. Darum wurden den Strom entlang auch so viele Schlösser und Klöster als standesgemäße Rasthäuser eingerichtet. Über ihnen schwebt jedoch, um einige Klafter dem Himmel näher, das freundlichste aller Donauheiligtümer. Obwohl auch Kaiser und Fürsten auf den weich geschwungenen Berg über Marbach hinauf beteten, gehörte Maria Taferl stets dem Volk. Schon das Diminutiv, das zärtliche österreichische »erl«, schließt etwas von dem innigen Verhältnis ein, das die donauländischen Österreicher mit der zweitürmigen Kirche, die an klaren Tagen dem ganzen Donautal in Fenster und Herzen schaut, verbindet: zwei barocke Türme, und doch schlicht, soweit Barock überhaupt schlicht sein kann, eine imposante Zahl blühender Gasthöfe, da das Wallfahrten auch dem eifrigsten Pilger den Gaumen trokken und den Magen hungrig werden läßt; diese gemauerten Devotionalienstände rund um die Kirche, die Biedermeierbehausungen, der mit der Frömmigkeit spekulierenden Bandlkramerinnen, die nicht nur Rosenkränze, Kerzen und das Gnadenbild in allen Variationen feilhalten, sondern auch Lebkuchenherzen mit einem süßen »Ich bin Dein«; das Innere der Kirche, in dem Carlo Lurago, Prandtauer, der Kremser und der Wiener Schmidt und noch viele andere Künstler ihren Glauben und ihre Hingabe an die Marienverehrung ihrer Zeit erprobt haben. Noch göttlicher ist aber der Rundblick bis an den Rand der Alpen, nach Böhmen und weit der Donau folgend gegen Ungarn zu – und von all diesen Landen haben sich die Pilgerprozessionen auf den Weg gemacht. Bei der ersten Jahrhundertfeier 1760 waren 360000 Kommunionen gezählt worden und 701 Prozessionen. Der heilige Berg hat jedoch schon vor Christus wie ein Magnet gewirkt. Vor der Kirche steht ein rätselhafter Steintisch – eine mächtige, kantige Platte auf einem steinernen Sockel, vermutlich der Überrest einer keltischen Opferstätte. Lange bevor 1630 ein Holzfäller nach einer Hackenverletzung wunderbar geheilt wurde, waren auch Christen auf den Berg gewandert – am Ostermontag erklommen die Leute aus der Umgebung den Berg und nahmen auf einer steinernen Tafel – wahrscheinlich auf dem Opfertisch – ihren Imbiß ein. Damit will eine Deutung den Namen des Wallfahrtsortes erklären, eine andere wieder führt ihn auf das hölzerne Gnadenbild, die Marientafel, zurück.

Ein Förderer von Maria Taferl war auch Thronfolger Franz Ferdinand. Er hatte nicht weit zur Kirche, und er mußte nicht so hoch steigen wie Pilger ohne Rang und Namen. Sein Schloß Artstetten ist nämlich kaum tiefer, nur etwas versteckter gelegen als die nahe Kirche. Vor dem Schloß, das sich an einen dunklen Wald lehnt und ein wenig von der übrigen Welt abgerückt erscheint, sind auf dem Kriegerdenkmal die Namen der Gefallenen der Gemeinde Artstetten verzeichnet – und als erste liest man »Erzherzog Franz Ferdinand und Herzogin Sophie von Hohenberg«, und dann folgen erst die Namen der Schmied und Maier und der anderen Artstettner, die ihr Blut für Kaiser und Vaterland hingeben mußten.

In der kühlen Gruft mit Marmorsarkophagen in makelloser Festigkeit, die den Tod als unwirklich, als gar nicht anwesend erscheinen lassen und eher die Ewigkeit vertreten als die Vergänglichkeit, haben die beiden Toten von Sarajewo eine letzte Ruhestätte gefunden. Die Frau, die die Gruft aufgesperrt hat, erzählt, daß an einem Tag alle Hohenberg da waren, die Enkel des Thronfolgers und auch die Gräfin Sophie von Nostiz, seine Tochter. Denn an diesem Tag wurde

Franz Ferdinands letzter Kammerdiener, der 87 Jahre alt geworden war, begraben.

Es soll ein stilles, aber würdiges Begräbnis gewesen sein, ganz anders als jene Sturmnacht auf der Fähre zwischen Pöchlarn und Klein-Pöchlarn, als die Särge der Ermordeten über die Donau transportiert wurden.

Die traditionsgebundene Hofkamarilla, angeführt von Haushofmeister Montenuovo, die die Reformbestrebungen des Thronfolgers und seiner Berater haßte wie die Pest, wollte den Triumph über den Erzherzog und seine ihm in morganatischer Ehe angetraute Frau bis zum letzten auskosten. Der Fahrplan der Leichenfeiern wurde so erstellt, daß die beiden Särge bei Nacht und Nebel aus Wien verfrachtet und mitten in der Nacht über die Donau gebracht werden mußten. Die Pöchlarner waren trotzdem alle auf den Beinen und säumten das Ufer. Es war aber eine Nacht, in der man sich eher im sichersten und wärmsten Winkel des Hauses hätte verkriechen mögen. Der Fährmann Maier erinnerte sich dieser nächtlichen Überfahrt vom 3. auf den 4. Juli 1914: »Ich hab geglaubt, jetzt geht die Welt unter. Die Rösser haben sich wild aufgebäumt, und der Leichenwagen hat einen Ruck nach hinten gemacht. Ich hab fast das Steuer ausgelassen, die Leute sind den Pferden in die Zügel gefallen und haben sich gegen das Fuhrwerk gestemmt, sonst wären Wagen und Pferde und wir alle in die Donau gefallen und nimmer herausgekommen. Und wenn ich hundert Jahr alt werd, die Nacht kann ich nicht vergessen...«

Den Hunderter hat der Fährman nicht mehr erreicht. Er ist vor einigen Jahren gestorben. In Pöchlarn leben aber noch einige Leute, die damals am Ufer gestanden sind und einen Vorgeschmack von dem Gewitter erhielten, das sich bald über die ganze Welt entlud. Auch die Fähre ist noch die alte. Nur trägt sie heute kaum mehr Pferdefuhrwerke über den Strom, sondern schwere Laster, Autobusse, Personenwagen usw. Der Fährmann, braungebrannt, wetterfest, nicht sehr groß, aber stämmig, eine dunkelblaue Kapitänsmütze auf dem gekräuselten blonden Haar, sieht aus, als ob er nicht nur immer wieder zwischen Pöchlarn und Klein-Pöchlarn hin und her fahre, sondern auf allen Weltmeeren. Franz Knapp tut seit 15 Jahren auf diesem Donauschiff – wie ein Kettenhund hängt es an einem über den Strom gespannten Stahlseil – Dienst. Und wer sein Auge auf ihn hat, kann bemerken, daß der Fährmann zwar ehrlich und genau das Kleingeld herausgibt, aber in jeder freien Sekunde den

Fährepassagieren die Gesichter »stiehlt« – er zeichnet, skizziert sie, ergreift sie mit kurzen, knappen und doch alles aussagenden, einfangenden und enthüllenden Strichen.

In seiner Freizeit findet man Franz Knapp am ehesten irgendwo vor einem malerischen alten Häuschen, das den modernen Baumaschinen nicht mehr lang Widerstand leisten wird. Über zwei Bierkisten hat er ein Brett gelegt und sein Zeichenpapier mit Reißnägeln angeheftet; sein Blick wandert zwischen dem Haus und der Zeichnung hin und her, da wird korrigiert, dort etwas verbessert; er kümmert sich weder um den keifenden Hund noch um den Fremden, der ihm über die Schulter schaut, denn die Kunst ist Franz Knapps zweiter Beruf.

Zu Hause blättert er seine Mappen auf – Porträts von Fährgästen. »Das muß schnell gehen. Ich hab ja nur ein paar Minuten Zeit. Da ein Strich und noch ein Strich, und jeder muß stimmen. Es genügt, wenn ich das festhalte, was mir zuerst auffällt.« Er holt seine Bleistiftporträts hervor – Menschen aus dem Donautal, Städter, Bauern, einfache Gesichter, und doch kennt der Knapp fast zu jedem dieser Bildnisse eine Geschichte, und meist hat er sie auch in die Züge seiner »Opfer« hineingezeichnet – oder aus diesen Zügen herausgelesen.

»Sehn S', wie die junge Frau aufgeregt ist. Sie ist unterwegs zur Entbindung. Es ist eh alles gut gangen. Und dös alte verhutzelte Weiberl, dös hat noch im Saustall im Stroh schlafen müssen, wie das halt früher so war. Der Gendarm mit die schweren Tränensäck, der kommt grad vom Nachtdienst z' Haus, war schon müd damals... Dem da sieht man an, daß er sauft, er hat sich dann zum Spaß erhängt... ein großer Bauer, fesch, reich, er hat sich mit dem Schlachtapparat weggeräumt. Der is vom Krieg net loskommen. Manchmal hat er erzählt, wie er bei einem Einsatzkommando im Osten war. Das hat ihn dadruckt...« Knapp holt ein Bild seiner Mutter hervor: »Das hab i aus dem Hochwasser gerettet. Auf einmal is es dahergeschwommen.« Und er zeigt, wie er angefangen hat: als Soldat in Rußland mit dem Zeichenstift im Brotbeutel. »Jede ruhige Minute hab ich ausgenützt, und was ich gezeichnet hab, das hab ich dann immer wieder Urlaubern mit nach Hause gegeben oder selber heimgebracht...« – keine Kriegsszenen, niedrige russische Häuser, die Gesichter russicher Menschen, Dörfer, Birkenwäldchen, tote Pferde, ein Unterstand neben einem Brunnen. »Das war bei Stalino, ein unangenehmer Platz, der war nämlich von den Russen eingesehen...« Schließlich hat

Knapp noch eine Serie von Aquarellen vorzuweisen, kühne Farben, mutige Kompositionen. »Das hab ich vom Kokoschka gelernt.«

Und er kramt einen Brief des Meisters hervor, in dem dieser Knapp als »Verbindungsmann zu meiner Geburtsstadt und meinen Schüler« bezeichnet. Dem Pöchlarner Kokoschka war anläßlich seines siebzigsten Geburtstages die Ehrenbürgerurkunde überreicht worden. Dabei lernte er Knapp kennen und ließ ihn zwei Jahre im Sommer nach Salzburg in seine berühmte »Schule des Sehens« kommen. »Ich hab vom Kokoschka viel gelernt«, sagt der Fährmann, »ich verdanke ihm viel.«

Auf Kokoschka haben sich die Pöchlarner jedoch die längste Zeit nicht soviel eingebildet wie auf einen anderen Bürger ihrer Stadt – auf den Markgrafen Rüdiger von Pöchlarn aus dem Nibelungenlied. Er wirkte sehr anregend auf die Phantasie der Einwohner der Nibelungenstadt, neben einer Rüdigerstraße verzeichnet der Stadtplan, aus dem sich die Umrisse des Römerlagers Arelape erkennen lassen, eine Gunther-, Gernot-, Giselher-, Dietlinde-, Ute-, Gotelinde- und Nibelungenstraße und einen Hagenweg. In einer Kriemhild- oder Etzelstraße zu wohnen muteten die Stadtväter ihren Bürgern nicht zu.

Keine andere Stadt wird in der Dichtung so oft erwähnt wie Pöchlarn, und kein anderer Held geht aus dem allgemeinen Racheschlachtfest unbefleckter hervor als der treue und edle Rüdiger.

»Sie fügten ihre Hände / in eins und gingen dann
Zu einem weiten Saale / der war gar wohlgetan,
Vor dem die Donau unten / die Flut vorüberfloß.
Da saßen sie im Freien / und hatten Kurzweil groß«

vermeldet das Lied von der Fahrt Kriemhilds in das Hunnenland, und als die Nibelungen dann ihre letzte Reise antraten, waren die Recken wieder bei Rüdiger in Pöchlarn willkommene Gäste.

Ein historisches Zeugnis für Rüdiger, der schon vor dem Nibelungenlied in anderen Dichtungen erwähnt wird, kennt man nicht. Da das Nibelungenlied jedoch eine Kombination von germanischen Sagenstoffen, historischen Fakten und plastischen Schilderungen des Donaulandes ist, haben die Historiker eine Theorie über die Person Rüdigers und die Stellung des alten Bechelaren gezimmert. Um 900 wurde ein bayrischer Heerbann bei Preßburg von den Ungarn in einer entscheidenden Schlacht völlig vernichtet. Die ganze Mark bis zur Enns mußte geräumt werden. Die Ungarn fühlten sich als Reitervolk in dem hügeligen Gelände westlich der Traisen jedoch nicht wohl, ließen das Land unbesetzt und schufen lediglich einen Vasallenstaat, eine ungarische Grenzmark mit dem Zentrum Pöchlarn. Der Nachfolger des bei Preßburg gefallenen bayrischen Herzogs Luitpold, Herzog Arnulf, mußte wegen seiner Streitigkeiten mit dem deutschen König bei den Ungarn Asyl suchen. Damals begleiteten ihn zahlreiche Parteigänger. Einer dieser Emigranten dürfte Rüdiger gewesen sein. Ihm vertrauten die Ungarn und setzten ihn als Grenzgrafen gegen das Reich ein. Seine bayrischen Gefolgsleute bildeten seine Truppe.

Auch die Archäologen konnten bis jetzt kein Rüdiger-Zeugnis ausgraben. Ein Teil des römischen Lagers scheint wohl noch in der Ungarnzeit so weit erhalten gewesen zu sein, daß man es als Burg benutzen konnte. Die Donaufront des Lagers war vom Strom zerstört worden. Auf dieser freien Fläche, etwa dort, wo heute die Pfarrkirche steht, könnte nach Meinung vieler Forscher Rüdiger seine Burg erbaut haben, und unter ihren Mauern floß, wie im Nibelungenlied geschildert wird, die Donau.

Als zu Beginn dieses Jahrhunderts ein romantisiertes Geschichtsbewußtsein die ehrsamen Biedermänner zu einem Kopfsprung in eine heroische Vergangenheit riß, verwirrten den Pöchlarnern die Nibelungen den Sinn. Nibelungengau, Nibelungengasthöfe und das Nibelungenlied waren nicht Nibelungen genug. Die Pöchlarner sollten höchstpersönlich zu burgundischen Recken werden und Hagen, Gunther, Giselher und Gernot nacheifern. Ein Nibelungenverein wurde gegründet. Mehrere Nibelungenbarden befürworteten den Plan, bei Pöchlarn »ein hochragendes Nibelungendenkmal zu errichten, ein ragendes Denkmal, das auch den minder Achtsamen an die gewaltige Vergangenheit dieses Ortes gemahnen sollte«. Noch drastischer wollte der Schriftsteller Ignaz Paür die Nibelungenauferstehung vollziehen. Pöchlarn sollte Bayreuth in den Schatten stellen und Paur vor Richard Wagner genannt werden. Der Mann regte nämlich ein »Volksschauspiel« an, und noch bevor ein Stück vorhanden war, machte sich ein anderer Nibelungenfan, ein gewisser Theodor Weiser, daran, die Darsteller aus dem Volk zu schulen: »Es war nötig, die Spieler mit Sitten und Gebräuchen der in Betracht kommenden Zeit vertraut zu machen, sie an die Benutzung der Gerätschaften, Rüstungen und

Waffen zu gewöhnen, Leibesübungen, Spiele und Tänze der Zeit zu pflegen – die Rüstungen aber und die Kostüme sollten von Pöchlarner Handwerkern und Gewerbetreibenden hergestellt werden...«, heißt es in der Zeitschrift des Nibelungenvereines.

Pöchlarner Spengler wurden also zu Waffenschmieden, frische Dirndln zu hehren Jungfrauen, dralle Bäckermeisterinnen zu vornehmen Burgfrauen, niederösterreichische Volksschullehrer zu deutschen Helden und Mitbürger, die über schlechte Beziehungen zur Festspieldirektion verfügten, zu verhaßten Hunnen oder Heunen.

Ein Preisausschreiben, mit 5000 Kronen dotiert, brachte 1905 38 Einsendungen. Einstimmig wurde ›Das Fest der Treue‹ von Gustav Eugen Diehl erwählt, und einer der Neu-Nibelungen verbreitete sich optimistisch über die geistigen und kommerziellen Aussichten des ebenso titanischen wie teutonischen Superspektakels:

»Das Fest soll zwei Tage dauern. Am Donauufer soll eine Nibelungen- und Etzelsburg erstehen. Zwischen den beiden Teilen des Volksschauspieles sind jedoch altdeutsche Feste und Vergnügungen aller Art geplant, Floßfahrten, eine Sonnwendfeier, ein Jahrmarkt. Auch für die Zuschauer werden Kostüme zum Kauf oder zur Miete zur Verfügung gestellt, die stilvoll und doch einfach und leicht zum Teil über den gewöhnlichen Kleidern getragen werden können. Das Publikum wird sich in diesen Kostümen auch zu den Aufführungen einfinden und so durch sein Erscheinen im Kostüm der Zeit, passiv mitspielend, viel tiefer in die Stimmung des Gebotenen hineingeraten, als dies gewöhnlich der Fall ist ... da die Gäste genötigt sind, während des Festes einmal zu übernachten, muß in reichlichstem Maß für Quartier gesorgt werden, verschiedene Hotelgesellschaften sind in diesem Sinn bereits für die Pöchlarner Spiele interessiert worden...«

Zum Schluß träumt der anonyme Autor noch davon, welch deutscher Kraftquell durch die Spiele in Pöchlarn entspringen könnte: »... dann wird in uns Deutschen die Freude wieder auflodern, die stürmische Begeisterung für deutsches Sein und deutsche Art, dann wird unser Herz höher schlagen und uns bestürmen, daß wir zur großen Vergangenheit eine Zukunft schaffen, die nicht kleiner sei. Und Pöchlarn wird uns ein Mekka heißen...«

Kleinliche Streitigkeiten, mißbrauchte Nibelungentreue und

die große Zukunft in der Form des Ersten Weltkrieges verhinderten dieses germanische Oberammergau. An der Stelle, die für die Burg reserviert war, ragt nun ein Silo für 1000 Waggon Getreide, und manch einsichtiger Pöchlarner ist froh darüber, daß seine schöne Stadt nicht durch einen Alptraum von einem Nibelungenmonument verschandelt werden konnte. Die Freude am Festspielen ist den Pöchlarnern dennoch nicht vergangen. Ihre alljährlichen Sonnwendfeiern am Donauufer mit Lichterzauber und historischen Szenen ziehen über 10000 Zuschauer an.

Nibelungensitte wurde in den dreißiger Jahren auch im Zusammenhang mit einer blutigen Tragödie gepflegt. Als nämlich eines Tages der Pöchlarner Pfarrer und seine Wirtschafterin erschlagen aufgefunden wurden, wandte die Mordkommission die sogenannte Hagen-Methode an. (Hagen von Tronje wurde bekanntlich als Mörder Siegfrieds entlarvt, als er an die Bahre trat und die Wunde des Toten wieder zu bluten begann.) Man sperrte also den Hauptverdächtigen eine ganze Nacht lang in die Kirche, in der die beiden Mordopfer aufgebahrt waren. Aber der Mann beharrte darauf, unschuldig zu sein, und aus den Wunden floß kein Blut. Der Mord blieb ungeklärt, und jahrelang lastete dieses »Der-Mörder-ist-unter-uns«-Gefühl auf der Gemeinde. Selbst nach 20 Jahren, als der Verdächtige von damals zu Grabe getragen wurde, hatte ein lieber Mitbürger die Lichter an den Gräbern des Pfarrers und der Wirtschafterin entzündet. Die sinnige Grabinschrift lautet übrigens: »Sie sind einem Mordanschlag zum Opfer gefallen – die dankbare Stadtgemeinde.«

12. Kapitel

Kaiserzimmer und Fürstenverlies
Die Wachau

Ein Kanonenschuß rollt über die Donau. Der Hall kommt von der Ruine Weitenegg und bricht sich an den Mauern von Melk. Der Klosterfelsen retourniert postwendend das Echo. Der Krach löst eine ganze Kanonade aus – auf den Basteien des Klosters, das sich auch für eine Burg ausgeben kann, werden die Lunten entzündet. Zur Pazifizierung des kriegerischen Lärmes mischen sich jedoch die Glocken in das Getöse. Und Abt, Landmarschall, Oberkommissarius, Prior und alle anderen Männer von Rang begeben sich in feierlicher Erwartung zur Schiffsstation. Das große königliche Leibschiff und 35 Schiffe für das Gefolge nähern sich dem Landungssteg. Die Häupter senken sich, die Perückenzöpfe weisen zum Firmament, Maria Theresia betritt Melker Boden und lehnt es lächelnd ab, die ihr auf einem seidenen Kissen dargebotenen Kloster- und Stadtschlüssel anzunehmen. Sie seien in den Händen des Abtes besser aufgehoben, meint die Monarchin.

So läßt sich an Hand zeitgenössischer Darstellungen der Besuch Maria Theresias am 3. Juli 1742 in der Benediktinerabtei Melk rekonstruieren. Triumphpforte, Diadem, steinerne Orgel und noch viele andere Bilder haben die Dichter ersonnen, um die Verbindung zwischen Donau und dem in überirdischer Vollkommenheit mit der Landschaft vermählten Klosterbau bildhaft zu beschreiben – die einzige Möglichkeit, die Schönheit Melks und seine Einheit mit der Donau zu erfassen, ist die andächtige Betrachtung. Wenn man das Kloster aber betritt, dann soll man es nicht mit einem routinierten Fremdenführer tun, sondern am besten mit einer jener Persönlichkeiten, für die es als eine Art irdische Himmelsleiter gedacht war: mit einer Majestät. Und in Melk haben die gottesfürchtigen Habsburger, die wie kein anderes Kaisergeschlecht das Römische im Heiligen Reich hervorhoben, öfter als in den anderen klösterlichen Bereitschaftsquartieren angeklopft. Zwar nicht demütig wie ein müder Wanderer, sondern mit dem Stab des Hofmarschalls – aber als dennoch untertänigst aufgenommene Gäste.

In den Archiven von Melk hat man auch die majestätischen

Rechnungen aufgehoben, die das Kloster nur der eigenen Verwaltung präsentieren konnte. Als Maria Theresia ihre Visite ankündigte, engagierte Abt Adrian Pliemel schon 14 Tage vorher vier Wiener Köche. Und der Küchenmeister war angehalten, eine »Spezifikation deren zur Bewürthung Ihrer Majestät der Königin und dero Suite gemachten Unkösten« zu erstellen.

In diesem kulinarischen Katalog sind neben vielen anderen nahrhaften Posten »587 Pfund Rindfleisch, 743 Pfund Kälbernes, neun Kalbsköpf, 40 Kälberfüß, 33 kälberne Brüstel, 56 Pfund Schweinefleisch, 78 Pfund Schöpsernes, 13 Lämpl, vier Pfund Ochsennieren, vier Pfund Mark und vier Ochsenzungen enthalten, und zur Verpflegung der königlichen Stalleute 214 Pfund Rindfleisch und für die Soldaten 54 Pfund Rindfleisch«.

Das den Gaumen strapazierende Verzeichnis geht noch weiter: »sechs Pfund Kaffee, 32 Hasen, eine erkleckliche Menge Federwildbrets, elf Achtel Schmalz, 1405 Eier, 15 Stück Forellen, sechs Pfund Karpfen, acht Pfund Zibeben, sechs Pfund Weimberl, neun Lot Zimet, sieben Stück Rehböck, ein Stück Gemsen, zwei Stück Hirschkälber, 1175 Stück Krebsen und fünf neue Bratspieß vom Meister Schlosser.« Das Gesamtbudget dieser eintägigen königlichen Versorgung samt Trinkgeldern und sämtlichen Dienstleistungen: 2405 Gulden, 8,5 Kreuzer. Zum Vergleich – in den großen Baujahren der Abtei zwischen 1702 und 1740 wurden pro Jahr an Baukosten durchschnittlich 1700 Gulden ausgegeben.

Maria Theresia wußte den Aufwand zu schätzen. Bei der Ankunft erkundigte sie sich nach der Höhe des Stiftberges und bemerkte dann freundlich und liebenswürdig: »Einen sehr schönen Tag haben wir heute.«

Triumphbögen, Trompetenchöre, Posaunen und Pauken, Studenten in militärischer Aufstellung mit ihrer eigenen Musikkapelle, die fünf niederösterreichischen Prälaten, der Konvent an der Hauptstiege, die steigende Spannung durch die Folge von Toren und Höfen, einer größer und prunkvoller als der andere, ein Gleichklang zwischen den Bauten und den Menschen, die nur dazu geschaffen zu sein schienen, diesen Rahmen in natürlichster Weise auszufüllen: das alles war vor der Königin wie ein Empfangsgeschenk hingebreitet.

Über die Prälatenstiege ließ sich die Königin mit ihrer Tochter Marianne in einem offenen Stuhl tragen – wegen ihres Zustandes. Maria Theresia schenkte fünf Wochen später ihrem sechsten Kind das Leben, und man zieht den Hut vor der Frau, die noch solche Strapazen auf sich nahm. Eine halbe Stunde nach der Ankunft erwartete sie die Tafel im Marmorsaal. Unter dem Fresko Paul Trogers, das den Triumph der Mäßigkeit verherrlicht, wurde dem Gott des Überflusses Tribut gezollt.

Nicht nur für den Magen, auch für das Auge war diese Tafel gedeckt. In der Mitte des Tisches war ein von zwei Löwen gezogener Triumphwagen aus Wachs und Zucker aufgestellt, der von dem damals zweijährigen Erzherzog Joseph gelenkt wurde. Seine Mutter half ihm jedoch beim Halten der Zügel. »Dies werd ich meinem Sepperl nach Haus bringen«, soll Maria Theresia entzückt ausgerufen haben. Als Ohrenschmaus stand »angenehme Vokal- und Instrumentalmusik« auf der Karte.

Nach einer kürzeren Ruhezeit geleitete der Prälat die Königin durch das Kloster. Gegen halb neun begab sie sich in ihre Gemächer. Geweckt wurde am nächsten Morgen noch zu nächtlicher Stunde. Schon »puncto um vier uhr fruhe« wohnte Maria Theresia vom Kaiseroratorium aus der Messe bei. Um drei Viertel fünf bestieg sie den Wagen, nicht ohne vorher dem Abt 100 Gulden für die Armen und einen reichlichen Geldbetrag für die »Melker Hospitaliter« spendiert zu haben.

1745 übernachtete Maria Theresia auf ihrer Reise nach Frankfurt zur Kaiserkrönung ihres Gemahles Franz Stephan wieder in Melk, und am Karfreitag 1764 fuhr sie ihrem Sohn Joseph II., der in Frankfurt zum deutschen König gekrönt worden war, bis Melk entgegen und verbrachte die Ostertage im Stift. Für diesen Besuch wurde das Stift vom Hofe angewiesen, Kanonen und Böller dermaßen abzuschießen, daß dadurch »keine Unordnung unter den Pferden veranlasset würde«. Im Kloster aber sah man sich gezwungen, einem orientalischen Gast, dem Prinzen Elias Abaisci vom Berg Libanon, nur ein Zimmer im untersten Stock anzuweisen, denn »die asiatischen Gäste machen die vornehmen Zimmer durch allzuviel Tabakrauch stinkend, und die einheimischen Gäste wieder beklagen sich, durch diesen Gestank würden sie zum Erbrechen gereizt, da ihr Magen sich umdrehe...«

Für einen kaiserlichen Besucher, der nicht so ganz nach dem Geschmack der Habsburger war, läuteten im November 1805 die Glocken von Melk. Napoleon nahm die lateinische Huldigung des Prälaten, der dem nicht gerade kirchenfreundlichen Korsen in vollem Ornat gegenübertrat, gnädig entgegen. Er räumte den Benediktinern sogar ein, daß sie sich um die Wissenschaften Verdienste erworben und seine Armee unterstützt hätten. Bonaparte übernachtete in den Kaiserzimmern, ging zur Messe und kostete mehrere Weinsorten. Dann entwarf er gleich Pläne zur Verbesserung der Basteien des strategisch günstig gelegenen Klosters und befahl seinen Sappeuren, neue Artilleriestellungen aufzuwerfen. 1809 hielt der Kaiser der Franzosen sein Pferd noch einmal in Melk an. Wieder kostete er den Wein, kritisierte die minderere Qualität, ließ das Kloster aber ungeschoren.

Selbst der Klostersturm nach 1938 konnte Melk wenig anhaben. Die exponierte Lage des Klosters, seine Attraktivität, seine dominierende Stellung veranlaßten die nationalsozialistischen Machthaber, Melk als katholisches Aushängeschild zu verwenden. Im Kloster waren zwar Arbeitsdienst, Militär und Finanzamt einquartiert, die Mönche wurden aber nicht vertrieben. Wann immer man einem Staatsgast einen Beweis für die Religionsfreiheit liefern oder einen katholischen Politiker, den man gerade benötigte, ein wenig in Weihrauchduft baden wollte, dann führte man ihn nach Melk: Kroaten, Spanier, Italiener und den deutschfreundlichen Mufti von Jerusalem.

Die barocken Symbole von der Einheit zwischen Kirche und Staat, das Kreuz und der Adler oder am Hochaltar der Hohepriester Aaron und der Stammesführer Moses, drängten das Melker Kloster selbst in einer Zeit, da weder Moses noch Aaron Führergewalt hatten, in eine staatspolitische Funktion.

Wie war es nun möglich, in einer Spanne von 30 Jahren zu Beginn des 18. Jahrhunderts mit solcher gigantischer Wucht, mit solch einem riesigen Aufwand und vor allem so zielstrebig mit den Mitteln der Architektur die Landschaft zu verändern und durch ein Bauwerk vor aller Welt die damals herrschende Einheit von Kirche und Staat zu dokumentieren?

»Entweder nützen oder überhaupt nicht Abt sein« war der Wahlspruch des bedeutendsten Bauherrn von Melk, des Prälaten Berthold Dietmayr, der im November 1700 im Alter von 30 Jahren mit einer Zweidrittelmehrheit zum Abt gewählt wurde. Sein Porträt zeigt scharfgeschnittene Züge, eine hohe Stirn, auf der ein fester Wille geschrieben steht, der keinen Widerspruch verträgt, klare, kalte Augen, die sich nicht in mystischer Betrachtung verlieren, sondern gewohnt sind, die konkreten Wirklichkeiten dieser Welt zu sehen, ein Mund zum Befehlen geschaffen – das Abbild eines Politikers, einer Führernatur, eines Mannes, der nicht nur als Abt eine Spitzenposition bekleidet hätte. Der Sohn des Hofrichters von Gaming war nur einer der jungen Männer, die um diese Jahrhundertwende die Zügel ergriffen, um in einer barocken Revolution die Betonung auf die Silbe »reich« im Worte Österreich zu legen.

Nach zwei Jahrhunderten Krieg und Niedergang – man hatte die ersten Türkeneinfälle, die Bauernkriege, die Reformation, den Dreißigjährigen Krieg, die Gegenreformation und die zweite Türkenbelagerung Wiens irgendwie überlebt – war aus der Abwehr Offensive geworden, war der Feind nicht mehr in unmittelbarer Nähe der Grenze, war Österreich auf die Siegesstraße geraten. Eine neue Generation wollte nun, beseelt von einem barocken »New-frontier«-Geist, eine dauernde neue Ordnung schaffen. Man fühlte, daß die Geschichte im rechten Lot war, daß Sicherheit herrschte und die Dinge wieder Bestand hatten. Diesem Gefühl wurde in Marmor und Gold Ausdruck verliehen. Es waren alles junge Männer – Kaiser Joseph I. kam mit 27 Jahren auf den Thron und starb dreiunddreißigjährig, sein Bruder Karl VI. folgte ihm als Sechsundzwanzigjähriger, Prinz Eugen errang seine ersten großen Siege, als er einige Jahre über 30 war. Auch die Klöster hatten den Mut, sich junge Obere zu erwählen.

Abt Berthold riskierte es, einem zwar leidlich bekannten, aber doch noch nicht arrivierten Baumeister aus Tirol den Klosterumbau anzuvertrauen: Jakob Prandtauer, der in Niederösterreich bis dahin an kleinen Kirchen, Schlössern, Stiftshöfen, Brücken- und Kellerbauten gearbeitet hatte. Im Kloster Melk hängt ein Bild Prandtauers. Ein unbekannter Maler hat den Fünfundsechzigjährigen 1725, ein Jahr vor seinem Tod, in der Pose eines Herrn, wegen seines Gichtleidens auf einen Krückstock gestützt, die rechte Hand auf dem Melker Bauplan, im Hintergrund die eben vollendete Prälatur, verewigt – ein einfaches, klares Bauerngesicht, vielleicht schon etwas müde vom Leben, zerfurcht, unter einer langhaarigen braunen Perücke. »Die großen Hofarchitekten jener Zeit, Fischer von Erlach und Hildebrandt, haben phantastische Projekte entworfen, die wenigsten wurden jedoch zur Gänze verwirklicht, nur Prandtauer, dieser schlichte Tiroler, hatte auch den Sinn für die tatsächlichen Gegebenheiten und das rechte Maß«, sagt man in Melk. »Sein Bau steht heute so da, wie er ihn geplant hat.«

Diesem glücklichen Ende stellten sich allerdings ungeheure Hindernisse entgegen. 1702 wurde der Bauvertrag unterzeichnet, ein Jahr danach brannten im Osten Niederösterreichs wieder Dörfer. Die Kuruzen, ungarische Aufständische, verheerten das

Land. Im Westen begann der Krieg um das spanische Erbe der Habsburger, und die Forderungen des Kaisers an die Klöster schnellten in die Höhe. In Ungarn ging es wieder gegen die Türken. Immer neue Lasten hatte Melk zu tragen, aber es wurde unverdrossen weitergebaut. Nicht einmal die Pestwelle von 1713 brach den Bauwillen des Prälaten. Wie sah die Finanzgebarung Melks damals aus? Die Einnahmen des Stiftes flossen vor allem aus dem Grundbesitz, dem Zehent, aus Jagd, Fischerei usw. Dietmayr konnte zwischen 1704 und 1708 mit jährlichen Gesamteingängen von 45000 bis 65000 Gulden rechnen. In Friedenszeiten wurden davon 16000 bis 27000 Gulden für den Klosterbau abgezweigt. Wenn der Kaiser zu tief in den Klosterschatz griff, waren es nur 6000 bis 7000 Gulden. Die Arbeitskräfte waren billig – ein Maurer oder Steinmetz konnte im Jahr bestenfalls auf 75 Gulden kommen. Prandtauer kassierte in Melk 300 Gulden. Weil er aber kurz darauf auch Verträge mit Sankt Florian, Herzogenburg und Kremsmünster abschloß, hatte er ein Jahreseinkommen von rund 1000 Gulden plus Reiseentschädigungen, freiem Aufenthalt und anderen Privilegien. Dafür verpflichtete sich der Architekt, die Pläne zu zeichnen und jährlich bis zu viermal die Baufortschritte zu kontrollieren.

Abt Dietmayr wurde von seinen Mönchen wegen der hohen Bauausgaben heftig kritisiert. Man warf ihm vor, nur auf seine Baumeister zu hören, und verklagte ihn wegen seines verschwenderischen Treibens sogar beim Kaiser. Der Monarch stellte sich jedoch vor den Prälaten, den er auch als politischen Berater überaus schätzte. Er wollte Abt Berthold sogar als Botschafter an den polnischen Hof entsenden, aber der Abt lehnte ab und antwortete mit einem echt barocken Brief: »... (wenn ich) im Falle (der Ablehnung) aber hiedurch in kaiserliche Ungnade wider Verhoffen verfallen sollte, bin ich erbietig, lieber mit der kaiserlichen Gnaden nicht nur nach Polen, sondern auch nach Indien und bis an die Grenzen der Erde abgeschickt zu werden, als mit dero Ungnade im österreichischen Paradies zu verbleiben ...«

Der Abt blieb seinem Kloster erhalten und beim Kaiser in Gnade. Kurz bevor die Türme der Kirche mit vergoldeten Monstranzen gekrönt wurden, 1739, starb der Bauherr, 13 Jahre nach seinem Baumeister. Die Frucht dieser idealen Zusammenarbeit zweier genialer Männer ist jedoch unvergänglich – das Wahrzeichen des Donaubarocks, des sogenannten österreichischen Heldenzeitalters; auf dem Felsen, der die erste Babenbergerburg getragen hatte, ist der Stein lebendig geworden, gefasert von der strengen Fassadengliederung der Südfront mit ihren unzähligen Fenstern in Paradeformation, erblühend in den beiden Türmen und der Kuppel. Zur Donau hin spielte Prandtauer jedoch Theater, er schob die Kirchenfront zurück und ließ den Marmorsaal und die Bibliothek als vorgezogene Flügel eine Bühne einfassen, die alle Pracht des höfischen Barocktheaters entfesselt. Sie wirft ihr Spiegelbild in die Donau oder badet im nächtlichen Scheinwerferlicht. Dahinter verbirgt sich ein Kircheninneres, das für all die anderen Gotteshäuser seiner Zeit an der Donau eine Steigerungsform sein will. Prandtauers Mitarbeiterstab bestand aus Theateringenieuren, Historiographen, Architekturmalern, Marmorierern, Freskanten, Plastikern und Inventoren, die sich alle in guter Teamarbeit der Idee des Ganzen unterwarfen – Beduzzi, Mattielli, Widerin, Götz, Fanti, Rottmayr: Sankt Benedikts Auffahrt in einen wahren Freskenhimmel, die theatralische Begegnung der Apostel Petrus und Paulus, deren überlebensgroße Figuren am Hochaltar durch eine geschickte Inszenierung, von geheimnisvollem Seitenlicht bestrahlt, Fleisch und Blut werden, das Marmorbraun, das das Gold dämpft und dadurch noch goldener, noch vornehmer werden läßt, ein überdimensionales Orchester, das keine falschen Töne kennt, ein einziger jubilierender Lobgesang, getreu dem benediktinischen Grundsatz, daß zur Ehre Gottes nichts zuviel sei, ohne daß dabei aber das weltliche Element in dieser barocken Frömmigkeit zu kurz kommt.

Was das Bauwerk der Landschaft schenkt, gibt diese ihm mit Zinsen wieder. Ein Ausruhen, Innehalten, Einatmen und Hinausschauen auf der Altane vor der Kirche verschafft einem die Ehre einer Huldigung durch das Donautal, ganz gleich, ob man nun Fürst ist, Präsident, Kardinal oder nur ein Autobustourist mit dem Jausenpäckchen in der Manteltasche. Der Strom wird einem untertan. Den unterwürfigsten Bürodiener müssen hier Herrschergefühle anwandeln, und ein Napoleon hat vielleicht Demut verspürt vor der Gewalt des Anblickes.

Denn ab Melk präsentiert sich die Donau in einer Luxusverpackung, nicht in schimmerndem und funkelndem billigem Plakatglanz, sondern in jenem wahren Luxus, mit dem ein kostbarer Jahrgang eines guten Weines für Kenner verpackt wird. Und die Donau hat hier auch einen Markennamen wie ein auserlesener Wein. Sie schickt sich an, sich in die Wachau zu begeben, in dieses steile Tal der Weinbergterrassen, der bizarren

Felsgebilde, der Raubritterruinen und Klosterhöfe, der Maler und Touristen. Man hört Wachau, und statt des Stromes grauer Flut strömt goldgrüner Wein aus einer jahrtausendealten Kulturlandschaft, gemächliche Postschiffe tuten vor den Pontons, in kleinen Gasthöfen klingen Gläser, und in einem Keller steckt der Hauer den gläsernen Heber ins Faß, nimmt den Schlauch in den Mund, zieht einmal an, und schon rinnt das kostbarste Gut dieses Tales in den Krug.

Der Wein hat den Bewohnern des Tales stets eine privilegierte Stellung gesichert. Der Wein verlangt eine besondere Pflege, darum müssen auch die, die ihn pflegen, gepflegt werden. Diesem Grundsatz verdankt heute selbst in der totalen kommunistischen Kollektivisierung eine Enklave des Privateigentums ihre Existenz – die Weinbauern von Tokaj in Ungarn behielten ihre Weingärten. Denn die ungarischen Agrargewaltigen haben eingesehen, daß nur freie Weinbauern für die Qualität des echten Tokajers, dieses wertvollen Devisenbringers, garantieren können. So waren auch die Weinhauer der Wachau schon im Mittelalter freier als die übrigen Bauern. Auf den festen Höfen in den Märkten und Dörfern der Wachau mit ihren gotischen Gewölben, Sgraffitiverbrämungen aus der Renaissance, den schattigen Lauben und Arkaden, den selbstbewußt vorprotzenden Erkern, den mittelalterlichen Bruchsteinmauern, tiefen Kellern und breiten Dächern kann man hofhalten. Ihnen gegenüber schrumpfen durchschnittliche Bauernhäuser zu Taglöhnerhütten zusammen, und selbst die Vierkanthöfe haben der stolzen Repräsentation Wachauer Haus- und Wohnkultur nur bäuerliche Zweckmäßigkeit gegenüberzustellen. Der Weinhauer durfte zwar den Titel Herr nicht tragen, aber er wußte wie ein Herr zu leben. Seine Dörfer und Häuser künden das den Schiffen und Reisenden auf der Donau. Und die zornigen gotischen Wehrkirchen stehen für seine Wehrhaftigkeit ein: abweisende Gemäuer, in denen die Fenster oft nur Schießscharten sind, Türme, die nicht aufragen, sondern sich eher auf dem Dach ducken, damit der Beobachter in der Luke vor dem Feind sicher ist, die bildliche Übersetzung des Spruches »Hilf dir selbst, so hilft dir Gott« – die Bauern verwandelten ihr Gotteshaus in eine Festung, stellten sich unter den Schutz des Kreuzes und der rauhen Mauern und verteidigten sich im Namen Gottes mit eigener Kraft, so gut sie konnten, ähnlich den Siebenbürger Sachsen, die in ihren noch größeren und stärkeren Wehrkirchen die Türkenstürme überlebten.

Stürme hatte auch die Wachau genug zu überstehen. Da stößt man auf einen Franzosenstein, dort auf einen Russenfriedhof oder ein Schwedenkreuz. Man erzählt Awaren-, Türken- und Hussitengeschichten. Die Weingärten waren immer wieder bedroht. Die ersten Weinhänge der Römer wurden von Germanen verwüstet, doch als die durch den Zusammenbruch des Imperiums entfesselten Völkerströme eingedämmt wurden, war die Wachau bereits wieder Weinparadies. Ein slawisches Großreich, das bis in die Wachau reichte, versank, die Awaren preschten vor, Karl der Große warf sie zurück. Am 6. Oktober 830 malte ein Schreibermönch dann zum erstenmal den Namen »Wachau« in eine Urkunde. Ludwig der Deutsche erwähnt in einem Schenkungsbrief den Ort Uuahouua beziehungsweise Wahowa. Die Sprachforscher streiten noch immer darüber, ob das Wort von »wacta« – wachen (wegen der gegen awarische Streifscharen an der Donau eingerichteten Vorposten) –, von »vahen« – einfangen, also Fische fangen –, von »vag« oder »vah« – Woge oder Welle – oder aus dem Slawischen kommt. Für die im 9. Jahrhundert schon mächtigen und reichen bayrischen Klöster wurde die Enge zwischen Melk und Krems geradezu zu einer Kolonie. Das Gleichnis vom Bestellen des Weinberges des Herrn wurde von den Mönchen in zweifacher Weise gedeutet, im übertragenen Sinn erfüllten sie ihren Missionsauftrag, kultivierten die Seelen und ernteten daneben ganz konkret den reichlichen Weinsegen des Tales. Sie lieferten Christentum und erhielten als Gegenleistung Land und Wein. Die »Urwachau« mit Spitz als Zentrum wurde dem Donaukloster Niederalteich übertragen. Bald waren auch das Erzbistum Salzburg, das Bistum Passau und die Abteien Tegernsee und Metten in der Wachau vertreten. Später werden rund 30 Bischöfe und Äbte ihre Hand über die Wachau halten. Die Donau wurde zur Weinstraße. Der Wein floß gegen den Strom donauaufwärts, herunter brachten die Schiffe Salz. Diese frühe Prosperität wurde jedoch durch die Ungarneinfälle unterbrochen, und erst nach der Schlacht auf dem Lechfeld (955) reichte das Heilige Römische Reich wieder bis zur Wachau und darüber hinaus. Die Babenbergerherrschaft ermöglichte eine ruhige Entwicklung. Die weinbauenden Untertanen genossen eine Art Selbstverwaltung, waren frei von Robot und konnten für verhältnismäßig geringen Zins über Haus und Grund verfügen. Der Weinbedarf stieg. Der weintragende Boden wurde knapp. Nun erst formten die Menschen das heutige Bild der Wachau – die Wälder wurden gerodet und die steilen Südhänge in mühseliger Arbeit durch Terrassen aus Bruchstein gezähmt, bewältigt, zu Weinbergen modelliert.

Am Eingang des Tales hat der Wein die Wälder jedoch nicht verdrängen können. Schloß Schönbühel der Grafen Seilern-Aspang ist vor einem grünen Hintergrund zur Schildwache eingeteilt. Dunkle Felsen bedrängen in der Aggsbacher Enge von beiden Seiten den Strom. Die dräuende Geste der Natur nachäffend, stellt sich einem das Mauerwerk der Ruine Aggstein in den Weg, beherrschend auf Felsenhöhen, keinen Zweifel darüber lassend, wer da oben einmal zu Hause war – die wahren Herren der Wachau, die allmächtigen Kuenringer. Auch aus ihrer Macht wurde Ohnmacht, ihr Ruin spiegelt sich in einer Ruine, die heute nicht mehr Raubritter beschäftigt, sondern Konservatoren, nicht mehr Kaufleute in ihre Verliese zwängt, sondern durstige Bergerkletterer in eine Burgtaverne. Mit ein wenig Phantasie und Ausdauer kann man beim Herumstreifen zwischen zerbrochenen Toren, blinden Fenstern, Sälen ohne Decken, Türmen ohne Kappen, Gängen ohne Ausgang und Brunnen ohne Wasser ein wenig von der vermotteten Ritterromantik erahnen, erschnüffeln, erfahren – von den Rittern Nizzo von Gobartsburg, Azzo von Hezzmannswiesen, von den »Hunden« von Kuenring, Heinrich und Hadmar, und dem schrecklichen Georg Scheck vom Wald, den das Volk den »Schreckenwald« schimpfte. Der Blick wagt den Sprung in die taumelnde Tiefe hinunter zum Strom und zum Schleppzug, der ungestört zu Tal fährt. Keine Eisenkette stoppt seine Dieselmaschinen und kein ritterliches Prisenkommando. Man genießt vom »Rosengärtlein« die Aussicht, von jenem Felsplateau, auf dem der Sage nach Schreckenwald seinen Feinden eine mörderische Hungerkur, gemildert durch einen beispiellosen Rundblick, verordnete. Der ritterliche Diätfachmann stellte die Unglücklichen vor die Wahl, entweder elendiglich zu verhungern oder in den Abgrund zu springen.

Sowohl die Raubrittermären um die Kuenringer als auch die Schreckenwald-Moritaten werden von den Historikern entmystifiziert. Die Kuenringer ehrt man heute bereits als das große Rittergeschlecht der Wachau. Die Ministerialen und Vögte der Babenberger waren in Ungnade geraten, weil sie sich mit Herzog Friedrich dem Streitbaren 1231 um ihre Rechte streiten mußten. Dabei soll einer der Kuenringer allerdings eine anderwärtige Kriegsverpflichtung des Herzogs in Böhmen ausgenutzt und am hellichten Tag den Inhalt der Wiener herzoglichen Schatzkammer beschlagnahmt haben. Nach einem zweiten Aufstand der Kuenringer gegen die Landesherren verödete die Burg, und auch ihr nächster Herr, der Kammermeister Reckenwald, der sich als Mautrechtinhaber unbeliebt machte, mußte 1463 die Burg gegen die Truppen des Habsburgers Albrecht VI. verteidigen. Nach einigen weiteren Belagerungen und Erstürmungen war die Burg endlich reif für den Verfall, und die Namen ihrer Herren litten bis in die Gegenwart unter den Folgen der psychologischen Kriegführung ihrer Gegner. Denn auch im Mittelalter und danach waren Greuelpropaganda und die Verteufelung des Gegners beliebt.

Zu Füßen der Burg, verborgen durch den Knick eines kühlen und schattigen Einschnittes zwischen den Bergen, in Aggsbach Dorf, wird neben der Vergänglichkeit des Zeitlichen auch der Zeitlichkeit des Ewigen das Wort geredet. Von den Mauern einer Kartausenruine bröckeln Mörtel, Sand und fromme Sprüche. Die Einsamkeit dieser Gemeinschaftseinsiedler wurde nach vierhundertjährigem Bestand (mit längerer Unterbrechung während der Reformation) 1782 von Kaiser Joseph II. beendet. Seitdem ist es in dem Tal noch einsamer geworden. Restauratoren sind dabei, die Kirche zu retten. Die Häuschen der Mönche haben nur Abdrücke im Boden hinterlassen. Die Wirtschaftsgebäude, die schützenden Mauern, die Höfe, die Türme und die schlanken, hohen Kamine scheinen sich allesamt als Dekoration für einen Gruselfilm anzubieten. Einige Räume sind bewohnt, da lugt ein Kinderkopf hinter einer zerbrochenen Fensterscheibe hervor, dort hängt Wäsche zum Trocknen. Diese profanen Zeichen von Leben sind für ein geistliches Bauwerk meist Todesanzeigen. Und die Menschen, die sich in solch sterbendem oder bereits abgestorbenem Gemäuer einnisten, werden, ohne es zu wissen oder zu wollen, in eine Geierrolle gedrängt. Ja sie werden vom allgemeinen Verfall selbst angesteckt. Das einst so fest Gefügte zersetzt sich und seine Umgebung. Die Treppen führen nur nach unten, die Fenster schauen nur nach innen, die Dächer sammeln den Regen, und das Unkraut wird plantagenreif.

Nur weiter draußen, wo das Tal breiter wird, hat der Puls dieser Klostersiedlung nicht vor fast 200 Jahren, sondern erst 1956 zu schlagen aufgehört. Das Haus ist aus dem gleichen Stein wie die Kartause. Nach längerem Klopfen öffnet eine magere Frau und führt in die ehemalige Hammerschmiede der Kartäuser: ein rauchiger hoher Raum, geschwärzte Dachbalken, Esse und Amboß, vor denen Wagners Siegfried bereitwillig seine Muskelkraft produzieren würde, und der Hammer, dieser Urhammer, ein Eisenklotz auf einem Baum, zwischen stahlharten Holzblöcken eingeklemmt, ein rohes Schlaginstrument, wie es im Gebrauch war, seitdem man mit Hilfe von Feuer und Wasser aus Eisen Klingen und Sensen hämmert. Das Unbegreifliche an diesem Museum aber mit den Wänden voll altertümlichen Werkzeugen – es ist kein Museum. Bis zu seinem Tod 1956 hat Schmiedemeister Josef Rehn hinter dieser mittelalterlichen Maschine gestanden, hatte der Bach die Wasserräder betrieben, waren Bauern um hammergeschmiedete Sensen und Sicheln gekommen. Die Tochter des Meisters hütet nun dieses Relikt archaischen Handwerks. »Vom Fernsehen warn s' auch schon da und hab'n alles aufgenommen.« Was aus der Schmiede werden soll? Sie weiß es nicht. So ist zu befürchten, daß dieser unbrechbare Eisenhammer unter den noch schwereren Hammer der Zeit gerät.

Nach Aggstein ist im Donautal die Moderluft verweht. Da ist alles in Fluß wie der Strom. Das Land wird hier in Vierteln bemessen, in Weingartenvierteln (ein Viertel Weinland entspricht einem Joch, das sind nicht ganz 60 Ar). Und die Namen der Terrassen, Hügel und Gärten decken sich mit denen berühmter Weinmarken. Das nächste Ortsschild wird jedoch zu einer Umleitung in Zeiten, da der Wein hierzulande noch nicht erfunden war. Bei einem guten Glas Wein kann man im »Gasthaus zur Venus« in Willendorf die Geister der Vorvergangenheit beschwören. Die Venus thront nicht hinter dem Schanktisch, auch die rundliche Frau Wirtin bewirbt sich nicht um diesen Miß-Titel. Ein Abbild der ältesten Wachauschönheit wird in Originalgröße in einem Glaskasten ausgestellt. Ein elf Zentimeter hohes, pralles Weibchen mit Hängebusen und gekraustem Wollhaar – so läßt sich die vor 25 000 Jahren aus Kalkstein gemeißelte Figur am ehesten beschreiben. Das älteste auf österreichischem Boden ausgegrabene Kunstwerk ist so wertvoll, daß es ein Normalsterblicher niemals sehen kann. Das Wiener Naturhistorische Museum zeigt nur eine Kopie – die Venus selbst schlummert im Tresor. »Die Herren haben eh in unserem Gasthaus gwohnt, wia s' die Venus gfunden haben«, sagt der Wirt, der zum Abschied einen echten Wachauer Marillenbrand kredenzt. »Als Bub war ich oft bei den Grabungen dabei.« Als man 1908 beim Bau der Wachaubahn auf vorgeschichtliche Pfeilspitzen, Faustkeile und anderes Gerät stieß, wurden genauere Untersuchungen vorgenommen. Die Archäologen verfolgten die Mammutjäger der Eiszeit, die an der Donau die Herden dieser Riesenelefanten stellten. Und unmittelbar bevor die Grabungen abgeschlossen werden sollten, buddelten zwei Archäologen in der Nähe der Bahntrasse die Kalksteinfigur, ein sexbetontes Fruchtbarkeitssymbol, aus der Erde. Später gab der Boden eine zweite »Venus« aus Mammutbein frei. Die Menschheit hat sich also bereits seit mindestens 25 000 Jahren die Wachau zum Tummelplatz erwählt. Mancher Archäologe kann jedoch beim Gespräch über diese Urwachauerinnen ein Augenzwinkern nicht unterdrücken. In Prähistorikerinstituten oder an Professorenstammtischen wird nämlich von einer Fälschung geflüstert. Die Umstände der Ausgrabungen sollen etwas rätselhaft und geheimnisvoll gewesen sein, und ein Wissenschaftler hat darüber sogar eine kritische Arbeit geschrieben – und sie im letzten Augenblick wieder zurückgezogen. Die »Venus« konnte dadurch weiterhin offiziell Venus bleiben, eine stumme, wohlgenährte Zeugin dafür, daß auch Schönheit nur ein relativer Begriff ist.

Im Donautal wird die Schönheit absolut. Die Teufelsmauer ballt bei Schwallenbach ihre schwarzen Felstrümmer wie zornige Fäuste über dem Strom. Dunkles Gestein, rissig und grob, Anlaß für die Wachauer, den Teufel selbst in die Geologie ihrer Landschaft einzubeziehen. Der Beelzebub wollte angeblich die Tätigkeit der modernen Kraftwerkbauer vorwegnehmen und die Donau durch eine gewaltige Staumauer sperren. Ein vorzeitig krähender Hahn hatte ihn aber zur Einhaltung der höllischen Kollektivverträge gezwungen, die die teuflische Arbeitszeit mit dem ersten Hahnenschrei für beendet erklären. Am rechten Ufer, auf dem Turm der Filialkirche von Sankt Johann, dreht sich deshalb ein Wetterhahn nach dem Wind, mit einem vom Teufel abgeschossenen Pfeil im Blechleib.

Eine Fähre schlägt die Brücke zum sonnigen und weintragenden linken Ufer. Träg und langsam täuscht sie durch gespielte Kraftlosigkeit und Altersschwäche den Strom und trotzt allen seinen Versuchen, sie in Richtung Dürnstein und Krems fortzuspülen. Beharrlich pflügt das Fährschiff seine schräge Bahn nach Spitz, jenem reichen Weinmarkt, von dem der Antiquarius des Donaustroms 1785 sagte: »Dieses Spitz ist ein großer Marktflecken, so fünf Stunden unterhalb Melk und sechs oberhalb Krems liegt. Dieser Ort ist auf eine besondere Art rund um einen Berg gebaut, und die Höhe über dem Marktflecken ist ein purer Weinberg, worauf zuweilen jährlich tausend Eimer Wein gekeltert werden...«

Vom Geschepper und Geläute der tausend Eimer ist nichts zu hören. Der Tausendeimerberg wächst jedoch in die Stadt hinein wie eine ungebärdige Schlingpflanze. Steile Gassen setzen sich in Hohlwegen zwischen Weinterrassen fort. Häuserreihen enden mit steinernen Hüterhäuschen, in denen mürrische Pensionisten mit Schrotflinten Traubendieben auflauern. Und viele Durchblicke zwischen Laubenhöfen, steilen Steintreppen und breiten Dächern werden von strammstehenden Weinstöcken oder unbeweglich gestikulierenden Vogelscheuchen begrenzt. Entweder hat der Wein in Spitz Bürgerrecht, oder ganz Spitz liegt in einem Weingarten. Man kann es nehmen, wie man will.

Nur das schloßartige Gebäude, das für Spitz meist wichtiger war als die verfallende Burg Hinterhaus, hält sich etwas separiert in einem Seitental: der Erlahof, einer der vielen Stiftshöfe in der Wachau, von denen aus die klösterlichen Verwalter die Weinernte kontrollierten, Weinbotschaften der Äbte und Prälaten mit reichgeschmückten, bequemen Sälen für eine fürstliche Weinkost und tiefen Kellern für das grünschimmernde flüssige Gold. Im Erlahof saßen die Niederalteicher Kellermeister. 1797, sechs Jahre vor der Aufhebung des Stiftes, lagerten hier 3588 Eimer (ein Eimer = sieben bis elf Kannen). Allein in Österreich verkaufte das Kloster jährlich Wein um durchschnittlich 2100 Gulden. Heute ist in dem eleganten städtischen Barockbau vom Wein nur indirekt die Rede. Der Idealismus eines Gemeindebeamten hat den Erlahof in einen Donauhafen verwandelt – für die Relikte der Flußschiffahrt. Hier ist das größte und vollständigste Museum der Schiffahrt auf der Donau im Werden. Nicht nur Dampfschiffmodelle, Fotos von Havarien, Gemälde, Zeichnungen und Pläne werden hier ausgestellt, auch die alte Schiffahrt wird noch einmal lebendig – die Fahrten der Ulmer Ordinari, der Zillen und vor allem der großen bespannten Schiffszüge die Donau aufwärts. Die Schilder »Treppelweg« am Donauufer erinnern noch an das Geschrei der Knechte, an das Peitschengeknalle, den Lärm dieser beständigen Schlacht mit dem Strom. Der schon einmal zitierte Johann Kaspar Riesbeck äußert sich 1780 sehr kritisch: »Es ist unausstehlich, ein Schiff die Donau heraufziehen zu sehen. Das Seil ist an dem Vorderteil des Schiffes befestigt und wird von fünfzehn bis achtzehn der stärksten Pferde auf dem Rand des Ufers fortgeschleppt. Es rasiert alles kleine Gesträuch, das ihm in den Weg kommt, und wenn das Hindernis etwas zu groß ist, müssen zwei bis drei Kerls dasselbe mit Hebeln lüften. Das Schiff wird in seinem Schneckengang alle Augenblicke aufgehalten, und oft müssen in einem Raum von einigen hundert Schritten die Pferde mehrmals ausgespannt werden. Das Reiben des Zugseils auf der Erde vermehrt die Last wenigstens um so viel, als ein Pferd ziehen mag, und mit dem Segel könnten oft mehrere Pferde erspart werden. Weil die Fahrt den Strom hinauf noch nicht sehr gewöhnlich ist, so fehlt es von Station zu Station an Mietpferden, und die Schiffsleute sind gezwungen, alle Pferde für die ganze Reise mitzunehmen...«

Herrn Riesbecks Beobachtungen müssen sich einige Korrekturen gefallen lassen. Die von Pferden gezogenen Schiffszüge waren zu seiner Zeit keine Neuerung, sondern spätestens seit dem 14. Jahrhundert üblich. Vorher wurde die Schiffahrt gegen den Strom mit Menschenkraft besorgt. Die Weinschiffe aus der Wachau nach Bayern wurden von kräftigen Bauern und Knechten gegen Norden gezogen. Zuerst erhielten die Menschen nur Unterstützung durch Pferde, bis man schließlich völlig auf Pferde umsattelte. Joseph II. spannte noch einmal Menschen vor die Schiffe – in einer humanen Geste empfahl er, zum Tode verurteilte Schwerverbrecher nicht hinzurichten, sondern für die Schiffszüge zu verwenden. Bis spät ins 19. Jahrhundert gehörten jedoch die Treppelwege den schweren Gespannen. Der Museumsverwalter hat noch Gespräche mit einigen alten Schiffsleuten, die in ihrer Kindheit diese Züge mit eigenen Augen gesehen haben, auf Tonband konserviert – Schiffszüge mit 40, 50 oder 60 Pferden als Vorspann, die Getreide und Wein donauaufwärts transportierten.

Meist bestand ein Zug aus drei bis vier beladenen Schiffen, die der Reihe nach Hohenau, Nebenbei, Schwemmer und Schwemmer-Nebenbei hießen. Das eigene Vokabular der Donauschiffer ist für den Laien eine Fremdsprache, und mancher Ausdruck aus der Zeit der Schiffszüge hat sich auf die Dampfschiffahrt fortgepflanzt – wie »Gransel« für den Schiffsbug, »Sturl« für das Heck, »nauwärts« für stromabwärts, »Fuhrwerk« für die Schleppkähne usw. Ein ganzes Wörterbuch könnte man mit den Bezeichnungen der einzelnen Funktionen einer Schiffszugmannschaft füllen; hier nur einige wichtige Leute: der Sößtaller – der Kommandant des Schiffszuges; der Seilträger – verantwortlich für das Seilzeug; sein Gehilfe, der Bruckknecht; der Stoirer – Steuermann; der Hilfsruderer, der Reserveschiffsmann und der Koch, der an der »Stoir« vor seinem Lehmherd seines Amtes waltet, der Schiffsschreiber auf dem Nebenbei, der Bock, der für den Kurs des Nebenbei verantwortlich war... Soweit die nautische Seite des Schiffszuges; nun zur »kavalleristischen«: Ein Vorreiter ritt an der Spitze des Zuges, meist ein Stück voraus, inspizierte den Weg, die Seitenarme, die Wassertiefe und dirigierte die ihm folgenden entweder paarweise oder einzeln gespannten Pferde mit ihren Reitern, den »Jodln«.

In seinem Donaubuch von 1854 schreibt J. B. Kohl über ein solches Schiffsgespann: »Es sind meistens große und starke Tiere. Diese geplagten, dafür aber auch gut gefütterten Tiere müssen alles Mögliche mit durchmachen. Bald müssen sie in Sümpfen waten, bald halbe Tage lang über felsiges und höckeriges Uferland hinwegklettern, bald durch Gebüsche und Wurzelwerk sich neue Wege zurechttreten. Von den Donaumoskitos gequält, müssen sie bald stundenlang, überall ihren langen Schiffsschwanz hinter sich schleppend, in drückender Sommerhitze sich abmühen und dann doch sich nicht scheuen, die Donauarme, die überall quer in den Weg treten, wie Enten zu durchschwimmen...«

Die Tiere durften nicht wasserscheu sein, weil der Treppelweg einmal auf dem rechten, dann wieder auf dem linken Ufer geführt wurde. Die Pferde mußten über die Donau, durch Furten schwimmend oder an gefährlichen und tieferen Stellen auf eigenen Roßplätten. Wenn die Schiffsmeister ihre Züge zusammenstellten, wurden die für die Reise notwendigen Pferde von Bauern gemietet und auf den Plätten donauabwärts geschafft. Ernst Neweklowsky, der sein Leben der Erforschung und Dokumentierung der Donauschiffahrt verschrieben hatte, weiß auch über die Geschwindigkeit der Schiffszüge genau Bescheid: An einem Tag wurden kaum mehr als vier bis sechs Wegstunden zurückgelegt. Für die Strecke Pest–Linz brauchte ein Schiffszug von vier Zillen mit 10000 Zentner Fracht und mit 60 Pferden bespannt im Sommer bei günstigem Wasser vier Wochen. Bis Regensburg dauerte es 12 bis 14 Wochen. Dagegen verkehren die recht gemächlichen, modernen Schleppzüge in einem geradezu rasenden Tempo. Im stillen Erlahof schlägt die Uhr aber noch langsamer, und die Stunden werden bedächtiger gezählt. Und wenn man nach dieser Exkursion in die Donauvergangenheit die moderne Wachaustraße verläßt und auf dem Treppelweg am Ufer promeniert, dann vermeint man auf einmal, das Knallen der Peitschen, die Rufe der Schiffer, ihre gotteslästerlichen Flüche und das Schnauben der Pferde zu vernehmen.

Weil mit einem altertümlichen Schiffszug so viel Radau

verbunden war, gehen die Vorreiter und Sößtaller in vielen Donausagen noch immer ihrem Gewerbe nach. Sie machen Wotans »Wilder Jagd« gefährliche Konkurrenz. Der sogenannte »Wilde Hohenauer« schwankt in der Vorstellung des Volkes zwischen »Wilder Jagd« und »Fliegendem Holländer«. Der pferdegetreidelte Schiffszug soll noch immer ruhelos die Donau hinaufziehen, und in den Rauhnächten oder auch während eines wilden Sturmes wollen schon viele alte Wachauer das Pferdegetrappel, die Schreie und das Knallen der Peitschen der verfluchten, verwunschenen Schiffsleute, für die es keine Erlösung gibt, gehört haben.

Mit der »Wilden Jagd« werden auch die sieben Hasen auf dem Dach der ältesten Kirche der Wachau in Sankt Michael in Verbindung gebracht. Auf der Wehrkirche sind die Hasenfiguren, die hintereinander über den First kriechen, eher fehl am Platz. Für Hasenherzen war diese streitbare Kirche nicht der rechte Ort. Eine Theorie besagt nun, daß die Hasen der Rest der Darstellung einer Jagdszene seien. Die Tonfiguren werden aber auch einem Baumeister Siebenhaas als Namenssymbol zugeschrieben. Die volkstümlichste Deutung verlegt die Geschichte in einen strengen Winter. Der Schnee soll so hoch gelegen sein, daß die Hasen auf dem Kirchendach herumspazierten. Vielleicht hatte auch eine Lawine die Kirche bis zum Dach verschüttet.

Die Kirchenburg Sankt Michael mit ihren Wehrmauern und dem Karner beschäftigt die Wissenschaft auch in manch anderer Weise. Ihr genaues Alter hat sie noch immer nicht preisgegeben. Sicher ist nur, daß Sankt Michael bereits vor dem Jahr 1000 bestand. An einem Samstagmittag ertönen unter dem Chor beim Hintereingang Stimmen. Eine Gruppe von Menschen umsteht ein offenes Grab. Man hat nämlich den Kirchenboden aufgemacht, um die darunterliegenden Grabstätten zu untersuchen. Nun starren die Leute auf den Totenschädel in der Grube, die Gewandreste, die Knochenfinger und die ledernen Stiefel an den knöchernen Beinen. Sie sind von einer mit Gruselgefühlen gepaarten Neugier hierhergetrieben worden. Nun bereden sie das Ereignis, als ob der Tote, dieser Ritter, der vor fünfhundert Jahren oder noch länger seine Augen geschlossen hat, erst jetzt gestorben wäre, als ob sie sich um ein Unfallopfer versammelt hätten. Der Tod des Mannes wird zu einem aktuellen Ereignis. Niemand denkt in diesem Augenblick daran, daß die meisten dieser Leute immer wieder über die steinernen Platten, die ihnen den Toten verborgen hatten, achtlos dahingeschritten oder hier auch im Gebet niedergesunken waren.

Die Sensation des Umganges mit den Geistern der Vergangenheit hat die Menschen stets fasziniert, ob sie ihnen nun in Traumgestalten, in der Form eines schlafenden Gerippes oder einer Anhäufung zerbröckelnden Mauergesteines begegnen. Ein Schaudern registrierte Francis Trollope während ihrer Fahrt durch die Wachau. Als die geistreiche Engländerin der Ruinen der Burg Dürnstein ansichtig wurde, vertraute sie ihrem Reisetagebuch folgende Gedanken an: »In dem Augenblick, als das Schiff zu einem Flußbogen kam und den Blick freigab, wußte ich auch, daß die Burg, die so hoch und einsam auf dem Felsen thronte, Dürnstein sei. Seine hohe und abgeschiedene Lage allein genügt, um den Eindruck unnahbarer Einsamkeit hervorzubringen. Als wir aber hinreichend nahe kamen, um die Beschaffenheit der Landschaft, in der diese Burg liegt, zu erkennen, überkam uns alle ein Gefühl des Mitleids, ja des Schauderns, und wir fühlten, daß Richard unser König war, gleich als hätte er erst gestern geherrscht ... Diese fürchterliche Festung steht sehr einsam auf einem kahlen, nackten Fels, und rund um diesen gähnt offenbar ein fürchterlicher Abgrund. Aber dies ist nicht die Eigentümlichkeit, welche der Burg Dürnstein ihr schreckliches Aussehen gibt. Es ist nicht der eine kahle Fels, auf dem sich seine nun in Trümmer zerfallene Burg erhebt, sondern es sind die finsteren anderen Felsgipfel, die ihn umgeben, um diese Stelle zu einer der schrecklichsten zu machen, welche die Natur schuf. Der Berg strotzt von finsteren Massen aller Größen und Höhen und so sonderbar hoher Formen, daß man nur schwer glauben kann, sie seien auf natürliche Weise entstanden ...«

Hier vermengt Miß Trollope anscheinend die Teufelsmauer mit den Dürnsteiner Lieblichkeiten und übersieht vor lauter Mitgefühl mit König Richard die Schönheiten der Weinorte Joching und Weißenkirchen. Und sie irrt wie die meisten Betrachter der Dürnsteiner Szenerie in einem wesentlichen Punkt. Die Ruine, die in unzähligen Wachaufilmen als Hintergrund für Goldhaubenmaiden herhalten mußte, ist nicht die Burg, in der der unglückliche Britenkönig von dem Babenbergerherzog Leopold V. gefangengehalten wurde. Von dieser Burg findet man höchstens einige Grundsteine. Sie war schon dem Erdboden gleichgemacht worden, als die neue Burg, die nun selber wieder Ruine ist, gebaut wurde. Eines läßt sich allerdings nicht bestreiten: König Richard hat einen Teil der unglücklichsten Periode seines Lebens hier an der Donau verbracht – als Opfer seines eigenen Stolzes, seiner Kreuzzugsbegeisterung, europäischer Machtkämpfe und Erbstreitigkeiten, als ein königliches Schacherobjekt.

»Schwach ist die Stimme, und stockend sind die Worte,
Mit der ein Gefangener seine schwere Notlage bejammert,
Und zu seiner Tröstung ein Gedicht verfaßt:
Freunde habe ich viele, doch ihre Hilfe ist gering,
Es ist eine Schande für sie, so lange ich hier nicht erlöst bin
Ich armer Wicht,
Der ich nun hier schon zwei Winter schmachte...«

So faßte der aus der Provence stammende englische König seinen Jammer in Troubadourverse. Dieses Gedicht wurde nicht in Dürnstein, sondern auf Burg Trifels im Rheinland geschrieben. Dürnstein war für Richard nur eine Durchgangsstation. Der königliche Gefangene war dem Kaiser so wichtig, daß er ihn bald selbst unter seine Obhut nahm.

»Eine der faszinierendsten Gestalten des Mittelalters« hat Winston Churchill Richard Löwenherz genannt. »Das englische Volk schuldet ihm wenig für seine Dienste, und es hat für seine Abenteuer schwer bezahlt. In den zehn Jahren seiner Herrschaft war er nur zweimal für wenige kurze Monate in England; aber sein Andenken hat die englischen Herzen immer bewegt...« In dem Spiel um Richard treten auch die meisten anderen großen Herren jener Zeit auf – auf der einen Seite der Staufe Heinrich VI., Sohn des beim Kreuzzug verunglückten Friedrich Barbarossa, sein Parteigänger Leopold, dann der französische König Philipp August, der sich den Besitz Frankreichs mit Richard teilen mußte, Heinrich der Löwe, Schwager Richards, Welfenherzog und glückloser Gegenspieler der Staufen, mit Leopold wegen des steirischen Erbes zerkriegt. Und im Heiligen Land der mächtige Sultan Saladin, der den Christen 1187 Jerusalem abgenommen hatte.

Das war auch der Anlaß für den Kreuzzug, der Kaiser Friedrich das Leben und König Richard die Freiheit kosten sollte. Die allgemeine Kreuzzugbegeisterung konnte die traditionellen Eifersüchteleien und Streitigkeiten der europäischen Fürstenhäuser nicht völlig vergessen machen. Richards Führerposition wurde dennoch anerkannt. Er war der große Antreiber, der dynamischste unter den Fürsten. Als er jedoch nach der Eroberung Akkons das Banner des österreichischen Herzogs, der nach Barbarossas Tod der erste Mann des deutschen Kontingents war, von den Mauern reißen und in den Schmutz zerren ließ, stand hinter dieser Jähzornshandlung mehr als das übersteigerte Selbstbewußtsein eines ehrgeizigen Kriegsherrn. Da wurden die alten Gegensätze wach, der immerfort schwelende Konflikt zwischen Staufen und Welfen wieder lebendig.

Leopold verließ beleidigt das Kreuzheer. Und auch Richard hatte kein Glück mehr. Auf dem Heimweg wollte er Frankreich vermeiden, geriet in Seenot und versuchte mit den traurigen Resten seines Gefolges, sich verkleidet über Dalmatien und Görz quer durch Österreich nach Böhmen und von dort zu seinem Schwager nach Braunschweig durchzuschlagen. Nur noch von einem einzigen jungen Mann begleitet, gelangte Richard in Pilgertracht, durch einen wilden Bart unkenntlich gemacht, kurz vor Weihnachten 1192 in die Nähe von Wien. Warum Richard es riskiert hatte, sich in die unmittelbaren Herrschaftsbereiche seines Feindes zu begeben?

Anscheinend hatte er die Gefahr einfach unterschätzt. Was dann geschah, berichtet die lateinische Chronik des Otto von Sankt Blasien: »Der Hunger trieb Richard in eine Herberge in der Nähe Wiens; um hier nicht erkannt zu werden, verrichtete er Knechtes Dienste und mühte sich mit Küchenarbeiten, briet ein gemästetes Huhn auf hölzernem Spieße, den er mit der Hand drehte. Er hatte aber vergessen, einen herrlichen Ring von seinem Finger zu ziehen. Da betrat einer von des Herzogs Gefolgschaft, der wie sein Herr den König bei Akkon gesehen hatte, zufällig aus der Stadt kommend, die durch einen königlichen Koch ausgezeichnete Schenke. Als ihm der Ring auffiel, faßte er den Mann selber näher ins Auge und erkannte ihn. Er ließ sich aber nichts anmerken, sondern kehrte eilends in die Stadt zurück, wo er seinen Herrn von der Anwesenheit des Königs unterrichtete und ihn damit höchlichst erfreute. Also wurden ohne jede Säumigkeit die Rosse bestiegen, und der Herzog, der mit einer Schar Bewaffneter herbeieilte, nahm den König, der noch immer das bratende Huhn in der Hand hielt, fest. Er brachte den ob seiner Tätigkeit noch Verhöhnten in die Stadt, wo er ihn in engste Haft schloß, diesem damit in gerechter Weise vergeltend, was ihm zukam. Trotzdem waren viele wegen dieser Tat gegen den Herzog sehr aufgebracht und verwünschten ihn, weil er an einem Pilger des Heiligen Grabes gefrevelt hatte. Diese Mißbilligung hat dem gefangenen König freilich nur wenig genützt ...«

Das Idyll mit dem Brathähnchen erscheint nicht recht glaubhaft. Vermutlich war Richard gezwungen, seinen Begleiter um Lebensmittel in die Stadt zu senden. Dabei sind wohl die in Wien überaus seltenen byzantinischen Goldmünzen aufgefallen, die Richards Bursche einwechseln wollte. Nach verschiedenen Berichten soll der Bursche gefoltert worden sein, bis er die Identität seines Herrn verriet.

Leopold, der durch diese Tat seinen Beinamen »der Tugendhafte« in Mißkredit brachte, ließ seinen prominenten Gefangenen unverzüglich nach Dürnstein schaffen – in die Burg seines Vasallen Hadmar von Kuenring, die eines königlichen Gefangenen würdig war. Leopold gab Richard »in Gewahrsam einer strengen Wacht, die auf ihn bei Tag und bei Nacht mit gezogenen Schwertern aufpassen mußte ...«

Der Tag der Gefangennahme war der 21. oder 22. Dezember 1192. Am 28. Dezember wußte Kaiser Heinrich in Regensburg bereits von dem Geschehen. Am selben Tag verkündete er dem französischen König brieflich, daß der »Feind unseres Reiches und der Zerstörer des Königreiches« in sicherem Gewahrsam sei.

Leopold V. betrachtete Richard sofort von der kommerziellen Seite. Schon am Dreikönigstag 1193 sollte Richard dem Kaiser ausgeliefert werden. Hadmar von Kuenring wurde beauftragt, Richard nach Regensburg zu eskortieren. Weil man sich über das Lösegeld jedoch nicht einig werden konnte, mußte der geplagte Richard wieder zurück in die ihm gar nicht angenehme Wachau. Erst im Februar bot Heinrich VI. Leopold einen angemessenen Preis, und man wurde handelseinig. Nun wurde Richard endgültig aus Dürnstein entlassen. Am 23. März ging Richard aus der herzoglichen Gefangenschaft in die des Reiches über. Seine Lage verbesserte sich dadurch kaum. Die Hauptstadt London sah der König erst ein Jahr später wieder – so lange wurde um das Lösegeld gefeilscht. Zeitweise schien es auch, als ob Richard an den Meistbietenden versteigert würde. Denn der König von Frankreich und Richards freundlicher Bruder Johann Ohneland versprachen Heinrich Unsummen, falls er ihnen Richard »verkaufe« oder ihn nur genügend lange hinter Schloß und Riegel halte. Heinrich war jedoch königlich genug, auf dieses schmähliche Geschäft zu verzichten. Für ein Lösegeld von 150000 Mark in Silber sollte Richard frei sein.

100000 müßten sofort bezahlt werden, den Rest könne Richard nach seiner Heimkehr erlegen.

Richards Freunde und seine Getreuen in England strengten sich fieberhaft an, die befreiende Summe zu beschaffen, 100000 Mark in Silber entsprechen Silberbarren im Gewicht von 35070 Kilogramm. Ein Sparbudget wurde über England verhängt, ein ganzes Volk mobilisiert, damit es seinen König loskaufe. Jeder Bürger mußte zu diesem Notopfer den vierten Teil seines Einkommens und seiner beweglichen Habe beisteuern. Jeder Ritter hatte 20 Schilling zu berappen. Der Zisterzienserorden lieferte den Jahresertrag der Schafschur ab, die Kirchenschätze wurden beschlagnahmt. Im Spätherbst 1193 langte der Schatztransport im Reich ein. Und Herzog Leopold kassierte die Hälfte – 50000 Mark. Darauf konnte der Babenberger nun eine neue Finanzpolitik gründen. Die Kremser Münze wurde nach Wien verlegt und die Silberbarren zu Wiener Pfennigen umgeschmolzen. Mit dem neuen Geld finanzierte der Herzog großzügige Festungsanlagen. Die Mauern von Hainburg an der Donau, die Feste Wiener Neustadt, auch die Mauern Wiens und die Burg von Linz sollen alle mit Hilfe des Lösegeldes aufgerichtet worden sein. Einem geplagten modernen Finanzminister müssen die Tränen kommen, wenn er daran denkt, wie einfach es einmal war, Verteidigungs- und Entwicklungsprojekte mit dem nötigen Geld zu versehen.

Seinen Anteil an der zweiten Lösegeldrate konnte Leopold nicht mehr einheimsen. Zwei Jahre nach dem Richard-Coup stürzte der siebenunddreißigjährige Herzog in Graz bei einem Turnier vom Pferd und verlor ein Bein, wenige Tage später war er tot. In England sprach man von der gerechten Strafe für den Frevler.

In Dürnstein schlägt man weiterhin wirtschaftliche Vorteile aus der Leidensgeschichte des Britenkönigs. Ein heller Weinbrand trägt seinen Namen, der angesehenste Gasthof ist ihm gewidmet, und die Konkurrenz beruft sich auf den Sänger Blondel. Der treue Lautenspieler hat nach Meinung der Historiker in Dürnstein keinerlei Existenzberechtigung. Selbst wenn die Sage von seiner musikalischen Erkundungsfahrt auf der Suche nach seinem Herrn einen historischen Kern hat, dürfte Blondel seine sehnsüchtigen Ständchen nur am Rhein im Schatten der Burg Trifels gezupft haben. Dürnstein kam niemals in den Genuß seiner Weisen. Dafür ist Blondel gemeinsam mit dem König eine Art nicht eingetragenes Ehrenmitglied des Dürnsteiner Fremdenverkehrsvereins. Und das nach ihm benannte Gasthaus kann sich sehen lassen.

Nach Richard haben tatendurstige Ritter, durstige Prälaten und durststillende Weinfässer Dürnsteins Ruhm als Gefangenenhaus eher verblassen lassen. Das mauerumrahmte Städtchen wuchs sich zum Hauptort der Wachau aus, zur Weinmetropole. Seine hervorragende Bedeutung auf diesem Gebiet hat Dürnstein das originelle Kellerschlößchen eingebracht, einen barokken Lustbau, der einzig und allein dem Wein gewidmet wurde, so wie wenn heute ein Autonarr eine Benzinburg errichtete oder ein amerikanischer Limonadenmillionär ein Sodaschloß.

Dabei herrschte früher über den Wachauer Wein geteilte Meinung, und manche Kritiker wollten ihm durchaus kein Adelsprädikat zubilligen. Im ›Panorama der österreichischen Monarchie‹ von 1839 urteilt man so: »Die Wachauer Weine sind größtenteils sehr sauer und werden meist zur Essigbereitung verwendet. Es gibt aber doch Weinberge im Tal, deren Gewächse sich durch starkes Bouquet, Reinheit, Geist und eine hell orangegelbe Farbe auszeichnen. Sie müssen aber 50 bis 70 Jahre alt werden, um unseren besseren Gebirgsweinen zu gleichen. Die Wachauer Weine werden auch häufig zur Mischung fetter ungarischer Weine verwendet und zu dieser Bestimmung stark nach Oberösterreich und nach Wien verführt...«

Hieronymus Übelbacher, der Probst des Dürnsteiner Augustiner-Chorherren-Stiftes und Zeitgenosse des Melker Bauprälaten Bertholt Dietmayr, hat seinen Wein höher eingeschätzt. Um 1693 engagierte er Jakob Prandtauer für den Bau eines neuen Kellers, und in den Jahren darauf wurden die Arbeiten durch das Lustschloß über den Kelleranlagen gekrönt – eine barocke Spielerei, durch die dem Wein gehuldigt werden sollte. Auf den Fresken innen und außen werden Gläser geleert und Trauben gepreßt. Bacchus und Fortuna treten als Gastgeber auf, und über dem Giebel sind der Propst, Architekt Prandtauer, ein Maler und der junge Graf Starhemberg, dessen Geschlecht sich dann auch Dürnstein einverleiben wird, bei einer feuchtfröhlichen Weinkost vereint.

In späteren Lebensjahren besann sich der trinkfreudige Propst noch anderer Himmelreiche und Seligkeiten und schmückte die Räume, in denen er schon vorher eine Karikaturensammlung hatte anbringen lassen, nun mit religiösen Graphiken. Weil Propst Übelbacher glücklicherweise feste Rahmen für seine Kollektion zimmern ließ, blieb sie als einzigartiges kunsthistorisches Relikt barocker Sammelpraxis erhalten. Dennoch wird man gezwungen, sich alsogleich wieder dem Wein zuzuwenden. Wo immer man den Fuß hinsetzt, tritt man auf Wein. Unter dem Schloß dehnen sich die langen Gänge des alten Kellers, der nach der Aufhebung des Stiftes Starhembergsche Weine kühl hielt und dieses Geschäft nun für die 1938 gegründete »Winzergenossenschaft Wachau« besorgt. Prandtauers Keller birgt heute etwa eine Million Flaschen, seine Fässer und die ganz mit Glaskacheln ausgekleideten Betonzisternen können sieben Millionen Liter Wein aufnehmen. Etwa tausend Weinhauer im Bereich zwischen Spitz und Dürnstein haben sich in der Winzergenossenschaft zusammengeschlossen. Mit den großen Neuanschaffungen für den Keller wurde begonnen, als man nach der Rekordernte 1954 den Most verschleudern mußte, weil nicht genügend Faßraum vorhanden war. »Wir haben damals drei Millionen Schilling verloren«, klagt man. Aber diese Erfahrung wurde beherzigt. Für die nächste Weinflut, 1958, war man besser gerüstet. Wären die neuen Anlagen noch nicht fertig gewesen, so hätten die Wachauer Winzer vermutlich rund zwölf Millionen Schilling auf das Verlustkonto abbuchen müssen. An den Ziegelgewölben der Kellergänge brauchte nichts geändert zu werden. Die Alten wußten, wie der Wein am liebsten wohnt. Die Temperatur ist stets gleichbleibend zwischen 10 und 11 Grad Celsius, die Lüftung funktioniert klaglos. »Nur für die Gärzeit haben wir Exhaustoren montiert, weil man sonst wegen der Kohlensäure zu lange nicht in den Keller könnte. Früher war das was anderes. Da haben die Leute einfach so lange gewartet, bis sich die Gase verzogen hatten. Da war Zeit noch nicht Geld«, meint der Direktor.

Nach einem kräftigen Trunk goldenen »Katzensprungs«, einer Probe »Flohhaxn« oder »Dürnsteiner Hollerin« sollte man sich, vom Wein leicht beflügelt, in jener Stimmung, die um eine Spur schneller denken und ein Stückchen weiter sehen läßt als sonst, in den nächtlich ausgestorbenen Gäßchen der Stadt, der 500 Einwohner zum Stadtsein genügen, verlieren. Wenn der Mond nicht scheint, enthüllt einem der Scheinwerfer die grazile Zierlichkeit des Kirchturmes. Man möchte ihm nicht zutrauen, daß er schwere Glocken tragen kann. Dieses steinerne Blumengewächs, von Matthias Steinl entworfen, setzt sich durch seine leisen Töne in krassen Gegensatz zum Jubellärm barocker Repräsentationskunst. Auch der Hof vor der Triumphpforte in die Kirche scheint eher die Stille zum Bleiben aufzufordern als laute Gäste. Propst Übelbacher ist es geglückt, der mittelalterlichen Stadt ein barockes Kloster zu schenken, das sich bescheiden in ihre Mauern fügt und durch seine Bescheidenheit in voller Schönheit und Harmonie mit der Landschaft über die Donau strahlt.

Dürnsteins große Zeit währte nicht lange, das Kloster wurde aufgehoben, der Weinpreis fiel, die Gäste wurden spärlich, und Dürnstein versank in einen Winterschlaf, der auch den Sommer über dauerte, bis Maler und Poeten im vorigen Jahrhundert in die Wachau flüchteten, um dort, romantisch beschwingt, Natur und Ursprünglichkeit zu tanken. Von da an war Dürnsteins Zukunft gesichert, und kein weißer Donaudampfer fuhr mehr, ohne anzuhalten, an dem Steg unter den Stadt- und Stiftsmauern vorbei.

Wo die Berge dem Strom wieder mehr Raum zum Atmen gewähren, in den flacheren Weingärten von Loiben, hat einer der originellsten Entdecker und Erwanderer der Donaulandschaft sein Autogramm hinterlassen. An einer dunklen Felswand in Richtung Förthof prangt in kräftigen Lettern der Name I. Kyselak. Josef Kyselak (1795–1831), Registraturakzessist bei der Hofkammer zu Wien, wanderte ruhelos durch das österreichische Kaiserreich und wurde nicht müde, wo immer er war, möglichst unzugängliche Stellen auszukundschaften und dort in großen, weithin sichtbaren Buchstaben mit Hilfe einer Schablone seinen Namen hinzupinseln, in unabwaschbarer schwarzer Ölfarbe, zum ewigen Angedenken: selbstbewußt, frech und rücksichtslos konfrontierte der kaiserliche Beamte seine Um- und Nachwelt aufdringlich und ohne Diskretion mit seinem Namen. Der seltsame Kauz hat einen Abkürzungsweg zur Unsterblichkeit gewählt, er brachte es zum Stichwort in den führenden Konversationslexika, und Gerhard Rühm und Konrad Bayer, Mitglieder der sogenannten Wiener Gruppe um H. C. Artmann, haben ihm sogar eine absurde Szene gewidmet. Eine kurze Probe:

»In einer weit glücklicheren stimmung befand sich kyselak, als er vom september bis zum dezember fünf autogramme in wien vollendete. kyselak fühlte sich, nach seiner eigenen versicherung, bei der arbeit unendlich wohl und meinte nach ihrer vollendung, seine bisherigen autogramme weit übertroffen zu haben. da kyselak die wände nicht zu entfernen vermochte, versah er sie mit seinem namen ...«

Kyselak hatte jedoch nicht nur seinen Namen geschrieben; 1829 erschien seine zweibändige ›Skizze einer Fußreise durch

Österreich‹. Wenn Kyselak des Wanderns müde war, vertraute er sich dann und wann auch einem Donauschiff an. Den kaiserlichen Beamten genierte das bunt zusammengewürfelte Publikum, und er beklagte sich in seiner ›Skizze‹ bitterlich über die Handwerksburschen, dienstsuchenden Dirnen, Schneckenhändler, den stockschwingenden und brüllenden Schiffsmeister, der diese »Halbmenschen nur auf Augenblicke« zu bändigen vermochte. Zu all seinem Ärger mußte Kyselak noch unter einem für ihn bedrückenden Gefühl leiden: Er konnte seinen Namen vielleicht am Donauufer anbringen, die Donau selbst würde von ihm dennoch für alle Zeiten unbeschrieben bleiben, und trotz Kyselak unbeleckt von Kyselaks schwarzem Lack ins Schwarze Meer fließen.

13. Kapitel

Weinstadt, Auwald und Escorial
Von Krems nach Klosterneuburg

»Diese landesfürstliche, unterennssche Stadt liegt an der Donau und der Krems, von welchem Wasser sie auch den Namen hat, nicht weit von der Stadt Stein, auf der anderen Seite, an einem Berg, darauf ein Bollwerk ist. Sie hat vier Tore: Das Wiener Tor, das Wachtor auf dem Berg, das Stein- und das Hölltor. Diese Stadt wird für größer als Preßburg gehalten. Die Hauptkirche zu Sankt Veit ist gar licht, ihr Turm Anno 1464 erbaut worden. Es ist da auch ein Jesuiten-Collegium und eine Kirche, item eine Spitalkirche zu Sankt Philippo und Jacobo, so nicht weit vom Rathaus gelegen. Man findet allhie wohlbestellte Medicos und zwei Apotheken und wohlgebaute Häuser. Und jährlich wird allda auf Sankt Jacobi im Sommer und Sankt Simonis- und Judä-Tag im Herbst vierzehn Tage lang Markt gehalten, dahin zu Friedenszeiten viele Kaufleute aus Deutschland, Ungarn, Polen, Böhmen usw. zu kommen pflegen...«

Der Kupferstecher und Topograph Matthäus Merian, der mit seinem präzisen Stichel das Europa des 17. Jahrhunderts konserviert und den Städten ihre Bilder gerettet hat, weiß diese lobenden Worte über die Handelsstadt an der Donau zu sagen. Und er zeigt das von Mauern umgürtete Krems in einer friedlichen Periode, bevor 1645 schwedische Besatzungstruppen den Bürgern das Leben erschwerten. Ein schiffbarer Donauarm, mit der Stadt durch eine hölzerne Brücke verbunden, grenzt eine Donauinsel ab, die der Stapelplatz der Kremser war. Mehrere Zillen haben angelegt; auf der Insel warten Weinfässer auf den Abtransport. Unter den Wällen lustwandeln Bürger, ein Lastfuhrwerk nähert sich dem Hölltor. Mit dem sicheren Auge eines guten Reporters hat Merian Krems von seiner merkantilen Seite und von der Donau her vorgestellt, wie es sich für diese Stadt gehört.

Der Donauarm ist zugeschüttet. Wie jede Stadt des Kaiserreiches, die etwas auf sich hielt, brauchte Krems im 19. Jahrhundert nach Wiens Vorbild eine Ringstraße – diese Allee von k. u. k. Verwaltungspalästen in verkleinertem, provinziellem Maßstab nimmt nun dieses Donauareal sehr zum Vorteil der Stadt ein.

Dieser Ring wurde zum schützenden Wall für die Altstadt. Bürokraten, Unternehmer und Architekten der Gründerzeit reagierten hier ihre Bauwut ab, während der Kremser Stadtkern von den eklektizistischen Ungetümen jener Zeit verschont blieb. In Krems und der verschwisterten und eingemeindeten Stadt Stein hat man heute noch die Wahl, ob man in einer hellen und kühlen gotischen Kirche ein Gebet sprechen, unter spätgotischen Gewölben ein Gulasch essen, in einem Renaissancegasthof ein Zimmer bestellen, vor einem barocken Bürgerhaus ein Rendezvous vereinbaren oder in biedermeierlicher Naturbesinnung durch stille Kellergassen in die Weingärten wandern will. Das Menü der Geschichte ist überreich. Im Gasthof »Alte Post«, dem Sitz des Erbpostmeisters, dringt kein Straßenlärm ins Zimmer. Die Fenster gehen zum Hof. Doch dieser Hof ist so höfisch, als ob man hier bei Hof wäre; offene Gänge mit zarten Säulengalerien schirmen Türen und Fenster ab, über die Laubenpfeiler klettert wilder Wein, auf den Steinplatten decken Mädchen die Tische fürs Frühstück. Früher sind hier die Postpferde ausgewechselt worden. Sonst aber scheint alles beim alten geblieben zu sein.

Wie so vieles in Krems – das heißt, man versucht vieles Alte wieder auszugraben und in seinen ursprünglichen Zustand zurückzuführen. Die Kremser Stadtverwaltung hätte nicht den Ruf, besonders fortschrittlich zu sein, wenn sie nicht immer wieder kräftige Schritte in die Vergangenheit wagte. Altstadtsanierung ist für Krems mehr als ein Schlagwort, und nirgends an der oberen Donau außer in Regensburg beschäftigt man sich mit diesem Problem hingebungsvoller als hier. Die Stadt hat 24000 Einwohner und erfüllt für die umliegenden Gebiete vor allem eine Schulmeisterfunktion. Krems ist die typische Schulstadt. Aber in Krems träumt man noch von einer anderen Rolle – Krems und Stein sollen zu einem Rothenburg an der Donau werden.

»Krems und Stein wurden von der Industrialisierung des 19. Jahrhunderts ausgeklammert. Selten sind alte Stadtbilder so rein erhalten wie hier«, sagt Dr. Harry Kühnel, der Archivar und Konservator der Stadt. »Diese Schätze müssen bewahrt werden, man muß ihnen neue Funktionen geben.«

Ein öffentlich-rechtlicher Verein zur Bewahrung der Stadt wurde gegründet, die Stadt kauft alte Häuser, die vom Verfall bedroht sind, und gewährt zinsenlose Darlehen zur Rettung gefährdeter Gebäude. Man versucht auch, das Wohnen in den alten Häusern wieder attraktiver zu gestalten. Das gotische Äußere, die Renaissance- und Barockfassaden werden erneuert, dahinter werden die Häuser gründlich modernisiert. Die begehrtesten Wohnungen in Stein und Krems liegen heute in ehrwürdigen Bürgerpalais und Stiftshöfen, die eine solche kosmetische Behandlung über sich ergehen ließen. Zielstrebig und entschlossen kämpft man in Krems um das, was einmal war, weil man an die Zukunft denkt. Die idyllischen Gaslaternen, die in Wien en gros ausgemustert und von Krems aufgekauft wurden, beleuchten mit gedämpftem Schein, zwar von elektrischem Strom gespeist, aber dennoch intim und unaufdringlich, leere Gassen, Winkel und Treppen, gebogene und gekrümmte Wände, Turmsilhouetten, vorwitzige Erker, Nischen, Tore mit Wappensteinen und Fenster, die zur Straße hin ausgebauscht sind, damit die Neugier besser befriedigt werden kann. Ein paar stille Zecher werden auf dem Heimweg etwas lauter, ein Milchwagen rumpelt über das Pflaster, und Matthäus Merian könnte beruhigt feststellen: »In Krems und in Stein hat das Bild, das ich von diesen Städten gezeichnet habe, Bestand.«

Krems und Stein sind eine Doppelstadt. Aber auf die Scherzfrage: »Was liegt zwischen Krems und Stein?« antwortet man noch immer richtig mit »Und«. Unter diesem bescheidenen Namen wurden die paar Häuser zusammengefaßt, die außerhalb der Stadtmauern zwischen den beiden Städten ein Dasein im freien Feld riskierten. Bis ins späte 15. Jahrhundert hatte dieses Feld nicht verbaut werden dürfen, weil die Verteidiger von Krems und Stein ein freies Schußfeld benötigten und dem Feind keine Deckung gönnen wollten. Die Und-Straße sollte man während der Fahrt nach Stein nicht übersehen. Und auch das ehemalige Kapuzinerkloster nicht, in dem einst das Wässerchen einer wundertätigen Quelle als unfehlbares Pestheilmittel propagiert wurde. Dann eröffnet sich einem Stein, als ob es ein Spiegelbild von Krems wäre. Beide Städte wandern von einem Hügel zur Donau, beide Städte werden von einem Frauenberg mit einer Marienkirche bekrönt und haben sich erst später eine Etage tiefer ihre Pfarrkirche gegründet. In beiden Städten schien einmal der Bedarf an Kirchen größer gewesen zu sein, bis schließlich die Nachfrage sank und mehrere Gotteshäuser profaniert wurden. In beiden Städten war der Wohlstand vor allem im Mittelalter und in der frühen Neuzeit zu Hause. Beide Städte mußten sich oft genug gegen denselben Feind wehren – gegen die Hussiten, die Ungarn des Königs Matthias und die Schweden; einmal hielt Krems länger aus, dann wieder Stein, die Reihenfolge der Durchhalteperioden ist nicht so wichtig. Weil sich bei so viel gemeinsamem Interesse ein harter Konkurrenzkampf nicht auszahlt, arbeiteten Krems und Stein auch seit Jahrhunderten zusammen. Ein Jahr stellte Krems den Bürgermeister und Stein den Stadtrichter, und im nächsten Jahr war es umgekehrt. Die Tradition wird noch gepflegt, indem man den Gemeinderat im Rathaus von Stein, den Stadtsenat aber im Kremser Rathaus tagen läßt.

Dazwischen sollen auch Perioden gesunder Rivalität die Bürger angespornt haben, und manches schöne Bauwerk in der einen Stadt ist wohl nur dem eifersüchtig nachgeahmten Vorbild in der anderen zu verdanken. In Krems wurde der Heiligen Dreifaltigkeit ein barocker dreisäuliger Unterstand fabriziert, da mußte in Stein der heilige Johannes Nepomuk eine ähnliche luftige Behausung erhalten. Das große Genie von Stein teilte seinen Arbeitseifer jedoch zum Wohl beider Städte: der Maler Martin Johann Schmidt. Die Kunsthistoriker unterscheiden ihn durch ein vor seinen Namen gesetztes »Kremser« von den vielen anderen Schmidt, die den Pinsel geführt haben. Martin Johann Schmidt hat in Stein gewohnt, war dafür aber Mitglied des Kremser Stadtrates.

Schmidt, 1718 als Sohn eines Bildhauers in Grafenwörth nahe von Krems geboren, hatte von den Barockmeistern das Malen gelernt, seinen Pinsel mit der Leichtigkeit und Verspieltheit des Rokokos geführt und noch den Klassizismus erahnt. Er starb dreiundachtzigjährig am 28. Juni 1801 am »Sand und am Gries« (Blasenstein), seit 1748 hatte er in Stein, Landstraße Nummer 122, gewohnt und gearbeitet – wenn er nicht gerade in einer Kirche auf einem Gerüst unter einer geschwungenen Decke hing und seine Kunst an Fresken versuchte. Martin Johann Schmidt wird jedoch vor allem wegen seiner in mehreren hundert Kirchen befindlichen Altarbilder geschätzt. Wo immer man in einer der unzähligen Barockkirchen des Donauraumes einem Kremser-Schmidt begegnet, spürt man sogleich die Liebenswürdigkeit, die Volkstümlichkeit seiner Figuren. Martin Johann Schmidt wählte die gleichen Sujets wie die anderen Maler seiner Zeit, aber er verlebendigte sie, beseelte sie mit natürlichem Atem, schenkte ihnen Poesie, er erzählte weniger Gleichnisse als Geschichten. Später sind es dann nicht nur Putti und Heilige, die ihn interessieren, sondern auch Menschen in Gaststuben, in Weingärten, in Fürsten- und Bürgerhäusern.

Sein Wohnhaus in Stein hat sich mit leichtfertigem Rokokotand geschmückt, wie eine ältere Dame, die junge Mädchen kopiert. Die Gewölbe im Flur und Stiegenhaus verraten ehrwürdiges Alter. Schmidt hat sich seine Umgebung malerisch verschönt, Allegorien über Morgen und Abend oder Jugend und Alter an die Wand gemalt, in einem Gartenhäuschen an der Stadtmauer den Blick um einige Landschaften geweitet und sich zwischen Erdgeschoß und erstem Stock auch noch einen großen, breiten Schlitz in den Fußboden schneiden lassen, damit die fertigen Gemälde leichter von oben nach unten geschafft werden konnten.

Der Kremser-Schmidt war seiner Stadt sehr verbunden, wohlhabend und bei Lebzeiten höchst angesehen. 1758 hatte er die Tochter eines echten Steiner Bürgers, des Brückenmautners Müller, geheiratet, 1764 alle vier Kinder durch die Blattern verloren und dann noch einmal Vaterglück mit zwei Söhnen und einer Tochter erlebt. In Krems und Stein wurden die Kirchen zu seiner Wirkungsstätte, und von der Tätigkeit als Freskenmaler unter den Deckengewölben der Kremser Pfarrkirche ist uns sogar ein Bericht überkommen. Darin beklagt sich der Meister, daß ihm auf dem Gerüst die Farbe immer wieder ins Gesicht tropft. Auch Rechnungen liegen in den Stadtarchiven, aus denen hervorgeht, daß er das Fresko dreimal blau lasiert habe, damit es einen schöneren Farbton erhalte.

Der Maler Schmidt war nicht nur ein Kirchenverschönerer. Er nahm als Ratsherr regen Anteil an den Geschehnissen in seiner Stadt und war auch gerne bereit, für die Zünfte und den Rat den Pinsel in die Farbe zu tauchen. Im Kremser Weinmuseum, dem einzigen Österreichs, bewahrt man noch die von Schmidt bemalte Zunftfahne der Faßbinder auf – mit einem naturgetreuen Bild von der Weinlese und von Noah, dem Stammvater aller Weinliebhaber, bei der Arbeit.

Wie in der Wachau zwingt einen auch hier ökonomisches Denken zum Wein. Schließlich haben im Mittelalter über 75 Prozent der Bewohner von Krems und Stein vom Weinbau gelebt. Kaiser Maximilian, der letzte Ritter, rühmte den Kremser Wein bei seiner Linzer Hoftafel, und erst in späteren Jahrhunderten mehrten sich die Stimmen, die über die Herbheit des Weines klagten. Die Krise wurde überwunden, und 1849 machte der Kremser Zeugschmied Johann Keusch Weinbaugeschichte, indem er die erste Rebschere konstruierte. Wenige Jahre später erzeugte er mit zehn Gesellen bereits 10000 handgeschmiedete Scheren, die in alle Weinbaugebiete Europas exportiert wurden.

Keuschs Schere und noch einige andere Patente gehören neben Weinberggeißen, geschnitzten Fässern, Bottichen, der Prügelbank eines Weinberghüters, der, mit Stock, Säbel, Pistole, Pfeiferl, Hüterhorn und Ochsenziemer ausgerüstet, gleich an Ort und Stelle Schnelljustiz üben konnte, und schwarzen Katzen aus Holz, die das Faß mit dem besten Wein auszeichneten, zu den Schätzen des Museums im ehemaligen Preßhaus des Dominikanerklosters. Nur ein Ausschank fehlt. Die Dominikanerkirche hat seit der Aufhebung des Klosters durch Jeseph II. als Kornhaus, Feuerwehrdepot, dann zum Teil als Museum und als Theater und Kino gedient – im Chor war eine Decke eingezogen worden, und im Saal spielten Anzengruber und Girardi und später auf der Filmleinwand Brigitte Bardot, Elizabeth Taylor, Richard Burton und wen die Kremser Kinodirektion noch alles durch die Kirche flimmern ließ. Nun wird der gesamte Kirchenraum zu einem großen Museum umgestaltet. In Stein wurde die profanierte Minoritenkirche zum Ausstellungsraum und die Kirche auf dem Frauenberg zur Kriegergedenkstätte.

Früher waren die Kremser und Steiner anscheinend genügend fromm, um all die Kirchen zu füllen. Dazu kamen auch noch die vielen Bauern, die in die Marktstadt strömten, und die Kaufleute aus aller Herren Ländern. Krems hatte einmal Chancen, Österreichs Hauptstadt zu werden. Der arabische Geograph Idrisi gab 1153 »Gheremsia« den Vorrang vor Wien. Die gotischen Bögen der Gozzoburg, dieses schloßartigen Stadthauses, lassen nur ahnen, welch vornehme Herren einst Handel und Wandel in Krems kontrollierten. Der reiche Bürger Gozzo wurde um 1249 zum erstenmal Stadtrichter, später von König Ottokar von Böhmen zum Kammergrafen ernannt. Herrschaftlich wollte der Bürger auch behaust sein. Die Gozzoburg kann durchaus mit den Patrizierhäusern einer der italienischen Stadtrepubliken in Wettbewerb treten. Gozzo brauchte eine Loggia, einen Rittersaal und eine Hauskapelle und konnte es sich auch leisten, denn er finanzierte ja Könige – zuerst Ottokar und dann dessen Rivalen Rudolf von Habsburg. Gozzo wurde jedoch der Politik, der Geschäfte und des Reichtums müde. Er pilgerte nach Rom. Später trat er ins Kloster Zwettl ein, wo er 1291 starb. Seine Stadtburg änderte ihr Gesicht, als sie 1532 ausbrannte. Die Unvorsichtigkeit spanischer Hilfstruppen, die in Krems in Quartier lagen, hatte einen Großbrand ausgelöst. Die Arkaden beim

Eingang der Gozzoburg sind heute noch brandgeschwärzt. Lange Zeit hindurch waren sie verborgen. Man hatte sie barbarisch zugemauert und die Räume darunter an einen Gemischtwarenhändler vermietet.

Unternehmungslust und wirtschaftliche Stärke zeichneten Krems und Stein auch später aus. Um 1470 wurden zum Beispiel gleichzeitig am Steiner Tor, an der Erneuerung der heutigen Piaristenkirche, an der Bürgerspitalskirche und an den Stadtmauern gearbeitet. Die Kassen und Truhen der verantwortlichen Männer der Stadt müssen damit bis oben gefüllt gewesen sein.

An der Donaulände, die sich den Einschnitt mehrerer kleiner Plätze gefallen lassen muß, wird durch Hausnamen und historische Überbleibsel das Treiben der Schiffsleute beschworen, diese alpenländische Hafenstadtatmosphäre, die sich in ihrer Hektik vermutlich dem Tempo des Donauverkehrs anpaßte: der Salzstadel, der Fischerturm, das Mauthaus, die Donauschiffahrt-Agentie und die Gasthäuser.

An der Donau ist in Stein ein Platz einem Mann gewidmet, der nichts mit Flüssen und Schiffen zu tun hat. Alle Welt kennt ihn aus der Musik, obwohl er nichts komponiert hat: Ludwig Ritter von Köchel, Musikschriftsteller, Jurist und Naturforscher, durch sein Verzeichnis der Mozartschen Werke an der Unsterblichkeit des Meisters partizipierend. Wer Mozart gehört hat, dem ist auch die Bezeichnung Köchel-Verzeichnis nicht fremd. Dieser tüchtige Untermieter im Mozartschen Olymp wurde 1800 zu Stein geboren.

Köchel, Donauschiffahrt, alte Häuser, verträumte Straßen, Weinkeller, ein Städtchen, so unversehrt wie kaum ein anderes an der Donau – das alles ist Stein. Die meisten Österreicher assoziieren damit allerdings nur Negatives. Wer etwa mit schwärmerischem Ton »Ich war in Stein« zu bekennen wagte, würde nur scheele Blicke des Mißtrauens ernten. Zum Straßenbild von Stein gehören nämlich auch Lastwagen, die Sträflinge zur Arbeit bringen, oder ein Justizwachebeamter, der einen Häftling von der Bahn, in Handschellen geschlossen, in die Strafanstalt befördert. Stein kann für sich den Ruhm beanspruchen, Österreichs festeste Zuchthausmauern und die »prominentesten« Verbrecher innerhalb seiner Mauern zu haben. So wurde Stein nicht zum Synonym für mittelalterliche Weingemütlichkeit und zeitlosen Altstadtfrieden, sondern für Kerkerfenster und Strafvollzug, eine Belastung, die Steins Fremdenverkehrschancen nicht unwesentlich beeinträchtigt. Denn welcher Österreicher will schon nach Stein?

Auch vor 1400 Jahren dachten die Donauanrainer oft nur mit Furcht und Schrecken an Stein beziehungsweise an die Königsburg der germanischen Rugen, die vermutlich vom Frauenberg aus das linke Donauufer in Schach hielt. Die Rugen terrorisierten die Donauschiffer und die christliche romanische Bevölkerung am rechten, am norischen Ufer. Damit begegnen wir noch einmal und zum letztenmal dem heiligen Manne Severin, der gegenüber von Stein, im römischen Favianae, in einer einsamen Zelle Zwiesprache mit Gott hielt, wenn die Menschen in der Stadt nicht gerade wieder seine politische oder geistliche Hilfe benötigten.

Rat und Beistand des diplomatischen Severin suchten auch die Rugenführer und ruderten deshalb öfters über den Strom; Brücken brauchte die ehemalige römische Flottenstation nicht. Man wollte es den Barbaren nicht noch erleichtern, über den schützenden Strom zu gelangen. Die erste Brücke, nach der Wiener Donaubrücke die älteste in Österreich, wurde 1468 geschlagen. In der Römerzeit, als die Soldaten des Imperators noch in der Lage waren, den Germanen erfolgreich Widerstand zu leisten, war Favianae Garnison der Liburnarier, der Angehörigen eines dalmatinischen Seefahrer- und Piratenvolkes, die mit ihren kleinen und wendigen Booten in dem Inselgewirr der Donauauen die ideale Truppe waren. Besser als die gepanzerten und schwerfälligen römischen Legionare wurden die gewandten Dschungelkämpfer bei ihren Patrouillen- und Stoßtruppunternehmungen in den Altwässern oder bei Vergeltungsschlägen am anderen Ufer mit ihren donauvertrauten, germanischen Gegnern fertig. Mautern hat seinen Donausoldaten die Treue gehalten: es ist wieder Garnisonsstadt, es beherbergt eine Truppe, die zur Donau gehört: Pioniere.

Im Gelände der modernen Kaserne soll einst Severin sein Refugium gehabt haben. Bevor Anfang der fünfziger Jahre die Baumaschinen den Grund umackerten, rückten die Archäologen an – und stießen auf die Spuren einer frühchristlichen Basilika. Sie glauben, Severins Kloster und auch seine Zelle »ad vineas« – bei den Weingärten –, wie es in der Vita Severini heißt und als Beweis für den römischen Weinbau an der Donau immer wieder zitiert wird, ausgegraben zu haben. Die Fundstelle wurde gründlich ausgewertet, fotografiert und wieder zugeschüttet. Sie gehört zum Wasserschutzgebiet der Kaserne.

Mautern kann augenfälligere Römerzeichen vorweisen, ohne nur einen Zentimeter Erde bewegen zu müssen: seine Römermauern am Strom.

Niedriges Augesträuch, ein Kinderspielplatz mit Schaukeln und Sandgruben und eine Stadtmauer, die Mautern nach Norden und Westen begrenzt, eine mittelalterliche Stadtmauer, auf der sich einige Wohnhäuser breitmachen. »Wir haben auch die längste Zeit geglaubt, daß wir eine guterhaltene hohe Stadtbefestigung aus dem Mittelalter vor uns haben«, sagt man in Mautern. Dann wurde die Mauer den Forschern doch verdächtig. In etwa 120 Zentimeter Höhe verändert sie nämlich ihr Aussehen. Im unteren Teil sind größere Steine regelmäßiger aufeinandergeschichtet und durch breiigen, kieseldurchsetzten Mörtel verbunden, in der höheren Zone sind andere kleinere Bruchsteine loser und unregelmäßiger auf den kräftigen Unterbau gestapelt worden. Schließlich machten die in gleicher Höhe angebrachten Gerüstlöcher die Archäologen stutzig – sie lieferten den letzten Beweis dafür, daß Mautern sich durch eine der besterhaltenen Römermauern Österreichs von der Donau absperrt. Die runden Gerüstlöcher sind typisch für die römische Bauweise. Im Mittelalter waren sie viereckig. In diese Löcher wurden die Pfosten geschlagen, die das Gerüst tragen sollten. Ähnliche Öffnungen waren bereits vorher an einem Römerbau in Zeiselmauer freigelegt worden. Nun konnte auch der Turm an der Mauer als einwandfrei römisch identifiziert werden. Die Fundamente eines weiteren Turmes liegen vermutlich unter der Erde. Die Donau hat durch Eisstoß und Hochwasser die Uferlandschaft immer wieder verwandelt und an ihr modelliert. Ihre Römermauern lassen sich die Bürger von Mautern jedoch nicht mehr nehmen, seitdem sie wissen, daß sie wirklich und wahrhaftig römisch sind.

In der geschichtsbeladenen Mautstadt ging man auch an anderen römischen Überresten achtlos vorbei, ja man trat sie sogar mit Füßen. Im Museum lehnt in einer Ecke ein starkes steinernes Kanalgitter, wie man es aus Pompeji und dem Forum Romanum kennt. Bis vor drei Jahren erfüllte das Gitter unverdrossen seine ihm 200 nach Christus übertragene Funktion – es bewahrte die Leute von Mautern wie einst die römischen Bürger Favianis davor, in den Kanal zu fallen. Es war schlicht als Kanalgitter tätig. Bis einmal ein Heimatforscher argwöhnisch wurde, das Steingitter unter die Lupe nahm und es lateinisch ansprach. Der Gebrauchsgegenstand wurde zum Museumsstück. Und man bedauert es ein wenig. Deutlicher als durch jede goldene Münze oder bronzene Götterstatuette wurde durch diesen Fund ein direkter Draht zu den Römern geleitet. Was sie aus praktischen Gründen konstruiert hatten, war nach 1800 Jahren noch genauso praktisch und brauchbar; der Alltag des römischen Favianis griff in den Alltag des niederösterreichischen Mautern ein, das Imperium spiegelte sich in einem Kanalgitter, und die Kloake kündete den Ruhm der Römer.

Mautern wurde auch zum Ausgangspunkt der Expedition des Passauer Bischofs Altmann, der um 1083 auf dem weithin sichtbaren, oben abgeflachten, über vierhundert Meter hohen Berg den Grundstein für ein Stift legte. In der Krypta der Stiftskirche hat der Klostergründer einen Ehrenplatz erhalten: Sein steinernes Abbild ruht auf einem Sarkophag, das naturalistische Porträt eines Kirchenfürsten mit einem zerfurchten Gesicht, hängenden Backen und einem kräftigen Doppelkinn. Die realistischen Details täuschen. Der Bischof konnte dem Künstler nicht Modell »liegen«, das Grabmal wurde erst um 1540, also mindestens vierhundert Jahre nach Altmanns Tod, gemeißelt. Altmann wird jedoch in einer zeitgenössischen Biographie überaus lebendig. Diese »Vita« erzählt auch von der Gründung Göttweigs:

»Dieser in Ufernoricum gelegene Berg reicht mit seinen hohen Gipfeln bis fast an die Wolken, ist in der Lage länglich, in der Gestalt abgerundet und nimmt unter allen umliegenden Bergen den ersten Rang durch Annehmlichkeit, Lieblichkeit, Fruchtbarkeit und Heilsamkeit ein. Als Bischof Altmann eines Tages in dem Dorf Mautern verweilte und den lieblichen Berg von Ferne sah, erforschte er von den Bewohnern dieses Ortes seine Beschaffenheit. Da sie ihm gewisse, fast unglaubliche Dinge erzählten, befahl er, sein Maultier zu satteln, und stieg, freudig von einer großen Schar begleitet, auf einem steilen Bergpfade hinan. Als er den ganzen Berg durchwandert hatte, sah er einen geräumigen Platz, der zum Bau eines Klosters geeignet war, und schlug dort sogleich ein Zelt auf. Nach dem Abholzen des Waldes begann er, eine Kirche zu erbauen ...«

Die Ersteigung des Klosterberges ist heute kein alpinistisches Abenteuer mehr, zu seiner Bezwingung benötigt man keine Maultiere, ein schattiger Fußweg und eine bequeme Autostraße erlauben einen mühelosen Anstieg zu der Abtei, die von weitem mehr mit einer Festung gemein hat als mit einer Klostersiedlung: Mauern, Basteien, Schießscharten. Das Kloster weiß sich gegen jeden Feind zu verteidigen. Während der ersten Belagerung Wiens durch die Türken berannten die Krieger des Sultans vergeblich die Wälle. Der »military look« des Klosters ist also kein Zufall. Und keines der österreichischen Donauklöster gibt sich streitbarer und kämpferischer. Die Göttweiger hatten auch etwas zu verteidigen. Wegen ihrer ausgedehnten Weinrieden war die Abtei Melk das Kloster vom »reisenden Metzen«, Klosterneuburg wegen seiner wohlgefüllten Keller das Stift zum »rinnenden Zapfen« und Göttweig wegen seiner stets gefüllten Kassen das Kloster vom »klingenden Pfennig« genannt worden.

Dennoch sind der weite Innenhof, die langen Wohntrakte, die Kirche mit ihrer klassizistischen Säulenvorhalle und den unbekrönten Türmen Opfer einer Kassenebbe geworden. Das größte Treppenhaus des deutschen Barocks, die Kaiserstiege, scheint in ihrer Weite und Großzügigkeit direkt in den Himmel zu führen. Sie sprengt alle Rahmen, sie bietet Raum, nicht nur Karl VI., sondern sämtliche andere Habsburgerkaiser gleichzeitig zu empfangen, sie ist das Vorhaus eines Palastes, und doch gelangt man über sie nur in ein Kloster, wenn Göttweig auch seine majestätischen Prunkräume Monarchen als Nachtquartier anbietet. In dieser Treppenkonstruktion hat Lukas von Hildebrandt das Ausmaß seines Klosterprojektes angedeutet, das Melk und Sankt Florian übertreffen sollte. Diese wahrhaft kaiserliche Stiege sollte die Tonart des Baues bestimmen. Lukas von Hildebrandt war um diese Zeit nach 1718 gewohnt, großzügig zu bauen. Sein wichtigster Bauherr war einer der erfolgreichsten und reichsten Männer Europas: Prinz Eugen. Für ihn baute Hildebrandt damals das Wiener Belvedere. Und auch in Göttweig spornte ihn ein Mann kühner Ideen an: Abt Gottfried Bessel, ein Gelehrter und Diplomat, der sich auf Empfehlung seines Freundes, des einflußreichen Reichsvizekanzlers Friedrich Karl von Schönborn, mit dem Baumeister ins Einvernehmen gesetzt hatte. Bessel verstand sich mit dem Hofarchitekten sofort; auch er strebte das Ungewöhnliche an und erreichte nur das Unvollendete: vermauerte Gänge, Torbauten, die ins Leere führen, offene Flächen, die nach Verbauung verlangen – Anfang ohne Ende.

Optimistisch und zuversichtlich ging man ans Werk. Das Material wurde auf einer neuartigen Rollbahn mit Schienen herbeigekarrt. Die Kaiserstiege war 1738 vollendet. Aber schon das Fresko Paul Trogers kündete ungewollt das Unheil an: der Liebling aller klösterlichen Freskenmaler, Kaiser Karl VI., wurde diesmal in das Kostüm des Sonnengottes – mit weiß gepuderter Allongeperücke – gesteckt und auf einen Sonnenwagen gesetzt. Er widmet sich der Bekämpfung dunkler Monstergestalten und wird von Musen, eine davon seine Tochter Maria Theresia, besungen und bejubelt. Troger wollte den Kaiser nur feiern, aber er porträtierte damit bereits die dunklere

Zukunft. In diesem Gemälde sind die Kämpfe um das habsburgische Erbe angedeutet, die diplomatischen und militärischen Offensiven des Kaisers, um das Reich seiner Tochter Maria Theresia zu sichern. Troger läßt ihn als strahlenden Sieger auftreten. Nach dem Tod des Kaisers sprachen jedoch die Waffen, und Maria Theresia mußte wie ein Mann um ihre Kronen ringen. Die Klöster haben ihr Teil dazu beigetragen. Abt Bessel beklagt sich bitterlich über die französischen und bayrischen Truppen, die 1741 Göttweig verheerten und an das Kloster unerfüllbare Forderungen stellten.

Der Krieg endete günstig für Österreich, doch die Finanzen des Stiftes hatte er übermäßig belastet. Der Pfennig sprang nicht mehr aus den Klosterkassen, und der Bau hatte zwischen 1718 und 1741 insgesamt 294000 Gulden verschlungen. Der Abt resignierte und ließ seine Träume in Kupfer stechen. So kann man das Projekt Hildebrandts mit dem, was tatsächlich ausgeführt wurde, vergleichen – das Kloster hat eine Kaiserstiege, der große Kaisersaal aber und das als Gegenstück gedachte zweite Treppenhaus, die Kuppel der Kirche und die eigentlichen kaiserlichen Gemächer fehlen. Was verwirklicht wurde, ist imposant genug. Die Regierungszeit Abt Bessels (bis zu seinem Tode 1749) ist mindestens so glanzvoll und ruhmreich wie die seiner geistlichen »Konkurrenten« in den anderen großen Benediktinerabteien. Trotz aller Schönheit und dem Gefühl des Herausgehobenseins aus der Welt, das einen auf dem Göttweiger Berg übermannt, schwebt über den hellen, gelben Klosterbauten doch die Melancholie des Unvollendeten wie über der ›Unvollendeten‹ Franz Schuberts oder über den niemals völlig erfüllten Reichsvisionen der Habsburger. Sie manifestieren sich in dem fragmentarischen österreichischen Escorial vor den Toren Wiens, in Klosterneuburg.

Wie von einem Feldherrnhügel aus kann man von Göttweig das Donauland inspizieren, den Lauf des Stromes gegen Wien und den Wienerwald zu verfolgen. Das breite Band wird einsam, die Auen, Tümpel, Nebenarme und Uferwälder verdrängen die Ortschaften, die Weinberge weichen dem Wasser aus, sie werden flacher und zu Weingärten, der Löß kapituliert vor der Ebene, das Tullner Feld bettet sich in grandioser Langweiligkeit, Schönheit durch Fruchtbarkeit ersetzend, gegen Osten. Die gelben Getreidefelder und die grünen und braunen Wiesen- und Ackerflächen weben ein Schachbrett, auf dem immer wieder große Heere großer Herren einander Schach und Matt geboten – Böhmen rückten gegen Habsburgs Scharen vor, Matthias benützte den Raum als Aufmarschplatz für seine Ungarn, das Heer zum Entsatz Wiens 1683 formierte sich im Tullner Feld, die Rote Armee schwärmte 1945 in die Dörfer aus, und 1960 wettete Chruschtschow mit Niederösterreichs Landeshauptmann Figl in dessen Heimatdorf nahe bei Tulln, daß sowjetischer Mais mehr Ertrag bringe als niederösterreichischer. Die Wette, für deren weiteren Verlauf das sowjetische Landwirtschaftsministerium zuständig war, endete, wie es Österreichs Neutralitätsstatus korrekt entspricht, unentschieden.

Der Dichter des Nibelungenliedes ließ Hunnenkönig Etzel bei Tulln seiner Braut Kriemhild harren. In der Schilderung des internationalen Etzel-Gefolges nahm der Dichter schon einiges von dem fremden Soldatenvolk, das später die Gegend verheerte, ausplünderte, eroberte oder »befreite«, vorweg:

»Von Reußen und von Griechen / ritt da mancher Mann;
Die Polen und Walachen / zogen geschwind heran
Auf den guten Rossen / die sie herrliche ritten.
Da zeigte sich ein jeder / in seinen heimischen Sitten.

Aus dem Land zu Kiew / ritt da mancher Mann
Und die wilden Petschenegen. / Mit Bogen hub man an
Zu schießen nach den Vögeln, / die in den Lüften flogen;
Mit Kräften sie die Pfeile / bis zu des Bogens Ende zogen.«

Die Hunnen waren Nomaden. Ihre Behausungen waren Zelte oder hölzerne Burgen, sie hinterließen keine Paläste und kaum andere Spuren. Dafür wurde die Tullner Pfarrkirche Sankt Stephan fertig, als in Passau der unbekannte Dichter das Donauepos der Nibelungenfahrt aufzeichnete. Der Kirchenpatron weist auf Passau als Mutterpfarre hin. Das Portal mit seinen Apostelfiguren, die römischen Stelen entstiegen sein könnten, und der Karner mit romanischem Flechtwerk und Ringel- und Rhombenmustern sind noch aus dem Passauer Mittelalter Tullns. Nun hat sich die Donaustadt eher von ihrer Vergangenheit gelöst, wurde zu einem Verwaltungszentrum, feiert Blumenfeste und versucht, Industriebetriebe anzulocken.

Tulln leistet sich auch eine Donaufront, einen Kai, eine Schiffsstation, doch bald wird der Strom wieder von der Vielfalt seiner Arme und Verzweigungen umstrickt. Belehrend schrieb Kronprinz Rudolf, der die Auen oft als Jäger durchstreift hat, wenige

Jahre vor der Mayerling-Tragödie: »Die Donauauen sind eine Welt für sich, und wer nur die Wälder und Gebirge und die Ebenen Niederösterreichs kennt, ahnt nicht, daß in unmittelbarer Nähe der Weltstadt eine noch recht einsame und ganz für sich allein charakteristische Wildnis besteht. Sind auch die Donauauen heute lang nicht mehr, was sie waren, so haben sich doch einzelne Partien immer noch in voller Urwüchsigkeit erhalten ...«

Die gespreizte Hofprosa des Kronprinzen sei durch die Auerfahrungen eines Wissenschaftlers ergänzt, der in den Donauauen zu Hause ist: Professor Konrad Lorenz, der Vater der Verhaltensforschung. In Altenberg, einem Dörfchen zwischen Tulln und Klosterneuburg, war eine in die Gotik vernarrte Gründerzeitvilla die Stätte seiner ersten Versuche und Untersuchungen mit Graugänsen, Dohlen, Fischen, Hunden und einer Reihe anderer Tiere, die seine Nachbarn beunruhigten. Immer wieder zog es den Wissenschaftler in die Donauauen, von denen er erzählt und von seinen Abenteuern mit der Chow-Hündin Susi: »Unser Weg führt an den Strom, wo ich mich ausziehe und Kescher, Kanne und Kleider verstecke. Dann geht es stromaufwärts auf dem alten Treppelweg. Jetzt ist der Weg bis auf einen schmalen Streifen zugewachsen und führt durch einen dichten Dschungel der kanadischen Goldrute, die unangenehm untermischt ist mit Brennesseln und Brombeersträuchern, so daß man beide Arme braucht, um sich die stechende und brennende Vegetation vom Leibe zu halten. Die feuchte Hitze in dieser Pflanzenwildnis ist unerträglich, hechelnd folgt mir Susi dicht auf den Fersen, uninteressiert an allen jagdlichen Verlockungen, die das Dickicht bietet ...« Konrad Lorenz schwimmt mit dem Tier über die Donau und wandert dann den Strom entlang: »Merkwürdig tropisch wirkt ein solcher Donauarm: die nicht regulierten Ufer brechen steil, fast lotrecht ab, bestanden von einem typischen ›Galeriewald‹ aus hohen Weiden, Pappeln und Eichen, zwischen denen üppig wuchernde Waldreben die Lianen markieren, Eisvogel und Pirol, Charaktervögel ebendieser Landschaft, sind beide Vertreter von Vogelgruppen, deren weitaus meiste Mitglieder Tropenbewohner sind, im Wasser wuchert Sumpfvegetation. Tropisch ist auch die feuchte Hitze, die über dieser wundervollen Landschaft lagert und die nur von einem nackten Menschen mit Würde ertragen werden kann, und schließlich sei nicht verschwiegen, daß Stechmücken, Malariamücken und eine Unzahl Bremsen dazu beitragen, den tropischen Eindruck auch nach der unerfreulichen Seite zu verstärken. In den breiten Schlammstreifen, welche den Donauarm beiderseits umfassen, dauern bis zum nächsten Hochwasser, wie in Gips gegossen, die Spuren verschiedenster Aubewohner. Wer hat behauptet, es gäbe hier keine Hirsche mehr? Den Spuren nach zu urteilen, leben in diesen Wäldern noch viele starke Hirsche, wenn man sie auch zur Brunftzeit nicht mehr hört. So heimlich sind sie nach den Gefahren und Beunruhigungen des letzten Krieges geworden, der am Ende gerade hier schlimm gehaust hat. Reh und Fuchs, Bisamratte und kleinere Nager, unzählige Flußuferläufer, Flußregenpfeifer und Bruchwasserläufer haben den Schlamm mit den verschlungenen Ketten ihrer Fährten verziert. Und wenn schon meinem Auge diese Spuren die interessantesten Geschichten erzählen, wieviel mehr erst der Nase meiner kleinen Hündin! Sie schwelgt in Geruchsorgien, von denen wir armen Nasenlosen uns überhaupt keine Vorstellungen machen können ...«

Der bärtige Professor ist nur selten in den Donauauen oder in seinem Altenberger Haus anzutreffen. Die Bundesrepublik Deutschland hat ihm bessere wissenschaftliche Arbeitsmöglichkeiten geboten als Österreich – Konrad Lorenz leitet seit Jahren das Max-Planck-Institut für Verhaltensphysiologie in Seewiesen am Starnberger See.

Das Leben in den Auen erstirbt jedoch nicht. Immer mehr Menschen entdecken diese Erholungslandschaft. Die Großstadt Wien atmet hier aus, und die Luft- und Wassersuchenden werden zu Pfahlbauern. Ein Dorf von Badehäusern, Strandkabinen, Bungalows und einfachen Hütten grenzt an das andere. Dennoch scheint in dem Donauurwald noch genug Platz zu sein – trotz Motorbooten, Wasserskikanonen, Tennisplätzen, Minigolfanlagen und seit kurzem auch Wasserfliegern, die mit Hilfe eines Segels durch die Geschwindigkeit des Motorbootes bis über die Baumwipfel getragen werden.

Wo die Donau ihren Lauf von Osten nach Südosten korrigiert, um ihrer Bestimmung gerecht zu werden, bei Greifenstein, bietet das Gemäuer der Burg den besten Aussichtspunkt. Lang genug schmachteten in den Verliesen der Burg Unglückliche, die hier die schlechtesten Aussichten hatten, so schnell wieder freizukommen. Greifenstein gehörte den Passauer Bischöfen und wurde als Gefängnis für gesetzesbrecherische Geistliche oder andere unliebsame Angehörige des Klerus benutzt. Die geistlichen Gerichte verwahrten in der Burg Pfarrer, die sich ein Weib genommen oder gegen einen Dechant oder Prälaten die Hand erhoben hatten, Prediger, die ketzerische Ansichten geäußert hatten, aber auch die neuen Gatten zweier adeliger Witwen. Die beiden Damen hatten gegen die gesellschaftlichen Gepflogenheiten verstoßen und zwei kräftige Knechte geheiratet. Dieses Verbrechen heischte Strafe. Der Domprediger von Wiener Neustadt wurde nach Greifenstein gesteckt, weil er die Bevölkerung 1708 zu einer Aktion gegen die Juden ermuntert hatte, und ihm folgte noch manch anderer Geistliche, der es mit dem kanonischen Recht nicht genau genommen oder nur seinem Bischof mißfallen hatte.

Von Heulen und Zähneknirschen ist aber nun nichts mehr zu vernehmen. Die vielen kleinen Heurigen am Rand der engen, kurvenreichen Straße oder an den Hängen des Wienerwaldes lenken von allen trüben Erinnerungen ab. Buschenschenken wie die, in welche Heimito von Doderer in seiner ›Strudelhofstiege‹ zu einem Ribiselwein – für nördlichere Breiten Johannisbeerwein – einlädt: »... um dann zusammen am rohgezimmerten Brettertisch einer offenen Schenke unter riesigen alten Bäumen zu sitzen, im Trikot, von einem leichten aufkommenden Winde umspielt und erfrischt von dem tiefgekühlten, einheimischen Getränk, das so gefährlich ist, weil's wie ein Kracherl ausschaut und wie ein starker Wein wirkt ...«

Doderer liebte das Land an der Donau zwischen Greifenstein und Kritzendorf: »Der graugrüne tiefe Schaum der Auwälder, die gewundenen Wasserarme mit ihrem so vielfältig verschiedenen Grün, leuchtend und gelblich in Gewächsen, welche die regungslose Oberfläche bedecken, verhaltener in den Lanzenwäldern des Schilfes, vollends beruhigt unter den tiefhängenden, weit übers Ufer greifenden Ästen. Der Schrei eines Wasservogels wie unter geschlossenen Bogen hallend. Ferne, schwindelnd hohe Baumkronen in den goldenen Himmelsglanz verdampfend ...«

Diese Auen haben noch einen gewaltigen Überschuß an Frieden an ruhelose Großstädter abzugeben. Selbst die Pioniere aus Korneuburg, die ihre Pontons gegen den Strom rudern, werden durch die Landschaft entmilitarisiert, und der schwere Hammerschlag, der in regelmäßigen Abständen aus der Korneuburger Werft dröhnt, wird zu einem Naturlaut wie das Tuten der Schiffe. Man liegt schwimmend im Wasser, läßt sich treiben und lauscht dem Singen der von der Strömung aneinandergeriebenen Kieselsteine, ein Klang, als ob der Wind auf Telegrafendrähten Harfe spielte. Ohne Uhr, geschichtslos und zeitlos überantwortet man sich der Donau, rastet auf einer weißen Sandbank und vergißt gestern, heute und morgen.

Der sanfte, verzögerte Stundenschlag einer fernen Turmuhr gießt die in der Auträgheit zerfließende Zeit wieder in feste Form. Das langsame Läutwerk der Uhr rumort in den Türmen von Klosterneuburg. Es schlägt Stunden, es schlägt Jahrhunderte. Das schnarrende und rasselnde Uhrwerk kündigt die Augustiner-Chorherren an, die Grundherren zwischen Tulln und Wien, die größten Wald- und Weinbesitzer des Wienerwaldes, es verkündet auch die immerwährende Präsenz der Babenberger und Habsburger in dem Stift über der Donau, das mehr als alle anderen Donauklöster vom Geheimnis Österreichs birgt und verrät.

Türme, Kuppeln, Mauern und Fensterreihen des Stiftes bestimmen wie in Melk die Blickrichtungen der Kleinstadt Klosterneuburg, die sich trotz ihrer Kleinheit in eine Ober- und eine Unterstadt teilt. Klosterneuburg ermangelt der Ordnung und Harmonie Melks und Sankt Florians, ja selbst der fragmentarischen Monumentalität Göttweigs. Ein romanischer Basilikagrundriß, gotische Höfe, barocke Wölbungen und Kuppeln, klassizistische Decken und Säulen, neugotische Turmhauben – ein turbulentes Stilgemisch, das zu keiner Einheit wird, das Form sucht und nicht findet, ein Torso nur, dennoch groß genug, zum Schrein österreichischer Geschichte zu werden.

Noch mehr, in Klosterneuburg hat ein Habsburger seine Komplexe und Neurosen architektonisch abreagiert. Eine kritische Studie des Klosterbaues wird zu einer Session beim Psychiater. Der Patient auf der Couch, ein Monarch, der über ein Reich herrscht, das von Gesundheit zu strotzen scheint und dabei an einer tödlichen Krankheit leidet; ein Herrscher, der sich am Höhepunkt wähnt und schon die sausende Talfahrt angetreten hat. Und nur das Unterbewußtsein spricht alle Ängste und Zwangsvorstellungen in seinen Klosterneuburger Bauaufträgen aus.

»Karl VI. war friedfertig und gutmütig, aber von stumpfem, kaltem und schwerfälligem Geist und Temperament«, so kanzelt Egon Friedell den Kaiser ab. »In der Politik zögernd, unzuverlässig, immer auf zwei Seiten; als Verwalter fleißig, aber denkfaul: auf unbequeme Fragen pflegte er mit einem unverständlichen Gemurmel zu antworten ... ›Der Pragmatischen Sanktion‹, der fixen Idee seines Lebens, widmete er alle Kräfte, während er die Finanzen und das Heerwesen in den desolatesten Zustand verfallen ließ; vergeblich hatte ihn der alte Prinz Eugen ermahnt, lieber 100000 Mann auf die Beine zu stellen, als mit aller Welt zu verhandeln ...«

Die fixe Idee Karls, sein Alptraum, sein Nachtmahr, war der Gedanke, der letzte habsburgische Inhaber der römisch-deutschen Kaiserkrone zu sein. Vor dem frühen und plötzlichen Tod seines Bruders Joseph war Karl als König von Spanien ausersehen gewesen, weil dort die spanische Linie der Habsburger ohne einen männlichen Nachkommen blieb. Er hatte die schweren Kämpfe um das spanische Erbe erlebt, die schließlich mit einer Niederlage endeten, und nun mußte er das gleiche Schicksal für das Reich der deutschen Habsburger befürchten. Das ganze Leben des Kaisers war vom Wunsch nach einem Sohn bestimmt und von seinem Streben, im schlimmsten Falle die habsburgischen Besitzungen an seine älteste Tochter Maria Theresia zu binden und das kaiserliche Reich vom kaiserlichen Schlafzimmer unabhängig zu machen. 1716 hatte ihm seine Gattin, die schöne Elisabeth Christine – Karl, der den Wiener Dialekt liebte, nannte sie »meine schneeweiße Lisl«, – einen Sohn geschenkt. Sechs Monate später war er tot – angeblich, weil eine Kinderfrau die Amme so in Wut versetzt hatte, daß ihre Milch verdarb. Und fortan mußte der Kaiser um seine Kronen zittern.

Um diese Angst zu kompensieren, hat Karl immer wieder die Krone als Krönung repräsentativer Bauwerke gewünscht – auf den Triumphsäulen der Wiener Karlskirche, auf dem Reichskanzleitrakt der Hofburg, auf dem Turm der Stiftskirche in der Wiener Mariahilfer Straße. Und auf den neun Kuppeln seines Residenzklosters Klosterneuburg. Neben dem Kreuz sollte die Krone über das Land blicken, nicht eine, alle neun Kronen des Hauses Habsburg. Vermessenheit, Übermut? Nein, eher das unterbewußte Eingeständnis, daß eine Krone oft schwerer als ein Kreuz zu tragen ist. Und weil die Last der Kronen für Karl letzten Endes zu schwer war, so gedieh der Klosterneuburger Escorial nur zu einem Viertel: statt neun Kuppeln wurden es nur zwei – mit der römischen Kaiserkrone und dem österreichischen Erzherzogshut.

In seinem krampfhaften Versuch, durch jede Handlung die Reichsidee zu untermauern, die Ansprüche seines Hauses zu betonieren, wollte der spanisch erzogene und dem spanischen Hofzeremoniell huldigende Karl den Escorial, diesen höchsten Ausdruck absoluten Königtums auf himmlischer Basis, nach Österreich importieren. Klosterneuburg war zu dieser Sommerresidenz ausersehen, in der sich kaiserliche Größe und Weisheit mit klösterlichem Gebet und Frömmigkeit zur Mehrung des Reiches oder, besser, zu seiner Erhaltung paaren sollten. Der Kaiser befahl, das reiche Stift habe zu bauen – und zu bezahlen.

Ein Entwurf Prandtauers fand zwischen 1709 und 1713 keine Gnade vor dem Kaiser. Als der Kaiser endlich 1730 den Auftrag zum Baubeginn nach den Plänen des in Mailand geborenen Hofarchitekten Donato Felice d'Allio gab, war es längst zu spät. Die Sonne sank, der Absolutismus litt an einer Todeskrankheit. Als sich Karl sein Haus nach dem Konzept seiner Vorfahren einrichten wollte, wurden in Europa schon die Ideen einer revolutionierenden, alles umstürzenden Zukunft ausgebrütet. Die alte Welt zerbrach, und Karl eilte durch die Felder wie ein Schmetterlingssammler, der mit einem Netz gleich mehrere Pfauenaugen und bunte Falter auf einmal einfangen möchte. Prinz Eugen hatte ihm noch geraten, sein Reich zu konzentrieren, seine Grenzen geschlossen zu halten, einen zentralen, einheitlichen, zusammenhängenden Raum zu seinem Machtbereich zu gestalten. Als Karl im Chor der Klosterneuburger Kirche statt Aposteln, Heiligen oder Engeln auf den Rückwänden die Wappen der ihm untertanen Länder malen ließ, hatte das Reich seine größte Ausdehnung: Ungarn, Böhmen, Neapel, Dalmatien, Bosnien, Burgund, Mailand, Kärnten, Krain, Steiermark, Schlesien, Tirol, Görz, der Hennegau und der Breisgau, Mähren, Brabant, Serbien, Kroatien, Sizilien, Ober- und Niederösterreich, das habsburgische Hauswappen – und Spanien. Wieder wird hier nur ein Wunsch verewigt, denn Spanien gehörte Karl nicht mehr, er beanspruchte es nur noch, ein Reich, zu groß und zu klein zugleich, zu schwach und zu stark. Von unlenkbaren, inneren Regungen hatte es Karl nach Klosterneuburg getrieben, obwohl ihm das Schicksal seiner landesfürstlichen Vorgänger hätte zur Warnung dienen sollen. Der Babenberger Leopold III. hatte hier seine Burg und die Residenz durch ein Kloster geheiligt, später hatte der Babenbergerherzog Leopold VI. noch einmal die Einheit von Kirche und Regierungssitz angestrebt. Aber dieses Geschlecht, dem Karl mit seinen Klosterneuburger Plänen nacheiferte, war versiegt, hatte keinen Erben, war ausgestorben. Und doch hat sich Karl, dem eine ähnliche Situation schwante, von dieser Familie angezogen gefühlt. Vielleicht hatte der Hang zu Klosterneuburg noch einen anderen Grund. Leopold III. war heiliggesprochen worden, er war Landespatron Niederösterreichs, sein Leichnam ruht in Klosterneuburg. Die kaiserliche Familie pilgerte spätestens seit Kaiser Leopold I. an jedem

Leopolditag im November nach Klosterneuburg, und der musische Kaiser komponierte sogar Vespern für das Fest. Die Habsburger klammerten sich an diesen österreichischen Herrscherheiligen. Sie glaubten berufen zu sein, die weltlichen Ansprüche der Kirche zu vertreten, und sie haben diese ihre Sendung stets mit größtem Eifer zu erfüllen getrachtet – zu einem Heiligen haben sie es jedoch nicht gebracht. Sie waren immer nur fromm, treu der Kirche, aber kein Habsburger wurde zur Ehre der Altäre erhoben. Und nun flehte Karl in dem neuen Kaiseroratorium über dem Chorgestühl mit der Wappenparade und vor dem ebenfalls neuen Hochaltar des Matthias Steindl um einen Sohn. Und dabei war er in seinem prunkvollen Glasschrein eingeschlossen wie in einem gläsernen Sarg.

Vier Innenhöfe hätte das Klosterschloß haben sollen, vielleicht tausend Zimmer, Prachtstiegen und Kuppelsäle; aber 1737 bemerkte J. M. Küchel, der durch Österreich reiste, um die neue Architektur zu studieren, in seinem Tagebuch angesichts der Klosterneuburger Baustelle: »... wird darzu vieles Gelt erfordert werden!« Im Herbst 1740, als Karl selbst erkannt hatte, daß sein Stern nicht mehr den alten Glanz hatte, nachdem er zwei Kriege und viele Eroberungen des verstorbenen Prinzen Eugen verloren und auch seine Tochter Maria Theresia trotz ihrer Gebärfreudigkeit ihrem Gatten, Franz Stephan von Lothringen, nur drei Töchter geschenkt hatte und keinen Sohn, geriet sein Glauben ins Wanken. Der Kaiser litt unter Gicht, sein Magen war von den höfischen Tafelfreuden erschöpft. Bei einem herbstlichen Jagdausflug an den Neusiedler See wurde Karl von einem eisigen Wolkenbruch überrascht; nach Wien zurückgekehrt, legte er sich fünfundfünfzigjährig zum Sterben nieder. In diesem Herbst verdarb auch die Weinernte, weil der Frost zu früh die Trauben überfiel, und ein eisiger Panzer ließ die Bauarbeiten einfrieren.

Mutige Prälaten wollten das Werk noch retten. Daniel Gran malte die elegante, ovale Kuppel des Kaisersaales mit einer Allegorie auf den Ruhm des Hauses Österreich von Leopold bis Maria Theresia. Wieder plaudert das Fresko Wünsche und Sehnsüchte aus – unbefriedigte und befriedigte: der Amor zwischen Maria Theresia und Franz Stephan, der aller Welt den in diesen Kreisen ungewöhnlichen Fall einer Liebesheirat mitteilt, Fortuna, aus deren Füllhorn nackte Kinderlein gleich im Dutzend quellen, ein malerisches Aufatmen darüber, weil doch Österreich wegen des inzwischen geborenen Thronerben und mehrerer

Reserveerzherzöge seiner permanenten Kindbettsorgen ledig geworden war, und schließlich Viktoria, die sich gegen drei schwarze Dämonen wendet, gegen die Erbfeinde Maria Theresias, gegen Frankreich, Preußen und Bayern, Feinde, die all das leugneten, was Kaiser Karl sein Leben lang bemüht war, als unleugbar zu versichern: die Ansprüche seines Hauses, egal ob ein männlicher Erbe da war oder nicht.

Klosterneuburg, das den politischen Absichten des Kaisers Körperlichkeit verleihen sollte, wurde nur zum Grab seiner Hoffnungen. Kaiser Karl VI. wartet in der Gesellschaft seiner Ahnen und Nachfahren in der Wiener Kapuzinergruft auf den Jüngsten Tag. Sein verehrtes Vorbild, der heilige Babenberger, wird in Klosterneuburg aufbewahrt – das Wort ist nicht falsch gewählt, von »begraben sein« ist keine Rede: die Gebeine sind in einem handlichen Schrein verpackt, und das Haupt des Markgrafen liegt gar im Tresor, in der Schatzkammer. Ein Schulterblatt besitzt das Domkapitel von Sankt Stephan.

Schwere Schlösser müssen mit schweren unhandlichen Schlüsseln aufgesperrt werden, und dann verbergen noch immer dicke, altertümlich eisenbeschlagene Schranktüren die Schätze des Stiftes. In einem dieser Schränke wartet das kostbar gefaßte Leopoldhaupt auf den einen Tag im Jahr, seinen Namenstag im November, an dem es in der Kirche zur Schau gestellt wird: ein glatter Totenschädel. Man hat sogar versucht, das Gesicht zu rekonstruieren: Leopold soll dunkelhaarig gewesen sein. Seine Knochen lassen auf eine für seine Zeit ungewöhnliche Größe von mehr als 1,70 Meter schließen. Sein Körperbau war kräftig. Nach der Heiligsprechung im 15. Jahrhundert war der Klostergründer in einem silbernen Schrein beigesetzt worden. Sein Haupt wurde in einem Reliquiengefäß verehrt. Die Barockzeit verlangte in ihrer äußerlichen Frömmigkeit direktere Beziehungen zu ihren Heiligen. Der Heiligenkult forderte makabre Bilder. Das Haupt wurde freigelegt, der Totenkopf hergezeigt, so wie er war. Nur bei der Erbhuldigung der österreichischen Stände, wenn die hohen Herren dem Kaiser und Landesfürsten Treue gelobten, wurde das Haupt von einer Leopoldbüste umgeben, mit dem österreichischen Erzherzogshut bekrönt und in feierlicher Prozession in einer eigenen Sänfte nach Wien gebracht.

Der Erzherzogshut hat den Nachbartresor angewiesen bekommen: die Landeskrone des Erzherzogtums Österreich ob und unter der Enns. Hut ist die richtige Bezeichnung für diese Krone – über einen Hut aus rotem Samt mit Hermelinbesatz ist die Zackenkrone mit zwei Bügeln gestülpt – wie ja die meisten Kronen aus einem Stoff- und einem Metallteil bestanden.

Ein Wunderwerk barocker Goldschmiedekunst, die Schleiermonstranz, erzählt die Gründungslegende: Der Schleier der Markgräfin wurde vom Söller der Burg auf dem Kahlenberg verweht, und erst Jahre später fand ihn der Markgraf bei der Sauhatz unversehrt in einem Wacholderbaum. Er begriff die überirdische Botschaft und baute an dieser Stelle ein Kloster. In der Monstranz wurde die Natur zu Gold und Gold zu Natur: Der güldene Stamm eines Wacholderbaumes verzweigt sich in Ästen, Blättern und Blüten aus Gold, Perlen und Edelsteinen, in denen sich der silberne Schleier verfangen hat; zu Füßen des Baumes kniet der Markgraf, von seinen Jagdhunden umgeben. 1912, beim Wiener Eucharistischen Kongreß, wurde mit der Monstranz zum letztenmal der Segen erteilt. Jetzt verläßt sie nicht einmal den Tresor der Schatzkammer. Sie ist zu fragil, zu empfindlich, man braucht nur bei einem der Blätter anzustreifen, und es könnte abbrechen.

Die schöne Legende hat auch Roland Frueauf zu einem Gemäldezyklus veranlaßt. Er nimmt die Gelegenheit wahr, in echter Manier der Donauschule die Landschaft des Wienerwaldes und die Jäger und Bauern, die sie bevölkern, zu porträtieren. Die Tafeln hängen in der reichen Gemäldegalerie des Stifts.

Die Sage wurde leider eindeutig widerlegt – der strategisch wichtige Klosterneuburger Klosterberg war schon seit der Keltenzeit ohne Unterbrechung besiedelt. Markgraf Leopold hätte hier keinen einsamen Wald gefunden, sondern nur Wohnstätten. Nach den jüngsten Forschungen und Ausgrabungen hat der Babenberger auf dem Berg seine Residenz errichtet und dann kurz vor seinem Tode, im Jahre 1136, das Kloster beziehungsweise zuerst ein Kollegiatsstift für weltliche Chorherren gegründet. Vermutlich hatten aber auf dem Berg schon vorher Mönche Fuß gefaßt.

Klosterneuburg wurde unter den reichen Klöstern Österreichs eines der reichsten. Man fragt sich angesichts der Schatzkammer und der riesigen Besitzungen, wieso man in Klosterneuburg heute Schwierigkeiten hat, das Geld für die dringend notwendigen Renovierungsarbeiten aufzutreiben. »Natürlich sind wir reich«, sagt ein Chorherr. »An Kunstwerken hat kein Kloster wertvollere Stücke aufzuweisen. Wir haben große Ländereien und sind der größte Weinproduzent Österreichs. Aber unser Reichtum ist nicht so, daß man viel davon hat. In die Weinwirtschaft mußten wir so viel Geld zur Modernisierung stecken, daß es sich erst nach Jahren amortisieren wird. Außerdem fehlen uns rentable Betriebe, wie sie etwa ein wirtschaftlich besonders gutsituiertes Stift, die Erzabtei Sankt Peter in Salzburg, hat. Die Benediktiner leiten Druckereien und – Tankstellen. Wir leben vor allem vom Verkauf von Grundstücken.«

Der größte Schatz des Klosters – sein Wert läßt sich nicht in Geldbeträgen formulieren – ist unverkäuflich, unveräußerlich. In einer dunklen Seitenkapelle der Kirche hat er seinen bescheidenen Platz. Wenn die Lichter aufflammen, dann überstrahlt sein Glanz alle anderen Kunstwerke des Stiftes: der Verduner Altar. Golden, blau, rot und grün funkeln die Bildfelder dieses weltberühmten Emailwerkes, das der Meister Nikolaus von Verdun 1181 vollendet hat. Die Einzelheiten der 51 Bildtafeln des Flügelaltares lassen sich beim ersten Blick nicht erkennen. Das Kunstwerk wirkt als Ganzes, in flimmernder Schönheit, und man muß näher treten, um die Szenenfolgen zu studieren, das bewegte Geschehen aus dem Alten und Neuen Testament, die Figuren, die ihre künstlerischen Ahnen in der Antike und in Byzanz zu suchen haben, die Transparenz der »feuchten« Gewänder, die Vornehmheit der Gesten, die Innigkeit des Ausdrucks.

Von Meister Nikolaus kennt man den Dreikönigsschrein in Köln und den Marienschrein von Tournai. Der Klosterneuburger Altar ist das wichtigste Werk des Meisters. Wie Nikolaus an die Donau gelangt ist? Vielleicht auf dem Rückweg von Byzanz, vielleicht durch die Westorientierung der Chorherren. Denn trotz der geographischen Lage des Stiftes blickte Klosterneuburg damals nach Frankreich – die Chorherren studierten in Paris, sie vertraten die Thesen französischer Theologen, sie sangen den gregorianischen Choral der Metzer Schule. Warum sollte nicht ein wandernder Meister aus dem Westen nach Klosterneuburg gerufen worden sein?

Die Kunsthistoriker bezeichnen den Altar als ein bedeutendes Vorbild für die gotische Plastik der großen Kathedralen. Beinahe wäre das Kunstwerk vernichtet worden – 1330, als das Stift in Flammen stand. Die Chorherren retteten den Altar vor dem schmelzenden Feuer – indem sie ihn mit Wein übergossen. Ob sie dem Wein besondere Löschkraft zugeschrieben haben oder ob der Wein nur bei der Hand war, wird für immer ungeklärt bleiben. Das gläubige Volk hing anscheinend sehr an der »schön Tafel«, und als der Altar zur Restaurierung zu Goldschmieden nach Wien transportiert wurde, ging bei den Weinbauern das

Gerücht um, der Propst habe die Bilderwand den Juden verpfändet, um den Wiederaufbau des Stiftes zu finanzieren.

Während des Krieges sollte der Altar nach Berlin abgeschoben werden. Der Transportbefehl war bereits unterschrieben. Der Präsident des Wiener Denkmalamtes ließ in der Nacht den damaligen Gauleiter von Wien, Baldur von Schirach, wecken. Dieser untersagte die »Berlinreise« des Kunstwerkes auf eigene Verantwortung. Der Altar überdauerte den Krieg in den tiefen Kellern des damals aufgehobenen Klosters. Auch die Kleinodien der Wiener Schatzkammer fanden hier Schutz vor den Bomben. Nach dem Krieg wurde Klosterneuburg von der sowjetischen Armee überflutet. Alle drei Kasernen waren besetzt, ganze Straßenzüge wurden für das Militär geräumt, zeitweise zählte Klosterneuburg mehr Sowjetarmisten als Einwohner, die Kunstgegenstände im Kloster wurden jedoch nicht angetastet.

Nun hat der Verduner Altar wieder einen würdigen Platz, und über den Bildtafeln steht der Schrein mit Leopolds Gebeinen. Mehrere Male wurden Leopolds Silberetuis im Auftrag des Kaisers zur Finanzierung von Türkenkriegen und anderen unvermeidlichen militärischen Aventuren eingeschmolzen. 1936 wurde der jüngste Schrein, stilistisch dem Altar angepaßt, verfertigt. »Gott sei Dank ist der Altar aus Kupfer«, sagt der Verwalter der Klosterneuburger Kostbarkeiten, Pater Floridus Röhrig, »sonst wäre er längst den Weg des meisten Silbers gegangen – in die kaiserliche Münze ...«

Trotz der vielen Opfer, die die Kaiser dem Stift abverlangten, blieb es ihnen treu. Und die Habsburger dem Stift. Auch Kaiser Franz Joseph erschien zum Leopolditag, und bei der 800-Jahr-Feier Klosterneuburgs phantasierte Anton Bruckner auf der Barockorgel der Kirche über das »Gott erhalte ...« Als die Kaiser ihre Kronen in Museen abliefern mußten, rückte die republikanische Landesregierung zur Ausstaffierung des Leopoldifestes – an dem die Wiener und Klosterneuburger aus unerklärlichen Gründen nach altem Brauch über ein Riesenfaß rutschen – in voller Kriegsstärke aus. Und in jüngster Zeit lädt der Landeshauptmann von Niederösterreich Staatsgäste zum Essen in das mit Brüsseler Gobelins – sie haben 6000 Gulden gekostet – tapezierte kaiserliche Tafelzimmer. Der Schah von Persien, Adenauer, der König von Dänemark und einige andere Notabeln haben in diesem majestätischen Dekor niederösterreichische Spezialitäten probiert. Und das schlichte Wort »Klausur«, das die Welt von einem Kloster eher ausschließen sollte, hat Klosterneuburg in Kontakt mit der politischen Welt gebracht. Die österreichische Bundesregierung schätzt in jüngster Zeit die klösterliche Abgeschlossenheit in der Bannmeile Wiens für Klausurtagungen. Selbst in einem so säkularisierten Zeitalter wie dem unseren hat das Kloster seine Anziehungskraft auf die Lenker der Geschicke Österreichs bewahrt.

Der Hintergrund dieses Geschehens, des historischen, das kein Ende nahm, und des aktuellen, dessen Ende niemand kennt, ist eine altmodische Landschaft mit bescheidenen Wochenendhäusern, protzigen Villen der Jahrhundertwende, erfüllt von der Geborgenheit auf Borg, hinter der sich mehrere Generationen des Bürgertums verschanzt hatten. Die dichtbesiedelte Umgebung Klosterneuburgs, das Donauhinterland, atmet noch das österreichische Fin de siècle, die Städtchen, Dörfer und Strandkolonien sind noch k. u. k. und im revolutionärsten Falle Erste Republik. Viel Holz, viel Tand und alte Frauen, die im Sonnenschein dem Schatten zustreben, Wein- und Wiesenduft und kitschige Gedichte, und in Kierling bei Klosterneuburg ein Haus, das einmal eine Lungenheilstätte war. Hier starb 1924 ein einundvierzigjähriger Dichter aus Prag – Franz Kafka. Vor seinem Tode hatte Kafka, der durch sein Schreiben sein Zeitalter, seine Gesellschaft zum Tode verurteilt, gesagt, daß er noch nie so sehr Leben und Gesundheit gewünscht habe wie in diesem Augenblick.

14. Kapitel

Wien – neben der Donau
Die Hauptstadt Österreichs

Über fünfzigmal steht die Donau in dem drei Kilo schweren und rund 1500 Seiten zählenden Wiener Telefonbuch, dem gewichtigsten und dicksten zwischen Schwarzwald und Schwarzem Meer. Die Donau ist unter den verschiedensten Vorzeichen anrufbar, als Versicherung und als Filmverleih, als Fotolabor, Institut, Verlag, Strumpffabrik, Turm, Hyperphosphat-Gesellschaft mit beschränkter Haftung, als Raststätte, als Restaurationsgesellschaft oder schlicht als Donau Aloisia, Pensionistin. Nur in ihrer vielbesungenen Rolle als blaue Donau tritt sie in dem langen Verzeichnis von Persönlichkeiten und Institutionen, die den Strom für sich beanspruchen, nicht auf. Vielleicht sind die Wiener durch einen mehr oder weniger intimen Umgang mit dem Strom zu der Erkenntnis gelangt, daß die Donau ebensowenig blau ist wie das Wienerherz golden. Wer in Wien die blaue Donau aufspüren will, muß seine Schritte vom Strom mit seinen sämtlichen Zweiganstalten – Donaukanal, Alte Donau usw. – wegwenden und sich in die Bereiche der meist staubtrockenen Wiener Innenstadt begeben. Die genaue Adresse der blauen Donau verbirgt sich im Amtlichen Telefonbuch unter dem Stichwort Wiener Männergesang-Verein: Wien I, Bösendorferstraße 12. Im Archiv dieser traditionsreichen Sangeskommune im Musikvereinsgebäude wird als einer der wertvollsten Schätze die schöne blaue Donau verwahrt – die Originalpartitur des Opus 314 von Johann Strauß Sohn, die Handschrift des Walzers ›An der schönen blauen Donau‹.

Die Umleitung dieses phantasiegefärbten Wasserarmes in ein Haus, aus dem ein unendlicher Strom von Musik fließt, ist angemessen. Erstens erklingt hier der Donauwalzer alljährlich beim Neujahrskonzert der Wiener Philharmoniker und prägt so via Fernsehen das Donaubild von Millionen Menschen in der ganzen Welt, und zweitens wurde der Donauwalzer im Fasching 1867 als Auftragskomposition für den Wiener Männergesang-Verein komponiert. Dieser Walzer ist verantwortlich dafür, daß eine Mehrheit der Weltbevölkerung ohne Rücksicht auf hydrographische Erkenntnisse das Strömungsbild der Donau mit dem Dreivierteltakt verbindet.

Sie hat insofern recht, als die Donau an der Erfindung dieses wienerischsten aller Tänze nicht unschuldig ist. Auf den Donauschiffen vertrieben oberösterreichische Musikanten den Passagieren im gemütlichen und etwas schwerfälligen Dreivierteltakt ihrer Ländler die Zeit. Josef Lanner und Johann Strauß Vater behielten den Takt bei, setzten jedoch andere Betonungen, beschleunigten den Tanz, ließen die Tanzpartner einander in den Armen liegen und um die Hüften fassen und katapultierten so Wien und die Welt in einen sinnlichen Tanzrausch. Mit dem weinseligen Operettengeblödel später Strauß-Epigonen hatte die Wiener Walzerwut wenig zu tun. Sie war fast eine Seuche, eine gesunde Krankheit. Sie steckte Erzherzoginnen an und Dienstmädchen. Wien war damals, was die Soziologen als »Trendsetter« bezeichnen – eine Stadt, die Mode macht. Und wie London heute für die Erfindung des Minirockes und die Verbreitung des Beats und der Beatlemähnen mit dem Titel »Swinging London«, »swingendes London«, ausgezeichnet wurde, so war die Bezeichnung »Walzerstadt« für Wien durchaus angemessen. Und wie später über Swing-, Boogie-Woogie-, Rock-'n'-Roll- und Beatbegeisterung kritisch geschrieben wurde, so setzte sich schon 1836 Adolf Glaßbrenner scharfzüngig mit dem Wiener Walzertaumel auseinander:

»Nach welcher Reunion man in Wien geht, in welchem öffentlichen Garten man sich niedersetzt, Strauß und Lanner sind immer da! Führen sie nicht selbst das Zepter, so spielen andere ihre Walzer und Galoppaden. Lebhafte Gespräche stärken das Herz und bilden den Geist, aber zu einem solchen bringt man es selten in Wien; eben wenn die Meinungen sich kreuzen wollen, klopft Meister Strauß mit dem Bogen auf und gebietet Ruhe. Nun geht das Geklingel und Gezappel los! Die Wienerin dreht sich unruhig auf dem Stuhl herum, der Wiener wiegt den Kopf, die Füße arbeiten unter dem Tische, und die Gedanken über dem Tische gehen schlafen. Gute Nacht, Gespräch! La, la, la, la, Ladi dumm, dumm, dumm, dumm da! Das ist der ganze Geist, der sich über die Gesellschaft verbreitet, die wichtigsten Dinge bleiben mitten in der Unterhaltung liegen; jetzt muß man sich drehen, wiegen, jetzt muß man Takt treten und vor Wonne zerschmelzen. Ob nach dem Tode noch ein Leben zu erwarten ist? Das ist sehr gleichgültig, denn wir haben ja la, la, la, la. Ob Österreich glücklich bleiben oder später eine repräsentative

Verfassung bekommen wird? Was geht das uns an? Haben wir doch dumm, dumm, dumm, dumm! Ob Eisenbahn und Dampfbahn die Völker inniger vereinen werden? Was kümmert das einen Fuß, in welchem lustige Noten kribbeln und krabbeln! Ob zehn Minuten von der Stunde ungenützt vorüberfliegen, in welcher ich meine Geliebte alle Monate sprechen kann? Das ist gleichgültig, ungeheuer gleichgültig! Meine Geliebte hört jetzt nach dem Ladi dumm, dumm, dumm, dumm da! und frägt den Teufel nach dem Sir klug, klug, klug, klug hier! Oh, wäre ich ein Despot! Tonnen Goldes spendete ich den Straußen und Lannern, daß sie mir die Köpfe meiner Untertanen wiegeten und alle öffentlichen Gespräche stocken machten!«

Auch Heinrich Laube, der spätere Burgtheaterdirektor, denkt um die gleiche Zeit in Wiens populärstem Tanzsaal, beim »Sperl« in der Leopoldstadt, politisch. Er nennt Johann Strauß einen österreichischen Napoleon und sagt: »Es ist eine bedenkliche Macht in dieses Mannes Hand gegeben. Er mag es sein besonderes Glück nennen, daß man sich unter Musik alles mögliche denken kann, daß die Zensur sich mit den Walzern nicht zu schaffen macht und daß die Musik auf unmittelbarem Wege die Empfindung anregt. Ich weiß nicht, was er außer Noten versteht, aber ich weiß, daß der Mann sehr viel Unheil anrichten könnte, wenn er rousseausche Ideen geigte. Die Wiener machten in einem Abende den ganzen ›contrat social‹ mit ihm durch.«

Der Wiener Walzer als Waffe des Absolutismus, der Wiener Walzer als Geheimsprache der Liberalen und des Fortschrittes – das M-Tata der Straußschen und Lannerschen Geigenkorps läßt sich verschieden deuten. Auch dem Donauwalzer kann man gewisse Beziehungen zur Politik nicht absprechen. Johann Strauß Sohn produzierte im Fasching am laufenden Band. Alle großen Vereinigungen stritten um die Ehre, ihren Gästen als Ballspende mit der Uraufführung eines Strauß-Walzers aufwarten zu können. Als der Männergesang-Verein mit Strauß verhandelte, war jedoch von der Donau keine Rede. Strauß hatte sich das Anfangsmotiv, das ihm irgendwann einmal eingefallen war, auf seinen Manschetten notiert. Und als er nach einem Titel suchte, kam ihm das Gedicht eines sozialkritischen und freiheitsdürstenden Vormärzpoeten in die Hand. Der Wiener Lyriker Karl Isidor Beck hatte seine reimerischen Talente einmal ausnahmsweise auf die Natur verschwendet und wurde so zum poetischen Anstreicher des Stromes. Er dichtete nämlich: »Nachtigallen kamen auch an die Donau, an die schöne blaue

Donau.« Und weil sich Johann Strauß durch diese Verszeilen zu dem Walzertitel ›An der schönen blauen Donau‹ inspirieren ließ, war Becks »blaue Donau« sozusagen patentiert. Dabei hätte es Beck besser wissen müssen – er ist nämlich in der ungarischen Donaustadt Baja geboren. Vielleicht hat er aber gerade deshalb die Donau in Wien so blau gesehen. In Baja ist sie nämlich noch wesentlich brauner und dreckiger als in Wien. Die Wiener Männersänger wollten von der Donau weder blau noch grün noch braun etwas wissen. Sie hatten ihren eigenen Hausdichter, den Polizeikommissar Josef Weyl. Als ein erwartungsvolles Publikum in der zum Ballsaal umgestalteten Schwimmhalle des Dianabades mit der neuesten Strauß-Komposition konfrontiert wurde, sang der Chor zu den Donaumelodien einen Text, der höchstens eines Pfützensongs würdig war:

Wiener, seid froh! –
Oho! Wieso? –
Ein Schimmer des Lichts –
Wir sehn noch nichts! –
Der Fasching ist da! –
Ah so, na ja! –
Was hilft denn das Trauern
und das Bedauern?
Drum froh und heiter seid!

Der Text ist nicht ganz so dumm, wie er sich anhört. Man muß das Gereime aus der politischen Lage heraus verstehen. Ein halbes Jahr war erst seit der Katastrophe von Königgrätz vergangen. Langsam erholte sich Österreich wieder von den schweren Schlägen, die es 1866 von den Preußen einstecken mußte. Der Walzer wurde ins Arsenal der moralischen Wiederaufrüstung eingereiht. Er sollte Optimismus verbreiten, wie in den dreißiger Jahren die Amerikaner das Ende der Depression mit dem ›Happy Days Are Here Again‹ feierten, wie im Zweiten Weltkrieg das tröstende ›Es geht alles vorüber, es geht alles vorbei‹ zum Schlager wurde. In die Weylsche Aufforderung zur Fröhlichkeit mischt sich mit dem »Oho! Wieso?« und dem »Wir sehn noch nichts!« auch die raunzerische wienerische Skepsis, mit der unter dem Kahlenberg der Lauf der Welt kommentiert wird. Und den Wienern war der Walzer auch nicht fröhlich genug. Sie erklatschten eine Wiederholung. Das war auch alles. Nach Straußschen Maßstäben kam diese gedämpfte

Aufnahme eher einem Durchfall als einem rauschenden Triumph gleich. Die »schöne blaue Donau« erfuhr ein normales Stromschicksal. Sie mußte als kleines Bächlein, von der Pike auf, vom Wiesengrund auf, dienen, und es vergingen einige Monate, bis sie in das Meer öffentlicher Anerkennung, in die See des Welterfolges mündete. Um den Donauwalzer zu verstehen, benötigten die Wiener die Pariser als Dolmetscher. Die schöne blaue Donau wurde zum Patenkind der Seine.

Sommer 1867, Weltausstellung in Paris. Österreich stellt unter anderem auch Johann Strauß aus. Seine Walzerklänge übertönen jedoch das lärmende Getriebe nicht. Die Botschaft übernimmt deshalb das Management, die Public-Relations-Arbeit. Fürstin Pauline Metternich, die Hauptfigur zahlreicher Anekdoten, Gattin des Botschafters und Metternich-Sohnes Richard, bat zu einem Ball in der Botschaft. »Tout Paris« war anwesend, und Johann Strauß spielte auf. Kurz darauf hörte Jean Hippolyte de Villemessant, Musikkenner und Besitzer der Zeitung ›Le Figaro‹, Strauß auf einer Probe. Amüsiert, wie Strauß das Berliner Bilse-Orchester dirigierte, wie ein Jahr nach Königgrätz preußische Musiker dem Wiener Walzerdiktat gehorchten, bat er Strauß zu sich und beschloß, seine Zeitung in den Dienst der Strauß-Werbung zu stellen. Er gab Strauß zu Ehren eine Soiree in den vornehmen Redaktionsräumen des ›Figaro‹. Der Walzerkönig wurde von der Pariser Literaturaristokratie umringt: von Théophile Gautier, Gustave Flaubert, Henri de Rochefort, Alexander Dumas Sohn und vielen anderen. Auch Turgenjew war da und der Komponist Ambroise Thomas. Strauß revanchierte sich mit einem Diner für die gesamte Redaktion (den Wein soll Monsieur Villemessant gezahlt haben), lieferte eine ›Figaro‹-Polka und führte für seine Gäste den neuinstrumentierten Donauwalzer auf. Die ›Figaro‹-Polka wurde wenige Tage darauf der Zeitung beigelegt, der Donauwalzer bald von ganz Paris als der Walzer der Walzer bejubelt. ›Le beau Danube bleu‹ war die Melodie der Saison. Jedes Strauß-Konzert mußte damit schließen, und als der Wiener Dreivierteltaktgenius nach London übersiedelte, warteten die Briten bereits darauf, den Donauwalzer vom Meister persönlich präsentiert zu hören. Daß nach diesen internationalen Triumphen einer Anerkennung im eigenen Lande nichts mehr im Wege stand, wird keinen Kenner der Wiener Denkungsart verwundern. Philharmoniker, Opernball, Eisrevue, Rundfunkpausenzeichen, Ballett, Drehorgel und Juke-box, Klavierlehrerinnen und Militärkapellen, Clemens

Krauss und Karajan – die »schöne blaue Donau« durchströmte ein Walzeruniversum, wandelbar und weitläufig wie die Donau ist. Und überall in der Welt fällt dem Publikum zu Wien sofort die Donau ein.

Dabei liegt Wien gar nicht an der Donau, sondern höchstens neben der Donau. Die Donaustadt ist höchstens eine Donauvorstadt. Sie ist mit dem Strom nicht vermählt, sondern hat mit ihm nur ein »schlampertes Verhältnis« – wie man so etwas in Wien zu nennen pflegt. Sie nähert sich ihm nur im schmierigen Arbeitsgewand.

Sie versteckt die Donau auch vor dem Fremden so gut, daß ein Uneingeweihter tagelang durch Wien spazieren kann, ohne jemals die Donau zu Gesicht zu bekommen. Mancher Tourist zweifelt an seinem Baedeker, wenn er an dem schmalen Donaukanal, diesem die Innere Stadt streifenden Ableger des Stromes, steht, sich von Möwen umflattern läßt, auf ein bescheidenes Ausflugsboot hinunterstarrt und nicht begreifen kann, was die Wiener mit ihrer Donau gemacht haben, warum sie so klein, so brav und so zahm geworden ist und so gar nichts mit einem richtigen Strom zu tun hat.

Das Wiener Stadtbild wird von der Donau genausowenig beeinflußt wie die Wiener Gemütlichkeit von den New Yorker Börsenkursen. Wer auf dem Donauschiff nach Wien einfährt, wird mit Gasometersilhouetten, Wohnkasernen im Emmentalerstil, Lagerhäusern, Fabrikschornsteinen, Frachtbahnhöfen und den grünen Flächen des Überschwemmungsgebietes abgespeist. Wenn er Glück hat, erspäht er die Spitze des Stephansdomes. Das Wien der Fremdenverkehrsprospekte will von der Donau wenig wissen. Schönbrunn, die Oper, das Burgtheater, die Ringstraße, das Parlament, das Rathaus, die Hofburg und die Adelspalais, das Belvedere und die Kirchen, die in allen Kunstführern verzeichnet sind, befleißigen sich einer offenkundigen Donaufeindlichkeit.

Die Natur ist nur bedingt dafür verantwortlich zu machen. Nähert man sich von Norden der Stadt, öffnet die Donau eine große Pforte zwischen Leopoldsberg und Bisamberg. Aber dieses prächtige Portal wird zum Dienstboteneingang. Wer wirklich in die Stadt will, müßte sich in Nußdorf in den Donaukanal schleusen lassen. Zwei Bronzelöwen bewachen das Nußdorfer Wehr, eine zwischen 1894 und 1898 von Otto Wagner erbaute brückenartige Sperre, die Eistreiben und Hochwasser vom Kanal wehrt. Einige Jahrzehnte vorher, im Frühjahr 1854, war hier statt dieses industriellen Tores eine Triumphpforte aufgebaut. Die Brautfahrt Elisabeths hatte hier ihre Endstation.

Der Diplomat Baron Hübner erinnert sich der festlichen Ankunft: »Kaum hatte das Dampfschiff am Kai angelegt, als der junge Kaiser auf seine künftige Gemahlin zueilte und sie coram populo umarmte. Die Prinzessin, groß, schlank, von majestätischer Haltung und klassischen Zügen, obwohl fast noch ein Kind, eroberte im Fluge alle Herzen. Viel Landvolk, aber wenig Personen vom Hofe und aus der Gesellschaft standen längs des Ufers. Auf allen Physiognomien war eine sanfte und freudige Gemütsbewegung zu bemerken. Jeder schien sich mit dem kaiserlichen Brautpaar eng verbunden zu fühlen.« Und selbst der Wiener Korrespondent der Londoner ›Times‹ wurde im Bericht an seine Redaktion romantisch: »Prinzessin Elisabeth lächelte und verneigte sich vor ihren zukünftigen Untertanen, als gehöre jedes Gesicht, auf das ihr Blick fiel, einem alten und geschätzten Freund. Manche konventionellere Kritiker hätten eine würdigere, reserviertere Haltung wohl vorgezogen, aber was hat ein sechzehnjähriges Mädchen, dessen Herz vor Liebe und Zuneigung überfließt, mit Würde und Zurückhaltung zu schaffen?«

Für Würde und Zurückhaltung fehlt in diesem dörfischen Wien unter Leopolds- und Kahlenberg der rechte Rahmen. In den ländlichen Gassen mit den ebenerdigen Häusern und den grünen Buschen über den Einfahrten riecht es nach Wein. Aus den Höfen dringt Lachen und Singen. Autos zwängen sich durch die Gäßchen und suchen nach Parkplätzen. In Nußdorf und Grinzing unterwerfen sich die Wiener den Trinkriten des Heurigen: Nach jahrhundertealter Tradition schenken die Weinhauer unter diesem Titel Eigenbauwein aus. Die Wiener rücken oft schon am späten Nachmittag an, packen ihre Proviantpakete aus, und die Kellnerinnen stellen ihnen gefüllte Viertelkrügel auf den ungedeckten, meist grün gestrichenen Holztisch. Die Krügel als Zeichen dafür, daß man beim Heurigen den herben spritzigen Wein nicht zaghaft nippend, sondern in großen Zügen trinkt. Ein Geiger, ein Ziehharmonikaspieler und ein Gitarrist verraten mit weinerlich-heiserer Stimme einiges über ihr Außen- und Innenleben und die Wiener Heurigenphilosophie. Demnach ist ihr Vater ein Hausherr und Seidenfabrikant, es ist an der Zeit, die Pferde in den Stall zu stellen, weil die Herren ihre Garderobe veräußern wollen, um in den Himmel zu fahren. Dabei soll Wien doch ein bevorzugtes Urlaubsziel der Engel sein. Mit der

Versicherung, daß wir nimmer sein würden, wohl aber der Wein, wechseln sie zum nächsten Tisch, zu einer bundesdeutschen Reisegesellschaft, die mit einem Autobus (ein Viertel Wein inklusive) hierhergeschafft worden ist und den Höhepunkt Wiener Gemütlichkeit im Probieren grüner Federhütchen sieht.

Der Kenner kann sich jedoch auch zu stilleren Heurigen flüchten, ohne Musik und ohne Touristen. Irgendwo zwischen den Weingärten auf einem Rücken des Kahlenberges kauft man mit frischem Wein auch eine frische, kühlende Brise und eine Donauaussicht ein, die einem nach Einbruch der Dunkelheit die Vision einer Donaustadt vorgaukelt. Lichter, die in dem dunklen, spiegelnden Wasserband ein Echo haben, die roten und grünen Positionsleuchten eines Schleppschiffes, die roten Spitzen der Sendemasten auf Kahlenberg und Bisamberg, dazu die Scheinwerfer, die sich die Kirche auf dem Leopoldsberg aus dem Dunkeln greifen, das Klirren und Klingen von Gläsern und tief unten das Geflimmer nächtlichen Großstadtlebens. Die Lichter täuschen. Die Blickrichtung ist verkehrt, das Visier falsch eingestellt. Einige Vororte werden in der Dunkelheit im Bündnis mit dem Strom großstädtisch, ohne es wirklich zu sein. Das Tageslicht enthüllt die Hochstapelei. Die Donaumetropole Wien wächst zum Wienerwald hin, sie dehnt sich vorläufig nach Süden und nach Westen. Ihr Stadtkern will trocken bleiben. Erst in den letzten Jahren werden auch die flachen Bezirke nördlich der Donau allmählich von der Stadt erobert.

Wien war nicht immer so donaufern. Die Wälle des römischen Kastells Vindobona wurden noch vom Donauwasser genetzt. Sein Zentrum liegt mitten in der Stadt am Hohen Markt einige Meter unter der Asphaltdecke. In einer Ecke der Stadt heißt eine Kirche Maria am Gestade, aber statt zu einem Fluß führt die große Treppe davor nur zu einer tiefer gelegenen Straße. Da liefern Briefträger die Post auf verschiedene Länden, ohne daß sie Boote brauchen. Straßennamen wie Salzgries verheißen Salzhändler und Salzschiffe, obwohl sie nirgends mehr anlegen könnten. Die Roßau ist keine Au mehr, und das Werdertor ist verschwunden, und es gibt dort auch keine Insel mehr. Die Namen sind die Grabinschriften der Stadt an der Donau. Bis zum 13. Jahrhundert floß der Hauptarm der Donau direkt unter den Mauern Wiens. Dann hat es sich die Donau anders überlegt, und erst Ende des 16. Jahrhunderts wurde die Laune der Natur durch den Bau eines Donaukanals etwas korrigiert. Die Donau wurde zu einem vielarmigen Gewächs, das wie eine Schlingpflanze in einem breiten Insel- und Augewirr an Wien vorüber wucherte – so als ob sie sich, frei von allen alpinen Beengungen, nun einmal nach Herzenslust strecken und dehnen wollte.

Jakob Sturm besingt die Donau 1659: »O ädler Donau Fluß! der du vor dieser Stadt fünfmal hast deinen Gang, drauf man Freude hat, daß wenn der Lenzen kömt, man fröhlich kan ausfahren ...« Er spricht also von fünf Donauarmen. Und Amand von Schweiger-Lerchenfeld stellt in seinem Donaubuch von 1896 den Strom vor, wie er bei Wien vor der Regulierung floß: »Es genügt, eine Stromkarte aus den sechziger Jahren in die Hand zu nehmen, um von der Vorstellung gefangen zu werden, als überschaute der Blick das Wassernetz und Inselgerinne irgendeines asiatischen oder noch nicht gebändigten amerikanischen Stromes. Im nordwestlichen Weichbilde spaltet sich der Strom in drei Gerinne. Das erste derselben war und ist der sogenannte Donaukanal – vor Zeiten vermutlich der Hauptarm –, der die Stadt in früheren Epochen am nördlichen Saume bespülte. Das zweite Hauptgerinne war das ›Kaiserwasser‹, das mit dem eigentlichen Strome, dem ›Floridsdorfer Arme‹, eine stundenbreite Wasser- und Auenwildnis einschloß, die sich weit stromab zog und einen hydrographischen Urzustand vergegenwärtigte, den man in unmittelbarer Nähe einer Weltstadt nimmer vermutet haben würde ...«

Überschwemmungen, die Schwierigkeiten für den Schiffsverkehr, die sumpfigen Auen als Krankheits- und Ungezieferbrutstätten und noch einige andere Gründe ließen Kaiser und Bürgermeister handeln. 1868 wurde die großangelegte Regulierung beschlossen. Die Donau sollte umgebettet werden. Die meisten Seitenarme wurden zum Tod durch Austrocknen verurteilt. Am 30. Mai 1875 war das Werk vollendet. 25 Millionen Gulden hatte dieses Donaubettenbauen gekostet. Ein Drittel bezahlte die Stadt Wien, ein Drittel das Land Niederösterreich und ein Drittel der Staat. Die Donau war geordnet. Fast gerade nimmt sie nun ihren Weg an Wien vorbei. Ein Teil des Wassers wurde seßhaft gemacht – die Alte Donau, der einstige Hauptarm, wurde zu einem vom Grundwasser gespeisten künstlichen See und zum Bade-, Segel- und Ruderparadies der Stadt. Wenn an einem schönen Sommersonntag über der Insel Gänsehäufel die blaue Flagge weht, dann heißt das »ausverkauft« und weiter, daß dort mehr als 25 000 Menschen im Strandbad lagern.

In der Donau selbst baden die Wiener weniger. Dennoch ist das Inundationsgebiet, das Überschwemmungsgebiet, an einem heißen Sonntag Ziel einer Völkerwanderung. Früher, in den bitteren dreißiger Jahren, unternahmen die Wiener ihre Familienausflüge in dieses leere Areal, weil es eines der billigsten Vergnügen war. Und auch heute ist es noch populär, weil es nichts oder wenig kostet: Tümpel, holprige Grassteppe, verwachsene Bombentrichter aus dem letzten Krieg, Büsche, die Erfrischungshütten, die im Polizeibericht unter der Rubrik »Messerstechereien« ihren ständigen Platz haben, Zelte, Lagerfeuer, die typische Familie, die in Ottakring, Hernals oder Favoriten den Donaumarsch angetreten hat, mit der Straßenbahn Wien durchquert und sich nun behaglich niederläßt. Die Mutter spart sich den Badeanzug und sitzt in der »Kombinäsch«, im Unterkleid, auf einer Wolldecke, verteilt aus einer Aluminiumschachtel die zu Hause gebackenen Wiener Schnitzel an sämtliche Familienmitglieder und reicht ein Einmachglas mit Gurkensalat weiter. Der Bub wird um Bier geschickt, und das Glück ist vollkommen. Die Wiener Vorliebe für Gebackenes, Paniertes und auch das Geschick im Zubereiten von Schnitzel, Backhendel oder auch gebackenem Karpfen ist das Erbe eines Imperiums. Die österreichischen Okkupanten erhielten in Mailand Unterricht im »Panieren« von Fleisch (escalope milanaise). Die Ernährungshistoriker – oder wie man sie nennen soll – verfolgen die appetitlichen Spuren noch weiter. Die Erzeugung dieser knusprig braunen Hülle aus Eiern und Bröseln hätten die Mailänder von den Spaniern, die Spanier von den Mauren und die Mauren von den Byzantinern gelernt. Und der Wiener Gaumen weidet sich so ausgiebig an dieser goldbraunen Umhüllung von Fleisch, Leber, Hühnern, Hirn, Bries und Fisch, weil sie ein wenig seinem Wesen entspricht: außen resch und fesch, dann aber doch nachgiebig, zerflatternd, zerbrechend und ohne Messer und Gabel Widerstand zu leisten, den guten Kern freigebend.

Die Schnitzelpsychologie ist für die Soziologie des Überschwemmungsgebietes nur eine Hilfswissenschaft. Die verschiedenen anderen Erscheinungen dieser Donausteppe, die sich bei Hochwasser in eine Wasserwüste verwandelt, mobilisieren auch Sexualwissenschaftler, Kriminologen usw. Das Inundationsgebiet wird, sobald es etwas dunkler wird, zum Jagdrevier von Voyeurs und Exhibitionisten. Im Sommer stöbert die Polizei »Strotter« auf: Obdachlose, die da unten in leeren Hütten oder im Gebüsch Unterschlupf suchen. Noch vor wenigen Jahren hausten Menschen hier in Erdhöhlen, und ab und zu durchstreiften Polizisten und Kriminalbeamte in Großrazzien in breiter Front das ganze Areal, in dem am Rande der Stadt noch Freiheit und Wildheit regieren möchten. Helmut Qualtinger hat als ›Herr Karl‹ einen typischen Benützer des Überschwemmungsgebietes dargestellt und die Aussprache des schwierigen Wortes »Inundationsgebiet« mit gequältem Zungenschlag zum klassischen Ausdruck der unglücklichen Liebe des Wieners zum Fremdwort werden lassen.

Die Kultivierungsbestrebungen machen auch vor dieser Uferlandschaft nicht halt. Unter der Floridsdorfer Brücke sind Fußballfelder entstanden. Jede Bubenmannschaft, die sich rechtzeitig anmeldet, erhält Platz und Ball und kann sich in einem dort geparkten Wohnwagen umziehen. Einmal im Jahr geben sich Zehntausende von Wienern als Sportler aus und strapazieren Lunge, Herz und Muskeln im Volkslauf von der Nordbahnbrücke bis zur Reichsbrücke – eine Strecke, die in diesem ungleichmäßigen Gelände recht lang werden kann. Filmregisseure schätzen das Überschwemmungsgebiet als Terrain für Verfolgungsjagden, und das Fernsehen verlegte sogar die Hinrichtung des prominenten Räuberhauptmannes Johann Georg Grasel, der 1818 vom Leben zum Tode befördert worden war, an die Donau.

Als Szene von Volksbelustigungen waren die Donauauen auch vor der Regulierung beliebt. Heinrich Laube vermerkt über eine der größten Wiener Vergnügungen, den Brigittamarkt: »Auf der Brigittenau feiert man alljährlich ein großes Volksfest, bei dem sich an die 30000 Menschen einfinden, die wie Böcklein in Lust und Freude herumspringen.«

Umgeben von gesichtslosen Wohnblocks, die das »neue Wien« darstellen sollen, steht dort etwas verloren eine achteckige Kapelle, die Brigittakapelle, um die Mitte des 17. Jahrhunderts erbaut, weil im Dreißigjährigen Krieg angeblich eine schwedische Kanonenkugel in das Zelt eines österreichischen Erzherzogs eingeschlagen hat, ohne ihn zu verletzen. Da der Kalender den Tag der heiligen Brigitta anzeigte, wurde die aus Dankbarkeit errichtete Kapelle dieser Heiligen geweiht und ringsum ein kaiserlicher Fasangarten angelegt. Als der Garten von Joseph II. fürs Volk geöffnet wurde, weitete sich das alljährliche Kirchweihfest zu einem Anlaß für einen wahrhaft großstädtischen Trubel aus. Zwischen 60000 und 80000 Wiener traten die Wanderung in die Brigittenau an und bezahlten auf der eigens für den Brigittamarkt geschlagenen Schiffsbrücke über den Donaukanal pro Person einen Kreuzer Mautgebühr.

Rund um die Brigittakapelle wäre heute für solch ein Spektakel nicht mehr genug Raum. Dafür wurden die Auen am linken Ufer jenseits des zur Schnellstraße erhobenen Hubertusdammes zum Donaupark, zu einem neuzeitlichen »Lustgarten« geordnet: asphaltierte oder kiesbestreute Wege, Blumen, Teiche, eine Seebühne, Sessellift, mehrere Kleinbahnen und Rikschataxis, damit das Spazierengehen nicht mehr zu Fuß besorgt werden muß, Restaurants, Kinos, Minigolf, eine Kunsthalle und als Krönung der Donauturm mit einem drehbaren Restaurant und Café in 155 Meter Höhe. Auch andere Städte erheben sich mit ähnlichen Türmen über die Kathedralen (der Südturm des Stephansdomes ist 136,7 Meter hoch), aber sie bauen ihre Türme meist als Fernsehsender. In Wien hat man den Turm an einem der tiefsten Punkte der Stadt aufgestellt und ihm keine andere Funktion zugewiesen, als sich zu drehen und ein Neonbierglas zu tragen: Symbol für den Kunstwillen der Stadtväter des Nachkriegs-Wien.

Nach innen gekrümmte Gitter sollen auf der luftigen Terrasse Selbstmordkandidaten vor dem Magnetismus der Tiefe schützen. Doch jedermann, der von hier aus seinen Blick über die einstige Zweimillionenstadt, die heute nicht ganz 1,7 Millionen Menschen beherbergt, schweifen läßt, wird dennoch Zeuge eines Selbstmordes – in den Jahren nach dem Zweiten Weltkrieg hat sich Wien eigenhändig umgebracht, das heißt, sein Stadtbild wurde zerstört, zerschlagen, gemordet und geschändet. Kleinbürgerliche kommunale Bauvorstellungen zwangen die Architekten, Häßlichkeiten am laufenden Band zu produzieren. So zerfällt und zerfließt das Wien beiderseits der Donau in unorganische, gleichförmige Wohnblöcke. Die Phantasie der Architekten wurde gefesselt. Hemmungslos wurden Slums von morgen und übermorgen geschaffen. Ziellos und unentschlossen wurde an diesem neuen Wien herumgebastelt. Den mangelnden Mut zur Größe, die fehlende Einbildungskraft und den abwesenden Geschmack mußten der Slogan »Wien wird wieder Weltstadt« und einige Prestigebauten kaschieren. Die meisten Projekte waren schon veraltet, wenn sie genehmigt wurden. Und als man endlich einen Stadtplaner gefunden hatte, der den Wienern die Augen öffnete, der offen sagte, daß hier die Zukunft verbaut würde, tat man alles, ihn so schnell wie möglich wieder aus dem Rathaus hinauszukomplimentieren.

Dennoch wird der Donaupark in Kürze weltstädtisches Gepräge erhalten – die UNIDO (United Nations Industrial Development Organization), die für die Verteilung der Entwicklungshilfe zuständige Organisation der UNO, wird hier ihren Sitz erhalten – mit Amtsgebäuden und Wohnquartieren für die internationalen Beamten. Und mit einer – Moschee.

Vor 300 Jahren hat der türkische Reisende Evliyâ Çelebi der Stadt bereits eine Moschee verheißen. Er wollte allerdings den Stephansdom und -turm den religiösen Bedürfnissen der Moslims zuführen: »Möge Allah, der Allerhabene, gewähren, daß er dereinst zu einem Minarett umgewandelt wird und daß von ihm dereinst der mohammedanische Gebetsruf erschallt – Amen«, betete der türkische Tourist 1665. Und 18 Jahre später trug der Zeremonienmeister des Großwesirs Kara Mustafa nach einer Betrachtung der Schönheiten des belagerten Wien folgende zuversichtliche Lobpreisung in sein Tagebuch ein:

»Allah sei Lob und Preis, daß dank der segensreichen Gottergebenheit des sieghaften Großwesirs nun die Hand auf ein solches Land gelegt worden und dieses zum Tummelplatz der Pferde des islamischen Heeres geworden ist! Den Kennern der Geschichte ist es klar wie der helle Tag und es bedarf für sie keiner weiteren Erörterung, daß noch unter keinem anderen Feldherrn solche Großtaten der Eroberung geschaut worden sind!«

In seinem phantastischen Wien-Bericht hat Evliyâ Çelebi die Bollwerke der Festung Wien genauestens beschrieben; und die Stadt hat großen Eindruck auf ihn gemacht: »Die Gebäude innerhalb der Festung Wien belaufen sich auf insgesamt 40000 Häuser und Paläste. Alle diese Paläste haben fünf bis sechs Stockwerke. An jedem dieser Gebäude gibt es mannigfaltige Kanzeln und Erker, Alkoven und Balkone. Die Räume darinnen sind mit Einlegearbeiten in Perlmutter und Gold verziert, und die Säle sind mit Edelsteinen ausgeschmückt. Die Summe der Fenster an allen Häusern zusammen beläuft sich auf nicht weniger als 200000. So berichtet der Hofschatzmeister, und es stimmt gewiß, denn bei den Giaurs ist das Lügen verboten. Übrigens dürfen außer Pferden keinerlei Tiere in die Stadt gebracht werden. Wenn einmal ein Pferd seinen Mist innerhalb der Stadt fallen läßt, dann kehren und fegen die Inhaber der Kaufläden diesen Pferdemist sofort weg. Nach jedem Regen kommen sogleich aus allen Häusern die Buben und Weiber heraus und fegen die Straßen wieder artig rein und sauber und spiegelblank, daß man von ihnen ruhig Honig auflecken könnte. Die Zahl der Kaufläden beträgt insgesamt 1500 ...«

Und so geht es weiter. Evliyâ Çelebi hat eine Werbeschrift für potentielle Belagerer verfaßt, einen Katalog für künftige Plünderungen. Am 13. Juli 1683 war der Himmel rings um Wien gerötet. Und die Wiener blickten zum erstenmal staunend und bangend auf die türkischen Heeresmassen. Kara Mustafa lagerte mit 216000 Mann vor den Mauern der Festung. Hinter den Bastionen standen 11800 Mann kaiserlicher Truppen unter Ernst Rüdiger Graf Starhemberg, 5000 Mann Bürgerwehr, drei Studentenkompanien, die Abteilung der Hofbediensteten, ein freiwilliges Jägerkorps und 263 Geschütze.

150 Jahre vorher hatte Sultan Soliman der Große den Halbmond bis vor Wien getragen. Aber der Sultan war für die Stadt nicht groß genug. Auch war er zu spät gekommen. Er hatte die Belagerung erst am 19. September beginnen können. Die 20000 Mann unter Niklas Graf Salm verteidigten Wien heldenhaft. Und dann half ihnen ein verfrühter Wintereinbruch. Die Türken verloren in der Kälte den Mut. Am 14. Oktober brach der Sultan die Belagerung ab.

Kara Mustafas »timing« war besser. Er war zwei Monate früher dran als Soliman. Er hatte Zeit. Aber von Beginn an beging der prunkliebende Feldherr zwei entscheidende Fehler. Er hatte zuwenig schwere Artillerie die Donau herauftransportieren lassen. Später tadelt ihn deshalb auch der türkische Geschichtsschreiber Silihdar Findikili Mehmed: »Das war ja nun ein sonderbarer Oberfeldherr, der da bei all dem Pomp und Prachtaufwand, bei der reichen Ausrüstung der Truppen mit Kriegsgerät und Munition und bei all den Schätzen, die er mit vollen Händen verschwendete, kein großes Geschütz und keine Bombenmörser im Heer mitführte.« Außerdem erkannte der Großwesir nicht, wie wichtig es war, die Höhen vor Wien, den Kahlenberg und den Leopoldsberg, zu besetzen. Ungeachtet dieser Mängel bestätigt der anonyme Zeremonienmeister in seinem Diarium die Zuversicht, die schon zu Beginn der Belagerung bei den Türken herrschte. Sie waren von Turban bis Pantoffel auf Sieg eingestellt:

»An diesem glückhaften Tage begab sich der hochmächtige Großwesir am späten Vormittag, als sich bereits der endgültige Sieg anzukündigen schien, in die Gräben und beabsichtigte in vollem Vertrauen auf Gott so lange in der Schanze zu bleiben, bis dank der Huld des Allmächtigen die Festung bezwungen und erobert sein würde. Heute nach dem Nachmittagsgebet begann die Heermusik des Großwesirs in seiner Schanze zu spielen.

Auch die Kapellen des Janitscharen-Agas und des Begler-Begi von Rumelien sowie die in den übrigen Abschnitten huben alle zu spielen an. Auf diese Art spielten nunmehr jeweils nach den Gebeten bei Sonnenuntergang, zur Nachtzeit und bei Tagesanbruch die Musikkapellen auf, daß von dem gemeinsamen Schall der Trommeln, Oboen, Pfeifen, Handpauken, zu dem sich das Dröhnen der Geschütze und Flinten gesellte, Erde und Himmel erbebten.«

Auch in der eingeschlossenen Stadt bebte man ob dieses fürchterlichen Lärmes. Der Widerstandswille wurde dadurch aber eher gestärkt. Die Wiener, Bürger und Soldaten, wußten, wofür sie kämpften. Sie fühlten, daß eine christliche Welt zusammenbrechen würde, wenn Wien, die Stadt des Kaisers, in die Hände der Mohammedaner fiele. Kanonaden, Ausfälle, Minenstollen, Sprengungen, Kämpfe auf den Basteien, kühne Kundschaftsgänge, Kuriere, die die Donau durchschwammen, grausame türkische Justiz gegenüber den Gefangenen, die meist geköpft wurden, Lebensmittel- und Nachrichtenschmuggel, der österreichische Gesandte bei der Hohen Pforte als Beobachter im Lager des Großwesirs, das quälende Warten auf eine Botschaft vom Entsatzheer – so verrannen die Tage und Wochen.

In der Stadt wird der Hunger zum Problem. Das pausenlose Trommelfeuer zermürbt die Bevölkerung. Ein Wiener erzählt: »Weil es Sonntag war und die Türken von den verräterischen christlichen Mamelucken über unsere Versammlung in den Kirchen unterrichtet worden sind, schossen sie heftig aus Stücken nach der Sankt-Stephans-Kirche, so daß abermals eine Kugel des Morgens zwischen acht und neun Uhr, während der Predigt, zum Fenster hinein in die Stiftskirche und an den Pfeiler schlug; von den heruntergeschlagenen Steinen ist aber unter so vielen tausend Menschen niemand verletzt worden außer einer Bürgersfrau an ihren beiden Schenkeln.«

Über den Mangel an Lebensmitteln wird in einem anderen Bericht geklagt: »Nun fängt auch bei den vorher gutes Leben gewohnten Wienern der Bauch an, schmäler zu werden, denn es hat der gestapelte Vorrat an Fleisch und weißem Mehl abgenommen. Anstatt mit Kapaunen aber hat man sich gar gern mit Linsen, Erbsen, gesalzenen Heringen und halbgewässertem Stockfisch kontentiert; im summa ein Kapaun gilt in dieser Zeit vier Taler, ein Spanferkel zwei Taler, ein Pfund Speck vierundzwanzig Kreuzer. Butter war nicht zu bekommen. Das Gewürz und der Wein ist genug zu bekommen gewesen . . .«

Und ein anderer Wiener läßt sich über die Qualitäten des Katzenfleisches aus: »Um die Wahrheit zu sagen, das Fleisch der gebratenen Katzen ist, wenn dessen Süßigkeit mit gesalzenem Speck temperiert wird, ein nicht eben unschmackhaftes, wenn auch ungewöhnliches Essen.«

Die Festungsmauern sind vom ständigen Bombardement schwer mitgenommen. Unzählige Minen haben Breschen in die Wälle geschlagen. Einige der besten Verteidiger sind gefallen. Der August ist vorübergegangen, und noch immer wartet Wien vergebens auf ein Entsatzheer. Die Nachrichtenübermittlung wird immer schwieriger. In der Nacht schießen die Verteidiger vom Stephansturm Raketen als Notsignale ab. Die Stimmung der Bevölkerung ist schlecht. Noch immer muß der Stadtrat Bürgern, die sich drücken wollen, mit den schwersten Strafen drohen. Am 4. September erschüttert die bisher schwerste Minenexplosion die Stadt. In erbittertem Ringen kann auf der halbzerstörten Burgbastei ein Einbruch vereitelt werden.

An diesem Tag, an dem die Türken den Sieg erwartet hatten, ist das Entsatzheer nur knappe 30 Kilometer von der Festung entfernt: 65 000 Mann, davon 21 000 Kaiserliche, 10 500 Bayern und Salzburger, 9500 Franken, 9000 Sachsen und 15 000 Polen. Als ranghöchstem Führer kommt dem Polenkönig Johann Sobieski der Oberbefehl zu. Der eigentliche Stratege ist jedoch Karl von Lothringen. Wie zu einem Kreuzzug hat sich die Jugend des deutschen Adels zur Befreiung Wiens gedrängt – zwei Herzöge von Neuburg-Pfalz (Brüder der Kaiserin), ein Herzog von Holstein, ein Württemberger, ein Hannoveraner, zwei Herzöge von Sachsen, ein Fürst von Anhalt mit seinen zwei Söhnen, ein Fürst von Hohenzollern, ein Landgraf von Hessen und unter den nichtdeutschen Offizieren der junge Prinz Eugen von Savoyen. Die kaiserlichen Diplomaten haben zwar viel Mühe und Geld zur Mobilisierung des Entsatzheeres aufwenden müssen, aber schließlich hat man im Reich doch begriffen, welche Folgen der Fall Wiens für ganz Europa haben könnte.

Am späten Nachmittag des 11. September bemerken die Verteidiger eine plötzliche Unruhe in der türkischen Zeltstadt, der Großwesir gruppiert seine Truppen um, läßt sie auf den Schiffsbrücken über die Donau nach Nußdorf und Döbling marschieren. Und gegen zehn Uhr abends kündigen die ersten Feuerzeichen über den Höhen des Kahlenberges den Eingeschlossenen die Rettung an.

Trotz der Spannung und Erwartung im Lager des Entsatzheeres hat Sobieski Ruhe genug, Abend für Abend in seinem Zelt zur Feder zu greifen und seiner Frau ausführlichste Briefe über militärische und politische Details und über sein persönliches Wohlergehen zu schreiben. Wenige Stunden vor Beginn der Entscheidungsschlacht, am 12. September um drei Uhr früh, schon in der Ausgangsposition zum Angriff vom Kahlenberg herunter, malt er sorgfältig die Buchstaben in einer langen Epistel an seine geliebte Königin: »Letzten Donnerstag sahen wir den Kurfürsten von Bayern ankommen, von dem ich Ihnen hier eine Beschreibung gebe: kastanienbraune Haare, kein übles Gesicht; die Lippen und das Kinn österreichisch, aber nicht häßlich; ein wenig matte Augen, eine französische Haltung ... Unser Gepäck haben wir eine Meile von hier an der Donau gelassen, in einer festen Stellung, die durch Schanzen gedeckt ist. Ich habe nur zwei von meinen Wagen, und zwar die leichtesten, bei mir. Meine übrigen Effekten sind auf Maultieren ... Die Generale selbst hatten uns versichert, daß, wenn wir einmal den Kahlenberg erstiegen hätten, die Schwierigkeiten behoben sein würden und daß von da an der Weg nach Wien nur ein sanfter Abhang längs der Weinberge hin sein würde. Hier angekommen, erblicken wir zuerst das unermeßliche Lager der Türken und in der Ferne die Stadt Wien; aber statt daß wir nur durch Felder von ihr getrennt wären, sind es vielmehr Wälder, Abgründe und ein sehr großer Berg ... Wir haben in den letzten Tagen so streng gefastet, daß jeder von uns den Hirsch über die Berge jagen könnte. Den Pferden geht es am schlimmsten; sie haben nichts zu fressen als Baumblätter ... Aber ich muß endlich schließen und umarme meine liebenswürdige und unvergleichliche Marie millionenmal ...«

Strategische Überlegungen, Hoftratsch, eheliche Vertraulichkeiten und eine plastische Schilderung der Unbequemlichkeiten – die Gedanken eines Königs in der Nacht vor der Schlacht, Entspannung und Verdrängung der Angst. Am Morgen des 12. September ruft Feldprediger Marco d'Aviano zum Gebet. Und dann beginnen sich Kahlenberg und Leopoldsberg zu bewegen. Wie auf einem Ameisenhaufen regt es sich in den Weingärten und Büschen. Von der Stadt aus sah das folgendermaßen aus: »Kaum hatte die Morgenröte hervorgeblickt, da sahen wir das Gebirge überall voller Volks, welches sich in einer langen und breiten Linie mit beständig geschlossenen Gliedern langsam und allgemach herunterließ und überall einige Stücke vor sich her führte, auch immerzu auf die unten an dem Berg stehenden Türken losbrannte und unterdessen, daß solche wieder geladen wurden, den Nachkommenden Zeit und Weile gegeben wurde, sich an die Vorhergehenden enger und enger anzuschließen. Alsdann rückten sie wieder durch Busch und Stauden, durch Hecken und Sträuche die Weingärten herab auf 40 bis 50 Schritte gegen die Türken ...«

Nun der Angriff aus türkischer Perspektive: »Die Giaurs tauchten nun mit ihren Abteilungen auf den Hängen auf wie Gewitterwolken, starrend vor dunkelblauem Erz. Mit dem einen Flügel gegenüber den Walachen und Moldauern an das Donauufer angelehnt und mit dem anderen Flügel bis zu den äußeren Abteilungen der Tataren hinüberreichend, bedeckten sie Berg und Feld und formierten sich in sichelförmiger Schlachtordnung. Es war, als wälze sich eine Flut von schwarzem Pech bergab, die alles, was sich ihr entgegenstellt, erdrückt und verbrennt ...«

Der in polnischen Diensten stehende französische Ingenieur Dupont beschreibt die Szene vom Kahlenberg her: »Großer Gott! Welch ein Schauspiel bot sich unseren Augen vom Scheitel dieses Berges dar! Der ungeheure Raum von prächtigsten Zelten übersät, denn auch die Insel Leopoldstadt ist damit bedeckt. Das fürchterliche Gedonner aus den Feuerschlünden der feindlichen Batterien und die erwidernden Schüsse von den Stadtmauern erfüllten die Lüfte. Rauch und Flammen verhüllten die Stadt dergestalt, daß nur die Spitzen der Türme dazwischen sichtbar waren. Überdies aber breiteten sich 200000 Osmanen in Schlachtordnung vor ihrem Lager in der Strecke von der Donau bis an die Gebirge aus, und weiter links von den Türken zogen ungezählte Tatarenhorden gegen die Höhen und Waldungen heran, ihrer Sitte gemäß in Haufen und Unordnung. All dies war in voller Bewegung und rückte gegen das christliche Heer vor.«

Während die beiden Armeen aufeinanderprallten, beschossen die Batterien der Janitscharen noch immer die Stadt. Die Verteidiger machten sich zu einem Ausfall bereit, um die Befreier zu unterstützen. In der ersten Phase der Schlacht kämpften sich die Entsatztruppen am rechten Flügel und im Zentrum in erbitterten Einzelgefechten langsam vor. Gegen Mittag gerieten sie ins Stocken. Am linken Flügel fehlten noch die Polen. Eine Kampfpause wurde eingelegt. Da stürmten endlich die Husaren Sobieskis vor. In seinem Abschnitt gab es noch einige kritische Momente. Langsam konnte der König seine Position verbessern und aus den Hügeln und Weingärten ins freie, ebene Feld gelangen. Die Heerführer zögerten, ob sie den letzten Sturm auf das türkische Lager noch an diesem Abend befehlen sollten. Karl von Lothringen soll dazu gesagt haben: »Ich bin ein alter Mann, und ich möchte heute bequem in Wien übernachten!«

Sein Wunsch ging in Erfüllung. Die Türken hatten keine Kraft mehr, den ungestümen Angriffen der Christen standzuhalten. Resignierend bemerkt der türkische Zeremonienmeister: »Als nun die Truppen um den Großwesir sahen, wie der Feind auf beiden Seiten stürmend vordrang und sich das Heer des Islams zur Flucht zu wenden begann, da schwand jedem von ihnen die Kraft und die Lust zu Kampf und Streit, und es stellten sich Anzeichen jener Verwirrung ein, die immer eine Niederlage im Gefolge hat.« Und dann wandte sich auch der Großwesir zur Flucht.

Die Verteidiger fielen aus der Stadt aus, die siegreichen Truppen, zu müde für eine Verfolgung der Türken, konzentrierten sich auf den zweiten Teil der Operation – auf die Plünderung des Lagers. Und Sobieski setzt sich wieder hin und schreibt an seine Frau: »Gott sei hochgelobt in Ewigkeit! Er hat unserer Nation den Sieg verliehen; er hat ihr einen solchen Triumph gegeben, wie die vergangenen Jahrhunderte nie einen sahen. Die ganze Artillerie, das ganze Lager der Osmanen, unermeßliche Reichtümer sind uns in die Hände gefallen. Die Laufgräben der Stadt, ihre Umgebungen sind mit den Toten der ungläubigen Armee bedeckt, und der Rest flieht in größter Bestürzung. Unsere Leute bringen uns jeden Augenblick Kamele, Maultiere, Rinder, Schafe, die der Feind bei sich hatte, und überdies eine unzählige Menge Gefangener. Ferner kommt eine große Menge Überläufer, größtenteils Renegaten. Der Feind hat für mehr als eine Million Gulden Pulver und Munition zurückgelassen. Der Wesir hat auf seiner Flucht alles zurückgelassen; er hat nur sein Kleid und sein Pferd behalten. Ich habe mich zu seinem Erben eingesetzt, denn der größte Teil seiner Reichtümer ist mir in die Hände gefallen. Ferner haben wir reiche Zelte, prächtige Equipagen und tausend andere sehr schöne und sehr kostbare Spielereien. Ich habe noch nicht alles gesehen; aber vier oder fünf mit Rubinen und Saphiren besetzte Köcher sind für sich allein einige tausend Dukaten wert. Sie können nicht zu mir sagen, mein Herz, was die Weiber der Tataren zu ihren Männern sagen, wenn sie ohne Beute zurückkommen: Du bist kein Kriegsmann, weil du mir nichts zurückgebracht hast; denn nur der Mann, der vordringt, kann etwas erbeuten.«

Der Streit um die Beute, Eifersüchteleien der Heerführer und politische Manöver trübten die Stimmung im Lager der Sieger etwas. Aber Wien war nach 72 Belagerungstagen frei. Der Stephansturm durfte sein Kreuz behalten. Das türkische Vordringen an der Donau war ein für allemal gestoppt. Wien war die Wende. Der türkische Rückzug aus Europa hatte begonnen. Er wird noch zweihundert blutige Jahre dauern.

Für Kara Mustafa endet das Drama bereits nach drei Monaten, an der Donau, in der Festung Belgrad. Der getreue Zeremonienmeister hat auch diese Szene aufgezeichnet. Die Abgesandten des Sultans sind gekommen, um dem in Ungnade gefallenen Großwesir Reichssiegel und die heilige Fahne abzunehmen. Er wußte, daß sein Todesurteil gesprochen war. »Eigenhändig legte er seinen Pelz und seinen Turban ab und befahl dann: ›Sie sollen kommen! Und nehmt noch diesen Teppich weg – ich will, daß mein Leichnam mit Staub besudelt sei.‹ Und als nun die Henker hereinkamen und ihre Stricke bereitmachten, hob er mit eigenen Händen seinen Vollbart hoch und fügte sich in das Verhängnis mit den Worten: ›Legt mir die Schlinge auch richtig an!‹ Die Henker legten ihm die Schlinge um, zogen zweimal oder dreimal zu, und dann hatte er seinen Geist aufgegeben ... Allah sei seiner Seele gnädig ...«

In Wien wird dagegen der Sieg gefeiert, wird unter den Alliierten um die Beute gestritten und die Abwehr des Feindes der Christenheit im Stephansdom mit einem Tedeum bedankt. Die Wiener Bäcker backen ein halbmondförmiges Weißgebäck, das Kipfel, in dem sanften Fluch »Kruzitürken« lebt der Gegensatz zwischen Islam und Christentum als Unwillensäußerung weiter, und die Wiener Kaffeehäuser stammen in direkter Linie von der türkischen Zeltstadt ab.

Dort hatten die beutesuchenden Soldaten und Bürger nämlich große Kaffeevorräte gefunden, ohne etwas damit anfangen zu können. Nur Georg Franz Kolschitzky, ein Orientwarenhändler, der durch seine Kundschafterdienste während der Belagerung viel von sich reden machte und auch selbst viel darüber redete, witterte sofort das große Geschäft. Er bewarb sich um das Privileg des Kaffeeausschankes und eröffnete voll Zuversicht, daß die Wiener ihr Mißtrauen gegen den dunkelbraunen Stoff überwinden würden, das erste Kaffeehaus. Sein Optimismus war berechtigt.

Auch der Heurigenbetrieb wurde durch die Türkenbelagerung beeinflußt – bis dahin hatten die Wiener ihren Durst in den »Lucken«, in schäbigen Bretterbuden an der Stadtmauer, gestillt.

Als die Türken nahten, mußte das Vorfeld gesäubert werden. Die Lucken verschwanden, und die Weinhauer schenkten ihren Wein fortan nahe seiner Produktionsstätte, in den Weindörfern Grinzing, Sievering, Nußdorf, Ottakring usw., aus.

Das langsame Zurückweichen der Türken an der Donau stellte das Reich vor große Kolonisationsaufgaben, aber bald steigerte sich auch der Handel mit den orientalischen Ländern, und Wien wurde zum Hauptumschlagplatz für orientalische Waren. Beim Donaukanal rund um den Fleischmarkt probt die Stadt bereits Balkansitten, praktiziert lockeres östliches und südöstliches Straßenleben und erteilt Fremden und Einheimischen eine Lektion in Orientalistik.

In der Barbarakirche dröhnen sonntags die schweren Bässe ukrainischer Sänger. Hier feiern die griechisch-unierten Gläubigen ihren Gottesdienst. Aus der Dreifaltigkeitskirche strömen Griechen, deren geistliches Oberhaupt nicht in Rom, sondern in Istanbul sitzt: der ökumenische Patriarch Athenagoras. Und nach dem Gottesdienst ist »Stambul« auch ihr Ziel – ein Espresso gegenüber der Kirche, in dem man Sonntag vormittag kaum ein deutsches Wort hört. Das »Griechenbeisl« hat seine griechische Kundschaft verloren, aber wenn ein Grieche nach Wien kommt, steigt er in einem der Hotels rund um den Fleischmarkt ab. In der Griechengasse kann man in unmittelbarer Nachbarschaft der neobyzantinischen Dreifaltigkeitskirche noch in einem anderen griechischen Gotteshaus, in der Sankt-Georgs-Kirche, vor der Ikonostasis beten.

Warum die rund tausend Wiener Griechen gleich zwei Kirchen brauchen? Griechische Händler waren seit langem ein fester Bestandteil der Wiener Kaufmannschaft. Als sich im 18. Jahrhundert die Verhältnisse auf dem Balkan konsolidierten und mit der Hohen Pforte ein Abkommen über einen freien Handelsverkehr geschlossen wurde, erhielten die Wiener Griechen Nachschub: In der Fleischmarktgegend ließen sich Griechen nieder, die noch osmanische Staatsbürger waren. Von diesen aber wollten sich die alteingesessenen, die »österreichischen«, Griechen etwas separieren. Darum die eine kleine Kirche. Sie wurde von einem vermögenden Großhändler gestiftet. Sein Name: Georg von Karajannis, später Georg von Karajan. Der Mann hatte bereits in Chemnitz in Sachsen ein Vermögen gemacht. Für seine Verdienste wurde er in Sachsen geadelt. In Wien wurde er dann bald zu einem führenden Mitglied der griechischen Gemeinde. Sein Sohn, Theodor von Karajan, war einer der bedeutendsten

Germanisten der Wiener Universität. Die Wiener Karajangasse ist ihm gewidmet und nicht dem bekanntesten Mitglied dieser griechisch-österreichischen Familie: Herbert von Karajan, dem Dirigenten.

Die meisten Griechen, die durch die Karawanen mit Fellen, Gewürzen und anderen Produkten des Orients reich geworden sind, blieben durch Generationen Händler und Kaufleute. Sie sind es noch heute. Durch ihren Glauben, die Treue zu ihren religiösen Bräuchen erhalten sie zwar nicht an der Donau, aber am Donaukanal eine Insel des Südens, eine griechische Kolonie am Rande der Alpen, an dem Strom, in dessen Mündungsbereich einst blühende griechische Städte eine hohe Kultur gegen die Barbaren verteidigt hatten.

Nicht weit von jenem geschäftigen Viertel erhebt sich direkt am Kanal das Hauptquartier jener Gesellschaft, die einst die Donau kontrollierte, soweit sie schiffbar war, der die Donau gehörte, deren Aktienstand zum wirtschaftlichen Pegel der Donauschiffahrt wurde: die Erste Donau-Dampfschiffahrts-Gesellschaft (DDSG), früher Erste kaiserlich-königlich privilegierte, heute vor allem den Kreuzworträtsellösern geläufig. Von diesem betürmten Palast aus wurde ein Donauimperium gelenkt, und zu ihren kaiserlich-königlichen Privilegien durfte sich die DDSG im vergangenen Jahrhundert mit einem zweiten Titel schmücken: mit dem der größten Binnenschiffahrtsgesellschaft der Welt.

Die amtliche ›Wiener Zeitung‹ verhieß am 27. Juli 1813 demjenigen, der ein Schiff »ohne Anwendung von Zugvieh stromaufwärts schaffen« könnte, ein ausschließliches Privileg. Als der Erfinder des Dampfschiffes, der Amerikaner Robert Fulton, die Einrichtung einer Dampfschiffahrtslinie zwischen Ulm und Wien vorschlug, erklärte allerdings der bayrische Maschinendirektor Josef Baader in weiser Voraussicht als Gutachter, daß die »Anwendung irgendeiner Erfindung dieser Art, bei der die Kraft des Wasserdampfes auf einem Schiffe selbst die gewöhnlichen Züge von Pferden am Ufer des Flusses ersetzen sollte, auf der Donau und überhaupt auf jedem etwas schnellen oder reißenden Strom durchaus nicht stattfinden könnte«. 1818 aber wagten dann Anton Berharder und Ritter von Sankt Leon die ersten Probefahrten mit Dampfschiffen auf der Donau. Erst zehn Jahre später gelang es jedoch britischem Unternehmergeist, die Donau ins Maschinenzeitalter zu kanalisieren.

John Andrews und Josef Prichard fanden mit ihren Schifffahrtsplänen bei der österreichischen Regierung Gehör. Fürst Metternich soll einer der Förderer der Donauschiffahrt gewesen sein. Zur Finanzierung des Unternehmens wurden Aktien aufgelegt. Am 13. März 1829 fand die gründende Versammlung der Donaudampfschiffahrtsgesellschaft statt. Unter den Aktionären befanden sich auch der Kaiser von Österreich und die Könige von Bayern und Württemberg. Das Dampfschiff »Franz I.« wurde im Herbst 1830 auf Probefahrten zwischen Raab und Pest geschickt. Regelmäßige Fahrten auf der mittleren Donau wurden ab 1831 durchgeführt. Die Gesellschaft eroberte neue Donauabschnitte und ließ auch Seeschiffe bauen, um einen direkten Anschluß von Galatz nach Konstantinopel zu gewährleisten. Auf einer Insel bei Altofen wurde eine eigene Werft eingerichtet – heute bauen dort die Ungarn moderne Donauschiffe und auch Seeschiffe. Und am 13. September 1837 gestalteten die Wiener den Start des Dampfschiffes »Maria Anna« zur ersten Fahrt nach Linz zu einem Volksfest. Weil das Schiff wegen des hohen Wasserstandes nicht durch die Taborbrücke konnte, mußte es in den Donaukanal einlaufen. Kaiser und Kaiserin begrüßten es; da gab es Kränze, Girlanden, Musik und Böllerschläge. Englische Schiffsbauer hatten die »Maria Anna« in Altofen gezimmert – ein zierlicher hölzerner Dampfer, 45 Meter lang, für 250 Passagiere; Kapitän Rau, ein Rheinländer, steuerte das Schiff, das von einer 60-PS-Maschine angetrieben wurde, bei Regen und Hochwasser in 55 Stunden und 22 Minuten nach Linz. Wenige Jahre später schafften die Dampfschiffe diese Strecke knapp an einem Tag.

Die Dampfschiffahrt hatte gesiegt. Und die Donaudampfschiffahrtsgesellschaft wuchs und wuchs. Sie erwarb eigene Bergwerke in Ungarn, in Fünfkirchen und baute eine Bahn zum Kohlentransport nach Mohács. Sie besaß mehrere Werften an der unteren Donau. Und 1907 gibt Meyers Konversationslexikon folgende imponierende Auskunft über die Gesellschaft: »Das Aktienkapital beträgt 50,4 Milliarden Kronen, das Anlagekapital 80,4 Milliarden Kronen. Die Gesellschaft besitzt 154 Dampfboote von 15190 Pferdekräften und 796 eiserne Schleppboote; mit diesen Fahrbetriebsmitteln wurden 1902 1830043 Personen und 2054423 Tonnen Güter befördert.

1914 kommandiert die DDSG 140 Selbstfahrer mit 64700 PS und 858 Kähne (470000 Tonnen). Nach dem Ersten Weltkrieg verlor die DDSG einen Teil ihres Bestandes und mußte gegen eine harte internationale Konkurrenz ankämpfen. Nach dem

Zweiten Weltkrieg war sie zuerst einmal den Sowjets unterstellt (in der amerikanischen Zone Österreichs entstand mit dem dort verbliebenen Schiffspark eine österreichische DDSG), und heute sieht der Flottenstand wesentlich bescheidener aus als vor 50 Jahren: 25 Zugschiffe, 1 Schubzugschiff und 1 Schubschiff mit zusammen 27060 PS, 13 Motorgüterschiffe mit 12620 PS, 2 Motordampfschiffe mit 2050 PS, 167 Güterkähne-Schubleichter, 47 Tankkähne, 3 Bunkertankkähne, 1 Schulschiff, 1 schwimmende Verladeanlage, 1 schwimmende Werkstätte, 1 schwimmendes Materiallager, 8 Hilfsobjekte und 38 Anlegepontons. Dazu kommen 8 Passagierschiffe mit zusammen 7400 PS und 4 Passagiermotorboote mit zusammen 1020 PS. Von den Güterkähnen wurden 70 oder 80 schon vor 1914 auf Kiel gelegt, und für das Passagierschiff »Hebe«, Baujahr 1905, wurde vor nicht allzu langer Zeit ein Ersatzteil aus dem Wiener Technischen Museum besorgt. Die übermächtige Konkurrenz der Oststaaten, die mit einem modernen Schiffspark und Dumpingtarifen die Donau für sich beanspruchen, und ungünstige politische Einflußmaßnahmen haben die einst so reiche und mächtige Gesellschaft in ein schweres Defizit schlittern lassen.

Am Praterkai, dem wichtigsten Wiener Donauhafen, wird Österreichs Kleinhäuslerstatus auf dem Strom nicht nur durch die Vielzahl der ausländischen Schiffe offenbar. Da unten, bei der Reichsbrücke, kommt man mit Serbisch, Kroatisch, Ungarisch mindestens so gut zurecht wie mit Deutsch. Hier hat Wien ein echtes Hafenviertel, hier schluckt Wien den ganzen Balkan und gibt ihn wieder von sich. Hier werden auch weiche Währungen, wie Forint, Kronen, Lei, Dinar, Lewa, genommen – allerdings zu harten Kursen. So international ist Wien am ehesten noch in den Luxushotels am Ring und in der Innenstadt, allerdings auf Dollar- und D-Mark-Basis.

Die große weite Welt fängt schon der Name des Platzes am Hafen ein: Mexikoplatz. Der Macht eines untergegangenen Reiches huldigt die dunkle neoromanische Kaiser-Franz-Joseph-Jubiläumskirche, deren Grundstein der alte Kaiser 1908 gelegt hat. In einer gewaltigen Anhäufung von Sandstein sollte die Romanik, der Stil der deutschen Kaiserdome, wenige Jahre vor dem Weltkrieg Österreichs imperialen Glanz auf die Donau ausstrahlen, die Apotheose einer Idee, die sich längst zersetzt hat, die letzte Euphorie eines zum Tode verurteilten Krebskranken.

Aber all diese Völker, die einst zu dem alten Kaiser als Vater, als fremdem Herrscher, als geliebter Majestät oder als gehaßtem

Tyrannen aufgeschaut haben, tummeln sich weiter im Schatten der Türme. Nur ein kleiner Park schirmt das Gotteshaus gegen das hektische Handelsgetriebe ringsum ab: ein Laden neben dem anderen. Sie heißen »Donaubasar« und »Dunaj«-Kaufhaus, sie führen einfach alles und noch ein wenig mehr: alles, was im Osten rar ist, was sich dort gut absetzen läßt, was billig ist – die blauen Nylonmäntel, bunte Textilien, die vor allem dem Schönheitssinn slawischer Bauernmädchen schmeicheln, Blue jeans, japanische Transistorradios, Kameras, Uhren ohne Steine, Feuerzeuge, Stoffe, Unterwäsche, Nylonstrümpfe, Anzüge, Arbeitskleidung, Lederjacken, Rasierapparate, Regenschirme, Kugelschreiber, Haushaltsmaschinen. In den engen, kleinen Geschäften drängen sich die Menschen.

All die Gerüche, an die man sich erst einige hundert Donaukilometer südöstlicher gewöhnt, reizen die Nasenflügel. Die Bedienung rechnet rumänisch, eine Bäuerin aus der Batschka fragt serbisch, und der Besitzer hat sich in ein Eck zurückgezogen und feilscht mit einem Geschäftspartner auf ungarisch. Eine dicke Frau hat ihre Bluse ausgezogen und probiert ungeniert vor aller Augen ein dünnes Sommerfähnchen. Irgend jemand braucht Ostwährung. Der Chef holt eine Tasche mit vielen Fächern unter dem Ladentisch hervor, jedes Fach für eine andere Währung. Die Kurse sind günstiger als in den Wiener Banken.

Wie in jedem echten orientalischen Basar kennt man keine Fixpreise. Die Geschäftsleute lassen mit sich reden. Und sie nehmen wohl auch Naturalien – eine Stange Salami aus dem verschwiegenen Magazin eines ungarischen Schleppkahnes, Whisky aus der Belgrader Zollfreizone, Slibowitz, der in einem Wassertank versteckt war. Die Zoll- und Kriminalbeamten, die sich mit der Donau und ihrer Umgebung zu befassen haben, wollen auch von Rauschgift wissen, das über die Donau aus dem Orient nach Wien gelangt, und von Waffen aus der Tschechoslowakei. Aber große Sachen sind auf diesem bewegten Umschlagplatz noch kaum »aufgeflogen«. Die Kriminalbeamten müssen ihre detektivischen Fähigkeiten mehr bei Ladendiebstählen und kleinen Einbrüchen strapazieren. Denn in dem Wirbel und Gedränge in den Läden verschwindet vieles in tiefen Taschen. Die Geschäftsleute können diese Verluste verschmerzen. Ihre Umsätze sollen in einem umgekehrten Verhältnis zur Schäbigkeit und äußeren Dürftigkeit ihrer Läden stehen. »Das sind alles Großkaufhäuser im kleinen«, sagen Eingeweihte. »Vor wenigen Jahren hat es am Mexikoplatz noch kein solches Geschäft gegeben, und dann sind sie plötzlich wie Pilze aus dem Boden geschossen. Eines neben dem anderen. Die Grundstückspreise und Mieten schnellten in die Höhe. Sie lassen sich heute mit denen der teuersten Geschäftsstraßen in der Innenstadt vergleichen. Anscheinend lohnt es sich.« Der große Boom begann, als die Jugoslawen den Visazwang aufhoben. Auch die Touristengruppen aus der CSSR und Ungarn, die mit Donauschiffen nach Wien kommen, wissen bereits, wo sie sich günstig mit westlichen Waren eindecken können. Die Mundpropaganda ersetzt Neonreklame und Zeitungsanzeigen. Und so zwängen sie sich durch die engen Eingänge, bereden auf dem Trottoir die Preise und Produkte, schleppen schwere Taschen, zanken und streiten, unterstützen ihre Argumente durch Gesten und wandern müde und abgekämpft von den Anstrengungen eines freien kapitalistischen Marktgetriebes ihren Schiffen zu.

Schiffsleute machen vorher noch in der »Stella« oder einem der anderen Matrosenlokale da unten für ein oder mehrere »Stamperl« Schnaps Station. Die Funkstreife verkehrt öfters dort. Ein Messer ist schnell bei der Hand, wenn die Meinungen einmal nicht übereinstimmen, wenn uralte nationale Gegensätze erwachen, wenn die Leute von dem einen Schiff in denen vom anderen Erbfeinde sehen oder wenn man sich über die Gunstverteilung eines Mädchens nicht einig ist.

Mädchen? Sie stehen dort weder unter Laternen noch am Hafen. Die Schiffsleute aus dem Osten sind in dieser Branche aus Devisengründen nicht allzusehr gefragt. Nur einige Geheimprostituierte oder junge Mädchen, die einmal von zu Hause weg und etwas erleben wollen, streichen um die Schleppkähne und verschwinden dann für einige Zeit, fahren in einer Matrosenkabine nach Linz, Passau oder Regensburg. Sie verlangen meistens nicht mehr als Kost und Logis. In Richtung Osten ist diese Art von Fremdenverkehr allerdings unmöglich. Da sind die Grenzen an der Donau noch viel zu dicht.

Wenn sich die Schiffsleute aus dem Osten unterhalten wollen, wandern sie ein Stück weiter in andere Donaubereiche – in den Prater. Wie die Spanische Hofreitschule und das spanische Hofzeremoniell ist auch diese ehemalige Aulandschaft von der spanischen Seite des Habsburgertums gefärbt worden: Das Wort Prater kommt vom spanischen »prado« – »Wiese«. Und die Habsburger jagten hier, hielten sich Tiere und feierten Feste. Bis Joseph II. den Prater 1766 als »allen Wienern gewidmeten Erlustigungsort« der Öffentlichkeit freigab. Im Prater haben sich seitdem nicht nur die Wiener »erlustigt«. Wo immer man weiter unten an der Donau von Wien redet und irgend jemand Beziehungen zu der Stadt hat, wird eines seiner ersten Worte »Prater« sein. Und viele Alte, die das Wien von früher gekannt haben und nie mehr nach Wien kommen werden, fragen besorgt: »Und den Prater, gibt es den noch?« Sie meinen nicht den Naturpark, die stillen Wasser, die Trabrennbahn und die Freudenau, die Stätte der Galopprennen, den Golfplatz, das Stadion und die Wiesen, auf denen heute Hunde exerzieren und in den wilden dreißiger Jahren die Privatarmeen der einzelnen politischen Parteien ihre Übungen abhielten, der »rote« Schutzbund, die »schwarze« Heimwehr und die »braune« SA. Nein, sie meinen den Volksprater, den Wurstelprater, den es nach 1945 fast nicht mehr gegeben hatte. Es gibt ihn heute wieder. Aber er ist nicht so, wie er einmal war. Hans Weigel singt diesem alten Wurstelprater, dem Prater vor dem Krieg, ein liebevolles Loblied, das auch ein wehmütiger Nachruf sein könnte:

»Ich muß mich auch über den Wurstelprater äußern, und dies bricht mir das Herz. Er ist, nein: er war – und das ist der Stadt Wien schmerzlichster Verlust im Inferno des Zweiten Weltkrieges gewesen –, er war am stadtnächsten Zugang in den Prater, am Praterstern, wo auch die Hauptallee entspringt, weit hingebreitet, ein lärmendes Vielerlei von Freuden, mehr als ein Rummelplatz oder Vergnügungspark durch die nahe Gegenwärtigkeit von Bäumen und Auen, ein bunter Mikrokosmos fröhlichsten Zeitvertreibs, erfüllt von harmonisch dissonantem Gewirr der mechanischen Musikwiedergabe und werbender Oratorik der Ausrufer, von Lachen und Kreischen und Johlen. Da war das Riesenrad und die Berg-und-Tal-Bahn, ältere, weniger alte und ganz alte Ringelspiele, da waren Kinos und Schaubuden, Rutschbahnen und andere Gelegenheiten, vergnüglich das Fürchten zu lernen, alle Kraft zusammenzunehmen, die Lust im Schmerz zu fühlen, ehrwürdige Grottenbahnen und neuere Geisterbahnen und dazwischen Lokale und Gärten und Buden und vazierende Händler, bei denen man essen und trinken konnte, da waren Schießbuden und Autodrome und Kraftmesser, unter ihnen der ›Watschenmann‹, den man ohrfeigte, woraufhin er zugleich wimmerte und auf der Skala die aufgewandte Energie der Ohrfeige angab, da war der Wurstel persönlich, mit ›Kasperltheater‹ höchst unzureichend umschrieben, der Bauchredner mit seiner Puppe Maxi, da waren die Schnellfotografen, der Flohzirkus, die Wasserbahn, die Achterbahn ... ach Gott, was war da nicht alles, es war mehr als ein Platz, mehr als ein Raum, ja: es war mehr als ein Stadtviertel und mehr als eine Stadt, es war eine Welt ...«

Und dann im April 1945 verhinderten österreichische Widerstandskämpfer zwar die Sprengung der Reichsbrücke. Aber die Brandgranaten der SS hatten das Dach des Stephansdomes in Flammen gesetzt, der Donaukanal war die Frontlinie, und im Prater blieben von den Buden und Bahnen nur rauchende Trümmer übrig, Asche. Die Gondeln des Riesenrades waren ausgebrannt und unzählige Bäume geknickt, gespalten und gebrochen. Auf Wiesen wurden gefallene Russen und gefallene Deutsche begraben. Aber das Riesenrad dreht sich wieder. Die fremden Soldaten sind abgezogen. Der Lärm ist fast so wie früher, vielleicht etwas lauter, etwas maschineller. Dennoch trauert Hans Weigel dem alten Prater nach und klagt: »Eine Ordnung läßt sich wiederherstellen, nicht aber die durch Jahrhunderte gewachsene, weltgewordene Unordnung. Wien wird immer Wien bleiben, aber der Wurstelprater wird nie wieder der Wurstelprater sein und gewänne er selbst die Patina neuer Jahrhunderte. An dieser, einer sehr entscheidenden Stelle hat Österreich den Krieg verloren. Um den Wurstelprater ist es ärmer geworden ...«

Für die Kinder, die atemlos von einem Ringelspiel zum anderen hasten, in kleinen Fäusten die Münzen umklammernd, die ihnen so viel Macht und Erwachsensein verleihen, daß sie Autos steuern, ferne Kontinente sehen und sich in Lokomotiven und Flugzeuge setzen dürfen, für diese Kinder ist auch der moderne Prater mit Chrom, Neon und viel Elektronik ein Universum, das ausschließlich für sie geschaffen zu sein scheint. Und auch sie werden einst an den Prater zurückdenken und dabei seufzen: »Er ist nicht mehr, wie er einmal war.«

Der Prater ist jedoch auch ein Paradies für Erwachsene, wenn sie nicht ganz so erwachsen sein wollen, wie sie sind. Für werdende Liebespaare, denen der dunkle Schacht der Geisterbahn ein erstes Aneinanderschmiegen erleichtert oder eine ängstliche Umarmung beim Absturz auf der Achterbahn. Für andere ist der Prater eine Ersatzwelt, die therapeutische Aufgaben zu erfüllen hat. Brave Autofahrer parken ihre Wagen vorschriftsmäßig und reagieren beim Autodrom die Zwangsvorstellungen ab, die der Großstadtverkehr in ihnen erzeugt. Oder sie werden zu Grand-Prix-Champions auf der Go-Kart-Bahn und zu Astronauten im Weltraumringelspiel. Das Minigolf liefert den Lebensstil der großen Gesellschaft zu niedrigen Preisen. Die Liliputbahn, zierlich wie ein Spielzeug und doch ein funktionierendes Transportmittel, verändert die Dimensionen, und Schaukeln heben die Welt aus den Angeln. Das alles bietet der Prater – Todesfahrer in stählernen Kugeln, Ausrufer, die durch batteriebetriebene Megaphone wohl ihre Stimmbänder, nicht aber die deutsche Sprache schonen, Schießbuden, das Gerassel und Gestoße in den Hallen, in denen der menschliche Spieltrieb von Automaten befriedigt wird, der Knoblauchduft der Langosbäckereien und Kartoffelpuffer, Pommes frites und gesponnener Zucker, Luftballons und türkischer Honig, Firmlinge und Taschendiebe, Tanten und Polizisten, Betrunkene und Nüchterne, Mädchen, die Anschluß suchen, und Männer, die Anschluß suchen, Wiener, Steirer, Tiroler, Bauern, Professoren, Soldaten, Tschechen, Jugoslawen, türkische Fremdarbeiter, Ungarn, Amerikaner, Deutsche, Blasmusik, Beatmusik und Drehorgelklänge wie anno dazumal, als es nur die Fernsicht vom Riesenrad gab und noch kein Fernsehen, als das Autodrom für die meisten seiner Benützer das einzige Mittel war, den Traum vom eigenen Auto zu verwirklichen, als man mit einem Schilling einen Nachmittag im Prater finanzieren konnte und nicht nur Kinder und Soldaten zu ermäßigten Preisen auf der Hochschaubahn fuhren, sondern auch Arbeitslose.

Der Prater gestern und heute, zweihundert Jahre alt, mit guten Aussichten, noch älter zu werden. Denn im Prater ist immer Feiertag. Nur die Art, wie man dort feiert, ändert sich von Zeit zu Zeit. Wie werden aber die großen Feste auf der Donau gefeiert? Wie ist das zum Beispiel zu Weihnachten? Kehren wir noch einmal zum Praterkai zurück. Wenn die Donau noch eisfrei ist, sind dort auch am Heiligen Abend viele Schiffe, vor allem Schleppkähne, vertäut. Und in mancher Wohnkabine leuchten Lichter, brennen Weihnachtskerzen.

»Mir hab'n ja scho' a Wohnung, aber zu Weihnachten bleiben wir zu Haus«, sagt Steuermann Ferencz Kozma. Mit »zu Haus« meint er den Tankkahn 09761 der DDSG und das Häuschen auf Deck mit dem qualmenden Schornstein, dem Hühnerstall vor der Tür, ein wenig Schnee auf den Planken und einer Mischung von Zigeunerromantik, fahrendem Volk und biederem Familiensinn heimgebundener Bürger. Der Steuermann kann sich Weihnachten anders als auf dem Strom gar nicht vorstellen. 57 Jahre ist er alt und seit dem Krieg bei der DDSG. Geboren wurde er als Untertan des ungarischen Königs Franz Joseph. In der Volksschule wurde ihm Slowakisch eingepaukt, weil das Dorf an der Donau zum neuen tschechoslowakischen Staat gekommen war. 1943 holte ihn dann die ungarische Armee, 1946 warb ihn die sowjetische DDSG an, und heute ist Ferencz Kozma Österreicher und ein echter Donaumensch. Sein Deutsch ist eine Art Ungarisch, das sich dann doch als Deutsch entpuppt, und seine donaulichen Weihnachtserinnerungen reichen von Regensburg bis zum Schwarzen Meer. Er denkt an die eisige Nacht vor ein paar Jahren in Komárom, als der Eisstoß andere Kähne auf Kozmas Tanker zutrieb, als die Ankerseile immer straffer wurden und zu reißen drohten. »Ich weiß gar nicht, wie wir das überstanden haben.« Er erzählt von Winterstürmen, die die Schiffe plötzlich mit einem Eispanzer umhüllten, der sie zu erdrücken und zu versenken drohte. Und von dem langen Winter unter der Kataraktstrecke beim Eisernen Tor, wo Kozma einmal von Dezember bis Ende April mit seinem Schleppzug festsaß.

Der Praterkai ist nicht der einzige Hafen Wiens, in dem die Donauschiffer zu Hause sind. Der Winterhafen Freudenau soll die Schiffe vor dem Eistreiben schützen, und im Ölhafen Lobau werden die Tanker entleert. In dem ehemaligen Eisenbahnwaggon, der nun im Ausgedinge als Kantine dient, leert Steuermann Hami sein Bier. Er ist kein Überbleibsel von der türkischen Donauflotte. Er ist einer der vier türkischen Steuermänner bei der DDSG. Er hat in der türkischen Kriegsmarine gedient, dann in der Handelsmarine, und nun arbeitet er schon vier Jahre lang für die österreichische Firma. Die Tür geht auf, Pelzmützen, schwere Stiefel, dicke olivgrüne wattierte Jacken. Man fühlt sich in ferne Besatzungszeiten zurückversetzt. Aber die Matrosen sind keine Russen. Sie reden slowakisch, sie gehören zu einer Preßburger Tankerbesatzung. Ein ungarischer Matrose in sorgfältig gebügeltem Stadtanzug bestellt einen Barack, einen Marillenschnaps. Die anderen kippen ihren Slibowitz. Und draußen arbeiten die Pumpen Tag und Nacht, pausenlos. Dabei war die Lobau einer der stillsten und naturbelassensten Flecken an der Donau, ein Jagd- und Naturschutzgebiet, tierreiche Donauwildnis, durch die verschwiegene Pfade führten. Ein großer Teil der Lobau ist noch immer so. Der Ölhafen wurde ihr aber während des Krieges abgerungen, und seitdem ist er noch größer geworden. Zu den Adjektiven still und naturbelassen hätte man auch noch friedlich hinzufügen mögen. Aber die Ortsnamen Napoleonschanze und Franzosenfriedhof erläutern, warum diese Donauau auch als Stichwort in Kriegsarchiven und militärhistorischen Atlanten zu finden ist. Die Lobau war Napoleons Angriffsbasis, als im Frühsommer 1809 Wien wieder einmal umkämpft war. Nur, diesmal waren die Fronten verkehrt. Napoleon saß in der Kaiserstadt, residierte in Schönbrunn, und die österreichische Armee unter Erzherzog Karl stand am nördlichen Donauufer und hätte Wien gerne wiedergewonnen.

Resignierend erzählt Franz Grillparzer in seiner Selbstbiographie, wie er zum Studentenkorps eingezogen wurde, das beim Anrücken der Franzosen die Wälle der Stadt bemannte. Nach einem kurzen Bombardement war Wien jedoch übergeben worden. Grillparzer dazu: »Die Nachricht von der Übergabe der Stadt erfüllte uns mit Unwillen. Im Grunde aber waren wir froh, wieder nach Hause zu kommen, um so mehr, als wir seit sechzehn oder achtzehn Stunden nichts gegessen hatten.«

Aus der Perspektive der Wiener Wohnung des siebenundsiebzigjährigen Joseph Haydn beschreibt dessen Diener Johann Elßler die kriegerischen Ereignisse: »Als die kaiserliche französische Armee am 10. Mai frühmorgens um dreiviertel auf sieben Uhr bei der Mariahilferlinie anrückte, da lag unser guter Papa (Haydn) noch im Bett. Als wir aber noch beschäftigt waren, den Papa aus dem Bett zu bringen, geschahen vier Kartätschenschüsse bei der Linie, einer nach dem anderen, daß ich mir wirklich noch eine Kugel, welche uns in den Hof gefallen ist, zum Andenken aufbewahrt habe. Von diesen Schüssen ist die Tür im Schlafzimmer im Vollen aufgesprungen, und alle Fenster schüttelten sich. Über dieses erschrak unser guter Papa und schrie: ›Kinder, fürchtet euch nicht, denn wo Haydn ist, kann nichts geschehen.‹ Den ganzen Tag wurde von der Festung geschossen. Unser guter Papa hat sich aber mit aller Mühe etwas gefaßt, aber die Nerven waren zu stark betroffen, so daß der ganze Körper sank, aber Essen und Trinken schmeckte doch immer fort, aber im Herumgehen konnte sich unser guter Papa nicht mehr allein fortbringen, und die stärkenden Mittel halfen nicht mehr. Das Kaiserlied wurde aber doch täglich dreimal fleißig gespielt ...«

Am 31. Mai starb Joseph Haydn. Wenige Tage vorher hatte er die Kaiserhymne noch einmal erklingen lassen, als er vom Ausgang der Schlacht bei Aspern und Eßling hörte. Und er sagte: »So habe ich das Lied schon lange nicht gespielt.« Gleichzeitig machten die Franzosen Beethoven Avancen und schlugen ihm vor, unter besseren materiellen Bedingungen nach Paris zu übersiedeln.

Unter dem Eindruck von Haydns Tod lehnte der Komponist jedoch ab.

In Wien herrschte in diesen letzten Maiwochen Hochspannung. Aspern gehört heute zum 22. Wiener Gemeindebezirk. Damals war es ein Dorf, weit entfernt von der Stadt. Und die Schriftstellerin Caroline Pichler erinnert sich in ihren ›Denkwürdigkeiten‹:

»Es war ein wunderschöner Frühlingssonntag, als plötzlich ferner und doch lauter Kanonendonner an unsere Ohren schlug – das Kanonieren dauerte fort, wurde immer stärker, häufiger – es war eine Schlacht ... Alles, was man sich von Nachrichten zu verschaffen vermochte, bestand in der Bespähung jener Donaugegend, woher die Schüsse ertönten, nämlich bei der Insel Lobau, deren Namen man bei dieser Gelegenheit erst kennenlernte. Was uns aber noch mehr als der ununterbrochene Kanonendonner von der Wichtigkeit des Gefechtes überzeugte, war die ungeheure Anzahl blessierter Franzosen, welche in den beiden Schlachttagen, 21. und 22. Mai, und noch mehrere Tage nachher zu Fuß oder auf Wagen durch die Marxer-Linie und bei der Leopoldstadt hereinkam.«

Es ist wieder ein Frühlingssonntag, und Aspern ist noch immer ein Dorf, obwohl es zur Stadt gehört. Vor der Kirche haben sich einige Männer versammelt und warten, bis drinnen die Predigt zu Ende ist. Ein Sonnenstrahl streichelt die Nase des steinernen Löwen, der vor der Kirche friedlich zu schlafen scheint. In seiner Seite steckt jedoch eine abgebrochene Lanze. Seine Tatzen ruhen schwer auf zerschlagenen französischen Feldzeichen. Der tote Löwe ist den gefallenen Österreichern gewidmet. Auf einer schwarzen Marmortafel an der Kirchenwand wird des französischen Marschalls Lannes gedacht, der »für den Kaiser« in der Schlacht sein Leben hingegeben hat. Eine Kugel hatte ihm beide Beine weggerissen.

Am Fuße der Friedhofsmauer blühen Blumen, nur noch einige alte Gräber sind hier zu finden und eine Tafel des Linzer Hausregimentes, der »Hessen«, das hier furchtbaren Blutzoll geleistet hatte. Denn um diesen Kirchhof und die Kirche war zwei Tage lang Mann gegen Mann gerungen worden. Aspern wechselte siebenmal den Besitzer. Kein Haus stand mehr, die Kirche war verbrannt. Die Entscheidung aber fiel auf der Donau. Und Napoleon verlor den Nimbus der Unbesiegbarkeit.

Im flachen Marchfeld am nördlichen Donauufer hatte Erzherzog Karl, der achtunddreißigjährige Bruder des Kaisers, seine 87000 Mann starke Armee aufgestellt. Napoleon wollte sie angreifen und vernichten. Dazu mußte er zuerst einmal über die Donau. Der Generalinspektor des Ingenieurkorps, Graf Bertrand, schlug eine Schiffsbrücke. Die Arbeiten geschahen jedoch überhastet. Die zum Bau verwendeten Schiffe, Pontons, Anker und die Brückendecke waren uneinheitlich. Die Verankerung war nur improvisiert. Damit kamen die Franzosen den Österreichern entgegen. Der Erzherzog wollte Napoleon packen, bevor er noch seine ganze Armee über die Donau gebracht hatte. Und gleichzeitig mußte es gelingen, die Schiffsbrücke zu zerstören.

Während die Franzosen in Aspern und Eßling ihren Brückenkopf verzweifelt verteidigten, waren donauaufwärts beim Floridsdorfer »Spitz« der Pionierhauptmann Friedrich von Magdeburg und der Schiffsmeister Michael Fink aus Braunau am Werk, Steinschiffe und Plätten, die als »Brander« ausgerüstet waren, stromabwärts schwimmen zu lassen. Am ersten Tag richteten die Schiffe wenig Schaden an, am 22. Mai wurde die Brücke durch 20 Schiffe teilweise zerstört. Napoleon mußte den Übergang abbrechen – und hatte noch 11000 Infanteristen, 2500 Reiter und einen Teil seines Munitionstrosses am anderen Ufer. Dennoch gaben die Franzosen nicht auf. In einem kritischen Moment mußte sich der Erzherzog selbst in das Schlachtgetümmel stürzen. Auf dem Wiener Heldenplatz, gegenüber von Prinz Eugen, hält er hoch zu Roß in der Linken eine Fahne – so stellte sich der Bildhauer Fernkorn diese berühmte Szene aus der Schlacht vor. Wenn aber der Habsburger wirklich etwas mit einer Fahne zu tun hatte, dann nur, indem er das Fahnenblatt berührte oder ergriff. Denn damals war eine Regimentsfahne so schwer, daß sie nur mit zwei Händen gehalten werden konnte. Und der Erzherzog war klein und schmächtig.

Als die Brücke zerstört war und die Österreicher sich endgültig in Aspern festgekrallt hatten, mußte sich der Kaiser der Franzosen zu einem Kommando entschließen, das ihm bis dahin fremd war. Er ließ zum Rückzug blasen. Im heute noch bestehenden wuchtigen Schüttkasten von Eßling war eine französische Grenadierabteilung, mit genügend Munition versehen, eingesperrt worden. Sie hielt diesen Stützpunkt, bis ein Großteil der geschlagenen Armee das Feld geräumt hatte.

Auch die Wiener erfuhren bald, was geschehen war. Caroline Pichler vermerkt dazu: »Erst spät oder vielleicht am anderen Tag verbreitete sich heimlich und flüsternd das Gerücht von der

Niederlage der Feinde, von dem zahlreichen Corps der Franzosen, das auf der Lobau abgeschnitten war, von der heimlichen und einsamen Rückfahrt des mächtigen Heeresführers in demselben Kahne mit einem unserer kriegsgefangenen Generale, und nun erst wagte man, sich zu Hause und unbelauscht von seiner Einquartierung, angenehmen Hoffnungen und tröstlicher Erwartung hinzugeben.«

Die Hoffnungen und Erwartungen wurden enttäuscht. Napoleon war schwer geschlagen. Jeder zweite Franzose war tot, verwundet oder gefangen, aber auch jeder dritte Österreicher. Sicher war die französische Armee, die in ihrer Rückzugstellung in der Lobau keinerlei Vorräte hatte und auch ihre Verwundeten nicht versorgen konnte, reif zur Vernichtung. Aber auch die Österreicher waren erschöpft und zermürbt, zu schwach für eine Verfolgung. Frische Reserven gab es nicht. Die Soldaten standen zwei Tage im Kampf, hatten in Schlachtformation mehrere hundert Meter von den Franzosen mit dem Gewehr unterm Arm nur wenige Stunden geschlafen. Einen geordneten Verpflegungsnachschub kannte man noch nicht. Die Truppen durften auch kein Feuer machen. Dazu führte die Donau Hochwasser, und es fehlte an dem geeigneten Pioniermaterial.

Am 25. Mai schrieb ein junger preußischer Adeliger an einen Freund: »Wir gehen heute, Dahlmann und ich, auf das Schlachtfeld nach Kakeran (Kagran) und Aspern, um alles zu betrachten und uns von dem Gang der Begebenheiten zu unterrichten...« Der vom Sieg der Österreicher begeisterte Preuße war Heinrich von Kleist, der sich nach Kriegsbeginn auf den Weg nach Wien gemacht hatte, und später berichtet sein Freund Dahlmann von dem Schlachtfeldspaziergang: »Den Tag nach der Schlacht besuchten wir das Schlachtfeld; der Wirt gab Pferde und Wagen her und fuhr uns selbst. Wie leichten Herzens fühlten wir uns unmitten dieses Anblicks der grauenvollen Zerstörung... Niemand störte uns in unsrer Wanderung über das Schlachtfeld.« Wenig später wurden die beiden Preußen aber von einer Patrouille verhaftet und unter Spionageverdacht ins österreichische Hauptquartier nach Markgrafneusiedl eskortiert. Dort klärte sich alles auf. Die kaiserlichen Offiziere fanden die »Wanderung auf ein frisches Schlachtfeld hin etwas verwegen«.

Napoleon hatte aus der Niederlage schnell gelernt. Und nun lenkte er all seine strategischen Überlegungen auf die Donau. Nur ein vollkommen durchdachter und vorbereiteter Donauübergang konnte eine Revanche bescheren. Um sich selbst von den Örtlichkeiten zu überzeugen, rekognoszierte Napoleon das Gelände unter den Augen österreichischer Vorposten – getarnt als Badender. Zur Auffrischung seiner geschlagenen Armee holte er sich die italienische Armee, dann Truppen aus Bayern und aus Dalmatien. 170000 Mann konzentrierte er bei Wien. Und nun traf er alle Anstalten, um einen sicheren Donauübergang für die gesamte Streitmacht zu garantieren. Vom Wiener Ufer zur Lobau ließ er von Bertrand zwei je 1000 Meter lange Brücken schlagen und vor den Brücken einen Gürtel von Pfählen in den Donaugrund stampfen. Sie sollten Schiffe und andere schwere Gegenstände auffangen. Dann rüstete er eine eigene Donauflottille aus. Ruder- und Segelboote wurden armiert. Zehn größere Schiffe mit 20 Geschützen und 300 Mann Besatzung und 20 Patrouillenboote. Auf der Lobau wurden Befestigungen aufgeführt, die Napoleonschanzen, und für den Fall eines Rückschlages Vorratslager angelegt.

Napoleons Artillerie beschoß zur Täuschung der Österreicher den Raum Aspern–Eßling, für den Stoß aus der Lobau aber hatte er sich weiter östlich die Gegend von Groß-Enzersdorf ausgesucht. Ein stiller Wegrain, ein schmaler Wasserarm, der an Durst leidet. Eine kleine Schenke mit Weintrinkern unter schattigen Bäumen und eine ehemalige Kavalleriekaserne, in deren Stallungen heute bundeseigene Kühe brüllen. Sie gehört zu einem Staatsgut. Hier, am sogenannten Stadlerarm, brachen – in einer Gewitternacht – vom 4. zum 5. Juli 1200 Voltigeure (Elitesoldaten), bewährte Stoßtruppkämpfer, aus dem Au-Urwald der Lobau vor, überquerten den damals breiteren Stadlerarm und überraschten die hier liegenden österreichischen Vortruppen. Damit hatte Erzherzog Karl keine Möglichkeit mehr, die Donauüberquerung Napoleons zu stören. Sobald das andere Ufer sicher war, bauten Pioniere elf Brücken über den Stadlerarm, und die französische Infanterie ging im Laufschritt darüber hinweg. In breiter Front, schon in Schlachtordnung, stießen die Truppen durch die hohen Getreidefelder zwölf Kilometer weit vor. Ihnen folgten Kavallerie und Artillerie.

Erzherzog Karl hatte seine 120000 bis 13000 Mann starke Armee in einer natürlichen Stellung postiert. Durch das Marchfeld zieht sich eine Bruchlinie, die vermutlich den Verlauf des Donaubettes in prähistorischen Zeiten kennzeichnet, der sogenannte Wagram. Diesen flachen, sechs bis sieben Meter hohen Anstieg besetzte Karl mit seinen Truppen, zusätzlich wurden seine Stellungen noch durch den parallel dazu fließenden Rußbach gesichert.

Der Erzherzog hatte sein Hauptquartier in einem herrschaftlichen Haus in Deutsch-Wagram, das die Schlacht und alle anderen Abbruch- und Zerstörungsunternehmungen überlebt hat, und Napoleon fand mit sicherem Blick einen idealen kleinen Hügel bei einem Föhrenwäldchen, von dem aus nun jeder Amateurstratege leicht zum Schlachtenlenker werden kann. Rebhühner flitzen über das Feld, und ungeniert schlagen zwei Hasen ihre Haken. Von dem Gedenkstein wurde die darauf montierte Kanonenkugel gestohlen, und zwei Buchstaben der Inschrift wurden ausgebrochen und verschwanden. Zur linken Hand blitzen die ersten Bohrtürme des niederösterreichischen Ölgebiets, und zur Rechten erkennt man am Horizont den Turm der verfallenen Wehrkirche von Markgrafneusiedl.

Am ersten Schlachttag wollte Napoleon so schnell wie möglich die Rußbachstellung durchbrechen. Er konnte zwar Einbrüche erzielen, sein Angriff wurde aber zurückgewiesen. Am nächsten Morgen, am 6. Juli, war es an Karl, offensiv zu werden. In der Nacht vorher lag er jedoch unfähig, von einem epileptischen Anfall zu Boden geworfen, mit Schaum vor dem Mund in seinem Quartier. Die Befehle waren bereits erteilt worden. Karl plante eine riskante Aktion. Obwohl er schwächer war als Napoleon, beabsichtigte er eine Umfassung der Franzosen von beiden Flügeln her. Dazu brauchte er die zwei im Bereich des Bisamberges stationierten Korps, die die Franzosen von der rechten Flanke her angreifen sollten. Der Generalstabsoffizier, der die Korps alarmieren sollte, verirrte sich in der Dunkelheit und kam zu spät an. So griffen die Österreicher wohl in aller Früh am linken Flügel an, aber an der rechten Flanke geschah nichts, weil die beiden Bisambergkorps nicht wie geplant um vier Uhr früh, sondern erst um acht Uhr eintrafen. Der Erzherzog mußte deshalb einen Abbruch des Angriffs befehlen. Die durch das Herauslösen der in den Feind verkeilten Verbände entstandene Verwirrung nutzten die Franzosen zu einem Gegenangriff. Die französische Kavallerie versuchte nun, die Österreicher ihrerseits zu umfassen. Und sie hatte auch Erfolg. Als die zwei Korps vom Bisamberg endlich eingriffen, kriselte es noch einmal bei den Franzosen. Napoleon erkannte sofort die Lage, fing den Angriff mit einer Feuerwand von 100 Geschützen auf und befahl in dem Augenblick, als die österreichische Front am weitesten zerdehnt war, den Durchbruchsangriff an einer Stelle in der Mitte der Front. Von seinem Beobachtungspunkt erblickte er plötzlich hinter dem Markgrafneusiedler Kirchturm

Pulverdampf. Nun wußte er: Die Umfassung der Österreicher war gelungen, und mitten im Schlachtenlärm gönnte sich der Kaiser eine Stunde Schlaf. Der Durchbruch glückte zwar nicht. Die Österreicher wehrten sich wie die Löwen. Sie konnten aber die Stellung nicht mehr halten. Sie mußten zurück. Der Rückzug erfolgte geordnet, in ständigem Kampf mit den nachstoßenden Franzosen. Die Schlacht von Deutsch-Wagram war zu Ende. Die Sieger hatten höhere Verluste als die Unterlegenen. 19000 Österreicher und 23000 Franzosen waren tot oder verwundet, darunter 15 österreichische und 21 französische Generale.

Pfarrer Josef Winkler ist zuerst, wie die meisten Bewohner der Dörfer in der Frontlinie, geflohen. Nach seiner Rückkehr schreibt er in die Pfarrchronik: »Die Leichen von Menschen und Pferden lagen gehäuft auf den Feldern, daß sie nach fünf Wochen noch nicht entfernt werden konnten. Unbeschreiblich war der Gestank in solchen Gegenden, aber noch gräßlicher der Anblick der vielen Kadaver, wo Millionen Würmer darauf herumkrochen. Einigen Leichen zerbarsten die Bäuche, anderen sah man noch die Verzweiflung an. Viele starben auf dem Felde an ihren Blessuren, an Hunger, Durst und Verlassenheit. Man konnte drei Tage lang umhergehen, wie ich es selbst tat, ohne Menschen (außer Hilflose) zu sehen oder nur ein Stück Brot zu erhalten. Ich habe die Beschreibung der Zerstörung Jerusalems zum zweiten Male erfüllt gesehen. Die Toten blieben in Menge unbegraben, die Lebendigen gingen umher wie Leichen, voll Furcht verkrochen sie sich und litten ihren Hunger, bis sie starben. So entstanden gleich darauf Krankheiten, wodurch mehrere Familien ausstarben...«

Noch einmal standen am Rußbach Soldaten. 1866, nach der Schlacht von Königgrätz und dem Waffenstillstand zwischen Österreichern und Preußen, wurde der Bach zur Demarkationslinie. Ein Kriegsberichterstatter der ›Gartenlaube‹ meldete der Zeitschrift: »Häslein, Kaninchen, Frettchen und große Völker Rebhühner beherrschten weithin das einsam liegende Feld. Ein wenig die stille Dorfstraße aufwärts erreichen wir den Rußbach, die Grenze der preußischen Macht. Eine einsame Scheune dient für die Feldwache als Wachstube; die Lanzen sind draußen an die Wand gelehnt, einige Mannschaften haben es sich so bequem gemacht, wie es auf Stroh geht, andere rüsten sich zum Abreiten auf Patrouille. Wir überschreiten den eigentlichen Rußbach und befinden uns an einer kleinen Holzbrücke, jenseits der das Gebiet der Österreicher beginnt. Zwei Ulanen zu Pferde bewachen mit gespannten Pistolenhähnen den Eingang, drüben zieht sich die von keinem Wesen belebte Straße nach Wien ...«

Damals lagen keine Toten auf dem Feld, und die Toten von 1809 waren verbrannt, verscharrt oder von der Donau weggeschwemmt worden. Die meisten blieben namenlos. Nur die Namen der Feldherren sind in den Geschichtsbüchern aufgezeichnet. An der Donau bei Wien gelten jedoch auch die Namenlosen etwas. Auch sie haben ihre stille Ruhestätte, ihren eigenen Friedhof, und zu Allerheiligen schmücken Blumen und Lichter ihre Gräber.

Dort, wo die Donau sich von Wien verabschiedet, sieht es durchaus nicht nach Friedhof, Tod und Sterben aus. Statt eines Käuzchens oder irgendeines anderen der Todessymbolik verbundenen Vogels flattert vom kiesigen Strand eine Wolke von hundert weißen Möwen auf. Auch Sanduhr ist keine da, dafür mahlt der Schwimmbagger »Neptun« in pausenlosem Stampfen und Poltern Schotter aus dem Donaugrund. Ein einsamer Fischer nimmt die Geduld als Maß allen Lebens, und in dem kleinen Gasthaus am Strom erhitzen sich einige Männer in schmierigen blauen Overalls über die letzten Fußballergebnisse. Und das, obwohl das Gasthaus einen Namen hat, der irgendwo zwischen Zeit und Ewigkeit liegt: »Wirtshaus zum Friedhof der Namenlosen.«

Das Gasthaus steht schon seine siebzig Jahre an der Donau. Der Friedhof hat inzwischen seinen Platz gewechselt. Als die Donau hier in den dreißiger Jahren reguliert wurde, hat man auch den Friedhof ein wenig von der Alberner Hafeneinfahrt abgerückt und durch einen Damm vor der Donau geschützt. Das Wasser, das den meisten der dort Ruhenden das Leben genommen hat, soll sie nicht in ihrem Schlaf stören.

Der zweite Wirt vom Friedhofsgasthaus, Isidor Bethle, ist einer der wenigen, die eines trockenen Todes gestorben sind. Die anderen haben meist keinen Namen, einheitliche schwarze Kreuze mit einem silbern glänzenden Korpus und einer kleinen verrosteten Tafel mit einer Nummer darauf. Mehr als 85 sind es schon. Obwohl noch Raum auf dem Friedhof ist, werden ihrer nicht mehr werden. Die Opfer der Donau, die Unbekannten, die angeschwemmt werden, Selbstmörder, ertrunkene Schiffersleute, Kinder, sie kommen zuerst ins Gerichtsmedizinische Institut und werden dann auf einem Stadtfriedhof bestattet. Viele anonyme Schicksale verbergen sich unter diesen Grabhügeln. Einige wenige werden durch kurze

Inschriften erhellt: ein Kind, das »von fremder Hand« in die Donau gestoßen wurde, eine Frau aus Ungarn, ein junger Mann aus Hamburg und ein naiver Spruch, für alle gesetzt:

Fehlt auch moderner Gräbertand,
Nennt Euch kein Kreuz mit Namen,
Ihr ruhet hier in Gottes Hand,
In seinem Frieden, Amen.

Die Sonne dringt durch die Kastanien und beleuchtet die knorrige Trauerweide in der Mitte des Friedhofes. Zwischen den Gräbern herrscht auf einmal Leben, zwei Schulklassen aus Mannswörth sind gekommen und schmücken die Hügel mit Blumen und Reisig. Sie zünden Kerzen an, so wie jedes Jahr zu Allerheiligen. In der Ferne pfeift ein Zug. Die Sirene eines ungarischen Schleppschiffes antwortet ihm. Die Donau fließt lautlos gegen Osten. Und im Wirtshaus sagt der alte Wirt: »Heut schwemmt's hier keine mehr an. Die Strömung ist jetzt anders, durch den neuen Damm.«

15. Kapitel

Schlepp, Anker auf!
Von Wien nach Hainburg

»Schlepp, Anker auf!« Der Kapitän hat das Megaphon vor dem Mund und schreit sein Kommando nach hinten zu den Schleppkähnen. Steuerleute und Matrosen krümmen die Rücken über die Ankerwinden. Die 1500 PS der Dieselmaschine lassen das Motorschiff »Kammegg« erbeben. Der Schiffssteuermann hat im Steuerhaus das Ruder ergriffen, daneben, in einem der beiden »Wetterhäuschen« des breitgebauten, mit Platz und Raum verschwenderisch umgehenden Schiffes, tritt der Kapitän mit dem Fuß auf einen metallenen Knopf. Dreimal ertönt das dumpfe »Pfeifen« – so sagt man auf der Donau zur Sirene oder Hupe des Schiffes. Das Zeichen zum »Rondo«. Vor den Pfeilern der Reichsbrücke wendet die »Kammegg«, deren Bug gegen den Strom gewiesen hatte. Die am Praterkai vertäuten Kähne und Schiffe spüren die schweren Wellen. Vor den drei mit Kali aus Linz für Ungarn beladenen Schleppern staut sich das braungrüne Wasser in wilden Wogen. Die Matrosen ducken sich auf dem Hinterdeck, um dem Schlag der Schleppseile zu entgehen. Der Bootsmann an der Motorwinde gibt dem Anhang noch mehr von dem dicken Stahlseil. In der engen Kanzlei des Schiffes heftet der Zahlmeister den Reiseauftrag an die Wand. Die drei beladenen Schlepper gehen nach Komorn und Csepel; in Budapest, Baja und Mohács warten weitere Kähne auf die »Kammegg«. Ihr »Fuhrwerk« soll dann aus zehn leeren Kähnen für Ismail bestehen. Und zurück in Richtung Wien wird sie acht Stück, alle bis oben mit russischem Erz beladen, mehr als 80000 Tonnen, mehr als 800 Waggons, befördern.

Der Bug ist nun gegen Osten gerichtet. Kahlenberg, Reichsbrücke und die neuromanische Kirche vom Mexikoplatz liegen hinter der »Kammegg«. An der Tür des Maschinenraumes lehnt der »Chef«, der Erste Betriebsleiter, der für die Technik verantwortlich ist, zieht an seiner Zigarette und schaut noch einmal auf die Stadt und den Kai zurück. Frühestens in einem Monat wird sich ihm dieser Anblick wieder bieten. In der Hierarchie der Donauschiffer ist der »Chef« der zweite Mann auf dem Schiff, der Kapitän ist der Kommandant. Ihm assistiert ein junger, zweiter Kapitän, der gleichzeitig auch die bürokratischen Lasten des Zahlmeisters auf sich nimmt – und es sind ihrer nicht wenig. Der »Chef« wechselt sich im Dienst mit seinem »Zweiten«, dem Zweiten Betriebsleiter, ab.

Die Maschinen hallen ihren regelmäßigen Rhythmus. Im Fünfzehnkilometertempo werden Lagerhäuser passiert, Uferrestaurants, die Allee der Fischerhäuschen, vor denen an einem Galgen die regenschirmartigen Netze hängen – als ob damit fliegende Fische gefangen werden sollten. Kaisermühlen, die Baustelle der neuen Donaubrücke, der Zollfreihafen, die Einfahrt zum Ölhafen, die Lobau, wieder Lagerhäuser, Fischerhütten, Mühlen, Kräne, ein wenig Grün, die Fackel der Schwechater Raffinerie, eine Caravelle, die vom Flughafen in steiler Kurve in den Himmel stößt, um sich die Donau von oben anzusehen. Auf der Donau entgleitet einem Wien, ohne daß man es merkt, weil man auf dem Strom von Wien ohnehin – so wenig sieht. Die weiteste Reise, die ein österreichisches Donauschiff unternehmen kann, die »Rußlandraas«, hat begonnen, friedlich, erholsam, geruhsam für den, der nicht in das enge Korsett der Diensteinteilung an Bord gezwängt ist, nervenzermürbend aufregend, ermüdend und unendlich lang für Offiziere und Mannschaft, denen das Tempo des heutigen Donaufahrplanes vier Wochen lang kaum eine Pause gönnt.

Man hält sein Gesicht in den sanften Fahrtwind – ein Vorteil der Donaufahrten – und läßt die Auwälder vorüberschwimmen. Man genießt die Weichheit dieses grünen Donaugürtels, den Fischer und Rucksacktouristen durchstreifen, Sonntagsjäger und echte Weidmänner; das in der Sonne blitzende stählerne Band einer Pipeline durchbricht brutal die Sträucher. Man gibt sich dem monotonen Stampfen des Schiffes hin, fühlt sich noch fremd in dieser Umgebung und begreift noch nicht, wie hart dieser Job ist und welch harte Burschen die Männer auf den Donauschiffen sein müssen. Das heißt, es ist keine reine Männergesellschaft. Die Schleppleute können in ihren Häuschen am Kahn, wenn sie wollen, ihr transportables Familienidyll zwischen Regensburg und Ismail genießen. Die DDSG geht mit der Zeit, verlangt nicht unbedingt einen Trauschein und kennt in ihren Personalakten auch den Begriff der »Lebensgefährtin«. An Bord der Zugschiffe steckt im Gegensatz zur Hochseeschifffahrt öfters eine Köchin ihren Kopf aus dem Küchenfenster (Kombüse sagt auf der Donau kein Mensch). Auf der »Kammegg« aber sucht ein junger Koch Abwechslung vom Hoteldienst in der Wintersaison.

Über dem DDSG-Zeichen auf dem Schornstein, der nur ein Auspuff ist, flimmert die Luft. Es riecht nach Gasöl. Ein dicklicher Matrose mit langen Koteletten und einem kleinen Schnurrbart in seinem Slezak-Gesicht schwenkt an der Reling eine blaue Fahne, auf dem bergwärtsfahrenden sowjetischen Schiff »Swerdlowsk« geht ein mechanischer Arm mit einem blauen Schild automatisch derselben Beschäftigung nach – das Zeichen dafür, daß die beiden Schiffe einander nicht, wie es die normalen Verkehrsregeln der Donau vorschreiben, Backbord an Backbord, sondern Steuerbord an Steuerbord passieren werden, weil eine Engstelle zwischen zwei »Haufen«, zwei Sandbänken, keine andere Passage erlaubt.

Vorsichtig lugen Türme aus dem grünen Aumeer hervor: die Türme des alten Marktes Fischamend. Das wuchtige Tor an der Straße nach Preßburg läßt den Autoverkehr stocken; in all den Jahrhunderten war Fischamend wie die meisten anderen Orte im Vorfeld Wiens feindlichen Angriffen schutzlos preisgegeben. Die Berichte über Zerstörungen, Brandschatzungen und Plünderungen zwischen der Ungarischen Pforte und den Wällen Wiens werden zu einem lückenlosen Verzeichnis aller feindlichen Invasionen Österreichs: Awaren, Ungarn, Türken, Kuruzen, Franzosen, Kroaten und – am linken Donauufer – sogar Preußen.

Das spätgotische Schloß Orth, das eine noch ältere Wasserburg verdrängt hat, besitzt vier kantige, schroffe Türme, sein Äußeres ist unfreundlich und finster. Wenn es nicht so in der Ebene gebaut worden wäre, müßte man ihm die Bezeichnung »Burg« zugestehen. Der kriegerische Schein trügt aber. Im Hof gackern Hühner, mehrere Traktoren warten auf eine Aufgabe, es riecht nach Heu und Getreide, und ein Landarbeiter bastelt an seinem Moped: Das Schloß der Grafen Salm und später der Habsburger ist ein riesiger Bauernhof der Landwirtschaftsbetriebe der Gemeinde Wien. Und dann verrät einem der pensionierte Schloßführer geheimnisvoll: »Sehen Sie dort über der Einfahrt den Balkon und die Fenster? Das ist die Verwalterwohnung; früher ist hier der Kronprinz Rudolf abgestiegen, wenn er in den Auen gejagt hat. Manchmal war auch die Mary Vetsera mit ihm. Die Jagd, die war gut hier und ist auch heut nicht schlecht...«

Über die fruchtbare flache Tafel des Marchfeldes blickt man

mühelos zur tschechoslowakischen Grenze. Nur die Marchfeldschlösser, diese Jagdstützpunkte der Wiener Hocharistokratie, sind durch die Parks und Auwälder gut getarnt. Schloß Orth zeigt wenigstens seine Turmspitzen her, aber Eckartsau versteckt sich völlig hinter hohen Bäumen und dichten Sträuchern. Dann blitzt auf einmal das vertraute Gelb all dieser Bauten aus dem Grün, der gewundene Weg durch einen wilden englischen Park hat ein Ziel. Ein Schild verheißt einem die österreichische »Bundesforstverwaltung«; das barocke Jagdschloß birgt jedoch mehr, hier tönten nicht nur Jagdhörner, hier wurde, ohne Musikbegleitung, der Abgesang des österreichischen Kaisertums gesungen, das Requiem eines Imperiums.

Wer vor einigen Jahren zufällig einen Ausflug nach Eckartsau riskierte, konnte dort plötzlich Damen in den Galaroben der Kaiserzeit begegnen und feurigen Kavalieren in k. u. k. Dragoner- und Ulanenuniformen. Aus den Fenstern der Hauptfront flackerte Lichterschein, Gläser stießen aneinander, das Schleifen der tanzenden Paare auf dem Parkett begleitete die Walzer der Zigeunerkapelle und endete in einem wilden Csárdásgestampfe: In Eckartsau wurde die makaberste Szene der umstrittenen Fernsehverfilmung des Romans von Joseph Roth, »Radetzkymarsch«, gedreht – jenes Fest, das durch die Nachricht von der Ermordung des Thronfolgers in Sarajewo unterbrochen wird und zum schaurigen Totentanz der Monarchie ausartet.

Mangelnden Takt und mangelndes historisches Einfühlungsvermögen haben die Kritiker den Herstellern des Films vorgeworfen, an Sinn für geschichtliche Beziehungen scheint es ihnen nicht gefehlt zu haben. Eckartsau war eines der Schlösser des Thronfolgers . . .

Der Festsaal mit dem Dianafresko Daniel Grans und den zartbewegten mythologischen Skulpturen Mattiellis wurde noch für die Abendunterhaltungen eines Grafen Kinsky dekoriert.

Franz Stephan, der Gatte Maria Theresias, nutzte ein reiches Erbe zu einem Engroseinkauf aller gängigen Schlösser weit und breit und erwarb damals neben Orth auch Eckartsau. Es wurde dem Familienfonds zugeteilt, dem privaten Vermögen zur Versorgung der Habsburger, und gehörte zum Anteil des jeweiligen Thronfolgers.

Erst Franz Ferdinand kümmerte sich wieder um das verwahrloste Schloß, ließ es 1897/98 renovieren, um einen Flügel im Ringstraßenbarock erweitern und überwachte als passionierter Gärtner selbst die Anlage des englischen Parks. Von seiner

Wiener Residenz, dem Belvedere, hatte es der Thronfolger nicht weit ins Marchfeld. Und immer, wenn er an den Wiener Hofintrigen verzweifelte, wenn er seine Ohnmacht gegenüber dem alten Kaiser fühlte, flüchtete er sich hierher an die Donau.

Franz Ferdinand war die Hoffnung dieses Staates für alle, die noch glaubten, daß im Vorland des großen Chaos ein geordnetes Staatsleben durchzusetzen sei ... »Ein ungestümer Bote aus Altösterreich, wollte er eine kranke Zeit wecken, daß sie ihren Tod nicht verschlafe«, schrieb Karl Kraus in seinem Nachruf auf Franz Ferdinand. Als die Zeit durch den Krieg längst hellwach geworden war und sich zum Sterben niederlegte, schirmte das Schloß Franz Ferdinands die letzte Phase des Todeskampfes gegen eine neugierige Öffentlichkeit ab, die letzten Zuckungen der Nerven, die in einem Körper noch immer Leben vortäuschen, obwohl das Herz längst zu schlagen aufgehört hat.

In Österreich war eine neue Zeit erwacht; Kaiser Karl wurde im November 1918, nachdem er die Regierungsgeschäfte niedergelegt hatte, mit seiner Familie nach Eckartsau verwiesen – ein Jagdschloß als letzte Zuflucht für einen von der Republik verjagten Monarchen, ein Lustschloß als Trauerhaus, ein Barockjuwel als Grabstein eines Reiches. Zwei Wochen lang wurde noch die Fiktion einer kaiserlichen Residenz aufrechterhalten. Der Gardekommandant, General Dankl, hatte sich geweigert, die kaiserliche Leibwache aufzulösen. Die Truppe nahm Schloß und Kaiser unter ihren Schutz. Diese letzte Wache für Habsburg dauerte nicht lange. Der Kaiser entband die Soldaten am 30. November ihres Eides und schickte sie nach Hause. Britische Offiziere wurden nun zu seiner Bewachung und Überwachung als »Ehrenkavaliere« nach Eckartsau abkommandiert.

Im März 1919 war es dann soweit; bevor Regierung und Parlament die Ausweisung des Habsburgers beschlossen, packte der grippekranke Kaiser seine Koffer.

Sein Begleiter, der britische Oberstleutnant E. L. Strutt, schrieb unter dem Datum 23. März 1919 in sein Tagebuch: »Es ging über die gräßlich holprige Straße nach Kopfstetten (einer nahen Eisenbahnstation im Marchfeld), das wir um 18 Uhr 05 erreichten. Es war stockdunkel und regnerisch. Die Vorhänge eines Salonwagens (des Hofzuges), des letzten, waren herabgelassen; das Deckenlicht in diesem Abteil und die Stirnlichter der Automobile warfen ihren Schein auf die vordersten einer zweitausend Köpfe zählenden Menschenmenge (die Straßen, die Felder, selbst die Gleise waren voll Menschen); alles war ganz still; die Menschen, die ich hier sehen konnte, schluchzten. Vor dem letzten Waggon stand die britische Polizei in strammer Stellung. Davor waren vier bis fünf verwundete österreichische Soldaten. Der Kaiser, der in voller Feldmarschalluniform war, begrüßte die Polizei. Er und die Kaiserin schüttelten den Verwundeten die Hände. Sie bestigen dann den Zug und standen an den offenen Fenstern des letzten Salons. Ich befahl den Bahnbeamten die Abfahrt. Der Kaiser beugte sich vor und rief einfach: ›Auf Wiedersehen!‹ Die Kaiserin winkte. Eine Art dumpfen Stöhnens erhob sich aus der Menge, als der Zug um 19 Uhr 05 aus dem Bahnhof dampfte. ›Nach siebenhundert Jahren‹, sagte der Kaiser zu mir mit einem wehen Lächeln...«

Eine historische Abschiedszene nahe der Donau; Kaiser Karl wird noch einmal an der Donau, auf der Donau, Abschied nehmen müssen – in Baja in Ungarn.

Im Schloß sind die einzelnen Räume noch nach ihrer Hofstellung numeriert. Da ist das kaiserliche Tafelzimmer, die Bibliothek Franz Ferdinands, das Schreibzimmer, der Chinesische Salon, in dem ein Rokokomaler einen Chinesen, unsicher über die Gebräuche im Reich der Mitte, einmal waagrecht und dann wieder senkrecht Buchstaben pinseln läßt, die aus dem hebräischen und arabischen Alphabet gestohlen worden sind, dann das Schlafzimmer Seiner Majestät, der Gelbe Salon, mit dem Badezimmer hinter einer Tapetentür. In diesem Raum unterzeichnete Karl den berühmten Eckartsauer Brief, in dem er seine Abdankung schriftlich gegeben haben soll.

Im Frühling 1945 machten die sowjetischen Truppen den kümmerlichen kaiserlichen Souvenirs den Garaus, die Republikanisierung von Eckartsau wurde bis zur letzten Konsequenz vollzogen. Möbel, Jagdtrophäen und Bilder flogen zum Fenster hinaus, Säbel und Bajonette schlitzten die Tapeten und stachen Kaiserporträts die Augen aus. Spiegel zersprangen in tausend Scherben, und weil die sinnlose Zerstörungswut in praktische Kanäle gesteuert werden sollte, verwendete man einen Teil der Ölgemälde zum Bau einer – Entlausungsbaracke. Im Park wurden vier Pfähle in den Boden gerammt und an Drähten genügend große Bilder als Wände aufgehängt und eine weitere Lage als Dach darübergelegt.

Was der Kastellan retten konnte, ist wieder an Ort und Stelle, der Reichtum von einst ist ausgehöhlt – nur Schein, nur ein trauriger Rest. Als jedoch Anfang der sechziger Jahre die Herzogin von Sachsen-Meiningen, die Schwiegermutter Dr. Otto

Habsburgs, Eckartsau besuchte, wurde dadurch in Österreich ein politischer Skandal ausgelöst. »Otto Habsburg kommt zurück und wird in Eckartsau wohnen«, hieß es in Schlagzeilen. Österreich hatte eine Habsburg-Krise mehr, und das vergessene Eckartsau wurde um diese Zeit ein begehrtes Ausflugsziel. Die Besucher konnten von Eckartsau in die unbekannte, vom Verfall bedrohte Schlösserwelt des Marchfelds gelangen, nach Niederweiden, dem von Fischer von Erlach erbauten Jagdschloß Rüdiger von Starhembergs, das später Prinz Eugen erwarb, und nach Schloßhof, der monumentalen Marchfeldresidenz des Savoyers, die Hildebrandt konzipiert hat. Nach dem Krieg sprach man von den sterbenden Marchfeldschlössern. Nun hat sich Österreich im letzten Augenblick besonnen, und es besteht die Hoffnung, daß diese Stätten fürstlicher Jagdlust und aristokratischer Sommervergnügungen auf Staatskosten gerettet werden.

Ein älteres untergegangenes Reich anderer Art betritt man am rechten Donauufer. Einige Kilometer nach Wildungsmauer, wo der Kapitän seiner Frau und seinem Haus zuwinkt, werden Donau und Uferlandschaft wieder römisch. Der Strom hält von den Überresten Carnuntums, des wichtigsten römischen Stützpunktes an der oberen und mittleren Donau, durch mehrere kleinere Nebenarme Abstand. Die Straße Wien–Preßburg ist mit der Via Principalis des Legionslagers identisch. Hier gelangt man ohne Visum nach Rom. Die Phantasie latinisiert die Landschaft, obwohl diese zu Römerzeiten vermutlich völlig anders ausgesehen hat. Die schlanken Pappeln, die sich im Ostwind biegen, werden zu Verwandten der Zypressen an der Via Appia, hinter jedem Hügel vermutet man ein römisches Heiligtum oder einen Wachtturm, und die graue steinerne Mauer, die die Straße säumt, scheinen noch die Römer aufgeführt zu haben. Nun, mit der Mauer schützen Grundbesitzer ihre Felder. Die Steine sind jedoch alle einmal von römischen Bauarbeitern geschleppt und behauen worden. Der Ortsname Petronell klingt nach Katakomben und Frühchristentum. Dabei wurde diese Siedlung erst im frühen Mittelalter der heiligen Petronilla geweiht. Die romanische Rundkapelle an der Straße hat ihre genaue Herkunft noch nicht verraten. Ihre Steine sind, wie bei den meisten Bauten, römisch. Tausend Jahre lang waren die Ruinen von Carnuntum der bequemste und billigste Steinbruch, den man sich denken konnte. Was die Germanen nicht zerstört haben, was sich dem natürlichen Verfall widersetzte, wurde von den Menschen demontiert. Wie durch ein Wunder blieben wenigstens die beiden wuchtigen Pfeiler des Heidentores erhalten: inmitten der Äcker zwei gigantische Blöcke, durch ein Tonnengewölbe verbunden, davor die Fundamente zweier anderer Pfeiler, Stein- und Ziegeltrümmer, als ob sie ein zürnender Gott zur Erde herabgeschleudert hätte, und so etwas wie ein Opferstein. Der Mensch wird zum Zwerg vor dieser Zyklopenruine. Und die Menschen fürchteten das Tor auch. Schon im Namen »Heidentor« steckt das ganze Unbehagen braver Christen angesichts eines Bauwerks, das sie nicht zu deuten vermögen, das höher ist als ihre Kirchen und zum Tanzplatz für böse Geister geschaffen worden sein könnte. Deshalb wollte man es einmal sogar sprengen, deshalb wurden auch so viele Sagen um das Tor gesponnen. Selbst die Archäologen sind bei ihren Forschungen über Sagen- und Legendenbereiche nicht sehr weit hinausgelangt. Man kann das Tor rekonstruieren, aber man weiß nicht, wozu es diente. Die einen glauben an das Grabmal einer bedeutenden Persönlichkeit, die anderen wollen in dem Tor eine Ehrenpforte aus der ersten Hälfte des 3. Jahrhunderts sehen, und ein Privatgelehrter möchte das Heidentor zu einem römischen Vermessungspunkt machen.

Nirgendwo sonst an der Donau hat ein so hohes und massives Beweisstück römischer Baukunst die Zeit überdauert. Wenn eine römische Donaustadt Berechtigung zu solch einem Monument hat, dann Carnuntum. Denn in keinem anderen Donaulegionslager wurden so oft Begrüßungspforten für Kaiser aufgestellt.

»Handle weder widerwillig noch ohne Rücksicht auf die Gemeinschaft noch ohne Prüfung noch hin- und hergerissen; noch soll Geistreichelei deine Seele schmücken; noch sei wortreich noch vielgeschäftig. Weiter soll der Gott in dir Vorsteher sein eines männlichen Wesens, eines Erwachsenen, eines Staatsbürgers, eines Römers, eines Herrschers, der sich selbst einen Posten zugewiesen hat wie einer, der das Rückzugsignal aus dem Leben gelöst erwartet, weder eines Eides bedürftig noch eines Menschen Zeugen. In ihm liegt auch Heiterkeit und Nichtbedürfen äußerer Bedienung und Nichtbedürfen einer Ruhe, die andere gewähren. Aufrecht also muß man sein, nicht aufgerichtet . . .«

Der größte Kaiser, vor dem die Legionare in Carnuntum ihr Feldzeichen gesenkt haben, hat zwischen Kriegsabenteuern an der Donau philosophiert: Marc Aurel. Ein Buch seiner ›Selbstbetrachtungen‹ trägt den Untertitel »in Carnuntum geschrieben«.

Der Kaiser und Philosoph war nach Pannonien aufgebrochen, um die Donaugrenze gegen die dauernden Überfälle und Attacken der Markomannen und Quaden zu sichern. In seinen

Mußestunden studierte der Kaiser seine eigene Seele, führte Selbstgespräche und sagte dadurch den anderen, wie sie ihr Leben einrichten sollten. »Der Mensch findet an keinem anderen Ort mehr Ruhe und Ungestörtheit als in seiner eigenen Seele...«, heißt es in dem Büchlein, das mehr Weisheit enthält als viele dicke Bände. Marc Aurel war kein Christ – er hat sogar Christenverfolgungen geduldet –, doch bewies er manchmal christliches Denken, wie etwa, daß man jede Handlung so verrichten solle, als wäre sie die letzte dieses Lebens. In einer seiner Lebensregeln hatte Marc Aurel zumindest für seine Person teilweise unrecht: »Nah ist die Zeit, in der du alles vergessen haben wirst, und nah die Zeit, da dich alle vergessen haben werden ... Bedenke, daß du bald niemand und nirgends sein wirst ...«

Auch Marc Aurels Gebeine sind nach seinem Tod in Vindobona 180 nach Christus zu Staub zerfallen, vergessen wurde der große Kaiser aber nicht. In Rom reitet er auf einem Bronzeroß majestätisch vor dem Kapitol, und eine Triumphsäule hält seine Taten im Bild fest. Ein Kriegsberichterstatter mit Hammer und Meißel hat den Donauübergang Marc Aurels 171 bei Beginn seiner ersten Offensive gegen die Markomannen getreulich im Relief geschildert: Am Ufer des Flusses erkennt man die Häuser von Carnuntum, daneben gestapelte Waren, Kisten und Fässer, Wachhäuser, römische Soldaten, die Schiffe beladen, eine von neun Pontons getragene Brücke und den Flußgott Danuvius als interessierten Beobachter in einer Grotte liegend.

Marc Aurel hatte sein Reich noch so stark in der Hand, daß er mehrere Jahre von Rom fernbleiben und in Carnuntum leben konnte. Er war weder der erste noch der letzte Imperator, der von der Donaufestung aus zu großen Taten aufgebrochen ist.

Carnuntum blieb einige Jahrhunderte lang Zentrum des römischen Donauverteidigungssystems. Ursprünglich sollte es Basis von Eroberungszügen und Knotenpunkt des Handels sein. Die schon von den Kelten benützte Bernsteinstraße zur Ostsee stieß hier auf die Querverbindung der Donau. Der spätere Kaiser Tiberius konzentrierte an dieser Kreuzung der wichtigsten Handelswege im Jahre 6 nach Christus sechs Legionen, um die aufsässigen Markomannenfürsten in Botmäßigkeit zu bringen und den Adler seiner Legionare durch Böhmen bis zur Elbe zu tragen. Der Feldzug wurde zu einer militärischen Pleite, weil ein Aufstand im Süden, in Illyrien, Tiberius zwang, seine Heeresmacht zu teilen.

Carnuntum wurde jedoch römisches Standlager. Zuerst hatte

die Legio XV Apollinaris hier ihr Castrum als Schirmmacht über das weite offene Land des Wiener Beckens. Nach mehr als hundert Jahren wurde sie durch die XIV. Legion abgelöst.

Kaiser Domitian inspizierte seine Donautruppe um das Jahr 90. Neben dem Traunschen Schloß Petronell wurde in einer Wand des barocken Schüttkastens, der ein einziges römisches Lapidarium ist, der Grabstein eines Sänftenträgers des Kaisers eingemauert. Auch Kaiser Hadrian, der ebenso ruhelos wie neugierig sein weites Reich durchmaß, hat vermutlich Carnuntum besichtigt. Marc Aurel hat hier dann Wohnung genommen, und zwanzig Jahre danach wurde Carnuntum zur Stätte eines weltgeschichtlichen Ereignisses. Die Legionen machten sich von der Hauptstadt selbständig, Rom wurde nicht mehr von Rom regiert, die Metropole bekam die Wirkung fremder Kräfte von den Grenzen des Reiches zu spüren. Die großen politischen Entscheidungen fielen nicht mehr auf dem Forum Romanum oder dem Kapitol, sondern in fernen Lagern und Kolonialstädten wie Carnuntum. Im Jahre 193 nach Christus proklamierte die »XIV.« ihren Legaten, den Statthalter von Pannonien, den in Afrika geborenen Septimius Severus, zum Cäsar. Dieser trat mit der Mehrheit der pannonischen und norischen Legionen zu einem Marsch auf Rom an, um Ordnung zu schaffen – ein frühes Vorbild Mussolinis.

In den Reihen der Legionare des Afrikaners waren die waschechten Römer eine Rarität. Sie waren zu müde, um sich in schwere Panzerrüstungen zu zwängen, Gewaltmärsche zu erdulden und in Hitze und Kälte gegen barbarische Feinde zu fechten. Dieses Geschäft überließ man mehr und mehr der Bevölkerung der eroberten Gebiete, dieses wilden Ostens und Nordens, in dem jeder Römer unter Heimweh nach dem warmen Süden litt.

»Die Pannonier wohnen nahe Dalmatien am Ufer der Donau von Norikum bis Mösien und leben von allen Menschen am erbärmlichsten. Sowohl ihr Klima als auch ihr Boden sind arm; sie pflanzen keine Oliven an und produzieren keinen Wein bis auf sehr kleine Mengen von sehr schlechter Qualität, da das Klima meist äußerst streng ist. Sie essen nicht nur Gerste und Hirse, sondern trinken auch Getränke, die daraus gemacht sind. Nichtsdestoweniger gelten sie als die tapfersten unter allen Männern. Denn da sie nichts haben, das eines zivilisierten Lebens wert ist, sind sie äußerst wild und blutdürstig ...«, vermerkte ein aufmerksamer Beobachter, der Historiker Dio Cassius, nach einer Reise durch die Grenzprovinz. Septimius Severus führte diese wilden Männer nach Rom und verbreitete dort Furcht und Schrecken – und Respekt.

Carnuntum war zu dieser Zeit eine Siedlung von Soldaten, Beamten und Händlern. Im Jahre 308 blickte noch einmal das ganze Imperium nach Carnuntum – soweit das bei den damaligen Nachrichtenverbindungen möglich war. In der Donaufestung tagte eine Gipfelkonferenz, durch die das Reich noch einmal geordnet werden sollte.

Ein genialer Kaiser, der Dalmatiner Diokletian, hatte, um den Niedergang des Imperiums aufzuhalten, ein neues Verwaltungssystem ausgeklügelt. Er teilte sich in der Macht mit einem zweiten Kaiser, einem zweiten »Augustus«, und zwei Unterkaisern, den »Cäsaren«. Sein System bewährte sich. Und kurz vor seinem siebzigsten Geburtstag hatte Diokletian die Größe, die vielen Staatsmännern fehlt: Er fühlte sich alt und krank und war bereit, abzutreten; gleichzeitig schickte er seinen Mit-»Augustus« Maximinus in den Ruhestand. Diokletian zog sich in seinen Palast an der Adria, in Split (dem römischen Salonae), zurück und widmete sich dem Gemüseanbau. Die neuen Tetrarchen lagen einander bald in den Haaren, und Diokletian wurde aus seinem Pensionistendasein aufgeschreckt, um schlichtend einzugreifen. Als Ort des Treffens der Kaiser wurde Carnuntum gewählt. Man bewundert den greisen Diokletian, der die Strapazen einer unbequemen Reise von der Adria zur Donau auf sich nahm. Und es gelang ihm, die Herrscher zu versöhnen. Er weigerte sich jedoch, noch einmal das Steuer des Reiches zu ergreifen. Der Überlieferung nach soll er seinen hohen Gesprächspartnern gesagt haben: »Wenn ihr wie ich euren Kohl im fernen Salonae anbauen würdet, dann wäre euch wohler ...« Auf einem in Carnuntum ausgegrabenen Mithrasaltar sind die Namen Diokletians, Maximunus' und der Nebenkaiser Galerius und Licinius eingeritzt. Das Gebet und Opfer tat für kurze Zeit seine Wirkung.

Kaiser Konstantin, Julian der Abtrünnige und Valentinian stiegen in Carnuntum ab. Valentinian kam bereits in eine verfallene Stadt und leitete selbst die Wiederherstellung der Verteidigungsanlagen.

Die Archäologen sind in verschiedenen Ausgrabungsschichten auf Brandspuren, auf verkohltes Holz und auch geschwärzte Steine, gestoßen. Carnuntum ist als Brückenkopf gegen die Germanen nicht nur einmal zerstört worden. Wie die Stadt dann endgültig dahinsiechte, um zu einem Ruinenfeld zu werden, hat kein Berichterstatter registriert. Vielleicht, weil der Feind vom anderen Ufer niemanden überleben ließ – in einem Backofen hatte man noch halbfertige Brote vorgefunden, als ob die Römer nicht Zeit gehabt hätten, das Brot aus dem Feuer zu nehmen. Vielleicht war Carnuntum auch nur langsam hinübergedämmert, zu völliger Bedeutungslosigkeit herabsinkend, bis dann eines Tages nicht einmal mehr Schweine zwischen den Ruinen weideten, weil die Hirten verkommen waren.

Die Völkerwanderung hatte die Ruinenstätte ignoriert. Im Mittelalter waren noch viele stehende Mauern vorhanden, erst langsam zerbröckelten sie und brachen. Ein neugegründeter Ort enthält in seinem Namen einen Hinweis auf Carnuntum – Deutsch-Altenburg, ein liebliches Bad, dessen heilende Quellen bereits Römer kurierte. Erst um 1660 begriff man in Wien, daß sich aus dem wüsten, überwachsenen Trümmergelände mehr herausholen ließe als Baumaterial. Leopold I. erlaubte seinem Hofbibliothekar Lambeck die Schatzgräberei, und dieser lieferte seinem Kaiser getreulich 29 Silber- und Kupfermünzen ab. Ein Oberst aus Bologna, reisende Engländer und der im Siebenjährigen Krieg gefangene preußische Oberst von Below wühlten in dem geschichtsträchtigen Boden, das heißt, damals brauchten sie noch nicht zu wühlen. Die Beute war noch an der Oberfläche. Ihre ärgsten Konkurrenten blieben weiterhin die Bauherren aus der Umgebung. Und auch die Donau half bei dem Zerstörungswerk tatkräftig mit. »Ältere Gewährsmänner erzählen, wie Massen von Erdreich, mit baulichen Resten vermengt, sich vom Ufer ablösten; wie die so bloßgelegten Gewölbemauern eine Zeitlang in die Luft hinausragten, bis sie durch die eigene Schwere zusammenbrachen, in die Wellen des Stromes stürzten und ihm neue Angriffsstellen schufen ...«, berichtet einer der Erforscher Carnuntums.

Ende des 19. Jahrhunderts wagte man sich an systematische Grabungen. Zwischen Petronell und Deutsch-Altenburg wurde das Legionslager ausgegraben, kartographiert, fotografiert und wieder zugeschüttet. Über den Quartieren der »Apollinaris« und der XIV. Legion gediehen Mais, Weizen und Kartoffeln. Nur an der Straße markieren die Grundmauern eines Wachtturms das Lagertor, und daneben in einer Bodensenke außerhalb der Lagermauern kann man sich im Sommer in einem römischen Amphitheater an den derben, heiteren Komödien des Plautus vergnügen, wenn die Gelsenplage den Kunstgenuß nicht gar zu sehr beeinträchtigt.

Das Theater für 8000 Zuschauer ist vollständig erhalten – bis auf die hölzernen Tribünen. In Carnuntums großer Zeit agierten in dem Oval weniger Schauspieler als Gladiatoren und wilde Tiere. Neben dem Haupteingang wurden die steinernen Zwinger freigelegt, in deren Mauern noch die Öffnungen zum Einlassen der Gitter zu erkennen sind. Und zur Donau zu führt ein niedriger Gang unter der Zuschauertribüne hindurch ins Freie – hier wurden die Kadaver hinausgezerrt, menschliche und tierische. Der Tierbestand dieses Circus Carnuntum dürfte hauptsächlich aus den heimischen Wäldern gedeckt worden sein – mit Wölfen, Bären, wilden Ebern. Wenn man sich das rohe Spiel mit Löwen leistete, dann war das eine Sensation. Deshalb wird auch in einer Quelle berichtet, daß Löwen in Carnuntum ausrissen, über die Donau schwammen und von Germanen, die von der Gefährlichkeit der ihnen fremden Tiere keine Ahnung hatten, erlegt wurden.

Das Lager bedeckte eine Fläche von etwa 17 Hektar. Daran schloß sich die Zivilstadt, die sich mehr und mehr ausdehnte. In dem Gelände zwischen Schloß Petronell und Heidentor sind die Archäologen erst in diesem Jahrhundert mit größerer Intensität, vor allem in den letzten zwanzig Jahren, am Werk. Hier hat man auch einen Teil der geschäftigen Stadt offengelassen. Eine Stadt voll von Leben, Läden und Lust – Kneipen, Thermen, Magazine, ein ziviles Amphitheater für 12000 Zuschauer (mit einem christlichen Taufbecken), ein wohldurchdachtes Fußboden- und Wandheizsystem, ein dichtes Kanalnetz bis zur Donau, feste Straßen, auf deren Pflaster die weiblichen Altertumsfreunde ihre Schuhe in Gefahr bringen können, Latrinen und die für eine angelegte Stadt typischen Häuserblocks, die römischen »insulae«.

War dieses Carnuntum mit seinen 20000 oder 30000 Einwohnern eine typisch römische Stadt? Den Funden nach zu schließen hatte es seine eigene pannonische Note – etwas provinziell, ländlich-barbarisch. Aus den Holzhäusern des ersten Jahrhunderts waren steinerne Gebäude geworden. Nach dem Vorbild der einheimischen Bauten verwendeten die Römer jedoch weiter hölzerne Balken und entwickelten eine Fachwerkarchitektur. Auch der Grundriß war von dem des römischen Atriumhauses verschieden. Man bevorzugte in Carnuntum wohl wegen des rauhen Klimas und nach Vorbildern ortsüblicher Bauernhöfe geschlossene Häuser, die sich nur an der Vorderseite zu einer Veranda öffneten.

Weil Carnuntum wegen des vielen Holzes leicht Feuer fangen konnte, war die Zunft der Feuerwehrleute für das Gemeinwesen unentbehrlich. Die Archäologen entzifferten eine Tafel, die auf den Versammlungsraum der freiwilligen Feuerwehr der Zivilstadt hinwies. Dieser Treffpunkt war nicht etwa, wie es in niederösterreichischen Dörfern üblich ist, ein Gasthof, sondern ein palastartiger Bau, die sogenannte Palastruine, die für die Forscher seit 1939 ein ungelöstes Puzzlespiel bildet.

Seit 1939 im Tiergarten von Schloß Petronell in der Fortsetzung der Zivilstadt die Palastruine zutage kam, konzentrieren sich die Schatzsucher des archäologischen Instituts der Universität Wien auf diesen Raum. Einem offenen Buch gleicht das umzäunte Gelände mit den vielen Suchgräben, den Fundamenten, Heizsäulen und anderen römischen Runen im Boden – aber einem Buch, dessen Schrift man noch nicht lesen kann, dessen Inhalt unverständlich bleibt.

Was wurde ans Licht gezaubert? Ein längliches, von rechteckigen Kanälen umrahmtes Geviert mit zwei achteckigen Räumen und dazwischen einem Rundbau. Daneben, im kleinen Saal, barg man die Feuerwehrinschrift. Über einen großen herrschaftlichen Hof gelangt man dann in einen Apsidensaal, der nach den jüngsten Ausgrabungen viel größer war, als man ursprünglich vermutet hatte. Was bedeutete dieser Palastbau den Einwohnern Carnuntums? Über die Oktogone und den Rundbau werden verschiedene Theorien publiziert. Man spricht von einem keltischen Heiligtum, das in der Römerzeit weiter als heilige Stätte galt, dann wieder nur von einem ordinären Wasserspeicher einer öffentlichen Therme. Dafür können die phantastischen Heizanlagen angeführt werden. Den Gegnern dieser Auffassung sind wieder zuwenig Kanäle vorhanden. Wurde die Therme, eines der weitläufigsten Gebäude der Zivilstadt, zur Kaiserbehausung umgestaltet, als sich die Kaiser zur Gipfelkonferenz ansagten? Oder ist hier der Sitz des Statthalters zu suchen? Vom Forum hat sich noch immer keine Spur gezeigt. Vielleicht müßte man unter dem Schloß graben, vielleicht haben die adeligen Neusiedler instinktiv für ihren Bau den ausgesuchten Platz des Forums oder des Kaiserpalastes gewählt?

Rätsel über Rätsel. Rund um die Palastruine ist Grabungsschutt aufgehäuft. Neben dem ohne Apsis 17 Quadratmeter großen Apsidensaal sind neue Grabungssektoren abgesteckt wie Goldgräberclaims. Vorsichtig und sorgfältig werden Rechtecke ausgestochen, und in der Mitte bleibt ein Erdsockel stehen, damit man die Schichtprofile ablesen kann, eine Uhr der Jahrhunderte. Außerhalb des umzäunten Platzes packt einen erst die archäologische Abenteuerlust. Hier wurde der Boden noch von keinem Spaten defloriert. Höckrig, holprig und hügelig, unterbrochen von den grauen und weißen bemoosten Kappen überwachsener Steine, zwischen wildwucherndem Gestrüpp bizarre Formen erzeugend, verspricht das Land Enthüllungen, fordert die Maulwürfe der Wissenschaft heraus und demonstriert, wie das gesamte Gebiet von Carnuntum ausgesehen hat, bevor es die Archäologen umpflügten.

Die Archäologen sind nicht die einzigen, die sich um das alte Rom an der Donau kümmern. Viele Bauern der Umgebung ernten neben Kukuruz (Mais) und Korn Römermünzen, Gemmen, Tonscherben und Inschriftsfragmente. Diese Sparte der Landwirtschaft bringt oft mehr ein als Viehzucht und Ackerbau. Die lokalen Schwarzgräber haben ihre geheimen Fundstellen und ihre verschwiegenen Abnehmer. Sie setzen Wünschelruten ein und Minensuchgeräte. Und verkaufen, ohne daß die Archäologen etwas davon erfahren. Die einen leben für die Römer, die anderen von ihnen. Dieses letzte Stück Österreich an der Donau kann von seiner Vergangenheit gehörig profitieren. Es ist von Geschichte durchtränkt wie ein vollgesaugter Schwamm. Im Heilbad Deutsch-Altenburg wird ein Besuch des Carnuntum-Museums – im Stil eines römischen Landhauses – fast zur Therapie gezählt. Das alte Städtchen Hainburg will durch seine Stadttore, die in Österreich ihresgleichen suchen, anzeigen, daß man damit eine der wichtigsten Pforten an der Donau erreicht hat. Dieser Wink mit dem Mauerpfeiler ist überflüssig. Die Porta Hungarica, das Tor zum Osten und Südosten, ist auch ohne diese Hinweise nicht zu übersehen. Die Donau wendet und windet sich zwischen zwei Bergen, dem Braunsberg am österreichischen und dem Thebner Kogel über der Marchmündung am slowakischen Ufer. Bis 1918 hätte man »Oberungarn« schreiben müssen. Erst das Ende des Ersten Weltkrieges hat die Grenzen verschoben. Aber Hainburg verläßt man gegen Osten noch immer durch das Ungarntor.

Daß früher die Tore vor allem errichtet wurden, daß sie niemand durchschreite und durchbreche, leuchtet einem beim Anblick des über 20 Meter hohen Wiener Tores ein: Die Toröffnung ist winzig und unscheinbar, Gewicht hat, was geschlossen ist an dieser Torburg, die um 1270 mit einem Teil des Löwenherz-Lösegeldes gemauert wurde. Ein Tor für Kreuzfahrer, gegen Ungarnheere, ein Tor, vor dem mittelalterliche Belagerungsmaschinen geparkt haben könnten, ein Tor für Harnischträger, die mit geschlossenem Visier Einlaß begehren – bei gewappneten Portiers, deren einladendstes Wort »Eintritt verboten« ist, ein Tor, das das Mittelalter weniger finster als romantisch erscheinen läßt. Und darüber, auf dem Schloßberg, sind die Bruchsteine der Ruine gestapelt, einer so betagten Burg, daß sie bereits im Nibelungenlied als »alt« angesprochen wird. Noch klirren die Schwerter und schnauben die Rosse, da löst sich der kriegerische Traum in Weinseligkeit auf. Statt der Köpfe erschlagener Feinde haben die praktischen Hainburger an dem Tor »Buschen« montiert. Sie annoncieren, welche Buschenschenken im Stadtgebiet geöffnet haben. Während in anderen Weingegenden nur die einzelnen Häuser »ausstecken«, hat am Hainburger Wiener Tor gleich die ganze Stadt ausgesteckt. Gerne läßt man sich in einem lauschigen Hof zu einem herben erdigen Wein verführen.

Wieder im Freien, schreitet man den Ring der Mauern ab. Obwohl die Stadtmauern mehrmals von Feinden durchbrochen wurden, sind die Befestigungen vollständiger erhalten als in den meisten anderen Donaustädten. Die etwa 2,5 Kilometer lange und bis zu 10 Meter hohe Mauer wird von zwölf Türmen gegliedert. In dem schmalen Blutgäßchen vor dem Fischertor, das sich zur Donau öffnet, übermannt einen die grausige Erinnerung an Hainburgs dunkelste Stunde. 1683 hatten die Türken nach kurzer Belagerung die Stadt sturmreif geschossen. Sie fluteten über die Mauern. Die Bevölkerung wollte zur Donau fliehen. Die Flügel des Fischertores konnten nicht rechtzeitig aufgerissen werden. In dem engen Schlauch vor dem Tor waren die verzweifelten Leute gefangen wie in einer Mausefalle. Hinter ihnen drängten die Türken nach. Wer in der Panik nicht vom eigenen Nachbarn ertreten wurde, starb unter den krummen Türkensäbeln – Männer, Frauen und Kinder. 8432 Hainburger wurden niedergemetzelt oder verschleppt. Das Blut floß in Bächen durch das Fischertor und färbte die Donau rot.

Nur acht Menschen entkamen dem Massaker, sie hatten sich im Rauchfang eines Gasthauses versteckt. Einer von ihnen war der junge Wagnergeselle Thomas Haydn. Ein Glück für die Musik. Der junge Mann wurde der Großvater Joseph Haydns; die Urgroßeltern des Komponisten verloren bei dem Gemetzel das Leben. Haydn wurde im nahen Rohrau geboren. Als Sechsjährigen schickten ihn die Eltern zu einem Verwandten, Schuldirektor Frank, nach Hainburg. Der Lehrer erkannte die musikalischen Talente des Buben und machte den Wiener Domkapellmeister Karl von Reutter auf den begabten

Joseph aufmerksam. Achtjährig übersiedelte Haydn nach Wien zu den Sängerknaben.

Irgend jemand erklärt einem, wie hoch das Blut gestanden sei – und man hört den überirdisch schönen Sonnenaufgang in Haydns ›Schöpfung‹. Auf einer Tafel wird der teuflische Massenmord beschrieben – und man sieht die Kerzen bei der ›Abschiedssymphonie‹ verlöschen. Beinahe hätte die Blutorgie von Hainburg der Menschheit diese Schätze geraubt, bevor sie noch Gedanke waren.

Nun versperrt das Fischertor den Weg zur Donau nicht. Auf hohem Mauergerüst, eine Konkurrenz zur Stadtmauer, läßt sich die elektrische Bahn sicher vor jedem Hochwasser am Strom vorbeitragen. Früher war ihre Endstation Preßburg, heute ist es nur der österreichische Grenzort Wolfsthal.

Außer den Stadtmauern wurden römische Fundamente aufgespürt. Der militärische Hafen von Carnuntum? Nun ist eine rotweißrote Donauarmada vor Anker gegangen – ein Zollboot, ein Motorboot des Strombauamtes und das Patrouillenboot der Stromgendarmerie.

Die beiden Gendarmen – sie haben beide ein Schiffsführerpatent in der Tasche – tragen lederne Kleidung. Der eine hat einen Karabiner mit. Die Donaugrenze mit der CSSR hat schon heiße Stunden erlebt. »Aber g'schossen haben die andern ...«, sagt der Beamte und wirft den Motor an. Wie über ein Waschbrett rumpelt das Boot über die Wellen, die ein rumänischer Schleppzug schlägt. Die Stadtmauern werden niedriger, die Uferberge höher. Auf dem flachen Plateau der Braunbergspitze stellen sich die Leute vor einem Fernrohrautomaten an, und weiter unten bekämpfen Feuerwehrleute einen Grasbrand, der den Berg in weiße Rauchwolken hüllt. Die Sprachforscher hören aus dem Namen Braunsberg das Wort »brennen« heraus. Vor dem Boot türmt sich der Felsen des Thebener Burgberges, der Arpadfelsen. Hoch oben auf der Ruine weht die weißrote tschechische Fahne mit dem eingeschnittenen blauen Dreieck, ein Kaffeehaus, das geschlossen ist, dahinter eine Freiluftarena. Sie wurde nach 1939 von den Deutschen für Grenzlandspiele errichtet – Theben war nämlich nach der Schaffung eines eigenen slowakischen Satellitenstaates an das »Großdeutsche Reich« angeschlossen worden, weil die Mehrzahl der Dorfbewohner deutsch sprach – und weil dieser Punkt seine strategische Bedeutung niemals verloren hat. Auch die Slowaken haben in der Arena Freilufttheater gespielt und Kundgebungen abgehalten – als sich in Hainburg die Sudetendeutschen zu einer Versammlung trafen.

Das Gendarmerieboot dreht sich dicht unter dem Felsen in die Marchmündung hinein. Hoher Stacheldraht blockiert das Ufer. So gut war die Donau in ihrem bisherigen Lauf noch nie verwahrt. Auf einer Lichtung erkennt man Stolperdrähte. Ein Posten nimmt das österreichische Boot von der Plattform seines Wachtturmes in Augenschein. Ein steinerner Damm teilt die March. Im Sommer 1967 sprangen drei junge Ostdeutsche, die sich als Ausflügler getarnt hatten, über die Hindernisse, durchschwammen die March, erreichten den Damm und gerieten ins Feuer der alarmierten CSSR-Grenzer. Zwei Flüchtlinge fanden hinter dem Damm Deckung, der dritte wurde tödlich getroffen, als er sich gerade über diese Mauer schieben wollte. Die tödlichen Kugeln hatten ihn bereits auf österreichischem Territorium erwischt. Proteste Österreichs und weitere Schießereien und Übergriffe der kommunistischen Grenzpolizisten waren die Folge der Tragödie. Heute sagen die Gendarmen: »Wir glauben, die Tschechen wären froh, wenn das nie passiert wäre. Die Angelegenheit war ihnen sehr peinlich.« Der Tote vom Damm wird dadurch nicht lebendig, und die Maschinenpistolen der Wächter sind noch immer scharf geladen.

Das Boot durchpflügt wieder die Donau, die neuerlich die Richtung gewechselt hat und nun Südkurs hält. Ein Gruß aus exotischen Ländern, die eleganten schwarzen Vögel mit den weißen Köpfen, die Vögel, nach deren Flugbild Düsenmaschinen entworfen sein könnten: Kormorane. Die Fischer, die am österreichischen Ufer ihre Hütten haben, hassen diese Vögel, die beim Fischfang viel geschickter sind als sie. Am slowakischen Ufer fehlen die Fischerhütten, dafür hat man Wachttürme.

Am Horizont steigt die viertürmige Burg von Preßburg aus dem Dunst. Ein Grenzstein am rechten Ufer markiert das Ende dessen, was allgemein als westliche Welt bezeichnet wird. Ein Wachtturm, eines dieser Hüttchen auf stählernen Stelzen, durch die ein Staat meistens eingesteht, daß er seine eigenen Bürger bewachen muß, hat sich nun auch auf dem rechten Ufer aufgepflanzt. Damit sich niemand im unklaren darüber ist, daß hier eine wirkliche Grenzlinie ist, ein tiefer Einschnitt, ein anderer Kontinent beginnt, obwohl die Donau weiterhin durch Europa fließt.

Die Donau beachtet diese »technischen Sperren« nicht. Sie braucht kein Visum. Aber sie muß jetzt andere Sprachen lernen.

Jetzt wird sie zur »Dunav« und »Duna«, slowakisch und magyarisch. Das Gendarmerieboot macht in einem engen Bogen kehrt und nähert sich einem rumänischen Schleppkahn, der am Ufer vertäut ist. »Den werden wir uns näher anschauen«, sagen die Beamten.

Die »Kammegg« hat auf ihrer Fahrt von Wien bis zur Grenze keine Pause eingelegt, nirgends Rast gehalten. Sie ist an Carnuntum vorübergestampft und an Hainburg. Auf dem Schiff ist es Mittag geworden. Der Schiffsjunge stellt in der Messe die dampfende Suppenschüssel auf den Tisch. Der »Chef« steht auf und reißt von einer Schnur an der Wand einen kleinen, getrockneten, dunkelroten Paprika. Die eingeschrumpfte Schote hängt dort wie ein Zimmerschmuck. Aber der »Chef« zerbröselt das ungarischste aller Gewürze in die Suppe, als ob er durch eine symbolische Geste das Durchfahren der Porta Hungarica feiern wollte. Und die Suppe brennt wie Feuer und treibt einem den Schweiß auf die Stirn.

16. Kapitel

Donau – so rot
Preßburg und die Slowakei

Die Fernsehkamera zerrt das Gesicht eines etwa fünfzigjährigen Mannes in Großaufnahme auf den Bildschirm. Auf seiner Stirn stehen Schweißperlen. Er stottert. Er sagt »Ja« und sagt »Nein«, er wischt sich mit der Hand über die Nase und schaut verbittert sein Gegenüber an. »Wir taten, was uns befohlen wurde«, sagt er dann. Der Reporter läßt aber nicht locker, er fragt und fragt wie ein Staatsanwalt beim Kreuzverhör. Eine Fernsehreportage aus einem Gefängnis; die Wärter werden zuerst befragt, wie sie sich den politischen Gefangenen gegenüber verhalten haben. Sie sprechen sicher und beruhigt, sie stehen vor der Kamera als brave Beamte, die immer nur ihre Pflicht erfüllt haben. Der Reporter holt eine Namensliste aus der Tasche. »Sind Sie nicht ... ? Haben Sie nicht damals ... ?« Der angesprochene Wärter schüttelt den Kopf, schweigt, zögert, antwortet etwas von leichten Stößen, die man renitenten Häftlingen manchmal geben müßte, und daß alles nicht so schlimm gewesen sei. Da öffnet sich eine Tür, und herein tritt der Mann, der dem Wärter einst als Gefangener ausgeliefert war. Und nun sagt er dem Wärter ins Gesicht, wie er ihn mißhandelt, getreten und geschlagen, schikaniert und gequält hat.

In dem Wohnzimmer einer geräumigen Wohnung in der Altstadt von Preßburg hört man nur das Keuchen des Gefängniswärters vor dem Tribunal einer neuzeitlichen Inquisition. Aufgeregt und gespannt verfolgen die Leute, ein Arzt, sein Bruder, ein Rechtsanwalt und ihre Frauen und Söhne, das Schauspiel. Für diesen Reißer brauchte man keinen Drehbuchautor. Man rekonstruierte auch keine Kriegsverbrechen aus dem Zweiten Weltkrieg. Was da auf dem Bildschirm geschieht, ist unmittelbare Gegenwart, ist »live«, ist Realität. Ein slowakisches Fernsehteam ist in ein Gefängnis gegangen und hat dort in einer überraschenden unangesagten Reportage ehemalige politische Häftlinge, Opfer des Stalinismus, den Männern gegenübergestellt, denen sie ausgeliefert waren. Das Fernsehen wird zum Gericht. In diesem Frühjahr 1968, das nirgends an der Donau dramatischer, aufregender, weltbewegender war als in Preßburg, konnte man sich, bequem im Lehnstuhl sitzend, Abend für Abend an ähnlichen Verhören, Enthüllungen und schonungslosen Interviews weiden. In diesen Monaten waren die meisten Preßburger Fernsehgeräte nicht wie vorher und heute auf den Wiener Kanal geschaltet. Das eigene Fernsehen lieferte damals den Preßburgern Sensationen, Aufregung und Unterhaltung genug. Der Arzt entkorkt eine Flasche slowakischen Weins: »Ich kann es noch immer nicht glauben, daß so etwas bei uns jemals möglich sein würde.« Er spricht ein gepflegtes reines Deutsch mit leicht wienerischen Untertönen. Er gehört jenem Preßburger Bürgertum an, von dem sich nach dem Krieg nur noch ein winziger Rest in der Altstadt behaupten konnte. Er meint damit nicht nur das Fernsehdrama, dem man mit Recht den so oft mißbrauchten Werbesatz »aus dem Leben gegriffen« anhängen könnte. Ja, es ist noch viel mehr, mit diesen Sendungen greifen die slowakischen Journalisten ins Leben ihrer Mitbürger ein. Der Arzt redet von den Umwälzungen des »Prager Frühlings«, von der unblutigen Revolution, von der Demokratisierung des kommunistischen Systems in der Tschechoslowakei, vom Sturz des stalinistischen Präsidenten Novotny, von den Ereignissen, die man an der Donau bis hinunter zum Delta und nach Ismail spürte, als ob irgendwo ein Damm gebrochen wäre und viele Hunderte von Kilometern weiter flußabwärts noch immer Wellen über die Ufer geschlagen hätten.

»Ich kann es noch immer nicht glauben«, sagte der Arzt ein Jahr später, und mit ihm sagten es Millionen Tschechen und Slowaken. Das Erwachen aus dem kurzen Traum von der Freiheit war zu bitter, und Preßburg, das ein Donau-Vorposten des »Sozialismus mit dem menschlichen Antlitz« sein wollte, wurde zur am weitesten vorgeschobenen sowjetischen Garnison an der Donau.

Aus dem Steuerhaus des Zugschiffes »Kammegg« sieht Preßburg noch wie immer aus. Das grausame Kettenrasseln der Panzer, das in jener Nacht zum 21. August 1968 plötzlich die Luft erfüllte, ist verstummt. Der Platz an der Brücke, auf dem am nächsten Tag waffenlose Studenten sowjetische Panzer umzingelten, zum Stehen brachten, mit Freiheitsparolen beschmierten und zur Donau abdrängten, bis plötzlich Maschinengewehrgarben in die Menge peitschten, ist leer. Fast so leer wie unmittelbar nach den Schüssen. Nur – damals blieben ein paar Körper zurück: Tote und Verwundete. Der Platz ist wieder leer, friedlich und still. So still wie die Preßburger, die sich in dumpfer Resignation mit der Erkenntnis abfinden, daß die Freiheit für sie eine verbotene Frucht ist. Aber das sieht man von der »Kammegg« alles nicht. Nur die roten Sterne, die zur Sozialisierung des Firmaments an Fabrikschornsteinen montiert worden sind. Der einzige Sowjetarmist, den man von der Donau aus zu Gesicht bekommt, ist aus Bronze. Oben am Slavín, dem letzten Ausläufer der Kleinen Karpaten, wacht er, auf der Spitze eines Obelisken postiert, über die blumengeschmückten Massengräber seiner 1945 bei der Eroberung Preßburgs gefallenen Kampfgenossen. Der in Metall erstarrte Blick schweift über die vier Türme der Burg, die nun der Stadt eine Silhouette verleihen, wie sie sie seit 1811 nicht mehr kennt. Damals hatten die Soldaten die Burg in Flammen aufgehen lassen, und fortan mußten die Türme ohne ihre spitzen Hüte auskommen. Erst durch die Renovierung dieses düsteren Gevierts, von weitem ein einziger Mauerblock, wie frisch aus dem Steinbruch geschlagen, wurde die alte Hutmode wieder aktuell. Ein echter Hut, das heißt eine Krone, strebt vor Burg und Gräberhügeln ebenfalls nach oben: die ungarische Sankt-Stephans-Krone auf einem metallenen Kissen auf der Spitze des Martinsdomes.

Den Wolken am nächsten gerät am Horizont ein Fernsehturm, und zu seinen stählernen Füßen drängt die 270000-Einwohner-Stadt aus der Donauebene in die Hügel und Weingärten. Am Ufer amtieren die professionellen Ufersteher, diese alten Männer, die trotz ihrer schönen schweren Taschenuhren immer Zeit haben, die in jeder Stadt am Strom pausenlos und ohne Auftrag Dienst tun – als Angler, als Debattenredner an Kaibrüstungen oder Geländer gelehnt, als stumme Kontrolleure des Schiffsverkehrs oder einfach als Philosophen, die unentwegt ins Wasser starren. Am rechten Ufer, das die Stadt bis jetzt nur teilweise okkupieren konnte, liegen junge Leute in der Sonne, nicht weit von der Straße nach Wien, an der die Plakate, mit denen Wiener Großkaufhäuser in slowakischer Sprache Preßburger Kunden warben, langsam vergammeln.

Dieses Donauufer war einmal der letzte Zipfel des Großdeutschen Reiches, als Hitler 1939 die von Deutschen bewohnten Dörfer an der Donaugrenze annektierte. Preßlufthämmer wühlen im Gestein, Baumaschinen greifen tief in den Grund, und Kranarme lüften tonnenschwere Metallstücke. Eine neue Brücke ist im Werden, zur Entlastung der alten Elisabethbrücke – so hat sie einmal geheißen –, über die eben eine Militärkolonne der Stadt zu rollt.

Das Bild Preßburgs ist normal, nicht röter und nicht schwärzer als sonst, nicht verdunkelt, nicht erhellt, ein wenig kommunistisch, ein wenig ungarisch, ein wenig altösterreichisch, ein wenig slowakisch, ein wenig altmodisch, ein wenig modern. Die Revolution des menschlichen Sozialismus hat keine brennenden Mahnmale hinterlassen, und die Okkupation auch nicht. Das brennt alles nur tief im Innern der Betroffenen. Und nur wenige denken heute beim Anblick des hellen modernen Gewerkschaftshauses, das im Westen Preßburgs über die Donau schaut, an jene ersten Augusttage 1968, als alles gerettet schien. In diesem unauffälligen Gebäude tagten die Führer der Warschauer-Pakt-Mächte (ohne Rumänien): die Preßburger Konferenz. In Verhandlungspausen ergingen sich die Spitzen des Kremls, Ministerpräsident Kosygin, der Parteiideologe Suslow und Staatspräsident Podgorny, am Donaukai. Umringt von Hunderten von Journalisten aus aller Welt, ließen sie ihre Blicke über den Strom in Richtung Österreich schweifen, vielleicht von der Sorge bedrückt, daß auch aus der CSSR ein kleines Österreich und das zweite S in der Staatsbezeichnung, das für »Sozialistische« steht, überflüssig werden könnten. Dennoch wurde ein Protokoll unterzeichnet, das dem neuen Kurs mit gewissen Abstrichen und Sicherungen eine Fortsetzung garantieren sollte. Und am Abend hallte die Stadt von Jubelrufen: »Dubček, Dubček, Dubček.« In einem der alten ungarischen Adelspalais der Stadt aber feierten Slowaken und Tschechen den Sieg. Zigeuner geigten den müden, abgespannten Parteichef Alexander Dubček an. Immer wieder prosteten ihm die Funktionäre zu. Man hatte das Gefühl, bei einer Siegesfeier zu sein. Neben Dubček saß eine dunkelhaarige hübsche Fernsehsprecherin, zu seiner Rechten ein eher schweigsamer, grauhaariger, bebrillter Mann, dessen Augen Entschlußkraft, Härte und einen scharfen Verstand verhießen: Dr. Gustaf Husák. Acht Monate später sollte er Dubčeks Nachfolger sein und Liquidator der großen Reformen.

Geblieben ist nichts außer der Anerkennung der slowakischen Eigenständigkeit, der Bestätigung des slowakischen Nationalismus durch die Slowakische Sozialistische Republik mit eigenem Ministerpräsidenten und eigener Parteiorganisation. Mehr Freiheit beschert der Föderalismus den Slowaken jedoch nicht.

Dabei war der Kampf der Slowaken um ein größeres Mitspracherecht, um nationale Achtung einer der Funken, der die Reformen auslöste. Der »Prager Frühling« hatte eigentlich an der Donau, in Preßburg, und nicht an der Moldau begonnen.

In einer Weinstube der Altstadt war deshalb vor der Okkupation die Nation Thema eins. »Wir Slowaken wurden immer benachteiligt, wir mußten immer um etwas kämpfen, wir wurden immer an die zweite Stelle gesetzt, wir wurden nie für voll genommen«, sagt ein slowakischer Intellektueller. Er betont seine Nationalität wie jeder Angehörige einer Nation, der es durch Jahrhunderte verwehrt war, Nation zu sein.

Gönnerhaft bemerkt der Autor eines im vorigen Jahrhundert in Budapest erschienenen Donaubuches über die Slowaken: »Es ist ein gutes Volk und versteht sich überall nützlich zu machen; man findet dieselben in Budapest und anderen größeren Städten als Bauarbeiter, dann im Banat zur Schnittzeit und bis tief hinab nach Slowenien bei Straßen- und anderen Arbeiten; im Spätherbst ziehen sie dann mit dem Erworbenen und Ersparten heimwärts zu ihrer Familie. Es ist für den Fremden besonders interessant, die kleine Völkerwanderung mit den Sensen, Sensensteinen und Brotsäcken zu sehen...« Und dann findet der Autor noch lobende Worte für ihre Qualitäten als »Rastelbinder«, als wandernde Mausefallenhändler.

»Auch die Tschechen schauen gerne von oben auf uns herab. Den letzten Anstoß für Novotnys Sturz hat seine Arroganz gegeben«, erzählt der Slowake. »Er besuchte einen slowakischen Industriebetrieb und wurde mit allen Ehren empfangen, Mädchen in Volkstrachten mit Blumen und wie das halt üblich ist. Der Gewerkschaftschef des Betriebes faßte sich ein Herz und wagte es, Novotny zu fragen, wie denn nun die Wirtschaftsreformen weitergehen würden und ob man sie nicht beschleunigen könne. Über diese ›Anmaßung‹ des Funktionärs, über diese kritischen Äußerungen geriet der Präsident so in Wut, daß er seine Visite sofort abbrach und auch die Annahme der Willkommensgeschenke, die man ihm nach Prag nachschickte, verweigerte. Nach dieser Sache hatten die Leute genug. Nun waren sie entschlossen, alle Kräfte gegen Novotny zu mobilisieren...«

Die eigentlichen Gründe für Novotnys Fall lagen sicher tiefer. Der Mann auf der anderen Seite des Tisches weiß es auch und sagt: »Diese Revolution hat es natürlich nicht deshalb gegeben, weil Novotny arrogant war und weil man uns in diesem tschechoslowakischen Staat immer nur den Part der zweiten Geige zuteilen wollte. Die Revolution mußte auch aus psychologischen Gründen Preßburg und die Slowakei zum Zentrum haben. Wir Slowaken sind zutiefst ehrlich. Die Verlogenheit, mit der Novotny und seine Verbündeten ihre stalinistische Vergangenheit übergingen und den Stalinismus weiterpraktizierten, die Lügen, mit denen wir jahrelang abgespeist wurden, die Unehrlichkeit, die für eine Karriere notwendig war, all das wurde immer unerträglicher.« Ein Universitätsprofessor, ein Historiker, der in mittelalterlichen Urkunden nach den Spuren der slowakischen Siedlungen und Kultur schnüffelt und seinem Deutsch öfters mit lateinischen Worten aushilft, mischt sich ein: »Vergessen wir eines nicht, der Slowake verehrt die Moral wie die Religion, er ist vielleicht naiv, gutgläubig, aber im tiefsten Herzen moralisch. Glauben Sie mir, ich höre immer wieder die Ermahnungen meiner Mutter im Dorf, die von Kindheit an beschwörend und mit Autorität den Weg des Rechtes gepredigt hat. Und so geht es vielen von uns. Wir sind der alten dörfischen Kultur verbunden und ihrer moralischen Sauberkeit. Deshalb mußte dieses unrechte und unwahre System zerschlagen werden, und es mußte von uns Slowaken zerschlagen werden ...«

Das Gefiedel der Zigeuner, die wäßrigen Zimbaltöne und der kräftige Zupfbaß decken das Gespräch zu und lassen die ungarische Vergangenheit Preßburgs auferstehen, das magyarische Pozsony, aus dem lateinischen Posonium entstanden; am Nebentisch unterhält sich eine Gesellschaft im weichen Preßburger Deutsch – der Name Preßburg wurde von dem bereits germanisierten slawischen Namen »Braslawepurch« abgeleitet –, und die Mehrheit der Gäste gebraucht das Slowakische, das nicht so singt wie das Tschechische, sondern weich und dunkel in Richtung Rußland rollt.

Die Slowaken haben, als sie zur Zeit Josephs II. und in den Jahren danach ihren Dialekt in die Zwangsjacke der Grammatik steckten und eine slowakische Schriftsprache kodifizierten, Preßburg wieder zu Bratislava reslawisiert.

Der Professor ist in Fahrt geraten und schwärmt von seinem Spezialgebiet, von seinen geistigen Expeditionen in die slawische Welt vor tausend Jahren; von der Donauburg des großmährischen Reiches in Theben, slowakisch Devín: »Wir haben dort bereits drei slawische Friedhöfe aus dem 9. und 10. Jahrhundert ausgegraben.« (Ein schützendes Regendach bedeckt auch den Grundriß einer slawischen christlichen Kirche neben dem Preßburger Schloß.) Der Professor erzählt von verschiedenen Beweisstücken für die hohe Entwicklungsstufe der frühen slawischen Siedlungen. »Als die ungarischen Nomadenheere ins Land strömten, übernahmen sie sämtliche landwirtschaftliche Ausdrücke aus unserer Sprache. Nur das Wort für ›Hafer‹ und

›Pferd‹ hat einen ungarischen Stamm. Auch in ihrer Kirchensprache finden sich viele slawische Lehnwörter. Sie waren damals heidnische Reiter und die Slawen, die Slowaken, christliche Bauern.« Die ungarischen Könige riefen später deutsche Siedler ins Land, die die Städte gründeten. »Aber wir haben genug Urkunden, aus denen man auch auf eine große städtische Bevölkerung slowakischen Ursprungs schließen kann.«

Dennoch wurden die Slowaken in die Rolle eines Dienstbotenvolkes gedrängt. Der ungarische Adel teilte das Land auf, den Slowaken blieben nur ihr Dialekt, ihre Volkskultur, ihre Tracht. Die Slowakei war Oberungarn. Ungarische Magnaten herrschten über unermeßliche Güter. Der slowakische Adel war untergegangen, verschollen oder hatte den ungarischen Familien mit einer Blutauffrischung gedient.

Wer durch das Michaelstor in die Altstadt schlendert, tut einen Schritt ins alte Ungarn. »Wem gehört dieses Palais? Wer hat hier gewohnt?« Diese Fragen beantwortet man am besten mit einer Liste der besten ungarischen Gentry-Familien: Esterházy, Pálffy – als Burghauptmann und Burggraf ein eingesessener Preßburger –, Károlyi, Andrássy, Széchenyi, Apponyi, Zichy und so weiter. Preßburg war Ungarns Hauptstadt, als Ungarn am kleinsten und am schwächsten war, nach der Schlacht von Mohács, und nachdem die Türken ihre Roßschweife auf die Ofener Burg aufgepflanzt hatten, von 1526 an und auch nach den Türken bis 1784. In der Preßburger Burg wurden die ungarischen Reichsinsignien, die so oft auf Wanderschaft waren, gehortet, und im Martinsdom wurden Ungarns Könige gekrönt, auch dann noch, als die Krone nach einem Umweg über die Wiener Schatzkammer in die Ofener Burg übersiedelt war. Die Magnaten mußten sich weiterhin nach Preßburg bequemen, wenn sie ihre Stimme im ungarischen Landtag erheben wollten. Maximilian war 1563 der erste Habsburger, dem der Primas von Ungarn im Martinsdom die Krone aufs Haupt drückte. Bis 1830 holten sich noch zehn Könige und sechs Königinnen hier die Insignien ihrer Macht ab. Im Chor des Domes sind ihre Namen verzeichnet. Am Hochaltar ist ein Priester eben dabei, einen Bund fürs Leben zu schmieden, und von der Orgelempore singt ein brüchiger Tenor, vermutlich in einem Stimmenantiquariat aufgelesen, gefühlvoll und schmalzig, wie es sich für eine schöne Hochzeit gehört, das ›Ave Maria‹ von Gounod. Wer reineren Kunstgenuß erstrebt, halte vor einem Seitenaltar Zwiesprache mit Raphael Donners barockem heiligem Martin – weil der römische Offizier in Ungarn geboren ist, hat man ihm statt der Legionsrüstung oder Toga eine elegant verschnürte ungarische Magnatentracht angezogen. Hingebungsvoll teilt er seinen Mantel mit einem nackten Bettler – eine Demonstration christlichen Kommunismus und des krassen Unterschiedes zum Marxismus-Leninismus. Denn nach dieser Lehre hätte man dem feudalistischen Offizier wohl den ganzen Mantel abgenommen... Unberührt von sozialer Dramatik ergötzt sich Donner an der Bewegtheit dieses Fürsorgeaktes. Er freut sich des schneidigen Reiters, der seinen krummen Säbel auch für eine forsche Attacke gebrauchen könnte. Der nackte Bettler aber wird zum alttestamentarischen Propheten, zum Hiob, der auf dem Postament nicht Platz hat und den linken Fuß in kühner Eroberung eines Raumes, der ihm gar nicht zusteht, über den Sockel baumeln läßt.

Der Tenor hat sich zum letztenmal geräuspert, die Ringe sind gewechselt, die Tränen abgewischt. Die bescheidene kleine Feier ist vorbei, und Braut und Bräutigam werden zum Kuß gereicht, in dem Hochaltarraum, in dem die Edlen des ungarischen Reiches der konkurrenzlosen Krönungszeremonie assistierten.

Für das Volk, für die Massen, war dieses monarchistische Einkleidungsrituell von der gleichen Faszination wie heute Soraya-, Beatrix- und Jackie-Kennedy-Onassis-Geschichten in den Illustrierten. Die Fernsehübertragung wurde durch ausführliche, bebilderte Berichte ersetzt, und schwärmerisch zeichnet ein »Reporter« die ihm zugetragenen Impressionen von der Krönung Maria Theresias im Juli 1741 auf: »Einige, die Maria Theresias Krönung beiwohnten, haben mir versichert, daß sie eine der schönsten Frauen Europas war. Sie war von feinem Wuchse und majestätischer Haltung. Ihr Auge, obgleich hellgrau, war ausdrucksvoll und mild. Sie war eben vom Kindbett aufgestanden, und das Matte, Schmachtende verlieh ihr neue Reize. Die Krone war ihr zu weit, als man sie ihr anvertraute, man mußte sie ausfüttern. Da sie ihr zu schwer ward, legte sie sie ab, als sie sich zur Tafel setzte. Das heiße Wetter und die Bewegung bei dieser Feier, die ziemlich lang dauerte, verbreiteten eine Röte im Gesicht, die den Glanz ihrer Schönheit erhöhte. Ihre Haare fielen in weichen Locken über ihre Schultern, und sie war ganz bezaubernd...«

Im September war Maria Theresia schon wieder in Preßburg zu Gast: in Trauerkleidern und entschlossen, mit allen Mitteln ihrer Weiblichkeit die Ungarn zur Verteidigung ihrer Besitzungen gegen Friedrich von Preußen und die anderen Mächte, die ihr das Erbe streitig machten, zu bewegen. Von den 63 Titeln, die ihr Karl VI. hinterlassen hatte, war »König von Ungarn« der einzige, den niemand anderer für sich beanspruchte. Der Anblick der schönen jungen Frau und ihre Worte rissen die Ungarn hin: »Wir sind von allen verlassen; Unsere einzige Zuflucht sind noch die Treue dieser ruhmreichen Stände, die Waffen und der alte Heldengeist dieser Nation!«

Maria Theresias getreuer Paladin János Graf Pálffy erinnerte sich der Wirkung des königlichen Auftrittes in der Preßburger Burg: »... wie von einer gemeinsamen Seele erfüllt, zogen wir unsere Säbel und schrien: ›Vitam et sanguinem pro maiestate vostra!‹ – ›Unser Leben und Blut für Eure Majestät!‹ Wir weinten gemeinsam mit der Königin Tränen der Treue, der Liebe und Entrüstung.«

Die magyarischen Adelstränen ließen ein schlagkräftiges Heer sprießen und Gold in die Kriegskassen fließen. Maria Theresia hatte in der psychologischen Kriegführung einen großen Sieg errungen.

Weniger glücklich waren einige ihrer Nachfolger; im Preßburger Primaspalais, mit dem Kennzeichen eines Kardinalshuts über dem Dach, unterschrieben österreichische Diplomaten Weihnachten 1805 nach der Schlacht von Austerlitz den Friedensvertrag mit Napoleon, durch den Franz I. auf Venetien, Istrien, Dalmatien und Tirol verzichten mußte. In der heutigen städtischen Bibliothek, wo jedes laute Wort ein Sakrileg ist, parlierten einst die Abgeordneten zum ungarischen Reichstag. Hier beherrschte in den vierziger Jahren des 19. Jahrhunderts Lajos Kossuths Wortgewalt die Versammlung der Stände – hier redeten Széchenyi und Deák, Eötvös und Batthyány von einer neuen Zeit und neuen Freiheiten. Aus den Reden wurde Opposition, Widerstand, Revolution, bis Kossuth dann die Habsburger 1849 in Debreczin für abgesetzt erklärte.

Der revolutionäre Drang der Ungarn wirkte auf die Slowaken nicht ansteckend. Noch waren ihre nationalen Führer zu schwach. Die slowakischen Bauern waren schon vorher in dem ewigen Kampf gegen die Habsburger unter Tököly und Rákóczi und anderen Rebellenaristokraten das Fußvolk. »Im Frühjahr und im Sommer, wenn die Felder zu bestellen waren, oder während der Ernte konnte die kaiserliche Armee immer große Fortschritte erzielen, weil unsere Bauern auf den Feldern gebraucht wurden«, sagt der Historiker. Damit ist man wieder beim Hauptthema, beim slowakischen Preßburg. Als sich die Ungarn 1848 gegen den Kaiser mit der Waffe in der Hand erhoben, waren die Slowaken in der Mehrzahl bereit, für den Kaiser gegen die Ungarn zu kämpfen. Sie erhofften sich eine stärkere Selbständigkeit, die Wahrung ihrer nationalen Rechte. Es wurde ein slowakischer Schulverein gegründet, Schulen entstanden, eine eigene Literatur wuchs heran. Nach dem Ausgleich zwischen Österreich und Ungarn, der die Minderheit der nichtmagyarischen Völkerschaften Ungarns einer rücksichtslosen Magyarisierungspolitik überantwortete, wurden slowakische Schulen geschlossen und nationale slowakische Bewegungen unterdrückt. 1862 waren den eineinhalb Millionen Slowaken drei Gymnasien gewährt worden, zehn Jahre später wurde die slowakische Sprache verdrängt, wo es nur möglich war. Im Landtag hatte 1872 kein Slowake Sitz und Stimme, obwohl ihnen auf Grund der Einwohnerzahl 45 Abgeordnete zugestanden wären. 1907 wurde in nur 482 Volksschulen von 3862 auf slowakischem Gebiet Slowakisch unterrichtet. Und die Slowaken verließen zu Hunderttausenden ihre Heimat.

Schon im 18. Jahrhundert hatte ein Viertel aller Slowaken sein Bündel geschnürt, um wie die Schwaben zur Kolonisation in die von den Türken verwüsteten Länder zu ziehen. Die zweite Welle der slowakischen Emigration wurde Ende des 19. Jahrhunderts ausgelöst und dauerte bis zum Beginn des Zweiten Weltkrieges. Der Grund: drückende wirtschaftliche Not. Ihr Ziel waren die USA und Kanada. Die langen Menschenschlangen in den Preßburger Tuzex-Läden reichen unsichtbar bis über den Atlantik. In diesen Geschäften können für westliche Devisen westliche Luxusgüter, die sonst nicht erhältlich sind, gekauft werden. Verwandte im Ausland überweisen Dollars an die staatliche Bank, und diese wieder zahlt an die glücklichen Empfänger sogenannte Tuzex-Kronen aus. Sie sind die Währung für schottischen Whisky, amerikanische Zigaretten, französischen Kognak usw. An die 20 Millionen Dollar kassiert die CSSR jährlich auf diese Weise. »Und die meisten dieser Devisen stammen von Slowaken. Nur, der Slowakei kommen diese Einnahmen nur in Bruchteilen zugute«, wirft der Professor ein. Dann nennt er einige Zahlen: »Vier Millionen Slowaken leben hier, in der übrigen Welt werden es noch weitere zwei Millionen sein. Diese Leute hängen mit einer unvorstellbaren Hingabe an ihrer Heimat. In den USA und in Kanada erscheinen die verschiedensten slowakischen Zeitungen. Überall blühen slowakische Vereine, und der reichste Mann Kanadas, ein Uranmillionär slowakischer Herkunft, läßt seine Kinder, die in Paris und in der Schweiz studieren, noch immer Slowakisch lernen. Als Masaryk im Ersten Weltkrieg in den USA für die Unabhängigkeit Böhmens agitierte, haben ihm die amerikanischen Slowaken die nötigen Geldmittel zur Verfügung gestellt. Auch in der Tschechischen Legion spielten die Slowaken eine große Rolle. Aber wir haben für unsere nationalen Anstrengungen und Bemühungen nie einen gerechten Lohn empfangen.« Und dann reden der Professor und der Schriftsteller von der tschechischen Politik nach der Entstehung der Tschechoslowakei, von der Zerschlagung der schwächeren slowakischen Industrie. »Sie haben viele Betriebe aufgelöst; war es da ein Wunder, daß die Arbeitslosen verbittert den Kommunisten in die Arme liefen? Ja selbst die Industrialisierung nach 1945 und 1948 wurde hier in einer für uns nachteiligen Weise betrieben. Wir erzeugen Material, Halbfertiges; die Endproduktion, an der sich mehr verdienen läßt, bleibt in vielen Sparten böhmischen und mährischen Betrieben vorbehalten. Wir produzieren die Bleche, die Autos werden in Böhmen erzeugt. Wir wurden in der Planung benachteiligt. Unser Lebensstandard ist niedriger. 300000 Slowaken sind gezwungen, in Böhmen und Mähren Arbeit zu suchen...«

Ja, in Preßburg und Umgebung ist der Nationalismus trotz allem noch aktuell. »Wir brauchen unseren Nationalismus, sonst werden wir von den Völkern rings um uns aufgesaugt, geschluckt«, sagt man. Darum sind auch die meisten Preßburger Institutionen »national« – der slowakische Nationalrat, das slowakische Nationaltheater, das Nationalmuseum, die Nationalgalerie, die slowakische Philharmonie, die slowakische Akademie der Wissenschaften. Die Erinnerungen an den kurzlebigen slowakischen Staat (von 1939 bis 1945), der zwischen Operettenklamauk und Erfüllung slowakischer Träume hin und her taumelte, sind deshalb nicht nur negativ. »Wir haben damals als junge Leute ehrlich gejubelt.« Hitler hatte die Slowakei im März 1939 durch einen geschickten Coup von Böhmen und Mähren abgetrennt und den früheren Ministerpräsidenten, den katholischen Prälaten Josef Tiso, zum Präsidenten eingesetzt. Tiso residierte in dem gelben Barockpalais, das ein Fürst Grassalkowitsch, Favorit Maria Theresias, erbaute und das dann von dem jeweiligen Preßburger Haushabsburger bewohnt wurde. Nach 1945 tagte der slowakische Nationalrat unter gemalten Nymphen, und nun ist das Fürstenpalais Pionierpalast und Spielplatz der Preßburger Jugend. Naive Nationalromantik, ein brutaler Antisemitismus (75 Prozent der jüdischen Bevölkerung der Slowakei sind umgekommen), Klerikalismus und die typischen Schwächen eines Satellitenregimes verseuchten, unterwühlten und korrumpierten die slowakische Staatsidee. Der Prälat hob für Hitler zwei slowakische Divisionen aus, die tapfer an der Ostfront kämpften. Hilflos stand er 1944 dem slowakischen Aufstand und der Partisanenbewegung gegenüber. Bis zum letzten Augenblick setzte er vertrauensvoll auf die deutsche Karte. 1947 endete er am Strang.

Einer der jungen Männer, die in den Bergen der Slowakei gegen Tisos Soldaten und die Deutschen mit Sprengstoff, Maschinenpistolen und Minen operierten, hieß Alexander Dubček (einer der Führer des Aufstandes war Gustaf Husák). Zweimal wurde Dubček verwundet. Einige Jahre später saß er an einem der Schreibtische, die nun in den Preßburger Regierungsgebäuden den Kommunisten eingeräumt wurden. Für den strebsamen Apparatschik war es auch nicht karrierehemmend, daß er beinahe in Amerika geboren wurde. Sein Vater gehörte zur slowakischen Auswandererarmee; aber kurz vor Alexanders Geburt versuchte er sein Glück wieder in der Heimat und wurde Kommunist. Mit einer Gruppe von 300 slowakischen Gesinnungsgenossen strebte Vater Dubček dem Paradies der Werktätigen zu: An der Grenze Chinas in der Sowjetunion gründete er eine slowakische Kolchose. Als Alexander siebzehn Jahre war, machte er seine ersten Erfahrungen mit dem Stalinismus. Sein Vater und die ganze Familie wurden während der großen Säuberungen aus der Sowjetunion ausgewiesen. Kommunistische Untergrundarbeit in der Slowakei war die nächste Phase, dann kam der Aufstand, die Partisanenzeit, 1945, Lehrjahre im Parteiapparat, Lehrjahre in der Sowjetunion auf den Parteihochschulen und eine Blitzkarriere, ein schneller Aufstieg zum Parteichef der Slowakei und schließlich zum Nachfolger Novotnys als Parteiboß der ganzen Tschechoslowakei. Und plötzlich entpuppte sich der Mann aus dem Apparat als einer, der unabhängig denken konnte und der ein offenes Herz für die Forderungen der Jugend, der Intellektuellen und der Arbeiter hatte.

Eine slowakische Biographie, eine kommunistische Biographie? Die Leute in Preßburg fragen nicht sehr danach. Für sie wurde Dubček zum politischen Pensionisten degradiert. Sein Name ist jedoch Symbol für das, was war, was sein könnte, was nicht mehr ist, aber vielleicht doch einmal wieder kommen wird.

Dubček und die, die mit ihm kämpften, waren schuld daran, daß die Donau bei Preßburg für kurze Zeit nicht mehr so rot war wie seit 1945. Aber die Panzer der fünf Warschauer-Pakt-Staaten und das in den Okkupationstagen vergossene Blut verliehen dem Strom neuerlich die vom Kreml vorgeschriebene Färbung.

Das heißt, sobald das Schloß, das einem auf der Donau folgt wie die Augen in Dürers Selbstporträt, verschwunden ist, sobald die Stadt in den Auen versinkt und die Hafenanlagen der Natur weichen, die Fabrikschlote im Grün untertauchen, wird die Donau wieder zeitlos, unbeeinflußt von gesellschaftlichen Systemen, nur den Naturgesetzen untertan. Mit der gleichen Selbstverständlichkeit, mit der der Strom eine Lebensader Oberungarns war, spielt er nun zwischen der Slowakei und Ungarn Grenze. Ein schmaler Arm hat sich bei Preßburg von der Donau gelöst, fließt nach Nordosten und begrenzt die Schüttinsel, das Vogelparadies der Slowakei, ein Reservat ursprünglicher Wildnis, in die dem Menschen nur vereinzelt Einbrüche gelungen sind: einige übermooste Bunker, eine Hochspannungsleitung, das ungarische Grenzhaus am rechten Ufer mit einem verwaschenen roten Stern. Freche Möwen, die sich nicht an die menschlichen Grenzen halten und unbekümmert vom slowakischen zum ungarischen Ufer fliegen. Enten, die mit ihren ruckartigen Bewegungen im Zeitraffertempo auch im Flug zu watscheln scheinen und dann wieder zu Hunderten auf Sandbänken in der Sonne sitzen; Kormorane von der Insel der Kormorane, graue Reiher, von sich eingenommene Hagestolze, die alten Herren oder Honoratioren der Donau.

Einige Kilometer weiter rostender Schrott, vom Wasser zerfressenes Eisen, halb versunken, die Aufbauten eines Schiffes. Der Kapitän kennt es: »Das war die ›Rust‹, ein DDSG-Schiff. Mit der ›Krems‹ und der ›Wotan‹ ist es in diesem Abschnitt gesunken, im Krieg.« Auch die DDSG war im Kriegseinsatz, transportierte Nachschubgüter, Munition und anderes stromabwärts und rumänisches Öl und Getreide stromaufwärts. Am meisten litt die Schiffahrt unter den Minen mit Verzögerungszündern, die von britischen Flugzeugen abgeworfen wurden. »Damals wurden die Steuerhäuser abgeräumt, alle Aufbauten waren nach oben hin offen, damit die Leute bei einer Explosion eine Überlebenschance hatten. Es war nämlich besser, durch den Luftdruck ins Wasser geschleudert als unter den Trümmern des Schiffes begraben zu werden.«

Heute bewaffnen sich devisenträchtige Geschäftsleute, Manager und andere Sportfreunde aus Großbritannien, Frankreich und Westdeutschland und den USA mit Jagdflinten, um für harte Dollars ansehnliche Trophäen aus diesen wildreichen Revieren heimzubringen. Campingplätze, Kajaks, Angler, Naturschutzgebiete, das Trappenreservat, in dem von dem gefährdeten größten europäischen Hühnervogel rund tausend Stück gehegt werden. Und dann, durch einen Damm gegen das Hochwasser geschützt, ein Dorf, dessen Name zu denken geben muß: Zlatna. In diesem Namen steckt das slawische Wort für Gold, und hier wurde auch Gold gewaschen, Donaugold. Nicht das Gold versunkener römischer Schiffe, die auf dieser Strecke mit der Löhnung für die pannonischen Legionen untergegangen sein sollen und nach denen mancher Schatzsucher geforscht hat, sondern echtes, reines Gold. Ein Ingenieur in dem Dorf denkt daran zurück: »1945 und 1946 haben noch ein paar Leute hier in einem Seitenarm der Donau Gold gewaschen. Mit einem Waschbrett, auf dem der Sand mit Wasser gespült wurde, so daß die schweren goldhaltigen Körner zurückblieben. Aber es war ein ziemlich kompliziertes Verfahren. Vor dem Krieg hatten noch Unternehmer ihr Geld riskiert, dann waren es nur private Einzelgänger. Es rentierte sich nicht. Aus 40 Zentner Flußsand läßt sich ein Gramm Gold gewinnen. Drüben auf der ungarischen Seite soll es ein paar Leute geben, die sich damit herumspielen. Bei uns in Zlatna ist der letzte Goldwäscher vor einigen Jahren gestorben...«

In der Klosterneuburger Schatzkammer bewahrt man einen acht Kilogramm schweren Kelch aus Donaugold auf – Zigeuner haben es in der Nähe von Wien aus dem Stromsand gewaschen, und in Bayern wurden sogar Münzen aus Donaugold geprägt. Trügerisch spiegelt das Wasser in den Seitenarmen das verfilzte Schilf- und Laubwerk wider, und man bildet sich ein bronzenesgüldenes Leuchten ein. Zu der blauen, braunen, grünen und roten Donau gesellt sich noch eine goldene.

17. Kapitel

Unter der Stephanskrone
Von Komorn nach Budapest

Über die Schleppkähne huschen Lichter und Schatten. Der Bootsmann lehnt an der Reling und murmelt: »Lang dauert das wieder. Wann ist die Revision endlich bei uns?« Revision – dieses Wort hat in den Ohren der Schiffsleute auf der Donau einen unangenehmen Klang. Revision bedeutet Warten, Geduldhaben, Zeitverlust, Terminversäumnis und nächtliche Stunden ohne Schlaf. Revision – das ist auf der Donau das Wort für Zollkontrolle. Um 19 Uhr 15 ist die »Kammegg« in den ungarischen Hafen Komárom, gegenüber dem slowakischen Komárno (früher hieß beides zusammen Komorn), eingelaufen. Aber die ungarischen Zöllner ließen sich Zeit. Erst nach 21 Uhr vernahm man ihre schweren Schritte auf den Planken der Schlepps. Die nahmen sie sich zuerst vor, langsam, umständlich und genau. »Die drei Steuerleute sind ungarische Staatsbürger, da brauchen sie meist noch länger.«

Endlich vernimmt man auf der »Kammegg« ungarische Laute. Die Beamten – Zöllner, ein Offizier der Grenzpolizei, einer von der Strompolizei, ein Arzt – lassen sich in der Offiziersmesse nieder. Der Zahlmeister überreicht ihnen die Schifferpässe der Besatzung und ruft laut die Namen aus. Die Leute haben sich vor der Tür versammelt, und jeder Aufgerufene präsentiert sich kurz den Ungarn. Sie schauen auf das Bild im Paß und auf den Mann, und dann ist der nächste an der Reihe. Die Schiffspapiere, die langen Listen mit dem Proviant, der Kassenstand und was auf einer Donaufahrt sonst noch bürokratisch registriert werden muß, werden umständlich geprüft. Dann marschieren die Beamten mit dem Bootsmann durch die Kabinen. Zwei Zöllner stecken in einer grauen Arbeitskluft, die Wühlmäuse der Finanzer. In jedem Winkel haben sie ihre Nasen, klopfen Vertäfelungen ab, lassen den Schiffsboden abheben, öffnen Schränke und schnüffeln in Wassertanks. Eine gute halbe Stunde lang durchsuchen sie das Schiff. Nach einem Schluck Bier, das der Zahlmeister unter »Bewirtungsspesen« abschreibt, verabschieden sich die Ungarn. »Heute waren sie eh schnell«, sagt ein Matrose. »Manchmal stellen sie das ganze Schiff auf den Kopf.«

Was sie suchen? Der Schmuggel blüht nicht mehr so auf der Donau wie früher. Eine interessante Branche ist manchmal noch in Ost-West-Richtung üblich – der Menschenschmuggel. Nur wenige wagen aber dieses Abenteuer. Es ist zu riskant. Der Preis ist zu hoch. Ab und zu werden jedoch Fälle bekannt: Ein österreichischer Schleppmatrose lernte in Ungarn einen Ostdeutschen kennen. Der redete so lange auf den Matrosen ein, bis er einwilligte. Er versteckte den Flüchtling unter einem Bretterverschlag. Die Revision ging glücklich vorüber. Nur, der Schleppsteuermann bekam Wind von dem Unternehmen. Er war Ungar. Er wollte weiter auf der Donau fahren und zeigte den Matrosen an. Der Matrose verlor seinen Posten. Auf der ungarischen Donau darf er sich nicht mehr blicken lassen. Die nächste »heiße« Ware auf der Donau? Rauschgift. Dunkle Kanäle führen von der Türkei über Bulgarien, Jugoslawien und Ungarn nach Wien. Das Wiener Rauschgiftdezernat kam einmal einer Bande, der mehrere Ungarn angehörten, auf die Spur. Türkische Matrosen verstecken manchmal Haschisch für den Eigenbedarf. Wie viele solche Schmuggelringe die Donau und die mannigfachen Möglichkeiten günstiger Verstecke auf Schleppkähnen benutzen? Die Polizei gibt keine Antwort, und die Donaumenschen, die es wissen könnten, schweigen erst recht. Von Österreich donauabwärts sind Nylonmäntel noch immer das beliebteste Schmuggelgut. Donauaufwärts werden vor allem die Matrosen aus den Oststaaten aktiv. Sie haben keine Devisen, und die Schaufenster der Wiener Geschäfte verlocken. So schmuggeln sie Salami, Slibowitz, Krimsekt, billigen Whisky aus Zollfreizonen, Zigaretten – in Wien wartet ein Netz von Abnehmern auf sie, und man zahlt in harter Währung.

Auf dem Schiff wird dieses Thema kaum berührt. An diesem stillen Abend, da alle Lichter gelöscht sind und die Stille unheimlich wird, weil das gewohnte Pochen und Stampfen der Maschinen fehlt, sitzt man am Hinterdeck bei einem Glas Wein. Die Matrosen reden von zu Hause, von der Braut, von anderen Mädchen. »Ein Kaffeehaus hat noch offen, da sind immer ein paar Mädchen zu haben.« Einer erzählt von einer Messerstecherei zwischen Türken und Griechen. Daß drüben auf der slowakischen Seite eine Festung liegt, von der einmal ganz Europa gesprochen hat, interessiert weniger. Für die Donauschiffer sind nur die Punkte wichtig, die sie direkt berühren. An allen anderen markanten Orten fahren sie immer wieder vorbei und haben nie Gelegenheit, sie genauer kennenzulernen. Die Donauschifffahrt hat ihre fixen Stationen. In Komorn fallen die Anker auf der ungarischen Seite, was drüben bei den Slowaken los ist, danach fragt kein Mensch an Bord.

Für die CSSR ist Komorn der bedeutendste Donauhafen, wichtiger als Preßburg. Viele Schiffe aus der Komorner Werft fahren nicht nur unter tschechischer Flagge auf der Donau. Und dann ist da eben die Festung.

Ihre Wälle sind niedrig, man muß sie erst suchen. Sie scheinen nicht so uneinnehmbar, wie sie wirklich waren. Die Festung erfreut sich noch immer der Wertschätzung des Militärs. Ein Teil der Festungsanlagen gehört der Armee. Da verwehren einem Posten den Zutritt, da werden gerade Munitionslaster entladen, da schleift ein Spieß Rekruten. Irgendwo soll hier an einer der Bastionen auch die berühmte steinerne Jungfrau von Komorn Wache schieben. Diese unkriegerische Gestalt wurde als sinniger Vergleich für die Unbeflecktheit der niemals erstürmten Festung aufgestellt. Und ohne jede parodistische Absicht hat ein »Dichter« des 19. Jahrhunderts der »jungfräulichen« Festung zu Ehren folgende Verse geschmiedet:

Noch nie ein Siegerarm
Hielt dich umschlungen warm
Und fest, du Jungfrau hold!
Auf deinen Wangen glüht
Noch unentweiht und sprüht
Der Keuschheit Morgengold: Komorn!
Dein Busen ist von Stein;
Begehrt ein Buhle dein
Ihm sagst: »Komm morgen« du,
So sagst du allemal,
Sooft des Werbers Qual
Anstürmet deine Ruh: Komorn!
Komorn!

Doch Komorn, als Bollwerk schon gegen die Türken standhaft, war 1848/49 blutiger Ernst. Nur durch eine russische Intervention gelang es den Österreichern, die ungarische Honvédarmee zu schlagen und das rebellische Ungarn wieder in die Hand zu bekommen. Am 13. August streckten die Ungarn bei Világos in Siebenbürgen vor den Russen die Waffen. Aber Komorn hielt. Ein zäher, phantasievoller General, Georg Klapka, dachte nicht an die Übergabe. In den Monaten zuvor hatte er die Österreicher zur Verzweiflung gebracht. In überraschenden Ausfällen durchstieß er die Stellungen der Belagerer, schlug die Angreifer in die Flucht und erbeutete Munition und Lebensmittel für Monate. Der belagerte Klapka fühlte sich so stark, daß er bereits Unternehmungen gegen die niederösterreichischen Grenzorte plante. Er hob in den umliegenden Dörfern Rekruten aus, ließ sie exerzieren und erwog einen Marsch auf Wien. Österreichische und russische Unterhändler benachrichtigten ihn von der Kapitulation. Klapka handelte nun einen Waffenstillstand aus und ließ mehreren seiner Offiziere freies Geleit zusichern. Sie reisten durch Ungarn und überzeugten sich vom tragischen und bitteren Ende der Honvédarmee. Nach langwierigen Verhandlungen entschloß sich Klapka endlich zur Übergabe. Die Österreicher mußten ihm, seinen Offizieren und der Mannschaft freien Abzug gewähren. Die Offiziere durften die Degen behalten. Unbesiegt verließen sie Komorn.

Klapka kehrte 1896 dorthin zurück – in Erz, als kriegerische Statue. Vorher hatte der General die Abenteuer einer langen Odyssee auf sich nehmen müssen. Über England und die Schweiz schlug er die Fluchtroute so vieler ungarischer Rebellen gegen Habsburg ein – nach der Türkei. Er wirkte im russischtürkischen Krieg als militärischer Berater und wandte sich 1859 mit ungebrochenem Kampfesmut gegen die Österreicher. In Italien stellte er eine ungarische Legion auf. Und noch einmal wollte er es Franz Joseph zeigen: 1866, als er sich mit seinen Legionären Bismarck anbot. Ein Jahr später, nach dem Ausgleich zwischen Österreich und Ungarn, wurde der General amnestiert und nach Budapest heimgeholt. Nun betätigte er seinen kriegerischen Geist als Reichstagsabgeordneter. Zweiundsiebzigjährig starb er 1892; vier Jahre später wurde das Denkmal im Stadtpark enthüllt. Den Ungarn bedeutet es viel, den Slowaken ist der General eher ein Fremder – trotz seines slawischen Namens.

Nachdem die strategische Bedeutung Komorns dem kaiserlichen Generalstab so drastisch vor Augen geführt worden war, wurde die Festung noch fester befestigt und zum modernsten Donausperrfort der Monarchie erweitert. Was eine richtige Festung sein will, braucht auch eine gute Militärkapelle. Diesem Umstand verdankt Komorn eine Gedenktafel. (Nicht die einzige: in Komorn ist auch der Romancier Mór Jókai geboren.) An einem Eckhaus, das niemandem auffallen würde, verrät eine Inschrift auf ungarisch und slowakisch, daß hier im Jahre 1870

Franz Lehár das Licht seiner Traumwelt erblickt hat. Die Renovierungsbemühungen vergangener Jahrzehnte verschleiern das Alter des ebenerdigen Hauses, in dem sich einst ein k. u. k. Militärkapellmeister eingemietet hatte, der Vater des Operettenkomponisten und eines zweiten Sohnes, der später Oberst wurde und bei den Versuchen König Karls, nach dem Weltkrieg nach Ungarn zurückzukehren, als dessen getreuer Soldat in die Geschichte seines Vaterlandes eingreifen wollte. Wo die versunkene Operettenherrlichkeit ihre Keimzelle hat, ist die neue Zeit mit einem Selbstbedienungsladen eingezogen. Vis-à-vis feiert eine Gedenktafel den lokalen Kommunistenhelden Gábor Steiner. Das »Land des Lächelns« hat eine Kulturrevolution über sich ergehen lassen, der »Zarewitsch« wurde erschossen, die slowakischen »Rastelbinder« wurden sozialisiert, nur die lustigen Witwen sind noch nicht ausgestorben, ebensowenig wie ein Operettenpublikum mittlerer und älterer Jahrgänge, das sich auch in Budapest noch bereitwillig ein »schön ist die Welt« vorgeigen und vorschluchzen läßt, obwohl man heute dieser versunkenen Welt höchstens mit Ravels morbider Walzerapotheose ›La Valse‹ musikalisch gerecht werden könnte.

Diese Stadt schwankt noch zwischen dem Gestern und dem Morgen. In der Werft werden Schiffe bis zu 2000 Tonnen zusammengefügt, außerhalb des Festungsbereiches steht ein Montagebau neben dem anderen, inmitten der Altstadt ist jedoch noch der letzte Stützpunkt einer großen Religion, einer reichen und bedeutenden Gemeinde verborgen: die griechisch-orthodoxe Kirche. Meist ist der barocke Bau geschlossen. Die Öffnungszeiten richten sich nicht nach dem Fahrplan der Touristen, sondern nach der Schichteinteilung in der Werft. In Komorn hatte früher eine stattliche Zahl reicher griechischer Kaufleute am Donauhandel gut verdient. Nun ist nur noch ein einziger Gläubiger zurückgeblieben. Er hat die Schlüssel, das zuständige Patriarchat von Sofia hat die Kirche unter seine Obhut gestellt, doch kann er sie Fremden nur dann zeigen, wenn er nicht in der Werft bei der Arbeit ist.

Die Kirche birgt nicht nur Erinnerungen und eine prunkvolle barocke Bilderwand. In dem ehemaligen Basilianerkloster wacht der einzige Gläubige auch über den unermeßlich wertvollen Kirchenschatz. Die Kaufleute ließen sich nicht lumpen, wenn es darum ging, Gottes Segen für ein brenzliges Geschäft durch eine ausgiebige Spende sicherzustellen: Kelche, Kronen und Mitren aus purem Gold, Ikonen in goldenen und silbernen Fassungen, eine Bibel mit Goldeinband, Reliquienkreuze mit Diamanten besetzt, eine goldene Bildtafel mit Email überzogen, perlenbestickte Meßgewänder: ein Museum griechischer Gläubigkeit und griechischen Reichtums an der Donau. Einmal im Jahr holt der letzte orthodoxe Christ Komorns auf eigene Kosten einen Priester in sein Heiligtum. Mit dem kostbaren Meßgerät wird dann der toten Gemeinde, die fast fünfhundert Jahre lang bestanden hat, gedacht. Einsam hallt die Stimme des Mannes durch die Kirche, der den Gebetsrufen des Popen mit kräftigem Gesang respondiert. Am nächsten Morgen schwingt er sich wieder auf sein Fahrrad und fährt der Donau zu in die Werft.

Der Komorner Orthodoxe mit der Privatkirche gehört einer Nachhut an. Am gegenüberliegenden ungarischen Ufer sind die Vorposten einer Weltmacht stationiert. Außerhalb des Ortes grenzt Stacheldraht ein größeres Areal ab – Baracken, Fahrzeughallen, Übungsgelände –, und zwischen den Häusern begegnen einem neben ungarischen Soldaten und Offizieren auch Sowjetarmisten: Sauber, adrett, in dunkelblauen Ausgehhosen, mit spiegelblank polierten Stiefeln, schlendern sie an den wenig einladenden Geschäften und Lokalen der Kleinstadt vorüber. Dann bringt wieder ein Lastwagen eine abgekämpfte Soldatengruppe von einer Übung in die Kaserne. Hinter den Torposten vor dem in einem Park liegenden Gebäudekomplex aus der Monarchie beginnt erst Rußland. Da hängen russische Soldatenfrauen die Wäsche auf, ein Zug hetzt im Laufschritt über einen großen, sandigen Platz, Offiziere plaudern, während eine Einheit beim Basketballtraining schwitzt. Andere Soldaten putzen Autos und gepanzerte Fahrzeuge. Die Sowjetunion hatte hier bis zur CSSR-Invasion im August 1968 ihre westlichste Donauposition, und es folgen noch einige auf ungarischem Boden.

Bis 1955 motivierte der Kreml seine Besatzungstruppen in Ungarn mit der Notwendigkeit der Sicherung der Verbindungslinien nach Österreich. Als die Sowjets Österreich räumten, war dieses Argument weggefallen. Ein stärkeres lieferte ihnen der ungarische Aufstand 1956. Die juridische Grundlage der Sowjetbesatzung ist nun der Warschauer Pakt, das kommunistische Gegenstück zur NATO.

Ob die Sowjets stören, ob man viel Kontakt mit ihnen hat? Ein Ungar sagt fast mitleidig: »Mit denen haben wir nichts zu tun. Sie benehmen sich gut. Seit einigen Jahren wird auf bestes Auftreten Wert gelegt. Im Vergleich zu unseren Soldaten sind die Sowjets Musterknaben und Vorzugsschüler. Sie spazieren durch den Ort, gehen ins Kino, aber nur selten in Lokale. Sie schließen keine Bekanntschaften. Niemand spricht mit ihnen, niemand sucht ihre Freundschaft. Man ignoriert sie. Sie leben in einem Getto – zum Teil mit ihren Familien – und warten sehnsüchtig auf Ablösung. Vielleicht, daß ihnen der Staat ein paar Mädchen für Geld schickt. Aber das weiß ich nicht genau. Sie sind modern ausgerüstet, sie sind stark, aber einsam. Manchmal könnten sie einem leid tun.«

45 Kilometer stromabwärts. Im Badehotel von Esztergom spielt die Zigeunerkapelle ›Moskauer Abende‹, und an die hundert Leute lassen ihr Paprikahuhn kalt werden und singen in gedämpftem Chor mit: etwas unsicher, nicht zu laut, brav und russisch. Die meisten Sänger sind Frauen, die sich über ihre Linie keine Gedanken machen: breitgesäßige, vollbusige Damen, die zu Rührseligkeit neigen und mit Sentimentalität vergessen, was sie in den fünfzig Jahren ihres Lebens alles erfahren, erleiden und erdulden mußten. Russische Frauen, alternde Kinder der Revolution, eine große Reisegesellschaft, die in Autobussen durch Ungarn gerüttelt wird. »Wir haben jedes Wochenende mehr als hundert Russen hier«, sagt der Hotelmanager. »Viele nehmen auch die Gelegenheit wahr, ihre Verwandten in den Sowjetgarnisonen zu besuchen. Wenn es der Reiseplan erlaubt.« Den halten sie strikt ein. Die Zigeuner betätigen sich wieder ungarisch, und man wendet sich dem scharfen Gulasch zu, schaut wieder auf, und der Saal ist leer – mit einem Schlag; eine folgsame Herde, als Kollektiv trainiert, haben die Sowjetmenschen, hinter ihrem Fremdenführer hertrabend, den Saal verlassen, diszipliniert und gehorsam, wie man es auch von den Soldaten in den »befreundeten und verbündeten sozialistischen Ländern« verlangt.

Mit dem Schiff gelingt der Sprung nach Esztergom nicht so schnell. Doch es hob die Anker und nahm noch in der Nacht nach glücklich verdauter Revision Kurs auf Budapest. Um drei Uhr früh wird man jedoch aus dem Schlaf geschreckt. Durch die plötzliche Ruhe. Die Maschinen haben ausgesetzt. Nur das Hilfsaggregat brummt noch. Das Schiff bebt nicht mehr, es schwankt nur leicht. Die Stille ist grell wie ein Wecker. Man reibt sich die Augen und schwingt sich zum Bullauge. Durch die Luke dringt weißliches Grau. Der Himmel ist in Milchflaschen abgefüllt – Nebel, dieses Netz ohne Maschen, in dem sich die Donauschiffe immer wieder verfangen. Am Morgen wird es etwas heller. Das ungarische Ufer gewinnt an Form, Bäume wachsen aus der breiigen Masse, Rauchgeruch, Fischer haben am Strand ein Feuer entzündet, Hähne krähen. Aber das slowakische Ufer verbirgt sich weiter hinter der Nebelwand. Aus den drei Schleppkähnen ist ein schwimmendes Dorf geworden. Die »Kammegg« hat nun sieben Schlepps im Tau. Aus den dünnen Rauchfängen der Steuerhäuser und Matrosenhütten qualmt es. Zeit für den Frühstückskaffee. Auf der »Kammegg« ist die Mannschaft mit Reparaturen beschäftigt. Die Motorzille wird zu Wasser gelassen, weil am Außenbordmotor etwas nicht in Ordnung ist. Obwohl es zum Ufer nur 30 oder 40 Meter sind, ist ein Besuch des Dorfes unmöglich. In Jugoslawien würde einem niemand diesen Ausflug verwehren, die ungarischen Schiffahrtsbestimmungen aber sind strikt dagegen. Der Kapitän schläft sich aus. Er hat bis drei Uhr früh, in einen dicken serbischen Schafspelz gehüllt, im Steuerhaus gewacht. Das Warten zieht sich, die Zeit wird dickflüssig wie der Nebel. Die Stunden rinnen träger dahin als die durch mehrere Seitenarme und die Waag mächtig angeschwollene Donau.

Endlich hebt sich der Nebel. In der Messe wird schon der Tisch fürs Mittagessen gedeckt. Das Blau des Himmels schimmert durch zarte Nebelschleier. Ein sowjetisches Schiff führt am Bug den Namen des österreichischen Donaustädtchens Korneuburg – das erste der zehn Schubschiffe, die die Korneuburger Werft den Sowjets liefert. Getauft wurde es beim Besuch des sowjetischen Staatsoberhauptes Podgorny in Österreich. Noch versagt es sich der Strom, den Reisenden eine touristisch verwertbare Szenerie zu liefern. Die Aulandschaft ist eher Ausschußware. Auf einmal scheint die Donau jedoch auf einen Felsen aufzulaufen. Eine Kuppel, so groß, daß man sie zuerst für eine Halluzination, eine Luftspiegelung am Horizont hält, blockiert Sicht und Strom. Langsam entwirren sich die Konturen aus dem gleichmacherischen Dunst. Man hat sich nicht geirrt. Die Kuppel ist Wirklichkeit, grün schimmert ihr Dom, hell leuchten die hohen Säulen, die ihn tragen, eine ungarische Peterskirche, Esztergom, der Sitz des Primas von Ungarn, eine klassizistische Kathedrale als ekklesiastische Machtkundgebung, der kräftige erste Ton im großen Dreiklang der traditionellen ungarischen Gewaltenharmonie (die beiden anderen – das Parlament in Pest und die Burg in Buda). Hier spricht die Kirche. Sie ruft anderswo klangschöner über den Strom, maßvoller, nirgends aber so laut und einprägsam – das ungarische Rom, eine Kirche als künstlicher Berg über einem Land, das seine Seele aus der Ebene empfangen hat; auf einem steinernen Festungshügel, den die ersten Könige Ungarns für sicher genug für eine Residenz gehalten haben, so gebieterisch Unterwerfung verlangend, daß selbst die Donau demütig das Knie beugt und Kathedrale, Felsen und Stadt gleich von zwei Seiten umfließt.

Man erklimmt den steilen Weg zum weiten Platz vor dem im griechischen Tempelstil gehaltenen Hauptportal – und schrumpft zusammen wie Gulliver unter den Riesen. Wie Liliputaner haben sich auch die sowjetischen Artilleristen gefühlt, die 1945, nachdem Esztergom (deutsch Gran) endlich gefallen war, verwundert die Kirchenmauern inspizierten und den führenden Priester fragten: »Sind diese Mauern aus Stahl? Wir haben geschossen und geschossen, getroffen und getroffen, und dennoch hat sich nichts verändert.« Die Narben der Einschläge sind noch nicht alle verheilt. Konventionelle Artillerie scheint dennoch nicht die geeignete Waffe gegen diese Kirche zu sein. Einer der besten Architekturkenner Europas, der britische Kunsthistoriker Nikolaus Pevsner, stand vor nicht allzulanger Zeit ebenso respektvoll wie die Sowjetkanoniere vor diesem Glaubensmonument und schrieb dann: »Die Fassade ist hervorragend, mindestens so eindrucksvoll wie die meisten anderen klassizistischen Kirchenfassaden irgendwo in Europa. Es gibt wenige Kirchen des frühen 19. Jahrhunderts, die mit Esztergom konkurrieren könnten.«

Auch die Erbauer der Kathedrale badeten in Superlativen: Bis zum Kreuz der Kuppel ist die Kirche 100 Meter hoch, die Kuppel hat einen Durchmesser von 33,5 Metern, die Länge der Basilika ist 107 Meter, und das Altarbild, eine etwas variierte Kopie von Tizians venezianischer Himmelfahrt Mariä, soll mit 13 mal 6,5 Meter das größte auf Leinwand gemalte Altarbild der Welt sein. Gebaut wurde an diesem Riesenwerk, durch das die Magyaren wie in so vielen Dingen auch im Glauben über andere Völker hinausstreben wollten, von 1822 bis 1856. Der Bau verschlang 2051527 Gulden und verbrauchte vier Erzbischöfe. Als der Grundstein gelegt wurde, hatte Kaiser Franz seinen Sohn Ferdinand, der sich wegen seiner Einfalt den Beinamen »der Gütige« verdient hatte, zu der Feier delegiert. Und ausgerechnet seinem Bildnis auf dem Fries über dem Eingang wurde der Kopf weggeschossen. 1848 wurden die Arbeiten eingestellt, weil Wien die nationalkirchlichen Bestrebungen der Ungarn nicht geheuer waren und der neue Primas, Johann Ham, offen die Partei der Revolution ergriffen hatte. 1856 waren die Verhältnisse wieder so weit gediehen, daß sich Ungarns noch ungekrönter König,

Franz Joseph, zu der Einweihung nach Gran einschiffte. Ein zweites Relief hält dieses Ereignis fest. In einem Nebenraum über der Sakristei werden die Skizzen und Modelle des Projekts ausgestellt; sie zeigen, daß der Eisenstädter Baumeister Johann Baptist Pakh in seiner Gesamtanlage nach dem Vorbild vieler Barockarchitekten noch weit über das Realisierte und Realisierbare hinausschießen wollte. Selbst im Vatikan soll es angesichts dieser Pläne Unmutsäußerungen gegeben haben – ein dem Petersplatz ähnlicher Platz, der noch dazu größer sein sollte? Dazu konnte Rom nur ungern seinen Segen geben.

Auch heute verbindet sich der Gedanke an die Esztergomer Kathedrale im Vatikan mit besorgtem Brauenrunzeln und diskreten und schwierigen diplomatischen Missionen.

Nicht etwa, daß die Kirche in einer Gesellschaftsordnung, die, wenn zwar nicht mehr die Vernichtung, so doch die Eindämmung und Schrumpfung der Religion auf ihre roten Banner geschrieben hat, zu groß geworden wäre. »An den großen Festtagen kommen die Ungarn aus dem ganzen Land. Sie sind fromm geblieben. Und sie lieben die Basilika«, sagt einer der Herren des Domkapitels. Wenn die Kirche aber auch noch so voll ist, ein Platz wird stets leer bleiben: der majestätische Thron auf der Evangelienseite, der Thron des mächtigsten Mannes der ungarischen Kirche, des Erzbischofs von Esztergom, des Fürstprimas von Ungarn: Josef Kardinal Mindszenty.

In normalen Zeiten prangt auf dem Primasthron das Wappen seines Inhabers. Mindszentys Emblem ist verboten, denn für die ungarische Regierung gilt er noch immer als Krimineller. Zu Weihnachten 1948 wimmelte es in Esztergom auf einmal von AVO-Leuten, den Männern der gefürchteten kommunistischen Geheimpolizei. Am 24. Dezember holten sie den Kardinal aus dem Primaspalais an der Donau ab. Wenige Monate später wurde er zu lebenslänglichem Zuchthaus verurteilt. 1956 befreiten ihn die Aufständischen. Nach der Intervention der Sowjets flüchtete der Kardinal in die amerikanische Botschaft in Budapest und befindet sich noch heute dort. An der Ecke vor dem Gebäude ist ständig ein Wagen der Geheimpolizei geparkt – mit laufendem Motor.

Auch in ungarischen Kirchenkreisen ist mancher Priester wie die vatikanische Diplomatie für eine Einigung mit der Regierung, die dem Primas unter gewissen Bedingungen die Ausreise nach Rom gestatten würde. Die verwaisten ungarischen Bischofssitze könnten dann vermutlich ordnungsgemäß besetzt werden, die

Kirche, deren Situation sich in den letzten Jahren verbessert hat, würde noch mehr Arbeitsmöglichkeiten erhalten. Mindszenty blieb jedoch unnachgiebig. In der äußersten Ohnmacht wurde sein Wille seine Macht.

Die kurzen Tage der Freiheit hatte er im Primaspalais in der Budapester Burg verbracht. Für eine Rückkehr zu seinem angestammten Sitz in Esztergom fand er keine Zeit. Die Domherren haben auch heute keine Möglichkeit, mit ihrem Erzbischof Kontakt aufzunehmen. Nur ein ungarischer Beichtvater besucht ihn regelmäßig. Er schweigt wie ein Grab. In Esztergom würde eine überraschende Heimkehr des Kardinals sogar einige Probleme bereiten. In der Privatwohnung Mindszentys wurde der Kanzleidirektor des Kapitels, ein Geistlicher, einquartiert, und seine Privatkapelle würde der sechsundsiebzigjährige Primas nicht wiedererkennen – vor kurzem wurde sie von einem Franziskanerpater restauriert und mit abstrakten Wandmalereien dekoriert.

In den Straßen von Esztergom, und nicht nur rund um die Basilika, ist der schwarze Talar eine häufige Tracht. Die Priester können wieder aktiver sein als früher. Immer wieder grüßen auch junge Leute die Geistlichen mit einem »Gelobt sei Jesus Christus«. Nur mit der äußeren Pracht und Macht, für die die Basilika Zeugnis ablegt, ist es vorbei. Der Großgrundbesitz der Kirche, der solche Bauvorhaben ermöglichte, ist dahin. Ebenso auch der politische Einfluß. Bis zur Jahrhundertwende beteiligten sich an den Debatten im ungarischen Oberhaus rund 60 Erzbischöfe, Bischöfe und Äbte, und in das Abgeordnetenhaus hatten sich gut 20 politisierende römisch-katholische Priester wählen lassen. Der weite Platz vor der Basilika wurde von den herrschaftlichen Domherrenunterkünften gesäumt – die Prälaten sind ins Primaspalais übersiedelt, und auf den langgestreckten Gebäuden an der anderen Flanke stellen Sowjetsterne die neuen Mieter vor. Dort werden kranke sowjetische Soldaten gepflegt, dort wird die Wäsche für sämtliche sowjetische Militärbasen in weitem Umkreis gewaschen. Wenn die Sowjets mit ihren Lastern und Krankenwagen in ihre Kaserne fahren, dann nehmen sie eine Passage unter dem Kirchenberg, über der eine lateinische Inschrift den bischöflichen Erbauer verewigt. Das ehemalige Kloster an der Donau, in dem jetzt die Seminaristen ihr Tischgebet sprechen, liegt in einer Leninstraße, aber das Seminar besteht. 60 junge Ungarn studieren hier Theologie und wollen Priester werden. »Wir haben keinerlei Nachwuchssorgen«, sagt einer der

Professoren. Auch in einer Schule in der Stadt, neben der Franziskanerkirche, wird vor Unterrichtsbeginn ein Gebet gesprochen. Statt Marxismus-Leninismus steht in dem Gymnasium Religion auf dem Stundenplan. Esztergom besitzt eine der acht katholischen Mittelschulen Ungarns. In Esztergom unterrichten Franziskaner, aber auch Patres aus aufgelösten Orden, ebenso in Szentendre, in Pannonhalma und Györ Benediktiner, Piaristen in Budapest und Kecskemét, und die Schulschwestern von Notre-Dame in den Mädchengymnasien von Budapest und Debrecen.

Diese Schulen haben einen so guten Ruf, daß man sich schon zwei Jahre vorher anmelden muß. Selbst Söhne von Kommunisten geraten manchmal in diese Eliteerziehungsstätten. In der wiedererstandenen, vorher aber nie ganz zerstörten bürgerlichen Gesellschaftsschicht Budapests gilt es als schick, seine Kinder in einer Klosterschule zu haben, und besonders Schauspieler schätzen diese Institute. Die Kirche gewährt begabten Bauernkindern, die vielleicht einmal für den Priesterberuf geeignet sein könnten, Stipendien. In den Schulen werden die abgeschafften katholischen Feiertage gehalten, und wenn die Lehrer ihre Treue zum sozialistischen Staat bekennen, dann dürfen sie auch weiterhin behaupten, daß es zwischen Himmel und Erde noch mehr gibt als Lenin, Karl Marx und ›Das Kapital‹ und die alleinseligmachende Lehre des Kommunismus.

Warum die Kommunisten diese Schulen tolerieren, ihnen sogar Subventionen zuteilen? Sie achten die Qualität der Schulen, und sie haben mit dem bürgerlichen Mittelstand Ungarns, den sie bis auf die typischen Mitläufernaturen niemals gewinnen werden, einen Waffenstillstand geschlossen. Dieses Gewehrbeifußhalten spürt man auch bei Gesprächen in Esztergom. Die Kirche kann wieder etwas freier atmen. Mancher junger Priester destilliert aus all der Bedrängnis und den Jahren der Unterdrückung wenigstens einen Vorteil – den Austritt des Klerus aus der aktiven Politik.

In der Schatzkammer des Esztergomer Domkapitels, in der Basilika, offenbart sich noch, daß der ungarischen Kirche unter allen ihren Schätzen der der Nation am teuersten war, daß das mystische Gottesgnadentum des Königs in Ungarn Gottes Thron nach magyarischer Auffassung um einige Himmel näher war als die ähnlichen Institutionen anderer Reiche. Und der Erzbischof von Esztergom hatte dabei ein Vermittleramt inne. Er salbte und krönte den König – die Könige füllten dafür seine

Schatzkammer oder räumten sie manchmal, wenn sie Geld für Kriege brauchten, wieder aus. Dennoch sind die Schätze von Esztergom so unermeßlich wertvoll, daß man damit sogar eine moderne Streitmacht bezahlen könnte. Daran hat man in Ungarn glücklicherweise nicht einmal in der Periode des finstersten Stalinismus gedacht. Als die Habsburger 1793 und während der napoleonischen Kriege nach den Esztergomer Schätzen greifen wollten, leistete das Domkapitel erfolgreichen Widerstand. Ob es dabei aber wirklich von einer so »fortschrittlichen« Gesinnung beflügelt war, wie es eine neue Broschüre über die Schatzkammer haben will? Da heißt es nämlich:

»Der Habsburg-Kaiser beabsichtigte eine Mauer zu errichten gegen die ›neue Ordnung‹ in Europa, gegenüber der Entwicklung des Fortschritts selbst auf Kosten immenser Ausgaben. Das Domkapitel hat sich mit der zur Vernichtung der aufsteigenden neuen Ordnung organisierten Kriegführung nicht identifiziert. Auf die dringende Aufforderung des königlichen Kanzleramtes, die Schätze von Esztergom einzuliefern, hat das Domkapitel eine abschlägige Antwort gegeben.«

So wurden die Kleinodien gerettet: die byzantinische Kußtafel, die königliche Lippen berührt haben, das Schwurkreuz, auf das schon König Stephan seinen Krönungseid geleistet haben soll, die Trinkhörner der Könige Sigismund und Matthias, die goldene Kreuzigungsgruppe des Renaissanceherrschers, eine französische Arbeit von 1400 auf einem Renaissancesockel – die Verschmelzung von gotischer Frömmigkeit mit der neuen Weltlichkeit der Renaissance. Denn der Schmerzensmann wird nun von Sphinxen getragen, die freigebig ihre Brüste recken. Die Schätze häufen sich: Kelche, Gold, Email, Filigranarbeiten – große Kunst in kleinsten Formen, der Mikrokosmos der Kunstfertigkeit – Kreuze, Meßkannen, mittelalterliche Meßgewänder, von Königinnen bestickt, ein Ornat, für dessen plastische Verzierungen der italienische Maler Pinturicchio die Vorlage gezeichnet hat ...

Die Basilika birgt noch einen anderen Schatz – eine Kapelle, einen Schrein aus rotem Marmor, einen begehbaren Tabernakel, italienische Renaissanceherrlichkeit an der Donau, inmitten einer klassizistischen Kathedrale, einer der ersten geschlossenen Innenräume der Renaissance nördlich der Alpen. Fürstprimas Tamás Bakócz hat italienische Künstler für den Bau dieser seiner Grabkapelle engagiert. Der feste Marmor überdauerte alle Türkenstürme, nur in eine Ecke hat ein türkischer Soldat sein Monogramm geritzt, so wie in allen Kriegen Soldaten ihr »Ich war hier« an vielen möglichen und unmöglichen Orten hinterlassen. Erst der Kathedralenbau brachte eine einschneidende Veränderung für die Bakócz-Kapelle. Sie wurde zerschnitten, zersägt, zerlegt – in 1600 numerierte Stücke. An dem für sie in der Basilika bestimmten Platz wurde die Kapelle nach Baukastenmuster zusammengesetzt. Nun überzeugt sie den Besucher aus dem Westen, daß es Zeiten gegeben hat, da Ungarn westlicher war als Wien, in der Epoche seines größten Herrschers, des Königs Matthias Corvinus. Primas Bakócz wurde wie viele andere ungarische Magnaten angespornt, der Hofhaltung des Königs nachzueifern. Auch die gehorsamheischenden Züge des Fürstprimas János Simor würden einem italienischen »principe« gut anstehen. Sein Grabmal steht beherrschend unter der Basilikakuppel. Dieser Kardinal, aus einfachen Verhältnissen zu der höchsten kirchlichen Würde Ungarns aufgestiegen, lebte allerdings erst im 19. Jahrhundert. Er hat Franz Joseph und Elisabeth gekrönt, und im Primaspalais spricht in dem von ihm begründeten »Christlichen Museum« eine Gemäldesammlung von europäischem Rang von seinem Kunstverstand: italienische Meister aus Siena, Sassetta, Filippo Lippi, Crivelli, Memling, Hans Baldung Grien, Lucas Cranach, ungarische gotische Meister, Maulpertsch, Waldmüller usw. Den Grundstock zu der Galerie legte der Erzbischof durch den Ankauf einer römischen Sammlung.

Trotz Renaissance, Klassizismus und eines im 19. Jahrhundert nachgelebten Mäzenatentums früherer Zeiten sind Esztergoms regierende Könige weder Matthias noch Franz Joseph. Man muß tausend Jahre zurückwandern, zum heiligen König Stephan, zu Béla III., zu Andreas II., dem Vater der heiligen Elisabeth, zu den anderen Herrschern aus dem Hause Arpad. Als das wilde Reitervolk der Magyaren nach der Niederlage am Lechfeld 955 aus seinen Eroberungsträumen erwachte, seßhaft wurde und das Christentum annahm, war die einst fränkische Donauburg Osteringun der strategisch günstigste Punkt für eine wehrhafte Residenz. Hier, auf dem Felsen mit dem breiten Plateau, missionierten die christlichen Emissäre des Nibelungenbischofs Pilgrim von Passau, hier ist vermutlich Stephan geboren worden und mit ihm das neue christliche, abendländische Ungarn.

Die Magnetwirkung der Basilika lenkt zuerst von den Festungsanlagen ab, von den mittelalterlichen Palästen, die im Schatten der Kuppel dahindämmern. Lange Zeit verhüllte sie die Erde. In den dreißiger Jahren beklagte sich ein Bürger der

Stadt bei der erzbischöflichen Verwaltung über den gefährlichen Steinschlag von der Burgmauer. Ein schwerer Steinblock sei ihm direkt in den Hof gefallen. Maurer kamen mit Mörtel und Kelle. Bei den Ausbesserungsarbeiten stießen sie auf ältere, verborgene Mauern. Und nun waren die Archäologen mit ihren Spaten da. Heute kann man auf dem Esztergomer Burgberg durch romanische Portale in frühgotische Kapellen und Säle wandeln. Im Palast Bélas III. (1173–1196), der in Byzanz erzogen wurde und selbst einmal hoffte, oströmischer Kaiser zu werden, spiegelt sich das Streben des Herrschers, an der Donau in byzantinischer Umgebung zu leben, bereichert durch französischen Einfluß. Béla war nacheinander mit zwei französischen Prinzessinnen verheiratet. Und die zwei die Kapitäle stemmenden Köpfe in der Kapelle werden als Porträts des französischen Steinmetzmeisters und seines ungarischen Schülers ausgewiesen – der Franzose mit gewelltem Haar und langem Bart, der Ungar rundköpfig mit geringeltem Haar und einem hängenden Schnurrbart, wie ihn noch mancher ungarische Bauer in den nahen Dörfern hegt und pflegt.

Vor dem Palast liegen neben Säulenresten aus der zerstörten romanischen Basilika römische Grabsteine, und ein behauener Block soll keltisch sein. In einem Saal hat man italienische Fresken freigelegt, die ein Erzbischof des 15. Jahrhunderts in Auftrag gegeben hat. Seit 1526 war Esztergom alleiniger Sitz des Erzbischofs. Die Könige suchten sich andere Residenzen. Die bedeutendste war Visegrád, einst Stadt, nun ein Dorf, eine kleine Autoviertelstunde von Esztergom: Aus dem ungarischen Rom gelangt man ins ungarische Florenz. Ein Hauch dieser Stadt oder irgendeines anderen italienischen Stadtstaates und seiner Kultur würde einen umwehen, wenn nicht die Geschichte Ungarn gegenüber so raubgierig und grausam gewesen wäre.

Daß der Schiffsjunge kurz vor Visegrád am Bug die rotweißgrüne ungarische Flagge befestigt hat, ist kein Salut vor dieser historisch-heroischen ungarischen Donaustrecke. Seit einigen Kilometern, seit der Eipelmündung, ist auch das linke Donauufer ungarisch. Und statt des slowakischen »Ryba« haben die Fischrestaurants am Strand nun ein »Halász«, das ungarische Wort für Fischer, auf den Schildern. Eichen- und Buchenwälder klettern die Hänge hinauf. Der Strom, nach dem Esztergomer Kniefall unentschlossen in seiner Richtung, frißt sich wieder einmal durch Gestein und schiebt Berge auseinander. Weingärten, Weinkeller, Ruinen auf spitzen Gipfeln – die ungarische

Wachau. Die in heldischen Kategorien denkenden Ungarn werden wohl lieber das Rheintal als Vergleich wählen. Denn in diesem Donaudurchbruch haben ihre Archäologen die Mauern von Jahrhunderten durchbrochen und die größten, prunkvollsten und edelsten Dezennien Ungarns ans Tageslicht gefördert.

»Ex Visegrado paradiso terrestri!« (Aus Visegrád, dem irdischen Paradies) – mit diesen Worten begann Bischof Castelli, ein Gesandter Papst Sixtus' IV., einen Brief an seinen Gebieter. Und der gelehrte Erzbischof von Esztergom, Nikolaus Oláh, schrieb in seinem 1536 erschienenen berühmten Buch ›Hungaria‹ über das königliche Schloß: »In Front des Ortes, gegen Morgen zu, ist die Königsburg mehr als man sagen kann schön und reich, strahlend durch Paläste und wahrhaft königliche Gebäude, die zu gleicher Zeit vier Königen mit ihrem Hofstaate bequeme Wohnung darbot. Man sagt, daß sie mehr als 350 Zimmer enthalte. Das Tor öffnet sich gegen die Donau, die an 200 Schritt entfernt ist. Auf der anderen Seite der Burg ist der Garten, angenehm durch Weinreben und Obstbäume. Wer durch das Tor in die Burg schreitet, gelangt in den großen Burghof, der, von allen Seiten grün, eine Menge Feldblumen weist. Beiläufig 100 Schritt vom Tor beginnt die Stiege aus Mauerquadern. Sie führt wieder zu einem viereckigen Hof, der auf lauter Gewölben ruht, die königlichen Wein aufbewahren. Der Hof ist mit Steinplatten gepflastert und in gleichen Entfernungen mit Linden bepflanzt, die im Frühjahr höchst angenehm duften und einen heiteren Anblick gewähren. In der Mitte ist ein Brunnen, mit bewundernswerter Kunst aus rotem Marmor gearbeitet, mit den Bildnissen der Musen geziert. Auf der Spitze sitzt Cupido auf einem marmornen Gefäß, aus dem er Wasser gießt, welches, ebenso schmackhaft wie kalt von einer Quelle des nahen Berges durch Kanäle hingeleitet, mit fröhlichem Geräusch in das Bassin rauscht. Dieser Brunnen ist von Matthias Corvinus gebaut, wie alle Gebäude, die ich beschreibe. Die Alten haben mir erzählt, daß Matthias, wenn er Triumphe feierte, aus diesem Brunnen abwechselnd roten und weißen Wein fließen ließ, der kunstreich auf dem Berg in Kanäle geleitet wurde.

Im Frühjahr und Sommer, wenn die Bäume blühten, pflegte der König sich hier zu ergehen, zu speisen und auch Gesandte zu empfangen. An der Seite des Hofes gegen den Berg zu, etwas erhöht, ist eine sehr angenehme Kapelle, in Mosaikarbeit gepflastert, wie meistenteils die Gebäude. In der Kapelle ist ein kostbares musikalisches Instrument, welches man Orgel nennt.

Die Pfeifen sind von Silber; der Tabernakel und die Altäre, mit allem, was dazu gehört, sind vom reinsten Alabaster und Gold. Von hier gegen Morgen erstreckt sich in zwei Reihen die Wohnung des Königs, das Getäfel vergoldet und mit vieler Kunst gearbeitet ...«

Begeistert schwärmt der Erzbischof weiter von den Wundern des Palastes, von einem Alabasterbrunnen in einem Säulenhof, den schattigen Wandelgängen, den hängenden Gärten, den Turnierplätzen und Promenaden, der herrlichen Aussicht auf die Donau und sagt dann: »So viele Reiche ich auch bis auf den heutigen Tage durchwandelt, habe ich doch nirgends so prachtvoll eingerichtete Gebäude gesehen – selbst in Paris im Parlamentshofe, wo Recht gesprochen und des Königs Angelegenheit verhandelt wird, sah ich nur eine einzige Kammer, die wie die Visegráder und Ofener Gebäude aus vergoldetem Getäfel gebildet ist ...«

Erzbischof Oláh geriet durch seine anschauliche Schilderung in den Geruch der Unehrlichkeit. Im 19. Jahrhundert kannte man in Visegrád wohl die Ruine der alten Burg auf dem Berg und den Salomonsturm nahe der Donau, vom Palast aber fehlte jede Spur. Kein Stein, kein Hügel, keine Mauer, nichts bestätigte den Bericht des Erzbischofs, so daß einige Wissenschaftler an der Wahrhaftigkeit seiner Chronik zweifelten. In einer Beschreibung des Ortes und seiner Geschichte fragt der Autor: »Wo sind nun diese Herrlichkeiten? Hundert Jahre und darüber steht die hohe Visegrádöde. Die vereinte Gewalt der Zeit und der Menschen haben an ihrer Zerstörung gearbeitet, und so vollständig ist dies gelungen, daß die Spuren gewesener Herrlichkeit nicht mehr aufzufinden sind. Der Forscher, der Wanderer sucht vergebens ...«

Einige Forscher und Wanderer ließ der Gedanke an den versunkenen Palast, an dieses Renaissance-Atlantis, nicht ruhen. Die Berichte über das Schloß waren so detailliert, die Ortsangaben so genau, und dennoch schien es, als ob es das Schloß niemals gegeben hätte. Johann Schulek, der Sohn des Erbauers der Budapester Fischerbastei, selbst Architekt, streifte oft durch das Gelände von Visegrád. Ab und zu nahm er auch den Spaten zur Hand, fragte bei den Leuten nach und gab keine Ruhe. Dort, wo das Schloß vermutlich verborgen war, dehnten sich Gärten, neun große Nußbäume wuchsen neben einem Forsthaus, und in ihrem Schatten traf sich die schwäbische Dorfjugend auf der Kegelbahn.

Zu Silvester 1934 wurde Schulek zugetragen, daß bei Arbeiten in einem Keller altes Mauerwerk und ein noch tieferes Gewölbe offenbar geworden seien. Nun begann Schulek mit systematischer Arbeit. In einem Garten stieß er unter einer festen Erdschicht auf Marmorplatten. Im Frühjahr gingen die Archäologen ans Werk, und langsam gruben sie aus dem Hang Mauer für Mauer aus. Heute, angesichts der Terrassen und Stiegen, der rekonstruierten Böden, der Mauern, der Wölbungen und Fundamente des freigelegten Palastes ist einem das Versteckspiel der Geschichte unbegreiflich. Erst ein Foto von Visegrád vor 40 Jahren bestätigt das Unglaubliche: Man sieht den grünen Hang, der sich über die Ruinen geschoben hatte. Der Palast war von den Türken zerstört worden. Die Ruinen waren für die Einheimischen, wie in anderen Gegenden römische Relikte, ein willkommener Selbstbedienungsladen für Baumaterial; Quellen und Bäche lockerten das Erdreich am Berg und schwemmten es herunter. Unkraut sproß, verband die Erdmassen und bildete eine feste Decke über den letzten Resten der vergangenen Herrlichkeit. Die Menschen vergaßen, und wenn ein Bauer einmal mit einem Pflug oder der Schaufel auf ein Fundament oder ein Mauerstück stieß, schwieg er lieber. Er wollte nicht, daß ihm gelehrte Herren aus der Stadt die Felder zerwühlten.

Ein Drittel des Palastes ist bis jetzt ausgegraben worden. Die Archäologen sind weiter aktiv. Erzbischof Oláh wurde durch die Funde Wort für Wort bestätigt. In der großen Empfangshalle begrüßt einen der Brunnen aus rotem Marmor. Die drei Seitenplatten wurden wieder zusammengesetzt. Eine zeigt das Rabenwappen des Königs Matthias. In den Wohngemächern des Königs wurde ein zweiter Brunnen entdeckt. Man schaufelte eine Badeanlage aus und die Grundrisse der großen Kapelle. In einem Reliefstück aus dem Tympanon wird die Türkenzeit lebendig: Maria und dem Kinde sind die Gesichter zerschlagen und zerschürft worden, weil der Koran die Darstellung des menschlichen Antlitzes verbietet.

Wo die Ausgrabungen enden, verhüllt der Hang noch den Palast der Königin, Beatrice von Neapel, die für diese Hofhaltung im italienischen Stil verantwortlich war. Noch heute leben in Visegrád, auch in Esztergom und in den Dörfern nahe den umliegenden Marmorbrüchen Familien mit italienischen Namen. Sie sind längst stockungarisch. Ihre Vorfahren sind als Künstler und Handwerker, als Poliere, Steinmetze, Maurer und Maler von den ungarischen Königen aus Italien an die Donau gerufen worden.

König Matthias war nicht der erste König, der in Visegrád die Schönheiten der Donau und die Annehmlichkeiten eines höfischen Lebens zu genießen wußte. Nach dem Aussterben des Hauses der Arpaden Anfang des 14. Jahrhunderts wurde die Stephanskrone zu einem der begehrtesten und umstrittensten Objekte des europäischen Kronenmarktes. Sie wurde geraubt, entführt, versteckt, verschachert und von Fürsten aus den Häusern Anjou, Bayern, Böhmen, Luxemburg, Hunyady, Polen und Habsburg getragen. Karl Robert von Anjou fand an Visegrád als Residenz Gefallen und erbaute nach 1308 den später von Matthias noch erweiterten und umgestalteten Palast. Über Karl Roberts lange Regierungszeit (1308 bis 1324) vermerken die Chronisten viel Lobenswertes. Die adeligen Herren Ungarns richteten es sich in Visegrád ebenfalls wohnlich ein, um dem König nahe zu sein. 1335 lud Karl Robert zu einem Gipfeltreffen ein: Die Gäste waren König Johann von Böhmen, König Kasimir von Polen, der spätere Kaiser Karl IV. und König Stephan von Bosnien. Sie kamen mit so großem Gefolge, daß dem König von Böhmen täglich 2300 Laib Brot geliefert werden mußten. Vor diesem nur Wirtschafts- und Erbangelegenheiten gewidmeten Kongreß war Visegrád durch ein Blutgericht berühmt und berüchtigt geworden, für das der dafür verantwortliche christliche Herrscher – dieses Epitheton ein für allemal hätte verlieren sollen. Doch die damalige Gesellschaft reagierte nur mit achtungsvollem Schauer.

Die große Leidtragende ist ein schönes Mädchen, Klara Zách, die Tochter eines Visegráder Edlen und Hofdame der Königin. In einer älteren Darstellung des Sittendramas heißt es: »Bei den lockeren Sitten der Anjous kann es nicht überraschen, daß die Genannte manchen Nachstellungen ausgesetzt war, zumal seitens zugereister fürstlicher Persönlichkeiten, unter welchen der Bruder der Königin, Herzog Kasimir von Polen, es allen voran tat ...« Die Königin, voll Verständnis für die Gefühle ihres Bruders, leistete Kupplerdienste. Eines Morgens soll sie Klara aus der Burgkapelle um ein vergessenes Gebetbuch in ihre Gemächer geschickt haben – und dort wartete bereits Kasimir auf das Mädchen. Nach einer anderen Version führte die Königin Klara zu dem angeblich krank im Bett liegenden Bruder und ließ sie dort allein zurück. Egal wie es geschah, es geschah. Wutentbrannt stürzte der Vater mit gezogenem Schwert in den königlichen Speisesaal, um seine beschmutzte Ehre mit Blut reinzuwaschen. In seinem blinden Zorn hieb er der Königin jedoch nur vier Finger ab und tötete zwei Höflinge, ein dritter schlug den Rasenden mit einem Beil nieder.

Das Strafgericht, das der König nun über die Familie verhängte, nimmt unter allen von regierenden Fürsten verübten Greueltaten einen führenden Platz ein. Der Leichnam des alten Zách wurde zerteilt, der Kopf in Ofen, die anderen Teile in mehreren Städten als abschreckendes Beispiel ausgestellt und dann den Hunden verfüttert. Für die unschuldige Klara Zách dachten sich die königlichen Rächer besondere Qualen aus – man schnitt ihr Nase, Lippen und Finger ab, band sie dann an ein Pferd und schleifte sie so lange durch die Stadt, bis sie tot war. Ihr Bruder wollte fliehen, wurde jedoch gefangengenommen und erschlagen, ihre ältere Schwester wurde enthauptet, deren Mann mußte in einem Kerker den Hungertod sterben, sämtliche männliche Angehörigen der Familie Zách bis ins dritte Glied wurden ihrer Güter beraubt, zum Tod verurteilt, die entfernteren Verwandten ebenfalls enteignet und in den Sklavenstand versetzt.

Vergewaltigung, juristisch sanktionierter Sadismus, Sippenhaftung und barbarische Grausamkeit taten dem Ansehen des Königs keinen Abbruch. Die Tatsache, daß ein Edelmann gegen die königliche Familie die Waffe erhoben hatte, war Rechtfertigung genug. Um die geheiligte Person des Königs war ein Strafraum gelegt, und wer ihn verletzte, ganz gleich warum, durfte keine Gnade erwarten. Fünf Jahre nach diesem unköniglichen Strafvollzug konnte das Visegráder Monarchentreffen stattfinden – mit dem inzwischen zum polnischen König gekrönten Kasimir als prominentem Teilnehmer.

In Visegrád wurde der Mißbrauch einer uneingeschränkten Krongewalt vorexerziert, und die Krone selbst wurde zum Ball im Match um die Macht. Der unmittelbare körperliche Besitz der Krone hat für die Ungarn eine größere politische Bedeutung als für alle anderen Nationen. Wie ein Kind oft eine Tatsache erst zur Kenntnis nimmt, wenn es ihre Wirklichkeit tastend durch die Berührung festgestellt hat, wird in Ungarn nur der als König anerkannt, der diese Krone vorweisen, vorzeigen kann. Die Krone wird zum Unterpfand des Herrschertums, zur Scheidemünze der Majestät. Deshalb hat die angeblich von einem Papst gestiftete Stephanskrone so viele Abenteuer erfahren und immer mehr oder weniger gewaltsame Ortsveränderungen mitmachen müssen.

Den Anjous schien die Visegráder Burg auf dem Berg ein

günstiger Platz zur Aufbewahrung ihres wertvollsten Kleinods. Auch nach Karl Roberts Tod blieb sie dort, obwohl sich sein Sohn Ludwig der Große mehr in Ofen aufhielt. Unter Ludwig erreichte Ungarn seine größte Ausdehnung, und als im 19. Jahrhundert der ungarische Nationalismus und Chauvinismus noch einmal überschäumte und zu einer politischen Kraft wurde, priesen Dichter das große Ungarnreich, das an drei Meere grenzte – an die Adria, an das Schwarze Meer und an die Ostsee, weil Ludwig auch die polnische Krone trug. Nach dem Tode des Luxemburger Königs und deutschen Kaisers Sigismund im Jahre 1437 erwarb zum erstenmal ein Habsburger, Albrecht II., die Krone. Er war mit Sigismunds Tochter Elisabeth vermählt. Albrecht lebte nicht lange, und der ungarische Hochadel wollte die einunddreißigjährige Witwe dem sechzehnjährigen polnischen Thronanwärter Ladislaw verloben. Elisabeth war jedoch schwanger und überzeugt, daß das Kind ihres toten Gemahls ein Bub sein werde. Ihm wollte sie die Krone retten. Dazu mußte sie die Krone in ihre Hände bekommen.

In der Wiener Nationalbibliothek liegt eine Handschrift, eine packende Abenteuerstory, in altertümlichem Deutsch, 1457 von einer Frau verfaßt. Helene Kottanner, die Witwe eines Ödenburger Ratsherrn und Frau eines Wiener Bürgers, diente bei Elisabeth als Hofdame und Vertraute. Sie lebte ein ungewöhnliches Leben, war intelligent, energisch, mutig, ihrer Königin treu ergeben und entschloß sich, in einer Zeit, da die wenigsten Männer zur Feder griffen, ihre Memoiren zu diktieren. In diesen ›Denkwürdigkeiten der Helene Kottannerin‹ erzählt sie auch, wie sie mit zwei Männern die Stephanskrone aus den festen Gemächern der Visegráder Burg entführt hat. Der Name des Ungarn, der ihr dabei geholfen hat, ist in dem Manuskript verwischt oder ausgelassen, ein so »heißes« Thema war diese Geschichte auch noch 17 Jahre nach der Tat.

Königin Elisabeth erwartete in den ersten Monaten des Jahres 1440 in Komorn die Geburt ihres Kindes. Einige Damen ihres Hofstaates befanden sich noch in Visegrád. Sie sollten nun die Kottannerin, die von dem zum Kronraub bereiten Ungarn begleitet wurde, aus der Burg abholen. Durch die Frauengemächer konnte man zu der versiegelten Kronkammer gelangen. Dem Unternehmen nützte eine Krankheit des Burggrafen, dem die Krone anvertraut war. In der Nacht ließ Helene Kottanner ihren Helfer und einen Diener, die mit Feilen, Siegeln, Kerzen und neuen Schlössern ausgerüstet waren, ein. Dann kniete sie betend im Vorraum und achtete zitternd auf jedes Geräusch. Einmal glaubte sie schon, die Wächter kommen zu hören. Sie gelobte eine barfüßige Wallfahrt nach Mariazell und, bis zur Erfüllung dieses Gelübdes, jede Samstagnacht nicht auf Federn zu liegen. Und sie schreibt in dem ungehobelten Deutsch ihrer Zeit: »Und do ich nu mein Gepet volpracht het, do stuend ich auf, und wolt in das Gwelb gen und sehen was sie taeten. Do kam mir der entgegen, ich solt mich wolgehaben, das wer auskomen und heten an der Tuer die Slos abgefeilt, aber an dem Fotrum (dem Kronbehälter) waren die Slos also vest, daß man ir nicht mocht abfeilen, und man müst es aufprennen, und was ein grosser Gesmach (Geruch) davon, daß ich aber in Sorgen was, man wuerd dem Gesmachen nachfragen, do was Got aber Huetter vor. Do nu die heilig Kron gancz ledig was, do tet wir die Tuer wider zu übral, und sluegen ander Slos wider an der Slos stat die man het geprochen, und trukchten meiner gnedigen Fraun Sigel wider auf ... Und ich warf die Feil in das Secret (geheimes Kämmerchen oder Abtritt) das in dem Freunczimmer ist, do wirt man die Feil inn finden, wann man es aufpricht zu ainem Warczaichen ...«

In der nahen Kapelle trennten sie ein Kissen auf, steckten die Krone hinein und nähten es wieder zu. Es war schon bald Tag und Zeit zum Aufbruch.

»Da nun die Junkchfraun und das Hofgesind berait waren, daß wir von dannen solten farn, und der do mit mir was in den Sorgen der nam den Polster darinn die heilig Kron vernet was, und enpfalch die sinem Diener, der im geholfen hiet, daß er den Polster solt aus dem Haus auf den Sliten tragen, darauf ich und er sassen. Do nam der gut Gesell den Polster auf die Achsel, und ain alte Kuehaut darzue, die het ainen langen Swancz, die gie im hinden nach, und ydermann sach im nach und begunden sein lachen. Und da wir nu aus dem Haus harab in den Markcht komen, da hiet wir gern geessen, da vand man nicht anders dann Hering ...«

Trotz dieses mangelhaften Frühstücks gelang die Flucht, einmal mußte die Kottannerin noch beben und beten: Als sie bei Komorn mit den Schlitten über die zugefrorene Donau fuhren und das Eis plötzlich zu schwanken und zu brechen begann. Ein Schlitten mit den »Junkchfraun« drohte zu versinken. Irgendwie schafften sie es dann doch und verloren nur einige Gepäckstücke. Und Helene Kottanner konnte ihrer im Kindbett liegenden Königin die Krone überreichen.

Ladislaus Posthumus wurde damit auch gekrönt. Er starb jedoch siebzehnjährig, und damit war der Weg frei für Matthias, den Sohn des Türkenbezwingers János Hunyadi. Die Krone aber blieb in fremden Händen. Erst 1462 konnte sie König Matthias heimholen. Er bezahlte dem Habsburger Kaiser Friedrich III. dafür 60000 Golddukaten. Kronen standen damals hoch im Kurs. Nun wurde der Schatz jedoch in die Burg von Ofen gebracht. Visegrád war nur noch Lustschloß, der ideale Ort für königliche Freizeitgestaltung und majestätischen Urlaub von den Regierungsgeschäften. Das Geschehen Ungarns und weiter Teile Europas wurde von der Ofener Burg gelenkt.

Auch heute ist die Visegráder Donauenge, das Donauknie mit seinen Auwäldern, Weinbergen und Weinkellern, sanften Hügeln und kleinen Dörfern vor allem der Erholung, dem Urlaub, der Freizeit gewidmet – der große Donaupark der Budapester; Villen der Reichen von gestern, Villen der Reichen von heute, bescheidene Bungalows, wie sie der privilegierten mittleren Klasse des klassenlosen Staates geziemen, Gewerkschaftsheime, Touristen, die am Donaustrand nach einem ewig gleichbleibenden »Bitte-recht-freundlich«-Schema langweilige Familienfotos schießen, Personenschiffe, die bei mindestens so vielen Stationen halten wie ein Personenzug, Sonnenanbeter, ein Campingplatz, Fischer, Kinder auf Schulausflügen mit großen Augen und großen Jausenpaketen, ein Donaupanorama, in dem die ganze Woche hindurch Sonntag ist.

Auf einmal wird der Strom wieder portioniert, durch die langgezogene Szentendre-(Sankt-Andrä-)Insel, die sich bis in die Bereiche Budapests erstreckt. Sie teilt die Donau in zwei Arme. Langsam gleitet das Schiff im linken Arm an der Bischofsstadt Vác (Waitzen) vorüber. Bischofsstadt ist ihr Attribut, die Kathedrale erhebt sich über die Häuser, und man zeigt den barocken Triumphbogen, der anläßlich eines Besuches Maria Theresias aufgestellt wurde. (Die Königin soll es abgelehnt haben, ihn zu durchschreiten.) Man sieht die Stadtmauern, aber Vác hat ein anderes Wahrzeichen an der Donau: das Zuchthaus. Der Strom scheint auf solche freiheitsbeschränkende Institutionen eine größere Anziehungskraft zu haben. Vác ist neben Straubing und Stein der dritte Donauort, dessen Name in den Ohren von Gesetzesbrechern unangenehme Erinnerungen wachrufen könnte. In Vác hat man das Zuchthaus direkt ans Ufer versetzt: ein unfreundliches, riesiges Gebäude, dessen vergitterte Fenster, dessen Mauern und Wachttürme alles über seinen

Verwendungszweck aussagen. Auch der Kai ist durch Gitter vom Strom getrennt. Sträflinge in brauner Kluft, junge Burschen, schaufeln unter dem wachsamen Auge eines bewaffneten Wärters Kohle in den Keller. Schon 1857 wurde das Zuchthaus gebaut, und es hat durchaus nicht nur Kriminelle von der übrigen Menschheit abgesondert. Alle Regime Ungarns beliebten auch politische Gegner nach Vác zu verschicken. Nach 1956 saßen hier viele Freiheitskämpfer, und auf dem Schiff weiß man eine Geschichte von Vác zu erzählen. Ein staatenloser DDSG-Steuermann hatte 1956, als die Grenzen praktisch offen waren, zwei Ungarn aus Györ nach Österreich mitgenommen. Die beiden wanderten nach Amerika aus und schrieben dem Mann noch öfters. Dann verschwand einmal einer dieser Briefe aus dem Postfach des Mannes in der DDSG-Direktion. Anscheinend hat ihn ein ungarischer Spitzel – es ist nicht schwer, solche Leute unter das ungarische Personal der Firma einzuschleusen – gestohlen. Während der nächsten Ungarnfahrt des Steuermannes wurde sein Matrose an Land verhaftet, weil er einen Bart trug, der auf dem Paßfoto fehlte. Der Steuermann, der meist nicht an Land ging, wurde geholt. Er solle den Matrosen identifizieren. Der Matrose wurde freigelassen, der Steuermann verhaftet. Auch Jahre lang hörte niemand etwas von ihm. Er blieb verschwunden. Nach acht Jahren kam er wieder nach Wien zurück, als ein völlig veränderter Mensch. Er war acht Jahre in Vác gewesen. Er redete wenig, und wenn er redete, dann von der Arbeit in der Knopffabrik des Zuchthauses, von Engländern, Franzosen, Deutschen, die wegen verschiedener Delikte zu Zuchthausstrafen verurteilt worden waren und oft keine Möglichkeit hatten, mit ihrer Heimat, mit ihren Angehörigen in Verbindung zu treten. Und er erinnerte sich einer Revolte der Sträflinge, weil ein kranker Deutscher zum täglichen Rundgang im Gefängnishof gezwungen werden sollte.

Eine dunkle Wolke hat sich über die Landschaft geschoben. Nahe der Stadt werken Pioniere am Ufer. In ihren olivgrünen Felduniformen ähneln sie den Amerikanern. Ein Patrouillenboot ist in einem Seitenarm vertäut, Badehütte neben Badehütte, Ausflugsrestaurants – die große Stadt kündigt sich an; doch vor der Einfahrt in die wahre Hauptstadt der Donau ist noch ein Abstecher in den rechten Donauarm zu empfehlen. Hinter der Insel versteckt, nur von Lokalschiffen berührt, führt das Städtchen Szentendre ein beschauliches Pensionistendasein. Es ist schon vor mehr als hundert Jahren in die Rente gegangen und so geblieben, wie es sich seine Bewohner im 18. Jahrhundert und noch früher eingerichtet haben. Wann immer ungarische Filmregisseure einen Barock- oder Rokokohintergrund benötigen, schicken sie ihre Kameraleute nach Szentendre. Dort erwartet sie bereits die Konkurrenz – die Maler, die nun schon rund 70 Jahren aus dem Motivreichtum des wahrhaft malerischen Städtchens schöpfen. Ungarns Nachimpressionismus hat von Szentendre und seiner reizvollen Umgebung gelebt, und heute reiht sich in einem großen Park noch Atelier an Atelier.

Mit seinen Winkeln, steilen Gäßchen, den vielen Kirchtürmen, Stiegen, von Schwibbögen überbrückten Durchlässen, einmannbreiten Gassengängen, fliederduftenden Gärten, niedrigen Häuschen, lauschigen Höfen und verschlungenen Wegen zwingt einen Szentendre, das Auto draußen zu lassen und in Betrachtung versunken einen romantischen Spaziergang anzutreten. Man atmet Kleinstadtluft und auch einen scharfen Knoblauchduft. In Szentendre werden Langos gebacken, jene knusprigen Fladen, die in heißem Fett schmoren und mit einer gesundheitsfördernden Portion Knoblauch eingerieben werden. Durch einen schattigen Garten dringt man bis zu einer barocken Kirche vor, öffnet die schwere Tür und steht staunend vor einer orthodoxen Bilderwand. In Szentendre sind die Raizen, die Serben, zu Hause; unter König Sigismund wurden die ersten Türkenflüchtlinge hier angesiedelt, Kaiser Leopold I. organisierte eine zweite Serbeneinwanderung. Und Szentendre brachte es auf sieben Kirchen und einen serbisch-orthodoxen Bischof. Nun ist die einst reiche Gemeinde auf etwa 150 Bewohner zusammengeschrumpft. Der Pfarrer sitzt am Nachmittag mit seiner Frau unter einem Fliederbusch im Garten neben der Hauptkirche, ein Buch mit kyrillischen Lettern vor sich aufgeschlagen. Nach einigem Zögern holt er den Schlüssel für das serbische Kirchenmuseum, eine Schatzkammer byzantinischer und serbischer Ikonen, Bibeln, Meßgewänder und Schmuckstücke; in einem Rahmen hängt auch ein türkisches Dokument, ein Ferman des Paschas von Ofen, der einem serbischen Kloster in Ungarn gewisse Rechte bestätigt.

Tiefer Balkan vor den Toren Budapests, Stambul und Byzanz an der Donau, ein Treffpunkt östlicher und westlicher Strömungen. Ein Ungar zitiert einen Vers des großen Dichters Endre Ady: »Darf ich bei Theben eintreten mit neuen Liedern einer neuen Zeit«, und dann sagt er: »Wir haben in unserer Geschichte immer nach dem Westen gestrebt, dem Lauf der

Donau folgend sind die Ideen aus dem Westen zu uns geflossen. Unsere wichtigste Literaturzeitschrift vor dem Ersten Weltkrieg hieß ›Nyugat‹ – Westen –, aber im Lauf der Geschichte unterlagen wir immer wieder Kräften aus dem Osten, die die Donau heraufkamen, gegen ihren Strom. Das ist das Schicksal Ungarns.« Und die Stadt Budapest ist das beste Beispiel dafür.

18. Kapitel

Königin des Stromes

Budapest

Mit beiden Enden zum Himmel weisend, sitzt der goldene Halbmond auf der wie ein Zeltdach zugespitzten Kuppel. Appetitlich wie ein Frühstückskipfel, das dem Zeichen osmanischer Weltherrschaft seine gebogene Form verdankt. Die Wölbung des Daches würde auf eine Moschee hindeuten oder auf ein mohammedanisches Mausoleum. Aus einem Schornstein qualmt jedoch profan und prosaisch dicker weißer Rauch. Unter dieser Kuppel wird nicht gebetet, hier wird geschwitzt. Die milchigen Fenster lassen nur ein graugrünes Dämmerlicht in den hohen Raum, obwohl es draußen heller Tag ist. Aus Dampfschwaden lösen sich nackte Männer, nur mit einem winzigen Lendenschurz bekleidet. Unter orientalischen Bögen dehnen und strecken sich Badende oder hocken in kleinen Versenkungen voll heißem Wasser. Auf aufgerauhtem rotem Marmor, der auch naß nicht glitschig wird, bewegen sich schweißtriefende Figuren aus der Dampfkammer zum großen Wasserbecken. Genüßlich schieben sie sich in die laue Flut, lassen sich treiben, halten sich am steinernen Rand des achteckigen Bassins fest und schauen gedankenverloren hinauf zu den türkischen Gewölben oder in die Nischen, die das Bad begrenzen. Gleichmut des Ostens macht sich breit, verschlafene Stille, unterbrochen durch sanftes Plätschern und das Klatschen der kräftigen Hände des Masseurs auf einem zu rundlich gewordenen Bauch. In klassenloser Gemeinschaft, in demokratischer Nacktheit aller Standesdistinktionen beraubt, gehorchen die Badegäste den Gesetzen eines jahrhundertealten Ritus. Wie türkische Paschas oder Janitscharenoberste lassen sich müde Budapester die Folgen langer Nächte oder anstrengender Tage von Wasser, Hitze und Dampf aus den Poren saugen. Die Paschas und Wesire haben vor fast dreihundert Jahren ihre Ofener Harems evakuiert, der Halbmond hat nur noch Dekorationswert. Statt der unzähligen Minaretts, die Matthäus Merian Anfang des 17. Jahrhunderts in seiner Ansicht von Ofen in Kupfer stach, blitzen wieder Kreuze über Burg und Stadt, und seit 20 Jahren auch rote Sterne. In den von den Türken erbauten oder umgebauten Bädern am rechten Donauufer, wo die Berge zum Strom abbrechen und Hunderte von heißen heilenden Quellen aus dem Boden sprudeln, wird nach türkischen Vorschriften gebadet. Dort ist die europäische Donaumetropole noch orientalisch, dort halten die Türken eine letzte Bastion. Dabei war der Pascha von Ofen, der sich in der fast hundertfünfzigjährigen Besatzungszeit um diese Bäderrenaissance die größten Verdienste erworben hat, ein zum Islam übergetretener Ungar: Mustafa Szokoli.

Im Kaiserbad, gegenüber der Südspitze der Margaretheninsel, spricht eine türkische Inschrift von ihm: »Im Jahre 978 der Flucht Mohammeds (1570) Großwesir Mustafa Pascha von Szokol. Wenn der an Ehren reiche Wesir während der Friedenszeit seine Habe auf gute Werke verwendet, so ist das kein Wunder. Handelt er doch immer nach den Traditionen des Propheten. Er erbaute ein Bad, dem ähnliches der Himmel noch nicht gesehen. Glücksheim ist sein Name; es diene als Beispiel.«

Von 1541 bis 1686 war der Türkensitz in der Ofener Burg die normale Art, es sich bequem zu machen; von 1541 bis 1686 wurde in Ofen demonstriert, wie schnell eine europäische Hauptstadt zum tiefen Orient werden kann, und was aus Wien hätte werden können, wenn es den türkischen Ansturm nicht zweimal abgewehrt hätte. Bis auf diese hygienisch-sportlichen Reste der türkischen Bäder und die Sitte, daß in einem Büro, in einem Ministerium, in einer Redaktion ohne vieles Fragen bei einer Unterredung sofort türkischer Kaffee serviert wird, wurden alle türkischen Einflüsse verwischt, verweht, verdrängt. Von dem türkischen Budapest merkt man bei der Einfahrt auf der Donau noch weniger als vom kommunistischen. Die Stadt tritt der Donau auf der Ofener Burgseite königlich und auf der Pester Uferfront bourgeois, großbürgerlich, gegenüber. Vom Schwarzwald bis zum Schwarzen Meer ist die Donau von Menschenhand nirgends großzügiger, prächtiger und würdiger eingefaßt worden. Buda, Pest und die Donau sind eins. Die Doppelstadt wird von der Donau durchblutet, und die Donau empfängt dafür von der Stadt Glanz und Leben. In keiner anderen Donaustadt ist der Strom so Mitte wie in Budapest, und alles, was in Budapest geschah, geschieht und geschehen wird, läßt sich mit der Donau in Verbindung bringen. Von der Wahl der Könige, den Revolutionen und Belagerungen bis zum Alltag einer Sekretärin, die jeden Morgen und Abend mit einem Autobus über eine der sieben Brücken von ihrer Wohnung ins Büro fährt. Und wenn man sich dieser Stadt nähert, dann am besten auf ihrer natürlichen Prunkavenue, auf ihrer Paradeallee, die man in Anlehnung an »Unter den Linden« in diesem Fall »Über den Fischen« nennen könnte: auf der Donau.

Die Szentendreinsel gibt ihren Geist auf, die Donau ist wieder sie selbst, nein, sie hat eine neue Dimension erhalten. Sie hat jetzt kein enges Bett mehr, man kann nicht mehr von ihrem Lauf sprechen, sie ist eine sich bewegende breite Wasserfläche, weit gedehnt, herrisch, absolut, voll ausgereift, großstädtisch: Sie hat nun die Größe, die ihrer geschichtlichen und geographischen Bedeutung entspricht. Weiter unten wird sie noch breiter, entfernen sich die Ufer noch weiter voneinander: Das Budapester Antlitz des Stromes ändert sich nicht mehr wesentlich, bleibt endgültig. In Budapest hat die Donau ihren richtigen Schnitt gefunden. Weiter unten am Balkan, in Rumänien, wird ihr nur ein um ein oder zwei Nummern größerer Anzug verpaßt. Modell und Dessin bleiben gleich.

Die erste Bekanntschaft mit Budapest ist eher geschäftlich, arbeitsmäßig, alltäglich. Das gehört wohl zu jeder echten Großstadt, dieser Industriepanzer, diese Schornsteinphalanx, die Lagerhausgassen, die grauen Häuser der Vorstädte, die schäbigen Gasthausgärten und die rumpelnden Straßenbahnen. Die Donau gibt hier Brot. Hier entstehen in den zwei Budapester Werften Schiffe, Donauschiffe und Seeschiffe. Ein sowjetischer Strom-See-Leichter schwimmt mit abgeräumten Aufbauten – wegen der zum Teil zu niedrigen Donaubrücken – dem Schwarzen Meer zu. Als Mahnmale des Maschinenzeitalters halten zwei Riesenkräne vor einem Werftkanal Schildwache. Sie sind so groß wie Türme, so wuchtig und schwer, daß sie allein schon durch die technische Leistung ihrer Konstruktion eine Existenzberechtigung hätten, und nun arbeiten sie auch noch, lüften riesige Eisen- und Betonplatten, scheinen kräftig genug zu sein, komplette Schiffe über die Donau zu schaukeln.

Das linke Ufer ist eben wie ein Brett, am rechten Ufer wird die Landschaft gewellt, gefaltet, aufgeworfen. Auf den Höhen weichen die Wälder Villen, unten im Tal markieren römische Ruinen die alte Donaustadt Aquincum, das Budapester Carnuntum mit Amphitheater, Thermen, Mithrasaltären und allem anderen originalen, römischen Zubehör. Die Margaretheninsel unterbindet die Donaueinigkeit. Wieder muß sich der Kapitän für eine Fahrrinne entscheiden, das heißt, der Steuermann muß den Bojen gehorchen. Bäder, Bootshäuser, die ypsilonförmige Margarethenbrücke: nun läßt sich die Stadt, auf deren schwimmender Hauptachse man sich befindet, ordnen und einteilen.

Bis 1873 hatten hier nämlich drei Städte die Donau umschlossen, die Burg auf dem nördlichen Uferberg, Ofen oder Buda, zwischen Berg und Donau Altofen oder Obuda und am linken Ufer Pest. Beim Zusammenschluß zählten die kombinierten Städte 270000 Einwohner, zu Beginn des Ersten Weltkrieges waren es fast 900000, heute sind es bald zwei Millionen. Während sich Obuda in dem Dialog der Donaustädte zurückhält, gebietet die mächtige Königsburg majestätisch und herrisch über den Strom, am anderen Ufer stellt sich ihr das Parlament, dieser architektonische Versuch, selbst das Londoner Parlament zu übertreffen, herausfordernd auf seine Vetorechte pochend, entgegen. Die Ufer-Szenerie wird zum politischen Streitgespräch, und die vielen Brücken haben es nicht leicht, diese auseinanderstrebenden Komponenten zu vereinen. Und doch sind es gerade die Brücken, die Geschichte erzählen können und auch Geschichte gemacht haben, vor allem die älteste unter ihnen, die Kettenbrücke, neben der Steinernen Brücke von Regensburg wohl die schönste aller Brücken, die die Donau überqueren.

Archaische Tempeltore geben den Titanenketten Halt, und grimmige Löwen auf hohen Sockeln ersetzen die Wach- und Schließgesellschaft. Die Brücke ist schwer und leicht zugleich. Die beiden Torpfeiler im Wasser können düstere Schatten werfen, zu dunklen Silhouetten werden. Der elegante Schwung der Ketten verleiht der Brücke jedoch weibliche Vornehmheit. Alle anderen Budapester Brücken dienen dem Verkehr, helfen Hunderttausenden, täglich die Donau zu überqueren. Das ist auch die Funktion der Kettenbrücke. Sie hat aber noch eine andere Bedeutung: Sie war die erste Kette zwischen Buda und Pest, durch diese Brücke wurde die Einheit der beiden Städte geschmiedet, die Hauptstadt in ihrer jetzigen Form begründet. Bis zur Fertigstellung der Kettenbrücke in der Mitte des 19. Jahrhunderts bestand nur eine Schiffsbrücke, die bei jedem Eistreiben abgebrochen werden mußte. Wochenlang waren dadurch Pest und Ofen voneinander getrennt. Nun führt die Brücke vom Rooseveltplatz neben dem Parlament zum Adam-Clark-Platz zu Füßen der Burg. Es ist ein ganz besonderer Zufall, daß gerade die beiden wichtigsten Brückenköpfe Budapests Namen von Angelsachsen tragen.

Der britische Architekt William Thierny Clark hatte die Pläne für die Brücke gezeichnet, ausgeführt wurde das Projekt von Adam Clark zwischen 1839 und 1849. Dieser Engländer wurde Budapester. Auch der elliptische Tunnel, der den Burgberg durchfrißt und die Brücke nach Westen fortsetzt, stammt von Adam Clark. Auf der Brücke, unter einem der Löwen, steht noch ein anderer Name: Stephan Graf Széchenyi, und jeder Ungar nennt ohne Zögern das stolze Attribut, das ihm seine Nation verliehen hat: »der größte Magyar.«

Auf Széchenyis Initiative hin wurde die Brücke gebaut. Wenn sich Ungarn entwickeln sollte, aus seinem Agrarschlaf und Magnatenträumen erwachen sollte, dann brauchte es eine moderne Hauptstadt. Buda und Pest waren dazu geeignet. Aber sie mußten räumlich zusammengehören. Das konnte nur durch eine Brücke gelingen. 1832 gründete Széchenyi einen Brückenbauverein, eine Aktiengesellschaft. Baubeginn war das Jahr 1839.

Noch auf eine andere Weise verwirklichte der Roformer-Graf mit Hilfe der Brücke seine politischen Ideen. Ein Teil der Baukosten sollte durch eine Brückenmaut hereinkommen. Und nun setzte Széchenyi in den Statuten fest, daß diese Maut jedermann ohne Ausnahme zu bezahlen habe. Hinter dieser harmlosen Bestimmung verbirgt sich ein revolutionärer Gedanke. Zum erstenmal wurde von dem privilegierten, von allen Abgaben befreiten Adel eine Steuer verlangt. Széchenyi tat damit einen ersten Schritt, das alte Feudalsystem, das Ungarns Weg in die moderne Welt behinderte, zu beseitigen, er, der Graf, der Magnat, der Sohn einer der reichsten ungarischen Familien.

Sein Vater hatte das Nationalmuseum gegründet. Stephan, 1791 geboren, hing in seiner Jugend keinen weltbewegenden Idealen an. Er sprach mehr deutsch und französisch als ungarisch, vermutlich auch besser. In der Wiener Aristokratie war der »schöne Stepherl«, wie ihn Komtessen nannten, ob seiner flotten Lebenseinstellung überaus geschätzt. Oberflächlich, schneidig, charmant, großzügig, ein großer Liebhaber, seine Phantasie nicht durch allzuviel Bildungsgut belastend, immer gut aufgelegt – das war Széchenyi, ein aristokratischer Playboy. In den Befreiungskriegen, in der Völkerschlacht bei Leipzig, bewährte er sich als Husarenrittmeister. Eine schöne Frau soll der Legende nach Széchenyis Energien dann in andere Richtungen gelenkt haben: die verheiratete Gräfin Zichy, der er den Hof machte. Sie öffnete ihm die Augen über die Unwissenheit und Rückständigkeit der herrschenden Schichten Ungarns. Und

Széchenyi verstand. Er mußte zuerst selbst lernen, um andere die neue Zeit zu lehren. Der Graf verfügte sich für längere Zeit nach England und kehrte voll von Plänen, Projekten, Reformeifer und der Erkenntnis, wie weit Ungarn hinter der westlichen Entwicklung herhinkte, in die Heimat zurück. Aus dem »schönen Stepherl« war der große Stephan geworden.

Um seine aristokratischen Standesgenossen zu einer Verbesserung der Pferdezucht zu veranlassen, führte Széchenyi einen Turf- und Pferderennbetrieb nach englischem Muster ein. Er polemisierte in Wort und Schrift gegen die Unveräußerlichkeit der Adelsgüter, trat für ein gesundes Kreditwesen ein, für die Befreiung der Hörigen, kämpfte gegen die Zünfte und Monopole, gegen alle Kräfte, die Ungarn wie eine Zwangsjacke im Alten, Überholten eingeschlossen hielten. Als auf dem Preßburger Reichstag 1825 über die Gründung einer ungarischen Akademie der Wissenschaften debattiert wurde, trat Széchenyi vor und bot dafür ein Jahreseinkommen seiner Güter an, 60000 Gulden. Statt des üblichen Lateins sprach er nun vor dem Reichstag ungarisch. Er reiste auf der Donau nach Konstantinopel und erkannte, daß die Schiffahrtshindernisse im Eisernen Tor beseitigt werden müßten. Die erste Donauregulierung in diesem Stromabschnitt und die Theißregulierung sind sein Werk. Wie Széchenyi eine Brücke von Pest nach Buda schlagen ließ, so wollte er den Ungarn auch gleich eine Brücke in eine bessere politische Zukunft bauen...

Seine Brücke trägt jedoch Jahreszahlen, die nicht für Evolution, sondern für Revolution stehen: 1848/49. Széchenyi glaubte, die Reformen im Rahmen der Monarchie verwirklichen zu können. Er stand treu zum Hause Habsburg. Jüngere Politiker aus dem niederen Adel wollten schneller mehr erreichen. Széchenyi geriet in bitteren Gegensatz zu Kossuth, gehörte aber dennoch der ersten ungarischen Regierung unter Batthyányi nach den noch unblutigen Revolutionstagen des März 1848 als Verkehrsminister an; Kossuth wurde Finanzminister. In jenen Tagen, als das Volk Pressefreiheit forderte und auch erhielt, als der Dichter Sandor Petöfi von den Stufen des Nationalmuseums sein Revolutionslied rezitierte:

»Auf! Die Heimat ruft, Magyaren.
Jetzt heißt's sich zusammenscharen.
Wollt ihr frei sein oder Knechte?
Hier die Frage, wählt die rechte.«

Politische Gefangene wurden befreit, der Reichstag aus Preßburg nach Pest verlegt, eine Bodenreform initiiert, neue Freiheiten verkündet. Als jedoch Serben und Kroaten unter Ban Jellačić im Namen des Kaisers und der alten Ordnung gegen die Ungarn marschierten, war der Bruch mit Wien unvermeidlich. Nun schlug die Stunde der Radikalen.

Kossuth rief zum Kampf auf: »Zu den Waffen also, wer ein Mann ist! Die Weiber sollen zwischen Veszprém und Stuhlweißenburg ein furchtbares Grab schaufeln, in das entweder der ungarische Name, die ungarische Nation, oder unsere Feinde verscharrt werden und über dem entweder eine Prangersäule mit dem ungarischen Namen und der Inschrift: ›So straft Gott die Feigheit!‹ stehen wird oder der immergrüne Freiheitsbaum, aus dem, wie einst zu Zeiten Moses', Gottes Stimme ertönen wird: ›Der Ort, auf dem du stehst, ist heiliges Land!‹ Denn so belohne ich die Tapferkeit mit Freiheit, Ruhm, Wohlstand und Glück der Ungarn!«

Graf Széchenyi war über diese Entwicklung verzweifelt. Er stürzte sich im Herbst 1848 in die Donau, wurde gerettet und in eine Wiener Nervenheilstätte überführt. Dort lebte der »größte Ungar« noch bis 1860. Sein Selbstmordversuch war das Ergebnis einer Nervenkrise. Széchenyis wacher Geist war nicht umnachtet. Zutiefst enttäuscht blieb der Graf weiter in der stillen Klinik. Von dort aus beobachtete er die Niederlage der Revolution, die Rache Österreichs an den Ungarn, die absolutistische Herrschaft der sogenannten Bachschen Husaren, der Polizei des Ministers Bach. Er begann wieder zu schreiben, empfing wieder Besuche, und die politische Polizei empfand wieder Interesse für den Grafen. Eines Tages, 1860, wurde bei Széchenyi eine Haussuchung angeordnet. Der Graf regte sich darüber so auf, daß er zur Pistole griff und sich erschoß.

Das Werden seiner Brücke hat er noch erlebt, in ihrer Vollendung hat er sie nie gesehen. Dennoch war die Brücke bereits in das Revolutionsgeschehen einbezogen worden. Der Beauftragte des Kaisers in Ungarn, Graf Lamberg, begab sich am 29. September über die provisorisch fertiggestellte Kettenbrücke von Ofen nach Pest, um mit der ungarischen Regierung zu verhandeln. Auf der Pester Seite zerrte eine wütende Menge den Österreicher aus dem Wagen und tötete ihn mit Sensen- und Beilhieben. Johlende Massen schleiften den verstümmelten Leichnam durch die Stadt.

Kurz darauf mußte die Kettenbrücke ihre erste wirkliche

Belastungsprobe bestehen. Anfang Januar 1849 führte Fürst Windisch-Graetz eine kaiserliche Armee gegen die rebellische Stadt. Parlament und Regierung wichen nach Debrecen aus, auch die ungarischen Truppen räumten Ofen und Pest, und Windisch-Graetz' imposante Armee zog mit Kavallerie, Artillerie, Train und einem großen Teil der Fußtruppen über die neue Brücke.

Adam Clark hatte vorher alle seine Überredungskünste aufwenden müssen, um die Ungarn davon abzuhalten, die Brücke zu sprengen. Und er mußte weiter um sein Werk zittern. Windisch-Graetz marschierte im Frühjahr mit dem Gros seiner Armee aus der Doppelstadt ab und ließ nur eine Besatzung von 4000 Mann unter Generalmajor Hentzi in der Ofener Burg zurück. Wieder wurde von einer Sprengung der Kettenbrücke gesprochen. Die Österreicher begnügten sich dann damit, die Dielen der Brücke auszuheben. Die Ungarn hatten inzwischen an militärischer Stärke gewonnen. Sie entsandten eine Armee gegen Hentzi. Der Befehlshaber der Burg hatte am Ofener Brückenkopf der Kettenbrücke Minenkammern anbringen lassen. Während der Belagerung der Burg im Mai schien es dann wieder soweit zu sein. Der Befehl zur Sprengung der Brücke war bereits erteilt. Aber die Ereignisse überstürzten sich. Am 21. Mai griffen die Ungarn an, Hentzi wurde verwundet und starb zwölf Stunden später. Eine italienische Abteilung lief zu den Ungarn über. Die Ofener Burg gehörte der Honvéd. Von der Kettenbrücke donnerte plötzlich eine Detonation. Ein kaiserlicher Oberst hatte versucht, die Brücke in die Luft zu jagen. Die Brücke hatte Glück, der Offizier Pech. Nur ein Pulverfaß explodierte, und der Oberst kam ums Leben. In einem Budapester Museum hängt ein Gemälde, das die Reste der geschlagenen Österreicher beim Abzug über die Kettenbrücke zeigt.

In seinem Donaubuch von 1881 vermerkt Alexander F. Heksch optimistisch: »Dies war die letzte Belagerung von Ofen, denn durch königliches Handschreiben vom 20. Oktober 1875 hörte Ofen auf, Festung zu sein...«

Der arme Mann hatte sich geirrt. Vom 17. Januar bis 11. Februar 1945 war Buda wieder Festung. 70000 Mann, Deutsche und Ungarn, befolgten einen Hitlerschen Durchhaltebefehl und verteidigten die Burg gegen eine gewaltige sowjetische Übermacht. Am Heiligen Abend 1944 waren die ersten sowjetischen Panzerspitzen in den Budapester Vorstädten aufgetaucht. So überraschend, daß sie die Budapester zuerst für deutsche Panzer gehalten hatten. Wenige Tage später wurde die Millionenstadt eingeschlossen. Nach erbitterten Kämpfen zogen sich die Verteidiger von Pest über die Donaubrücken nach Buda zurück. Wieder einmal ging es um die Brücken. Die ungarischen Soldaten weigerten sich, die Sprengladungen an der Kettenbrücke und an den anderen Brücken zu entzünden. Das Eis der zugefrorenen Donau sei stark genug, um auch Panzer zu tragen. Es sei also egal, ob die Brücken gesprengt würden oder nicht. Die Deutschen ließen ihre eigenen Pioniere das Zerstörungswerk besorgen. Von den sieben Brücken blieb keine einzige ganz. Auch von der Kettenbrücke standen nur die beiden Türme, und die schweren Stahlseile und Ketten hingen schlaff in den Strom. Den Hintergrund bildete die Feuerlandschaft der Burg.

Um jedes Haus wurde gekämpft. Am 11. Februar entschlossen sich die Verteidiger zum Durchbruch. Obwohl ein Teil der Soldaten den Sowjets in die Arme lief oder aufgerieben wurde, gelangten fast 5000 Deutsche und Ungarn durch die sowjetischen Linien. Aber nur 700 Mann kamen wirklich durch. Die meisten wurden einzeln oder in kleinen Trupps von den Sowjets gestellt und erbarmungslos umgebracht. Das alte Buda, die Stadt der ungarischen Könige, die Burg war nur noch ein Trümmerhaufen, die traurigste Ruinenstätte Ungarns.

Nach mehr als 20 Jahren kann man sich wieder auf die Burg flüchten, um dem Großstadttrubel zu entrinnen, durch leere und stille Gassen schlendern, in der Biedermeierkonditorei Ruszwurm an einer Doboschschnitte naschen, in gotischen Kellern Wein trinken, auf Basteien promenieren und sich den Wind vergangener Epochen um die Ohren wehen lassen.

Der Wiederaufbau der Burg – damit ist nicht nur die königliche Burg, sondern die ganze Stadt auf dem Burgberg gemeint – ist geglückt. Die Burg ist dadurch nicht jünger, sondern älter geworden. Zu viele Bauherren haben da oben Veränderungen angeschafft. Die Zerstörungen durch die Türken, die Zerstörungen bei der Belagerung 1686, der Wiederaufbau unter Maria Theresia, die Kämpfe um Ofen 1849 und der großzügige Ausbau der Burg unter Franz Joseph nach seiner Versöhnung mit der ungarischen Nation durch den Ausgleich von 1867 haben die großen Jahrzehnte, da ungarische Könige Ofen zu einem Mittelpunkt Europas werden ließen, optisch fast getilgt.

Nun, beim großen Rekonstruktionswerk der letzten 20 Jahre nahm man jede Gelegenheit wahr, etwas tiefer in die Geschichte Ungarns einzudringen. So fiel manch barocker Verputz, so wurden in den Einfahrten der Bürger- und Adelshäuser gotische Gewölbe und Spitzbogen freigelegt, Säulen aus Verschalungen geschält, die für die ungarische Gotik typischen Sitznischen für die wartende Dienerschaft, Keller, Portale und Interieurs, die verschollen waren, entdeckt und konserviert. Auch die Burg, deren Äußeres vom Neobarock des 19. Jahrhunderts gezeichnet ist, enthüllte mittelalterliche Geheimnisse – Türme, Gänge, einen Rittersaal, Treppen, Basteien –, all das konnte aus dem Schutt der jüngsten Vergangenheit hervorgeholt werden. Den Ungarn fällt es heute auf der Burg leichter als früher, sich in die Zeit ihrer großen Könige, Karl Robert, Sigismund und vor allem Matthias Corvinus, zurückzuversetzen.

König Matthias wird für jeden historisch denkenden Ungarn jene Herrschergestalt seiner Geschichte sein, die ihn am meisten fasziniert. Karl Robert war ein Fremder, Sigismund ein Ausländer, und auch die Jagellonen hatten nur wenig ungarisches Blut in den Adern. Aber Matthias war Ungar, der Sohn ihres größten Feldherrn im Abwehrkampf gegen die Türken, der Sohn János Hunyadis. Vom Reichstag zu Pest wurde der Fünfzehnjährige 1458 zum König gewählt. Die großen Herren und Krieger standen auf dem dicken Eis der zugefrorenen Donau, als sie dem jungen Hunyadi huldigten. Und gerade der einzige reine Ungar seit dem Aussterben der Arpaden auf dem Thron hat mehr für die Westorientierung Ungarns getan als alle anderen Herrscher, hat die Tore geöffnet und seinen Renaissancehof in Buda zu einem der meistgerühmten Europas werden lassen.

Matthias war der Sohn eines Kriegers und hat auch selbst viele Kriege geführt. Sein berühmtestes Porträt zeigt ihn jedoch mit dem Lorbeerkranz des humanistischen Dichters auf dem langwallenden Haar. Am Ofener Hof war man unter Matthias moderner, italienischer, dem neuen Stil aus dem Süden früher und mehr zugetan als in den meisten anderen nichtitalienischen Residenzen. Die Beschäftigung mit den Künsten war Matthias eine Herzensangelegenheit, nicht nur eine Frage der Repräsentation. Aus Briefen, Diplomatenberichten und Kaufverträgen weiß man, wie sehr sich der König selbst mit dem Kauf eines neuen Kunstwerkes, mit dem Auftrag an den Künstler befaßt hat, wie er ungeduldig wurde, wenn die Arbeit nicht schnell genug vonstatten ging, wieviel Zeit er gemeinsam mit seiner Frau, Beatrice von Aragonien, musischen Dingen widmete.

Matthias holte italienische Architekten und Kunsthandwerker ins Land und gründete mit ihnen eigene ungarische Werkstätten.

Er beschäftigte an die 30 Abschreiber und Buchillustratoren für seine Bibliotheca Corvina – trotz vieler Verluste mit ihren Handschriften einer der großen Schätze Ungarns. Seine Agenten waren in Italien unterwegs, um Kunstsammlungen und wertvolle Kodizes aufzukaufen. Lodovico Sforza knüpfte politische Bande zwischen Mailand und Ofen dadurch, daß er vermutlich bei Leonardo da Vinci ein Mariengemälde für Matthias bestellte. Das Gemälde ist verschollen. Und Matthias berief Maler vom Range eines Filippino Lippi nach Ungarn, er ließ Mantegna und Verocchio für sich arbeiten. Er überwachte selbst das Fortschreiten seiner architektonischen Projekte, las lateinische Dichter und strebte dabei gleichzeitig nach der Vorherrschaft in ganz Europa. Wie in der Kunst, so sollte Ofen auch in der Politik beispielgebend sein.

Matthias stellte ein stehendes Söldnerheer auf, seine berühmte und gefürchtete »Schwarze Legion«, er organisierte ein neues Steuersystem, holte Gelehrte aus ganz Europa an seinen Hof, gründete die Universität Preßburg, förderte den Handel und den Bergbau, stärkte die Zentralgewalt des Königtums, griff nach der böhmischen Krone und hoffte, den Habsburgern die römische Kaiserkrone abzujagen. Dieser Plan scheiterte, weshalb die habsburgischen Erblande in einem Großungarischen Reich aufgehen sollten. Friedrich III. war gegen die Machtpolitik seines ungarischen Rivalen wehrlos. Er verlor die Steiermark, mußte seine Burg Wiener Neustadt räumen und selbst Wien aufgeben. In der Wiener Hofburg ist König Matthias unter geheimnisvollen Umständen 1490 ohne offiziellen Erben – nur ein unehelicher Sohn, Johann Corvinus, war da – gestorben.

Nie mehr sollte das ungarische Königtum strahlender sein, nie seine Weltgeltung größer. Dennoch finden viele Historiker heute kritische Worte für Matthias: Er habe sich zu sehr auf die Erweiterung seines Reiches im Westen konzentriert und dabei die Gefahr der auf dem Balkan vordringenden Türken unterschätzt. Und so geschah es, daß fünfzig Jahre nach dem Tod des Königs seine Burg die Residenz eines türkischen Paschas war.

Der ungarische Nationalismus entzündete sich jedoch Ende des 19. Jahrhunderts an diesem Herrscher, und mit viel Geldaufwand wurde die alte, zum Teil schwer beschädigte Matthiaskirche, auf deren Dach ein Rabe, der Wappenvogel des Corvinus, sitzt, erneuert und in romantischer Weise regotisiert. In dieser Kirche wurden die ungarischen Könige von Karl Robert von Anjou (1309) bis zu Franz Joseph (1867) und Karl und Zita

(1916) gekrönt. Im Kirchenschiff stehen wieder Gerüste, und über der Sakristei werden einige Krönungsparamente ausgestellt, die Schemel, auf denen Karl und Zita gekniet sind, und in einer Vitrine die Stephanskrone mit dem schiefen Kreuz. Es ist nur eine Kopie. Obwohl so viele Ungarn fast tausend Jahre lang bereit waren, für diese Krone ihr Leben einzusetzen, ist die Krone wieder einmal verschwunden und außer Landes. Selbst die kommunistischen Machthaber wären sehr erfreut, wenn sie dieses Symbol der ungarischen Monarchie in der Burg von Buda in ihrer Obhut haben könnten. Vorläufig liegt die Krone in einem Tresor der amerikanischen Regierung.

Nach dem Ende des Ersten Weltkrieges hatte König Karl zweimal versucht, den ungarischen Thron zurückzuerobern. Der frühere österreichisch-ungarische Admiral Horthy verhinderte die Restauration. Die Monarchie wurde nicht abgeschafft, der Admiral ohne Schiffe installierte sich selbst zum Reichsverweser eines »Reiches«, das durch den Friedensvertrag von Trianon um zwei Drittel seiner Fläche und seiner Bevölkerung ärmer geworden war. Er hielt in königlicher Weise Hof und hütete die Krone für einen imaginären König. In einem feuerfesten Safe des königlichen Palastes ruhte die Krone auf einem Samtkissen. Zwei Gardisten standen in dem Raum mit geschultertem Gewehr vor der dicken Panzertür. Der Safe selbst war offen, und ein dritter Soldat in Habtachtstellung mußte die goldene Krone pausenlos fixieren. Nie wieder sollte ein Kronraub wie der von Visegrád möglich sein, nie wieder sollte die Krone vergraben werden, wie von Kossuth 1849 am Donauufer bei Orsova.

Nie wieder ...

Als Horthy nach dilettantischen Waffenstillstandsverhandlungen mit den Sowjets gestürzt wurde und die faschistischen Pfeilkreuzler mit deutscher Hilfe die Macht ergriffen, war es mit der Sicherheit der Krone vorbei. Vor den heranrückenden Russen schaffte ein militärisches Sonderkommando die Krone, den goldenen Reichsapfel, das Zepter und die übrigen Kronjuwelen donauaufwärts nach Österreich. Nahe von Mattsee in Salzburg sollen die Insignien in ein Ölfaß gesteckt und in einem Sumpf vergraben worden sein. Die Amerikaner kamen dem Schatz auf die Spur. In aller Heimlichkeit wurden Krone und Kronjuwelen geborgen und über München nach den USA geschafft. Kunstexperten restaurierten die unersetzlichen Stücke im Auftrag des State Departments, und dann wurden sie an einem geheimen Ort verborgen. Ab und zu befaßten sich amerikanische Journalisten mit diesem Thema. Man sprach von einem atombombensicheren Bunker in der Umgebung von Washington, von Fort Knox, Amerikas Goldkeller in Kentucky, oder einem Stollen irgendwo in den Bergen.

1965 reagierte das State Department auf die verschiedenen Veröffentlichungen und Vermutungen mit einer kurzen Erklärung: »Die Krone des Königs von Ungarn, Stephan I., wurde in den letzten Tagen des Zweiten Weltkrieges von ungarischen Militärwachen, nachdem diese die Krone aus ungarischem Gebiet herausgebracht hatten, den Behörden der Vereinigten Staaten zur Verwahrung gegeben. So gelangte die Krone in die Vereinigten Staaten, die sie verwahren. Seitdem wird die ungarische Krone als das in speziellem Status befindliche Eigentum des ungarischen Volkes behandelt, das bei den Behörden der Vereinigten Staaten deponiert ist ...«

Wann die Krone wieder nach Budapest zurückkehren wird? Ein König wird wohl nie mehr damit gekrönt werden. Vielleicht hat Horthy im Unterbewußtsein doch noch gehofft, daß sich ein neues ungarisches Königtum mit dem Namen seiner Familie verknüpfen ließe? Seinem an der Ostfront gefallenen ältesten Sohn sollte gegenüber der Burg auf dem Blocks- oder Gellértberg ein überdimensionales Erinnerungsmal wie für einen toten König oder Prinzen errichtet werden. Der Bildhauer Zsigmond Kisfaludi Stróbl formte ein Modell. Bevor das Denkmal vollendet war, gab es kein Horthy-Regime mehr, und bald begutachtete der sowjetische Marschall Woroschilow in dem Atelier den Entwurf. Er gefiel ihm, und er fand eine Verwendung dafür: die Frauengestalt, die eine Friedenspalme über ihrem Kopf schwingt, tut dies nicht zum Andenken an den Horthy-Sohn, sondern an die bei der Schlacht um Budapest gefallenen sowjetischen Soldaten. 36 Meter hoch über der Zitadelle, die nach 1849 von den Österreichern gemauert wurde, weil man von da oben die immer wieder unruhige Stadt am besten unter Kontrolle hat.

Auch 1956 waren auf dem Gellértberg wieder Geschütze in Stellung gebracht worden. Die Sowjets richteten sie auf die von den ungarischen Freiheitskämpfern gehaltenen letzten Widerstandsnester in der Stadt. Heute rollt in der Zitadelle der Forint, und Zigeuner geigen unbekümmert um Feudalismus, Sozialismus und Stalinismus musik- und weintrunkenen westlichen Ausländern den ›Traurigen Sonntag‹ in die Ohren.

Daß der Gellértberg für Kanoniere aller Zeiten ein beliebtes »Ausflugsziel« war, ist nicht schwer zu begreifen. Denn von diesem Berg aus hat man sowohl den Burgberg als auch Pest unter sich, die Stadtteile liegen wie auf dem Präsentierteller, und auf der Donau könnte sich kein Schiff ungesehen bewegen.

Dieses Budapest ist aber auch so gewachsen, als ob es nur zum Anschauen wäre, eine Panoramafabrik, aus jedem Blickwinkel eine perfekte Ansichtskarte, ob man nun von der Donau nachts zu den Lichtern der Burg hinaufschaut oder von der Fischerbastei vor der Matthiaskirche über die Donau zum Parlament. Diese Stadt wurde bis 1900 zur architektonischen Schaufensterpuppe des späten 19. Jahrhunderts. Und jeder Strich eines Stadtplaners, jeder Gedanke eines Baumeisters war eine Kampfansage an Wien, getrieben von dem Willen, die Rivalin an der Donau zu übertreffen, moderner zu sein als sie, großzügiger und fortschrittlicher. Alles, wobei es in Wien gerade zum Normalformat reichte, erhielt in Budapest Cinemascope- oder Cinerama-Ausmaße. Das anschaulichste Beispiel dafür ist das Parlament, eine neugotische Kathedrale politischer Beredsamkeit. Selbstbewußt auftrumpfend, wird es zu dem die Pester Stromansicht dominierenden Gegenstück zur Burg. Die Engländer stellten ihr Parlament an die Themse, die Ungarn das Heim ihrer Volksversammlung an die Donau. Die Engländer schöpften aus der Gotik, die Ungarn desgleichen. Nur, daß sie statt eines Turmes dem Ganzen noch eine Kuppel aufsetzten – ein Schuß Byzantinismus, für den man in Budapest immer Verständnis hatte.

»Für das Geld, das dieser Bau gekostet hat, könnte man eine Stadt für 40000 Einwohner erbauen«, sagt die Führerin und vergleicht das Parlament mit der neuen Stahl- und Eisenstadt an der Donau, mit Dunaújváros. Man glaubt ihr. Allein die Eingangshalle mit der Prunkstiege, dieser endlosen Treppenflucht, diesem Übermaß ohne Funktion, diesem Spezialstadion für die noch nicht ins olympische Programm aufgenommene Disziplin »feierlich Schreiten«, scheint eine eigenartige Auslegung des Gedankens einer parlamentarischen Volksvertretung zu verraten: das Parlament als Dekoration für historische Festzüge, als Paradefeld für chauvinistische Demonstrationen, als baulicher Ausdruck der ungarischen Auffassung von einem einheitlichen ungarischen Nationalstaat, obwohl eines der größten Probleme des alten Ungarn seine Minderheiten waren. Man wollte es in Budapest damals nur nicht wahrhaben.

Ungarns Könige von Arpad bis zu Maria Theresia und Joseph II. sind als kindliche Figuren mit ausdruckslosen Gesichtern wie aus einer Spielwarenhandlung in der Kuppelhalle aufs Postament gestellt. Die Ibusz-Führerin spricht nur gedämpft, und die militärischen Parlamentsgardisten mustern die Besuchergruppe mit strengem Blick. »Die Kuppel ist 96 Meter hoch, das Gebäude 269 Meter lang und 118 Meter breit. Es hat 27 Eingänge und über 300 Zimmer. Man baute am Parlament von 1885 bis 1904. Der Architekt war Emmerich Steindl. Für die Dekoration wurden 40 Kilogramm Gold verwendet . . .« Dann folgen noch Angaben über die Herkunft der einzelnen Marmorsäulen. In den beiden großen Erholungs- oder Konferenzräumen sind an den Wandpfeilern in Nischen wie in Kirchen die Vertreter der einzelnen Berufe und Stände postiert, ein Eisenbahner mit dem Signalstab in der Hand, ein Briefträger, ein Telegrafenfräulein usw. – ein richtiges Gewerkschaftsmuseum. Beim Eingang zum Parlamentssaal fallen kleine numerierte Zigarrenbehälter auf. Wenn die Glocke zu einer Abstimmung rief, konnten die Herren Abgeordneten ihre Zigarren hier draußen ablegen, weil drinnen Rauchverbot war. Wenn sie ihre Glimmstengel nach dem Votum wieder haben wollten, brauchten sie sich nur die Nummer zu merken. Rauchverbot besteht noch immer, aber heute marschieren die Abgeordneten bei den fünf oder sechs Parlamentssessionen im Jahr pünktlich zum Beginn in den Saal und sitzen brav ihre Zeit ab. Früher aber war dieser große Raum ein Schlachtfeld des Wortes und nicht nur des Wortes. In der Vertäfelung des Rednerpultes klafft ein Loch. Hier schlug eine Kugel ein, die ein Oppositionsabgeordneter 1912 auf den damaligen Parlamentspräsidenten Tisza abfeuerte. Der Politiker entkam diesem Anschlag; 1918, nachdem er fünf Jahre Ministerpräsident war, zielte ein zweiter Attentäter besser und tötete Tisza.

Die Dialektik zwischen Opposition und Regierungspartei findet nicht nur in der Sitzordnung, sondern auch im Wandschmuck des Saales Niederschlag. Rechts, auf der Seite der Regierungspartei, ist auf der Stirnwand die Krönung Franz Josephs dargestellt, auf der linken Seite jedoch, vor den Augen der Opposition, die Reichstagssitzung 1849 in Debrecen, bei der Kossuth die Habsburger vom ungarischen Thron stieß, ein deutlicher Wink für jeden Habsburger, daß er sich der Liebe der Nation erst würdig erweisen müßte, und eine Mahnung an jeden Abgeordneten, nicht zu sehr nach Wien zu schauen. Die Interpretin der Parlamentsgeheimnisse erhebt ihre Stimme etwas: »Das Parlament war das erste Gebäude in Ungarn mit Zentralheizung und Klimaanlage.« Sie verweist noch auf den gepolsterten Sitz, den ein Namenstäfelchen für Parteichef János Kádár reserviert. Dann deutet sie auf die sogenannte Sturmglocke, mit der der Präsident die ehrenwerte Versammlung zur Ruhe mahnen konnte. »Diese Glocke wird heute nicht mehr benutzt.«

Heute nicht mehr, aber im Herbst 1956 dröhnten hier Sturmglocken, die die ganze Welt aufschreckten.

»Kaum haben wir einige Sätze gewechselt, da detoniert eine ohrenbetäubende Salve. Danach einzelne Schüsse. Und dann wiederum eine Salve. Ich, meine Freunde und andere, die sich bei den Arkaden befinden, werfen sich auf den Boden. Aus dieser Lage erkenne ich, daß auf dem Lajos-Kossuth-Platz ein unbeschreibliches Chaos herrscht. Frauen und Männer, Junge und Alte versuchen, sich vor den Kugeln in Sicherheit zu bringen...« Das ist der Bericht eines jungen Ungarn vom 25. Oktober 1956, dem blutigen Donnerstag vor dem Budapester Parlament. Zwei Tage dauerte die Revolution bereits, 20000 oder 25000 friedliche Demonstranten waren auf den Platz vor das Parlament gezogen und wollten Imre Nagy sehen, den einzigen Kommunisten, dem sie damals ihr Vertrauen schenkten. Und plötzlich eröffneten Leute der politischen Polizei, der AVH, von den Dächern der umliegenden Häuser das Feuer auf die Wehrlosen.

»Hinter den Arkaden, in meiner Nähe, sind etwa 300 bis 350 Menschen, die sich in den ersten Minuten der Schießerei hierher gerettet haben. Sie liegen dicht aneinandergedrängt, da die Säulen nur wenig Schutz bieten. Es sind Frauen, Kinder, junge und alte Männer, Arbeiter und Beamte mit ihren Aktenmappen... Von der Wand her höre ich das Weinen und Stöhnen eines von der Menge fast erdrückten Kindes: ›Drückt mich nicht...! Ich ersticke...!‹ Draußen dauern die Salven an. Jetzt erst kommen wir zur Besinnung. Zorn und Bestürzung brechen aus uns hervor. ›Mörder...! Schießt nicht...! Wir haben keine Waffen...! Bei uns sind Kinder...! Schießt nicht!!!‹ schreien wir, was die Kehle hergibt. Vom Platz her höre ich eine Frau schreien: ›Ich verblute... Hilfe! Ich bin verwundet... Mörder...!‹ Aber niemand eilt ihr zu Hilfe. Die Angst fesselt unsere Beine...«

Wie viele Menschen damals erschossen und verwundet wurden, ist nicht bekannt. In den Tagen, als die Revolution gegen das stalinistische Regime in Ungarn siegreich war, als die

Sowjets zögerten, einzugreifen, als die Ungarn schon an die Freiheit glaubten, amtierte die neue Regierung unter Imre Nagy im Parlament.

Auch die ersten großen Demonstrationen am 23. Oktober, bei denen Studenten, Schriftsteller, Arbeiter und Angestellte nach jahrelanger Unterdrückung zum erstenmal frei ihre Meinung in die Straßen schrien, fanden an der Donau statt. Mit dem natürlichen Instinkt der Ungarn für historische Parallelen, für die Geschichte, wurde der Ruf nach Freiheit mit den Worten der Revolutionäre von 1848 vorgetragen. Beim Petöfi-Denkmal an der Elisabethbrücke, die damals nur ein trauriger Torso war, begeisterte ein junger Schauspieler die Massen mit dem nationalen Pathos von Petöfis Nationallied: »Auf! Die Heimat ruft, Magyaren ...«

Wie am 15. März 1848 vor dem ungarischen Nationalmuseum. Damals stürmten Petöfi und seine Freunde eine Druckerei, um dort ihre Forderungen nach Demokratie und Freiheit auf Flugblätter drucken zu lassen. Nun wurde ein Vierzehn-Punkte-Forderungsprogramm der Studenten in der Technischen Hochschule vervielfältigt. Und an die zehntausend Menschen strömten die Donaukais entlang und über die Brücken zum Bemplatz, jenem zur Donau hin offenen Geviert in Obuda mit dem Denkmal des polnischen Generals, der 1849 die Honvéds gegen die russische Interventionsarmee geführt hat. Die Demonstration sollte die Solidarität der Ungarn mit den zur gleichen Zeit gegen den Stalinismus rebellierenden Polen bekunden.

Ein Augenzeuge, Istvan Tollas, berichtet: »Eine unübersehbare Menge, die immer größer wurde, bewegte sich in Richtung des General-Bem-Denkmals. Von allen Seiten strömten immer neue Menschenmassen herzu, und es schien, als ob ein Strom seine Dämme durchbreche und mit seinen Wogen alles überflute. Die Fenster der Häuser öffneten sich. Überall erschien die Nationalflagge, und Blumen wurden auf die Menge herabgeworfen. Neben den Fahnen erschien auch das alte, schon lange nicht mehr gesehene Kossuth-Wappen. Junge Leute verteilten an die Vorübergehenden Kokarden mit den Nationalfarben und dem Kossuth-Wappen. Die Begeisterung nahm zu, man weinte und lachte zu gleicher Zeit, und völlig Unbekannte umarmten sich vor Freude. Als wir auf dem Bemplatz eintrafen, war schon eine unübersehbare Menge da ... Überwiegend waren es Studenten und junge Arbeiter, die sich überall diszipliniert verhielten und von Zeit zu Zeit in Sprechchören ihre Parolen bekanntgaben: ›Russen hinaus!‹ – ›Imre Nagy an die Regierung – Rákosi in die Donau!‹ – ›Alle Ungarn mit uns!‹«

Ganz Budapest geriet an diesem Tag in einen Taumel. Die Demonstranten quollen in breiter Front über die Donaubrücken, zum Parlament und dann zum Stalinplatz. Dort stand auf einem Sockel von 15 Meter Höhe die 16 Meter hohe Bronzestatue Stalins. Nun sollte der Koloß fallen. Stahlseile wurden dem metallenen Stalin um den Hals gelegt, aber er wankte nicht.

Istvan Tollas erinnert sich:

»Nun erschienen auf einem Lastwagen zwei junge Arbeiter, die Schweißbrenner mit sich brachten. Unter dem Jubel der hunderttausendköpfigen Menge fingen die beiden an, die Bronzegestalt über den Stiefeln durchzuschneiden. Danach wurden die frisch angelegten Seile wieder angezogen, und um 21 Uhr 35 (ich habe genau auf meine Uhr gesehen) fiel der bronzene Stalin von seinem hohen Podest auf die Erde nieder. Mit dem Sturz schien plötzlich auch von unseren Herzen der Druck zu weichen, der all diese Jahre auf uns gelastet hatte ...«

Beim Funkhaus nahe dem Nationalmuseum wurde bereits geschossen. In den folgenden Tagen griffen zum erstenmal sowjetische Einheiten ein. Die ungarischen Soldaten trennten die Sowjetsterne aus den Fahnen, rissen sie sich von den Kappen und kämpften Seite an Seite mit Studenten und Arbeitern. Am 30. Oktober schien Ungarn frei zu sein. »Die Russen ziehen ab«, hieß es – Nagy erklärte Ungarns Austritt aus dem Warschauer Pakt und die Neutralität des Landes, neue Parteien bildeten sich, neue alte Zeitungen wurden gegründet, die Fußballvereine nahmen ihre traditionellen alten Namen wieder an.

Doch dann dämmerte der Morgen des 4. Novembers, und es wurde Nacht. Die Sowjets hatten neue Truppen nach Ungarn geworfen. 12 Divisionen hatten alle strategischen Schlüsselpunkte besetzt und einen festen Ring um Budapest gelegt.

An diesem Sonntagmorgen beginnt im Wiener Büro einer amerikanischen Nachrichtenagentur plötzlich der Fernschreiber zu ticken. MTI, die ungarische Nachrichtenagentur, meldet sich. Ein unbekannter Redakteur sitzt dort an der Tastatur und wird in den nächsten paar Stunden dramatische Hilferufe an die westliche Welt aus dem Telex hämmern: »Die sowjetischen Verbrecher haben uns betrogen ... Die russischen Truppen haben plötzlich Budapest und das ganze Land angegriffen. Sie haben das Feuer auf jedermann in Ungarn eröffnet. Es ist ein Generalangriff. Ich spreche auch im Namen des Ministerpräsidenten

Imre Nagy. Er bittet um Hilfe ... Nagy und die Regierung sowie das gesamte ungarische Volk bitten um Hilfe! Lang lebe Ungarn und Europa! Wir werden für Ungarn und Europa sterben ... !«

Inzwischen sind rings um das Gebäude der Agentur bereits Kämpfe im Gange. Und kurz bevor der Fernschreiber der MTI verstummt, meldet er noch: »Eben explodiert eine Granate ganz dicht bei uns; in Richtung Nationaltheater wird heftig geschossen ... In unserem Gebäude halten sich Jungen von vierzehn Jahren und vierzigjährige Männer auf. Macht euch um uns keine Sorgen. Wir sind stark, wenn wir auch eine kleine Nation sind...«

Die Russen waren stärker, wie 1849, als Kaiser Franz Joseph die russischen Armeen zur Unterdrückung der Revolution ins Land rufen mußte. Bis Mitte November dauerte der organisierte Widerstand. Hunderttausende fliehen über die offene Grenze nach Österreich. Imre Nagy und seine engsten Mitkämpfer werden nach dem Bruch des freien Geleites gefangengenommen und 1958 hingerichtet. János Kádár, der Mann, der von der Nagy-Regierung zu den Sowjets übergelaufen ist, steht an der Spitze einer Gegenregierung. Und die Welt vernimmt noch einmal die Stimme eines anonymen Freiheitssenders: »Völker der Welt! Auf den Wachttürmen des tausendjährigen Ungarn beginnen die letzten Flammen zu erlöschen. Rettet unsere Seelen! SOS! Die nächsten Opfer werdet ihr sein! Helft uns! Völker Europas! Wir haben euch jahrhundertelang gegen den Ansturm asiatischer Barbaren geschützt. Hört jetzt das Sturmgeläut der ungarischen Glocken, kommt, helft uns. SOS. Im Namen der Gerechtigkeit und Freiheit, helft! Das Schiff sinkt, das Licht verschwindet, die Schatten werden dunkler über der Erde Ungarns. Hört den Schrei, Gott mit euch und mit uns!«

Das ist ungarisches Pathos, Pathos der Revolution. Sprache wie aus einem der Heldendramen, mit denen 1896 das Millennium gefeiert wurde, die 1000 Jahre, seit König Arpad die ungarischen Reitervölker in die Tiefebene an die Donau geführt hatte. In diesem tragischen Moment hatte diese Sprache jedoch einen realistischen Klang. Aber die Worte nützten nichts. Die Revolution wurde von den sowjetischen Panzern niedergewalzt. Im offiziellen ungarischen Sprachgebrauch kennt man nur noch die »Oktoberereignisse von 1956« oder die »Konterrevolution«.

Ein Schriftsteller sagt über diese Zeit von 1956: »Es war dies ein Beispiel, wie schwärmerisch wir Ungarn, im Gegensatz zu den Tschechen, Politik betreiben. 1956 war für die meisten von uns wie eine erste Liebe, so irreal und so betäubend. Dabei haben wir die Nähe des sowjetischen Machtkolosses ganz vergessen. Erst als wir das Rasseln der sowjetischen Panzerketten hörten, wurde uns unsere wirkliche Lage wieder klar.«

Dennoch war das Jahr 1956 für Ungarn ein Jahr Null, eine Zeitenwende für Kommunisten wie für Nichtkommunisten. Die in den Kämpfen um Budapest zerstörten Häuser wurden wieder aufgebaut, die meisten der nach der Revolution Verhafteten und Verurteilten sind wieder frei, viele Schriftsteller, die jahrelang aus Protest geschwiegen haben, schreiben wieder. In einem Kabarett nahe der Elisabethbrücke und dem Petöfi-Denkmal wird ein Komiker belacht und beklatscht, der Parteichef Kádár imitiert. Der Sockel des Stalin-Denkmales ist noch immer leer. Unweit davon wurde, bescheidener und niedriger, ein Lenin-Monument errichtet. Und auf den immer überfüllten Budapester Kaffeehausterrassen werden als Kommentar dazu Witze kolportiert: »Warum trägt dieser Lenin einen viel dickeren Mantel als der alte Stalin? Weil er länger und auch in kalten Jahreszeiten bei uns bleiben möchte.« – »Warum hat er sich so nahe vor dem Obelisken in seinem Rücken aufgestellt? Weil er befürchtet, einen Tritt in den Hintern zu bekommen.« – »Warum steht er nicht mehr auf einem hohen Sockel? Weil er möglichst schnell verduften möchte, wenn es wieder einmal losgeht.«

Aber es wird nicht mehr losgehen. Ein Bummel über die breite Ringstraße, durch die Andrássy-út und die Vácy-útca lehrt das. Die ungarischen Kommunisten haben nach der Revolution Ventile geöffnet, sie haben den Rahmen der individuellen Freiheit wesentlich geweitet – nur der Rahmen bleibt. Sie haben um die Mitarbeit der nicht parteigebundenen Schichten, des bürgerlichen Mittelstandes, gebuhlt. Und sie haben vor allem den Lebensstandard erhöht.

Wenn die Budapester in den von Waren strotzenden Delikatessenläden der Pester Innenstadt ihre Forint auf das Kassenpult blättern, dann zahlen sie mit den Konterfeis ihrer historischen Revolutionäre: Auf der einen Note ist György Dózsa zu sehen, der Bauernführer, der im 16. Jahrhundert gegen die Magnaten kämpfte und dafür in Temesvar auf einem glühenden Eisenthron verbrannt wurde, auf den anderen Geldscheinen Kossuth, Rákóczi und Petöfi. Doch statt an Aufstand denken die Budapester beim Zahlen an Wohlstand. Man ist unpolitisch geworden, will verdienen, es sich gutgehen lassen, reisen, ein Auto besitzen und vielleicht ein Haus.

Als die Stadtplaner im vorigen Jahrhundert in einer Großzügigkeit nach Pariser Vorbild das barocke und klassizistische Pest wegräumten und das Netz ihrer Boulevards anlegten, rüsteten sie bereits für den modernen Großstadtverkehr. Westliche Ausmaße hat er zwar in Budapest noch nicht erreicht, aber von Jahr zu Jahr wird das Autogewühl dichter, bilden sich vor den Ampeln auf dem Ring längere Autoschlangen. Der Ring ist eigentlich ein eckiger Halbmond, der sich von der Donau zur Donau spannt, von der Margarethenbrücke bis zur Petőfibrücke. Einträchtig nebeneinander leihen zuerst der König Stephan, dann Lenin, König Joseph und König Franz dieser Budapester Halbringstraße, die ursprünglich ein Seitenarm der Donau war, ihre Namen. Zwei breite Radialstraßen durchschneiden den Ring, auch sie zur Donau orientiert – die Rákóczi- und die Népköztarsasag-út, die Straße der Volksrepublik. Niemand nennt sie bei diesem Namen, für die Budapester ist sie die Andrássy-út, vor 1956 hieß sie nach Stalin, in den Tagen der Revolution war sie die »Straße der ungarischen Jugend«. In den hohen Häusern, Versicherungs- und Zeitungspalästen dieser Prachtstraßen, für die sich die Architekten Einfälle ihrer Vorgänger in Venedig, in Florenz, in Paris, in Wien, in den verschiedensten Epochen ausgeborgt und Stile wie Briefmarken gesammelt haben, lebt in vollgeräumten Wohnungen das Budapester Bürgertum, jener sogenannte »bessere« Mittelstand, der heute wieder ein Standesbewußtsein hat und es auch zeigt. Nirgends im ganzen Osten, auch nicht im wesentlich freieren und kapitalistischeren Belgrad, ist europäische Eleganz so zu Hause wie in Budapest. Die schmale Váci-útca, parallel zur Donau, will sich mit westlichen Geschäftsstraßen messen, schöne Frauen, die bereit sind, sich allen westlichen Modeideologien bedingungslos zu unterwerfen, trippeln über die für den Autoverkehr gesperrte Fahrbahn. In den Auslagen werden französische Stoffe angeboten, französischer Kognak, schottischer Whisky. Man muß nur genügend Forint in der Börse haben. Im Modesalon Rothschild gehen Damen des diplomatischen Korps und Damen der Wiener Gesellschaft aus und ein. Die schönsten Mannequins Budapests führen Modelle vor, die, nach dem Urteil der Damen, Pariser Modellen ebenbürtig sein sollen. Auf dem Vörösmartyplatz, in der Konditorei Vörösmarty, die die meisten Budapester nur unter ihrem alten Namen Kugler-Gerbeaud kennen, ist das »Küß die Hand« die normale Begrüßung. Und alte Damen trinken hier ihren Nachmittagskaffee und verspeisen

Sachertorten, wie es ihre Mamas und Großmamas schon vor dem Zweiten und vor dem Ersten Weltkrieg gepflegt hatten. Das Land wird zwar nach den Gesetzen des Kommunismus regiert, aber nach den Gesetzen eines Gulaschkommunismus, wie das Chruschtschow einmal in seiner Art formuliert hat. Und Kádár hatte aus der allgemeinen politischen Lethargie eine allgemeine Zustimmung zu seiner Art, die Ungarn zu behandeln, abgeleitet. Er sprach diesen neuen Grundsatz auch aus: »Wer nicht gegen uns ist, ist für uns.« Und diese Fiktion wurde zur Lebensgrundlage.

Darum wird über Politik meist nur in Form von Witzen geredet. Man kennt in Budapest wichtigere Themen: die Reise in den Westen, die man für das nächste Jahr plant. Vor einem Jahr hat man bereits einen Paß erhalten und 70 Dollar Devisen. Alle zwei Jahre besteht diese theoretische Möglichkeit. Wer eine Einladung aus dem Westen vorweisen kann, darf, wenn nichts gegen ihn vorliegt, sogar jedes Jahr hinaus – aber ihm bewilligt die Bank nur fünf Dollar. Man redet vom Wert eines Gebrauchtwagens, eines ostdeutschen Trabant oder tschechischen Skoda, der zwischen 25 000 und 50 000 Forint kosten kann. Und neidvoll wird hinzugefügt, daß für die Mercedes der Bonzen genug Devisen vorhanden seien. Die Gehälter sind ziemlich uniform. Der Durchschnittsverdienst eines Industriearbeiters liegt um 1800 Forint, dafür bekommt er einen guten Anzug oder fünf bis sechs Paar Schuhe. Eine Sekretärin verdient zwischen 1500 und 1800 Forint; wenn sie Sprachen kann, etwas mehr. In einer offiziellen Gehalts- und Lohnstatistik führen Bergleute mit 2580 und technische Angestellte mit 2700 Forint. Aber die Leute müssen mehr verdienen, um sich das Leben, das sie sich leisten wollen, leisten zu können. Man hat mehrere Jobs, die Frau muß ebenfalls einspringen, die Großmütter schauen auf die Kinder. Auf dieser Ebene entwickelt sich eine neue Form der Privatwirtschaft. Die Ärzte dienen beim staatlichen Gesundheitsdienst für ein mäßiges Gehalt ihre Stunden ab. Daneben betreiben sie meist eine Privatpraxis und kommen so im Monat auf 10 000 und mehr Forint. Ingenieure konstruieren neben ihrer Arbeit in einem Staatsunternehmen Häuser für Privatpersonen. Auch der Hausbau ist erlaubt, bis zu einer Größe von fünf Zimmern für den Eigenbedarf. Im Geschäftsleben wurde Privatinitiative wieder aufgewertet. Madame Rothschild gehört ihr Modesalon zwar nicht, aber sie ist am Gewinn beteiligt, so wie viele Leiter anderer Geschäfte und kleiner Handwerksbetriebe, die Budapester Schuhmachermeister zum Beispiel, die für ihre erstklassigen Maßschuhe berühmt sind. Man spart auf Eigentumswohnungen, für die je nach Lage und Größe zwischen 200000 und 300000 Forint auf den Tisch gelegt werden müssen. Man spart, man verdient, man gibt aus. Und in den Straßen Budapests ist wieder etwas von jener Großstadthektik zu spüren, die Budapest Wien immer vorausgehabt hat.

Inmitten dieser Stadt und inmitten der Donau wächst jedoch ein Garten, in den man sich vor allen Strömungen der Zeit flüchten kann: vor Sozialismus und Kapitalismus. Auf der Margaretheninsel blüht und grünt es, in den Bädern wimmelt es von jungen Menschen, auf Sportplätzen wird Fußball gespielt und Leichtathletik betrieben, die lauschigen Parkwege säumen Büsten berühmter Ungarn, als ob man sie zur Erholung auf die Insel geschickt hätte. Auf der Terrasse des Grandhotels serviert der Ober eine paprikarote Fischsuppe, in der dicke ausgelöste Karpfenstücke schwimmen. Am Nebentisch vermengen sich im Gespräch einer größeren Gesellschaft Englisch, Ungarisch und Deutsch. Es ist von Emigration die Rede, von London, von Geschenken, vom Urlaub am Plattensee, und ein geschickter Kellner schüttet Grand Marnier über Schokoladepalatschinken und veranstaltet ein Feuerwerk. Im Kasinogarten hat sich die Jugend niedergelassen, weil da der Lautsprecher nonstop Beatmusik ausspuckt. In dem Naturzoo unter hohen Bäumen steuern Pfaue mit durchdringenden Schmerzensschreien ihre eigene Musik bei, das heißt, den fünfzig oder sechzig Prunkvögeln, die gravitätisch umherstolzieren und die Riesenfächer ihrer Räder hinter sich hertragen, tut niemand etwas zuleide. Sie haben nun einmal keine schönere Stimme. Man hört ihr Schreien noch zwischen den Steinfragmenten des mittelalterlichen Klosters, das ein Ungarnkönig als Heim für die Frömmigkeit seiner Tochter Margarethe möbliert hat, und von der Donau tönt das Tuten eines Schiffes. Budapest, das alte und das neue, ist auf dieser verzauberten Insel, für die früher einmal Eintrittskarten gelöst werden mußten, weggezaubert. Hier ist die Geschichte schlafen gegangen, ihre Stürme werden von den alten Bäumen abgewehrt, und sie hat hier auch ihre Richtungen verloren, es gibt kein Ost und kein West. Der rechte Platz, sich aus der Gegenwart zu stehlen, wie die alten Leute auf den sonnigen Bänken oder die vielen jungen Paare, die Hand in Hand eher den Schatten suchen. Das großstädtische Budapest von heute tritt einem erst wieder auf der belebten Brücke entgegen und dann im nagelneuen runden Turm des Hotels »Budapest«. Es ist noch Nachmittag. An der Bar sitzen drei Mädchen, deren Augen schon für spätere Stunden geschminkt sind. Die eine schiebt dem Geschäftsmann aus Düsseldorf, der sich einen Barack, einen Marillenschnaps, bestellt hat, einen Zettel zu: 1000 Forint.

19. Kapitel

Kolchosenschweiß und Pusztawind
Von Budapest nach Mohács

Die Donau ist zur Themse geworden. Im Abendnebel scheint das Parlament zu verschwimmen, zu zerfließen wie die Rede eines weitschweifigen Abgeordneten. Der rote Stern auf der Spitze hat seine Leuchtkraft eingebüßt. Der Königspalast hat sich in Nichts aufgelöst, und die Spitzen der Fischerbastei und der Matthiaskirche haben sich zu einem einzigen Umriß vereint, den Lichtern am Ufer gelingt auf dem Wasser kaum ein Spiegelbild, Budapest ist weich und formlos geworden. Langsam zieht das Schiff mit seinem Anhang unter den Brücken durch. Die Masten sind umgelegt. Die Kettenbrücke, die Elisabethbrücke, die keine Pfeiler in der Donau benötigt, die Franz-Joseph-Brücke, nein, jetzt ist sie dem »Freien Volk« gewidmet. Dieser Abschied von Budapest ladet zu verträumtem Vorsichhinsinnen ein. Der Kapitän reißt einen jedoch aus der stummen Betrachtung: »Gott sei Dank, daß wir die Brücken hinter uns haben. Das ist ja aufregender als jeder Krimi im Fernsehen.« Auf den erstaunten und fragenden Blick hin erklärt er die Situation: »Bei dieser Sicht ist die Brückendurchfahrt ein ungeheures Risiko. Wenn uns da in einem der engen Durchlässe einer entgegenkommt, dann kann man nichts mehr machen. Dann hängt man meistens beeinander. Ein Bremsen gibt es nicht ...«

Beim Csepeler Hafen wird noch einmal Anker geworfen, dort liegen zwei weitere Schlepps zum Abholen bereit. Wieder heißt es warten, und man redet von den kleinen Schikanen, mit denen die Ungarn den österreichischen Donauschiffern das Leben schwermachen: »In jedem Donauhafen können wir länger ausgehen als in Budapest. Und meistens muß man bei der Grenzpolizei noch eine halbe Stunde warten, bis es den Herren gefällt, uns das Permit auszustellen.« Wie zur Bestätigung kommt der Zahlmeister fluchend in die Messe. »Seit einer halben Stund such ich draußen den Polizisten. Ich brauche für die Abnahme der zwei Schlepps nur einen Stempel, eine Sache von zwei, drei Minuten, aber der Polizist ist nicht da.« Nach einer Stunde zeigt er sich endlich und drückt den Stempel aufs Papier. Die Fahrt kann weitergehen.

Warum sich das Verhalten der Ungarn auf der Donau so von dem der Behörden der anderen Donaustaaten unterscheidet? Budapester Journalisten wußten keine Antwort. Österreicher meinten: »Sie wollen uns halt nicht auf der Donau, wir sind für sie Konkurrenz, und darum machen sie uns das Leben schwer.« Dabei ist Budapest Sitz der Donaukommission, die das Leben auf dem Strom erleichtern soll.

Die 1947 gegründete Kommission war zuerst eine Angelegenheit der Oststaaten, erst 1959 wurde Österreichs Beitrittsgesuch akzeptiert, die Bundesrepublik Deutschland hat nur einen Beobachterstatus. Diese internationale Organisation, die vorerst nur die Interessen der kommunistischen Länder vertrat und von den Sowjets überwacht und kontrolliert wurde, hat sich inzwischen vielen praktischen Fragen, die Donau betreffend, zugewandt.

Was die Donaukommission, deren Beschlüsse nur Empfehlungscharakter haben, alles leistet? Sie gibt Navigationskarten heraus, arbeitet an der Vereinheitlichung der Fahrtzeichen, hat eine eigene Fachkommission für die Verwendung von Radar auf der Donau und versucht, bei etwaigen Streitfällen vermittelnd einzugreifen. Wenn über 700 Schleppschiffe mit mehr als 3300 Schleppkähnen und 131 Motorfrachter im Jahr rund 45 Millionen Tonnen Waren auf dem Strom befördern, gibt es auch einiges zu regeln. An der Haltung der ungarischen Strom- und Grenzpolizei konnte die Kommission nichts ändern. »Nur etwas ist besser geworden«, sagt ein alter Donauschiffer. »Als wir nach 1955 zum erstenmal nach Ungarn konnten, begleitete uns von der Grenze bis wieder zur Grenze ein Motorboot der Polizei. Jetzt scheint ihnen der Sprit dafür doch zu teuer zu sein.«

Die Insel Csepel verengt den Strom wieder etwas: Der nördliche Teil der langgestreckten Insel ist eine einzige Fabrik, erst weiter unten wird die Insel grüner, tauchen Dörfer auf. Am schmalen Nebenarm liegt Ráckeve. In diesem Namen steckt das Wort »Raizen« – für Serben. In einer der Kirchen des Inselortes beizt der Rauch vieler Kerzen die dunklen Heiligengesichter auf den Ikonen der Bilderwand. Aber in Ráckeve leben auch Schwaben. Sie wurden von Prinz Eugen ins Land gerufen. Der Savoyer hat sich die Herrschaft Ráckeve nach dem Sieg über die Türken bei Zenta vom Kaiser ausbedungen. Sein Architekt Lukas von Hildebrandt baute in Ráckeve 1702 ein Jagdschloß – es war das erste Schloß, das in Ungarn in offenem Land ohne Befestigungsanlagen gewagt werden konnte. Prinz Eugen hat es ermöglicht; durch ihn ist Ungarn sicherer geworden, und sein Vertrauen in diesen Zustand drückt sich in Ráckeve aus, als Vorbild für den Adel, als Einladung, sich für Friedenszeiten zu wappnen.

Gewappnet für eine neue Zeit traten 250 Jahre später die ungarischen Kommunisten nicht weit von der Südspitze der Insel am rechten Donauufer zur Verwirklichung ihres größten volkswirtschaftlichen Projektes an: zum Aufbau der »ersten sozialistischen Stadt« Ungarns, einer Stadt auf Dogmen gegründet, einer Stadt nach dem marxistisch-leninistischen Lehrbüchel, eine Stadt als Verkörperung einer Weltanschauung: Sztálinváros, Stalinstadt, Pardon Dunaújváros, Donauneustadt. Dem Zug der Zeit entsprechend, wird der in Ungnade gefallene Stalin 1956 durch die Donau ersetzt.

1949 zogen enthusiastische Jungkommunisten auf dieses leere Hochplateau über der Donau und begannen ihr Werk in Lenins und Stalins Namen. Das Ergebnis: Ungarns größtes Eisen- und Stahlkombinat, mit einer jährlichen Stahlproduktion von 600 000 Tonnen, einem Warmwalzwerk, das im Jahr 445 000 Tonnen Blech liefert, und einem Kaltwalzwerk für 256 000 Tonnen Feinblech. Die wirtschaftliche Bilanz, die die Ungarn heute ziehen, ist positiv: Das gesamte Eisenwerk kostete 9,2 Milliarden Forint und soll bei voller Auslastung jährlich Stahl und Bleche im Wert von 6,5 Milliarden Forint liefern.

Und die Stadt? In strammer Marschordnung sind die Wohnblocks am hohen Donauufer angetreten, breite Boulevards, Grünanlagen, eine Stadt vom Reißbrett, Säulenhallen, steinerne Balkongitter, wie sie die Gründerzeitarchitekten liebten, vor dem Werk eine Eingangspforte wie in ein griechisches Tempelzentrum oder ein Parteitaggelände à la Nürnberg, die riesige Statue eines Metallarbeiters, der in ebenso heroischer Pose sein Werkzeug hält wie die bronzenen Feldherren des 19. Jahrhunderts ihre Marschallstäbe oder Schwerter. Das Kulturhaus trägt den Namen Béla Bartók, seinem Stil nach müßte es nach Carl Goldmark oder bestenfalls Franz Liszt benannt sein. Griechische Säulen, Mäanderornamente, Plüschkultur. Und das Hotel »Arany Csillag« könnte direkt aus einer nach den spätbourgeoisen Kunstidealen Stalins und seiner Funktionäre gestalteten sowjetischen Stadt importiert sein.

Rings um das Zentrum sind neue Wohnbaualleen entstanden, hier wird gebaut wie überall in Ungarn, funktionell, nüchtern, praktisch, modern, sachlich, ohne Parteisprüche und Lenin-

Zitate. Der Kern der Stadt ist jedoch nicht ungarisch, sondern sowjetisch, ein Ableger der sowjetischen Architekten der Stalin-Zeit. Die vielen jungen Leute, die auf der größten Baustelle Ungarns arbeiten, haben mit ihrer Begeisterung viel erreicht. Fürs Auge produziert ihr revolutionärer Elan nur eine Siedlung nach den Gesetzen des konservativsten sozialistischen Realismus. Und dieser Stil ist verlogen wie die Prospekte, die nur lachende Menschen zeigen, sozialistische Werktätige, denen die Partei alle Probleme, alle Sorgen, ja auch das Denken abgenommen hat. Ja, das Stadtzentrum müßte weiter Stalinstadt heißen, obwohl man das seinen fleißigen Bewohnern nicht zumuten kann. Unbekümmert um die Parolen nahmen viele die gekünstelte Atmosphäre von Dunaújváros, das geplante Leben, hier in Kauf: Die Lebensmittelversorgung klappte in den schwierigen Jahren besser, auch die anderen Läden der Stadt wurden meist bevorzugt beliefert, die Löhne lagen etwas über dem allgemeinen Durchschnitt, das Wohnungsproblem fällt weg, und Budapest ist nur 70 Kilometer entfernt.

All diese Errungenschaften wären auch ohne den schwärmerischen pathetischen Ton möglich gewesen, in dem eine Broschüre die 45 000-Einwohner-Stadt schildert: »Das ganze Volk rührte sich, und so begann ein Zustrom der Arbeiter, ganz besonders der Jugend. Die heroische Epoche der Aufbauzeit begann ... Das Leben hat bewiesen, daß alle, die fest glaubten und mitarbeiteten, recht behielten. Der Enthusiasmus, die Schaffenskraft des befreiten ungarischen Volkes, die selbstlose brüderliche Hilfe der Sowjetunion – das sind die Faktoren der Entstehung unserer Stadt ...«

Der kräftige Hinweis auf die Sowjetunion ist berechtigt: Die beiden Hochöfen, die beiden Walzwerke, der Koksofen und das Sinterwerk sind »made in UdSSR«, und auch das Erz, das in diese Öfen gefüllt wird, kommt auf der Donau aus der Sowjetunion, 860 000 Tonnen im Jahr.

Dieses größte Projekt des Sozialismus ist also gelungen. Dennoch baut man heute in Ungarn zwar auch noch anderswo Städte, aber braucht keine Fanfaren und rote Fahnen dazu, man baut einfach Städte und hängt den Sozialismus nicht an die große Glocke. Denn eines mußte auch den stalinistischen Planern der sozialistischen Musterstadt an der Donau zu denken gegeben haben; die letzte Stadt Ungarns, die 1956 vor den Sowjets kapitulierte, war Sztálinváros. Die Arbeiter des Werkes hatten bis Mitte November den Sozialismus, so wie sie ihn sich vorstellten, verteidigt; und lange danach streikten sie noch, im Namen *ihrer* Revolution.

In dem Eisenkombinat von Dunaújváros arbeiten nicht nur die Bewohner der Stadt. Auch aus der weiteren Umgebung pendeln Bauernsöhne täglich zwischen Werk und Heimatdorf hin und her. Sie kommen aus Dörfern, in denen der Sozialismus das Leben der Menschen viel grundlegender umgeformt, verändert und in eine feste Schablone gepreßt hat als das der Industriearbeiter in den Städten. Die Revolution war in allen kommunistischen Ländern auf dem Lande gewaltsamer als in der Stadt, und die sozialistische Landwirtschaft hat bis heute daran zu tragen. Die Lehren des Kommunismus berauben den Bauern seines größten Ideals: des Wunsches und Strebens nach Besitz und Boden. Auch der hungernde und elende ungarische Landarbeiter der Zwischenkriegszeit kämpfte nicht für Staatsgüter oder Genossenschaften, sondern für ein eigenes Stück Land. Die Bodenreform nach dem Krieg bescherte ihm dieses Land. Anfang der fünfziger Jahre und ein zweites Mal nach 1956 wurde ihm dieses Land wieder genommen. Mehr als eine Hauswirtschaft von einem Joch (0,57 Hektar) ist ihm an Eigenland nicht erlaubt. Alles andere mußte er »freiwillig« in die Landwirtschaftliche Produktionsgenossenschaft (LPG) einbringen, in diese umstrittene, oft geschmähte Modellkonstruktion einer idealen, sozialistischen Landwirtschaft. Diese Organisationsform der Eigentums- und Produktionsverhältnisse bestimmt das Leben der Bauern die Donau entlang von Preßburg bis zum Schwarzen Meer; nur in Jugoslawien sind die Bauern Herren über ihren Grund und Boden, und in den unfruchtbaren, gebirgigen Gegenden in den Katarakten haben auch die Rumänen aus Gründen der Rentabilität ein privates Bauerntum zugelassen. So gehört der Besuch in einer Produktionsgenossenschaft genauso wie die Rast in einem Kloster, feudalen Schloß oder einem Fischrestaurant zu einer Donaufahrt.

Dicke Rohre saugen gierig Donauwasser. Die unermüdlich arbeitenden Pumpen befördern es weiter auf die flachen Paprika-, Tomaten- und Maisfelder. Die Bewässerungsbrigade der LPG »Beke« (Friede) des kleinen Ortes Harta, 90 Kilometer südlich von Budapest am linken Donauufer, steht im Kampf gegen die Trockenheit. Im Wolga-Wagen der Genossenschaft geht es über Stock und Stein und staubige Feldwege von der Donau zu den Viehstallungen. Der Präsident der LPG stellt dort seine Rinderherde – 600 Stück braunrot und weiß gefleckte Ochsen, Kühe und Kälber ungarischen Buntviehs – und ein Heer von 2000 quiekenden, grunzenden und sich im Schlamm wälzenden Schweinen vor. »Die Viehzucht ist eine der beiden Säulen unserer Genossenschaft«, erläutert der Präsident zwischen den für die kollektivierte Landwirtschaft charakteristischen langgestreckten Stallgebäuden. »Daneben produzieren wir Getreide, Paprika, Zuckerrüben, Zwiebel, Mais, Tomaten, und seit einiger Zeit versuchen wir uns auch mit Erfolg im Weinbau.«

Die weiten Ackerflächen gehören alle zu den LPG, aber sie ist nicht die einzige in Harta, einem Dorf mit 6000 Einwohnern. Das ist der Unterschied zur Sowjetunion oder zu Bulgarien, daß man in Ungarn die Bauern in mittleren Genossenschaften zusammengefaßt hat. »Die Leute haben dadurch engere familiäre Beziehungen und stärkere Bindungen an die Genossenschaft«, erläutert der junge Agronom, einer der »Studierten«, die heute die tonangebenden Leute in der Landwirtschaft sind. »Es entsteht auch ein gewisses Wettbewerbsverhältnis. Deshalb wurde das Land um Harta unter drei Genossenschaften aufgeteilt. Wir haben 2300 Hektar Land und ungefähr 380 bis 400 Familien, also etwa 1500 Menschen.«

In der Verwaltung der LPG, im Haus eines großen Bauern, der in die Stadt übersiedelte, ist man an ausländische Besucher gewöhnt. Da hängen Fähnchen von Delegationen aus Oststaaten und Preise und Ehrentafeln. Unter den 1500 mittleren LPG Ungarns liegt »Beke« mit ihrer Leistung an achter Stelle. Deshalb hört man auch dort, zumindest als Gast aus dem Ausland, keine Klagen. »Die Leute, die bei uns gut arbeiten, haben einen Jahresverdienst bis zu 40000 Forint.« Zum Vergleich: in schlechteren Genossenschaften kann es der Bauer oft nur auf 17000 bis 20000 Forint bringen. »Unser Boden ist einer der besten in Ungarn. Durch die Donau haben wir einen hohen Grundwasserspiegel. Und die jährlichen Überschwemmungen nützen mehr, als sie schaden«, sagt der Präsident. Man sitzt um einen runden Tisch. Der Präsident oder Vorsitzende der LPG schaut durchaus nicht wie ein kommunistischer Apparatschik aus, der den Bauern vor die Nase gesetzt wurde: ein behäbiger, gemütlicher, wohlbeleibter, kräftiger Herr, dem zum Großbauernhabit eigentlich nur eine goldene Uhrkette fehlt, ein Mann, der früher in der jugoslawischen Vojvodina selbst einen Hof mit acht Hektar Grund besaß und seit der Gründung der LPG alle vier Jahre wieder zum Präsidenten gewählt wurde, weil er sein Fach versteht, weil er ein guter Bauer ist. Die Frauen, die ins Büro schauen und dort einige Wünsche bezüglich der Arbeitseinteilung vorbringen, sagen nicht »Herr Präsident« zu ihm, auch nicht »Genosse«, sondern »Imre-Bácsi«, Onkel Emmerich. Der zweite Mann in der LPG-Leitung, der Parteisekretär, schenkt immer wieder den glasklaren Wacholderschnaps ein: kahlköpfig, verschmitzt, gemütlich, ein Chruschtschow-Typ, nur etwas zurückhaltender. Diese beiden Männer verkörpern die ältere Funktionärsgeneration, daneben wird die Genossenschaft von dem dunkelhaarigen, aus dem Ort stammenden Chefagronomen und seinem Sekretär für die Verwaltungsangelegenheiten, für die bürokratische Seite des Unternehmens, geleitet. Diese vier Männer beraten über alle wichtigen Entscheidungen, und wie sie die Direktiven, die von den örtlichen Behörden und vom Ministerium kommen, in die Tat umsetzen können.

»Beke« ist eine der ältesten Genossenschaften im Land. Schon bald nach dem Krieg hatte sich hier ein kleiner Kern gebildet, und 1951 wurde dann die Mehrheit der Bevölkerung zum Beitritt gezwungen. »Bei uns hat jedoch alles so gut funktioniert, daß 1956, als sich viele Genossenschaften wieder aufgelöst haben, alles beim alten geblieben ist«, sagt man heute.

Die Verteilung des Bodens in Harta entsprach 1945 dem ungarischen Durchschnitt: Ein Drittel gehörte einem Großgrundbesitzer, dem Grafen Károlyi, ein Drittel der Kirche, dem Erzbischof von Kalocsa, der es aber verpachtet hatte, und ein Drittel war Eigenland der Bauern. Die Situation der Landwirtschaft schrie geradezu nach einer Bodenreform. 302 Großgrundbesitzer bewirtschafteten in Ungarn damals etwa die gleiche Fläche wie zwei Millionen Klein- und Zwergbauern. Die Kirche besaß allein 518 000 Hektar und Fürst Paul Esterházy 131 000 Hektar. Durch die Bodenreform entstanden jedoch wieder nur unzählige Zwergwirtschaften, die von einer beschränkten Lebensfähigkeit waren. Immerhin klappte es in Ungarn mit der Lebensmittelversorgung, bis die Kommunisten 1949 die totale Kollektivierung beschlossen und mit Zwangsmaßnahmen durchsetzten.

Theoretisch bringt der Bauer sein Land freiwillig in die Genossenschaft ein – wie Kapital in eine Aktiengesellschaft. Grundbuchmäßig bleibt er weiterhin Besitzer seines Landes, hat aber keinerlei Verfügungsgewalt darüber. Sein Gewinnanteil und sein Fixum richten sich nicht nach der Größe des eingebrachten Grundes, sondern nach der Arbeitsleistung des Mitgliedes.

Die Mitglieder sind in sechs verschiedene Brigaden eingeteilt, von denen zwei unter der Leitung von jungen Veterinären für die Viehzucht zuständig sind, zwei für den Ackerbau, eine für die Bewässerung und eine für die übrigen Arbeiten. Die Brigadechefs kommen alle von landwirtschaftlichen Hochschulen. Und Harta hat im ganzen Land einen so guten Ruf, daß hier auch Schüler zur Ausbildung hergeschickt werden.

Neben der Arbeit in der Genossenschaft kümmert sich der Bauer, der sein eigenes Haus hat, um das kleine Privatland. Viele kommunistische Dogmatiker kämpfen gegen diesen letzten Rest von Privateigentum. Aber ohne die Privatgrundstücke der Bauern mit der einen Kuh – in Ungarn dürfen es auch zwei sein –, dem Kleinvieh und Geflügel würde es auf dem Lebensmittelsektor eine Katastrophe geben. In Ungarn produzieren die Genossenschaften zwar 92 Prozent des Getreides, 94 Prozent der Kartoffeln und 91 Prozent des Gemüses, aber über 50 Prozent des Viebestandes werden auf dem sogenannten »Hofland« gehalten. Und 50 Prozent des ungarischen Milch- und Butterbedarfes werden von der privaten Produktion gedeckt, ebenso wie 40 Prozent des Schweinefleisches und 60 Prozent des Geflügels aus dem Hinterhof der Bauern stammen.

In der Muster-LPG »Beke« wird die Bedeutung der Hauswirtschaften etwas unterspielt. Eine Frau sagt: »Ich brauch keine Kühe, wir bekommen von der Genossenschaft genug Milch, und wenn die Frau und der Mann in der Genossenschaft arbeiten, dann hat man zuwenig Zeit für die eigene Kuh.«

Die Frau in schwarzer Tracht spricht Deutsch, nicht Hochdeutsch, »Schwobisch«. Sie ist Schwäbin. In Budapest empfahl uns die Presseabteilung des Außenministeriums, einen Dolmetscher nach Harta mitzunehmen. Auch der Präsident und der Parteisekretär können nur Ungarisch. Aber schon der Agronom hat einen deutschen Namen, und die junge Statistikerin verfällt nach einer anfänglichen Scheu in ein recht passables Deutsch.

Vor dem Krieg war Harta nämlich ein rein deutsches Dorf, eine Gründung von prolutherischen Schwaben aus Württemberg, die unter Maria Theresia hier angesiedelt wurden. (Die Mehrzahl der Donauschwaben war katholisch.)

Harta war früher berühmt dafür, die meisten Heizer der Donauschiffahrt zu stellen. Man sagte von dem Dorf: »In Harta werden die Kinder schon mit der Schaufel in der Wiege geboren.« Auch heute gehen noch junge Leute auf die Donau. »Aber nur die Ureinwohner«, sagt der Imre-Bácsi. Die Ureinwohner sind die Schwaben, heute nur noch 50 bis 60 Prozent der Ortsbevölkerung. Von den fünf Angestellten im Büro der LPG sind drei

Schwaben. Die eine Frau erzählt, wie es nach dem Krieg war: »Ich konnte mit meinem Mann hierbleiben, weil wir in unseren Papieren ungarisch als Nationalität hatten. Meine Geschwister wurden 1948 ausgesiedelt, weil sie sich deutsch schreiben ließen. Zuerst wurden die hinausgeschmissen, die beim Volksbund waren (der Volksbund war die vom Dritten Reich inspirierte Organisation der Ungarndeutschen), dann haben sie geschaut, was man als Nationalität oder Muttersprache angegeben hat. Es war ja alles so kompliziert, einmal hat man für den unterschreiben müssen und dann wieder für den, man hat sich nicht mehr ausgekannt. Da hab ich nun drei Geschwister und doch keine ...« Ähnlich wie die Frau redete auch ein schwäbischer Steuermann aus einem ungarischen Dorf: »Jetzt sind sie gekommen und wollten, daß wir eine deutsche Schule beantragen, eine bestimmte Zahl von Unterschriften würde genügen. Aber die Leute haben sich geweigert. ›Wir haben schon so oft etwas unterschreiben müssen, und es ist nie etwas Gutes dabei herausgekommen, unsere Kinder können zu Hause Deutsch lernen ...‹«

In Harta spricht die Jugend in der Mehrheit Ungarisch. Wieweit sie noch Deutsch kann, hängt von den Eltern ab, obwohl in der Schule einige Stunden in deutscher Sprache auf dem Stundenplan stehen. Auch die Frau, sie heißt Hirsch, sagt: »Mein Mann und ich, wir reden schon noch schwäbisch miteinander, aber die Kinder können es nimmermehr gut.« Und dann erzählt sie begeistert von ihrem Besuch bei den Geschwistern in Österreich: »Ich hab meiner Schwester drei zehn Kilo schwere Wassermelonen mitbringen müssen. Als Gruß aus der Heimat.«

Von Staats wegen wird in Ungarn die Erhaltung des deutschen Volkstums wieder gefördert. Man veranstaltet in Budapest und Mohács Schwabenbälle, bei denen die farbenprächtigen alten Trachten zu Ehren kommen. Man fördert das deutsche Schulwesen. Der Lehrer von Harta hat ein kleines Museum eingerichtet mit alten Luther-Bibeln, bemalten Schränken und Truhen, Bildern, Dokumenten, Haushaltsgegenständen usw, die alle vom Schwabentum künden. Aber die langen Jahre, da die deutsche Sprache in Ungarn verpönt war, da sich die Schwaben in ein angenommenes Magyarentum zurückgezogen hatten, führten zur totalen Magyarisierung vieler Schwabendörfer. Außerdem wurden an Stelle der vertriebenen Deutschen Ungarn, die in Jugoslawien oder in der Slowakei ihre Heimat verloren hatten, angesiedelt. Deshalb hat Harta nun auch drei Kirchen:

eine lutherische mit einem Stern statt eines Kreuzes auf dem Turm, eine calvinistische und eine katholische. In allen drei Kirchen wird jedoch ausschließlich ungarisch gepredigt.

Marx und Lenin werden den Bauern im Kulturhaus gepredigt, dem ehemaligen Vereinshaus der Kirche. Aber die Leute zieht es mehr zu den Theatervorstellungen verschiedener Bühnen, die durchs Land reisen, oder zu den Festen, die sie aus eigenem gestalten, zu den Hochzeiten, die noch immer ausgiebig gefeiert werden. Von Gegensätzen zwischen den Ungarn und Schwaben wird nicht geredet. In Harta scheint alles in bester Ordnung zu sein. Frau Hirsch hat bis 1956 ihr Haus inmitten der Felder außerhalb der Ortschaft gehabt: »Wir mußten damals in den Ort ziehen, weil draußen ein Straflager eingerichtet wurde. Jetzt möchten wir nicht mehr tauschen. Die Wasserleitung, das elektrische Licht, das sind halt doch Vorteile.« In dem Straflager – von der Donau sieht man die Wachttürme – sind einige Leute aus Harta als Arbeitsleiter angestellt. Die Sträflinge arbeiten auf einem großen Staatsgut. »Das ist das Beispiel eines modernen Strafvollzuges«, sagt der Parteisekretär stolz.

Die paar Stunden in Harta waren angenehme Stunden, man saß gemütlich beim Essen im Dorfgasthaus, plauderte von dem Ausflug, den Imre-Bácsi mit seinen Mitarbeitern nach Wien unternehmen will, und hatte das Gefühl, daß einem kein Theater der Zufriedenheit vorgespielt wurde. Das Land hier ist reich, mit und ohne Kommunismus. Und die Schwaben haben vor dem Krieg sehr gut gelebt, meistens besser als die Ungarn. Ihr Siedlungsgebiet zog sich an beiden Ufern der Donau entlang hin. Wie viele Deutsche es heute noch in Ungarn gibt? Die offizielle Statistik schweigt. Nach einer Zählung sollen es um 1960 an die 50000 gewesen sein. Aber damals scheuten sich noch viele Schwaben, Deutsch als Muttersprache anzugeben. Nach jüngsten westlichen Schätzungen spricht man von mehr als 200000. Trotz ihrer Stärke pocht diese Minderheit im Gegensatz zu den Schwaben und Sachsen in Rumänien kaum auf ihre Eigenständigkeit. Mit ihren 110000 Slowaken und 25000 Rumänen haben die Ungarn viel mehr Probleme. Gleichzeitig sorgen sie sich um die 1,5 Millionen Ungarn in Rumänien, deren Schicksal jedem Ungarn, Kommunist oder nicht, ein nationales Anliegen ist. Der Nationalismus der Völker hat zu Beginn des Jahrhunderts die Einheit des Donauraumes gesprengt. Der Kommunismus schien dann eine neue Einheit geschmiedet zu haben. Die alten Konflikte schwelten jedoch unter der Oberfläche weiter.

Und nun, da man in der CSSR, in Ungarn, in Rumänien oder Jugoslawien wieder Nationalfarben trägt, werden bei den meisten Minderheiten wieder nationale Parolen laut. Am stillsten müssen die Deutschen sein. Denn viele von ihnen waren zu ihrem Unglück in den Jahren vor und während des Zweiten Weltkrieges zu laut. Dafür müssen sie noch heute büßen: die nicht vertrieben wurden, mehr als die anderen, die sich in Deutschland oder Österreich eine neue Existenz aufgebaut haben.

Immer wieder haben sich die Völker im Donauraum aneinander gerieben und manchmal auch einander aufgerieben. Dabei ist die Natur hier weiter, freier, offener als irgendeine Landschaft in Europa. Denn das linke Donauufer begrenzt Ungarns große Prärie, die Tiefebene, die Pußta. »Meine Heimat, wo ich einst geboren, sind des Tieflands meeresflache Weiten, frei wird meine Seele wie ein Adler, seh ich dieser Welt Unendlichkeit«, singt Petöfi. Kleinkumanien nennt er das »Land, dem meine Seele voller Sehnsucht stets sich zugewandt«; und er dichtet weiter: »Ich durchzog die Ebene, die, vom Arm der Donau und der Theiß umschmiegt, wie der holde Säugling lächelnd in den Armen seiner Mutter liegt.« In seinen Versen stampfen Rinderherden, sprengen Pußtahirten über die Steppe und erscheinen Luftspiegelungen: »Fern am Horizont schwebt die Fee; nichts Beßres fand sie auf den Triften als ein Csardawrack; – sie hub es von der Erde, hält es in den Lüften ...« Die Pußtabewohner vermenschlichten die Naturerscheinung, sie identifizierten sie mit der Fürstentochter Délibáb, die aus Liebeskummer sterben mußte und nun als weinendes Spiegelbild über die Ebene geistert und Wanderern gespenstische Landschaften vorgaukelt. Vor hundert Jahren konnte man in diesem wilden Osten Ungarns auch noch anderen Erscheinungen begegnen: Räubern und Banditen. Alexander F. Heksch macht in seinem Donaubuch von 1881 noch ganz feine Unterscheidungen unter den verschiedenen Gattungen dieser freiesten aller Freien in der Pußta:

»Der ›Lókötö‹, der Roßdieb, der noch sporadisch in der alten Form vorzukommen pflegt, ist der Ritter unter den Herren Spitzbuben gewesen. Er stiehlt nur Pferde, treibt Herden fort, bricht aber nie in Ortschaften oder Wohnungen ein, weglagert auch nie. Er ist ein kühner Reiter, fängt sich das schönste Fohlen mit dem ›Karikás‹, dem ungarischen Lasso, auf offenem Felde aus dem fremden Gestüt. Die zweite Gattung, der ›Szegény Legény‹, der ›arme Bursche‹, ist schon gefährlicher – derselbe hielt vor Verbreitung der Eisenbahnen die Marktfahrer an und erleichterte deren Börse und Vorräte. Als noch die große Debrecziner Messe blühte, taten sich die Pester Kaufleute zu Karawanen zusammen, um so sicherer reisen zu können. Selbst bis zum Anhalten von Eisenbahntrains brachte es diese Sorte. Seitdem aber Graf Raday und der wackere Vizestadthauptmann von Szegedin tüchtig aufräumten, der ›Räuberkönig‹ Rosza Sándor auf der Fronfeste starb, blieben nur noch vereinzelte Strolche übrig; wohldisziplinierte geordnete Banden gibt es schon lange nicht mehr...« Als dritte Gattung führt der Autor noch die »Lovas betyár« an, die »Landstreicher zu Pferde«, meist ehemalige Honvédsoldaten, die nach der Niederlage von 1849 in die Pußta flüchteten und dort von den Hirten und einsamen Bauern mit Lebensmitteln und Geld versorgt wurden.

Der Donau zeigt sich diese einst so wilde und nun gezähmte Tiefebene, indem sie sich nicht zeigt. Jede Erhebung ist auf einmal wie weggewischt, ein einsamer Mensch, ein Telegrafenmast oder eine jener Aluminiumzwiebeln auf hohen Masten – Hydrogloben, die modernen Wassertürme in den Pußtadörfern – werden zum einzigen Blickfang, und ringsum versinkt Weite in Weite und wieder in Weite. Da und dort erhebt sich der Galgen eines hölzernen Ziehbrunnens, als ob er im Namen der Pußtaromantik aufgestellt worden wäre, und am kiesigen Strand schaufelt ein Bauer Sand auf einen mit Pferden bespannten Wagen. Die Ufer heben sich wieder an. Ein Weidensaum beraubt die Ebene der Ferne, die Bäume gönnen ihr die Ewigkeit nicht und schlucken den Horizont. Dann siegt die Flachheit wieder über das Erhabene. Und man blickt über die endlose Tafel, seit Jahrtausenden ideale Arena, das ideale Aufmarschgebiet für nomadische Reitervölker. In dieser Steppe, die die Menschen heute fruchtbar gemacht haben, kann man sich auch das gefürchtetste aller Reiterheere vorstellen, das jemals die Donau aufwärts nach Mittel- und Westeuropa geritten ist: das Heer Attilas, des Hunnenkönigs. Ein Heer berittener Bogenschützen und schwerer Reiter mit Helm, Panzer, Schild, Streitaxt und langen Lanzen trieb Anfang des 5. Jahrhunderts die Ostgoten vor sich her und verwüstete Südosteuropa. Die Hunnen stießen bis nach Gallien und an den Niederrhein vor. 436 schlugen sie ein Heer der Burgunder und töteten deren König Gundicharmus und 20000 seiner Krieger. Das Nibelungenlied hat später diese Niederlage dichterisch verarbeitet und mit anderen historischen und legendären Geschehnissen verwoben. Machtzentrum der Hunnen, Basis ihrer Sturmzüge war Pannonien.

Von dort aus brachen sie zu immer neuen Eroberungsunternehmen auf. Von 445 bis 453 führte sie Attila, den christliche Geschichtsschreiber auch Etzel und eine »Geißel Gottes« nannten. Im Nibelungenlied kommt der Hunnenkönig besser weg, und auch der byzantinische Geschichtsschreiber Priskus, der als Gesandter an seinem Hof geweilt hat, läßt dem Herrscher Gerechtigkeit widerfahren. Aber er beschreibt auch, wie eine Stadt ausgesehen hat, sechs Jahre nachdem sie von den Hunnen zerstört worden war: Die Ruinenstätte war noch menschenleer, der Boden derart mit Gebeinen der Erschlagenen bedeckt, daß es schwerfiel, einen Lagerplatz zu finden. Eindringlich schildert Priskus Attilas Residenz: Der Aul des Hunnenherrschers lag in einer baum- und steinlosen Ebene, darin man Rosse tummeln konnte. Alles war aus Holz. Das Wohnhaus, sorgfältig aus geglätteten Brettern gefertigt, stand auf einer Erhebung; ein Palisadenzaun mit Türmen umgab das Ganze. Daneben lagen in gebührendem Abstand die Häuser der Großen. Nur ein aus Steinen gefügter Bau war darunter: das Badehaus, von einem römischen Gefangenen erbaut. Priskus erzählt weiter von Gelagen im großen Saal, von den Heldenliedern der Hunnen, von den schönen Frauen, die den Gesandten angeboten wurden, von der Vornehmheit des Königs.

Trotz dieses Berichtes wird die genaue Lage von Attilas Residenz immer ein Rätsel bleiben. Die einen wollen den Palast in Esztergom haben, die Landschaft spricht aber dagegen; die anderen lassen den Todeskampf der Nibelungen in Altofen stattfinden, dort, wo das riesige Amphitheater der römischen Zivilstadt ausgegraben wurde. Und wie ist der letzte Stand der Forschung? Man ist sich über keinen genauen Ort einig.

Nur eines ist sicher: Attilas hölzerner Palast lag in der Tiefebene irgendwo zwischen Donau und Theiß. Vermutlich wird man ihn nie entdecken, weil er eben nur aus Holz war und verbrannt und zu Asche zerfallen ist. Ob Attila nun in der Donau oder in der Theiß bestattet wurde, ist ebenso ungewiß. Einmal tauchten Schatzsucher in der Donau nach Attilas legendären Grabbeigaben, und zu Maria Theresias Zeiten nützte man ein trockenes Jahr zur Schatzsuche nahe der Theißmündung. Vergebens. Nur die Darstellung des Geschichtsschreibers Jordans über Attilas absurden Tod in seiner Hochzeitsnacht mit einer Germanin hat sich erhalten: »Attila hatte ein überaus schönes Mädchen namens Ildiko zur Frau genommen. Er besaß bereits, wie es bei den Hunnen Sitte ist, zahlreiche Weiber. Nachdem er nun beim Hochzeitsfest in übermäßiger Festesfreude geschwelgt hatte und schließlich von Wein und Schlaf überwältigt dalag, bekam er einen Bluterguß. Das Blut, das sonst durch die Nase ausgeflossen wäre, rann, an seinem natürlichen Abfluß gehindert, in den Schlund und erstickte ihn. So ist ein durch seine Kriegszüge berühmt gewordener König schimpflich an Trunkenheit zugrunde gegangen. Als am nächsten Morgen – es war bereits spät am Tage – die Diener des Königs, Unheil ahnend, großen Lärm an seiner Tür machten und endlich eindrangen, fanden sie Attila tot daliegen, blutüberströmt und doch ohne irgendeine Wunde; neben ihm saß das Mädchen und barg weinend sein Antlitz im Schleier. Da rauften sich die Männer die Haare und entstellten ihre häßlichen Gesichter mit tiefen Wunden, damit der herrliche Kämpe nicht durch Weiberklagen und Weibertränen, sondern durch Vergießen von Männerblut betrauert würde. Sein Leichnam wurde mitten im Lager in einem seidenen Zelt aufgebahrt, ein herrlicher und erhabener Anblick. Die besten Reiter des ganzen Volkes veranstalteten dort, wo er aufgebahrt lag, Umritte wie in einem Zirkus. Dabei priesen sie singend seine Taten. Nachdem sie Attila mit solcherlei Klageliedern beweint hatten, feierten sie ein großes Leichenmahl. Dabei mischten sie, von einer Übertreibung in die andere fallend, Totenklagen mit Freudenäußerungen, bis sie endlich im Schutz der Nacht den Leichnam in die Erde senkten. Der erste Sarg war aus Gold, der zweite aus Silber, der dritte aus hartem Eisen. Auch gaben sie ihm zahlreiche von Feinden erbeutete Waffen mit, kostbare, mit Juwelen besetzte Brustpanzer und mannigfache Ehrenzeichen, wie sie ein Herrscher besitzt. Damit jedoch so viele und große Reichtümer vor der Neugier der Menschen geschützt blieben, entlohnten sie diejenigen, die mit der Grablegung betraut gewesen waren, schimpflich: sie ermordeten sie kurzerhand. So raffte ein rascher Tod die Totengräber zugleich mit dem Toten dahin ...«

Der gefürchtetste Mann Europas starb an Nasenbluten und zuviel Alkohol, eine Geschichte für Mäßigungsvereine und eine Mär vom bestraften Unrecht, eine der Ungereimtheiten der Weltgeschichte. Attila rächt sich dafür, indem er seine letzten Geheimnisse nicht preisgibt und sie irgendwo zwischen Theiß und Donau für alle Zeiten verborgen hält.

Die Donau oder die Theiß sollen die Hunnen abgeleitet und über das Grab ihres Königs geführt haben, sagt die Überlieferung. Wer weiß es? Der Kiel der »Kammegg« zerpflügt das braune Wasser. Hinter dem großen Steuerrad steht nun ein Ungar, ein Angestellter der DDSG, der mit zwei Kameraden für die Donaustrecke bis Orşova zuständig ist, das heißt bis zur Einfahrt in die Katarakte. Dort übernimmt ein Lotse das Kommando. Im Ufergestrüpp glimmt ein Lagerfeuer. Holzfäller haben ihre Schafpelze über einen Baumstrunk geworfen und drängen sich um die wärmenden Flammen. Vor hundert Jahren hätte dieses Bild kaum anders ausgesehen und vor zweihundert Jahren auch nicht. Nur, ein Stück weiter in den Büschen sind zwei Mopeds abgestellt, und am Boden neben den Pelzen liegen blaue und grüne Sturzhelme. In Ungarn ist der Sturzhelm für jeden Motorrad- und Mopedfahrer Pflicht. Die Ufer sind nun aufgerauht, Steine und angeschwemmtes Astwerk lassen den Strand unordentlich wie ein unaufgeräumtes Schlafzimmer aussehen. Es sind Spuren des letzten Eisstoßes.

Stromkilometer 1516, die Schiffstation der Bischofstadt Kalocsa, die Stadt, in der Frauen Hauswände, Truhen, Krüge usw. mit bunten volkstümlichen Motiven bemalen, Tischdecken, Servietten und Kleider besticken und bizarre Muster komponieren. Die Stadt verweigert dem Donaufahrer ihren Gruß. Erst Baja ist die nächste größere Station, für den letzten gekrönten König Ungarns war diese Stadt sogar eine Endstation. Am Allerheiligentag des Jahres 1921, nach dem zweiten mißglückten Versuch, die ungarische Krone wiederzuerobern, wurden hier König Karl und Königin Zita an Bord eines britischen Kanonenbootes gebracht. Sie waren mit dem Zug aus der Richtung von Stuhlweißenburg über die große Eisenbahnbrücke gekommen. Der päpstliche Nuntius gab ihnen noch den Segen auf die weite Reise, die sie die Donau hinunter über Sulina durch das Schwarze Meer und das Mittelmeer nach Madeira ins letzte Exil führte. Das war der letzte Akt des Schauspiels der habsburgischen Herrschaft über die Donau. Er fand vor einer banalen Finaldekoration statt, als wollte man eine große Oper mit einem Beckettschen Endspiel schließen: die Brücke, Lagerhäuser, ein flaches Ufer, Fabrikschornsteine, etwas Auwald, sonst nichts.

Über die Brücke dampft ein ungarischer Lastzug. Im Hafen hält eine kleine österreichische Schleppflottille die rotweißroten Farben hoch. Zwei DDSG-Kähne werden hier noch in Schlepp genommen. Kritisch prüfend schaut der Kapitän auf den Strom. »Eine unangenehme Stelle ist das hier«, sagt er. Dann erzählt er von einer Kollision mit einem serbischen Schlepp: »Er war mit Autos beladen, die sind bei dem Anprall ins Wasser gefallen, und die Motorräder waren verbeult und zusammengestaucht. Wenn uns hier etwas passiert, dann haben immer wir Schuld, egal, wie es wirklich war.« Die Gefahren der Donauschiffahrt sind nicht so augenfällig. Die Schiffe bewegen sich nur langsam – mit dem Strom im 15- bis 20-Kilometer-Tempo, gegen den Strom bestenfalls mit 7 Stundenkilometer. Aber ein Schleppzug kann nicht gebremst werden, die ungeheure Last in den Kähnen kann sich selbständig machen. Oft sieht man einander schon einige hundert Meter lang und hat doch keine Chance mehr, auszuweichen. Auf der Donau finden Katastrophen im Zeitlupentempo statt, sie sind deswegen nicht minder katastrophal und vor allem kostspielig.

Das Manöver ist zu Ende. Baja verabschiedet sich, und man hat es sofort wieder vergessen. Ein anderer Name beschäftigt die Phantasie: Mohács, das Grab des alten Ungarn.

Wo die Ebene auch am rechten Donauufer beginnt und die letzten Anhöhen sanft verklingen, wollte Ungarns zwanzigjähriger König Ludwig II. am 29. August 1526 dem türkischen Heer des Sultans Soliman den Weg nach Ofen verlegen. Es war ein verzweifeltes Unterfangen. Ungarns Adel war gespalten, in der Bauernschaft gärte es. Verschiedene Magnatenparteien opponierten gegen den mit einer Habsburgerin vermählten Jagellonen. Die für die Kriegführung nötigen Steuergelder konnten nur zu einem Bruchteil eingetrieben werden. Der Woiwode von Siebenbürgen, Johann Zápolya, der selbst nach der Krone strebte, erschien mit seinem Truppenkontingent absichtlich zu spät auf dem Schlachtfeld. Selbst in Ludwigs Heer herrschte ein starkes Mißtrauen gegen den jugendlichen König. Palatin Andreas Bathory mußte ihn von Abteilung zu Abteilung führen. Die Leute sollten wissen, daß der König wirklich anwesend war. Bei aller Entschlossenheit zum Kampf breitete sich schon vor der Schlacht ein Gefühl der Unsicherheit über dem ungarischen Lager aus. Vor 35 Jahren war König Matthias mit seiner »Schwarzen Legion«, einem der modernsten Heere Europas, von Sieg zu Sieg geeilt. Nun wollte sich ein tapferer Haufen magyarischer Adeliger und Soldaten einem überlegenen Gegner mit nichts als Heldenmut und Draufgängertum entgegenwerfen. Selbstmörderischer Einsatz eines Reiterheeres sollte den Mangel an Feuerwaffen wettmachen, Rittertugenden überlegene Taktik ersetzen. Eine ungarische Tragödie bahnte sich an, und Ludwigs Armee glich schon vor Beginn der Schlacht einem verlorenen Haufen.

Die Ungarn versäumten es, die beherrschenden Höhen zu besetzen. Sie formierten sich in traditioneller Weise in mehreren Treffen und warteten ab, bis sich die Spitzen der Armee des Sultans zeigten. Die Türken ergriffen die Initiative. Sie hielten die Ungarn bis drei Uhr nachmittags in Spannung (eine reichlich späte Beginnzeit für eine Schlacht). Dann stieß ihre Kavallerie von den Höhen und durch ein Seitental vor. Erzbischof Tomory von Kalocsa, einer der vielen kriegführenden Kirchenfürsten unter den ungarischen Fahnen, stürmte mit dem ersten Treffen gegen die 50000 türkischen Reiter des Paschas von Semendria (heute Smederevo). Der Aneinanderprall der beiden Reiterheere war fürchterlich. Für einen Augenblick schien es, als ob die Türken wankten. Die ersten ungarischen Siegesschreie ertönten. Der König setzte sich den Helm auf, um das zweite Treffen in den Kampf zu führen. Die Türken wichen. Die Ungarn drangen vehement vor. Da öffnete sich vor ihnen eine Gasse, und die ungarischen Reiter prallten gegen einen Wall aus Feuer und Kugeln. Soliman hatte hinter seinem ersten Treffen 300 miteinander verkettete Kanonen aufstellen lassen, die Tod und Verderben spien; und gleichzeitig knatterten die Flinten Tausender von Janitscharen. Die Ungarn wurden erbarmungslos niedergemäht. Kopflos und verzweifelt zerstoben die Überlebenden nach allen Himmelsrichtungen. Ein Häuflein drang, tollkühn um sich schlagend, fast bis zum Zelt des Sultans, wurde dort jedoch niedergemacht. Auch der König floh – manche Kritiker der Schlacht meinen, er habe schon vor der alles vernichtenden Kanonade das Weite gesucht. In dem Sumpfland wollte Ludwig über den Hochwasser führenden Bach Csele. Sein Pferd stürzte und begrub ihn unter sich. Ludwig ertrank. So erzählt es die ungarische Überlieferung. Sein Leichnam wurde nicht gefunden.

Vor einigen Jahren grub man in der Ebene von Mohács ein Massengrab aus: die Gebeine von Tausenden von Menschen. Den Schätzungen nach sind in der Schlacht 20000 Ungarn gefallen, darunter die führenden Männer der großen Familien und der Kirche. Für die Türken war der Weg nach Ofen frei, die hundertfünfzigjährige Türkenherrschaft über die meisten Teile Ungarns nahm ihren Anfang. Nach zeitgenössischen Berichten sollen die Türken 150000 Menschen als Sklaven in die Türkei verschleppt haben. Die Selbständigkeit Ungarns war ein für allemal dahin. Die Stunde Habsburgs schlug. Durch einen Erbvertrag gehörte die Stephanskrone König Ferdinand, dem Bruder Kaiser Karls V.

Ein weites, leeres Feld – aus den Hügeln fließt nicht mehr Blut, sondern Wein, Wildenten, Büsche am Donauufer, Fischer, ein Bach, der in den Strom mündet –, das ist das Schlachtfeld. Einer der ungarischen Steuerleute kommt zum Kapitän: »Bittaschän, kennen Sie Sirene mochen, fir mei Frau. Hob i vergessen Reserveschlissel ...« Der Kapitän steigt auf die Hupe. Der dumpfe Ton löst am Ufer Bewegung aus. Eine Frau winkt, der Steuermann schreit etwas hinüber. In Mohács wird die Frau am Kai stehen.

Kai ist vielleicht ein zu großspuriges Wort für den schmalen Uferstreifen, auf dem ein Posten auf und ab geht. Ungeachtet dieser Manifestation der Staatsgewalt schmusen ein Bursch und ein Mädchen. Vielleicht, weil ein großes, rotes Transparent die Proletarier aller Länder auffordert, sich zu vereinigen; eine dörfliche Stadt, mehrere Kirchtürme, das Hafenkapitänat, ein sowjetischer Obelisk, den man 1956 vergeblich umzuwerfen versuchte. Eine Stadt, die wenig von ihrer Geschichte erhalten konnte, weil sie zu oft überrannt, verbrannt und vernichtet wurde, zum letztenmal 1944, als die Sowjets in diesem Raum nach erbitterten Kämpfen und unter schweren Verlusten die Donau überschritten. Die meisten Häuser sind ebenerdig, als ob sie sich den Gesetzen der Landschaft anpassen wollten. Wieder heißt es »Revision«. Und bevor man Ungarn verlassen darf, wird noch einmal ein langes Warten verordnet. Um 16 Uhr 10 ist die »Kammegg« angekommen, um 20 Uhr 40 ist der Aufenthalt in Mohács beendet. Ein sowjetischer Schleppzug wurde von den Ungarn in einer halben Stunde abgefertigt. Man verläßt das Land mit dem Gefühl, daß die Ungarn auch fast 450 Jahre nach der Schlacht von Mohács nicht völlig die Herren im eigenen Land sind. Nicht so wie die Jugoslawen, deren Marschall Tito 1948 unblutig die Unabhängigkeit von Moskau erkämpft hat. Die Anker werden gelichtet und rauschen bald wieder ins Wasser. Von Mohács nach Bezdan, dem ersten Donauhafen Jugoslawiens, ist der Weg nicht weit. Und doch sind diese beiden Orte weiter voneinander entfernt, als man in Stromkilometern ausdrücken kann.

20. Kapitel

Mönche, Grenzer, Partisanen
Von Beždan nach Semlin

Aus der knorrigen, rötlichbraunen, dürren Wurst glimmt scharfer Paprika. Die schlanken, spitzen, harmlos grünen Pfefferoni auf dem kleinen Teller sollen die Wirkung des Gewürzes noch multiplizieren, das Feuer auf dem Gaumen anblasen. Zum Löschen des Brandes stellt der Wirt mit einem »Ist gefällig« dickes, weiches, frisches Weißbrot und ein Glas »Spritzer« auf den Tisch. In der Küche klappert und klirrt die Wirtin mit Töpfen, Deckeln und Tellern. Auf der Terrasse an der Donau arrangiert ein blondes Mädchen metallene Stühle im Schatten der runden Schilfschirme, die vor dem einfachen Ufergasthaus Lidoatmosphäre und Strandleben vortäuschen sollen. Das grüne Schild über der Tür bezeichnet die Kneipe als das Donaurestaurant von Beždan und nennt auch den Namen des Wirtes.

Und das ist das Besondere daran – denn 447 Stromkilometer lang, seit die Donau bei Berg Österreich verlassen hat, war der Begriff »Herr Wirt« eine überholte Wendung aus fernen Zeiten. Den »Herrn Wirt« hat man in der CSSR und in Ungarn völlig abgeschafft. Wer sich da in einem Restaurant beschweren will, kann sich im besten Falle an den Geschäftsführer wenden. Denn zwischen Preßburg und Mohács gehören selbst das kleinste slowakische »Beisel« und die schäbigste ungarische Fischcsárda einem lokalen Restaurationskonzern, der sämtliche Gaststätten eines bestimmten Bezirkes kontrolliert, Pläne erfüllt und dem eigentlichen Eigentümer, dem Staat, Rechnung legen muß.

Nun aber, nachdem am Bug der »Kammegg« die blauweißrote Flagge mit dem roten Stern in der Mitte aufgezogen worden ist, gilt der Privatmann wieder etwas mehr. Die erste Station auf jugoslawischem Boden, Beždan, liefert eine Fülle von Anschauungsmaterial dafür, daß es sich unter Marschall Titos Kommunismus, Sozialismus oder Titoismus besser leben läßt als in anderen Donaustaaten marxistisch-leninistischer Prägung.

Tito blickt mild lächelnd, durch geschickte Retuscheure zumindest fotografisch mit ewiger Jugend gesegnet, schon in jedem Amtszimmer des Hafenkapitänats auf seine Untertanen hernieder. Auch in der Gaststube fehlt das Vateridol der Südslawen nicht. Dazu singt im Radio Frank Sinatra von Fremden in der Nacht, dann folgen flotte Werbedurchsagen im amerikanischen Anpreiserstil und die »beatlenden« Rolling Stones. Radio Novi Sad fördert die Dynamik der pseudosozialistischen Wirtschaft des Landes mit kapitalistischen Verkaufsmethoden. Der Wirt überschlägt den Wochengewinn seines Familienbetriebes – viel mehr Privatinitiative und -eigentum erlauben Titos ketzerische Ökonomiegesetze nicht –, und bayrische Schleppleute versuchen mit Hilfe einer größeren Menge von Bier und Slibowitz die Preispolitik eines sein bestes Schwein anbietenden Bäuerleins zu ihren Gunsten zu beeinflussen. Die geschäftstüchtigen Donaubauern, hauptsächlich Serben und Ungarn, betrachten die Schiffsleute als nützliche Handelspartner und spannen, wann immer Schiffe für längere Zeit in Bezdan festliegen (zum Beispiel im Winter während eines Eistreibens), ihre Pferde an und verlegen den Markt an die Donau. Das Sortiment ist reich, wie es nur eine nichtkollektivierte Landwirtschaft anbieten kann: Schweine, Schafe, Federvieh, tot oder lebendig, Korbflaschen voll Slibowitz, geräucherte Schinken, saftige und trockene Würste, nach Knoblauch duftende, fleischdurchzogene Speckseiten, Kränze getrockneten roten Paprikas, Weinfäßchen. Ein Supermarket einfacher, handfester und doch exquisiter Genüsse – Marke Donaustrand.

Über diese Form von Minikapitalismus wacht eine aufrechte Partisanenbraut, die ihren vollen Busen kämpferisch gegen Westen reckt und die bronzenen Arme in die Lüfte reißt: der Bergrücken am rechten Ufer, über Batina, wird von dem hohen, weithin sichtbaren Partisanendenkmal okkupiert. Die Sonne fängt sich in dem roten Stern an der Spitze des Monuments und versilbert ihn. Die streitbare Dame hat eine doppelte Aufgabe zu erfüllen – sie dient als Empfangshostess für Ankömmlinge im Reiche Titos und erzählt auch von den erbitterten Kämpfen um den Donauübergang. Wie blutig das Ringen war, offenbart einem schon die Topographie des jugoslawischen Donautores – drüben die steilen sandigen Höhen mit sonnigen Weingärten, eine ideale Verteidigungsposition, herüben flacher, sumpfiger Auwald, Kanäle und kaum irgendwo die Möglichkeit einer sicheren Deckung. In den Hängen hatten sich Einheiten der Waffen-SS eingegraben. Von den Auen aus versuchten Partisanen, Bulgaren und Rotarmisten den Übergang über den Strom zu erzwingen. Sie haben es schließlich doch geschafft.

Der Blutzoll, den sie zu leisten hatten, war gewaltig. Und von Batina blieb kein Haus stehen.

Dennoch kritisieren heute viele Jugoslawen diese Form von Partisanenmahnmalen – sie sind noch vom sozialistischen Realismus verseucht, mit Walhallaheroinen verschwägert und eher eine Karikatur des Heldentums als eine echte Ehrung. Für die Ungarn, die über die Grenze schauen, muß die Statue jedoch etwas von einer Freiheitsstatue an sich haben. Denn beim sozialistischen Halbbruder, in Titos sanfter Diktatur, wird das Wort »Freiheit« in den meisten Lebensbereichen wesentlich größer geschrieben als unter Kádárs Regime.

Auch als Schiffsmann spürt man sofort den freieren Wind, der hier weht. Kein Posten pflanzt sich verdrießlich beim Ponton auf, niemand braucht einen speziellen Erlaubnisschein, auch nach dem Schifferpaß wird kaum gefragt. Die dienstfreien Zöllner und Polizisten sind gerade mitten in einem heißen Fußballmatch und grüßen nur freundlich.

Vorbei an einem Relikt aus der Monarchie, der Einmündung des Franzenskanals, der Donau und Theiß verbindet, und an der 1856 eingeweihten Franz-Joseph-Schleuse – eine Tafel hält das Ereignis fest – gelangt man in den Auen hinter dem Restaurant zu einem Stück Wohlstandssozialismus: Auf hohen Stelzen erheben sich die Pfahlbauten der Weekendnomaden, Strandhäuserzeilen wie in den Erholungs- und Badedörfern in den Donauauen vor Wien. Ihre Bewohner sind meist gutgestellte Angehörige des Mittelstandes aus dem nahen Sombor, der Hauptstadt der Batschka, der Kornkammer des alten Ungarn.

Im Hotel »Freies Sombor« – deutsch hieß es früher »Hotel Jägerhorn« – steht das Wort Restaurant gleich dreifach an der Glastür: ungarisch »etterem«, lateinisch und kyrillisch »restoran«. Früher hätte man auch noch »Restaurant« hinzufügen müssen, um dem Völkergemisch der Batschka Gerechtigkeit widerfahren zu lassen. Das deutsche Element wird nur durch den Portier vertreten, einen Donauschwaben, der einmal Herr über ein Kaufhaus und eine Gaststätte war. Nicht nur seinen Besitz, auch seinen linken Arm verlor er 1945. Den Besitz kassierte der jugoslawische Staat – wie alles, was den Schwaben gehörte, den Arm opferte er für Ungarn. Der Deutsche diente in der ungarischen Armee und wurde in der Schlacht um Budapest verwundet. »Ich war einer der letzten, der von Pest nach Ofen hinüber ist, bevor die Elisabethbrücke gesprengt wurde.« Heute ist er ein Angehöriger des letzten, winzigen, verlorenen

Haufens der in Jugoslawien zurückgebliebenen Deutschen. »Viele sind schon mit den deutschen Truppen nach dem Westen gezogen. Sie konnten wenigstens einen Teil ihrer Habe retten, die anderen wurden zuerst einmal in Lager gesperrt. Unser Dorf war ein einziges großes Durchgangslager. Ich selbst bin aus Deutschland wieder zurückgekommen, um meine Familie zu suchen. Mein Vater war krank, da konnten wir nicht weg. Die meisten anderen nahmen die erste Gelegenheit wahr, um mit dem, was sie tragen konnten, über Ungarn nach Österreich und Deutschland zu gelangen. Wir sind geblieben. Manchmal überlege ich mir, ob ich meinen Lebensabend nicht doch in Deutschland verbringen soll. Hier würde man meiner Ausreise keine Hindernisse in den Weg legen. Mein Sohn ist jetzt Chemieprofessor. Wir haben ein schönes Stockhaus ...« Zwei junge Burschen verlangen Zigaretten. Sie sprechen serbisch, eine ältere Frau fragt auf ungarisch um ein Zimmer. Dann plaudert der Mann in seinem weichen, singenden Schwabendeutsch weiter. »Heute sind wir in Sombor noch etwa hundert deutsche Familien.«

Auf der breiten Hauptstraße mit den altösterreichischen Verwaltungsgebäuden und dem klassizistischen Rathaus vernimmt man kein deutsches Wort. Auch die Ungarn sind in der einstigen Komitatshauptstadt Sombor klar in der Minderheit. Aber jeder Serbe in der Batschka ist noch lange kein Serbe – denn neben der orthodoxen Mehrheit leben noch serbische Katholiken, die Schokatzen und die Ende des 17. Jahrhunderts aus der damals türkischen Herzegowina von Franziskanern in die Herrschaftsbereiche des Kaisers geführten katholischen Bunjewatzen. Dazu kommen die frischen runden Gesichter junger und alter Slowakinnen und Slowaken, hübsche Mädchen, deren weite, kurze Röcke schon über den Stiefelschäften enden. Allen diesen Völkern und noch einigen mehr hat die Batschka Brot gespendet. Dieses flache Donauland wurde ebenso wie am anderen Ufer die Hügel Slawoniens und die Berge der Fruška Gora Syrmiens zum Sammelbecken von Flüchtlingen und Kolonisten. Die einen verließen das Reich des Sultans, um sich ihren Glauben zu bewahren, die anderen strömten, durch die Steuerfreiheit und andere Privilegien verlockt, in ein leeres, verwüstetes Land, um es wieder fruchtbar zu machen. Ihr Schicksal war mit den Siegen und Niederlagen der Osmanen eng verwoben. Die einen wurden von der anscheinend unaufhaltsamen Walze des türkischen Imperialismus, der zuerst das alte serbische Reich und dann auch noch Ungarn schluckte, nach Norden getrieben, die anderen strömten in das Vakuum, das durch die wieder zurückflutenden Scharen des Padischah entstanden ist. Istanbul und Wien, der Sitz des Sultans und der des Kaisers, der Halbmond und der Doppeladler, wurden zu den Gestirnen, die im Donauraum Nacht und Tag bezeichneten.

Nach Bezdan gefällt sich die Donau in für die Schiffahrt gefährlichen Schlangenlinien, als ob sie sich von ihren schweren Aufgaben auf dem Balkan drücken wollte. Die Dächer des einst rein deutschen Fischerstädtchens Apatin ducken sich hinter dem grünen Wall. Das Bier, das in der Somborer Gegend konsumiert wird, fließt aus einer Apatiner Brauerei. Die Hanfindustrie wurde einst hochgepriesen; in einer alten Reisebeschreibung wird angeführt, daß sich sogar die englische Kriegsmarine Apatiner Seile bediente. Nun fahren viele Apatiner an Apatin vorbei, ohne dort zu Hause zu sein. Sie sind Schiffsleute, die meisten beim Bayrischen Lloyd, andere bei der DDSG. Sie sind das, was ihre Väter auch waren – denn schon immer hat sich ein Großteil der Donauschiffer aus Apatinern rekrutiert. Ihre Heimat ist aber heute Regensburg, Deggendorf, Linz oder Wien.

Langsam schwimmt sich die Donau wieder frei, findet zu einem etwas geraderen Weg. Es ist Sonntag, und die Sonne bestätigt es. Der Himmel strahlt in frischestem Frühlingsblau, der Strom reflektiert die Farbe in einem samtenen Graugrün. Die Menschen an den Ufern zieht es zur Donau. Sie bringt ihnen frische Luft, fremde Schiffe, beruhigende Weite und die Stille, die einen Sonntag von einem Wochentag unterscheiden sollte.

Am rechten Ufer Wohnblocks, Fabriken, Kräne, Industrieanlagen – jenem Sinn für Schönheit verpflichtet, mit dem die jugoslawischen Architekten ihre industrielle Umwelt gestalten. Vukovar – eine Stadt von heute. Dann schimmert es jedoch auf einmal gelblich durch die Bäume. Man wechselt die Jahrhunderte. Das alte Vukovar schält sich aus dem neuzeitlichen Mantel: ein einfaches barockes Schloß, auf dem einst die Grafen von Eltz saßen, ein Franziskanerkloster, eine Stadt mit vielen Jahresringen. Am Strand sind Fischer im Trainingsanzug aufgefädelt, als ob sie sich an einer Anglerolympiade beteiligten. Der umgekehrte Trichter eines Wasserturmes aus Beton erhebt sich neben seinem sicher mehr als hundert Jahre älteren Kollegen, und als Gegenstück zu den Fabriken von heute verfällt ein wackeliges Pumpwerk, obwohl auf seinem Dach eine Fernsehantenne für

Leben bürgt. Weiter unten am Strand ein Restaurant, Bungalows, am linken Ufer ein hinter Nadelbäumen verstecktes Jagdschloß, Boote mit winkenden Menschen, und wieder das Grün der Auen.

Die Donau erhält jedoch gleich wieder einen kriegerischen Anstrich, das Ufer wird martialischer – Mauern, Zinnen, eine Burg für Ritter und Türkenbezwinger, doch statt des Bergfrieds strebt ein neugotischer Kampanile aus dem Gemäuer zum Himmel – die Burg Ilok, in die sich ein Franziskanerkloster eingenistet hat, eine echte Donauburg, die Ungarn, Serben, Kroaten, Türken und Italienern Schutz gewährt hat.

Das langgezogene Plateau ist von allen Seiten von Mauern umzingelt. Dazwischen bezeichnet sich ein düsteres Haus als »Parkhotel«. Die beiden Schulen daneben sind geschlossen. Zwischen Grünanlagen stolzieren zwei Truthähne, die sich vom trockenen Knallen der Kapselrevolver einer Bubenbande nicht stören lassen. Da geht einer hinter einem Busch in Deckung und will mit seinem »Peng-peng« einen zweiten fällen. Hier wird das alte Spiel Ungarn gegen Türken, das dieser Festung einen Sinn gegeben hat, nicht wiederholt. Auf der Höhe von Ilok streitet ein Sheriff mit Cowboys und Indianern um Recht und Gesetz.

Vor der Kirche steht ein zerbrechlicher, hagerer, in sich zusammengeschrumpfter Franziskanerpater. Seine Finger bewegen unablässig die Perlen eines Rosenkranzes, und die widerstandslosen Lippen seines zahnlosen Mundes formen dazu stumme Gebetsverse. Aus der Andacht aufgeschreckt, besinnt sich der Mönch einiger deutscher Brocken und öffnet dem Fremden die Kirchentür.

Die im vorigen Jahrhundert regotisierte Kirche ist den Fremdenführern keinen Stern wert. Sie wurde eher italienischen als deutschen Vorbildern nachempfunden – vielleicht, weil sich die Kroaten in jener Zeit Wien und Budapest gegenüber so reserviert verhielten, daß sie nicht so bauen wollten, wie es in diesen Hauptstädten üblich war. Eine Seitenkapelle trägt noch ältere Jahreszahlen; unter dem Turm befindet sich noch ein gotisches Gewölbe, ein Überrest der alten Kirche.

Die Stimme des Paters wird fest und ehrfürchtig. Die Schwäche des alten Mannes rafft sich an der Gestalt eines der stärksten Männer seines Ordens auf. »In diesem Raum ist 1456 der heilige Johannes Capistran gestorben...« Der Pater macht eine lange nachdenkliche Pause, als ob er selbst am Totenbett des Predigers gestanden wäre. Ein Historienbild an der Wand läßt den Heiligen mit dem eisernen Willen und der gewaltigen Stimme im Kreise seiner Mitbrüder noch einmal und immer wieder den unbeugsamen Geist aushauchen.

Sein Abbild haben wir auf der Burg in Ofen angetroffen, dieses bewegte Standbild, das man »Sturmbild« nennen müßte. Wie ein Sturm fuhren die Worte dieses Kreuzzugpredigers des 15. Jahrhunderts über Europa. Dem Wanderprediger aus Italien war kein Weg zu weit und kein Feind zu gefährlich. Mit einem feurigen Wortschwall – wie vor ihm Berthold von Regensburg und nach ihm Abraham a Sancta Clara und Marco d'Aviano – hielt er der Christenheit den Spiegel vor. Die Massen drängten sich unter seinen Kanzeln, und Dolmetscher übersetzten seine lateinischen Suaden. Capistran eiferte gegen Hussiten und Ketzer aller Art. Und als er gerade kein anderes Objekt fand, richtete er seinen Fanatismus gegen die Juden. Den Titel »Geißel der Hebräer« betrachtete er als Ehrentitel. Und im Osten des Reiches, in Böhmen und Mähren und vor allem in Schlesien, entzündeten seine Haßgesänge die Scheiterhaufen, auf denen die Juden verbrannt wurden. Da er erkannte, daß sich die Juden nicht zum Christentum bekehren ließen, schlug er vor, sie alle auf Schiffe zu verfrachten und als »Feinde des Glaubens« auf hoher See auszusetzen.

Gegen Ende seines Lebens steuerte der Franziskaner seinen Eifer auf ein heilsameres Ziel zu. Als Europa noch schlief und die Türkengefahr bagatellisierte, wurde Johannes zum unermüdlichen Mahner. Er mobilisierte 1456 ein Kreuzfahrerheer, das unter dem in der Türkenbekämpfung geschulten Woiwoden von Siebenbürgen, János Hunyadi, das von Sultan Murad belagerte Belgrad entsetzen konnte. Der Pater soll in der Schlacht Seite an Seite mit Hunyadi gefochten haben. Zur Feier dieses Sieges hatte der Papst das Mittagsgeläute in allen Kirchen angeordnet. Der Kriegsheld starb kurz nach seinem Triumph an der Pest im Feldlager von Semlin. Wenige Monate später stand auch das kräftige Herz des Predigers still, in einer Zelle des Franziskanerklosters Ilok.

Der Feind der Türken mußte noch im Tode eine tiefe Demütigung erfahren. 1526 fiel auch Ilok in die Hände der Türken. Geschäftstüchtig verschacherten sie den von der Bevölkerung verehrten Leichnam an griechische Mönche, die ihn nach Baja überführten. Dort war ihm noch immer keine Ruhe beschieden. Die Reliquie wurde nach Nagy-Szöllös transferiert und von einem dem katholischen Heiligenkult feindlichen ungarischen Magnaten in einen tiefen Brunnen geworfen. Spätere Grabungen nach dem Leichnam hatten keinen Erfolg.

Die marmornen Grabsteine in der Kirche gehören den Grafen, Fürsten und Herzögen von Ujlak, vor den Türken stolze Herren über die Burg. Sie stellten einen König von Bosnien, sie empörten sich gegen die ungarischen Könige und versöhnten sich wieder mit ihnen. Als König Wladislaw II. die Feste der störrischen Vasallen stürmen ließ, fanden sie im Schloß neben großen Mengen Bargeldes »über 300 kostbare Kleider mit Zobel und Marder gefüttert, außerdem eine große Anzahl goldener und silberner Gefäße und 3000 Fässer des besten syrmischen Weines«, überliefert ein zeitgenössischer Bericht.

Zusammengeduckt, behutsam und mit einem schlechten Knie immer wieder einknickend, hinkt der Franziskanerpater über den Platz vor der Kirche. »Da vorne, im Schloßgarten, steht noch ein türkischer Brunnen.« Eine sanft geschwungene Kuppel deckt diese orientalische Wasserstelle, die »Erbmasse« der über hundertsechzigjährigen Türkenherrschaft.

Nach der Rückeroberung dieser Gebiete wurden vom Kaiser ganze Herrschaften als Honorar für treue Dienste verteilt. Mit Ilok bedachte Leopold I. den italienischen Fürsten Odescalchi, einen Neffen des Papstes, der für die Befreiung Wiens größere Summen aufgetrieben hatte. Gleichzeitig zeichnete der Kaiser den neuen Herrn von Ilok mit dem Titel »Herzog von Syrmien« aus.

Im Schloß ist all der alte Glanz verblaßt. Es sieht aus, als ob die Türken eben erst aufgebrochen wären: zertrümmerte Fensterscheiben, Türen, über die Balken genagelt sind, im Hof zerschlitzte Matratzen, Schutt, Konservenbüchsen, ein einziger Abfallhaufen, nirgends Leben, nirgends Lärm, kein Laut, nur Verderb und Verfall. In der Nacht beleuchten Scheinwerfer die Zinnen der Festung und eine Front des Schlosses. Von der Donau aus könnte man meinen, daß in Ilok alles intakt sei, daß dort oben noch Fürsten säßen. Aber die Lichter lügen, der Scheinwerferschein trügt.

Auch der Pater steht verloren wie eine Ruine in der Wirklichkeit des modernen Jugoslawien. Er ist ein katholischer Kroate und klagt über die vielen Serben hier, die er nicht mag, weil sie den Papst nicht als Oberhaupt der Kirche anerkennen. Er versteht Titos Kommunismus ebensowenig wie den Geist des Konzils. Deshalb flüchtet er sich in sein Rosenkranzgebet und in vergangene Zeiten.

Spannungen zwischen Religionen und Völkern sind diesem Raum der vielen verschiedenen Religionen und Völker nicht fremd. Am Batschkaufer ist ein Taxichauffeur, unterwegs nach Novi Sad, keinen Augenblick um Gesprächsstoff verlegen. »Das Dorf mit der großen Kirche, da haben Deutsche gewohnt, daneben sind Slowaken daheim. Die konnten bleiben. In den deutschen Dörfern sind Kolonisten, die 1945 gekommen sind – aus der Herzegowina, aus Serbien, keine guten Leute ...«, sagt der Chauffeur. Und was für ein Landsmann ist er, daß er die Serben so kritisiert? Auch ein Serbe, aber ein alteingesessener, einer aus der Vojvodina, der mit seinen Landsleuten südlich von Belgrad nur Glauben und Sprache gemein haben will und sonst nichts.

Die Burg Ilok behütet das Andenken an das mächtige ungarische Reich von Mohács, als Belgrad noch Ungarisch-Weißenburg hieß. Der Franziskaner ist ein Kriegsinvalide der katholischen »Sturmtruppen« des kroatischen Nationalismus – denn die Franziskaner waren seine Träger, auch unter türkischen Paschas haben sie Glauben und Gesinnung sorgfältig gepflegt und weitergegeben. Sie sind *der* katholische Orden des Balkans, für einen religiösen Kleinkrieg ebenso geeignet wie die serbischen Grenzer, die im Namen des Kaisers den Türken das Leben sauer machten. Der serbische Taxichauffeur ist ein Nachkomme dieser ungebärdigen und wilden Wehrbauern. Darum fühlt er sich den »Zugewanderten«, den Neusiedlern ohne Tradition und Grenzergeschichte, so überlegen.

Die Donau hat wieder einmal ihr grünes Kleid ausgezogen. Am rechten Ufer hebt sich das Land, atmet tief ein und langsam wieder aus, es faltet sich zur Bergwelt der Fruška Gora, der »fränkischen Berge«. Wieder drängen sich Weingärten bis zum Ufer und Haine von Pflaumenbäumen. Die niedrigen Bauernhäuser zeigen dem Strom ihre Kehrseite, die Hinterhöfe mit Misthaufen, Maisstrohvorräten und schwarzen Schweinen im Schlamm. Und doch ist bei vielen Häusern ein Auto geparkt, ein kleiner Fiat, der in Jugoslawien in Lizenz hergestellt wird. Auch auf der schmalen Straße in Richtung Novi Sad und Belgrad bilden sich an diesem Sonntagnachmittag Autokolonnen – von denen in Westeuropa nur durch eine mangelnde Typenvielfalt verschieden –, ein kleiner, weißer Fiat nach dem anderen, dazwischen einmal ein alter Opel. Viele Jugoslawen können sich das Kleinauto schon leisten, und viele können damit rechnen, in den nächsten Jahren genügend Geld für ein Auto beisammen zu haben.

Die Donau hat nun so viele Arme wie Gott Wischnu. Wie um den Steuermann zu täuschen, sind viele Mini-Inseln als Fußangeln für Schiffe ausgelegt. Ohne Bojen und andere Schiffahrtszeichen würde man sich in diesem Wirrwarr hoffnungslos verirren. Der Strom scheint von jenem Zustand angekränkelt zu sein, den man in Mitteleuropa früher hochmütig als »balkanische Ordnung« bezeichnete.

Der Ordnungssysteme, denen die Balkanvölker an der Donau unterworfen wurden, waren viele. Die Hochhäuseralleen von Novi Sad, die schimmernden Glasflächen, in denen Lichtreklamen tanzen, dieses Modell einer Stadt von morgen, kommt dem Ordnungsideal, das sich Titos Technokraten erträumen, sehr nahe. Gegenüber dieser glatten, kubischen, streng geometrischen Siedlung verteidigt der stärkste Festungshügel an der Donau zumindest optisch die Prinzipien jener Ordnungsmacht, die die Türken zurückgeworfen und den Donauraum dann mehr als zweihundert Jahre lang gesichert, kultiviert und verwaltet hat: Die Festung Peterwardein ist das eindrucksvollste Monument der Donauherrschaft des alten Österreich.

Ein Berg aus roten Ziegelmauern, Basteien, Schanzen, Batterien, Toren, Gängen, Schießscharten und Wachhäuschen: das »Gibraltar an der Donau«, hundert Jahre lang der Stützpunkt für alle österreichischen Operationen gegen die Türken, Bollwerk gegen jeden Angreifer, Rückgrat jeder Offensive, unversehrt, unbeschädigt, und zum Teil noch immer von Militär besetzt; in den Kasernenbauten zu Füßen des Festungsberges im winzigen Garnisonsstädtchen Peterwardein wimmelt es von Soldaten Titos. Vor einer Kaserne schaufeln Rekruten Kohlen in den Keller, und Offiziere bummeln über die eiserne Brücke hinüber nach Novi Sad. Oben im Festungsrestaurant, dem früheren Offizierspavillon, sind im Hinterstübchen die Tische festlich gedeckt, weil jugoslawische Stabsoffiziere eine ungarische Militärdelegation empfangen. Einträchtig, Arm in Arm, spazieren die sozialistischen Waffenbrüder über die Terrasse und schauen auf die Stadt am anderen Donauufer. Ob sich in diesem Augenblick jemand daran erinnert, daß 1848 die in der Burg liegenden rebellierenden Ungarn von kaisertreuen serbischen und kroatischen Truppen belagert wurden und zur Revanche Novi Sad, das damals deutsch Neusatz und ungarisch Ujvidék hieß, in Trümmer geschossen haben?

1848 hatte Peterwardein allerdings keinen richtigen Gegner mehr. Die Zeit der Festungen war vorbei, eigentlich hätte man sie einmotten sollen wie die Schlachtschiffe nach dem Zweiten Weltkrieg. Auf dem strategisch günstigen Felsen über der Donau haben schon römische Sklaven an Schanzen gegraben, die Ungarn wehrten sich gegen die Türken und die Türken gegen die Österreicher. Zur uneinnehmbaren Donaubastion wurde Peterwardein auf Veranlassung des Prinzen Eugen ausgebaut, und auch lange nach seinem Tod plagten sich freiwillige und gezwungene Arbeitskräfte im ungesunden Fieberklima des Sumpflandes; sie türmten Ziegel auf Ziegel, bohrten Gänge, gruben Zisternen und schufteten und starben. Der Glocken- und Uhrturm, auf dessen Zifferblatt der kleine Zeiger die Minuten und der große die Stunden anzeigt – sollte der Feind vielleicht dadurch getäuscht werden? –, war 1702 fertig, die letzten großen Neubauten wurden im Jahre 1780 beendet.

Prinz Eugen hat den Umbau und die Modernisierung der Festung nach Plänen des berühmtesten Festungsarchitekten seiner Zeit, des Franzosen Vauban, einleiten lassen. Am 5. August 1716, als an der Festung noch gearbeitet wurde, wollte der Großwesir Damad Ali Pascha Peterwardein in einem kühnen Handstreich erobern. Drohend hatte er vorher in einem Ultimatum an den Savoyer geschrieben: »Es kann keinen Zweifel darüber geben, daß das Blut, das auf beiden Seiten fließen wird, wie ein Fluch über Euch, Eure Kinder und Kindeskinder bis zum Jüngsten Gericht kommen wird.« Eugen hatte eine 60000-Mann-Armee gegen das mehr als doppelt so starke Heer der Türken aufzubieten. Seine Offiziere drängten ihn, sich auf die Verteidigung der Festung zu konzentrieren und das Hauptheer jenseits der Donau abwarten zu lassen. Der Prinz war jedoch für den Angriff. Er stellte seine Armee so auf, daß eine Flanke durch die Festung, die andere durch die Donau gedeckt war. Am frühen Morgen stürmte die Infanterie gegen den rechten Flügel der Türken. Kurze Zeit schwankte das Schlachtenglück. Die Janitscharen bedrohten das Zentrum der Kaiserlichen, durch ein geschicktes Manöver gelang es Eugen jedoch, die türkische Front vom linken Flügel her durch eine unaufhaltsame Attacke seiner Kürassiere und Husaren aufzurollen. 6000 Türken kamen in den Donausümpfen um, der Großwesir stürzte sich in das Kampfgetümmel und wurde von einer österreichischen Kugel getroffen. Sein Sterben wurde wenige Tage später durch einen Henker des Sultans beschleunigt. Nach fünf Stunden konnte der Feldherr des Kaisers die ungeheure Beute besichtigen: 172 Kanonen, 156 Fahnen, fünf Roßschweife, 2000 Kamele, die

die Türken zum Proviant- und Pulvertransport verwendeten, und das Prunkzelt des Großwesirs. (Es war so groß, daß 500 Mann nötig gewesen sein sollen, um es aufzustellen.)

Prinz Eugen sandte reitende Boten mit seinem Schlachtenbericht nach Wien: »Je mehr man aber dahin gerückt, je eilfertiger suchte der Feind sich zu retirieren, also daß er nicht nur seine vorgelegene Wagenburg, sondern auch das auf dem Berge gewesene Hauptquartier und finaliter das ganze Lager mit Artillerie, Munition, Fuhrwesen und allen Zeltern verlassen hat; folglich mit großer Precipitance« (mit größter Eile) »sich in die Flucht begeben mußte ... Der Feldmarschalleutnant Graf von Breuner ist bei des Großwesirs Zelt ganz frisch zerhauen, mit Eisen an Hals und Füßen und um ihn herum verschiedene unsrer Leute von dem ersten Palffyschen Recontre aufgefunden worden ...«

Bei einem kleinen Kirchlein nahe Peterwardein grüßt noch der Baum, an dem der unglückliche Offizier zu Tode gemartert wurde. Die Türken hatten ihn einige Tage vor der Schlacht beim ersten Zusammenstoß mit kaiserlichen Truppen unter dem Grafen Palffy gefangengenommen. Am Kirchturm steht das Kreuz auf einem liegenden Halbmond. Eine türkische Moschee ist hier einer katholischen Wallfahrtskirche – Maria Schnee – gewichen. Der hölzerne Vorbau, unter dem Pilger ihre Jause verzehren, hat einst Mohammedanern Schatten gespendet.

Durch den Sieg von Peterwardein war der Weg zum letzten entscheidenden Angriff auf die Türken offen. Die zweite Etappe des Ausbaues von Peterwardein begann erst unter Maria Theresia nach dem unglücklichen Türkenkrieg von 1739, nachdem der Erzfeind wieder näher gerückt war. Nun wurden die Stollen gegraben – ein 16 Kilometer langes Netz von unterirdischen Gängen, Treppen und Kammern. Dadurch wäre es möglich gewesen, einzelne Abschnitte und Stockwerke der Festung zu unterminieren und im Falle eines feindlichen Eindringens zu sprengen. Die Wirksamkeit dieser Maßnahmen mußte niemals erprobt werden, auch der zur Wasserversorgung während einer Belagerung gegrabene 39 Meter tiefe Brunnen wurde kaum benützt. Peterwardein mit seinen 4000 Mann, den Pulvertürmen, in denen über 2000 Zentner Pulver lagerten, und den 400 Haubitzen und Mörsern auf den Basteien wurde nicht mehr angegriffen. Es war einer der sichersten Orte der Donaumonarchie; in den Napoleonischen Kriegen deponierten die Habsburger die unersetzlichen Kleinodien der Schatzkammer in den Kellern von Peterwardein.

Als die Bedrohung von außen gewichen war, wurde die Festung gegen die Feinde im Innern genutzt. Aus den Kellern wurden Kasematten. Revolutionäre, Rebellen, Intellektuelle, die gefährliche Ideen formulierten, Spione und Deserteure wurden in der Festung Peterwardein eingekerkert.

Der serbische Schriftsteller Mihajlo Polit-Desancić hat dieses andere Peterwardein kennengelernt: »Varadin hatte zu jener Zeit eine sehr starke Besatzung – Soldaten aller Waffengattungen. Viele Artilleristen, Sappeure, Pontoniere und drei Generale. In den Gräben waren überall Kanonen aufgestellt. Jedoch hatte das Varadin aus jener Zeit etwas besonders Trauriges ... Sträflinge, die auf den Straßen verschiedene Arbeiten verrichten mußten, insbesondere das Wassertragen. Tag und Nacht hindurch konnte man hier unter der Erde das Klirren der Ketten der Sträflinge hören ...«

In Peterwardein war eine Zeitlang auch der erste Fürst Serbiens, Karadjordje, interniert. Der Peterwardeiner Gefangene, von dem in Jugoslawien am meisten geredet wird, war der Korporal des 25. Landwehrregiments, Josip Broz, heute Marschall Tito. 1914 hatte der junge Sozialist Zweifel am Sinn des Krieges laut werden lassen. Dafür wurde er nach Peterwardein gesteckt: »Der Kerker dort war eine Höhle, ohne jedes Fenster«, erinnert sich Tito. »Im Dunkeln alleingelassen, begann ich an allen Seiten umherzutasten. ›Komm her, hierher‹, hörte ich eine Stimme auf deutsch. Ich nannte meinem Zellengenossen meinen Namen und sagte, daß ich ein Arbeiter sei, worauf ich von ihm erfuhr, daß er ein deutscher Soldat und ebenfalls Arbeiter wäre. Er teilte mir ferner mit, daß er bereits seit zwei Wochen in diesem Loch sitze und noch nicht ein einziges Mal vernommen worden sei. Diese Geschichte machte ich mir gleich zunutze, indem ich heftig Lärm schlug. Mit den Fäusten gegen die Tür donnernd, verlangte ich, umgehend vor den Kommandanten gebracht zu werden. Nach vier Tagen hatte ich Erfolg. Der Kommandant schenkte glücklicherweise einem der Zeugen, der mein Freund war, Glauben, und ich wurde entlassen.«

Unter Titos allgegenwärtigem Konterfei steht im Festungsmuseum ein weißbekleideter maria-theresianischer Grenadier auf Posten, eine stumme Puppe. Im Restaurant sind noch kriegerischere Figuren an die Wand gemalt: schnauzbärtige, dunkelhaarige Burschen, mit hohen zylinderartigen Filzmützen, den sogenannten Klobuks, oder einfachen Pelzhauben auf dem Kopf. Sie sind zum Teil uniformiert, zum Teil stecken sie in weißer Bauerntracht, von weiten Radmänteln umhüllt, mit einer Kollektion von Pistolen und Dolchen im Gürtel, krummen Säbeln und schweren Büchsen und geflochtenen, nach oben gebogenen Opanken statt Stiefeln an den Füßen – nicht gerade stramme Soldaten, keine wahre Freude für einen gestrengen Korporal, aber die gefürchtetste Truppe des Kaisers, die Grenzer.

In der Festung Peterwardein saß auch eines der Regimentskommandos jener einmaligen Organisation, der Militärgrenze, die als lebender Wall zwischen Morgen- und Abendland hundert Jahre lang Ungarn und damit das übrige Europa vor weiteren Einfällen der Türken sicherte.

Die auf dem Balkan vordringenden Türken hatten einen Zug serbischer Flüchtlinge vor sich hergetrieben. Als sich ihre Herrschaft konsolidierte, flüchteten immer wieder Serben aus dem Machtbereich des Sultans in den des Kaisers. Und 1690, ermutigt durch die Erfolge der kaiserlichen Truppen, führte der serbisch-orthodoxe Patriarch Arsenije Crnojević 37000 Familien aus Altserbien in das nun wieder habsburgische Südungarn. Österreichische Agenten hatten schon vorher serbische Partisanen im türkischen Reich mit Waffen versehen und zur Rebellion aufgestachelt. Nun bediente man sich wiederum ihrer Kampfkraft und ihres Türkenhasses. Zuerst unterstützten irreguläre serbische Hilfstruppen die Armee, doch bald wurden daraus eigene Truppeneinheiten. Von der Adria bis zur Bukowina erstand eine Truppe, die kein Vorbild hatte: Die Grenzer wurden Soldaten auf Lebenszeit, erhielten dafür Land und waren keinem Grundherrn untertan. Sie waren freie Bauern und freie Soldaten. Dafür unterwarfen sie sich einem harten und strengen militärischen Reglement. Entlang der Grenze hatte in einem breiten Kordon niemand anderer zu befehlen als die Armee – der Bauer als Milizionär.

In ihren Dörfern lebten die Grenzer in der »Zadruga«, der traditionellen serbischen Großfamilie, einer Hausgemeinschaft von etwa 30 bis 40 Menschen, einer ganzen Sippe, die sich widerspruchslos den Weisungen des Hausältesten fügte. Ein Drittel der männlichen Bevölkerung war ständig unter Waffen und wurde auch auf fernen Kriegsschauplätzen in anderen Teilen des Reiches eingesetzt. Das zweite Drittel konnte zwar zu Hause bleiben, versah aber den Wachdienst an der Grenze, und der Rest war für die Landarbeit freigestellt und mußte daneben beim Straßenbau, bei der Trockenlegung von Sümpfen und ähnlichen Unternehmungen zupacken. Die Grenzer wurden in Kompanien zusammengefaßt, die auch alle Frauen und Kinder in ihre Standeslisten eintrugen. Der allmächtige Mann war der jeweilige Hauptmann, dem die Granitscharen – wie sie sich nannten – bedingungslosen Gehorsam schuldeten. Der Vorteil dieses Systems? Der Kaiser brauchte an der ständig unruhigen Grenze, an der es auch in Friedenszeiten immer wieder zu Zwischenfällen, Schießereien und Übergriffen kam, keine kostspieligen Garnisonen einzurichten. Und in Kriegszeiten waren die Flanken seiner vorstoßenden Armeen durch die Grenzer gegen überraschende Einbrüche des Feindes gedeckt. Die in der Mehrzahl serbischen Soldaten hingen an ihrem Boden und waren bereit, ihn mit ihrem Leben zu verteidigen, und für ihre Freiheit nahmen sie auch das unerbittliche Dienstreglement mit dem Zuchtstock in Kauf.

Wenn einer den Grenzern nicht paßte oder wenn sie glaubten, in ihren Rechten beschnitten zu werden, dann rebellierten sie, aber sonst waren sie die treuesten Diener des Kaisers.

Der deutsche Heereskundler Hans Bleckwenn schreibt dazu: »Gelegentlich meuterte das aktive Drittel, wenn der verbriefte jährliche Austausch unterblieb, aber sie desertierten nicht! Für das 18. Jahrhundert war das ein fast unglaubliches Phänomen – für uns ist es aus der vorweggenommenen Struktur des Volksheeres völlig selbstverständlich. So waren ihre Regimenter nicht etwa *nur*, sondern *auch* zum kleinen Krieg befähigt: Man konnte sie in kleinen Abteilungen unbeaufsichtigt streifen lassen, ohne daß sie auf Nimmerwiedersehen davonliefen, und nie ist es einer anderen europäischen Macht vor der Französischen Revolution geglückt, auch nur Ähnliches an wahren Soldaten auf die Beine zu bringen.«

Als die Militärgrenze in der zweiten Hälfte des 19. Jahrhunderts als überflüssig endgültig aufgelöst wurde, da hatten die Offiziere Mühe, einen Aufruhr unter den Leuten zu verhindern.

Lange danach noch war der Grenzergeist zu spüren. In einem Bericht heißt es um 1900: »In den vielen Orten der gewesenen Militärgrenze liegt den Weibern die Disziplin noch so sehr in allen Gliedern, daß sie noch nach der alten Kompanieordnung schon um drei Uhr morgens aufstehen, um den Hof und das damals vor dem Hause angelegte Ziegeltrottoir sorgfältig reinzufegen. Es gibt auch noch Dörfer, wo die Weiber sich vom Sitz erheben, wenn ein älterer Mann vorübergeht, und in einer großen Zahl von Hauswesen ist die alte Unterordnung, der absolute Gehorsam der Frau, noch jetzt aufrechterhalten...«

Inzwischen sind die Frauen nicht mehr so gehorsam, die Grenze wurde weit nach Süden verlegt, und die letzten Grenzermonturen sind nur noch in Museen zu bewundern. Die serbische Kultur, die serbische Religion der ehemaligen Flüchtlinge hat sich fortgepflanzt. In Novi Sad sind die meisten Aufschriften kyrillisch, und das kleine Städtchen Karlowitz kann nicht verleugnen, daß es einmal das Rom der Serben war.

Neben Türmen provinzieller Barockmeister und byzantinischen Kuppeln von Ersatzqualität findet man ebenerdige Kolonistenhäuser, daneben aufgestockte Bürgerquartiere, Schulen, ein Wäldchen zwischen dem Strom und der Stadt und leere Straßen. Die Kathedrale ist geschlossen. Man läutet nebenan, beim Palast des Patriarchen. Man läutet lange, bis endlich ein schlurfender Schritt hörbar wird. Ein Schlüssel wird langsam umgedreht, und ein alter Mann im schwarzen Gewand eines orthodoxen Priesters öffnet: ein kräftiger, braungebrannter Mann, ein wenig gebeugt, mit lebhaften Augen und einem Bart, der Michelangelo als Anregung für seinen Moses hätte dienen können. Ein junger Bursche, der ein wenig Deutsch spricht, dolmetscht, und der greise Priester holt aus einer verborgenen Tasche seiner schwarzen Kutte einen Schlüsselbund, der auch einem Petrus wohl anstehen würde. Er sperrt die Kathedrale auf; eine goldene, leuchtende Bilderwand, Rokoko auf byzantinisch, serbische Kirchendekoration, von österreichischem Kunstgewerbe durchsetzt, der Balkan geht eine Ehe mit Mitteleuropa ein, der Osten verschwägert sich mit dem Westen. Die serbischen Einwanderer paßten sich der ihnen fremden austrifizierten Umwelt an und fanden so einen eigenen Stil. In dieser Kirche ertönten die endlosen Meßgesänge, die auf und ab schwingenden Melodien über dem Grollen tiefer Bässe und die Gebetsrufe der Patriarchen, der jeweils ersten Priester der serbisch-orthodoxen Kirche.

Österreich hat seine Versprechungen gegenüber den ins Land gerufenen Serben nicht immer gehalten. Mehrmals wurde versucht, die selbständige serbische Kirche dem Papst zu unterstellen. In Karlowitz hat man sich dagegen stets zu wehren gewußt. So wurden die Stadt und das Land ringsum zum Lagerhaus serbischer Kultur, zum Magazin seiner Geschichte, zum Sprungbrett für die spätere Unabhängigkeit. Der Wiener Hof und die Wiener Diplomaten haben in ihrer Politik gegenüber den Serben viele Fehler begangen, und sie müssen dafür manch harte und verdiente Kritik einstecken. Aber Österreich hat auch einen wesentlichen Anteil an der Rettung des Serbentums und am nationalen Erwachen der Serben, wenn dieser Anteil auch oft nur unfreiwillig gewesen sein mag. In Karlowitz war die Keimzelle der religiösen und nationalen Renaissance eines Volkes, dem die Türken die Geschichte nehmen wollten. In Novi Sad und in anderen österreichischen und ungarischen Städten erhielten junge Serben jene Bildung, die es ihnen erlaubte, für ein neues Serbien, ja sogar für ein Jugoslawien zu agitieren. Ein bereits in Südungarn geborener Mönch, Dositej Obradović, durchwanderte ganz Europa und ließ nicht ab, seinem Volk die zukünftige Einheit der Südslawen zu predigen. In einem seiner Sendschreiben aus dem Jahre 1783 spricht er wie hundert und hundertfünfzig Jahre später die Künder des neuen Jugoslawien: »Wem ist es nicht bekannt, daß die Bewohner Montenegros, Dalmatiens, der Herzegowina, Bosniens, Serbiens, Kroatiens, Slawoniens, Syrmiens, der Batschka, des Banat eine einzige Sprache sprechen? Wenn ich von den Völkern, die in diesen Königreichen und Provinzen leben, spreche, so meine ich sowohl die Angehörigen der griechischen als auch der lateinischen Kirche und schließe sogar die türkischen Bosnier und Herzegowiner nicht aus, weil man Gesetze und Glauben wechseln kann, niemals aber Volkstum und Sprache ...«

Ein Born dieses Nationalismus war auch die Kathedrale von Karlowitz, und der Priester versieht jeden Heiligen auf den großen Gemälden mit der ihm zugehörigen Geschichte. Die Männer unter dem Heiligenschein sind meist nicht bescheidene Mönche, Einsiedler oder Prediger, sondern Angehörige der Herrscherfamilien des versunkenen Großserbischen Reiches.

Dann verzieht sich das faltige Gesicht des Alten betrübt, und er berichtet von einem jüngst erlittenen Ungemach – ein Dieb habe ein Sakristeifenster eingedrückt und ein wertvolles Meßbuch mit einem vergoldeten Einband gestohlen – und eine Mitra. »War es die Mitra des Patriarchen?« – »Nein, es war meine Mitra, ich bin der Bischof von Karlowitz ...«

Wieder vor der Kirche, küßt ein junger Priester die Hand des Bischofs. Unauffällig, in schlichtem Kasernenstil steht in einem Obstgarten das zu Maria Theresias Zeiten erbaute alte Patriarchat. »Das ist jetzt der Sommersitz des Patriarchen von Belgrad«, erklärt der Hausmeister. Im Erdgeschoß sind Hunderte von vollen Weinflaschen gestapelt. Der Patriarch besitzt als letzten Rest einstigen Reichtums noch einige Weingärten und verkauft die besten syrmischen Sorten. Im ersten Stock, in einigen neu ausgestatteten Repräsentationsräumen, hängen in langer Reihe die Bilder der Patriarchen: Die späteren Chefs der serbischen Orthodoxie, deren oberster Herr Kaiser Franz Joseph war, sind wohlgenährte, elegante und saturierte Kirchenfürsten. Auf ihren Talaren schimmern österreichische, russische und serbische Orden. Ihre älteren Vorgänger haben aber noch etwas Kriegerisches und Orientalisches an sich, die Maler haben ihnen finstere Heiduckenblicke verliehen, und man wundert sich, daß aus den weiten Gewändern nicht ein Dolchknauf hervorlugt. Diese Männer haben eben noch die harten Jahre an der Grenze mitgemacht, sie waren die geistlichen Führer des rauhen Grenzervolkes.

In dem neuen Patriarchenpalast – der Neubau kurz vor der Jahrhundertwende soll an die 300000 Gulden verschlungen haben – hätten sich diese Gestalten nicht wohl gefühlt. Das weitläufige Stiegenhaus spiegelt vor Marmorglanz. Und man glaubt die Hintergründe dieses kostspieligen Großstadtbauens in der Kleinstadt zu erkennen: Die Serben in der Monarchie sollten nicht in Versuchung geführt werden, sich nach neuen kirchlichen Zentren jenseits der Save zu orientieren. Karlowitz sollte gegenüber Belgrad konkurrenzfähig bleiben. Inzwischen ist der Patriarch längst nach Belgrad übersiedelt und flüchtet nur noch in heißen Sommerwochen in das kühlere Karlowitz.

Dieser durch und durch serbische Ort mit einem österreichischen Äußeren kennt auch einen Schwabenberg; die Schwaben, die dort einmal gewohnt haben, sind fast alle geflohen oder vertrieben worden. Nur vor dem Rundbau der zierlichen Kapelle auf einem Hügel sitzt eine Frau mit ihrer Nachbarin im Gras, hat eine Stickerei vor sich ausgebreitet und spricht Deutsch – eine der letzten Schwäbinnen. Ihr Mann, ein Mittelschulprofessor, hütet die Kapelle, in der mit jeder hier gefeierten Messe für den Karlowitzer Frieden Dank gesagt wurde. Auf dem Hügel hatten sich 1699 die Vertreter des Kaisers, des Sultans, des polnischen Königs und des Dogen von Venedig zu Friedensverhandlungen versammelt. Weil keine der Unterhändler dem anderen den Vortritt gönnen wollte und sich die Protokollexperten über die Rangordnung nicht einig werden konnten, wurden in den für die Verhandlungen errichteten Bau vier Türen gebrochen, damit alle vier Delegierte gleichzeitig eintreten konnten. Der Friede beendete einen fast ununterbrochenen Kriegszustand seit 1683, als die Türken zur Eroberung Wiens aufbrachen. Die Türkei mußte danach den größten Teil Ungarns an den Kaiser abtreten. Weil hier das Ende der Herrschaft des Halbmondes über Europa zum erstenmal Inhalt eines Vertrages wurde, setzte man ein Kreuz über die Friedensstätte und weihte sie zur Kapelle. Der Professor, der sich um den verwaisten Friedenstempel kümmert, hat inzwischen auch seine Koffer gepackt. Er ist mit seiner Frau nach Österreich übersiedelt und unterrichtet irgendwo im Burgenland Latein.

Von dem Hügel blickt man hinunter zur Donau und in die weite Ebene am Nordufer, gegen Süden und Westen zu versperren Weinberge und bewaldete Hänge die Aussicht. Man ist an den Ausläufern der Fruška Gora, den Bergen, in deren verstecktesten Tälern und Schluchten sich die Mönche der serbisch-orthodoxen Kirche verborgen haben.

»In den Tälern des Fruška-Gora-Gebirges sind an die 13 griechisch-orientalische serbische Klöster eingenistet, in denen fromme Mönche des Sankt-Basilius-Ordens ein beschauliches Leben führen, für das Seelenheil der frommen Stifter und opferfreudigen Spender beten, ihren einstigen Leibeigenen und Häuslern Pfarrdienste verrichten, den müden Wanderer mit Speise und Trank laben, den zur Verehrung der Heiligtümer heranströmenden Pilgern eine gastfreundliche Aufnahme bereiten; das sind ihre heiligen und erhabenen Zwecke, und um diesen entsprechen zu können, verfügen die Klöster über namhafte Liegenschaften, Donationen von einstigen serbischen Herrschern und Heerführern ...« So wird in ›Die österreichisch-ungarische Monarchie in Wort und Bild‹ die friedliche Geborgenheit des serbischen Klosterlebens geschildert. Geht man heute auf die Suche nach diesen christlichen Fluchtburgen, bleiben einem herbe Enttäuschungen nicht erspart.

»Naturpark Fruška Gora« empfängt einen ein Schild aus braunem naturbelassenem Holz. Eine breite neue Straße schlängelt sich in den Wald hinein, vorbei an Picknickplätzen und Futterraufen. Auf einem Plateau ist wieder eine Partisanendame an der Spitze einer hohen, alles überragenden Säule postiert. Die Straße dringt tiefer in die Wälder ein, durchdringt sie und überquert Weinberge. Vor einem Häuschen werden Wein und Slibowitz feilgeboten. Den Wegweiser, der eine plötzliche Abzweigung ankündigt, hätte man beinahe übersehen – ein steiler Hohlweg zwischen Äckern, die Reste uralter Pflastersteine, eine rüttelnde Rutschbahn, die nirgendwo hinzuführen scheint. Eine Kurve, noch eine Kurve, Büsche, Bäume und endlich nach einem Wegknick weiße Mauern, das Kloster Hopovo. Dort, wo das Tal nicht mehr weiter kann, wo die zwei Hänge zusammenstoßen, hat sich das Klostergeviert in den hintersten Winkel hineingeschmiegt, die totale Weltflucht schon in der Auswahl des Bauplatzes bekennend, das Gegenteil der architektonischen Glaubensdemonstrationen katholischer Donauklöster. Die Pforte steht offen. Ein fast quadratischer Arkadenhof umgibt eine byzantinische Kirche – das Schema, nach dem alle serbischen Klöster angelegt wurden. Nirgends rührt sich etwas, auch die Kirche ist offen, nur die Gerüste von Restauratoren sind einem im Weg. Keine brennenden Kerzen, keine orgelnden Chöre, kein Weihrauchduft. Die Mönche wurden nach dem Krieg verjagt. Das Kloster steht leer, die Kirche ist ein Museum – ein Museum serbischer Freskenmalerei. An den Wänden der Kirche ist kaum ein Fleck unbemalt geblieben: Engel und Heilige mit langgezogenen, dunkelbraunen Köpfen, schlanke Körper, leblose Figuren, in Andacht erstarrt, Propheten, Apostel, Evangelisten, Byzanz an der Donau, das malerische Echo des mittelalterlichen serbischen Reiches und der Klöster und Kirchen in den Bergen Serbiens und Mazedoniens.

Als das serbische Königtum am Sankt-Veits-Tag, am 28. Juni des Jahres 1389, auf dem Amselfeld bei Kosovo unterging, als Sultan Murad das Heer der Serben, Bulgaren und Bosnier vernichtete, blieben von Serbiens Größe nur traurige Heldenlieder, in denen mehr von Niederlagen als von Siegen gesungen wurde. Die reichen Klöster verarmten und vegetierten unter türkischer Oberherrschaft weiter. Mönchsgruppen flohen nach Norden auf ungarisches Territorium. Um 1480 gründeten sie Hopovo, und die Künstler in ihren Reihen malten die Kirche nach dem Vorbild der prächtigen Kirchen im Süden aus und prägten ihr Heimweh den Heiligen in die traurigen Gesichter. Dreißig Jahre später hatten die Türken die Flüchtlinge wieder eingeholt, das Kloster ging in Flammen auf und wurde wieder aufgebaut; nun sind in einer Vitrine mehrere Fotos ausgestellt, die das Kloster wieder beschädigt zeigen – im Zweiten Weltkrieg war es unter Artilleriebeschuß geraten.

Ein ähnliches Schicksal hatte das bekannteste der Fruška-Gora-Klöster, Krušedol. Anfang des 16. Jahrhunderts erbaut, zerstört, wieder aufgebaut usw. Wieder folgt man verschlungenen Wegen, gerät über eine Straße, die keine mehr ist, zu einem kleinen Dorf mit einem Ziehbrunnen am Weg und einem hellen Gemäuer wie in Hopovo; in Krušedol ist der Turm bereits barock angehaucht, und auch in der Kirche ist der Einfluß der neuen Zeit unverkennbar. Wie in Karlowitz hat sich auch hier Wien vor Byzanz gedrängt. Am Gartenzaun starren einen Mädchen mit großen Augen an, sie zeigen mit Fingern und lallen unverständliches Zeug, drehen sich um und raufen um einen Ball. Schreiend schafft eine Frau Ordnung. Das Kloster ist ein Heim für debile Kinder. Ein Seitentrakt ist das Asyl des einzigen noch verbliebenen Mönches. Er zieht sich seinen Talar an, um die Gäste zu begrüßen, streicht sich das lange Haar zurecht, nimmt einen breitkrempigen Hut und lädt einen zuerst in das »Museum« ein – zwei Räume, die einem serbischen König gewidmet sind: Milan Obrenović, der von 1868 bis 1889 regierte und dann wegen seiner völligen Österreichhörigkeit und anderen den serbischen Nationalstolz verletzenden Eigenschaften zur Abdankung gezwungen wurde. Bilder des Königs, der Königin, das Katergesicht seines Sohnes und Nachfolgers Alexander, dessen umstrittene Gattin Draga Maschin – die beiden wurden 1903 ermordet –, Trinkgläser, die die königliche Familie benützt hat, Gewänder, Möbel, der schäbige Nachlaß einer Königsfamilie, die vom eigenen Volk enterbt wurde – eine Gedenkstätte abseits der großen Straßen, für Menschen, denen kaum ein Serbe ein ehrendes Andenken widmen möchte, ein Armenhaus für Monarchen. In der Kirche wird König Milan auf einem roten Marmorstein dennoch die ewige Ruhe gewünscht – der König, der nach einem flotten, affären- und schuldenreichen Leben im Exil in Wien 1901 gestorben ist, wurde in Krušedol bestattet. Kaiser Franz Joseph stiftete ihm den Grabstein. In der Gruft leisten dem mißratenen König mehrere ehrenwerte Patriarchen Gesellschaft.

Auch Krušedol war noch erbaut worden, bevor die Türken Syrmien eroberten; die nächsten beiden Klöster Vrdnik und Jazak sind reine Barockschöpfungen aus den Jahren nach der großen serbischen Einwanderung. Mit dem Patriarchen kamen auch die Mönche. Sie brachten nicht nur teures Meßgerät, goldbeschlagene Bibeln, Gesangbücher und schwere Paramente mit, sondern auch ihre kostbarsten Reliquien, die Mumien ihrer Könige und Heiligen. Aus ganz Serbien pilgerten die Gläubigen nach Vrdnik, um dort am Sarg König Lazars, der auf dem Amselfeld gefallen ist, zu beten. Das Kloster hieß auch Ravornitza, nach dem Kloster in Serbien, in dem Lazar früher aufgebahrt war. Der Sarg steht noch in der Kirche, aber er ist leer. Der Leichnam mußte noch einmal wandern, er wurde in die Kathedrale von Belgrad überführt. Wieder hält ein einsamer Mönch Wache über das Heiligtum. Er hat keine allzu engen Bindungen an die serbische Vergangenheit, er klagt nicht um Lazar, ihm waren die serbischen Könige immer Fremde. Der Mönch ist in Charkow geboren, lange vor der Revolution. Wie viele andere russische Mönche floh er vor dem Kommunismus nach Jugoslawien. Wie einst die ersten Fruška-Gora-Mönche den Türken nicht endgültig entrinnen konnten, so war seine Flucht vor dem Kommunismus vergebens.

Die Sonne ist untergegangen; im Kloster Jazak brennen die Lichter. Zwei kleine Hunde springen, bis zur völligen Erschöpfung keifend, den Besuchern entgegen. Hinter ihnen kommt ein junges Mädchen in der schwarzen Tracht orthodoxer Nonnen. Das schleierartige Kopftuch, ähnlich wie es früher russische Bäuerinnen trugen, sitzt stramm auf der Stirn und verdeckt das Haar der Nonne. Noch ein zweites Mädchen in Schwarz zeigt sich und schimpft mit den Hunden. Nun begrüßt einen die Vorsteherin des Klosters. In Jazak lebt noch eine winzige Gemeinschaft von fünf Schwestern, drei sind jung, erst vor einigen Jahren eingetreten. Früher hatten die Fruška-Gora-Klöster riesige Ländereien, bis zu 6000 Hektar. Von der Landwirtschaft leben auch die Nonnen von Jazak. Sie besitzen 10 Hektar, das Maximum, das die jugoslawischen Gesetze an privatem Grundbesitz erlauben. »Wir arbeiten zum Teil selbst auf dem Feld und nehmen uns Taglöhner aus dem Dorf. So kommen wir schlecht und recht durch.« Sie verkaufen einen Teil ihrer Produkte und haben eine Spezialität, für die früher alle Fruška-Gora-Klöster berühmt waren: Slibowitz. Was ein Liter kostet? 1500 alte Dinar. Der Preis ist hoch, in den Geschäften erhält man die besten Sorten um 1700 oder 1900 Dinar. Die Nonne bringt eine Kostprobe: Die Pflaumen wurden zu Gold gebrannt; gelblich, dickflüssig, scharf und mild zugleich rinnt einem der Geist Serbiens durch die Kehle, wie man ihn besser um viel Geld nicht kaufen kann.

Schaurig hallen im Hof die klagenden Rufe eines Kauzes. Die Nonne deutet zum Kirchturm. Auf einem Mauervorsprung thront der Nachtvogel, unheimlich, gespenstisch, unbeweglich, ein Dracula-Gefährte, nur sein Totenruf tönt unablässig weiter. »Wir hoffen, daß in nächster Zeit noch mehr Nonnen hierherkommen werden«, sagt die Vorsteherin. Die Mädchen, die eugierig neben ihr standen, hat sie inzwischen mit scharfen Worten in die Zellen befohlen. Als die alte Nonne sich verabschiedet, schaut sie selbst noch einmal schnell in den Stall direkt in der Einfahrt, dort, wo früher einmal ein Pförtner empfangen hat, wo die Sprechzimmer für Besucher waren. Nun sind einige Kühe und Ziegen in dem Gewölbe angekettet, das wertvollste Gut des Klosters. Die Vorsteherin greift zu einer Gabel, ordnet das Stroh und räumt den Mist weg. Die Hunde bellen wieder nervös, und der Kauz schreit noch immer. Der Wagen poltert und hüpft über Pflasterbruchstücke, durch dunkle Dörfer, bremst vor einem aus dem Dunkel auftauchenden unbeleuchteten Pferdewagen und verläßt langsam und vorsichtig die Berge, die so reich an Klöstern waren und in denen das Gelübde der Armut heute vom Staat kontrolliert wird.

Auf der Donau erhellt ein lichter Schein den Horizont. Die Lichter von Belgrad, der weißen Stadt, strahlen bis zur Theißmündung herauf. Der Kapitän schaut gespannt auf das ruhige Wasser. »Das hier ist eines der gefährlichsten Streckenstücke, hier gibt es die meisten Havarien.« Heimtückischer Treibsand und verborgene Sandbänke lassen nur eine schmale, sich immer wieder verändernde Fahrrinne frei. Wie eine Perlenkette spiegeln sich brennende Straßenlaternen im Wasser: Zemun, das alte Semlin, Grenzort, Aufmarschgebiet für alle Angriffe gegen Belgrad und gefürchtete Quarantänestation für alle Orientreisenden, die von Belgrad kommend die Save überschritten. In Semlin wurde Europa gegen die Türken und – gegen den Schwarzen Tod, die Pest, verteidigt. 1710 war durch das kaiserliche »Pestpatent« dieser Wall gegen die gefährlichste Seuche jener Zeit, die meist aus dem Orient eingeschleppt wurde, angeordnet worden, und noch 1839 berichtet Josef von Dorner von den strengen Quarantänesitten, die damals in Semlin herrschten. Er erzählt zuerst vom Markttag, an dem einmal in der Woche Türken und Serben über den Fluß kommen und am Semliner Donauufer unter strengsten Sicherheitsmaßnahmen ihre Waren anbieten konnten:

»Der Markt wird in einer langen, von allen Seiten offenen Hütte abgehalten, die mit einem Dach versehen ist. Die Käufer und Verkäufer sowie die betreffenden Reinigungsdiener und 30 Aufseher sind durch Barrieren voneinander getrennt, so daß dadurch jede unmittelbare Berührung der Fremden vermieden wird. Die Reinigungsdiener haben den gegenseitigen Verkehr auf diese Weise zu veranstalten, daß sie alle gekauften Waren von Türken übernehmen und den diesseitigen Parteien schon gereinigt zu übergeben haben. Nicht giftfangende Stoffe, wie Pfeifen, Tabak, Holzwaren, Obst und dergleichen, werden durch bloßes Begießen mit Wasser von dem etwa anklebenden Schweiße und Schmutz gereinigt und sogleich dem Käufer übergeben. Solche Gegenstände, die für giftfangend erklärt sind, wie alle Tuche und Wollstoffe, werden in die Kontumaz-Anstalt gewiesen, wo sie einer weitläufigeren Reinigung unterworfen werden. Das von den Türken und Serben bezahlte Geld wird von den Käufern in eine mit Essig gefüllte Schale geworfen, von wo es der Reinigungsdiener herausnimmt, abtrocknet und sodann dem Eigentümer einhändigt . . .«

Im Bereich der eigentlichen Kontumaz-Anstalt führen die Semliner ihre Kinder spazieren. Die düstere Zwangsunterkunft aller Ankömmlinge aus dem türkischen Reich wurde in einen Park umgestaltet, und nur zwei Kapellen, eine serbische und eine katholische, einst seelischer Trost für die unter Quarantäne stehenden Reisenden, erinnern an diese für Europa so heilsame medizinische Grenze, ihre Desinfektionsmaßnahmen unter militärischem Kommando und all die Unbequemlichkeiten, die ein Reisender damals zum Wohl der Allgemeinheit auf sich nehmen mußte. Josef von Dorner hat bei seinem Semlinbesuch die Kontumaz-Anstalt noch in voller Aktion erlebt:

»Die weite Kontumaz-Anstalt bildet eine kleine Stadt für sich, die durch eine zwölf Fuß hohe Mauer ringsum von den übrigen Häusern abgesperrt ist. Ein Kontumaz-Direktor wacht über die pünktliche Befolgung der Quarantänegesetze, für die er verantwortlich gemacht ist. Der kleinste Fehler wird sehr nachdrücklich mit Festungshaft bestraft. Unter seiner Leitung stehen ein Kontumaz-Arzt, ein Dolmetsch, mehrere Warenaufseher, Amtsschreiber, ein Briefräucherungskontrolleur und mehrere Reinigungsdiener und 30 Überreiter. Die Kontumazierenden werden in Zimmern untergebracht, die man hier Kolliben nennt, deren Möblierung aber äußerst bescheiden und einfach ist. Der Arzt besucht dort die Fremden täglich und hat sich um ihre Gesundheitsumstände genau zu erkundigen. Ein Reinigungsdiener muß dagegen das ganze Gepäck des Fremden lüften und durch tägliche Berührung mit demselben sich überzeugen, ob es nicht verpestet ist. Nach zehn Tagen wird der Kontumazierende freigesprochen, in kritischen Zeiten, wenn Pestfälle in der Türkei und Serbien vorkommen, wird die Quarantänezeit verhältnismäßig bis auf 40 Tage erhöht. Ein eigener Traiteur versorgt gegen billige Bezahlung die Kontumazierenden mit Speisen und Getränken. Arme dagegen werden von der Anstalt selbst erhalten ...«

Die militärische Bewachung des Pestkordons oblag den Grenzern. Entlang der türkischen Grenze waren zu normalen Zeiten 4000 Soldaten als Pestwachen eingeteilt; wurden Pestfälle auf dem Balkan gemeldet, so erhöhte sich der Stand des Kordons auf 7000 Mann. Während in den Kontumaz-Anstalten die Reinigungsbeamten Kleider, Gegenstände und Waren nur mit Taststangen berührten und über Chlordämpfen desinfizierten, standen die Männer draußen auf Posten, damit niemand, der die umständlichen Quarantäneprozeduren scheute, die Grenze überquere. Wer an anderen Stellen als an den offiziellen Übergängen von der Türkei nach Ungarn wechselte, konnte ohne Anruf erschossen werden.

Semlin war der Kommandobunker dieser medizinischen Maginotlinie. Die Feldmarschälle des Kaisers benützten es hundert Jahre lang auch als Sprungbrett für den Angriff auf die meist türkische Festung Belgrad. Nach dem Tode des ungarischen Türkenbezwingers Hunyadi in Semlin – die Ungarn haben ihm später ein leuchtturmartiges Denkmal beschert – hielt Belgrad nicht mehr lang: 1521 nahmen es die Türken ein, erst 1688 wurde es vom Kurfürsten Maximilian von Bayern zurückerobert, 1690 wieder verloren, 1717 von Prinz Eugen erstürmt, 1739 neuerlich türkisch, 1789 von Feldmarschall Laudon besetzt und 1791 wieder geräumt. Im Ersten und Zweiten Weltkrieg wiederholte sich das blutige Eroberung-Belgrads-Spiel noch einige Male. Und meist wurde auch Semlin dabei in Mitleidenschaft gezogen.

In den düstersten Tagen Semlins hielt eine österreichische Gesandtschaft in der Grenzstadt. Sie sollte 1740 nach dem katastrophalen Türkenkrieg die Freundschaft Maria Theresias zur Hohen Pforte bekunden. Ein Mitglied dieser diplomatischen Reisegesellschaft, der kurmainzische Hauptmann Philipp Franz Reichsfreiherr Gudenus, hat über alle Fährnisse und Ereignisse getreulich Buch geführt. Am Tag der Ankunft der Gesandtschaft hatte das letzte österreichische Detachement die Festung Belgrad verlassen, und mit den Soldaten quoll ein Strom von Flüchtlingen über die Save. Gudenus berichtet:

»Gleichzeitig mit unseren Truppen sind auch viele Christen und Juden der Zivilbevölkerung ausgezogen. Diese finden in Semlin schlechte Unterkunft, der Ort ist schon an sich klein und elend, und überdies hat die Save die Gegend so arg überschwemmt wie seit Menschengedenken nicht. Deshalb haben sich die meisten nach Raizenart auf den Höhen eingegraben oder sich Höhlen in den Felsen gehauen. Einige dieser Leute sind schon verschüttet worden. Am besten sind noch jene dran, die sich aus Belgrad Bodenbretter, Türen, Fensterläden, Vertäfelungen usw. mitbrachten und sich daraus Hütten bauten. Manche schlafen unter ausgespannten Decken auf Kisten und Schränken. Es dürften kaum wo elendere Unterkünfte zu finden sein als hier ...«

Auch heute wandern viele tausend Belgrader nach Semlin, jeden Tag, entweder in der Früh oder am Abend – zur Arbeit oder von der Arbeit. Das heißt, ihr Ziel ist nicht das noch immer recht altväterische Städtchen, sondern das Sumpfland am linken Saveufer nahe ihrer Mündung in die Donau. Dort, wo Tausende von Soldaten verschiedenster Armeen elendiglich erstickt und ertrunken sind oder sich den Keim tödlichen Sumpffiebers geholt haben, hat Tito eine neue Stadt aus dem Boden stampfen, besser, der schwankenden, unsicheren Grundlage aufpfropfen lassen, eine Wolkenkratzerstadt mit Regierungs- und Wohngebäuden. Und eine ununterbrochene Kette von Autobussen stellt über die breite Savebrücke die Verbindung zwischen den beiden breiten Strömen, die hier einen Bund fürs Meer schließen, dem alten und dem neuen Belgrad her. Das alte Belgrad aber steht noch immer recht abweisend gegenüber. Es bietet ihnen seine Mauerseite dar, den ewig umstrittenen Festungsberg Kalemegdan.

21. Kapitel

Die weiße Burg
Belgrad

Heißer Atem, wilde Schreie, Ächzen, dumpfe Aufschläge, Körper, die aneinanderprallen, springende Gestalten, braungebrannte Burschen, sehnig, elastisch. Die einen sind Soldaten der belagerten Garnison. Sie rufen ermunternd: »Mirko, Niko, Petar, Milan . . . !« Der »Feind« heißt Selim, Mehmed, Ali. Der Kampfplatz wird von roten Ziegelmauern begrenzt, aus den schmalen gebrannten Quadern, die man vor 200 oder 300 Jahren zu Basteien zusammengefügt hat. Sie sind mit bemoosten Steinkugeln bespickt, als ob eben die Geschosse der Belagerer eingeschlagen hätten und klebengeblieben wären. Allerlei Kriegsgerät steht auch herum, aber es knallt und donnert nirgends. Der Kampf wird ohne Waffen geführt. Die Burschen springen nach einem Ball und schnellen an den beiden Seiten eines straff gespannten Netzes hoch. Von steilen Tribünen feuern sie Zuschauer an – Rekruten in den armseligen Monturen, wie sie Rekruten in aller Welt verpaßt bekommen, aufgeregte Studenten, Mädchen in kurzen bunten Kleidern drücken die Daumen und schreien sich heiser, daß Belgrads Burg, der Kalemegdan, nicht noch einmal von den Türken erobert wird.

Die Türken – das ist vielleicht etwas übertrieben. Sie kommen aus Bosnien, eine Volleyballmannschaft mit vielen Mohammedanern in ihren Reihen, die dem Belgrader Armeeteam in dem zu einem Stadion verwandelten Burggraben den Sieg entreißen möchte. An einem friedlichen Abend ist die Luft hier hoch über Save und Donau angenehm frisch. Durch den Park, den man an der verwundbaren Flachseite des Festungsberges wachsen lassen hat, bummeln Pensionisten. Kinder, die weiter nördlich um diese Stunde schon ins Bett geschickt würden, laufen hinter Bällen her. Liebespärchen klingt der Kampflärm nach Nachtigallen, und die Tiefstrahler werden ihnen zu romantischen Monden. Die Menschen tauchen zwischen dunklen Toren und Basteien unter, sie verschwinden zwischen Geschützrohren, die Österreicher auf Prinz Eugens Befehl in Stellung gebracht haben, zwischen Mörsern aus dem Ersten Weltkrieg, die den Serben als Kriegsbeute zugefallen sind, und Panzern und Maschinengewehren, die Titos Partisanen den Deutschen und Italienern abgenommen haben. In diesem außer Dienst gestellten Arsenal des Todes forschen die Promenadengäste nicht nach Geschichte und Waffentaten, sie ersehnen nur Stille, Erholung, Entspannung und Liebe. Der Burgberg, um den sich Kelten, Römer, Byzantiner, Serben, Ungarn, Türken, Österreicher und Deutsche gestritten haben, ist heute Belgrads beliebtester Park. Kaum eine Festung in Europa wurde öfter erobert als der Kalemegdan. Kampflos hat sie sich den Belgradern ergeben, die auf friedliche Weise von den Mauern, Gewölben, Türmen, Brunnen, Verliesen und Gräben Besitz ergriffen haben.

Von den Zinnen der Burg wird einem ein strategisches Lehrbild geboten. Man begreift, daß diese Festung Eroberer magnetisch anziehen mußte. Auf der Nordseite die breite Save, der Strom, zu dem Belgrad direkteren Kontakt hat als zur Donau, der Hafen Belgrads, in dem gerade das russische Passagierschiff »Amur« eine Ladung Touristen auf die Stadt losläßt, Schleppkähne unter Kränen, die beiden Brücken hinüber nach Neu-Belgrad und Semlin, im Osten die noch breitere Donau, die gelassen und lässig die Wassermassen der Save konsumiert. In den von den beiden Strömen gebildeten Winkel hat sich die Festung gezwängt, als Schlüsselpunkt, Pforte, Sperriegel und Damm für jede Macht, die entweder vom Schwarzen Meer herauf nach Ungarn und Mitteleuropa marschierte oder vom Norden kommend die Beherrschung des Balkans, der Meeresküsten und Istanbuls anstrebte.

Vorbei an einer türkischen Mauer gelangt man durch ein Tor, das die Österreicher zwischen 1688 und 1690 gebrochen haben, zum Zindan-Turm, in dem bereits die ungarischen Herren der Festung ihre Gefangenen schmachten ließen, und setzt sich dann zu einem türkischen Kaffee auf der Terrasse des der Donau zugewandten Cafés hin. Unter den Basteien dehnt sich eine grüne Fläche zum Strom. Buben spielen vor improvisierten Toren Fußball. Mitten im Grünen steht verlassen ein einsames Prunktor, ohne Zweck und Aufgabe, weil die Mauer zu seinen beiden Seiten abgerissen wurde: das Tor Karls VI. neben den Kuppeln eines niedrigen türkischen Bades und dem letzten Rest der unteren Festung, dem Nebojsa-Turm, der noch das Mittelalter erlebt hat. Im Restaurant hat inzwischen eine Dinarmünze die Jukebox in Bewegung gesetzt und den leidenschaftlichen Rhythmus des Drinamarsches ausgelöst, jener zündenden und aufpeitschenden Melodie, die Zigeuner inmitten des Schlachtgetöses fiedelten, als 1914 die Serben an der Drina die Österreicher schlugen. Aus dem nahen Zoo vernimmt man das Brüllen der Tiere. Dort trompeten die Elefanten, die Birmas schon längst wieder abgesetzter Präsident U Nu Tito geschenkt hat, als Zeichen der erfolgreichen Bemühungen des Marschalls um die »blockfreie« dritte Welt.

Und etwas weiter unten im Süden überspannt eine schmale eiserne Brücke die Donau und verbindet sie mit dem einstigen ungarischen Ufer, mit Pancsova, heute Pančevo. Schiffsleute fürchten die Brücke wegen der unangenehmen Strömungen, die ihre Pfeiler erzeugen. Vor nicht allzulanger Zeit ist ein sowjetischer Tanker gegen einen der Pfeiler geprallt und explodiert.

Gekracht hat es um Belgrads Donau- und Savebrücken öfters. Sie wurden gesprengt, beschossen, bombardiert, abgerissen, wiederaufgebaut. Sie waren Brücke und Hindernis zugleich, und manchmal wurden sie sogar zur Kampfstatt wie die zwei Pontonbrücken, die 1918 im Bereich der heutigen Donaubrücke die Truppenbewegungen über den Strom zwischen Belgrad und Pancsova ermöglichten.

Der Krieg war schon müde geworden. Die Soldaten vertrauten ihren Offizieren nicht mehr. Das Kaiserreich bestand zwar noch, aber es war von der Festigkeit eines Zuckerstücks, das man in den Kaffee geworfen hat. Tschechen, Ungarn, Serben, Ruthenen, Polen, Slowaken usw. marschierten noch unter den Fahnen des Kaisers, aber aus den kaiserlichen Soldaten wurden tschechische, ungarische, serbische, ruthenische, polnische und slowakische Soldaten. Sie dachten nur noch an ihre eigentliche Heimat, die es nun zu schützen galt. Als im Oktober 1918 nun ein Dragonerregiment und eine Ulanenschwadron noch einmal über die Donau sollten, um Belgrad gegen die anrückenden Serben, Franzosen und Engländer zu verteidigen, weigerten sich die Leute. Sie hielten ihre Pferde mitten auf der Brücke an. Sie ritten nicht weiter. Sie murrten gegen die brüllenden Offiziere. Sie fluchten, sie rührten sich nicht, sie meuterten. Auf der Parallelbrücke ging ein zweites Dragonerregiment über die Donau, das seinen Offizieren noch gehorchte. Die Soldaten stammten aus den deutschsprachigen Kernländern des alten Österreich. Und als der Feuerbefehl ertönte, da schossen sie auf ihre Kameraden, die auf der anderen Brücke waren. Eine der schrecklichsten Stunden für eine Armee, ein Moment tiefster Erniedrigung. Alexander Lernet-Holenia hat diese furchtbaren Minuten in seinem Roman ›Die Standarte‹ als Dichter nacherlebt:

»Im nächsten Augenblick brach die Hölle los. Längs der ganzen Brückenbrüstung, an der Royal Allemand (das andere Dragonerregiment) lag, und auch vom Ufer her begann ein prasselndes Knattern, als würden dort überall grüne Fichtenäste ins Feuer geworfen. Da die Abschüsse direkt gegen uns gerichtet waren, so klang es wie ein fortwährendes gellendes Klatschen und Platzen unmittelbar an unseren Ohren. Ein waagrechter, heulender Hagel von Geschossen überschüttete uns, und im Nu war unsere völlig ungedeckt dastehende Kolonne in einen Wirrwarr verwandelt, in dem Dutzende und Hunderte von Leuten und Pferden sich auf den Bohlen der Brücke wälzten. Manche Reiter übersprangen, wie sie waren, sofort das Geländer und warfen sich in den Strom, andere saßen ab und versuchten, das Feuer zu erwidern oder schossen aus dem Sattel, der trommelnde Galopp durchgehender Pferde raste, in Richtung nach Belgrad, davon. Rundum spritzte unter den Geschoßeinschlägen das Wasser auf wie bei einem schweren Hagelschlag ... Das Feuer hörte sofort auf. Ungeheuer widerhallend verrollte das Echo der letzten Schüsse an den Mauern der hochgelegenen Festung über Belgrad. Der Boden der Brücke war überdeckt mit toten und verwundeten Leuten und Pferden. Was vom Regiment noch aufrecht stand, mochten auf der ganzen Länge der Brücke nicht mehr als hundertfünfzig Leute sein, auch sie zum Teil verwundet oder ohne Pferde, und Pferde ohne Reiter, mit hängenden Zügeln, rannten zwischendurch umher. Auf diesen Rest des Regiments schlugen die Offiziere und Chargen, die noch lebten oder sich überhaupt aufrecht halten konnten, mit flachen Hieben ihrer Klingen sofort ein ... Im ganzen hatte das Feuer höchstens eine oder anderthalb Minuten gedauert. Aber das Regiment war praktisch nicht mehr da ...«

Lernet-Holenia hat den Totentanz des Reiches auf die Donau verlegt, unter die Mauern von »Stadt und Feste Belgerad«, wie es im Prinz-Eugen-Lied heißt. Das Lied wurde gesungen und gespielt, als die Truppen 1914 ins Feld zogen und glaubten, einen Krieg bejubeln zu müssen. Vor Belgrad ist dieses Lied geboren, vor der umkämpften Stadt, deren Besitz so oft entschieden hat, ob der Westen oder der Osten die mittlere und untere Donau beherrschte. Hier sind auch die ersten Schüsse des Weltkrieges gefallen, von der Donau aus, als die gepanzerten Monitoren der österreichischen Donauflottille die Befestigungen des Kalemegdan unter Feuer nahmen.

Diese Donauschiffe wurden zum Alptraum für die Bewohner

Belgrads. Und manch Belgrader mag damals die Donau gehaßt haben, weil sie auf einmal Pulver, Blei und Eisen spie. In einer serbischen Flugschrift wird der Bevölkerung 1914 aufklärend gesagt: »Der österreichisch-serbische Krieg fing zwischen dem 28. und 29. Juli um elf Uhr nachts an, und zwar mit Schüssen der Monitoren der österreichischen Donauflottille, die einzelne Viertel Belgrads trafen. Das kleine Zeug haben wir am Anfang des Krieges ausgelacht und damit Witze getrieben. Aber bald haben wir gesehen, daß uns der Monitor mit seinem Zynismus und seiner frechen Haltung empfindlichen Schaden zufügt ... Einige sagen, es gäbe deren 20, andere behaupten, es seien bereits 22 Monitoren gesunken und daß noch 10 bestehen; darüber gerieten selbst die besten Freunde in Streit. Die Aufmerksamkeit wurde nicht weniger auch bei den Bewohnern des Landesinnern angefacht, die von den Monitoren nur aus den märchenhaften Erzählungen der Flüchtlinge erfahren. Letztere sagen, daß die Monitoren wie Schwäne auftauchen und dort erscheinen, wo man sie am wenigsten erwartet. Wenn sie an die Oberfläche kommen, dann vernichten, zerstören, morden und töten sie, was immer sie auch sehen ...«

Die Österreicher hatten zwar keine U-Boote auf oder in der Donau, aber immerhin sechs Monitoren und sechs Patrouillenboote, deren Feuer die Serben nur mit ihren gutgedeckten Uferbatterien beantworten konnten. Die moderneren Schiffe wie die »Bosna« waren mit zwei 12-Zentimeter-Langrohrgeschützen in einem Doppelturm, drei 12-Zentimeter-Haubitzen und sechs Maschinengewehren armiert. Als 1914 nach der schnellen Einnahme Belgrads die Stadt von den Österreichern bald wieder geräumt werden mußte, deckten Monitoren den Rückzug. Die Serben sperrten die Donau durch Minen und versteckte Torpedolancierstationen, die am Donauufer in kleinen Kanälen geschickt getarnt waren. Die Österreicher versuchten mit einem Munitionstransport für die türkischen Verbündeten den Durchbruch. Der Munitionsdampfer wurde jedoch versenkt. Mit deutschen Verstärkungen unter Generalfeldmarschall Mackensen wurde Belgrad im Oktober 1915 neuerlich angegriffen. Wieder bombardierten die Monitoren die serbischen und französischen Batterien auf dem Kalemegdan und gaben den übersetzenden Truppen Feuerschutz.

In denselben Gewässern hatte zweihundert Jahre früher eine andere österreichische Donauflottille wesentlichen Anteil an dem großen Sieg Prinz Eugens vor Belgrad. Die Nützlichkeit von Kriegsschiffen auf der Donau hatten die Türken mit ihren flinken und gefährlichen Tschaiken immer wieder bewiesen. Das Drängen Prinz Eugens bewirkte, daß endlich Geld für den Bau einer österreichischen Donauflottille bereitgestellt wurde. 1715 wurde ein Teil des Wiener Praters zur Werft. Ein englischer und ein Hamburger Schiffsbaumeister waren verpflichtet worden, und im April 1716 lief das erste Donaukriegsschiff, die »Santa Maria«, vom Stapel – ein mit 64 Kanonen bestücktes Segel- und Ruderschiff. Am 15. Juli wurden sieben Schiffe in einem wahren Volksfest vom späteren Wiener Erzbischof Kolonitsch getauft. Der dänische Schiffskapitän Peter von Andersen wurde zum »Vizeadmiral und Obersten der kaiserlichen Schiffsarmada« ernannt. Als Prinz Eugen im Sommer 1717 seine Armee gegen Belgrad in Marsch setzte, fuhr auf der Donau eine zehn Schiffe starke Flotte auf, die über insgesamt 400 Kanonen verfügte und die nicht unbeträchtliche Summe von 273416 Gulden gekostet hatte.

Vom Kalemegdan aus sieht man auch die Insel, die die Save zwischen Belgrad und Semlin noch kurz vor ihrer Mündung in zwei Arme teilt. Diese sogenannte »Kriegsinsel« ist das logische Sprungbrett, wenn man die Stadt vom Norden her angreift. Sie verkürzt den Wasserweg und erlaubt einen Saveübergang in zwei Etappen. Hier hatten die Türken ihre Flotte postiert. Gespannt beobachteten sie die Angriffsvorbereitungen der Kaiserlichen, die eben vor Semlin aufmarschierten. Inzwischen führte Eugen seine Donauschiffe durch einen natürlichen Kanal von der Donau in die Temes und zur Mündung des Flusses bei Pancsova südlich von Belgrad. Während die Türken den Angriff von der Save her erwarteten, hatte Eugen seine Flotte, seine Landungsschiffe und das gesamte Material für den Bau einer Schiffsbrücke über die Donau unbemerkt von der Festung in eine überraschende und günstige Ausgangsposition manövrieren können. Am 15. Juni brachen Eugens Landungskommandos aus der Temesmündung hervor. Die Schiffsgeschütze wehrten die türkischen Tschaiken ab. Die schwachen Ufersicherungen waren schnell überwältigt. Und ehe der Pascha auf dem Kalemegdan begriffen hatte, was eigentlich los war, bildeten 27 Bataillone und 24 Grenadierkompanien einen Brückenkopf. Sogleich befahl der Prinz den Bau der berühmten Schiffsbrücke, wie es das Lied singt: »Er ließ schlagen eine Brucken, daß man kunnt hinüber rucken mit der Armee wohl für die Stadt ...«

Das mehr als 100000 Mann starke Heer rückte mit 100 Feld- und 200 Belagerungsgeschützen über die Donau und umfaßte die Stadt vom Süden her. Auch auf der Save wurde bald eine zweite Schiffsbrücke errichtet, und der Ring um die 30000 Türken war geschlossen.

Die Belagerung begann. Schanzen wurden aufgeführt, Gräben gegraben. Prinz Eugen richtete sich auf Angriff und Verteidigung ein. Sein Lager war zur Festung hin stachelig wie ein Igel, gleichzeitig mußte es seine Spitzen auch nach Süden richten. Dort mußte innerhalb der nächsten Wochen ein türkisches Entsatzheer eintreffen.

Die Belagerung zog sich in die Länge. Die Basteien des Kalemegdan waren mit den besten Truppen des Sultans bemannt. Wie Eugens Batterien die Burg beschossen, so lag sein Lager ständig unter dem Feuer der Türken. Sie versuchten immer wieder Ausfälle und bedrohten mit ihren Tschaiken die Schiffsbrücke über die Save. Eine Kossowa, einer der gefürchteten Donauorkane, bei dem der Strom fast Meeresgewalten entfesselt, brachte es fertig, was den Türken nicht gelungen war. Die Schiffsbrücken zerrissen, Munitions- und Proviantboote versanken, Zelte wurden weggeweht, und die Janitscharen nutzten die Verwirrung zu einem neuerlichen Ausfall. Die Soldaten Eugens hielten in ihren Schanzen aus. Der gefährlichste Feind schlich sich aus den morastigen Donau- und Saveauen ins Lager: das Sumpffieber, der natürliche Verbündete aller Verteidiger Belgrads. Dazu kam noch die Ruhr. Prinz Eugens Armee schmolz dahin. Und am 30. Juli schossen die Türken auf dem Kalemegdan übermütig in die Luft, schrien und jubelten, entzündeten Freudenfeuer. Ihre Posten hatten das Entsatzheer erspäht – ein Heerbann von 150000 Infanteristen und 70000 Reitern unter Großwesir Halil besetzte die Höhen vor Belgrad im Rücken Eugens. Der Prinz saß in der Falle – vor sich hatte er die noch völlig intakte Festung, hinter sich den Großwesir, die Donau und die Save –, die zwei Brücken hätten niemals ausgereicht, um die Armee zu evakuieren. Europa erzitterte. Ein neues 1683 war nahe. Wenn Eugen seine Armee vor Belgrad verlor, dann war der Weg nach Wien offen. Der Kaiser verfügte über kein zweites Heer, das er den Türken hätte entgegenwerfen können. Das wußte auch der Großwesir, und er wähnte sich schon in Wien. Deshalb wollte er seine prächtige Armee schonen, deshalb bezog er in Kanonenschußdistanz von den Kaiserlichen feste Stellungen und wartete ab. Eugen aber sagte: »Entweder nehme ich Belgrad, oder die Türken nehmen mich ...«

Als Spione dem Savoyer einen für 17. August geplanten Angriff der Türken meldeten, entschied er sich ohne Zögern. Am 15. August, eineinhalb Tage vor der Schlacht, rief Eugen seine Generale zusammen. Die Order ist noch erhalten und beginnt mit den Sätzen: »Die Cavallerie rückt aus und fängt an, sich zu formieren um Mitternacht, außer dem Retranchement, und stellt alles, was reiten kann. Die Infanterie richtet sich nach den beiden Flügeln der Cavallerie ...«

Um Mitternacht wurde das Lager lebendig, ohne daß die Türken etwas bemerkten. 24 Kavallerieregimenter saßen auf, 52 Infanteriebataillone formierten sich, im Dunkeln durch die Durchlässe der Verschanzungen in Richtung Feind vorrückend, die Infanterie in zwei Treffen hintereinander im Zentrum, die Kavallerie an den Flügeln. Die Türken ahnten nicht, was sich da zusammenbraute. Sie hatten nie mit solch einem »Wahnsinnsentschluß«, mit einer »Alles-oder-nichts«-Taktik des Prinzen gerechnet. Nebel aus den Donauauen breiteten einen milchigen Schleier über die Eskadronen und Kompanien, wie man ihn heute mit Nebelgranaten erzeugen würde. Er schluckte das Getrappel der Pferde, das Klappern und Klirren der Waffen, die leisen Befehle und Flüche. Und dann, als der Morgen schon graute, krachte es auf einmal, gellten Schreie, fuhren Säbel aneinander. Am rechten Flügel war die Reiterei zu früh auf Türken gestoßen, die im Niemandsland einen Laufgraben gegen das kaiserliche Lager trieben. Im Nu war die Schlacht im Gange, nicht ganz so, wie sie Prinz Eugen geplant hatte. Und nun wurde der Nebel zum Feind. Nun verloren die Kommandeure die Übersicht. Unsicherheit machte sich breit, bis endlich gegen acht Uhr früh der Nebel aufriß. In diesem Augenblick hätte Eugen die Schlacht verlieren können – die Türken waren mit starken Kräften in eine Lücke im Zentrum eingebrochen. Die türkische Reiterei hatte die Möglichkeit, den linken Flügel der Kaiserlichen von innen her aufzurollen. Prinz Eugen schaltete jedoch schnell. Er warf das zweite Treffen in den gefährdeten Raum und setzte sich selbst an die Spitze der Reiterei. Er wurde zwar durch einen Streifschuß am Arm verwundet, spornte aber seine Truppen an, das Letzte herzugeben. Der Gegenangriff war abgewehrt, und nun stürzte sich die Armee mit fliegenden Fahnen, wildem Kampfgeschrei, schmetternden Trompeten und unermeßlicher Erbitterung und Wut auf die feindlichen Hauptschanzen. Der

Oberst eines bayrischen Regimentes erzählte später: »Ein fürchterliches Geheul und Geschrei erfüllte die Lüfte, nichts vermochte jedoch mehr unsere Soldaten zurückzuhalten, jeder kletterte mit Mut unter dem Feuer und den Würfen hinan, und keine Gefahr achtend, stürzten sie endlich mit solcher Schnelligkeit in das Innere der Schanze, daß die Türken sich erschrocken zur Flucht wandten.«

Um 9 Uhr 30 schwiegen die letzten türkischen Batterien. Um 10 Uhr konnte der Sultan eine seiner größten und besten Armeen abschreiben, und einen Tag später ergaben sich die ohnmächtigen Zuschauer des Dramas zu ihren Füßen, die Verteidiger von Belgrad. Die höchste Gefahr war zum größten Triumph geworden, die drohende Katastrophe zum totalen Sieg.

Europa schien nun für alle Zeiten von den Janitscharen, Tataren und Osmanen, den Spahis, den Tschaiken und den markerschütternden »Allah-Allah«-Rufen des ärgsten Feindes der Christenheit sicher zu sein. Im Frieden von Passarowitz erhielt Österreich einen Teil Serbiens und der Walachei und erreichte damit seine größte Ausdehnung im Südosten. Die Soldaten aber sangen das Lied vom »edlen Ritter«, das der Legende nach am Abend nach der Schlacht ein unbekannter bayrischer Grenadier am Lagerfeuer gedichtet und komponiert haben soll. Der Prinz dachte schon an die Besiedlung der eroberten Lande und rief deutsche Kolonisten ins Banat. Die von den Türken befreiten Landstriche Südungarns, die in den Wiener Amtskanzleien als »desertum primum« und »desertum secundum« (erste Wüste und zweite Wüste) – je nach Grad der Zerstörung, Versteppung und Verwahrlosung – klassifiziert wurden, sollten wieder Ackerland werden, Dörfer sollten erstehen, blühende Gemeinden in einem neuen Land. Auf dem Kalemegdan wurde die Flagge des Kaisers gehißt, und eine österreichische Garnison ging hier ins Quartier. Der Schweizer Baron Nikolaus Doxat de Mores, General in österreichischen Diensten, betätigte sich als Festungsbauer. Und obwohl Österreicher kürzer als Türken und Serben die Herren Belgrads waren, sind die meisten Mauern der Festung in den zwanzig Jahren unter dem Doppeladler erbaut worden; auch der weithin sichtbare Glockenturm ist ein Werk der Österreicher.

Baron Doxat hat auch den Plan für jene Bastei gezeichnet, auf der er an einem Märzmorgen des Jahres 1737 enthauptet wurde. Ihm wurde vorgeworfen, in dem eben ausgebrochenen Krieg mit den Türken auf der Festung Nisch ohne nennenswerten Widerstand die weiße Fahne aufgezogen zu haben.

In diesem überflüssigen Türkenkrieg kurz nach dem Tode Prinz Eugens hatten einige österreichische Generale ihren Kopf zuerst auf dem Schlachtfeld und anschließend auf Grund militärgerichtlicher Urteile verloren. Kleinliche Streitigkeiten um den Oberbefehl, der Sieg der Mittelmäßigen über die Außergewöhnlichen, mangelnde Phantasie und Entschlußkraft, Desorganisation und einander widersprechende Weisungen vom Wiener Hof machten einen Teil der Erfolge des Savoyers zunichte. Wie unverständige, geldgierige und unwürdige Erben Eugens Schlösser und Sammlungen verschleuderten oder verrotten ließen, so verspielten kurzsichtige Generale, gichtige Hofräte und intrigierende Diplomaten das militärische und politische Erbe des Prinzen. Der Krieg wurde auf jämmerliche Weise geführt und dann noch zu Belgrad ein überstürzter, schmählicher Frieden geschlossen. Das Ergebnis war der Flüchtlingsstrom, den Reichsfreiherr von Gudenus in Semlin gesehen und beschrieben hat. Mit Tränen in den Augen mußte der Offizier, der eigentlich ein verkappter Reporter war, mit der Gesandtschaft in das wieder türkische Belgrad einreiten. Ein Großteil der Festungsanlagen war geschleift worden, 5787 Pulverkammern waren mit Hilfe von 15 171 Zentnern Pulver hochgejagt worden, Millionen, die der Kaiser in den Ausbau der Festung gesteckt hatte, flogen in die Luft. Und Gudenus verglich wehmütig das türkische Belgrad mit dem österreichischen:

»Auf Schritt und Tritt staunt man, ich wenigstens, und jeder, der diese so rasch und schön erblühte Stadt vorher gekannt hat, fragt sich, ob dies denn wirklich Belgrad sei. Früher glaubte man sich in Deutschland, denn Bauart, Verwaltung, Handel und Gewerbe, Kleidung, Bürger, Geistlichkeit, Christen und Juden – alles war deutsch; und jetzt: alle europäische Kultur verschwunden, die Stadt und ihre Einwohner wie von der Erde verschlungen und durch ein fremdes, asiatisches Wesen ersetzt. Das ist der Eindruck, den jeder erhält, der das früher christliche Belgrad kannte und das heutige türkische vorfindet. Alles steht auf dem Kopf, ist gleichsam aufgewühlt. Das Straßenpflaster wurde zur Zeit der Belagerung aufgerissen, die Dächer beschädigt. Fenster und Häuserschmuck sind zerschlagen, die allenthalben auf Pfeilern und Hausecken angebrachten Heiligenbilder und Denkmäler sind von den Bewohnern entfernt und vor dem türkischen Fanatismus geborgen worden; menschliche Figuren und Deckengemälde in Kirchen und Wohngebäuden aus demselben Grunde teils überstrichen, teils abgeschlagen. Die früher breiten Straßen sind durch vorgebaute türkische Kramläden mit ihren weit vorstehenden Dächern verunstaltet und zu engen Gassen geworden. Die bei uns üblichen Flachziegel werden nach Pancsova verkauft, und es wird nur noch nach türkischer Art mit Hohlziegeln gedeckt ...«

Die Gesandtschaft bricht dann auf dem Landweg in Richtung Stambul auf. Kurz nach Belgrad überquert die Reisegesellschaft ein Schlachtfeld, auf dem die Österreicher geschlagen worden waren: »Heute kann man hier keine zehn Schritte gehen, ohne auf einen Haufen von übereinanderliegenden Manns- und Pferdeleichen zu stoßen, alle nur halb verwest, viele noch in den Monturen steckend, verstümmelte Leiber, Hüte, Sattelgestelle, Patronenhölzer, Stiefel, Putzzeug, Trommelkästen und andere Kavallerieausrüstung. Alles liegt dicht im Gebüsch herum ...« Und dann weiß Gudenus noch von Vogelscheuchen mit Totenköpfen zu berichten. Die Bauern hatten ihnen Soldatenhüte aufgesetzt und einem sogar eine Perücke.

Noch einmal wehten schwarzgelbe Fahnen auf dem Kalemegdan, und dann waren wieder die Türken da. In all dem historischen Hin und Her kamen die Serben kaum vor. Ihre Geschichte wurde von anderen Mächten und Völkern bestimmt, sie waren nur Objekt und Leidtragende, sie klagten nicht, sie duldeten, sie warteten.

Drum sind die Spuren der Serben auf dem Kalemegdan auch am spärlichsten. Das eine Tor nahe dem Glockenturm wurde von den Österreichern erbaut, aber es heißt Karadjordje-Tor. Durch dieses Tor hat Karadjordje, der »Schwarze Georg«, 1806 seine Partisanen geführt. Die Pforte war ihnen von einem Serben in türkischen Diensten gezeigt worden. Die türkische Besatzung konnte überwältigt werden.

Das war die Geburtsstunde des neuen Serbien.

Im letzten österreichisch-türkischen Krieg hatte unter General Laudon neben den serbischen Grenzern auch ein serbisches Freikorps gefochten. Seine Angehörigen, die »Frajkorci«, stammten entweder aus Ungarn oder aus Altserbien, wo sie seit einiger Zeit die Türken in einen für sie unangenehmen Partisanenkrieg verwickelt hatten. Diese Leute blieben auch nach dem Friedensschluß unter Waffen. In den Bergen bekriegten sie die Türken. Versorgt wurden sie von österreichischen Agenten. Inzwischen war trotz der türkischen Mißwirtschaft eine kleine Schicht von wohlhabenderen Serben gewachsen. Diese Männer konnten die Führung des Widerstandes übernehmen. 1804 verloren sie die

Geduld. Die Serben erhoben sich und wählten als Chef den Schweinezüchter und Schweinehändler Karadjordje, einen hünenhaften, gewalttätigen Analphabeten mit Führerqualitäten. Die Türken waren zu sehr mit der Abwehr russischer Angriffe an der unteren Donau beschäftigt, als daß sie Verstärkungen nach Serbien entsenden hätten können. Die Rebellion gelang. Der »Schwarze Georg« wurde das erste Staatsoberhaupt, eine furchterregende Figur, wohl geeignet, die unabhängigen und widerborstigen Heiduckenhäuptlinge seine Autorität fühlen zu lassen.

Als die Russen sich von der unteren Donau zurückzogen, brannte es wieder in Belgrad. Eine starke türkische Armee rückte an, und Karadjordje floh eilends über die Save nach Österreich. Zwei Jahre später erhoben sich die Serben neuerlich – diesmal stand ein Todfeind Karadjordjes, Milos Obrenović, an ihrer Spitze. Damit griff die andere der beiden Familien, die in ihrem permanenten Ringen um die Macht shakespearesche Königsdramen mit balkanischem Anstrich inszenierten, in die serbische Geschichte ein. Milos war wendiger und intelligenter als der rauhe Karadjordje. Er verhandelte mit den Türken und bekämpfte sie zugleich. Geschickt konstruierte er einen Status für Serbien, der für die Türken annehmbar war. Serbien erhielt eine Autonomie, mit voller Religionsfreiheit, und 1833 anerkannte der Sultan Milos als erblichen Fürsten. Seinen Rivalen Karadjordje hatte er nach dessen heimlicher Rückkehr 1817 kaltblütig ermorden lassen und warnte durch diese Tat alle künftigen Anwärter auf den serbischen Thron, welch riskanten Posten sie anstrebten. Zwischen 1804 und 1941 wurden von insgesamt neun serbischen Herrschern vier ermordet und vier abgesetzt.

Weil die Besatzung des Kalemegdan weiterhin türkisch war, wählte Milos einen bewaldeten Hang über Belgrad, außerhalb der Reichweite der türkischen Batterien, für sein Schloß. In diesem ländlichen orientalischen Bau empfing Milos seine Gäste, nach Türkenart mit überkreuzten Beinen auf seidenen Kissen sitzend. Nun muß er dieses Bauernpalais mit dem »Schwarzen Georg« teilen. Es wurde zum Museum der ersten serbischen Erhebung, des ersten Kampfes um die Unabhängigkeit ausgestaltet.

Milos gewöhnte sich so an seine Herrscherrolle, daß er sich bald auch andere Manieren türkischer Paschas oder orientalischer Despoten aneignete. Bedacht, das Familienvermögen zu vermehren, kassierte er bei seinem Volk die Tributleistungen an die

Türken in österreichischer Währung und zahlte an die Türken in türkischem Geld. Die Differenz durch einen für ihn günstigen Umwechslungskurs steckte der Vater des Volkes selber ein. 1839 wurde er zur Abdankung gezwungen, ihm folgte sein Sohn Michailo, der drei Jahre später den Thron einem Karadjordjević, dem Sohn des »Schwarzen Georg«, überlassen mußte. Nach 16 Jahren hatten die serbischen Notablen, die in der Skupschtina, einer Art Parlament, die Geschicke des Landes berieten, auch von Alexander genug und holten den greisen Milos Obrenović wieder aus dem Exil zurück. Er brachte in acht Monaten etwas Ordnung in den Staat und räumte den Platz an der Sonne 1860 seinen Sohn Michailo. Dieser fähige junge Herrscher wurde 1868 ermordet, ein Jahr nachdem die letzten türkischen Gebetsrufe vom Kalemegdan verhallt waren und der letzte türkische Soldat Belgrad für immer verlassen hatte.

Michailos Nachfolger Milan ist jener unrühmlich bekannt gewordene König, der in Krušedol begraben liegt. Er mußte den Thron 1889 unter Zwang seinem Sohn Alexander zur Verfügung stellen.

Das Belgrad jener ersten 80 Kinderjahre als Hauptstadt ist vom modernen, gereiften Belgrad überwachsen und überwuchert. Zu dörfisch war es, als daß es sich gegen die neuen Zeiten hätte behaupten können, und nur da und dort verweisen einen ebenerdige, gelbgestrichene Häuschen, mit Hohlziegeln gedeckt, aus der Großstadt aufs Land, aus Europa in den Orient: etwa die einladend gemütlichen Cafés und Tavernen in kopfsteingepflasterten Seitengäßchen, das Gasthaus »Zu den drei Hüten« (Tri Sesira), so geheißen, weil hier vorher ein Hutmacher sein Ladenschild mit drei Hüten darauf hatte, das »Dva Jelena« (Zwei Hirsche) und das Café neben der Kathedrale, das mit nichts anderem auskommt als mit einem Fragezeichen: ein Haus, in dem noch Türken eingemietet sein könnten, mit weit vorspringendem, schattenspendendem Dach über dem vorgewölbten – dem wogenden Busen einer üppigen Matrone gleichend – ersten Stock, und darunter hinter kleinen Fenstern das ebenerdige Café, und nichts als ein großes gemaltes Fragezeichen als Antwort auf die Frage nach dem Namen des Lokals. Als im vorigen Jahrhundert ein Kaffeesieder seine Kessel aufstellte und sich für sein Etablissement den logischen Namen Café »Kathedrale« einfallen ließ, protestierte die Kirche. Die geistliche Nachbarschaft, der diese Profanierung mißfiel, alarmierte die Polizei. Der Cafetier montierte sein schönes neues

Schild wieder ab und ließ an seiner Statt ein Fragezeichen pinseln – und dabei blieb es.

In den Stuben des Cafés blieb auch etwas von jenem verspäteten Belgrader Biedermeier mit einer flachen, rauchgebeizten Holzdecke, zierlichen Sesseln und Tischen, einem eisernen Ofen in der Mitte des Raumes und anheimelnden Petroleumlampen, die so schwer von der Decke hängen, als ob man ihr Licht mit Kilogewichten wiegen müßte. Heute nähren sie sich fortschrittlich von elektrischem Strom und beleuchten gedämpft die abstrakten Gemälde an den Wänden. Die meist bärtigen Schöpfer der Bilder sitzen unter ihren Werken beim Kaffee.

Die türkische Provinzstadt Belgrad und die junge serbische Stadt hatten Mühe, sich über die Zeiten zu retten. Zu sehr waren die neuen Herren Serbiens noch von Bauernstand und Landleben belastet, als daß sie in ihrer Hauptstadt ländliche Atmosphäre geschätzt hätten. Heute noch ist Belgrad mitten im großen Sprung vom städtischen Dorf zur Weltstadt. Es macht das Stadium einer Urbanisation in der ersten und zweiten Generation durch. Für die Mehrheit der Belgrader hat der Begriff »mein Dorf« reale Bedeutung. Viele fahren am Wochenende noch irgendwo hinaus in die Berge oder an die Donau, in ein serbisches Nest, das ihnen Heimat ist, obwohl sie in Belgrad zu Hause und gute Belgrader sind. Vor 70, 80 Jahren waren die wenigsten Belgrader in der Stadt geboren. Man war neu in der Stadt, wie der Staat neu war. Man verachtete das Alte und versuchte, Wien und Paris nachzuahmen – zwischen den türkisch-serbischen Häuserzeilen wurden die Imitationsstile der europäischen Metropolen von fremden und einheimischen Architekten imitiert. Das Theater sollte mit der Wiener und der Pariser Oper verschwägert sein, das Nationalmuseum von einem Pariser Boulevard stammen, der Bahnhof einem Budapester Bahnhof gleichen und das Königsschloß ein Vorbild in einer der großen europäischen Residenzen haben. Alles wurde um eine Spur kleiner, um einen Grad provinzieller, um einen Deut bescheidener, auch das Königsschloß, von dem einen heute mitten in der Stadt kein Gitter mehr trennt. Man könnte sich vorstellen, diesen zweigeschossigen grauen Bau zu betreten, um sich eine Urkunde zu holen, einen Stempel für den Paß oder nach einem Botschafter zu fragen – alles würde man hier eher vermuten als die einstige Wohnung von Königen. Nirgends an der Donau haben sich Herrscher nach außen hin bescheidener eingerichtet. Heute diskutieren im Konak die Belgrader Gemeinderäte die

Probleme der Stadt. Und in Titos Reich wird sehr offen diskutiert. Manchmal erinnert sich der Marschall der ursprünglichen Stellung des Konaks und bittet Staatsgäste in den ehemaligen königlichen Repräsentationsräumen zu Tisch. Der Marschall selbst zieht eine bequeme weiße Villa in Belgrads Prominentenviertel Dedinje oder seinen Sommersitz auf der Adriainsel Brioni dem Königsschloß vor. Aber bestimmt nicht deshalb, weil von diesem Konak einmal in ganz Europa nur mit Entsetzen gesprochen wurde.

Vor dem Konak konzertierte 1903 oft eine Militärkapelle, und das Volk konnte an milden Sommerabenden von weitem König Alexander mit seiner Frau, Königin Draga, mit Freunden und den Brüdern Dragas auf dem Balkon sitzen sehen. Am Morgen des 11. Juni 1903 läuteten die Kirchenglocken, und auf der Wiese unter dem Balkon lagen die schrecklich verstümmelten Leichen des Königspaares. Die Finger von Alexanders Hand waren durch einen Säbelhieb abgehackt worden, die andere Hand verkrampfte sich ins Gras. Und aus aller Welt eilten Sonderkorrespondenten nach Belgrad, um ihre Leser über die Blutnacht im Konak zu informieren.

Der junge Alexander, der Letzte der Obrenović-Dynastie, war nach der Abdankung seines Vaters nicht unpopulär. Die Serben verziehen ihm auch, daß er sich Draga Maschin, die Kammerfrau seiner Mutter, zur Mätresse erwählt hatte, aber nicht, daß er sie zur Königin machen wollte. Die hübsche Witwe, die um zehn Jahre älter war als der König, wurde für den etwas gehemmten, durch seinen randlosen Kneifer eher einem Kanzleischreiber als einem König ähnelnden Monarchen zum Lebensinhalt. Er war fest entschlossen, Draga zu heiraten und ihr die Krone aufzusetzen. Selten in der Geschichte wurde durch eine Liebesaffäre so viel Haß erzeugt, selten wurde eine Frau von einem ganzen Volk so verfemt wie Draga. Über ihr Vorleben wurden viele Gerüchte ausgestreut. Ein Minister meldete sich beim König zur Audienz, teilte ihm mit, daß Draga mit der halben Belgrader Gesellschaft geschlafen und auch er die Ehre gehabt hätte ... Der König schlug den Minister ins Gesicht. Und Draga wurde 1900 Königin.

Über Draga Maschins Moral sind die Auffassungen geteilt. Auch die weitverbreitete Meinung, Draga sei eine Agentin der russischen Geheimpolizei gewesen, wurde nicht bewiesen. Von allen europäischen Herrschern war allerdings einzig der Zar von Rußland für die Ehe eingetreten. In Belgrad prüfte man nicht weiter; das Volk, die Gesellschaft, die meisten Offiziere und selbst ein Teil des Hofstaates waren gegen die Königin. Sie hieß »Draga, die Hure«, und mit ihr haßte man ihre Brüder, die sich wie Kronprinzen aufführten. Alexander selbst war zu dieser Frau in ein kindliches Abhängigkeitsverhältnis geraten. Und jeder politische Fehler, den er beging, jede Entscheidung, die Widerspruch auslöste, wurde Draga zur Last gelegt.

Der Abend des 10. Juni 1903. Im Gasthaus »Zur serbischen Krone« geht es hoch her. Die Hinterzimmer sind mit Offizieren gefüllt, immer mehr treffen ein, Leutnants, Hauptleute, Majore. Einer von ihnen ist der siebenundzwanzigjährige Hauptmann Dragutin Dimitriević, von seinen Freunden »Apis« genannt. 1914 wird er die Attentäter von Sarajewo mit Waffen, Munition und Instruktionen versorgen. Die Offiziere versammeln sich nicht wie dunkle Verschwörer, die ihre Gesichter verhüllen und den Dolch unterm Gewande verbergen. Sie halten eine fröhliche Offiziersgesellschaft. Sie kippen einen Slibowitz nach dem anderen hinunter. Sie lärmen, sie singen, und als die Kapelle im Restaurant den Königin-Draga-Kolo anstimmt, fassen sie einander an den Schultern und tanzen im Rhythmus dieses alten serbischen Reigentanzes durch das Lokal. Und dann brechen sie auf, vielleicht etwas früher als gewöhnlich. Zu zweit, zu dritt, betrunken und doch nüchtern. Nun läuft der Plan. Die Aktion hat begonnen. Aus einer Kaserne muß sich bereits eine Einheit in Richtung Konak in Bewegung gesetzt haben – um den König zu schützen, wie man den Soldaten sagte. Im Schloß zählen die in die Verschwörung eingeweihten Kameraden die Minuten. An die fünfzig Offiziere haben sich zur Beseitigung des Königspaares zusammengetan. Und wohl noch mehr wären bereit gewesen mitzumachen.

Von zwei Seiten nähern sich die keineswegs leisen Offiziere dem Konak. Von einem nahen Kirchturm schlägt es zwölf. Durch den Westeingang stürmt die eine Gruppe. Sie schießt den Wachkommandanten und mehrere Gardisten nieder. Der Haupttrupp sprengt inzwischen das verschlossene Tor zur Knez-Milos-Straße mit einer Dynamitbombe. Schießend, schreiend und mit den Säbeln um sich schlagend, toben die Offiziere durch das Schloß. Wer sich ihnen in den Weg stellt, wird erschossen.

Die Aktionen des Mordkommandos werden jedoch plötzlich erschwert – das elektrische Licht fällt aus. Die Offiziere holen Kerzen, sie eilen über die marmorne Treppe hinauf zu den königlichen Gemächern, feuern durch die Tür, brechen sie auf, stehen im Schlafzimmer, zerhauen das Bett, die Schränke, reißen die Vorhänge von den Fenstern und suchen vergebens nach Alexander und Draga. Sie richten ihre Pistolen auf General Petrović, den alten und treuen Adjutanten des Königs. Er soll ihnen sagen, wo sich Alexander und Draga versteckt haben. Er weiß es, aber er schweigt. Er will Zeit gewinnen. Er hat vermutlich auch die Beleuchtung ausgeschaltet und begleitet nun die Verschwörer gelassen durch das Haus. Ihr Suchen und Stöbern wird immer hastiger und nervöser. Ihre Säbel reißen Tapeten auf und fegen Bilder von den Wänden. Sie zerschlitzen Sofas und Fauteuils. Und schon schöpft der General Hoffnung, daß die Offiziere zu betrunken sind, um bei ihrer Suche Erfolg zu haben.

Doch dann gellt ein Triumphgeschrei durch das Schloß. Das Königspaar ist entdeckt. Alexander und Draga hatten sich nach den ersten Schüssen in einem für solche Anlässe hinter den Tapeten des Badezimmers eingebauten, geheimen Kämmerchen eng aneinandergepreßt versteckt und mit angehaltenem Atem die Aktionen der Verschwörer, von denen sie viele gut kannten, verfolgt.

Wieso sie dann doch entdeckt wurden? Nach einer Darstellung soll der König sein Versteck verlassen und durch ein Fenster um Hilfe gerufen haben. Nach einer anderen Version hatte er die Tür seines Zufluchtsortes schlecht geschlossen, und ein Leutnant war mit seiner Säbelklinge in dem schmalen Spalt zwischen Tür und Wand hängengeblieben.

Die Offiziere brechen die Geheimtür auf und zerren das Königspaar in das Schlafzimmer. Einer hat kurz vorher noch General Petrović getötet. Nun knien Alexander und Draga, beide in langen Nachthemden, vor den Verschwörern und betteln um ihr Leben. Einen Augenblick zögern sie. Dann schwingt einer seinen Säbel gegen Draga und schreit »dreckige Hure«, und dann knallen sie drauflos und zerhauen die leblosen Körper mit ihren Säbeln. Wer den ersten Schuß getan hat, wie viele Offiziere sich in das Schlafzimmer gedrängt hatten, um an der Blutorgie teilzuhaben, wurde nie genau geklärt. Als die Mörder endlich einhielten, als ihr Rausch gedämpft war, warfen sie die Leichen vom Balkon hinunter auf die Wiese. Denn nun mußten die Soldaten, nun mußten die Belgrader mit eigenen Augen sehen, was geschehen war, welches Ende Draga und Alexander und damit die Familie der Obrenović gefunden hatten.

Mit Mord und Totschlag, mit tierischer Grausamkeit, bestialisch und brutal, wurde dieses Kapitel der serbischen Geschichte abgeschlossen. Viele Geschichtsschreiber wählen den Belgrader Mord zum Beginn ihrer Darstellung der Zerstörung Europas durch den Glauben an die Gewalt – eine balkanische Blutoper als Eröffnung eines fast fünfzig Jahre dauernden Todesfestivals.

Die Belgrader Debütanten hatten ihren ersten Auftritt äußerst effektvoll gestaltet. Die internationale Presse berichtete, daß Alexanders Körper von 19 Pistolenkugeln durchlöchert und von fünf Säbelhieben getroffen war. Der Aufwand für Draga war noch größer: 36 Kugeln und mehr als 40 Säbelhiebe. Was von den beiden noch übrig war, deckten Diener der benachbarten Russischen Botschaft mit Decken zu. Im Laufe des Tages wurden die Leichen auf einem Gepäckwagen in die nahe Markuskirche überführt und dort nach einem kurzen Gottesdienst beigesetzt. Es soll nicht leicht gewesen sein, einen Popen für diese Zeremonie zu finden. Ein Pfeil am Eingang der später an dieser Stelle erbauten neuen und unvollendeten Markuskirche weist zur Krypta, in der zwei einfache Kreuze die Grabstätten bezeichnen. Meist ist das Grabgewölbe jedoch geschlossen. Die beiden verhaßtesten Obrenović wurden mit Blut aus dem Andenken des serbischen Volkes gewaschen. Und die Karadjordjer, die andere Partei dieses Capulet-Montague-Verhältnisses, hatten nun noch knappe drei Jahrzehnte Zeit, Serbien durch die Balkankriege zu steuern, das Land im Weltkrieg zu verlieren und wiederzugewinnen, die Lasten eines Vielvölkerstaates zu tragen und Jugoslawien endgültig zu verspielen. Alexander II. wurde 1934 Opfer eines Mordanschlages in Marseille. König Peter dagegen hat gute Chancen, eines redlichen Todes zu sterben. Auf Könige ohne Land und ohne Krone verschwendet man heute weder Munition noch Dynamit.

Belagerungen, Eroberungen, Besatzungszeiten, Attentate, Terror, das ewige Schicksal der Stadt zwischen Save und Donau. Neben der Markuskirche, in der Skupschtina, dem kathedralenartigen Bau der Volksvertretung, wurde der Parlamentarismus mit der Pistole betrieben. Am 20. Juni 1928 zog ein Abgeordneter aus Montenegro einen Revolver aus der Tasche und tötete mit fünf Schüssen zwei kroatische Abgeordnete auf der Stelle und verletzte den kroatischen Bauernführer Stefan Radić tödlich. Mehrere Wochen lang kämpften die Ärzte um das Leben des damals mächtigsten Politikers Kroatiens. Aber Radić starb. Der Staat drohte auseinanderzubrechen, die Feindschaft zwischen den einzelnen Völkern Jugoslawiens wuchs und wuchs.

Das neue Jugoslawien kennt offiziell diese Gegensätze nicht mehr. Belgrad soll die Hauptstadt aller 20 Millionen Jugoslawen sein, nicht nur die der 42 Prozent Serben. Im Tasmajdanstadion am Abhang hinter Skupschtina und Markuskirche – früher war hier ein türkischer Steinbruch und dann ein serbischer Friedhof – sind Mädchen und Burschen in kurzen olivgrünen Hosen und Hemden angetreten. Sie singen Lieder aus Bosnien und aus Slowenien, vom Meer und von den Bergen Montenegros. Sie kommen von Inseln und von der Donau. Sie spielen die Gusla und die Ziehharmonika. Manches Lied, mancher Tanz ruft die Türkenzeit wach, dann wieder klingt es nach steirischen Bergen. In den großen Einheiten der Autobahnbrigaden soll die Jugend des Landes jeden Sommer bei gemeinsamer Straßenbauarbeit und Lagerleben die Barrieren zwischen den einzelnen Nationalitäten überwinden lernen. Nun feiert man in Belgrad in Eintracht, durch die Lieder und Tänze die Verschiedenheit betonend, den Erfolg einer Arbeitssaison, und man läßt Tito hundert Jahre leben. Denn er ist der einzige Garant dieser Einheit. Auch im Armeemuseum auf dem Kalemegdan, das eigentlich Jugoslawiens Geschichtsmuseum ist, werden alle jene Phasen, da Kroaten gegen Serben kämpften, diskret unterspielt. Der Nationalitätenhaß hat hier oben eine Abwertung erfahren. Selbst der Partisanenkrieg wird ohne Greuelfotos und Haßgesänge dargestellt. Und alle Land- und Völkerschaften haben ihren gerechten Platz in den langen Gängen voll mit Puppen, Bildern, Kanonen und Rüstungen.

Auch die Wolkenkratzerstadt Neu-Belgrad am anderen Saveufer gehört zu Titos Offensive gegen den Nationalismus. Er hat damit die alten Grenzen gesprengt, Belgrad aus Serbien herausgeführt beziehungsweise den Regierungssitz, die Ministerien und, alles überragend, das Hochhaus der Partei auf neutralen Grund, auf geschichtlich unbelasteten Boden verlagert. Seine Ingenieure mußten dafür die Möglichkeiten ergrübeln, Zwanzigstockbauten auf weichem Schwemmland zu verankern. Lange Zeit sprachen die Ruinen mehrerer Hochhäuser, an denen die Arbeit wegen des schwankenden Bodens eingestellt werden mußte, für die Schwierigkeit dieses Unterfangens. Heute ist Belgrad dort unten eine weiße Stadt, und Jugoslawien verkauft seine Patentbauweise nach Amerika und in die Sowjetunion. In Neu-Belgrad ist die kyrillische Schrift rar. Auch im alten Belgrad entschließen sich immer mehr Unternehmen für lateinische Aufschriften. Die Belgrader Zeitungen erscheinen allerdings weiterhin serbisch. Aber man kann auch die Agramer Ausgabe der »Borba« erstehen. Und daneben eine reiche Auswahl westlicher Publikationen, weil Tito keine Angst vor dem freien Wort hat. Das heißt: unter gewissen Bedingungen. Jugoslawiens Presse ist kritikfreudig, angriffslustig, immer bereit, Skandale aufzudecken und über die Ordnung zu wachen. Aber ein Thema ist für sie tabu, die Frage, die jeden politisch denkenden Jugoslawen beschäftigt. Wer kommt nach Tito? Wer wird dann die nationalen Gegensätze ausgleichen? Als Tito zum Schlag gegen seine präsumtiven Nachfolger, gegen Ranković ausholte, sprach man bereits von einem Kampf der übrigen Republiken Jugoslawiens gegen die Serben. Denn die mit Ranković entmachtete UDBA, die Geheimpolizei, war eine durch und durch serbische Institution. Und wenn sich Wirtschaftsfunktionäre aus Agram oder Laibach in Belgrad mit Genossen in der Hauptstadt herumstreiten, dann flammt oft der ewige Zwiespalt zwischen den fortschrittlicheren »lateinischen« Slawen und den rückständigeren Serben auf. Sie werden im Westen und Süden auch noch von Montenegrinern und Mazedoniern bedrängt. Alle sind bemüht, die zentralistische Autorität einzuschränken, und sind sicher, daß das Wort Belgrads in zehn Jahren in Agram, Laibach, Skopje oder Titograd noch wesentlich weniger Geltung haben wird als heute.

Die Straßen Belgrads scheinen weder von der blutigen Vergangenheit etwas zu wissen noch von den politischen Problemen der Gegenwart und Zukunft. Den Hochhäusern aus den dreißiger Jahren wurden neue, kühne Phantasiegebilde der jungen Architekten zugesellt. Die Straßen wurden noch breiter. Man liebt Boulevards. Man lebt auf der Straße. An einem Sommernachmittag brodelt und kocht es auf der Terazije, der Hauptbummelstraße, die im 19. Jahrhundert noch lange Zeit Stadtgraben war. Da scheinen die Menschen nur auf der Straße zu sein, um auf der Straße zu sein. Die Cafés haben keinerlei Hemmungen, mit Stühlen und Sesseln einen immer größeren Gehsteiganteil zu okkupieren, und die Warenhäuser machen ihnen Konkurrenz, indem sie vor den Schaufenstern noch schmucke Verkaufswägelchen mit hübschen Mädchen dahinter auffahren lassen. Die Belgrader freut der Trubel. Die Partisanen sind längst den Soldaten der Wirtschaft gewichen. In dieser Stadt werden in den Universitäten und Parteisekretariaten zwar noch immer viele sozialistische Theorien und Doktrinen gelehrt und programmiert, aber in ihren Straßen wird kapitalistische Hektik praktiziert. »Verdienen ist alles, die Unternehmen führen untereinander einen rücksichtslosen Konkurrenzkampf«, sagt ein erfahrener Belgrader. »Die Jagd nach dem Dinar macht alle verrückt.«

Gekämpft wird von Tito gegen die neue Klasse der Manager, gegen ihren Reichtum und ihre Selbstherrlichkeit. Eine augenfällige Maßnahme: die roten Nummernschilder der Dienstwagen. Es sind ihrer sehr viele, und mancher Mercedes gehört zu dieser offiziellen Autoflotte, aber die Zahl der Privatwagen steigt von Woche zu Woche.

Für die Donaumatrosen ist dieses »kapitalistische« Belgrad die Stadt des süßen Lebens. Hier unterliegen sie keinerlei Ausgangsbeschränkungen und leiden höchstens darunter, daß der Dinar eine harte Währung ist. »In Belgrad kann man was machen, da ist was los«, sagt einer. Und er denkt an die Bars, an die Beatbands und an die Minimädchen. Belgrad ist bestens darauf vorbereitet, in ein paar Jahren nach der Vollendung des Dammes am Eisernen Tor zum größten Hafen Mitteleuropas zu werden: Es erwartet bald seinen einmillionsten Einwohner, und es wächst und wächst und wächst, trotz Dinarabwertung, trotz schwerer Rückschläge, Arbeitslosigkeit auf dem Land, trotz Skandalen und Korruption, trotz mancher Krise der unnatürlichen Ehe von Sozialismus und Kapitalismus. Es ist die dynamischste Stadt an der Donau.

Belgrads Lichter leuchten lang. Sie fallen in die Save und in die Donau, sie bestrahlen die Zukunftsarchitektur des Messegeländes, sie brennen in dem altmodischen Restaurantschiff »Split«, das auf der Save das Meer vertritt. Es ist unter der Brücke verankert, nicht weit von der Stelle, wo man im vorigen Jahrhundert in einem türkischen Chan absteigen konnte, dort, wo 1854 die letzte Kamelkarawane ihre Tabakballen aus dem Orient ablud. Im schummrigen grünblauen Spotlightgeflimmer der Bar des »Metropol«-Hotels ergötzen sich die Angehörigen eines westlichen Filmstabs an der Nabelakrobatik einer ägyptischen Bauchtänzerin; Belgrads Nachtleben ist rege, und ausländische Filmteams schätzen die günstigen Drehbedingungen in Jugoslawien. Im »Skadarlija«-Restaurant bescheinen starke Lampen eine blütenreine Version jugoslawischer Nachtunterhaltung: Eine kleine, schon etwas dickliche Zigeunerin bewegt sich im Takt ihrer wehmütigen Lieder. An ihren Händen blitzen Ringe, an ihren Armen klirren Goldreifen, und sie singt von einem Mädchen, das weint, weil sein Bursche eine andere liebt. Es dauert lange, bis der Primas seine Geige weglegt und die Sessel auf den Tisch gestellt werden. Draußen wandern bereits die ersten mit schweren Säcken und Körben beladenen Bauern und Bäuerinnen zum Markt. Das Dorf kommt in die Stadt. Zwischen den gläsernen Hochhäusern breitet sich ländliches Leben aus. Die Sonne hat den Lampen die Arbeit abgenommen, und die Menschen drängen, eilen, hasten in Büros, Schulen und Fabriken. Eine Großstadt am Balkan, eine Stadt, die man weniger nach Sehenswürdigkeiten durchstreifen soll als nach dem Leben, eine weiße, schöne, luftige, lustige Stadt, von der Ivo Andrić schreibt: »Der Himmel über Belgrad ist weit und hoch, recht veränderlich, doch immer schön, auch während der winterlichen Klarheit mit ihrer kalten Pracht; auch während der sommerlichen Gewitter, wenn er sich in eine einzige düstere Wolke verwandelt, die gejagt wird von einem tollen Sturmwind, Regen bringt, vermischt mit dem Staub der pannonischen Ebene; auch im Frühling, wenn er zugleich mit der Erde zu blühen scheint; auch im Herbst, wenn er schwer ist von den Schwärmen der herbstlichen Sterne. Immer schön und reich, dieser wunderbaren Stadt ein Ersatz für alles, was sie nicht besitzt, und ein Trost für alles, was nicht sein durfte ...«

Und man kann noch hinzufügen: ein Entgelt für alles, was diese Stadt erleiden, erdulden und erleben mußte.

22. Kapitel

Zwischen Karpaten und Balkan
Das Eiserne Tor

Platsch! Ein kühler Guß schmutzigbraunen Wassers ergießt sich über den blonden Beatleschopf des Schiffsjungen. Die Matrosen haben einen günstigen Moment abgewartet und sind dann zur »Taufe« geschritten, zur Äquatortaufe der Donauschiffahrt. Pudelnaß schüttelt sich der Schiffsjunge und wischt sich die Donau aus dem Gesicht. Er muß seine triefenden Kleider wechseln und außerdem eine Kiste Bier bezahlen. Dafür erhält er eine vom Bordkünstler mit Wasserfarben gemalte Urkunde, die ihm einen Namen wie Seehund, Albatros oder was man gerade als passend empfindet, verleiht. Und alle, die den Babakajifelsen passiert haben, sind einmal drangekommen. Keiner wird ausgelassen. Bei der Einfahrt in die schwierigste und aufregendste Donaustrecke brachten die Schiffer den Flußgöttern stets in irgendeiner Weise Opfer dar. Davon rührt wohl auch der Taufbrauch. Denn hier wehrt sich die Donau am entschiedensten dagegen, daß sie dem Menschen als Straße dienen soll. Sie wird rebellisch, gleichsam als ob sie die Menschen dafür bezahlen lassen wollte, daß sie hier ihre schwerste und härteste Durchbruchsschlacht schlagen muß. Zum letztenmal widersetzen sich die Berge dem Strom. Die Karpaten und der Balkan verwehren der Donau den Weg zum Meer. Wieder einmal glaubt man, am Ende der Fahrt angelangt zu sein. Nach den weiten Ebenen ist man verwöhnt, und nun wird die Gegend wieder zusammengedrückt wie eine Zahnpastatube, und der Blick zerbricht an Felswänden. Die Natur scheint ein festes »Halt« zu gebieten. Aber die Donau gibt nicht so leicht auf. In Millionen Jahren hat sie sich durch das Gestein gebissen. Dafür braucht sie ein extra scharfes Gebiß, und wie ein scharfes Gebiß, so ist in den Katarakten ihr steinerner Grund beschaffen – eine Folge von Riffen, Untiefen, Zacken, plötzlichen Steilstufen, Engen und Wirbeln, gefährlicher als jedes andere Donaustück, obwohl die Menschheit seit den Römern die Beseitigung der Schiffahrtshindernisse auf ihr Programm geschrieben hat. Da klagt zum Beispiel der schriftstellernde Pfarrer von Orşova, Anton Boleszny, 1874 über die Beschaffenheit der 117 Donaukilometer von Alt-Moldova bis Turnu Severin:

»Dieser Strom, der bestimmt ist, alle Erzeugnisse, welche Industrie, Kunst und Wissenschaft Österreich-Ungarns und des westlichen Europa zutage fördern, nach dem fernen Osten zu tragen, dieser Strom, der bei normaler Bettfülle die mächtigsten Flußschiffe auf seinen Wellen schaukeln sieht, wird bei fallendem Wasser, eben in Folge dieser Felsenhemmnisse, zum ohnmächtigen kleinen Fluß, dem sich beinahe das unbedeutendste Schiffchen nicht mit Sicherheit anvertrauen kann. Und wenn, hervorgerufen durch trockene Witterungsverhältnisse, der Wasserstand einen solchen Tiefpunkt erreicht hat, daß jeder Schiffsverkehr zur Unmöglichkeit wird und Tausende von Reisenden bemüßigt sind, die Kataraktenstrecke mit Landfuhrwerken zu durcheilen, da treten sie hervor, diese Felsenhemmnisse, über den tobenden und brausenden Wasserspiegel, hier in einzelnen Stücken, dort in Gruppen gereiht und dann wieder in einer förmlichen Linie das Strombett durchschneidend und so dem Beschauer einen wildromantischen Anblick gewährend, lassen sie ihn auch gleichzeitig die Gefahren erahnen, welche selbst bei günstigem Wasserstande dem darüber hineilenden Schiffe und seiner Bemannung drohen...«

Ganz so schlimm ist es heute nicht mehr, denn inzwischen wurden die Katarakte durch Sprengungen etwas entschärft, wurden ihnen die spitzesten Zähne gezogen. Aber bei Niederwasser kann es noch immer passieren, daß die Passagiere eines Personenschiffes in Autobusse umsteigen müssen. Obwohl die Bezeichnung »Eisernes Tor« eigentlich nur der Felsbarriere zwischen Orşova und Turnu Severin gilt, titulieren die meisten Donaureisenden damit die gesamte Kataraktenstrecke – so viel Ehrfurcht und auch Furcht flößt sie ihnen ein. Die realen Grundlagen dieser Angst und dieses Respektes vor der Gestalt der Natur? Im Durchbruch schießt eine gewaltige Wassermenge durch ein wesentlich verengtes Strombett. Dazu hat die Donau hier ein Gefälle, das mehr als doppelt so groß ist als auf ihrer Gesamtstrecke. Die Riffe und Steinbänke drängen die anstürmenden Wassermassen zurück, stauen sie auf, und der Strom preßt sich im Wildwassertempo durch jeden Riß, durch jede Lücke, durch jeden natürlichen oder von den Menschen in den Felsgrund gesprengten Kanal. Dadurch entstehen Wirbel und Gumpen, Aushöhlungen im Strombett, die an manchen Stellen bis zu 56 Meter tief sind. Hier liegt die Stromsohle 14 Meter tiefer als der Spiegel des 955 Kilometer entfernten Schwarzen Meeres.

Wie ein Warnzeichen »Achtung, Riffe!«, wie ein mahnend erhobener Zeigefinger ragt zu Beginn der Stromschnellen der Babakajifelsen aus dem Wasser. Schon der Klang des Wortes versetzt einen in den Orient. Babakaji, eine türkische Donauloreley ohne deren schlechte Eigenschaften, wurde von ihrem Mann, dem für die Sicherung der Katarakte zuständigen Pascha, auf dem Felsen ausgesetzt, weil sie mit einem ungarischen Kriegsmann ein Verhältnis hatte. Über das Ende der Ehebruchsaffäre ist die Fama geteilter Meinung: Entweder hat sich Babakaji klagend zu Tode gesungen, oder sie wurde von ihrem strahlenden Ritter erlöst. Ein längerer Aufenthalt auf dem kahlen Felsen ist in keiner Weise zu empfehlen. Er liegt nämlich im Grenzbereich zwischen Jugoslawien und Rumänien. Die rumänische Grenzpolizei würde eine moderne Babakaji sofort mit dem Motorboot abholen.

Der Harem der schönen Türkin, dessen Gitter anscheinend nicht fest genug waren, dürfte im Gemäuer der Festung Golubac zu suchen sein: in einer romantischen Anhäufung von Türmen und zinnengekrönten Mauern, von einem erlesenen Sortiment von Feinden – Türken, Ungarn, Serben, Österreichern usw. – gründlich ruiniert, jedoch eine Portierloge, wie man sie sich zu einem Eisernen Tor nur wünschen kann. Noch kriegerischer ist das Festungsdreieck von Smederevo, eine mittelalterliche serbische Wasserfestung mit 25 Wehrtürmen direkt an der Donau zwischen Belgrad und Golubac. Deutsche und italienische Filmleute lassen sich hier immer wieder nieder, wenn sie einige Zelluloidmeter Mittelalter benötigen. Mit dieser Donaufeste wollten die Serben die letzten Quadratmeter ihres alten Reiches gegen die vordringenden Türken verteidigen. 1430 wurde Smederevo gebaut, neun Jahre später ritt Sultan Murad durch ihre Tore. Die Serben hatten noch in militärischen Kategorien der Vergangenheit gedacht und keinerlei Batteriestellungen vorgesehen. Die Festung sollte lediglich mit blanken Waffen verteidigt werden, obwohl die Türken bereits mit Artillerie anrückten. Für die schweren Zerstörungen der Feste sind weder Türken verantwortlich noch die österreichischen Heere, die sie den Türken wieder abnahmen. Smederevo war bis zum Ersten Weltkrieg intakt. Erst als die Österreicher hier einen Donauübergang erzwingen wollten, ließ eine Kanonade viele Mauern fallen. Im Zweiten Weltkrieg wurde das Zerstörungswerk noch gründlicher fortgesetzt: Zuerst explodierte ein deutsches Munitionslager in der Festung, und dann wurde Smederevo auch noch von alliierten Fliegern bombardiert.

Die »Kammegg« war an den noch immer attraktiven Turmkolonnen Smederevos in der Nacht vorübergefahren. Am Morgen hielt man in Veliko-Gradište, zur jugoslawischen Anfangsrevision. Vorher ging ein »Prisenkommando« mit der Motorzille an Land. Der Koch hatte Sorgen, er mußte sich mit Fleischvorräten eindecken. Man fragte im Ort herum und landete bei einem markigen schnurrbärtigen Bauern, der sofort bereit war, ein Schwein zu verkaufen. Gehandelt wurde nicht lange. Der Preis war gut. Eine Stunde später war das Schwein geschlachtet und ausgenommen. Die Tiefkühltruhe des Kochs war wieder gefüllt, die »Kammegg« für die Katarakte gerüstet.

Neue Wohnblocks am anderen Ufer kündigen bereits das größte Bauprojekt an der Donau an: das Eiserne-Tor-Kraftwerk, den Staudamm, den Jugoslawien und Rumänien gemeinsam bauen und damit einerseits aus der Kraft des Donauwassers Kapital schlagen, anderseits der Schiffahrt die Katarakte endlich wirklich öffnen. »Das wird eine herrliche Zeit, wenn das Stauwerk einmal funktioniert«, sagt der Kapitän. »Nichts brauchen wir dringender. Dadurch wird die Fahrzeit zwischen Ismail und Wien gleich um einige Tage verkürzt.« Durch die Staumauer wird der Spiegel der Donau steigen, das Wasser wird ruhiger fließen, aber viele Orte und viele historische Erinnerungen in den Katarakten werden in den Fluten ertrinken. Darum haben die Rumänen bei Alt-Moldova eine neue Stadt gebaut, für die Menschen, die ihre Häuser dem Wasser räumen müssen.

In Drenkova nähert sich ein Motorboot dem Schiff. Die zwei Lotsen kommen an Bord, ein Jugoslawe und ein Rumäne. Sie nehmen jetzt das Steuer in die Hand, sie sind in den Katarakten auf dem Schiff Chef. Die ungarischen Steuerleute rasten sich aus. Der Kapitän studiert im Steuerhaus seine Donaukarte und vermerkt etwaige Änderungen der Fahrzeichen. Statt der Bojen markieren in den Katarakten »Schwimmer«, dicke numerierte Holzstämme, die Fahrrinne.

Die Lotsen steuern den Schleppzug durch den ersten Kanal. Man sieht nicht viel davon. Das Wasser fließt rasch, die verborgenen Wirbel sind für den Laien nicht zu erkennen. Der Wasserstand ist hoch. Die meisten Riffe sind überspült. Eine der unsichtbaren Barrieren wird dadurch sichtbar, daß die Schleppkähne hinter dem Zugschiff über einer Staustufe sich richtig verneigen und etwas tiefer ins Wasser einzutauchen scheinen. Die Felswände sind noch zivilisiert, sie haben sich ihre letzte Wildheit für später aufgehoben. Am linken Ufer fühlt man sich in die grüne Wald- und Bergwelt der Niederen Tauern versetzt, man glaubt, viel weiter nördlicher zu sein, als die Stromkilometer angeben.

Jede Ecke, jeder Stein hat hier seinen Namen. Der ständige Kampf zwischen Mensch und Natur führt zu einer gewissen Vertrautheit zwischen den beiden Gegnern. Man kennt einander und nennt einander beim Namen. So werden einem zum Beispiel drei markante Felsen vorgestellt: »Piatra Lunga«, der »Lange«, »Piatra Alba«, der »Weiße«, und »Piatra Neagra«, der »Schwarze«. Der aus dem Wasser regende Girigaristein hat diese Karnevalsbezeichnung von dem Wirbel, den er verursacht: »Bei diesem Riff macht das Wasser eben einen richtigen Girigari«, erklärt der Kapitän. Und man schaut in das wirbelnde Wasser und hat auf einmal eine konkrete Vorstellung davon, was ein Girigari ist.

Am rumänischen Ufer ist nun kein Platz für Menschen. Eine Felspyramide drängt sich an den Strom, schiebt ihn nach Süden. Auf einem kleinen Tableau, direkt in der Krümmung der Donau, ist ein stufenartiges Gelände aufgegraben. Schwarze Dachpappe deckt die flachen Terrassen. Von weitem sieht das alles unbedeutend, unscheinbar aus, als ob hier jemand Blumenbeete umgestochen oder einen Spaten ausprobiert hätte. Und doch hat in den letzten Jahren kaum ein Fleckchen Erde die Archäologen in größere Aufregung versetzt als dieser schmale Streifen am jugoslawischen Ufer: Lepenski Vir, bis vor kurzem ein unbewohntes Uferstück, nur den Fischern bekannt, nun der Name einer 8000 Jahre alten rätselhaften Kultur, die zu den Anfängen eines geordneten menschlichen Gemeinschaftslebens in Europa weist. Nichts ihresgleichen ist bis jetzt irgendwo in Europa bei Ausgrabungen ans Tageslicht gekommen.

Schuld an allem ist das Kraftwerk. 1965 wurde ein großes Team von Wissenschaftlern aufgeboten, um die historischen Monumente dieses alten Völkerweges vor den Fluten des künstlichen Sees, den die Donau in einigen Jahren bilden wird, zu retten. An mehr als 25 Stellen öffneten die Archäologen die Erde. Sie verfolgten Fährten aus dem Mittelalter, aus der Römerzeit, aus der Jungsteinzeit. In Lepenski Vir gerieten der Belgrader Prähistoriker Dragoslav Srejović und seine Mitarbeiterin Zagorka Letica noch etwas tiefer. Sie hatten zuerst eine Siedlung der Jungsteinzeit ausgegraben, der im Donauraum vertrauten Stračevo-Kultur. Aber sie mußten weitergraben. Unter den Jungsteinzeitsiedlungen waren weitere Kulturschichten, und die beiden untersten, ältesten Schichten führten die Wissenschaftler in eine für sie bis dahin völlig unbekannte und auch heute noch nicht entschlüsselte Welt.

In etwas mehr als drei Meter Tiefe stießen sie auf trapezförmige Hausfundamente, auf die Reste festerer und besserer Häuser als die in den jüngeren Siedlungen. Der Boden gab Herdstellen frei und Steinskulpturen, wie sie noch nie zuvor gesehen worden waren: fischgesichtige Eierköpfe, ganze Figuren mit reichem Rillenschmuck, gefurchte Steine, Idole, mit denen man zuerst wenig anzufangen wußte. So relativ hochentwickelte Zivilisationen mit einer eigenständigen Kunst, die man um 6000 vor Christus datieren muß, hat man bis jetzt nur in Kleinasien und im Mittelosten gefunden. Auch die dortigen Funde unterscheiden sich stark von der ältesten Lepenski-Vir-Kultur.

Die Ausgrabungen und Forschungen sind noch lange nicht abgeschlossen. Bis zum Frühjahr 1968 wurde die Siedlung in einem Areal von über 1600 Quadratmetern freigelegt: von der ältesten der insgesamt acht übereinanderliegenden, drei verschiedenen Kulturphasen angehörenden Siedlungen 59 Häuser, deren Größe zwischen 5,5 und 30 Quadratmetern variiert, und 54 Skulpturen. Die Strenge und Klarheit der Formen sowohl in der Architektur als auch in der Kunst lassen darauf schließen, daß die Männer von Lepenski Vir nicht allein gewesen sind. »Ich bin überzeugt, daß man im Laufe der Jahre im Donauraum die Spuren von mit Lepenski Vir verwandten Zivilisationen entdecken wird«, sagt Dr. Srejović heute.

Was weiß man auf Grund der Funde von den ältesten Bewohnern Lepenski Virs? Wer waren diese Menschen, wie haben sie gelebt? In diesem kulturhistorischen Kreuzworträtsel fehlen noch viele Buchstaben, doch einige Felder lassen sich schon ausfüllen. In Lepenski Vir hausten Fischer, Jäger und Sammler. Die Donau war ihr Lebenselement. Die Wasser um Lepenski Vir werden von den Fischern noch heute sehr geschätzt. Besondere Strömungsverhältnisse und Wirbel (Vir = Wirbel) begünstigen den Fischfang. Darum wurde dieser sonst recht unwirtliche Ort zwischen Donau und einem steilen Bergabfall wohl auch so lange bewohnt. Die Menschen von Lepenski Vir existierten unter härtesten Bedingungen und fanden gerade dadurch zu einer höheren Kulturstufe. Die Verehrung ihrer Götter oder magischen Symbole und Kräfte und ihr tägliches Leben waren eins. Das verrät die Anlage der Trapezhäuser. Mittelpunkt jedes Hauses war die Feuerstelle. Fast immer ist der Herd vom eigentlichen Wohnraum durch einen Fries in Dreieckform in den Boden gesteckter roter Steine abgegrenzt. Die meisten Skulpturen waren vor dem Feuerplatz vergraben. Der Herd war Hausaltar für magische oder religiöse Riten, jedes Haus war Gotteshaus. Der Kampf mit ihrer rauhen Umwelt, zwischen den Bewohnern von Lepenski Vir und den von ihnen verehrten höheren Wesen, scheint ein sehr enges Verhältnis erzwungen zu haben. Alles war Gottheit. Vielleicht beteten sie einen Fisch-Mensch-Gott an, denn die Steinköpfe haben meist einen ausgeprägten Fischmund.

Und die beispiellose Trapezform der Häuser? Dr. Srejović hat dafür eine einfache Erklärung: Sie sind ein Abbild der Landschaft. Auch das Gelände, auf dem die Siedlung entstand, hat die Form eines großen Trapezes. Mit natürlichem Instinkt kopierten die ersten Architekten diese geometrische Figur. Die Künstler hielten sich ebenfalls an die von der Natur gelieferten Muster. Vielleicht war für diese Menschen ein zu großer Eingriff in die Natur ein Sakrileg. Die Steine aus dem Fluß wurden deshalb so verwendet, wie sie die Donau zurechtgeschliffen hatte. Und nur vorsichtig, ohne Veränderung der ursprünglichen Gestalt, wurden menschliche Züge in die glatte Oberfläche geritzt. Diese Art künstlerischer Betätigung war eine Kulthandlung, die vermutlich nur unter Beachtung strengster Vorschriften ausgeführt werden konnte.

Dr. Srejović zieht daraus seine Schlüsse über das geordnete Zusammenleben in Lepenski Vir: Die sparsamen und stereotypen Formen in Architektur und Skulptur zeigen, daß ihre Schöpfer in einer Gesellschaft lebten, in der der einzelne den Gesetzen der Gemeinschaft völlig unterworfen war. Das Leben des Individuums wurde von magischen Tabus eingeengt. In totaler wirtschaftlicher Abhängigkeit von der Gemeinschaft klammerten sich die Männer von Lepenski Vir an dieses Stück Land, das ihnen mit Hilfe ihrer Götter oder Geister Nahrung spendete. Warum sich in den Siedlungen aus der gleichen Zeit im Nahen Osten nichts Vergleichbares gezeigt hat? Die Menschen dort hatten günstigere Konditionen. Die Fischer, Jäger und Sammler von Lepenski Vir dagegen mußten mit schwierigen und für sie oft unlösbaren Problemen ringen. Die ständige Sorge über die Zukunft, ein Lebenskampf, in dem die

Furcht ein wesentliches Element war, bedrängte und bedrückte sie. In dieser Ausnahmesituation fanden sie zu ihrer klaren, klassischen Kunst.

Der Belgrader Archäologe führt als Beweis für seine Theorie die etwas jüngeren Funde an. Sie sind noch mit der ältesten Kultur verwandt. Aber die reicheren Verzierungen der Skulpturen, ihre verspielten »barocken« Formen sind Degenerationserscheinungen. Dr. Srejović: »Die Lebensbedingungen wurden leichter. In dieser Periode dürfte der Übergang von der Jäger- und Sammlerwirtschaft zu einer nahrungsproduzierenden Wirtschaft zu suchen sein. Die Menschen lebten gesicherter und bequemer. Ihre Kunst wurde schwächer. Vermutlich hat sich um diese Zeit auch das Klima verbessert, es ist wärmer geworden. Der Lebensstandard stieg, die Kultur verfiel. In den späteren Epochen bewohnten die Siedler an der Donau einfachere, weniger fest gefügte Häuser, und ihre künstlerische Tätigkeit beschränkte sich auf die Verschönerung von Haushaltsgegenständen. Die Lepenski-Vir-Kultur war untergegangen, ein Opfer des Wohlstandes. Das klingt komisch. Denn die meisten Wohlstandsbürger würden mit dem bescheidenen Komfort der heute in den Katarakten Vieh züchtenden und fischenden Bauern kaum ihr Auslangen finden. Mit ihren aus Weidenruten geflochtenen Fischreusen könnten auch die Männer von Lepenski Vir bereits gefischt haben.«

Einige hundert Meter nach Lepenski Vir wurden die Reste eines römischen Kastells konserviert, und daneben steht ein blau-weiß-rot gestrichenes jugoslawisches Wachthäuschen. An Bord sind die Blicke jedoch auf den hohen roten Felsen gerichtet, auf diesen Berg mit einem tausendfach gefalteten Runzelgesicht, der nun die Kontrolle über die Donau übernommen hat: den Greben. Die Signalstelle zeigt an, daß die Durchfahrt frei ist. In der Grebenströmung ist die Passage so schmal, daß hier Einbahnverkehr herrscht. Wenn ein bergfahrendes Schiff unterwegs ist, muß ein talfahrendes warten.

Wieder fragt man sich, warum um diesen Greben so viel Wasser gemacht wird, warum die Schiffsleute diesen Namen so respektvoll aussprechen. Man fährt an dem Felsen vorbei, sieht etwas bewegtes Wasser und bewundert die Natur – das ist alles. Erst die Bergfahrt lehrt, welche Hindernisse der Greben, die Granitbänke Stenka und Kozla, die Katarakte von Izlas und Tachtalia, die Strömungen im Juczkanal sind. Und am gefürchtetsten ist der Greben.

Drehen wir das Schiff um. Von Ismail an ist die »Kammegg« mit acht erzbeladenen Schlepps unterwegs. Bei der Südeinfahrt des Eisernen Tors werden die Kähne abgestellt. Denn nun reichen die Pferdestärken des Schiffes nur noch für zwei Kähne. Durch den Greben aber wagen sich gleich starke oder schwächere Remorqueure oft auch nur mit einem Schlepp. In den schwierigen Wassern der Katarakte hat sich das normale Bergfahrttempo von fünf bis sieben Stundenkilometer auf drei oder zwei Stundenkilometer reduziert. Aber der Greben sagt plötzlich stopp. Die Maschine stampft, und der »Chef« fixiert besorgt die Instrumente. Das Schiff zittert und bebt, alles rüttelt, dröhnt, lärmt, klappert, schwingt wie eine Schwungförderanlage. Beim Schreiben ist eine gerade Linie unmöglich. Man bekommt die zittrige Handschrift eines Hundertfünfzigjährigen. Das Schiff hat die Parkinsonsche Krankheit. Die Dieselmotoren laufen auf Hochtouren, die Schaufelräder mahlen das Wasser – und man schaut aufs Ufer und merkt, daß das Schiff auf der Stelle tritt, daß es steht, daß es nicht mehr weiterkommt. Es ist wie in einem Alptraum, in dem man läuft und dennoch immer am selben Ort bleibt. »Sie müssen sich zwei fixe Punkte am Ufer suchen, dann sehen Sie, daß wir uns doch bewegen«, sagt der Kapitän. Ein Baum und ein Kilometerstein werden nun zu festen Blickpunkten, und man erkennt, daß aus dem Stundenkilometertempo ein Zentimeter-, ein Millimetertempo geworden ist. Fußgänger überholen die »Kammegg« mühelos. Und langsam steigt die bange Frage auf, ob man es schaffen wird, ob die zwei Kähne nicht zu schwer sind. Der »Chef« schwitzt. Der Kapitän raucht eine Zigarette nach der andern. Die Steuerleute haben sich neben dem Lotsen postiert. Die Maschinen stöhnen vor Anstrengung. Einmal passierte es, daß die Maschine im Greben draufgegangen ist, fertig, erledigt war. Manchmal bleibt einem nichts anderes übrig, als auf ein anderes Schiff zu warten, das Vorspann gibt. Wie lang braucht man nun schon für zwei, drei Meter? Zehn Minuten, zwanzig Minuten? Die Zeit dehnt sich. Auf der Spitze des Greben hebt sich die einsame Gestalt eines Hirten ab, der unberührt vom Ringen zwischen Technik und Natur auf der grünen Hochfläche da oben seine Schafe hütet. Endlich ist der Kilometerstein etwas weiter verrückt, und der Baum auch. Die »Kammegg« bewegt sich schneller, ein, zwei Stundenkilometer werden schon als Geschwindigkeit anerkannt. Die »Kammegg« hat es geschafft.

Noch einmal bremst das Wasser, noch einmal bleibt das Schiff hängen. Nun sind die Kähne in der stärksten Strömung. Noch einmal erlebt man das langsame Vorrücken und hat Zeit, sich jeden Baum und jeden Strauch am Ufer einzuprägen. Und dann ist das Schiff endlich frei, das Beben und Lärmen vermindert sich, der Kapitän atmet auf, der »Chef« atmet auf, der Lotse macht ein zufriedenes Gesicht, der Greben ist bezwungen. Nun erst versteht man die Sehnsucht des Kapitäns nach dem Kraftwerk. Es wird einem auch klar, daß man bei der Bergfahrt nie genau voraussagen kann, wie lange die Fahrt durch die Katarakte dauern wird. Nicht wie viele Stunden, sondern wie viele Tage. Nur bei Tageslicht ist eine Kataraktenpassage möglich, und bis ein kompletter Schleppzug »durchgestellt« ist – wie man das in der Schiffersprache nennt –, ist ein mehrmaliges Hin und Her notwendig, das Tage dauert.

Das »Durchstellen« von Schleppkähnen kann ein einträgliches Geschäft sein. Für hohe Gebühren sind die Remorqueure anderer Gesellschaften bereit, bei der Kataraktenpassage Hilfe zu leisten. Die Jugoslawen haben ein modernes superstarkes 3000-PS-Schiff in Dienst gestellt, die »Greben«, die nur zwischen Turnu Severin und Drenkova verkehrt. Der »Kammegg« nahm sie zum Beispiel in zwei Fahrten je zwei Kähne ab.

Hart ist in den Katarakten auch die Arbeit der Steuerleute und Matrosen auf den Schlepps. Die großen Steuerruder haben nur eine ganz kleine Übersetzung und müssen mit Muskelkraft gehalten werden. So umklammern in den starken Strömungsstellen im Ruderhaus der Steuermann, sein Matrose und der Schlepplotse gemeinsam das Rad. Nachher zeigt ein Schlepplotse seine Hände. Sie sind verschwollen, zerrissen und blutig. Er erzählt, wie er sich als junger Matrose mit dem Fuß auf die Radspeiche stellte, um das Ruder besser zu fixieren. Aber das Ruder machte sich plötzlich selbständig. »Auf einmal bin ich im Wasser gelegen. Das Rad hat mich durch das offene Fenster des Steuerhauses in die Donau geschleudert.« Bei ähnlichen Unfällen wurden schon einige Leute getötet. Von Unfällen wird an Bord oft geredet. »... der, der bei Aschach ersoffen ist«, heißt es da von dem einen, und vom anderen »... der, der mit der Zille gekentert ist und nicht einmal mehr gefunden werden konnte«. Da ist einer in die Schaufeln des Rades geraten, dort wurde eine Köchin erschlagen, weil sich ein Radteil selbständig gemacht hat und in die neben dem Rad liegende Küche flog. Im Winter, wenn alles vereist ist, rutscht man leicht aus, die Schleppkähne haben kein Geländer. Und wenn die Donau Minusgrade hat, sind die Überlebenschancen gering. Auch die stählernen Schleppseile können zu Mördern werden.

Die Landschaft nach dem Greben ist jedoch friedlich und verheimlicht die Tücken und Gefahren des Stromes. Wir folgen nun wieder dem Lauf der Donau. Ein kleines Dorf auf der rumänischen Seite: Svinitza. Ein Bauer treibt drei Kühe ins Wasser. Die steilen Hänge sind in winzige Felder unterteilt. Hier blüht noch freies Bergbauerntum. Hier wurde nicht kollektiviert, weil es in einem solchen Bergland unrentabel wäre. Und die Menschen plagen sich in Eigenregie. Ihre Häuser tragen das Kainszeichen des drohenden Abbruches: große Nummern, die ihnen mit schwarzer Ölfarbe aufgepinselt worden sind. Auch dieses Dorf wird in der Donau versinken. Die Ruinen dreier altungarischer Wachttürme: Tri Cule. Daneben das Stahlgestänge eines rumänischen »Hochstandes«. Auf der Plattform späht ein junger Soldat gelangweilt nach Jugoslawien hinüber. Römische Legionare, ungarische Ritter, altösterreichische Grenzer in ihren Tschardaken – einige Ortsnamen in den Katarakten erinnern noch an diese Wachttürme gegen die Türken –, dann wieder ungarische Soldaten, Deutsche und nun Rumänen, ein ewiges Wachestehen, eine Staffette der Wachsamkeit quer durch die Jahrhunderte. Einmal wurde die europäische Zivilisation durch die Limesbefestigungen am rechten Ufer vor den Barbaren geschützt, dann wieder durch die Ungarn und die Militärgrenze am linken Ufer gegen die Türken. Und heute halten die Rumänen Wacht an der Donau, damit sich ihr Sozialismus mit dem Sozialismus der Jugoslawen nicht zu sehr vermenge. Auf der staubigen Uferstraße trabt ein uniformierter Schimmelreiter, den Karabiner geschultert, wie ein von früher übriggebliebener Krieger. An der Donau scheint er noch immer eine Aufgabe zu haben.

Wie durchlöchert im Banat, dem rumänischen Hinterland der Donau, die Grenzen der Völker sind, würde man bei einem kurzen Halt zwischen Greben und Kazanenge sofort erfahren. Ein paar Männer schaufeln Kohle in geschwärzte Kähne. Sie reden – tschechisch miteinander. Ein Schmalspurbähnlein schlängelt sich die Höhen hinauf – zu den Kohlenbergwerken, und dahinter versteckt sich das Dörfchen Eibenthal, trotz seines deutschen Namens das Heim der tschechischen Bergleute, die im vorigen Jahrhundert hierhergekommen sind. Sie bewahren sich ihre Sprache und ihren katholischen Glauben. Pfarrer haben sie keinen. Der pilgert ab und zu aus Orşova zu ihnen herauf. Er ist ein Deutscher, ein Banater Schwabe. Und wenn man in der

Gegend etwas umherreist, wird man in rein deutsche Dörfer kommen, man wird viele Ungarn treffen, bulgarische Laute vernehmen, sich mit Serben, Griechen und Makedoniern unterhalten können, Zigeunern zuhören, ab und zu auch noch Juden finden und natürlich das Mehrheitsvolk, die Rumänen. Die Geschichte hat in den Jahren nach der Befreiung des Landes von der Türkenherrschaft unzählige Völkerschaften in das leere Land gespült. Europa hatte hier einen Menschenwall gegen das türkische Reich, dessen Grenzen 150 Jahre lang hinter dem Eisernen Tor lagen, aufgehäuft. Auch die Natur schien sich hier abkapseln zu wollen. Sie hat selbst eine Grenzmauer errichtet: den Kazan. Wie die Türen eines Panzerschrankes schließen sich die Felsen vor dem Schiff. Der Strom scheint zu versickern; nackter Stein ist alles, was man sieht. Wenn man das Spiel der Natur in den Katarakten bis hierher mit Bachschem Orgelgebraus vergleichen konnte, so setzt sie hier nun ein dröhnendes Wagner-Orchester ein.

Zwischen zwei schräg abfallende Felswände ist keilförmig ein gigantischer Block eingelassen, die Ausfahrt scheinbar für ewige Zeiten blockierend. Aber Donau und »Kammegg« lassen sich nicht entmutigen. Auch auf dem Landweg hat sich der Mensch eine Route durch den Engpaß gebahnt. Hoch oben, am serbischen Ufer, fräsen Baumaschinen eine neue, breite Autostraße aus Fels und Wald. Es sind die ersten Straßenbauer, die sich seit 135 Jahren in diese Region wagen. Vor ihnen hat Graf Stefan Széchenyi von 1830 bis 1834 die nach ihm benannte Straße am ungarischen, heute rumänischen Ufer bauen lassen, und um gute 1700 Jahre früher hatte am anderen Ufer ein noch berühmterer Mann, der römische Kaiser Trajan, seine italienischen Straßenbauingenieure zu einer Leistung angespornt, vor der man auch heute noch Achtung haben muß. Knapp über der Wasserfläche sind in die Felswand in regelmäßigen Abständen viereckige Löcher geschlagen. In diesen Löchern staken die hölzernen Pfähle, die dort, wo zwischen Donau und Fels kein Fußbreit Boden war, einen breiten Steg trugen. Die Pioniere Trajans und ein Heer von Sklaven rangen dem Felsen einen schmalen Pfad ab. Die Spuren ihrer Mühe haben die Zeit überdauert. Auf dieser Straße konnten Truppen verschoben werden. Sie diente aber auch als Treppelweg für Schiffszüge. Trajan selbst hatte vorher das Gelände studiert und dann das unmöglich Scheinende kommandiert. Er brauchte diese Straße, um in dem Feldzug gegen die Daker beweglicher operieren zu können.

Um 100 nach Christus gehörten weite Teile Rumäniens diesem thrakischen Stamm. Ihr König Decebal hatte ein wohlorganisiertes Staatswesen und ein schlagkräftiges Heer geschaffen. Immer wieder mußten sich die römischen Grenzgarnisonen der Überfälle und Übergriffe der »Barbaren«, die lange Bärte und lange Hosen trugen, erwehren. Dazu reizten die dakischen Goldgruben die römische Begier. Trajan, der vorher schon die obere Donaugrenze gesichert hatte, beschloß, das Dakerproblem militärisch zu lösen. In diesem Feldzug durfte die Donau kein Hindernis sein. Darum befahl er die Straße, und dazu ließ er zwei Schiffsbrücken schlagen. In harten Kämpfen wurde Decebal in den Jahren 101/102 schwer geschlagen. Nach einem Friedensschluß erhob er sich jedoch wieder, so daß um 105 ein zweiter Feldzug notwendig wurde. Er endete 107 mit Trajans Sieg und Decebals Selbstmord. Er stürzte sich in sein Schwert, und die meisten Edlen seines Volkes schluckten angesichts des Leichnams ihres Königs Gift. Die Reliefs der römischen Trajansäule berichten in realistischen Szenen von diesen Ereignissen an der Donau. Und die Rumänen betrachten sich heute als die Nachfahren der überlebenden Daker, die sich mit den Römern vermischt haben.

Trajans Namen prangt auch in Kazan: Eine von zwei beflügelten Genien gehaltene riesige Marmortafel weist fast 2000 Jahre lang jeden Donaufahrer darauf hin, daß Trajan hier die Natur durch seine Straße besiegt hat. Im Moment ist die Kaiserwerbung unsichtbar. Denn Straßenrest und Tafelplatte werden überspült – die Tafel konnte gelöst und abgehoben werden. Ein Stück oberhalb sind Steinmetze dabei, eine ebene Fläche für das inzwischen restaurierte Marmorplakat auszumeißeln. Am rumänischen Ufer dankte eine Marmortafel dem Grafen Széchenyi. Auch sie wurde entfernt und wird einen neuen Ehrenplatz erhalten.

Der Reform-Graf schloß die Donau sofort in seine Pläne zur Modernisierung Ungarns ein. Er engagierte sich in der Entwicklung der Dampfschiffahrt und wagte selbst die Stromreise bis zur Mündung. In einem Buch erzählt er von dieser abenteuerlichen Fahrt in den dreißiger Jahren des vorigen Jahrhunderts. Er beklagt sich über manche Unbequemlichkeit und wirft den Reisenden vor, daß sie die Kirschkerne nicht in die Donau, sondern aufs Verdeck spuckten. Das Dampfschiff gleiche seiner Meinung nach eher einem Maststall als einem Verkehrsmittel, das er einmal als den »Sprung vom Mittelalter zur Neuzeit« bezeichnet habe.

Széchenyi zitiert auch einen Paragraphen des Dampfschiffreglements: »Es ist keinem Passagier erlaubt, auf den Schiffen mit Gegenständen irgendeiner Art Handel zu treiben, nicht Kunststücke oder Schaustücke für Geld sehen zu lassen oder für Geld Musik zu machen ...« Zu Széchenyis Unbehagen waren jedoch einige Menschenfreunde an Bord, die ihre Künste gratis zeigten – wie ein Fakir, der die Passagiere mit seiner Ringelnatter schreckte. Noch ein wichtiger Punkt des Reglements sei nur schwer durchzusetzen gewesen: »Die Passagiere sollen sich, mögen sie nun selbst schiffkundig sein oder nicht, jeder Einmischung über die Fahrt, sowohl bei geregeltem Gange derselben, als bei besonderen Fällen, enthalten ...«

Széchenyis Anstrengung, seiner Initiative, seiner Energie war es zu verdanken, daß die Katarakte wenigstens durch eine Straße überbrückt wurden. Auf seine Anregung hin baute der ungarische Ingenieur Paul Vásárhelyi, dem ein Heer von 3000 Arbeitern unterstand, die Straße, an der seither kaum viel geändert worden ist. Für eine Asphaltdecke hat es nicht gereicht. Nun ist es zu spät. Auch ihre Stunde hat geschlagen.

Unzählige Donaureisende haben die Katarakte nicht auf dem Strom, sondern auf dieser in den Felsen hineingeschlagenen und von den Felsen überwölbten Fahrbahn, die lange Zeit den Ruf hatte, eine der besten Straßen Ungarns zu sein, kennengelernt. Der erste, 1836, erschienene Donaureiseführer der DDSG von Johann Nehl, ›Der Begleiter auf der Donaufahrt von Wien bis zum Schwarzen Meer – mit besonderer Rücksicht auf die bestehende Dampfschiffahrt auf diesem Flusse‹, sagt über die Fahrtdauer und die Bezwingung der Katarakte: »Die Strecke von Pest bis Alt-Moldova wird von dem Dampfschiff ›Franz I.‹ von 60 Pferdekraft, mit Einschluß der zum Auf- und Abladen unterwegs erforderlichen Zeit, in zehn Tagen befahren. Von Moldova bis Orşova fährt einstweilen bis zur gänzlichen Beseitigung örtlicher Hindernisse auf dem Strombette kein Dampfschiff; die Verbindung zwischen diesen zwei Punkten wird daher entweder mittels gewöhnlicher Boote oder zu Lande unterhalten, wofür auch der Agent der Dampfschiffahrtsgesellschaft, Herr F. Popovics, zu Orşova bereitwillig sorget.«

Schon Széchenyi ließ Vásárhelyi Studien über die Beseitigung der Hindernisse treiben. Der Graf sagte damals: »Die untere Donau ist die Lebensader unseres Vaterlandes, sie muß aus ihrem Joch befreit und bis ans Schwarze Meer schiffbar gemacht werden.« Die technischen Hilfsmittel waren jedoch unzulänglich.

Immerhin nutzte Vásárhelyi 1834 den niedrigen Wasserstand und ließ von 1500 Arbeitern, meistens Knappen aus den umliegenden Bergwerken, 4000 Kubikmeter Felsenmaterial aus der Fahrrinne räumen. Erst in den siebziger Jahren konnte ein größeres Unternehmen zur Kataraktenregulierung gestartet werden. Man hielt sich an die Pläne des amerikanischen Ingenieurs William MacAlpine und bildete eine internationale Kommission von Österreichern, Ungarn und Türken. Der Sultan ließ sich durch Chefingenieur Mougel Bey und Vely Effendi vertreten. Die Sprengungen, Bohrungen, Dammbauten usw., deren Kosten astronomische Höhen erreichten, hatten nur Teilerfolge. Die Katarakte waren nur für Dampfschiffe befahrbar. Völlig befreit wird die Donau erst nach der Vollendung des Staudammes von dem »Joch« des Eisernen Tores sein. Mindestens ebensoviel Energie und geistiger und materieller Aufwand wurden jedoch darauf verschwendet, die Katarakte noch schwerer passierbar zu machen, als sie ohnehin waren. In Kazan gab es zwar noch keine Straße, aber schon Artilleriebastionen. Vor der heute von Hirtenfeuern rauchgeschwärzten Veteranihöhle am linken Ufer standen hinter Steinwällen österreichische Geschütze. Sie sollten den türkischen Tschaiken den Weg abschneiden.

Unter Hauptmann d'Arnau verteidigten 1692 an die 500 österreichische Soldaten die Höhle und das linke Donauufer 45 Tage lang gegen eine Streitmacht von mehreren tausend Janitscharen, die über eine ganze Kriegsflotte verfügten und am gegenüberliegenden Ufer ihre Batterien postiert hatten. Trotz schwerer Verluste – die Türken griffen von allen Seiten, auch von den Höhen über der Höhle, an – wurde die erste Übergabeaufforderung der Türken abgelehnt. Parlamentäre überbrachten d'Arnau ein Schreiben des Kommandanten von Belgrad, Ali Pascha: »Der Kommandant läßt Euch sagen, wenn Ihr wollet hinausgehen, sie wollen Euch gehen lassen, aber wenn Sie mit Bomben und mit Stuck schießen, so geben sie Euch kein Quartier (Pardon) mehr, denn das ist ja keine Stadt nicht, sondern ein Aufenthalt für Räuber und Bären.« Die Antwort d'Arnaus: Er habe den Befehl, hier auszuharren, und werde nicht weichen. Und er endete sein Schreiben mit den Worten: »... ich frylich gern mit gewaffneter Hand sterben will, als den Kopf mit Schand und Spott verlieren.« Als jedoch Pulver und Brot zur Neige gingen, immer mehr Verwundete in der Höhle stöhnten und in der Zisterne nur noch für 24 Stunden Wasser war, kapitulierten die Österreicher. Ihre Bedingung »Freier Abzug mit Ober- und

Untergewehr, klingendem Spiel und brennender Lunte« wurde von den Türken nicht eingehalten. Die tapferen Verteidiger wanderten in die Kriegsgefangenschaft.

Die Höhle wurde nach General Veterani benannt – dafür, daß er d'Arnau mit ihrer Verteidigung beauftragt hat. 1788, im letzten Türkenkrieg, war die strategische Bedeutung der Höhle nicht geringer. Wieder verschanzte sich eine kleine österreichische Einheit mit elf Geschützen im Kazan. Sie konnte eine Armee von 10000 Türken 21 Tage lang binden. Einer der Offiziere führte ein Tagebuch: der wegen seiner Tapferkeit mit dem Ritterkreuz des Mariatheresienordens ausgezeichnete Artillerieoberleutnant Johann Voith – er wurde auch geadelt und nach dem der Höhle gegenüberliegenden Berg Baron von Sterbetz benannt. Er beschreibt die schlechte Nahrungssituation in der Höhle: »... und hatte 20 Tage keine andere Nahrung als ein wenig und zum Teil verfaultes Commismehl, aus welchem die Soldaten einen Teig machten und in der heißen Asche backen ließen. Alle zwei Tage bekamen wir eine kleine Portion Hirsebrei oder Reis, den dritten Tag Zwieback oder Mehl und wenig Speck ...«

Die Übergabeverhandlungen wurden eingeleitet, der Besatzung wieder freies Geleit zugesichert. Aber sie mußte einen Geisel stellen. Voith meldete sich freiwillig, »zum Großvezier abzugehen«. Er sei »für den Staat zum Schlachtopfer bereit, wenn die Türken ihr gegebenes Wort nicht halten sollten, und auch für das Beste des Dienstes zu sterben, da ich doch ein Weib mit fünf Kindern zu dieser Zeit zu versorgen hatte; dem ungeachtet befürchtete ich nicht diese Gefahr und begab mich frei dahin. Der Großvezier und alle Offiziere erwiesen mir alle Höflichkeiten, bewirteten mich mit Kaffee, Früchten und anderen Erfrischungen. Man erhielt vom Großvezier auch ein Attestat, daß wir uns 21 Tage tapfer verhielten, worüber Sr. Majestät der Kaiser alle Zufriedenheit bezeigte und jeden Mann mit einem Dukaten beschenkte ...«

So höflich führte man damals Krieg. Unmittelbar vor der Höhle sperrt ein Betonbunker aus dem Zweiten Weltkrieg die Straße, und die alten Donaudampfschiffahrtsleute denken nur mit Unbehagen an die Kriegsjahre im Eisernen Tor zurück. Das Terrain war hier für Titos Partisanen ideal. Und mehr als ein Kapitän oder Steuermann wurde von in den Felsen versteckten Scharfschützen wie ein Stück Wild abgeschossen. Man versuchte zwar die Brücken der Schiffe so gut es ging zu schützen. Panzerplatten konnten jedoch nicht verwendet werden, weil sie zu schwer waren. Im Zweiten Weltkrieg aber planten die Partisanen gemeinsam mit britischen Sabotagespezialisten eine noch viel schwerwiegendere Aktion. Am Ausgang des Kazanpasses führt ein schmaler Steig durch den Wald zu einem schwarzen Loch im Felsen – das haben Menschen gebohrt. Es ist ein Sprengloch. Die Partisanen wollten durch eine Sprengung der Felswand die Kazanenge blockieren und die Donau unbefahrbar machen. Das Unternehmen wurde dann doch nicht ausgeführt. Die Deutschen hatten davon Wind bekommen, und bei den Jugoslawen regten sich Bedenken, ob diese Sprengung nicht katastrophale Folgen für die umliegenden Ortschaften haben könnte. Wenn heute das dumpfe Geräusch von Sprengungen ertönt, dann kommt es von der Kraftwerkbaustelle. Für die Ortschaften in dem sich nun wieder öffnenden Donautal ist jede Detonation ein Zeichen, daß ihr Ende näher rückt.

Orşova, früher Österreich-Ungarns Grenzstation zur Türkei, später zu Rumänien, war nie für hektisches Leben berühmt. Dänemarks Märchenerzähler Hans Christian Andersen ist hier noch um 1840 vierzehn Tage lang in Kontumaz gesessen, im Quarantänequartier, und hat sich bitter über Langeweile beklagt. Bis in die Mitte des vorigen Jahrhunderts mußte in Orşova noch jeder Reisende, der aus dem Orient kam, die harten Quarantäneprozeduren über sich ergehen lassen. Andersen war von Konstantinopel nach Wien unterwegs. In Orşova, das auch nach fünfzig Jahren unter rumänischer Herrschaft ein Hauch von k. u. k. durchweht, wohnen noch viele altösterreichische Beamtenwitwen, hört man da Deutsch, dort Ungarisch, dann wieder Rumänisch. Am Kai warten Zigeunermädchen auf Matrosen. Um sich die Zeit zu vertreiben, unterhalten sie sich mit dem Soldaten, der die ausländischen Schiffe bewacht. Bis 1956 war hier die Welt mit einem Bretterzaun verschlagen. Durch eine hohe Holzwand wurden die Bewohner Orşovas von den für sie schädlichen ausländischen Einflüssen abgeschirmt. Heute ist man bereits großzügiger; die Matrosen erhalten einen Ausgangsschein bis vier Uhr früh, und wenn es später werden sollte, dann drückt der Posten ein Auge zu.

Das Nachtleben Orşovas beschränkt sich allerdings auf das »Hotel Nummer eins« und auf das »Hotel Nummer zwei«. Die Auswahl ist nicht sehr groß. Aber was will man von diesem Städtchen? Es hat sich zum Sterben hingelegt. In den Bergen sind viele Appartementhäuser von Neu-Orşova bereits bezogen. Bei vielen alten Häusern wurde schon mit dem Abbruch begonnen. Die meisten älteren Leute in Orşova beklagen sich bitter. Sie waren gewohnt, in ihren eigenen Häusern zu leben. Die Behörden möchten sie nun lieber in den neuen Wohnblocks unterbringen. Deshalb wird ihnen der Neubau eines Hauses nicht gerade leichtgemacht. Die Leute erhalten Entschädigungen für ihre Häuser, aber nur bis zu einer Höhe von maximal 40000 Lei, eine Summe, die meist unter dem wahren Wert des Hauses liegt. Zum Neubau müssen auch die alten Ziegel aus dem abgebrochenen Haus verwendet werden. Ein neuer Friedhof entsteht, in den die Toten aus dem alten Gottesacker umgebettet werden, und neue Kirchen für die verschiedenen Konfessionen.

All die revolutionären Veränderungen in Orşova berühren das Hinterland kaum. Im Csernatal wandeln von Gewerkschaften und Sozialversicherungen eingewiesene Badegäste zwischen k. u. k.-gelben Gebäuden des ehemaligen österreichischen Militärkurortes Herkulesbad. Im 18. Jahrhundert hatten kaiserliche Grenzoffiziere die Ruinen des römischen Herkulesbades entdeckt, und bald entwickelte sich unter der Schirmherrschaft der Militärgrenze ein blühender ärarischer Badebetrieb. Ein tieferer Vorstoß ins Innere des Banats führt in die einst so reichen Schwabendörfer. Hier wird noch Deutsch gesprochen wie in irgendeinem Dorf in Deutschland, nur oft in schwierigen Dialekten. Von fast 400000 Deutschen in Rumänien gehören etwa 200000 zu den Siebenbürger Sachsen, die schon über 800 Jahre im Land sind. Die andere Hälfte sind Donauschwaben, die das den Türken im 18. Jahrhundert abgerungene Land besiedelten. Mit der abziehenden deutschen Armee haben 1944 viele ihre Heimat verlassen, und die, die geblieben sind, haben keinen größeren Wunsch, als ihnen zu folgen, den Weg ihrer Ahnen in umgekehrter Richtung einzuschlagen und in der deutschen Bundesrepublik oder in Österreich eine neue Heimat zu finden. Vorläufig schätzen die kommunistischen Machthaber Rumäniens die Arbeitskraft der Deutschen zu sehr. Die Ausreise wird nur in Einzelfällen gestattet.

Der neue, eigenständige Kurs der rumänischen Regierung macht es den Minderheiten eher schwerer als leichter, so zu sein, wie sie sein wollen. Der rumänische Nationalismus ist dynamischer, und in zehn oder zwanzig Jahren wird der Assimilationsprozeß schon wesentlich weiter fortgeschritten sein, wird die Nationalitätenkarte Rumäniens andere Färbungen zeigen. Erst vor kurzem wurden durch einen administrativen Schritt die noch bestehenden alten Grenzen beseitigt: Die Grenze der Region

Banat entsprach dem alten Grenzverlauf zwischen Ungarn und Rumänien vor 1914. Nun wurden die Regionen aufgehoben und neue Verwaltungsdepartements geschaffen. Für Orşova, das bis dahin von der Hauptstadt des Banats, dem 196 Kilometer entfernten Temesvar, abhängig war, sind jetzt alle wichtigen Behörden in dem nur 21 Kilometer entfernten Turnu Severin. Die praktischen Vorteile der neuen Regelung lassen sich nicht leugnen.

Noch ein Relikt der alten Grenze wird verschwinden: der letzte türkische Vorposten an der Donau, besser in der Donau, die Ansel Ada-Kaleh. Spitz und herausfordernd reklamiert ein Minarett diese Insel mitten in der Donau für den Propheten. Von dem türkischen Donauimperium ist nichts geblieben als dieses bewohnte Eiland, und auch seine Stunden sind gezählt.

Die Insel gehört zwar Rumänien, doch wer hinüber will, muß am Ufer einem Grenzsoldaten den Paß vorweisen. Und wenn der türkische Fährmann mit seinem Ruderboot am Strand der Insel anlegt, steht am Steg ein zweiter Posten. Er kassiert den Paß und behält ihn, bis man wieder die Rückfahrt antritt. Das jugoslawische Ufer ist zu nahe. Mehr als einmal haben Flüchtlinge die Insel als Zwischenstation benützt. Lange Zeit durften die Bewohner von Orşova die Insel überhaupt nicht betreten.

Was hat es nun für eine Bewandtnis mit der Insel? Als das türkische Imperium in Europa liquidiert wurde, beim Berliner Kongreß 1878, wurde wohl bestimmt, daß die Türken ihre Donaufestung Ada-Kaleh zu räumen hätten, man vergaß aber hinzuzufügen, wer künftig ihr Besitzer sein sollte. Die Insel erhielt einen eigenen Status. Österreich übernahm eine Art Schutzherrschaft. Die auf der Insel lebenden Türken blieben von Militärdienst und Steuerpflichten verschont und lebten ihr gewohntes Leben.

Ein Besucher Ada-Kalehs hat wenige Jahre vor dem Berliner Kongreß noch den letzten türkischen Kommandanten der verfallenden Festung – sie ist österreichischen Ursprungs aus der Zeit, da sie nach dem Frieden von Passarowitz bis zum Frieden von Belgrad dem Kaiser gehörte – angetroffen und berichtet:

»Des Sultans Flagge weht unbelästigt von den ausgedehnten Werken der Inselfestung. Ihr Verfall ist jedoch unverkennbar. Außer einigen besser aussehenden, ursprünglich österreichischen Kasernen und der zur Moschee umgewandelten einstigen Franziskanerklosterkirche erweckt die türkische Niederlassung nur klägliche Eindrücke. In einem plumpen, der Baukunst wenig zur Ehre gereichenden Gebäude wohnt der Kommandant von Ada-Kaleh, ein zwischen manchmal ausgekramtem Gerümpel hockender Mir-Alai (Major), sehr wohlwollend. Die Bewohner sind ausschließlich Türken, beschäftigen sich mit wenig Handel, unter welchen große Armut herrscht ...«

Die Sultansflagge mußte eingeholt werden, der Halbmond schien und scheint weiter über die Insel. Der Lebensstandard der Türken – es sind meist Nachkommen abgerüsteter türkischer Soldaten – hat sich gebessert, seit eine Zigarettenfabrik auf der Insel Arbeitsplätze verschaffte. Ein süßlich-scharfer Tabakgeruch durchweht die Insel. In den schmalen Gassen balancieren Frauen in Pluderhosen große Krüge auf dem Kopf, und alte Männer sitzen mit gekreuzten Beinen vor winzigen Läden. In der Moschee plaudert der Hodscha, der Geistliche, in einem makellosen selbstgelernten Englisch. Er redet von der Zukunft der Insel, die keine Zukunft mehr hat. Denn auch sie wird der Wasserkraft und der Schiffahrt geopfert. Hier, so nahe dem Damm, wird der Donauspiegel um 15 Meter steigen. Vielleicht wird als einsames Souvenir türkischer Größe die Spitze des Minaretts aus dem Wasser schauen – mit einem roten Licht am Halbmond, als Warnung für die Schiffe. Was aus den Türken wird? 35 Familien haben bereits die Erlaubnis zur Auswanderung in die Türkei, zu einer verspäteten Heimkehr, erhalten, andere wollen nach Konstanza am Schwarzen Meer, wo noch eine stärkere türkische Minderheit existiert. An der Donau sind Ziegel gestapelt – von den österreichischen Festungswerken, die abgebrochen werden. Der rumänische Staat braucht Baumaterial. Betrübt verabschiedet man sich von dem Donaukleinod. Ein historisches Museum mit lebenden Schaustücken wird aufgelöst. Im Fährboot sagt jedoch ein Mädchen: »Die Alten jammern, wir aber sind froh, daß wir von hier wegkommen. Auf der Insel war es nicht mehr auszuhalten, so altmodisch ist hier alles.«

Nicht nur türkische Donaupassagiere, auch ungarische Geschichtskenner sind hier nicht gefeit gegen sentimentale Anwandlungen. Gegenüber der Insel markiert eine Kapelle einen der vielen Aufbewahrungsorte der Stephanskrone. Nachdem die Sache der Revolution verloren war, floh Lajos Kossuth mit mehreren anderen führenden Ungarn im August 1849 über die Grenze in die Türkei. Die heilige Krone, die er im Handgepäck hatte, sollte jedoch in ungarischer Erde bleiben. In der Nacht vom 23. auf den 24. August vergruben Kossuth und seine Getreuen die Krone nahe der Cserna. Erst nach systematischer

Suche wurde die Truhe mit der Krone am 8. September 1853 wieder entdeckt. Und Kaiser Franz Joseph finanzierte drei Jahre später den Bau einer Gedenkkapelle aus seiner Privatschatulle.

Nun fordert die Gegenwart gebührend Beachtung. Nun ist die Donau Bauplatz. Dem Eisernen Tor wird das Eisen entzogen. Als Ersatz setzt man der Donau eine Pforte aus Stahlbeton ein. Zwischen Stromkilometer 950 und 939 haben die Ingenieure das Kommando übernommen. In der Nacht glitzern tausend künstliche Sterne über der Donau: das romantische Christbaumspiel der modernen Technik. Scheinwerferfluten, Flutlichtanlagen auf hohen Türmen wie in großen Fußballstadien, ein Gewirr von Betonpfeilern, Kränen, Lastwagen und Mischmaschinen, Baubrücken im Strom, Straßenbrücken in mehreren Etagen über der alten Fahrbahn, die nur noch ein Schlammeer ist. Bei Tag kann man etwas Ordnung in das Tohuwabohu bringen: Über die ganze Breite des Stromes spannt sich das Netzwerk von Pfeilern, Säulen, Bohrschiffen, Baggerschiffen und vielen anderen schwer definierbaren Maschinen. Wie die Fliegen bewegen sich Menschen im Drahtnetz unter der Förderanlage über der Donau. Ein Donnerschlag erschüttert die Gegend, Rauch und Staub steigen zum Himmel, irgendwo ist wieder gesprengt worden. Hier wird die Welt verändert.

Im Herbst 1964 haben Marschall Tito und Rumäniens damaliger Staats- und Parteichef Gheorghiu-Dej an Bord eines Donauschiffes den Vertrag über den gemeinsamen Bau des Eisernen-Tor-Staudammes unterzeichnet. 1948 hatten hier die Rumänen nach Titos Bruch mit Moskau den jugoslawischen Donauschiffen den Weg nach Süden versperrt. Nun war man sich einig, den Damm zwischen dem rumänischen Dorf Gura Vaii und dem jugoslawischen Sip zu errichten, 33 Meter hoch, einen Kilometer breit, mit Schleusen, deren Hebungshöhe zwischen 28 und 33 Metern liegt, und je einem Kraftwerk auf der rumänischen und der jugoslawischen Seite. Jedes wird ab 1971 fünf Milliarden Kilowattstunden Strom erzeugen. Die Hauptlast der Arbeit tragen Jugoslawen und Rumänen, aber auch westdeutsche, französische und britische Firmen sind an dem gewaltigsten Bauprojekt, das die Donau jemals erlebt hat, beteiligt. Der Rückstau des dadurch entstehenden Donausees wird noch 250 Kilometer nördlich zu spüren sein. 17 Ortschaften werden überflutet, dafür können dann Seeschiffe mühelos durch das Eiserne Tor gleiten.

Der Einsatz an der Baustelle ist ungeheuer. Die Rumänen

haben die Armee mobilisiert. Truppen aus dem ganzen Land leisten Arbeitsdienst. Experten bezeichnen den Damm als ein technisches Wunderwerk. Aber auf den steilen Hängen am rumänischen Ufer klettern ameisengleich Frauenbrigaden wie chinesische Kulis. Sie schleppen schwere Erde in Körben auf Tragstangen zum Aufforsten des Geländes auf die kahlen Höhen. Ein Aufseher überwacht ihre Arbeit. Auf der einen Seite Höchstleistungen der Technik, auf der anderen Fronarbeit in antikem Sklavenstil!

Recht antiquiert ist auch die Methode, mit der sich die Schleppzüge stromaufwärts durch das eigentliche Eiserne Tor schleppen lassen. Aber die Methode funktioniert.

Das gefürchtete Eiserne Tor ist für jeden Donaureisenden die größte Enttäuschung. Für ihn ist es der Kazan, sind es die anderen Engen, aber diese Felsbank, die da quer im Strom liegt und ab und zu ihre scharfen Riffe wie Haifischzähne zeigt, läßt sich schwer als Touristenattraktion verkaufen. Dennoch ist diese Barriere das am schwersten zu überwindende Hindernis der Donau. Als 1896 der durch die Felsen gesprengte, über zwei Kilometer lange und 80 Meter breite Eiserne-Tor-Kanal eröffnet wurde, bemühten sich gleich drei Majestäten hierher: der König von Rumänien, der König von Serbien und Kaiser Franz Joseph. Acht Jahre lang hatten 10000 Menschen an der Regulierung dieses Donauabschnittes gearbeitet. Und bis heute benützt die Schiffahrt den Kanal. Das heißt, talfahrend war der Wasserstand günstig, und die »Kammegg« konnte am Kanal vorbei über das Riff gleiten.

Bergwärts ist eine andere Passage jedoch unmöglich. Kurz vor Beginn der Baustelle wird die blaue Flagge auf halbmast gesetzt – zum Zeichen, daß die »Kammegg« die Unterstützung der Treidellokomotive benötigt. Im Kanal ist die Strömung so stark, daß ein Schleppzug (mit maximal zwei beladenen Kähnen) diese zwei Kilometer aus eigener Kraft nicht schaffen würde. Bis zum Ersten Weltkrieg leistete ein Schiff Zugdienste. 1916 bauten deutsche Pioniere die Treidelbahn den Kanal entlang. Der schwarze Signalball ist heruntergefallen. Die Fahrt ist frei. Auf einer Plattform am Kanalsaum wartet schon ein Arbeiter, um das Schleppseil zum ersten Kahn zu werfen. Die Lokomotive dampft. Auf der Maschine kann man ein Firmenzeichen von A. Borsig, Berlin-Tegel 1930, lesen. Der Lokführer schaut etwas von oben herab auf das Schiff. Er wäre eine schöne Geschichte wert: die Geschichte des kleinen Buben, der einmal Lokomotivführer werden wollte, der von langen Zügen träumte und von der großen weiten Welt. Und dann wird er auch tatsächlich Lokführer, aber es langt nicht ganz zur großen weiten Welt. Er kommt zur Treidelbahn und fährt nun zwischen Stromkilometer 946,7 und 944,6 hin und her, hinauf und hinunter, hinter sich den Tender und den altertümlichen Waggon mit der Seilwinde, auf der ein großer roter Stern aufgemalt ist, jeden Tag acht Stunden lang, immer dieselbe Strecke, nie begegnet ihm ein anderer Zug als die Gegenmaschine. Der Heizer feuert Kohle in den Schlund der Maschine, als ob es gelte, einen schwierigen Gebirgspaß zu überwinden. Und die Lokomotive schleppt auch einen längeren Zug als jede Konkurrenz auf weniger beschränkten Schienen. Gemeinsam mit der »Kammegg« zieht die Lok zwei Kähne, deren Ladung je 100 Waggons entspricht, durch den Kanal.

Ein Signalpfiff, das Schleppseil wird wieder ausgeklinkt. »Wenn jetzt etwas passiert, dann ist nichts mehr zu machen«, sagt jemand an Bord. Und wie zur Warnung ragen die Überreste eines ungarischen Schleppkahnes aus dem Wasser. Sie hängen quer in die Donau, in den Riffen. Ein Schleppseil war gerissen, und zwei Kähne wurden erbarmungslos gegen die Felsen geschmettert. Das Eiserne Tor zeigt hier noch einmal, wie eisern es sein kann. Aber nicht mehr lang ...

23. Kapitel

Kolo, Hora und Mavrud

Von Kladovo über Ruse nach Galatz

Dudelnde Musik, das klagende Jubeln einer Ziehharmonika, der tiefe Schlag des Basses und zwei Geigen, die die Melodie tragen, Zigeuner mitten auf der Straße, braune Gesichter, staubige, schäbige Anzüge, der Primas hat keine Zähne mehr. Das sind keine Zigeuner, wie sie in eleganten roten Westen, weitärmeligen weißen Blusen, gutgeschnittenen schwarzen langen Hosen, mit gebürstetem Schnurrbart und geöltem schwarzem Haar in den vornehmen Restaurants Musik machen. Nein, die hier sind Straßenmusikanten, die man für ein paar Dinar engagieren kann. Und sie spielen mitten in der alten Hauptstraße von Kladovo, der letzten jugoslawischen Donaustadt, auf. Vor einem niedrigen Haus und mitten auf der Straße tanzen die Menschen, die die Zigeuner angeheuert haben. Sie haben einander an den Händen gefaßt und tanzen im Kreis, im Rhythmus des Kolos. Eine Familienfeier, die nicht im, sondern vor dem Haus gefeiert wird; so hat man es immer gehalten. Die einen Teilnehmer der »Party« haben noch Bauerngesichter und bäuerliches Gewand, die anderen sind bereits städtisch, das Mädchen im modischen Minirock und hinter ihr die dreißigjährige Frau mit Kopftuch und einem Kleid im Trachtenschnitt, die vollbusige Dame mit geröteten Wangen im Kostüm, die Burschen, die sich die Krawatten gelockert haben, der dicke Kapitän, der seine Uniformjacke auszieht und sich unter die Tanzenden einreiht, und das unermüdliche Stampfen des Kolos. Die Zigeuner werden hitziger, ihr Fiedeln wird schneller, die Umstehenden klatschen den Takt. Weiter, weiter, noch schneller, einmal nach links, einmal nach rechts, der uralte Reigentanz, wie er in den Balkanbergen an Hirtenfeuern entstanden ist, in armseligen Dörfern, hier auf einer asphaltierten Straße im Herzen einer Kleinstadt. Die Musik bricht mit einem Schlag ab. Die Tänzer wischen sich den Schweiß von der Stirn, lachen und verschwinden im Haus, aus dem bis spät in die Nacht noch der Lärm der Musik dringt.

Das ist ein Sonntagabend in Kladovo. Die meisten Einwohner der Stadt ergehen sich auf den zwei Bummelachsen – auf dem alten Korso, der zum Tanzsaal wurde, einer Straße ebenerdiger

Häuser, und auf dem neuen Korso, der von hohen Montagebauten gesäumt wird, mit breiten Fenstern und breiten Balkons, Fernsehantennen auf dem Dach und sauberen Läden im Erdgeschoß. Die alte Hauptstraße führt senkrecht zur Donau, die neue durchschneidet sie parallel zum Strom. In Kladovo wurde viel investiert. Denn Kladovo nimmt die Kraftwerkopfer vom jugoslawischen Ufer auf, diese Schiffbrüchigen einer künstlichen Flut. Daneben blieb Kladovo noch ein Balkandorf, ein serbisches Dorf, in dem Bilderbuchserben mit hohen schwarzen Fellmützen oder den grauen, runden, über dem Scheitel eingedrückten serbischen Militärkappen auf dem Kopf und geflochtenen, geschnabelten Opanken an den Füßen in der Abendsonne promenieren und in dem man mit fröhlicher Unbekümmertheit beim Familienkolo gleich den ganzen Ort mittanzen lassen will. Die alten Leute, die nicht mehr bummeln gehen, sitzen auf dem Küchensessel vor dem Haustor oder drinnen vor dem Fernsehapparat.

In diese noch den Traditionen der Vergangenheit verhaftete Welt wurde direkt an die Donau ein Hotelhochhaus gesetzt, das Hotel »Dscherdap«, wie die Jugoslawen das Eiserne Tor nennen. Von der Terrasse sieht man hinauf zur Baustelle und hinüber nach Turnu Severin, der ersten größeren rumänischen Stadt. Trotz seiner schönen Lage hat das Hotel etwas Verschlafenes, ist leer und unwirklich, stimmt nicht ganz, hat sich in eine Umwelt verirrt, für die es nicht konstruiert worden ist. Im großen Restaurantsaal schlägt einem stickige Luft entgegen, obwohl die meisten Tische nicht besetzt sind. Eine fade Kapelle spielt ›Wiener Blut‹, und der Polizeichef des Ortes, der in dieser Umgebung mit einigen Freunden standesgemäße Unterhaltung sucht, bestellt »Fascination«. Der Ober empfiehlt Kladovo-Kaviar, Kaviar aus den Katarakten. Er ist etwas heller und kleinkörniger als der russische und schmeckt nach Fisch. Diensteifrig und mit Hilfe einiger eingelernter Phrasen gibt der Kellner vor, Französisch zu sprechen. Aber dann bringt er doch immer das Falsche. Und als er statt des verlangten Weines eine andere Marke bringt, sagt er zur Entschuldigung: »Der ist auch gut.«

Die Vornehmheit dieses Hauses an der Donau ist nur Tünche, tiefste Provinz in großstädtischem Rahmen.

Das wirkliche Kladovo sind die Kolotänzer und die anderen Lokale, die billigen Restaurants, in denen kein Tisch frei bleibt. Überall ist Musik, überall serbische Melodien, bei denen es sich so schwer unterscheiden läßt, ob sie weinen oder lachen.

Im »Srbia« ist die Männerwelt versammelt. Und die paar Frauen, die an einigen Tischen vor dem Weinglas sitzen, sind auch nur für Männer da. Hier entzündet eine Sängerin mit ihrem Gesang einen imaginären Brand. Sie lebt die Texte ihrer Lieder, läßt die unendlichen Phrasen dieser Balladen wie ein einziges endloses Lied leidenschaftlich in den rauchigen Saal verströmen. Dazu erklingen die weinerlichen Triolen der Ziehharmonika, dazu schluchzt dieses sonst so plumpe Instrument wie eine Hirtenflöte. Das Schluchzen pflanzt sich in der schweren, dunklen Stimme der Frau fort, die Leute wiegen die Köpfe im Takt, trinken und singen mit. Und dann erlischt auf einmal das Licht. In der ganzen Stadt ist Kurzschluß. Kerzen werden angezündet. Die Sängerin singt nicht mehr, die Musiker spielen nicht mehr. Das Mikrofon ist ausgefallen, und die Verstärker verstärken nicht mehr. Ohne Technik funktioniert heutzutage nicht einmal die Volksmusik. Die Sängerin tauscht mit dem jüngeren Harmonikaspieler verliebte Blicke, zwei Gitarristen setzen sich an einen Tisch und klimpern dort für zwei Glas Wein vor sich hin.

Und es bleibt finster. Die Matrosen erinnern sich einer Riesenrauferei: zwischen Serben und Montenegrinern, die alle beim Kraftwerkbau eingesetzt sind. Auch jetzt lehnen verwegene Gestalten an der Theke, harte Burschen, die ein moderner Goldrausch an die Donau verschlagen hat. Die Arbeit beim Dammbau ist schwer, aber gut bezahlt. Niemand schimpft über den Stromausfall, es wird nur etwas lauter gelacht und etwas schneller getrunken. Und als dann einige Männer aneinandergeraten, die Fäuste fliegen und ein langmähniger serbischer Schleppmatrose verhaftet wird, findet das jedermann in Ordnung. Es ist eben Sonntagabend in Kladovo.

Um wieder aufs Schiff zu gelangen, muß man über ein jugoslawisches und ein sowjetisches Schiff, die mit der »Kammegg« nebeneinander an einem Ponton liegen. Bei den Jugoslawen zeigt die Uhr die gleiche Zeit wie die Uhren auf der »Kammegg«, bei den Russen ist es um zwei Stunden und drüben in Turnu Severin um eine Stunde später. Dennoch ist man bei den Rumänen noch um einige Stunden hinter den Jugoslawen zurück.

Noch immer wird jedes ausländische Schiff von Posten bewacht. Obwohl die »Kammegg« in Turnu Severin nur für eine Stunde stoppt, um Gasöl zu tanken, obwohl niemand an Land gehen will, kommen die Zollbeamten zur Revision an Bord: eine gewichtige weibliche Kommissartype, wie sie Filmautoren für antikommunistische Propagandastreifen in der Zeit des kältesten kalten Krieges hätten ersinnen können. Mit instinktiver Sicherheit für das Falsche läßt sie sich in der Messe schwerfällig auf den Kapitänssessel fallen, legt ihren Oberkörper auf den Tisch und beginnt in den Schiffspapieren zu blättern. Der neue Stil, der neue Kurs Rumäniens hat auf diesen weiblichen Apparatschik noch nicht abgefärbt. Auch die Leute, die am Ufer stehen und sich die Schiffe ansehen, sind anders als die Menschen in Jugoslawien. Sie sind ärmlicher gekleidet, in den Straßen der Stadt fehlen die Privatautos. Trotz der Unabhängigkeit Rumäniens von den Sowjets und der gesteigerten Wirtschaftsbeziehungen zum Westen ist die politische Polizei im Leben jedes Rumänen ein Faktor, mit dem er rechnen muß. Rumäniens Parteichef Ceausescu hat im Frühjahr 1968 zwar größere politische Freiheiten versprochen und Reformen angekündigt. Die Rumänen aber, mit denen man darüber diskutiert, sind skeptisch: »Rumänien war immer sehr nahe an Byzanz, und gegen den Byzantinismus waren unsere Herrscher und Führer niemals gefeit. Ceausescu und die anderen tragen zwar elegante Anzüge nach westlichem Schnitt, und seit sie an der Macht sind, ist manches besser geworden, aber sie sind auch absolute Herrscher, leben in großen Luxusvillen am Meer und lassen sich vom Volk feiern wie Monarchen. Und zur Sicherung dieser Stellung werden sie nie völlig auf die Geheimpolizei, auf Spitzel und Zensurmethoden verzichten.«

Ein Beispiel dieses modernen Persönlichkeitskultes konnte man auf einer rumänischen Straße nahe der Donau erleben: Viele Kilometer weit sind alle Seitenstraßen gesperrt, in den Dörfern flankieren Polizisten die Fahrbahn, Schulkinder mit Fähnchen und Blumen sind schon des Wartens müde. Dorfhonoratioren krümmen die Rücken. Viele Bauern haben Körbe mit Krautköpfen auf die Straße gestellt oder ihren Teppich, das beste Stück aus der guten Stube, auf den Zaun gehängt – so wie sie es früher taten, wenn ein Pascha, Woiwode oder ein anderer Fürst durch die Lande ritt. Ehrerbietig und in unterwürfiger Untertanenfrömmigkeit. Nun gilt all der Aufwand dem Chef jener Partei, die alle Klassen und Vorrechte abgeschafft hat: Nicolae Ceausescu, dem fünfzigjährigen Sekretär der rumänischen KP. Er unternimmt eine offizielle Inspektionstour durch die Provinz. Und die Provinz huldigt ihm.

In Turnu Severin begrüßten die Rumänen 1866 auch ihren ersten Fürsten: Karl Prinz von Hohenzollern-Sigmaringen. Die Rumänen importierten ihren neuen Herrscher auf dem direkten

Donauweg von Sigmaringen nach Turnu Severin. Früher hatten die Fürstentümer Moldau und Walachei wohl einheimische Fürsten, aber sie waren den Türken tributpflichtig. Als gute politische Geschäftspartner verstanden es Paschas und Bojaren in einträchtiger Interessengemeinschaft, aus den rumänischen Bauern herauszupressen, was nur möglich war und noch ein wenig mehr. Mehr als einmal haben die rumänischen Bojaren türkische Truppen gegen aufständische rumänische Bauern zu Hilfe gerufen. Durch die türkischen Niederlagen gegen die Russen verringerten sich Einfluß und Macht der Hohen Pforte, und 1859 wurde Alexandru Ion Cuza zum Fürsten der Moldau und der Walachei gewählt. Durch diese Vereinigung der beiden Fürstentümer wurde der Grundstein zu einem rumänischen Nationalstaat gelegt. Da die adligen Großgrundbesitzer ihren Fürsten jedoch bald zur Abdankung zwangen und sich aus Eifersucht auf keinen Mann aus ihren Reihen einigen konnten, wurde ein ausländischer Fürst eingekauft, der Hohenzollernprinz. Er setzte beim Berliner Kongreß auch die internationale Anerkennung des jungen Staatsgebildes durch und ließ sich 1881 zum König ausrufen. Der Hohenzoller erwies sich für die Rumänen als ein guter Kauf. Tatkräftig verpflanzte er Europa in den Orient, organisierte ein modernes Verkehrswesen, baute eine Armee nach preußischem Vorbild auf, regelte die Finanzen und half Rumänien, den Anschluß an die neue Zeit zu finden. Leicht dürfte ihm und seinen Mitarbeitern dieses Unternehmen nicht gefallen sein. Zur Zeit der Ankunft Karls beschrieb ein deutscher Reisender das rumänische Beherbergungswesen: »Noch anfangs der sechziger Jahre kannte man im Land keine unseren Kulturbegriffen entsprechenden Hotels; nur Herbergen für Händler und Wanderer mit bescheidensten Ansprüchen waren vorhanden, und in denselben soll zwischen den Ställen für Last- und Zugtiere und den Schlafräumen für ihre menschlichen Begleiter kein merklicher Unterschied geherrscht haben. Interessenten für die Naturgeschichte der Insekten fanden wenigstens hier wie dort Gelegenheit zu Studien. Wer nicht zu ihnen zählt und vom Tierleben gern geschieden war, der besuchte in Moldau-Walachien ganz gewiß kein Wirtshaus, auch wenn es den stolzen Titel Hotel führte. Nein, er ging vielmehr als Gast zum Präfekten oder Landrat, der amtlich verpflichtet war, ein Zimmer für Reisende zu halten, oder er suchte Quartier in den Klöstern.«

In den jüngsten Reiseführern wird in Turnu Severin auch heute noch kein Hotel empfohlen. Aber gegenüber dem Hafen wächst einer jener modernen Hotelbauten, wie sie in den letzten 15 Jahren in den meisten rumänischen Großstädten und vor allem an der Schwarzmeerküste entstanden sind. Mehr noch als diese empfehlenswerte Bautätigkeit beschäftigt einen in Turnu Severin noch einmal die Baukunst der Römer: An beiden Donauufern erinnern die Reste von steinernen Brückenpfeilern an ein römisches Donauwunder, an den kühnen Brückenbau, den Kaiser Trajan befohlen hatte; auch auf dem Grund des Stromes sind noch die Fundamente der insgesamt 20 Pfeiler zu finden. Zur Vorbereitung seines zweiten Krieges gegen die Daker hatte Trajan im Jahre 104 den berühmtesten Architekten seiner Zeit, Apollodorus von Damaskus, an die Donau geholt, damit er eine steinerne Brücke über den Strom schlage. Bis dahin hatten sich die Römer bei ihren Donauübergängen mit schwankenden Schiffsbrücken beholfen. Die ersten Pfeiler wurden auf einer am linken Ufer in die Donau vorspringenden Landzunge gemauert, die Massen des Wassers durch einen Kanal geleitet und in dem nun ruhigen Hauptbett die anderen Pfeiler aufgeführt. Der Abstand von etwa 63 Meter zwischen zwei Pfeilern wurde durch hölzerne Bögen und Galerien überbrückt. Die stolze Brücke, über die Trajans Legionen zur letzten Entscheidungsschlacht mit Decebal marschierten, ist nicht verfallen. Auf Befehl Kaiser Hadrians, Trajans Nachfolger, wurde sie wieder abgebrochen. Nur die Pfeiler erzählen noch davon, daß man hier die Donau trockenen Fußes überqueren konnte. Heute muß man sich dazu bis nach Belgrad zurückbegeben oder 500 Kilometer weiter stromabwärts bis zur großen Brücke zwischen Ruse und Giurgiu fahren.

Auf der Fahrt da hinunter gelangt man in eine neue Welt. Das Eiserne Tor bildet eine echte Grenze. Die Donau ist nun nicht mehr so geschwätzig wie in den oberen Abschnitten, nicht mehr so belebt. Sie zieht sich mehr und mehr in sich zurück. Die Abstände zwischen den einzelnen Siedlungen werden immer größer, die Kilometer immer länger. Am flachen rumänischen Ufer stellen sich Sümpfe und dschungelartige Auen zwischen Mensch und Strom. Die Einsamkeit wird fast ständige Begleiterin der Donaureisenden.

Nur als schwarze Silhouetten erscheinen die Hirtinnen am serbischen Ufer im Gegenlicht, Scherenschnittbilder wie aus einer Giorgio-Strehler-Inszenierung. Eine Zille bewegt sich dicht am Strand gegen den Strom, ein Mann sitzt am Steuer, ein anderer legt sich außen an Land in ein Seil, das an der Spitze eines kurzen Mastes befestigt ist. Zwei Schiffsmühlen sind auf den kiesigen Sand gesetzt. Vor einem Jahr waren sie noch in Betrieb, die letzten an der Donau. Ob man ihre Räder noch einmal in den Strom greifen lassen wird? Eine schwarzgekleidete Frau füllt ihren Tonkrug mit Donauwasser, und andere knien beim Wäschewaschen fast im Strom. Daneben schaufeln Mädchen Schotter in klapprige Wagen. Vierspännig ziehen Ochsen und Kühe die schwere Last den steilen Uferweg hinauf. Die Wagen ächzen, Männer schieben, und tiefe Spuren graben sich in den Sand.

Im Steuerhaus wird Rumänisch gesprochen. Die Ungarn sind in Orşova ausgestiegen, zwei Rumänen wurden in Turnu Severin an Bord genommen. Sie werden die »Kammegg« bis nach Ismail und wieder zurück steuern. In ihrem Arbeitsbuch steht nicht die DDSG als Arbeitgeber. Sie gehören der rumänischen Schiffahrtsgesellschaft an, der NAVROM. Und die DDSG muß pro Mann und Tag 25 Dollar Leihgebühr zahlen. Ja, Dollar, nicht Lei. Auf der Donau gelten in den meisten Fällen nur harte Währungen. Auch die Strafmandate werden nach dem Dollarkurs kassiert. Dabei wird einem Donaukapitän eine Geldstrafe mindestens so schnell wie einem Verkehrssünder in der Großstadt aufgebrummt. Alles hat seinen festen Tarif: das Überfahren einer Boje, das Passieren einer Brücke durch den falschen Durchlaß, das Ankern an einem verbotenen Platz, selbst wenn er einmal vergißt, die passende Fahne am Bug hissen zu lassen, muß der Kapitän bezahlen.

Schneebedeckte Berge entsteigen dem dunstigen Horizont. Ihr majestätischer Anblick ist gratis: die Balkanberge, Bulgarien. Das linke Ufer bleibt rumänisch, am rechten zieht ein Nebenfluß die Grenze zwischen Jugoslawien und Bulgarien. Auf der rumänischen Seite sonnt sich ein Grenzwächter auf seinem Turm, läßt die Füße von der Plattform baumeln und nimmt einen Schluck aus der Feldflasche. Die »Kammegg« sucht sich nun ihre Fahrrinne dicht unter den bulgarischen Uferbäumen, unter einem Dach von Kormorannestern. Die schwarzen Riesenvögel, die viel zu schwer für das dünne Astwerk wirken, schaukeln sich auf den Baumspitzen akrobatisch im Wind. Ihre Nester sind im Gezweig verfilzt. Wie viele Vögel sind es – fünfzig, sechzig, hundert, eine richtige Kolonie dieser eleganten Fischer. Plötzlich hebt sich einer lautlos in die Lüfte und zieht mit mächtigem Flügelschlag über das Schiff, und noch einer und noch einer. Bald sind die meisten gestartet. Ein Fischreiher hat sie aufgeschreckt. Er verschwindet, die Kormorane halten wieder Siesta. Nur ein Baum bleibt trotz der vielen Nester im Geäst leer. Ein Bussard hält ihn besetzt. Alle paar Minuten umkreist ein Kormoran den Baum, um nachzusehen, ob der gefährliche Okkupant den Kormoranbaum noch immer mit Beschlag belegt.

Mit Geduld wird sich dieses Problem sicher lösen lassen. Mit Geduld haben die Balkanvölker auch die Jahrhunderte der türkischen Okkupation überlebt, und kein Volk benötigte mehr Geduld als die Bulgaren. 500 Jahre lang war Bulgarien türkisch. Auf einem in die Donau hineinstechenden spitzen Felssporn sind die Mauern einer der stärksten türkischen Zwingburgen schon von mindestens zehn oder fünfzehn Kilometer Entfernung zu erkennen, die Mauern der türkischen Festung Vidin.

»Vidin war durch lange Zeitläufe einer der Stützpunkte der osmanischen Militärmacht an der Donau. Sein Ruf als starke Festung hielt die Waage mit dem weniger bemerkenswerten Renommee, welches Vidin als schmutzigste Stadt an den Ufern der unteren Donau genoß«, heißt es in einem Donaubuch des vorigen Jahrhunderts. »Seit die Stadt in bulgarischen Händen ist, hat man mit dem türkischen Augiasstall nach Kräften aufgeräumt. Gleichwohl mutet Vidin auch heute noch orientalischer an als irgendein Ort in diesen Donauländern. Zahlreiche malerische Bazarbuden drängen sich in der Festung zusammen. Die Zitadelle hat als besten Schutz einen Streifen Sumpfes um sich. Eine erfreuliche Verjüngung zeigt der Donaukai mit seinen Neubauten, worunter das Hotel ›Bellevue‹ durch seine aussichtsreiche Lage angenehm auffällt ...«

Aus dem Sumpf wurde ein Park, statt im Hotel »Bellevue« übernachtet man besser im blitzsauberen neuen Balkantourist-Hotel, aber die Festung ist noch, wie sie war. Auch die Moschee und die Minarette. Im Park vor der Festung wimmelt es von rollschuhlaufenden Kindern, von kleinen »Pionieren« mit roten Halstüchern, von Mädchen im Trainingsanzug, die Federbälle hin und her schlagen. Auch auf den Wällen der völlig intakten Festung klettern Buben, balancieren auf breiten Schießscharten über der Donau, schlüpfen in Wachthäuschen und spielen in dunklen Gängen Verstecken. Außerhalb des eigentlichen Festungsbereiches steht ein strammer bulgarischer Posten vor dem Tor der alten Kaserne. Auch sie wurde von den Türken gebaut und bietet nun der bulgarischen Garnison Vidins ein Dach über dem Kopf.

Neben Festung und Moscheen, der orthodoxen Kathedrale

und den den Orient konservierenden Häusern des alten Händlerviertels mit dem unterirdischen Warenlager der Kaufleute von Ragusa wurde für die 29000 Einwohner ein neues Vidin errichtet.

Der Speisesaal im Hotel ist überfüllt. Für Ausländer hat der dunkelhaarige Kellner aber immer einen Tisch. Der Ober hat ein Dimitroffgesicht, er gleicht dem bulgarischen Erzkommunisten, dem Hauptangeklagten des Reichstagsbrandprozesses, dessen Porträt in keinem Büro und in keinem Lokal fehlt. Eine Kapelle probiert mehrere Nummern aus ›My Fair Lady‹. Man ißt Schopskisalat, diesen Cocktail aus Paradeisern, Paprikaschoten, Gurken, Eiern, Essig, Öl und Schafkäse, scharf gewürzte Hammelstückchen vom Grill, man trinkt den schweren dunklen Mavrud, der wie bester französischer Rotwein mundet. Man fühlt sich wohl, freundliche Leute suchen das Gespräch mit dem Gast aus dem Westen, aus einem Land, das so unendlich fern ist, obwohl es auch von der Donau durchflossen wird. Sie sind zuvorkommend und vertrauensselig, ein Ingenieur, ein Student, die Leute vom städtischen Theater, dem rot und gelb gestrichenen Haus an der Donau, das Opernhäuser der Gründerzeit kopiert. Ein dazu passendes Stück steht auf dem Spielplan, ›Maria Tudor‹ von Victor Hugo, aber auch der Broadway-Hit ›Sonntag in New York‹. »Ich habe in Wien studiert«, sagt ein Schauspieler. »Meine Frau ist Wienerin. Sie lebt jetzt auch dort. Ich hoffe, daß ich bald nachkommen kann.« Sie reden nicht gerne über Politik, sie interessieren sich für Filme, für Autos, für Beatmusik. Auf ein »Darf ich bitten« nickt ein Mädchen. Aber dann, als die Musik etwas heißer wird und man ihre Hüften losläßt und offen tanzen will, wehrt sie ab. »Bei uns geht das nicht.« Um Mitternacht flackert das Licht, dann verlöscht es ganz. Sperrstunde. In Ungarn, in Rumänien hat der Kommunismus längst darauf verzichtet, das Nachtleben zu reglementieren. In den Städten wird man bis in die Morgenstunden noch offene Lokale finden. In Bulgarien ist es wie in der Sowjetunion. Spätestens um Mitternacht hat ein anständiger Werktätiger sein Bett aufzusuchen.

Am nächsten Morgen spricht einen ein gebeugter Zeitungsverkäufer in fließendem Deutsch an: »Sie sind aus Wien? Ich war früher dort, damals bin ich im Sacher abgestiegen. Ich war in Berlin, in London, in Paris ...« In seiner Rede wiederholt sich das Wörtchen »damals« immer wieder. Zur Bekräftigung seiner Behauptungen zeigt er ein Foto: ein fescher, eleganter

Oberst der bulgarischen Armee, die Brust voller Orden. »Das war ich.« Der letzte bulgarische Zar zählte ihn zu seinen Freunden. Trotzdem boten ihm die Kommunisten nach dem Krieg die Mitarbeit beim Aufbau der neuen Armee an. Der alte Mann hat abgelehnt. Er bezieht heute nur eine kleine Rente. »Ohne das Zeitungverkaufen könnte ich nicht leben.« Aber er hat die Vernichtung seiner Welt besser überstanden als viele seiner Freunde. Zwischen 1944 und 1948 wurde in Bulgarien eine ganze Gesellschaftsschicht zerschmettert, über 50000 Bulgaren wanderten in die Gefängnisse. Nach offiziellen Angaben wurden über 2000 »Volksfeinde« hingerichtet. Und die, die überlebten, fristen meist ein kümmerliches Dasein.

Auch in Bulgarien wurde inzwischen die kommunistische Führungsgarnitur ausgewechselt. Der Stalinismus geht jedoch noch immer um, nur etwas gemildert durch einige Eigenschaften des bulgarischen Volkscharakters. Der Kreml kennt heute keinen treueren Verbündeten als die Bulgaren. Auf einem der größeren Plätze Vidins ist eine Tribüne errichtet: rotes Tuch, rote Fahnen, die Bilder Lenins und Dimitroffs, Sprüche über die unverbrüchliche sowjetisch-bulgarische Freundschaft, Offiziere mit breiten Achselklappen, von Russen kaum zu unterscheiden, Funktionäre, die in russischen Limousinen zur Feier kommen. Diese Freundschaft ist keine exklusive Angelegenheit der Partei. Keine Statistik entschleiert, wie viele der acht Millionen Bulgaren überzeugte Kommunisten sind. Für die Russen haben die meisten etwas übrig. Bulgarien war im Zweiten Weltkrieg mit Hitler verbündet. Der Sowjetunion hat es jedoch trotz deutschen Drängens nie den Krieg erklärt. Bulgaren kämpfen ungern gegen Russen, weil Russen so oft für die Bulgaren gekämpft haben. Rußland war im 19. Jahrhundert die Schutzmacht des jüngsten Balkanstaates, der erst 1877/78 in einem blutigen Krieg von türkischer Herrschaft befreit wurde. Und viele russische Soldaten mußten für die bulgarische Sache ihr Leben opfern. Viele Bulgaren denken auch gerne an ihre Studienzeit in Deutschland oder Österreich zurück, sprechen Deutsch, sind deutschfreundlich. Der Tourismus hat das Land etwas offener werden lassen; die Flut devisenbringender westlicher Feriengäste an der billigen Schwarzmeerküste und die verstärkten Wirtschaftsbeziehungen zum Westen machen sich bemerkbar.

An Bulgariens Grenze wird zwar beatlemähnigen Burschen die Einreise verwehrt, »dekadente« westliche Filmleute werden aber mit offenen Armen empfangen, weil sie gute Dollars bringen. »Fahren Sie doch nach Belogradschik, dort wurde das ›Vermächtnis des Inka‹ gedreht«, wird einem in Vidin geraten. Der Monumentalfilm ist kein Grund zum Ausflug in die Berge. Wohl aber die Monumentallandschaft, die einen dort erwartet. Fünfzig Kilometer hinter Vidin schießen rote Sandsteinfelsen aus der Erde, von Wind und Witterung zu einer absurden Höhlenlandschaft zurechtgeschliffen, Felsen, wie sie die Niederländer als Hintergrund für eine ›Versuchung des Antonius‹ bevorzugten, surreale Formen, Giacomettiköpfe, Ritterprofile, Götterfelsen, Falkensteine, Tiergebilde, steinerne Blumen, Türme, Zacken und Säulen – ein Spielplatz der Natur und ein Spielplatz der menschlichen Einbildungskraft. Der Mensch hat jedoch noch mehr daraus gemacht: Zwischen die Felsen setzten Türken eine Festung. Die Bulgaren versteckten in dem Steinwall eine Freiluftarena, und die deutschen Filmleute ließen eine schäbige Bretterhütte zurück.

Andacht überkommt einen vor diesen steinernen Domen, vor den roten Wänden, die Arizona ebensogut darstellen können wie Machu Picchu. Ein Weltwunder, bei dem man sich nur wundern kann, wie wenig die Welt davon weiß.

Die Türken konnten auch diesen Schlupfwinkel nicht halten. 1878 wurden sie von den vordringenden Russen, Rumänen und aufständischen Bulgaren auf allen Linien geschlagen. Die Donau wird ab Vidin zu einer Chronik dieser Kämpfe um die Freiheit der Bulgaren, zu einem historischen Film von Donauübergängen, Partisanenabenteuern und grausamen Schlachten. An ihren Ufern rufen immer wieder Obelisken zum Gebet für die christlichen Soldaten, die hier getötet worden sind. Gegenüber Vidin, in dem rumänischen Städtchen Calafat, sind auf einem Hügel noch immer mehrere etwa hundertjährige Kanonen in Stellung. Dabei läßt sich der Donauübergang hier ohne jede Anstrengung auf der regelmäßig verkehrenden Eisenbahnfähre bewerkstelligen.

Ein militärischer Donauübergang zwischen Vidin und Calafat, der niemals stattgefunden hat, fand dennoch Eingang in die deutsche Literatur, in der ganz unmilitärischen Form einer Satire. Julius Stettenheim war im wilhelminischen Deutschland ein prominenter Mitarbeiter des ›Kladderadatsch‹ und erfand für die politisch-satirische Zeitschrift ›Die Wespen‹ den Kriegsberichterstatter Wippchen. Wippchen berichtete regelmäßig für eine imaginäre Zeitung von den gerade aktuellen Kriegsschauplätzen, ohne sich jedoch dorthin zu begeben. Er saß in der Heimat, im gemütlichen Städtchen Bernau, komponierte dort seine Gemetzel und führte mit der Redaktion eine heftige Korrespondenz bezüglich seiner Vorschüsse.

Während des Russisch-Türkischen Krieges sah einer der Berichte Wippchens folgendermaßen aus: »Einliegend der Donauübergang. Er hat mir viele Mühe gemacht. Erst hatte ich ihn nach dem Durchzug der Juden Israels durchs Rote Meer gearbeitet, aber die Brücken wollten mir durchaus nicht passen. So griff ich ihn denn aus dem Steg. Glauben Sie, daß er nicht zu früh ist, so drucken Sie ihn gleich. Ich schreibe aus Calafat. Klingt Giorgewo besser, so nehmen Sie Giorgewo – Eigensinn liegt mir fern.

W. Calafat, 10. Juni 1877

Endlich ist es geschehen! Schütteln Sie nicht ungläubig Ihren Thomas. Was Rußland wochenlang in schwebender Pein hangte und bangte, ist gelungen: die Donau des Rubikon ist überschritten, und unaufhaltsam vollziehen sich die fata libelli der Türkei. Ich will versuchen, die Ereignisse des heutigen Tages wiederzugeben.

Vergeblich suchte ich den Schlaf des Gerechten auf den harten Federn des Fußbodens, als ich den Zapfen streichen hörte. Wer dachte da noch an Morpheus? Wie ein Blitz aus heiteren Wolken sprang ich in meine Beinkleider, warf mich in die Stiefel und eilte dahin, wohin mich die Tafeln der Geschichte riefen. Bald hörte ich die Kanonen von Rustschuk auf mich herniedergähnen, während die russischen Heeressäulen auf ihren kleinen Pferden heranmarschierten. Die Geschütze auf beiden Ufern predigten bereits tauben Ohren, ich hatte ihren Donner vorher nie so brüllen gehört. Die Türken, nichts Gutes ahnend, kämpften mit dem Mut der Verzweiflung, der man die Jungen geraubt. Sie sagten sich: aut Rhodus, aut salta! Aber ohne Erfolg. Mit unerschütterlicher Ruhe schlugen die Russen ihre Pontons über die Nixen und Najaden, welche noch vor einigen Tagen so bedenklich angeschwollen, nun aber gefallen waren. Dann wurde der Übergang unternommen und gelang. Der Tod schwang seine Hippe, von deren Ufern kein Wanderer wiederkehrt, und die Zahl des einen russischen Toten ist eine sehr große. Ich entrann nur durch ein Wunder seiner gesenkten Fackel. Aber auch die Türken stiegen scharenweise zu der stygischen Standuhr nieder. Nach fünf Stunden war alles vorbei

– die Russen standen im Herzen des Turbans, und weithin erschallte ›Heil Dir im Siegerzar!‹. Lassen Sie mich schließen, ich bin so müde, als hätte ich zehn Fässer mit Danaiden gefüllt.«

Soweit Wippchen. Die Wirklichkeit war ernster, blutiger. Schon 1854 wurden vor Vidin die ersten Schüsse des Krimkrieges abgefeuert, doch mißglückte den Russen damals der Donauübergang. Und 1877 beschossen die rumänischen Batterien von Kalafat aus die türkischen Bastionen. Fürst Karl selbst kommandierte an Ort und Stelle und wurde durch einen Granatsplitter leicht verletzt. Was ein unbekannter Dichter zu diesem Ereignis in Verse gesetzt hat, kann mit Wippchens dramatischen Ergüssen durchaus wetteifern:

»Der Fürst, ach unser Fürst verletzt,
Der Steuermann, den nichts ersetzt
Und niemand!« riefen jammernd sie.
Doch hoch die Mütze schwingend, rief
Er hell und laut, aus starker Brust:
»Hurrah! Das ist Musik für mich,
Die hab ich gern, die kenne ich,
Nach dieser hatt' ich Lust!«
Die Donau hat den Ruf gehört,
Ihr lacht das Herz, sie kennt den Ton,
In ihren Wellen singt es jung
In zärtlicher Erwiderung
Dem Hohenzollernsohn!

Und in einem ähnlichen lyrischen Produkt, das sich nach seinem rheinischen Vorbild ›Die Wacht an der Donau‹ betitelt, heißt es:

Sieh dort der Türken Banner wehn,
Wo brüllend die Kanonen stehn,
Ob sie auch tausend Bomben spein,
Mit unserm Karl hinein, hinein!

In diesem mörderischen Apostrophenregen nehmen sich Wippchens blutige Sprachgemetzel gleich viel realistischer aus. Stettenheim parodierte nicht die Tragödien dieses Krieges, sondern den flachen Patriotismus und die Vergewaltigung der Sprache durch professionelle Kriegsberichterstatter und »vaterländische« Pseudopoeten.

Die Wirklichkeit sah anders aus. Wie 1848 in Ungarn, so

waren auch bei den bulgarischen Aufständen gegen die Türken Literaten und Dichter die Stimme ihres unterdrückten Volkes. Bulgariens Petöfi heißt Christo Botev.

Vor zwei Jahren fuhr für kurze Zeit ein seltsames Schiff auf der Donau, ein altertümlicher Passagierdampfer mit einem vergoldeten Feldmarschall Radetzky als Galionsfigur. Es heißt auch »Radetzky«, und darunter war dieser Name auch noch kyrillisch zu lesen. Statt der österreichischen Flagge wehte über dem Schiff das Weiß-Grün-Rot Bulgariens. Wie ein Rip van Winkle bewegte sich dieses Museumsstück mit der gestörten Identität im modernen Donauverkehr. Vom bulgarischen Hafen Ruse dampfte es bis nach Wien und wieder zurück. Die Bulgaren gedachten damit des gleichnamigen DDSG-Fahrgastschiffes, das vor 90 Jahren die Sensation auf der Donau wurde – ungewollt. Denn damals wurde das ganze Schiff gekapert, so wie das heute Revolutionäre und Rebellen des öfteren mit Flugzeugen zu tun pflegen. Die »Radetzky« war auch Vorbild für den Handstreich portugiesischer Oppositionskräfte unter dem Obersten Delgado gegen das Schiff »Santa Maria«.

Die »Radetzky« kam im April 1876 die untere Donau herauf und fuhr fahrplanmäßig in Richtung Eisernes Tor. In Braila und anderen rumänischen Häfen waren viele einfache junge Leute zugestiegen, Bauern, Gärtner mit Säcken und Bündeln und viel Werkzeug. Dem Kapitän Dagobert Engländer waren diese Passagiere nicht weiter aufgefallen – bis sich plötzlich ein junger Mann vor ihm mit einer Pistole in der Hand aufpflanzte. In tadellosem Französisch machte er den Kapitän des Schiffes darauf aufmerksam, daß nun er das Kommando über die »Radetzky« übernommen habe. Auf einmal waren die Männer mit den Bündeln und dem vielen Werkzeug schwer bewaffnet auf dem Schiff verteilt. Dem Kapitän blieb nichts anderes übrig, als den Anweisungen der »Donaupiraten« zu gehorchen. An einem bestimmten Punkt des bulgarischen Ufers in der Nähe von Kosloduj wollten sie an Land gesetzt werden. Passagieren und Mannschaften würde kein Haar gekrümmt werden. Dem Kapitän würde man schriftlich bestätigen, daß er unter Zwang gehandelt hätte. Der Kapitän handelte.

Der Anführer der 200 Mann war der achtundzwanzigjährige bulgarische Dichter und Revolutionär Christo Botev. Er lebte in Braila im Exil und betrieb dort antitürkische Propaganda, dichtete und hing einem utopischen Sozialismus an. Als sich in den bulgarischen Bergen Bauern gegen die Türken erhoben, wollte er mit seinen Freunden dabeisein. Mit 200 Mann kaperte Botev das österreichische Schiff, um sich an einem schon vorher vereinbarten Ort mit bulgarischen Partisanen zu treffen. Die »Radetzky« konnte ihre Fahrt unbeschadet fortsetzen. Botevs kleine Schar schlug sich in die Berge durch, wurde aber von einer türkischen Übermacht völlig aufgerieben. Einer der ersten Gefallenen war Botev. Eine türkische Kugel hatte ihn in die Stirn getroffen. Das Strafgericht der Türken war fürchterlich. Allein in der Kirche von Batak, in die sich die ganze Bevölkerung des Dorfes geflüchtet hatte, wurden 2000 Männer, Frauen und Kinder abgeschlachtet. Zwischen 15000 und 30000 Bulgaren wurden von den Türken ermordet. Die Welt war empört, und Rußland hatte einen Grund, 1877 den Türken den Krieg zu erklären. Nach hartem Widerstand wurden sie ein Jahr später niedergerungen. Der Friedensvertrag von San Stefano schuf ein Großbulgarien, das sich bis zur Adria erstreckte und den Ausmaßen des mittelalterlichen Bulgarenreiches nahekam. Die übrigen europäischen Großmächte erhoben gegen diese russische Konstruktion Einspruch. Auf dem Berliner Kongreß wurde Südbulgarien wieder den Türken zugesprochen und nur ein kleines Fürstentum zugelassen. Man warb den hessischen Prinzen Alexander von Battenberg als Fürsten an. Durch den Berliner Kongreß waren für Bulgarien die nächsten friedlosen Jahre bereits vorgezeichnet. Als Alexander einen von Rußland unabhängigeren Kurs einschlagen wollte, wurde er durch eine Offiziersverschwörung gestürzt.

Sein Nachfolger war wieder einer der deutschen Thronsöldner: Ferdinand von Sachsen-Coburg. Der katholische Fürst handelte sich eine päpstliche Exkommunizierung ein, weil er seinen Sohn aus Staatsräson und dem Glauben der Mehrheit des bulgarischen Volkes entsprechend orthodox taufen ließ. 1908 proklamierte er die völlige Unabhängigkeit Bulgariens und trat dann mit den anderen Balkanstaaten 1912 zur letzten Abrechnung mit den Türken an. Weil Bulgarien jedoch zu erfolgreich war, fielen nun seine Verbündeten über das Land her und knöpften ihm die Süddobrudscha und Mazedonien wieder ab. Es war nur logisch, daß Bulgarien im Weltkrieg dann auf seiten der Österreicher und Deutschen gegen die Serben kämpfte.

Nochmals zurück zur »Radetzky«: Mitglieder der bulgarischen Jugendorganisation, der »Jungen Pioniere«, hatten zum Andenken an die Tat Botevs in jahrelanger Arbeit die »Radetzky« nachgebaut. Als sie fertig war, wurde sie mit einer

Mannschaft in alten Kostümen bemannt und ein Schauspieler stellte Botev dar. Das politische Piratenstück hatte Reprise. Mit einer kleinen Variante: Bei der Landung in Kosloduj wurde Botev II. von der bulgarischen Regierung feierlich empfangen. Die »Radetzky« schwamm noch zu einem Höflichkeitsbesuch nach Wien und soll nun Schiffahrtsmuseum werden.

Rumänien und Bulgarien, die beiden Donaunachbarn, sind in den meisten kriegerischen Verwicklungen am Balkan auf verschiedenen Seiten gestanden. Die Bekenntnisse zur sozialistischen Freundschaft und Brüderlichkeit haben das traditionelle Mißtrauen nie völlig beseitigen können. Auch die Natur scheint für ein gewisses Abstandhalten zu sein. Die Donau wird zum klaren Trennungsstrich. Nicht nur weil sie so breit ist. Die beiden Ufer unterscheiden sich nun voneinander wie schwarz und weiß, wie kalt und heiß. Bulgarien stellt der Donau eine Fels- und Lehmmauer entgegen, die sich bis Ruse hinzieht. In der Sonne glänzt und strahlt dieses abgebrochene Land hell und weiß, daß man an Kreidefelsen einer Meeresküste denkt. Auf der rumänischen Seite schlucken die Auen, Tümpel, Seen und Urwälder die dahinter liegende fruchtbare Ebene. Rumänien hat die meisten Donaukilometer (241 Kilometer eigene Donaustrecke, 233 Kilometer gemeinsam mit Jugoslawien, 471 Kilometer mit Bulgarien und 134 Kilometer mit der UdSSR) für sich gepachtet, aber es zeigt sich den Reisenden von der Donau her am allerwenigsten.

Wenn sich der grüne Vorhang einmal auseinanderschiebt und einen kurzen Blick in die Weite erlaubt, tut sich das nun sozialisierte Reich der Bojaren und Großgrundbesitzer, der Getreidebarone und Erntespekulanten auf: Felder ohne Gemarkung, gelbe Meere, in denen Traktoren und Mähdrescher untergehen. Dazwischen die niedrigen Wirtschaftsgebäude der LPG oder des Staatsgutes und schäbige, vernachlässigte Dörfer.

Auch bei den Bulgaren bestimmen die LPG-Gebäude die landwirtschaftliche Optik. Die Dörfer sind sauberer, die quadratischen Häuser, alle mit einem vierseitigen Pyramidendach, sind fester und größer und meist auch neuer. Bulgarien hat die Kollektivierung der Landwirtschaft am gründlichsten durchgeführt. Nach sowjetischem Muster wurden Super-LPGs mit mehreren tausend Mitgliedern geschaffen. Die Grundlagen waren jedoch völlig anders als in Rumänien: Die bäuerliche Bevölkerung der Walachei und der Moldau war bis zum Kriegsende vom Großgrundbesitz abhängig und lebte in beispielloser Armut. Wie Bulgarien als Folge der Türkenherrschaft keinen Adel hatte, so fehlte auch der Großgrundbesitz. Bulgarien war ein Land der kleinen Bauern. 1934 waren 63,19 Prozent aller landwirtschaftlichen Betriebe nicht größer als fünf Hektar. Durch Erbteilung wurde der Boden immer wieder parzelliert, die Wirtschaften verkleinert, die Verschuldung vermehrt. Dennoch hingen die Bauern an ihrem eigenen Boden. Als sie zum Eintritt in die LPGs gezwungen wurden, schlachteten sie oft ihr Vieh und wehrten sich mit Händen und Füßen. Nach den ersten harten Jahren haben sie es nun dank ihrer Tüchtigkeit als Landwirte und vor allem als Obst- und Gemüseproduzenten zu einem gewissen Wohlstand gebracht. Das sieht man den Dörfern und den neuen Häusern an.

Rumänien tritt an der Donau anders auf. Nicht die Bauern, sondern die Ingenieure geben den Ton an. Eine weiße Wolke lastet wie dicker Nebel auf dem Strom, milchig und undurchsichtig. Der Strom verfärbt sich, am bulgarischen Ufer bleibt er braun, lehmig. In den rumänischen Bereichen wird die Nebelwand vom Wasser in stählernem Blaugrau reflektiert, der Farbe der Beton-, Aluminium- und Stahlflora des Industriekombinates. Der Nebelwerfer ist ein hoher, schlanker, rot-weiß gestrichener Turm, auf den das Wort Sendemast viel besser paßt als Schornstein. Während die behelmten Arbeitskommandos im scheinbaren Chaos der Baustelle agieren, arbeitet das Werk bereits. Und rundherum ist noch ein ständiger Wachstumsprozeß im Gange: runde Hallen, eckige Hallen, Tanks, Speicher, Kanäle, Baumaschinen, alles von der sterilen Schönheit einer Industrielandschaft, wie man sie sich eigentlich erst für die Zukunft erwartet, eines Industriepanoramas des 21. Jahrhunderts, aber bereits Gegenwart. Antonioni würde hier ideale Motive für einen Film finden.

Im alten Donauführer wird Turnu Magurele als Getreidehafen bezeichnet, und vor einigen Jahren war es auch nicht mehr. Nun entsteht mit westlicher Hilfe ein Kraftstoffspeicher der rumänischen Landwirtschaft: ein Chemiekombinat, ein Stickstoffwerk, das den Kunstdünger liefern soll, den Rumänien heute für rare Devisen einführen muß. Auch damit wird Rumäniens größtes politisches und wirtschaftliches Ziel klar gezeigt: die Unabhängigkeit. Als 1964 im COMECON, der Wirtschaftsorganisation der Ostblockländer, die Schaffung eines einheitlichen Planungsorganes diskutiert wurde, also einer Behörde, die allen Mitgliedsländern die Wirtschaftspläne diktieren könnte, kam eine unerwartete Reaktion aus Rumänien: »Die planmäßige Leitung der Volkswirtschaft ist eines der grundlegenden, wesentlichen und unveräußerlichen Attribute der Souveränität des sozialistischen Staates.« Hinter diesem Satz verbirgt sich die totale Ablehnung der sowjetischen Konzeption. Und bald machten sowjetische Berater und Wirtschaftsexperten eine andere, für sie völlig neue Erfahrung. Als im COMECON den Rumänen »empfohlen« wurde, gewisse Projekte der Schwerindustrie einzuschränken, weil sie mit anderen sozialistischen Staaten in eine unnötige Konkurrenz träten, sagten die Rumänen »nein« und hielten an ihren Projekten fest. Gleichzeitig nahmen sie im politischen Konflikt zwischen Moskau und Peking eine neutrale Haltung ein. Heute sagt man in Rumänien: »Die Russen wollten, daß wir in einem großen sozialistischen Wirtschaftsimperium unsere Vorkriegsrolle als Agrarland und Getreidekammer weiterspielen sollten. In unseren technischen Bedürfnissen wären wir dann von der Sowjetunion völlig abhängig gewesen. Das wollten wir nicht. Wir müssen unsere eigene Industrie haben.« Gestärkt durch ihre Öllager und die devisenbringende Schwarzmeerküste gingen sie ihren eigenen Weg. Wo die Sowjets ihre Hilfe entzogen, sprangen Amerikaner, Briten, Franzosen und Italiener als Geschäftspartner ein. Und schließlich kam noch die Aufnahme von diplomatischen Beziehungen zur Bundesrepublik Deutschland.

Das Ergebnis dieser Entwicklung: Rumänien hat die höchste industrielle Wachstumsrate Europas. Allein an der Donau wird die Aktivität der Rumänen durch zehn große Baustellen offenbar. Ober dem Eisernen Tor wird in Neu-Moldova neben den Wohnbauten an einem großen neuen Donauhafen gearbeitet, der mit dem Abtransport der Kupfererze aus den im unmittelbaren Hinterland neuerschlossenen Gruben ausgelastet sein wird. Unter der Kraftwerkzone in Turnu Severin wird eine Holzverarbeitungsfabrik errichtet und die Schiffswerft erweitert. Weiter südlich, in Corabia, steht eine Zuckerfabrik vor der Vollendung. Dann folgen das Chemiekombinat von Turnu Magurele und an der unteren Donau eine neue Brücke, bei Braila Werke für die Verarbeitung des Schilfes aus dem Delta zu Papier, Zellstoff und Kunstfasern und schließlich das Stahlwerk von Galatz – die Donau als die Ruhr Rumäniens.

Trotz dieser imponierenden Bilanz ist man froh, wenn sich das Schiff vom Stickstoffdunst wieder befreit hat und die Donau nichts weiter als Donau ist. Der Kapitän trägt in seine Karte eine neue Insel ein. Inseln kommen und verschwinden. Auf einer Sandbank schlagen plötzlich Gras und Sträucher Wurzeln. Treibholz bleibt hängen, es wächst weiter, holt sich noch mehr Erdreich aus dem Strom, Boden bildet sich, und ein oder zwei Jahre später hat der Steuermann auf einmal eine Insel vor sich, die er auf keiner Karte findet. Dafür ist eine andere wieder verschwunden. Und dann sind die einen einmal kleiner, dann wieder größer. Deshalb ändert sich auch die Fahrrinne öfters. Bulgarische Fischer treiben in Booten mit spitzen Schnäbeln, indianischen Kanus ähnlich, dahin. Ein kleiner Remorqueur unter – französischer Flagge. Eine Rarität auf der Donau, ein Relikt aus der Zeit, da die Donau internationaler war als heute und auch von Franzosen, Briten, Holländern usw. befahren wurde. Die »Pascal« gehört der französischen Société Française de Navigation Danubienne (SFND). Die wenigen Schiffe, die noch übrig sind, wurden von der rumänischen NAVROM gepachtet, fahren aber unter ihren alten Namen und unter der französischen Trikolore.

Der Kapitän reibt sich die geröteten Augen. Auf dieser Strecke ohne Halt ist der Dienst anstrengend. Wenn die »Kammegg« Tag und Nacht fährt, macht sich die harte Diensteinteilung bemerkbar. Der Kapitän oder der »Zweite« haben abwechselnd Dienst. Der Ablösungsturnus ist mörderisch. Von 9 Uhr vormittags bis 12 Uhr mittags ist der Kapitän oben auf der Brücke, dann bis 15 Uhr der »Zweite«, bis 18 Uhr wieder der Kapitän, bis 21 Uhr der »Zweite«, bis 3 Uhr früh der Kapitän und der »Zweite« bis 9 Uhr vormittags. »Wenn man das mehrere Tage durchmacht und das dann fast zwölf Monate im Jahr, dann weiß man oft nicht mehr, wie man aus den Augen schaut«, sagt der Kapitän. Der Schlaf wird kostbar. Selten werden es sechs Stunden in einer Folge. Und die Nachtwache zehrt an den Nerven. Wenn die Sicht schlecht ist, wenn die Kälte in das klapprige Holzhäuschen dringt, in dem es durch hundert Ritzen zieht, werden die Nächte lang. Dann fällt es schwer, die Augen offen zu halten, dann werden Inseln auf einmal zu Schiffen, und Schiffe werden plötzlich zu Inseln, und gerade in der Nacht drohen die meisten Gefahren.

Ein intensives und mehrmals wiederholtes Tuten reißt einen aus dem Schlaf. Man horcht, hört die Maschinen und schließt die Augen wieder. Am nächsten Morgen berichtet der »Zweite«: »Heut hätt's uns g'raten. Es war an einer schwierigen Stelle, wo die Fahrrinne sehr schmal ist. Wir waren schon drin, da taucht ein Schatten vor uns auf. Er wird immer größer, ein jugoslawisches Schubschiff. Wir pfeifen wie wild, endlich reagiert der Jugoslawe und versucht zu stoppen, will zurück. Dabei stellt es ihn quer, und er treibt langsam auf unsere Schlepps zu. Wir konnten nicht mehr tun als nur abwarten, ob es kracht oder nicht. Um wenige Meter hat der Jugoslawe einen Schlepp verfehlt.«

Kollisionen zwischen Völkern verbinden sich mit den Namen der nächsten bulgarischen Donaustädte. Bei Nikopol wurde 1395 ein 60000-Mann-Heer König Sigismunds von 200000 wohlausgerüsteten Türken geschlagen. Die schwersten Verluste erlitt ein Truppenkontingent aus Frankreich. 25 französische Adelige konnten nur für ein Lösegeld von 200000 Dukaten freigekauft werden.

Svischtov hat dagegen eine Zeile in den meisten Geschichtsbüchern, weil hier 1791 einer der vielen Frieden zwischen Türken und Russen geschlossen wurde, während diese schon wieder den nächsten Krieg vorbereiteten. Der russische Drang zu einem eisfreien, offenen Meer ließ die Zaren immer wieder frische Armeen gegen die Türken mobilisieren. Der Drang blieb bis heute ungestillt. Der Drang der Donau nach dem Süden hat sich bei Svischtov jedoch erschöpft. Sie hat ihren südlichsten Punkt erreicht und wendet sich nun wieder ein klein wenig nach Nordosten. Eine besonders südliche Atmosphäre wird deswegen nicht geliefert. Auf eine Palmendekoration wurde verzichtet, Svischtov ist nicht südlicher als die anderen bulgarischen Orte vorher. Auf dem Schiff spricht man von den Glutsommern, die man da unten erlebt: »Jedes Stück Metall an Bord ist so heiß, daß man es nicht anfassen kann. Unten in den Kabinen hält es kein Mensch aus. Wir schlafen meistens auf Deck. Aber in der Früh kommt dann der Tau. Manchmal ist die Hitze kaum zu ertragen.«

Eine größere Stadt kündigt sich an: Ruse, von den Türken Rustschuk genannt. Früher gehörte es zusammen mit dem gegenüberliegenden Giurgiu, mit Braila und Galatz zu den Donauhäfen, die Romanautoren zu brünstig-schwülen Schilderungen von Armut, Korruption, Sinnenlust und orientalischer Verderbtheit dahinmodernder Sündenpfuhle hinrissen. Zigeunerinnen, Matrosen, Schmuggler, Händler, Kuppler, Syphilis, Mord und Totschlag, alles war dort zu haben, ein Supermarket der Sinnlichkeit. Ob es wirklich einmal so war? Jetzt ist alles völlig verändert und zumindest in Bulgarien keimfrei gemacht, desinfiziert durch sozialistische Moralspritzen.

Ein Espresso mit viel Holz und sparsamer Dekoration, ein Espresso wie in einem italienischen Badeort an der Adria. Auf den einen Tisch stellt der Kellner ein Glas dunkelroten Weines, dann serviert er türkischen Kaffee, über dessen dicklicher Süße der schwere Schaum aus dunklem Sud schimmert. Ein Matrose schenkt sich ostdeutsches Bier ein, und aus einer bauchigen Coca-Cola-Flasche fließt der braune Saft, den jeder gute Kommunist durch Jahrzehnte als Sinnbild des amerikanischen Monopolkapitalismus und der imperialistischen Wirtschaftsdiktatur von Wallstreet zu verabscheuen hatte. Das Coke ist original, wenn es auch auf einer Seite der Flasche mit »K« und kyrillisch geschrieben wird. Trotz ihrer sonst so kreuzbraven Haltung gegenüber allen Weisungen Moskaus waren die Bulgaren für die Koexistenz in der Limonadenbranche bahnbrechend. Als erste wagten sie es, sich von den Amerikanern eine Coca-Cola-Abfüllerei einrichten zu lassen. Dort wird die weiterhin streng geheime amerikanische Grundessenz mit Zucker, Wasser und verschiedenen anderen lokalen Produkten vermengt. Die Rumänen haben inzwischen einen ähnlichen Handel mit der Konkurrenz, mit Pepsi-Cola, abgeschlossen. Die Vorhand hatten die Bulgaren. Sie wollten die westlichen Feriengäste an ihrer Riviera auch westlich laben. Darum wird nun auch in dem neuen kleinen Espresso in Ruse den Gästen das Kapitalistengetränk serviert, darum ist dieses Espresso auch ein wenig international geworden.

Die Internationalität dieser Stadt, die früher so gerühmt worden ist, beschränkt sich auf solche Kleinigkeiten. Wegen der paar westlichen Donauschiffe, die ab und zu hier anlegen, braucht Ruse keine Konsulate mehr wie früher. Im Hafen wird die »Kammegg« neben zwei Tschechen vertäut. Ein modernes Schubschiff, das in Komárno für die Sowjets gebaut wurde, von ihnen aber wegen einiger Mängel nicht abgenommen wurde. Nun müssen es die Tschechen selbst benützen. Die Matrosen kommen gerade vom Landspaziergang und bringen tschechische Zeitungen mit. Die Zeitungen sind wieder eine begehrte Ware geworden. Jeder will wissen, was zu Hause los ist. Über dem Kombüsenfenster haben die Tschechen Kränze von Selchwürsten wie in einem Fleischhauerladen aufgehängt. In der Tür lehnt ein hübsches, dunkelhaariges Mädchen. Dahinter blitzt das wachende Auge der Köchin, der Mutter, die ihre Tochter auf die große Fahrt mitgenommen hat. Vom bulgarischen Personenschiff »Dimitroff« dröhnen aus einem Lautsprecher fröhliche Lieder.

Die Ausgangsformalitäten bei den Bulgaren sind einfach. Man gibt beim Posten den Schifferpaß ab und erhält dafür einen Kupon. Das ist alles. Man überschreitet die Bahngeleise. Bahnhof und Hafen sind eines – der Schienenstrang, der als erste Fernstrecke des türkischen Reiches gebaut wurde, verbindet Ruse mit Varna, die Donau mit dem Schwarzen Meer und damit auch mit Istanbul. Heute ist das Netz erweitert. Eine Straßen- und Eisenbahnbrücke führt nun die Bahn nach Bukarest, Budapest und Wien.

Die Straßen der Stadt streben steil nach oben. Jede orientalische Betriebsamkeit und Geschäftigkeit ist wie weggewischt. Es ist Mittagszeit, die Stadt hält Siesta. Selbst die wenigen Autos scheinen ihre Motoren leiser gestellt zu haben. An der Donau war früher die »City« von Ruse: die Häuser aus der Gründerzeit, die barocken Häuser, die sich reiche griechische und armenische Kaufleute Mitte des vorigen Jahrhunderts bei ihren Architekten bestellten, weil sie ähnliche Bauten in Wien bewundert hatten. Und Wien war für sie der Inbegriff der Eleganz, die große Welt, nach der man sich sehnte, Europa. So versuchten sie ein wenig von diesem Europa in den Orient zu versetzen. Daneben Geschäftspaläste, in denen heute weder große Geschäfte gemacht werden noch Palastsitten herrschen. In einer dieser Burgen des Donaukapitalismus ist der Seemannsklub untergebracht, daneben ein plüschernes Restaurant, dessen Namen »Sewastopol« der bulgarischen Russophilie verpflichtet ist, ein Spital, gleich am Hafen, das Hafenkapitänat und über der Donau einige Villen der ganz Reichen, die damit dartun wollten, daß die Donau ihnen gehörte, daß sie ihnen Zinsen zahlte. Die größte hat das Museum mit Beschlag belegt. Im Hof sind unter einem Regendach Römersteine gestapelt und türkische Grabsteine mit arabischen Inschriften, Hadschiturbanen oder einem schlichten Fes, archäologisches Gerümpel als Hinterlassenschaft der Eroberer in der Ruine einer zerschmetterten Gesellschaftsordnung.

Die Römer haben nur Steine zurückgelassen, die Türken auch Menschen. Die bulgarische Bevölkerungsstatistik registriert 400000 bis 500000. In den Straßen von Ruse vertreten sie die Welt von Tausendundeiner Nacht.

Der männliche Teil der Anhänger des Propheten ist nicht viel anders angezogen als jeder andere Bulgare auch, die Frauen hingegen wallen in karierten oder geblümten Pluderhosen und mit auch sonst noch recht viel um den rundlichen Körper und Kopf geschlungenen bunten Textilien über die von Baumkronen überdachten Boulevards. Nur das Gesicht bleibt frei – den Schleier duldet die bulgarische Volksdemokratie nicht. Wenn sie einen Fotoapparat sehen, wenden sie sich jedoch ab und ziehen das Kopftuch vor Mund und Nase.

Im Türkenviertel auf dem Berg oben, wo die Häuser niedriger, die Wände wackeliger sind und die Ziegeldächer aussehen, als ob ihnen eben Dauerwellen gelegt worden wären, gibt es vielleicht noch Analphabeten. Die Frau hat weniger zu reden als in einem bulgarischen Haus. Nur mit Widerwillen werden die verschiedenen hygienischen Vorschriften befolgt, und das Wort des Hodscha, des mohammedanischen Geistlichen, gilt noch mehr als das der Partei.

In der Stadt tun die Bulgaren jedoch alles, um ihr Land einige Breitengrade näher an Mitteleuropa heranzurücken. Das war allerdings in der ganzen Geschichte des unabhängigen Bulgarien das Bestreben seiner Führer und Intellektuellen. Die Männer mit den dunklen Locken erscheinen alle gleich groß, und sie sind auch durch ihre Kleidung nicht in Klassen einzuteilen. Mehr als in den anderen kommunistischen Staaten ist die Mode in Bulgarien klassenlos. Da und dort verrät dann einer seine Deutsch- oder Englischkenntnisse, grüßt, will eine Unterhaltung anknüpfen, fragt, woher man kommt, zeigt einem den Weg, ist freundlich. Die Bulgaren fragen, wie es in Wien sei, und dann enthüllen sie ein wenig von ihrem Leben. Sie klagen nicht, sie sagen nur: »Jetzt ist es schon viel besser.« Sie wollen wissen, was man von den Tschechen hält. Und dann berichtet der eine, ein Beamter, daß er eben »auf Brigade« war, auf einem Arbeitseinsatz bei einem Fabriksbau, wie das jeder Kopfarbeiter von Zeit zu Zeit tun müsse, damit er den Kontakt zu den Arbeitern der Faust nicht verliere. Seine Tochter, Mittelschülerin, müsse jedes Jahr im Sommer auf Ernteeinsatz. »Aber das schadet nichts«, sagt er. Aus einer Schule strömen Mädchen in dunkelblauen Uniformen, einheitlich, wie die Zöglinge eines britischen Mädchenpensionates, sauber, adrett, brav, nur manche haben sich den Rock etwas kürzer geschnitten, als es die Schulordnung erlaubt, und die Baskenmütze etwas modischer aufs Haar gedrückt.

In den Geschäftsstraßen liegen neben modernen Portalen die vielen kleinen, offenen Läden von früher, in denen nun Werkstätten sind und fleißige Näherinnen elektrische Nähmaschinen schnurren lassen. In den Schaufenstern sind Pyramiden von Obstkonserven und Gemüsegläsern aufgeschichtet. Die meisten haben deutsche oder englische Aufschriften – Export ist alles. Daneben fliegende Limonadenverkäufer, viele Buchhandlungen, Schallplattengeschäfte. Die Bulgaren lieben Musik, Plakate werben für den musikalischen Frühling in Ruse mit rumänischen, sowjetischen und bulgarischen Künstlern und Orchestern. Zwangsläufig gelangt man zum Leninplatz, wo 18 Straßen radial münden. Von Lenin merkt man wenig. Der Platz gehört dem Freiheitsdenkmal des italienischen Bildhauers Zocchi: Schlachtenszene, Kanonen, Löwen, Granaten, der bulgarisch-russisch-türkische Krieg wird noch einmal in Bronze und zum Teil mit echten Waffen und scharfer Munition ausgefochten. Ungestört vom stummen Schlachtenlärm dösen alte Männer und Frauen auf Bänken vor sich hin, schneiden Arbeiter dicke Scheiben von einem klobigen Laib Weißbrot und setzen durstig die Bierflasche an den Mund. Mädchen vergleichen die Aufgaben in ihren Schulheften, Burschen ziehen versonnen an Zigaretten und lassen ihre Blicke zwei Studentinnen folgen. Vor dem Opernhaus hält ein Autobus. Das Ensemble des Theaters von Ruse versammelt sich zu einer Tour in die Provinz: der erste Held mit dem Knebelbart, die Dramatische, die über das Alter ihrer Rollen schon hinaus zu sein scheint, hübsche Elevinnen, ein Chef, der »Einsteigen!« kommandiert. Die Fotos in den Schaukästen zeigen eine Molière-Inszenierung mit interessanten Bühnenbildern und Kostümen. Und man denkt an eines der wichtigsten Exportgüter Bulgariens: an die großen Stimmen, an Nikolaj Gjaurov, an Boris Christov, an Dimiter Usunov.

Das, was sich in Ruse einst für die große Welt hielt, hatte in dem Opernhaus seine festen Logen, hier wurde Großstadt imitiert, wurden Klatschgeschichten kolportiert. Hier war man vornehm und kämpfte dagegen an, provinziell zu sein. Aber als Ruse in diesem Sinne groß war, war es viel kleiner. Heute zählt die Stadt über 80000 Einwohner, sie hat neue Stadtteile geboren und ist auch ein Zentrum der bulgarischen Industrialisierung – auch Bulgarien will mehr sein als Gemüse- und Obstladen der östlichen Welt. In Ruse werden bereits heute Landmaschinen und Lokomotiven, Schiffe und Textilien erzeugt, und man ist daran, südlich der Stadt an der Donau eine mittlere Raffinerie einzurichten.

Man hat auch ein großes Hotel gebaut, das »Balkantourist«. Dort lenkt ein Mosaik den Blick noch einmal in die Vergangenheit, dort heißt Ruse nämlich noch »Sexanta Prista«, die »60-Schiffe-Stadt« – Ruse war die wichtigste römische Flottenstation an der unteren Donau. Später lagen in seinem Hafen türkische Tschaiken, bulgarische und russische Kanonenboote, und im Ersten Weltkrieg war es lange Zeit Hauptbasis der österreichischen Donauflottille. Die Donau war auch hier Kriegsschauplatz.

Die österreichischen Matrosen wußten nicht, wie sie reagieren sollten, als am Abend des 27. August 1916 rumänische Donaumonitoren vor Ruse aufkreuzten und den Hafen unter Feuer nahmen. Unmittelbar vorher hatte das bis dahin neutrale Rumänien überraschend den Krieg erklärt. Die k. u. k. Donauflottille sollte nach dem Fall von Belgrad den Nachschubweg für die verbündeten Türken und Bulgaren schützen. Darum war das Gros der Flottille in Ruse stationiert. Die Rumänen sperrten die Donau beim Eisernen Tor, was kein technisches Problem war, und im Süden bei Kalimok durch Panzertürme, Minengürtel und Barrikaden. Aus dieser Mausefalle sollte es für die Österreicher kein Entrinnen geben. Die rumänische Flottille hatte sich hinter den Sperriegel von Kalimok zurückgezogen. Von Ruse aus wurden zuerst die Petroleumtanks des gegenüberliegenden Giurgiu in Brand geschossen. Dann hatte die Flottille für längere Zeit Ruhe. Im Oktober wurde die Lage jedoch bedrohlich. Die Rumänen schlugen südlich von Ruse bei Rahovo eine Brücke über die Donau und sicherten diese Operation durch Minensperren, durch französische und rumänische Artillerie, durch Torpedolancierstationen und Minengangvorrichtungen, die die Brücke vor Treibminen bewahren sollten. In der Nacht vom 1. auf den 2. Oktober kam für die Flottille der Einsatzbefehl. Die Rumänen hatten bereits einen Brückenkopf auf bulgarischem Boden gebildet. Am Morgen des 2. Oktober näherten sich die österreichischen Patrouillenboote der Kriegsbrücke, über die Truppenmassen hin und her fluteten. Und trotz der Gefahr, in das Minenfeld zu geraten, und trotz des Artilleriefeuers griff Linienschiffsleutnant Bublay mit seinen Booten an. Später erinnerte er sich:

»Von Wassersäulen der einschlagenden Granaten umgeben, selbst nach allen Seiten heftig feuernd, steuerten wir, den Lagen ausweichend, mit äußerster Kraft der Brücke zu, auf welcher zahlreiche Treffer beobachtet wurden. Die Wirkung des Feuers war besonders in den Truppenmassen an den Brückenköpfen verheerend. Der Feind flüchtete panikartig. Ich überlegte einige Sekunden, die Brücke zu rammen, dazu waren aber die Patrouillenboote zu schwach gebaut . . .«

Inzwischen rückten die schwereren Monitoren an und beschossen die Brücke. Am Abend waren von den 210 Pontons der Brücke bereits 42 versenkt. Aber auch die österreichischen

Schiffe erhielten schwere Treffer. Um Mitternacht gelang es, die Brücke durch Treibminen in mehrere Teile zu trennen, und schließlich riß ein abgelassener Schlepp ein 400 Meter langes Brückenfeld mit und blieb erst 40 Kilometer stromabwärts an der Sperre Kalimok hängen. Die Rumänen waren gezwungen, ihre Truppen mit Hilfe von Booten vom bulgarischen Ufer zurückzuholen.

Ihre Artillerie war den Monitoren klar unterlegen. Die Flottille konnte nun das Kriegsgeschehen auf der Donau diktieren. Nicht ganz zwei Monate später überschritt die Armee Mackensen die Donau bei Svischtov in umgekehrter Richtung und fiel den Rumänen in den Rücken. Ende des Jahres hatte die Flottille bereits freie Fahrt bis ins Delta.

Rumäniens Donauflotte – die zivile und die militärische – hat nun ihren Heimathafen in Giurgiu. Dort sind die Passagierschiffe verankert und die kleinen Patrouillenboote, im Vergleich zu den Donaumonitoren von 1914 wie Taschenausgaben zum Einstecken. Genuesische Kaufleute sollen in Giurgiu – San Giorgio – ihren Vorposten gehabt haben. Das behaupten zumindest einige sehr romanisch und lateinisch orientierte Rumänen. Über die türkische Präsenz herrscht kein Zweifel; die Türken hielten diesen Brückenkopf als Ablieferungsstation für Tributzahlungen aus der Walachei. Um gegen jedwede Art walachischer Unbotmäßigkeit gefeit zu sein, türmten sie Steine zu einem 22 Meter hohen Wachtturm auf. Von hier aus konnten ihre Posten über die Ebene hinweg fast bis nach dem 64 Kilometer entfernten Bukarest sehen. Heute erzählt der Turm den Bewohnern Giurgius in seinem neuen Amt als städtischer Uhrturm, wieviel es geschlagen hat.

Wer nun zwischen Ruse und Giurgiu über die Donau will, braucht dazu keine Fähre und keine Pontons. Seit 1954 überspannt die zwei Kilometer lange und zweistöckige Bulgarisch-Rumänische Freundschaftsbrücke – unter solchen pathetischen Titeln tat man es damals nicht – den Strom. Eine achtunggebietende Leistung der Ingenieure, aber das stählerne Gitterwerk und die Triumphpforten an den beiden Auffahrten verweisen das Bauwerk in das 19. Jahrhundert. Oder eben in die »großen« Zeiten des sozialistischen Realismus. Stalin war zwar schon tot, die Architekten der Stalin-Ära lebten aber noch. Sie verniedlichten die Technik durch altmodische Leuchten und Pfeilerverzierungen – eine Brücke mit Spitzendeckerln – zwei Brückenebenen übereinander, im ersten Stock die Fahrbahn für die Autos,

»zur ebenen Erde« die Schienen der Eisenbahn; das Mittelstück der Brücke läßt sich bei Hochwasser heben, damit auch Seeschiffe unbehindert passieren können, und dazu eine an der »Gartenlaube« geschulte Ästhetik. Heute würden Rumänen und Bulgaren anders bauen und aller Wahrscheinlichkeit nach auch auf die großen Freundschaftsreden verzichten.

Sie führen hier nämlich auch einen unblutigen Krieg – um den Schwarzmeertouristen. An beiden Grenzstationen werben auf Riesenplakaten sonnengebräunte Badeschönheiten für die jeweilige Meeresküste. Und nichts kann einen bulgarischen Fremdenverkehrsmann mehr aufregen als die Drohung, die Ferien in Mamaia zu verbringen, und dieselbe Wirkung hat auf seinen rumänischen Kollegen die Erwähnung Varnas. Kapitalistische Urlaubsmanager könnten in ihrem Konkurrenzkampf nicht erbitterter sein.

Über die Donau breitet sich jedoch wieder die große Stille. Wie ein Scheinwerferarm tastet sich der endlose Strahl der untergehenden Sonne über die Wellen. Das Kielwasser des Schiffes ist braun wie der Frühjahrsschlamm eines walachischen Dorfes. Wenn die Sonne die Wogen streift, werden sie rot, werden sie vergoldet. Wogen ist nun ein durchaus berechtigtes Wort. Auch das Attribut »majestätisch« kann man der Donau nun endlich anhängen. Sie ist so breit, daß sie von ihren Ufern unabhängig zu sein scheint. Wenn sich das Schiff nahe dem rumänischen Ufer hält, sind die bulgarischen Fischer drüben bei dem Pumpwerk nur noch Zwerge.

Der grüne Gürtel am linken Ufer ist lockerer geworden. Eine Sandbank schiebt sich herausfordernd in den Strom. Der Busch wird lichter, ein ausgeschlagener Platz, Baumstämme, Baumstrünke. Man weiß nicht, ob sie die Donau so liegengelassen hat oder ob das Menschenarbeit war. Da bewegt sich ein brauner Strunk, ein Sonnenstrahl läßt einen Schnabel blitzen, und auf der Spitze eines Strauches schüttelt sich braunes Gefieder: ein Seeadlerpaar genießt den Sonnenuntergang. Die beiden starken und mächtigen Vögel sitzen lange Zeit wie versteinert auf ihrem Aussichtsposten. Sie lassen sich auch von dem Entenschwarm und der Krähe, die frech direkt vor den Adlern landet, nicht beeindrucken. Dann aber breiten beide plötzlich ihre Schwingen aus, heben sich in die Baumregionen und verschwinden, sich langsam und würdig in großen Kreisen höher und höher schraubend, am Horizont.

Die Adler sind auch in der Donauwildnis selten geworden.

Dennoch bedient die Landschaft den Donaureisenden, als ob er ein Billett für einen von Walt Disneys Naturfilmen gelöst hätte. Man muß nur die Augen offen halten. Ein Bussard thront auf der Spitze eines Baumes und läßt sich plötzlich wie ein Stein zur Erde fallen. In dem Unterholz schlagen seine Flügel kurz, und schon erhebt er sich wieder – mit einer Maus in den Krallen. Der Kapitän kann mit einem Duell zwischen einem Adler und einem Storch aufwarten: »Sie werden es nicht glauben. Ein Adler hat in der Luft einen Storch verfolgt. Der Adler ist dem größeren Vogel immer näher und näher gekommen, und da hat sich der Storch auf einmal im Flug umgedreht und dem Adler seinen langen spitzen Schnabel entgegengehalten. Und der Adler, der hat erschrocken in der Luft gebremst und ist davongeflogen.«

Die Donau ist nun kein Strom mehr. Sie ist ein Gewinde von Kanälen, Inseln, Seitenarmen, Seen, Sümpfen, ein Wasserdschungel, durch den eine breite Fahrbahn – oder besser Schiffsbahn führt. Auf der Karte läßt sich der Strom nicht mehr als eine dicke blaue Linie einzeichnen. Er wird zu einem Geflecht von Grün und Blau, das gegen Osten und schließlich, mit einem letzten Aufbäumen sein Leben verlängernd, parallel zum Meer noch einmal steil nach Norden wuchert. Im Süden wird die Donau von der Dobrudscha begrenzt, im Norden vom Baragan. Dieses Wort klingt den Rumänen wie den Ungarn das Wort Pußta.

Baragan – die Donautiefebene mit ihren grenzenlosen Getreidefeldern, den Geschichten von der Herrschaft der Bojaren, vom Elend der Bauern, von Stürmen und Disteln, von Fruchtbarkeit und Steppe und den Sagen von Pferden mit Leibern, Beinen und Köpfen aus Weizenähren, die aus dem Boden steigen und Reichtum und Erntesegen bringen. Für Rumäniens Dichter ist der Baragan mehr als nur eine Tiefebene, eine Steppe. Sie vermenschlichen ihn, sie fühlen sich ihm unterworfen, wie die Bauern, die seinen Gesetzen gehorchen müssen.

»Seit Menschengedenken breitet sich der Baragan zwischen der wehmütigen Ialomitza und der mürrischen Donau über das sonnenversengte Land. Das ganze Frühjahr und den Sommer hindurch steht er in tückischem Kleinkrieg mit den arbeitsamen Menschen. Die liebt er nicht und verwehrt ihnen jeglichen Wohlstand – außer vielleicht der Gunst, herumzustreifen und aus vollem Halse zu brüllen. Denn der Baragan ist einsam. Auf seinem breiten Rücken wächst kein Baum, und von einem Brunnen bis zum nächsten hast du reichlich Zeit, vor Durst umzukommen. Auch gegen den Hunger dich zu schützen, ist keineswegs seine Sache. Bist du jedoch, sagen wir, gegen diese beiden Leibesnöte gewappnet und willst mit deinem Herrgott allein sein, dann begib dich auf den Baragan: es ist der Ort, den der Schöpfer Mutenien beschert hat, auf daß der Rumäne hier ungestört seinen Träumen nachhängen kann ...«

Ein Poet, der den Baragan selbst durchstreift hat, dichtete diese Zeilen: Panait Istrati, über den Romain Rolland schrieb: »In den ersten Tagen des Jahres 1921 wurde mir aus dem Krankenhaus von Nizza ein Brief zugestellt. Man fand ihn bei einem Verzweifelten, der sich die Kehle durchschnitten hatte. Es bestand wenig Hoffnung, daß der Mann mit dem Leben davonkommen würde. Ich las und wurde gepackt von der gärenden Unruhe des Genies. Ein glühender Wind über die Ebene. Es war das Bekenntnis eines neuen Gorki der Balkanländer ...«

Schon im Namen des Dichters steckt die Donau, der Ister. Und er war auch ein Mensch dieser heißen, feuchten und wilden Donauwelt. Sein Vater, ein griechischer Schmuggler, ließ die Mutter, eine rumänische Bauerntochter, mit dem Kind in Braila sitzen. Und Panait, 1884 geboren, lernte alles Elend des Baragan, der Armenviertel der Donaustädte und den Hunger in den Fischerdörfern kennen. Ruhelos trieb es ihn durch die Welt. Er zog in Rumänien herum, wanderte durch den Orient, trampte durch Europa, hatte hunderterlei Berufe und schrieb und erzählte, erzählte wie ein arabischer Märchenerzähler: die Geschichte von der schönen Kyra Kyralina, von den Bauern, die beim Aufstand 1907 im Baragan hingemordet wurden, und den Dörfern, die rumänische Artillerie damals zusammenschoß, von den Menschen und der Natur seiner Heimat, so wie Gorki, wie Hamsun, wie Giono. Panait Istrati konnte 1921 in Nizza gerettet werden. Er starb 1935. Die kommunistischen Literaturpäpste oder besser Literaturstalins wußten mit diesem eigenwilligen Revolutionär nichts anzufangen. Er war ein Rebell gegen alle Dogmen. Deshalb ist es noch nicht so lange her, daß seine Werke wieder erscheinen dürfen, daß man ihn als einen der größten Dichter des Donaulandes anerkennt.

Panait Istrati dichtete keine Traktorenlyrik und keine Mähdreschereklogen. Er besang den Baragan in einer Sprache, die der Baragan geformt hat:

»Fliegt ein Vogel zwischen zwei Gebirgsketten, so bedauert man ihn. Derselbe Vogel über dem Baragan hebt in seinem Flug Erde und Horizont empor. Auf den Rücken gestreckt, den Blick nach oben, fühlst du, wie der Riesenteller der Erde sich dem Zenit entgegenhebt. Es ist der schönste Aufstieg, der einem armen Schlucker vergönnt sein kann. Träume, Gedanken, Aufschwung und ein leerer Magen: Das ist es, was die Menschen vom Baragan so schweigsam und ernst macht. Denn er ist eine einsame Wildnis, die das Wasser in ihren Tiefen verborgen hält, und wo nichts von selber wächst. Nichts außer Disteln!«

Der Baragan war für viele Menschen wie ein Fluch. Unzählige Schwaben aus dem Banat wurden nach dem Krieg von den Rumänen in diese Steppe verschickt – mit nichts als Spaten und Schaufeln. Unter unsagbaren Entbehrungen und Strapazen mußten sie der Steppe Ackerland abringen.

Nun ist die Steppe immer weiter zurückgedrängt worden. Der Baragan ist anders geworden: Staatsgüter, Motoren- und Traktorenstationen, Genossenschaften, Mähdrescherbrigaden, Pumpwerke und Hunderte von Kanälen, durch die Donauwasser in die Steppe geleitet wird, Plansoll, Produktionsziffern. Und ein »Traiasca« über dem Tor jeder LPG. (»Traiasca« – »Es lebe« prägt sich jedem Rumänienreisenden schneller ein als jedes andere rumänische Wort. Obwohl man inzwischen mit den roten Parolen sparsamer umgeht, wird an Fabrikseingängen usw. noch immer irgend etwas leben gelassen: der Sozialismus, die kommunistische Partei oder der 23. August 1944, der Tag des von den Kommunisten ausgelösten Aufstandes und der Schwenkung Rumäniens gegen Deutschland.)

Die Bauern im Baragan sind noch immer arm, dennoch werden sie dieses »Es lebe ...« nicht ironisch sagen. Denn ihre Armut hat ein anderes Stadium erreicht als vor dem Krieg, ein besseres. Sie sind arm, aber sie leiden keinen Hunger mehr, sie müssen hart arbeiten, aber sie wissen, daß sie etwas dafür bekommen. Der Plan und das Soll, die Norm lasten auf ihnen, aber sie sind von der Willkür des Grundherrn verschont. Boden haben die wenigsten von ihnen besessen, außer nach der Bodenreform bei Kriegsende. Deshalb trauern sie nicht so sehr um den eigenen Boden wie die Bauern in anderen Landstrichen. Und sie haben heute eine Schule im Dorf, irgendwo in einem Gemeinschaftsraum einen Fernsehapparat, sie genießen kostenlose ärztliche Betreuung. Ihr Leben ist dem Leben näher als früher.

Dort, wo die Donau nach Norden abbiegt, trennt sie sich auch von Bulgarien. Die alte Festung Silistra bewacht die Grenze, derentwegen Rumänen und Bulgaren des öfteren ihre Armeen aufmarschieren ließen. Vorher waren die russischen Truppen jedesmal gegen das ehemalige Römerfort angerannt, wenn sie gegen die Türken Krieg führten. 1878 hatte sich die türkische Besatzung bis zum Abschluß des Waffenstillstandes gehalten. Heute hat die Stadt alle Festungseigenschaften abgelegt. Ihre Bollwerke sind die Kornspeicher am Hafen, von denen ein bunter Lenin und mehrere grimmige Jungrevolutionäre 50 Jahre Sozialismus loben. Statt Militärkolonnen wirbeln Lastwagen den Staub der nicht asphaltierten Straßen auf. In allen Pulvermagazinen wird Mais gelagert, und das letzte Minarett verschwindet zwischen Fabrikschloten und TV-Antennen. Im Hafen liegen statt der Kriegsschiffe Fischerboote, die so groß sind, daß sie bereits eine Reise auf dem Meer wagen können. Und das Land heißt auf beiden Seiten der Grenze Dobrudscha. Nach Silistra, nach der Grenze, heißt es wieder an beiden Ufern der Donau »Ja«, wenn jemand nickt. Die Bulgaren schütteln nämlich zustimmend den Kopf und nicken verneinend.

40 Meter über dem Wasserspiegel führt die Eisenbahnbrücke von Cernavoda von Rumänien nach Rumänien. Hier ist die Donau nur noch 60 Kilometer vom Schwarzen Meer entfernt. Die Dobrudschaberge zwingen sie jedoch zum Nordkurs. Für eine französische Gesellschaft hat ein rumänischer Ingenieur 1895 diese Brücke konstruiert, die letzte vor der Mündung. Nicht mehr lang. Bei Hîrşova, zwischen Giurgeni und Vadu Oii, wo bis jetzt Fährschiffe den gesamten Autoverkehr zwischen Bukarest und Konstanza über die Donau tragen, sind bereits die ersten Fundamente einer neuen Brücke ins Strombett zementiert. In Hîrşova laden die rumänischen Donaupassagierschiffe Woche für Woche Schwarzmeertouristen aus. Die Dobrudschaberge türmen hier einen Wall gegen die Donau auf. Die riesigen Mauerstücke, die da oben wie von zornigen Zyklopen hingeschleudert liegen, sind die Trümmer einer türkischen Festung. Sie könnten auch die Überreste des Trajanwalls sein, der die Drobrudscha, die römische Provinz Mösien und die früheren griechischen Städte an der Küste des Schwarzen Meeres gegen die Übergriffe der Geten und Daker schützen sollte.

Schon Ovid, der im Jahre 8 nach Christus von Kaiser Augustus nach Tomi, dem heutigen Konstanza, verbannt worden war, erzählt in seinen Klageepisteln, die er nach Rom sandte, wie die Barbaren die zugefrorene Donau überquerten und die Städte an der Küste bedrohten. Auch der Dichter selbst mußte mit der Waffe in der Hand auf die Stadtmauern. Und in den römischen Orten begegnete man Dakern, Geten und Sarmaten auch in

Friedenszeiten. Ovid selbst benützte seine Muße, um Getisch zu lernen. In der Regierungszeit Neros siedelte der Statthalter von Mösien, Silvanus Aelianus, 100000 Barbaren vom linken Donauufer in der Dobrudscha an. Dennoch kamen die Völker jenseits der Donau nicht zur Ruhe. Trajan führte die siegreichen Dakerkriege und ließ nicht weit von der Donau bei dem Dobrudschadorf Adamclisi das größte Siegesdenkmal der Welt erbauen, das »Tropaeum Traiani«, ein Ehrenmal von 40 Meter Höhe und etwa gleich großem Durchmesser, auf dem Friese und Metopen die Schlachten Trajans der Nachwelt überliefern. Neben der Trajansäule sind die ausgegrabenen Reste dieses gewaltigen Monumentes die wichtigste Quelle für die Taten Trajans im Donauraum.

Trajan garantierte der unteren Donau für einige Zeit Frieden. im 4. Jahrhundert wurde die Donau jedoch wieder Front. Die Goten drängten aus dem Osten nach Westen, weil sie selbst von den Hunnen bedrängt wurden. Nach harten Kämpfen standen die römischen Generale auf einmal vor einem für sie neuen Problem. Die Goten kamen nicht als Feinde, sondern mit einem Flüchtlingstreck. Sie wollten über die Donau, sie begehrten Land, sie verlangten Sicherheit, und die Römer wußten keinen anderen Ausweg, als die Goten aufzunehmen.

Die Völkerwanderung hatte begonnen. Es müssen dramatische Tage gewesen sein, als das früher so gefährliche, so kriegerische Volk an der Donau sein viele Kilometer breites Lager aufgeschlagen hatte. Nach den Schätzungen der römischen Geschichtsschreiber waren es 200000 Krieger und mit allen Frauen, Kindern und alten Leuten etwa eine Million Menschen. Die Römer gestatteten den Donauübergang unter zwei Bedingungen: Die Krieger mußten vorher ihre Waffen abliefern und ihre Kinder als Geiseln stellen. Dann war es soweit. Edward Gibbon beschreibt den Zug der Goten über die Donau in seinem Werk vom Untergang des römischen Imperiums:

»Der Donaustrom, der in dieser Gegend über eine Meile breit ist, war infolge unaufhörlicher Regengüsse angeschwollen, und bei dem tumultuarischen Übergang wurden durch das Ungestüm des reißenden Flusses viele fortgetrieben und kamen in den Fluten um. Man sorgte für eine große Flotte von Schiffen, Booten und Kähnen; viele Tage fuhr man hin und wider in unermüdlicher Arbeit, und die Beamten des Valens boten die größte Mühe auf, daß auch kein einziger der Barbaren, die bestimmt waren, die Grundlagen des Römischen Reiches einzustürzen, am entgegengesetzten Ufer bleibe. Die Kinder der Goten wurden von der Menge getrennt. Sie wurden ohne Verzug nach den fernen Plätzen geführt. Doch die Bedingung, die für die Barbaren die anstößigste, für die Römer aber die wichtigste war, wurde schmählich umgangen.

Die Goten, die ihre Waffen als Ehrenzeichen und als Bürgschaft ihrer Sicherheit betrachteten, sahen sich geneigt, einen Preis zu bieten, zu dessen Annahme sich die Lust oder Habsucht der kaiserlichen Beamten nur zu willig finden ließ. Um ihre Waffen zu behalten, willigten die stolzen Krieger mit einigem Widerstreben ein, ihre Frauen oder ihre Töchter preiszugeben; die Reize einer schönen Jungfrau oder eines lieblichen Knaben sicherten die Nachsicht der Inspektoren, die zuweilen gierige Blicke auf die befransten Teppiche oder leinernen Gewänder ihrer neuen Bundesgenossen warfen oder ihre Pflicht der niedrigen Rücksicht zum Opfer brachten, ihre Meiereien mit Vieh, ihre Häuser mit Sklaven zu füllen ...«

So stand nun eine gewaltige barbarische Streitmacht in der römischen Provinz. Sie zu verpflegen war ein anderes Problem. Und die einheimische Bevölkerung schlug schamlos Kapital daraus. In den Lagern der Goten herrschte Hunger, und für das schlechteste Fleisch und Brot wurden ihnen Wucherpreise abverlangt. Das Ergebnis: Die Goten erhoben sich gegen die Römer. Am 9. August 378 wurden die römischen Armeen unter Kaiser Valens vor Adrianopel vernichtend geschlagen. Die Bombe, die sich die Römer selbst ins Haus gelegt hatten, war explodiert. Und heute noch zitieren rechtsextreme Politiker, die gegen die Entwicklungshilfe und für einen Isolationismus der Alten Welt eintreten, Edward Gibbon. Die Geschichte bleibt immer aktuell.

Zeitlos und geschichtslos wird die Donau jedoch in den Baltas, in dieser Urlandschaft schwimmender Wälder, Seen, Schilffelder, Sümpfe, Tümpel, Kanäle und Flußläufe. Eine Landschaft, die das Delta vorwegnimmt, in der man nicht weiß, wo Land und wo Wasser ist, ein Paradies für Jäger und alle, die der Welt für ein paar Tage den Rücken kehren wollen.

Der Mensch hat sich auch hier eingenistet. Fischer, Schilfschneider, Holzfäller und Jäger hausen in Wohnschiffen oder Schilfhütten, die sich auch in einem Negerkral gut ausnehmen würden. Sie lassen sich nicht einmal vom Hochwasser vertreiben, das die Donau zu einer 20 Kilometer breiten geschlossenen Wasserfläche werden läßt. Man lebt eben per Boot.

Wer kennt schon Bura Garlutei, eines der wenigen Dörfer inmitten der Wildnis? Von weitem scheint es auf der Donau zu schwimmen. Die braunen Lehmmauern, die braunen Kamine der schilfgedeckten Hütten – das Wort »Haus« wäre Hochstapelei – scheinen zu wanken, zu brechen, im Wasser zu versinken, irgendwie halten sie doch. Das Ufer ist völlig flach. Kein Damm, keine Böschung trennen das Dorf vom Strom. Das Wasser wird zur Schwelle. Und manche Gassen sind Kanäle, in denen wie in Venedig vor den Hütten die Boote angepflockt sind. Wasser und Schilf – auch die Zäune sind aus Rohr, und in den kleinen Gärten sind Schilfbündel aufgehäuft, Maisstroh und Treibholz. Bäume gibt es kaum. Auf dem einzigen gemauerten Haus, dem Amtshaus, zeigt ein feuchter Rand an, wo die Donau bei Hochwasser fließt. Daß dieses Dorf nie weggeschwommen ist?

Die schwarze Rauchwolke eines kleinen Lokaldampfers verhüllt den ganzen Ort. Der Dampfer legt an, Mädchen steigen aus, Schülerinnen. Ihre Füße stecken in Gummistiefeln. Es hat geregnet, und das Dorf versinkt im Schlamm. Die Dorfbewohner teilen sich die Straße mit Hühnern, Enten und Gänsen. Eine Frau müht sich mit einem Netz an einer langen Stange, Fische aus dem Wasser zu holen. Es bleibt leer. Wieso leben in diesem Gebiet Menschen, wie und wovon können sie leben?

Panait Istrati gibt Antwort. Er kennt auch das Dasein in einem Fischerdorf der Baltas:

»Im Frühjahr und im Herbst überschwemmte die Donau Hunderte Hektar Brachland mit ihren gelben Fluten. Und in diesen endlosen Wassern wimmelte es von Karauschen, kleinen Karpfen und Hechten, daß sogar die Katzen ans Ufer kamen und es sich gutgehen ließen. Dann begann auch das Fischen mit dem Kessel. Eine wahre Himmelsgabe! Männer, Frauen, Kinder, alle nackt bis übers Knie, schwärmten in Ketten aus und drangen so langsam wie möglich in den überschwemmten Gelände vor, ein jeder den Beutel um den Hals und mit einem alten Kessel ohne Boden bewaffnet. Das Wasser reichte nie höher als bis zu den Knien. So im Vorwärtswaten strichen uns die Fische um die Beine. Das war aber nur Kleinzeug, und wir waren auf die großen aus. Diese ziehen es bekanntlich vor, an den Wurzeln der Gräser zu nagen, deren Spitzen auf dem Wasser schwimmen. ohne uns zu regen, beobachteten wir sie und sahen wir sie zucken – schwupp den Kessel darüber! Wir hörten, wie die gefangenen Fische an die Wände des Gefäßes schlugen; sie erwischen und in den Beutel stecken war dann ein Kinderspiel für uns ...«

In den Monaten des normalen Wasserstandes wird mit dem Löffelsieb, dem bleibeschwerten Sacknetz, dem Wurfnetz, der Fischreuse und auch mit dem Schleppnetz auf Fang gegangen. Nur, was bekamen die Leute für ihre Fische? Panait Istrati:

»Ach, der Verkauf ... Gott bewahr einen vor solch einem Verkauf. Fünf bis zehn Lei für einen Doppelzentner, gut gewogen und bei dem habgierigen Großhändler abgeliefert! Und doch war man froh, die Fische loszuwerden, denn man wußte nicht mehr, wohin damit. Sie erdrückten uns buchstäblich, verdarben und wurden stinkig, nachdem wir beim Einsalzen bis an die Knöchel in ihren Eingeweiden hatten waten müssen. Ja, fünf bis zehn Lei für 100 Kilo. Arbeit für den Staat, um ihm das Salz tonnenweise abzukaufen! Von dem Erlös für all diese Fische, die zugrunde gingen und die wir in die Borcea werfen mußten, blieb nicht einmal so viel übrig, daß es für eine Hundekette oder einen Scheffel Maismehl gereicht hätte ...«

Absatzsorgen werden die Fischer heute keine mehr bedrohen, doch sonst wird es der Kommunismus in diesen Bereichen schwer haben, mit seiner Revolution durchzudringen. Revolutioniert wurden die Städte Braila und Galatz, die Hafenstädte, in denen bereits der Hauch der großen Welt weht, in denen Donauremorqueure, und wenn sie noch so groß und PS-stark sind, ihre Anker im Schatten weißer Seeschiffe mit Namen von Städten und Ländern, die so ein Donauschiff niemals erreichen können wird, werfen müssen. Und statt der Stromkilometrierung geben die Tafeln am Ufer nun Seemeilen an. Das Meer meldet sich, obwohl das Wasser noch nicht salzig ist.

Ein Seeschiff, eine Karavelle, wie sie Kolumbus über den Atlantik nach Amerika getragen hat, führt die Stadt Braila auch in ihrem Wappen. Und im Hafen liegt ein rostiger, schmieriger Frachter, »Old Warrior«, der aus Steuergründen die Fahne Panamas führt. Aus einem Lautsprecher neben dem Hafengebäude dringt die Stimme Tom Jones', der sich vor Sehnsucht nach einer gewissen Delilah verzehrt. Und braungebrannte alte Männer, die an Zigarettenstummeln saugen, blicken prüfend auf die Passagiere der »Raketa«, des Tragflügelbootes sowjetischer Bauart, das mit 60 Stundenkilometer über die Donau schießt. Braila, türkische Donaufestung, doch eine Stadt der Griechen – noch heute ist der griechische Bevölkerungsanteil beträchtlich.

1948, nach dem Ende des griechischen Bürgerkrieges, wurden hier viele geflüchtete Markospartisanen angesiedelt – eine Stadt der Händler und reichen Bürger.

Von der Festung hat Braila noch seinen Grundriß. Aus dem von der Donau etwas abgehobenen Stadtzentrum strahlen Radialstraßen fächerartig aus – wie in Karlsruhe. Von den Händlern und Bürgern hat es seine Hauptstraße, den Boulevard der Republik, seine ein- und zweistöckigen Häuser mit Prunkfassaden, Säulchen, Karyatiden, Türmchen, Erkern, Terrassen, Balkonen, Portalen: alles ein wenig zu aufdringlich, um vornehm zu sein, zu protzig, um seriöse finanzielle Macht vorzustellen, zu verspielt und auch oft zu kitschig, um nicht provinziell zu sein. Die reichen Herren von Braila wollten mit ihren Bauten eine Oper inszenieren, aber es wurde doch nur eine Operette daraus.

Weil die Stadt eben ihr achthundertjähriges Jubiläum feierte, erhielt sie als Geburtstagsgeschenk vom Staat einen neuen Anstrich. So leuchten die Häuser der Hauptstraße hellgelb, hellgrau, hellrosa und hellblau, als ob der alte Talmiglanz noch Wirklichkeit wäre.

An diesem Sonntagmittag – es ist gegen ein Uhr – ziehen Hunderte von Menschen auf der Schattenseite der Straße auf und ab. Vor einem Limonadenstand herrscht ununterbrochen Betrieb. Die Verkäuferin kennt keine Pause. Eine Kiste nach der anderen leert sich. Immer wieder muß die Frau neue Flaschenbatterien in das Wasserschaff mit den Eisblöcken gleiten lassen. »Pepsi« ist das Wort der Stunde. Die Rumänen stellen sich um Pepsi-Cola an. Vor dem Mittagessen – man ißt spät in Rumänien – genehmigen sich die Korsobenützer noch einen kühlen Schluck des zum Modegetränk erhobenen Kapitalistengebräus. In den Schaukästen des Opernhauses ist ein Gastspiel des jiddischen Theaters aus Bukarest angekündigt. Kaiser Trajan schaut gnädig von einem Denkmalsockel auf den Hauptplatz und gefällt sich als Hintergrund für Familienfotos. Ein niedriger Kirchenbau in der Mitte des Platzes war einmal eine Moschee. Und eine Uhr, die einen ebenso prominenten Platz einnimmt wie der römische Imperator, zeigt seit 1909 die Zeit an, immer mit ein wenig Verspätung, aber doch brav ihrem Lauf folgend, mit ihrem zierlichen, verschnörkelten Türmchen jedoch stets im Jahre 1909 bleibend.

Das Zentrum Brailas wird so zum Museum einer der großen Donaustädte jener geschäftigen und optimistischen Jahrzehnte. Man fühlt sich auch noch ein wenig in die Vergangenheit versetzt, wenn mitten in der Stadt aus den verschiedenen Gärten, die hinter den Häusern Kühle aufspeichern, Hahnengekrähe und manchmal sogar das Quietschen von Schweinen ertönt. Das neue Braila aber, das über 120000 Einwohner zählt, wird von geordneten, modernen Wohnblocksiedlungen gebildet. Fast jede größere rumänische Stadt hat sich durch solche neue Stadtteile wesentlich erweitert. Dort liegt auch das Kombinat, das aus dem Reichtum des Deltas, aus dem Schilf, Zellulose gewinnt. Dort ist das Braila der Zukunft. Das Braila der Händler, Schmuggler und Großbetrüger wurde begraben. Und mancher Hausherr von einst sitzt heute im Schatten des Hauses, das ihm nicht mehr gehört, und verkauft Lose der rumänischen Staatslotterie. Oder er schlurft mit seinem Metallreifen, an dem die papierenen Glücksbringer aufgefädelt sind, durch einen der lärm- und menschenerfüllten Restaurantgärten.

»Bald nach der Abfahrt von Braila zeigt sich im Vorblick Galatz, das Ziel der Flußdampfer, die größte und volkreichste unter allen Donaustädten von Budapest abwärts. Bevor der Dampfer an den ausgedehnten Kais des Hafenviertels hält, kommt man an der Mündung des Siret vorüber. Alsdann folgt die lange Reihe von Dampfschiffen und Seefahrzeugen aller Flaggen – ein Seehafenbild in aller Form, obwohl von hier ab die Donau bis Sulina noch die Länge von 168 Kilometer hat. Galatz ist der erste Hafenplatz Rumäniens und besonders für die Bodenprodukte des rumänischen Hinterlandes von Wichtigkeit. Dank dem verwahrlosten Zustand, in dem sich die Unterstadt befindet (die Straßen sind zur Zeit grundlos, und der Schmutz ist arg), ist der erste Eindruck, den man von diesem wichtigen Emporium des Handels erhält, kein vorteilhafter...«

So Schweiger-Lerchenfeld vor achtzig Jahren. Was man heute zuerst in den »Vorblick« bekommt, sind grüne, gepflegte Ufer und weiße Häuserblocks, moderne Wohnviertel, großzügig und weitläufig geplant. Alliierte Luftangriffe und Sprengungen der abziehenden Deutschen haben 1944 von Galatz nur ein Ruinenfeld zurückgelassen. Die Gelegenheit, die Stadt vernünftig und schön wieder aufzubauen, wurde wahrgenommen. Früher strebte Galatz von der Donau weg, weil die Ufer versumpft und morastig waren. Heute hat man die Stadt der Donau wieder zugewandt. Wie napoleonische Regimenter in Schlachtordnung sind die Fertigteilhäuser auf der Ebene mit dem Steilabfall zur Donau postiert. Und das Galatz von früher empfängt einen nur noch im Hafengebäude und in den wenigen krummen und steilen Straßen, die der Zerstörung entgangen sind.

Vor dem Fahrkartenschalter für die »Raketa« boxen, schieben

und drängen sich die Leute. In einer Ecke des Wartesaales hocken Zigeunerinnen am Boden. Für jede ›Carmen‹-Aufführung würde man sie sofort als Statistinnen engagieren – so wie sie sind. Ihre Kleider, in vielen schreienden Farben, wallen bis zum Boden. Langes, glänzendes, schwarzes Haar bedeckt die Schultern. Ein junges Mädchen hat in seine Zöpfe Münzen eingeflochten. Die unbeschuhten Füße tragen den ganzen Schmutz der Strecke von Bukarest bis Galatz. Die Frauen betteln um Zigaretten und warten auf irgendein Schiff, das vielleicht niemals kommen wird. Sie sind am Vormittag da, und am Abend findet man sie immer noch. Dunkelhäutige Kinder umschwärmen sie. Für die Rumänen sind sie nichts weiter als ein Stück aus der reichhaltigen Völker- und Rassensammlung des unteren Donauraumes.

Die Menschen aber, die für das neue Galatz sprechen, sind junge Leute, Techniker, Ingenieure, Monteure, Spezialisten, Facharbeiter, Hilfsarbeiter, Werftarbeiter, Mechaniker, Chauffeure usw. aus allen Teilen Rumäniens. Denn Galatz ist neben der »Eisernen-Tor«-Baustelle das bedeutendste Aufbauprojekt der Rumänen, eine plastische Illustration der etwa zwölfprozentigen jährlichen industriellen Wachstumsrate Rumäniens. In Galatz hat Rumänien seine größte Werft, und in Galatz baut es vor allem sein größtes Stahlwerk.

Hochöfen, Walzstraßen, Sinteranlagen, Schienengewirr, Baukolonnen, Autobahnen, viele Soldaten im Arbeitseinsatz, westdeutsche Ingenieure, britische Ingenieure, imponierende Produktionsziffern und Bauleistungen: Das Stahlkombinat von Galatz wurde zum Musterstück des neuen unabhängigen Kurses Rumäniens. In mehrfacher Weise. Als sich die Rumänen dem sowjetischen Wirtschaftsdiktat entziehen wollten, drohte Moskau sofort mit Gegenmaßnahmen. Es verweigerte jeglich weitere Hilfe beim Bau des Stahlwerkes, das zuerst in enger Zusammenarbeit mit der sowjetischen Hüttenindustrie hätte entstehen sollen. Diese Erpressung hatte nicht die gewünschte Wirkung. Die Rumänen beugten sich nicht, sie drehten sich – sie wandten sich an den Westen. Statt der russischen Ingenieure und Techniker flogen Ingenieure und Techniker aus Großbritannien und der Bundesrepublik Deutschland und aus einigen anderen nichtkommunistischen Ländern an. Die Sowjets sahen zu spät ein, welchen Fehler sie begangen hatten.

Die importierten Fachleute mußten in Galatz weder in Notunterkünften noch in Hotels wohnen, sie fanden bereits bequeme, geräumige Appartements vor. Und nicht nur sie. Auch für die Mehrzahl der rumänischen Arbeitskräfte schuf man, im Gegensatz zu den Gebräuchen bei ähnlichen Unternehmungen einige Jahre vorher, zuerst menschenwürdige Wohnverhältnisse.

Das Werk verlangte den Einsatz eines gewaltigen Arbeiterheeres. Hier nur einige Zahlen: Das Kombinat, das zum Teil bereits in Betrieb ist, wird nach seiner endgültigen Fertigstellung eine Fläche von 732 Hektar bedecken. Dazu müssen 16 Millionen Kubikmeter Erde bewegt, eine Million Tonnen Stahlkonstruktionen und 5000 Kubikmeter Beton verbaut, 5000 Kilometer elektrische Leitungen verlegt, 250 Kilometer Straßen errichtet und 270 Kilometer Eisenbahnschienen gelegt werden. Die Produktionsziele: Vier Hochöfen von 1000 bis 1700 Kubikmeter Inhalt, ein Stahlwerk mit drei Öfen, ein Kalt- und ein Warmwalzwerk sollen im Jahr 4 Millionen Tonnen 150-Millimeter-Bleche, eine Million Tonnen Autobleche, 7 bis 8 Millionen Tonnen Roheisen und 4 bis 5 Millionen Tonnen Stahl erzeugen. (1966 belief sich die gesamte Rohstahlproduktion Rumäniens auf 3,6 Millionen Tonnen.) 20000 Arbeiter und Angestellte werden in dem Kombinat beschäftigt sein.

Als 1965 die ersten 8000 Menschen mit dem Aufbau begannen, wartete ein leerer Stadtteil auf sie: 6000 Wohnungen in Tiglina I, und wenig später war Tiglina II, wieder mit 6000 Wohnungen, fertig. In den obersten Parteigremien in Bukarest lernt man, auch an den Menschen zu denken und nicht nur an Plannormen und Sollziffern. So war Galatz auch in diesem Belang revolutionär. Eine Stadt der Jugend entstand. Im ganzen Land begannen begabte Kräfte eine Übersiedlung in die Donaustadt in Erwägung zu ziehen. Von 1945 bis 1964 stieg die Einwohnerzahl von 80000 auf 140000, 1970 wird man wahrscheinlich bei 250000 oder 280000 halten.

Und die Donau ist einmal mehr der Kraftstrom dieser Entwicklung. Obwohl die ersten sowjetischen Wachttürme nur wenige Kilometer östlich von Galatz, an der Mündung des Prut, stehen, wird das Kombinat nur zu 50 Prozent sowjetische Erze verhütten. Schwere Transporter bringen Erze aus Brasilien, aus Indien und aus den USA via Sulina über die Donau nach Galatz. Ein Teil der Blechproduktion fließt sofort wieder in die Werft, die größte Rumäniens, die Donauschiffe baut und Seeschiffe bis zu 15000 Tonnen, Frachter, die aufs Meer hinausfahren und vielleicht mit einer Ladung Erz aus fernen Ländern über die Donau nach Galatz zurückkehren. Ein Kreislauf ohne Ende.

24. Kapitel

Das unendliche Ende
Im Delta

Der Wind blättert in den grünen Lappen der Seerosen wie in Zeitungsseiten. Er rollt die Blätter ein, als ob er daraus Zigaretten drehen wollte. Die weißen Seerosen können sich noch nicht entschließen, ob sie ihre Blüten öffnen sollen, und ihre gelben Verwandten, denen der Name Seetulpe besser anstehen würde als Seerose, schwanken unsicher auf dem sturmbewegten Wasser. Weiße Möwen fallen wie Steine auf den See und erheben sich wieder mit zappelnden Fischen im Schnabel. Bläßhühner flattern aufgeregt über die Wellen, und hohe Wogen schaukeln das Boot. Sie schlagen über die Bordwand, versprühen einen Gischtregen und durchnässen dem blonden jungen Mann am Außenbordmotor die Haare.

Paramon Filippow zögert zuerst, ob er sich aus dem Schilfkanal auf den bewegten See hinauswagen soll. Dann riskiert er die Sturmfahrt doch. Mitten im See biegen sich dünne Bäumchen im Wind. Sie markieren die quergespannten Fischernetze. Ein bärtiger Petrus läßt einen Blick in seinen Kahn tun – der Boden ist von einer kribbelnden und zuckenden Masse von Krebsen bedeckt. Kräftig legt sich der Fischer in die Riemen. Das andere Ufer ist weit, und die große, runde Fläche hat sich dunkel gefärbt. Ein flacher, grüner Saum begrenzt das Wasser. Irgendwo am Horizont erkennt man die Berge der Dobrudscha. Der See heißt Lacul Fortuna, Glückssee. Er hängt an einem Netz von Kanälen, die wieder in andere Seen münden, er gehört zu einem System von Wasserläufen, Sümpfen, Inseln, Teichen. In dem wogenden grünen Schilfmeer ist der See eine blaue Insel. Er hat alle Eigenschaften eines wohletablierten Sees und ist doch ein Stück Donau, ein Stück der Deltalandschaft, in der die Donau zum Abschluß ihrer langen Reise als Verwandlungskünstlerin auftritt. Der Strom, der Europa geteilt und zusammengefügt, der Grenzen gesetzt und überwunden und Geschichte gemacht hat, zum Objekt der Geschichte wurde, dieser Strom Europas gibt sich nicht mit einem schlichten Abgang ins Meer zufrieden. Er wehrt sich gegen diese Selbstaufgabe, spaltet sich, wuchert nach allen Richtungen, nimmt sämtliche Gestalten an, die Wasser annehmen kann, ist Fluß, Tümpel, See, Teich, Kanal, Straße für Seeschiffe, Lache, Meer, Sumpf und noch einiges mehr, und das alles zugleich. Die Donau endet nicht im Meer, sie endet im Delta, ohne sichtbares Ende. Dort ist alles unendliches Leben, ineinander verschlungen, verworren, verbohrt, verzahnt, unendlich verschmolzen und verwachsen.

Natürlich lernt man in der Schule, daß die Donau in drei Armen in das Schwarze Meer mündet. Man lernt vom Chilia-Arm, vom Sulina-Arm und vom Sankt-Georgs-Arm. Von den Schlammassen, die die Donau vor sich herschiebt, und so immer weiter ins Meer hineinrückt. Aber die 437000 Hektar Deltalandschaft lassen einen eher glauben, daß die Donau in dieser Schilf- und Wasserwildnis stehenbleibt, daß dieser Dschungel die Donau aufsaugt und immer neue Wassermassen verschlingt. Nur 25000 Menschen leben im Delta, auf einen Quadratkilometer kommen also weniger als fünf Bewohner. Dafür ist das Delta ein Reich von Millionen anderen Lebewesen. Über 300 Vogelarten hat man hier festgestellt und mehr als 110 Fischarten. Die Donau hat Europa als Abschiedsgeschenk noch einen seiner unberührtesten Naturparks vermacht, ein Reich, in dem der Mensch nur geduldet ist. Und er wird noch einige Jahrzehnte brauchen, bis er es sich unterworfen hat.

In älteren Donaubeschreibungen wird das Delta meist mit wenigen Worten abgetan – als unheimliche, unwirtliche Einöde, die keines näheren Berichtes wert ist. Man sah damals in den Deltabereichen nur eine Fieberlandschaft, die niemandem etwas zu bieten hatte. Und Schweiger-Lerchenfeld läßt sich auch recht abfällig über die Menschen aus, die versuchten, in dieser unzivilisierten Gegend zu leben: »Zur Zeit der Türkenherrschaft war das Delta die Sammelstätte eines internationalen Gesindels, wie man es schwerlich irgendwo antrifft. Übeltäter aller Nationalitäten, welche zu befürchten hatten, den Armen der Gerechtigkeit zu verfallen, flüchteten in die unwirtliche Wildnis, wo sie nicht Gefahr liefen, von Häschern erreicht zu werden. Außerdem bildeten sich Räuberbanden, welche mit den türkischen Milizen unter einer Decke steckten. Die Pforte vermied es nämlich, angeblich aus klimatischen Rücksichten, in den Städten des Donaudeltas Garnisonen zu erhalten. Als Ersatz hierfür wurden Wachtposten organisiert, aus angeworbenen Milizen bestehend, welche ohne Sold zu erhalten dem Dienstzwang unterlagen und zuzeiten von den Feldarbeiten weg in die strohgedeckten Blockhäuser einrücken mußten. Willkür und Grausamkeit bezeichneten ihre Tätigkeit. Um den Gefahren, welche die Verfolgung der Räuber mit sich bringen konnte, zu entgehen, hielten Wachtposten und Wegelagerer gute Freundschaft. So fand sich alsbald in den Dschungeln des Donaudeltas eine bunte Gesellschaft zusammen: Türken und Tscherkessen, Zigeuner und Neger, Bulgaren und Walachen, Russen und Serben, Matrosen aller Nationen, Abenteurer, Verbrecher, Deserteure usw. Mordtaten waren an der Tagesordnung...«

Zu dieser Erzählung fügt sich heute einzig das Erlebnis einer winterlichen Schiffahrt auf dem Sulina-Arm. In einer der kleinen Deltastationen steigt ein Soldat mit einem scharfen Schäferhund aus. Einige Kilometer weiter kennt man die Pflichten des Hundes und des Soldaten. Am Ufer liegen Wohnschiffe mit vergitterten Fenstern. Wäsche weht im Wind. Bärtige Gestalten verfolgen das Schiff mit ihren Augen, ohne das Winken einiger Kinder zu beantworten. Neben ihnen stehen Soldaten mit Gewehren und Maschinenpistolen. Sie bewachen Gefangene, Sträflinge, die im Winter im Delta zur Schilfernte eingesetzt sind. Diese Männer, die sich an einem Feuer wärmen und in schmierigen dicken Jacken stecken, die gelangweilten Soldaten und die Hunde, die das Terrain sichern, das alles sind Bilder, wie sie Dostojewski und Gorki beschrieben haben.

Auf freiem Fuß trifft man im Delta heute jedoch kaum Kriminelle an. Zu den alten Bewohnern, den Fischern und Jägern, ist eine junge Pioniergeneration gekommen. Neue Orte wurden aus dem Boden, nein, besser aus dem Wasser oder aus dem Schilf gestampft. Die Völkerpalette ist aber mindestens so vielfarbig, wie sie in dem Bericht aus dem vorigen Jahrhundert beschrieben wird.

Man muß sich nur in Tulcea, dem Ausgangsort aller Deltatouren, dem normalen Passagierschiff anvertrauen. Unter einem spitzen Minarett patrouillieren Marinepolizisten, die für das Benehmen der hier stationierten Marineinfanteristen verantwortlich sind. In der Moschee versammeln sich die Türken von Tulcea zum Gebet. Kräftige Männer schleppen schwere Säcke an Bord. Vorher wurden gerade noch einige Holzbottiche mit eingesalzenen Fischen vom Schiff gerollt. Rumänen treten auf, Tataren mit vorstehenden Backenknochen, gelblichbrauner Haut und schmalen Augenschlitzen, Griechen, Bulgaren. Weißrussinnen haben sich in schwarze Tücher eingeschlagen und achten auf die Schweine, die Gänse und die Bündel und Korbflaschen, die sie von und zum Markt transportieren. Und dann sind da noch die charakteristischesten Figuren des Deltas: Männer mit zottigen Bärten, im Winter tragen sie Pelzmützen und schwere Schafpelze, im Sommer einfache Jacken, schmierige Hosen, weiße gestrickte Kniestrümpfe und selbstgeschusterte Opanken, Patriarchenfiguren aus einer zeitlosen Welt. Ob König oder Kommunisten – ihr Gott war immer der gleiche, ihre Sprache ein russischer Dialekt. Sie sind Lipowaner, Angehörige einer strenggläubigen orthodoxen Sekte, die nicht für den Zaren beten wollte und deshalb im 17. Jahrhundert aus Rußland fliehen mußte. Sie sind, meist Fischer, die Hauptbewohner des Deltas.

Auch Paramon Filippow ist einer von ihnen. Sein Familienname erinnert an den Mönch Filippow, der die Sekte geführt hat. Bart wird sich der junge Mann allerdings keinen mehr wachsen lassen. Er ist Mechaniker, versteht etwas von Motoren und wird, wie die meisten seiner Altersgenossen, den alten Bräuchen langsam entfremdet. Nach den Gesetzen der Lipowaner darf kein Messer mehr an den Bart, sobald der Mann verheiratet ist. Aber Paramons Vater hat den Bart als unbequem empfunden und ihn abgeschnitten. Als der Pope zu Besuch kam und dem Mann Vorhaltungen machte, antwortete er nur: »Ich habe kein Rasiermesser verwendet, sondern eine Haarschneidemaschine. Und dagegen steht nichts im Gesetz.« Ein Argument, das viele jüngere Lipowaner verwenden.

In den Lipowanerdörfern am Sulina-Arm oder an versteckten Seitenkanälen werden trotz der neuen Zeit viele alte Gesetze hochgehalten. Auch in Paramons Haus. Was man im Delta Dorf nennt, hat selten mit einem normalen Dorf zu tun. Meist sind die niedrigen, mit dicken Matten aus Schilfstroh gedeckten Häuschen in einer langen Reihe nebeneinander aufgefädelt, auf einem schmalen Streifen festen Lands, vor dem Wasser fließt und hinter dem wieder Wasser fließt oder Schilf Wasser und Sumpf tarnt.

Auch in Vulturul, dem Dorf gegenüber der wichtigsten Deltastation Maliuc, 35 Kilometer von Tulcea, am Sulina-Arm, ist es nicht anders. Eine geringe Bodenerhebung über dem regulierten Strom trägt die Häuserreihe. Kein Dorfplatz, keine Kirche, keine Gassen, nur die staubige Straße am Donauufer, die, sobald die Häuser enden, wie ein Bach in der Wüste versickert. In einem Ruderboot setzen gerade die Schulkinder über. In Maliuc ist Feierabend. Die Kinder sind blond und blauäugig, Slawenkinder. Die Mädchen haben ihre Haare zu strähnigen Zöpfen geflochten. Am

Anlegeplatz teilen sie sich und stapfen donauauf- und donauabwärts ihren Häusern zu.

Bei den Filippow gibt es kein schulpflichtiges Kind. Der Vater sticht im Garten hinter dem Haus um und läßt sich nicht stören. Mutter und Schwiegertochter empfangen die Besucher; ein sauberer Hof, Fischernetze, ein umgestürztes Boot, das Handwerkzeug des Vaters. Ein Backofen aus gebranntem Lehm für das Brot, unter Schilfmatten der Schweinestall, der Hühnerstall, ein Hund, eine Katze, der Holzverschlag für die eine Kuh – »Die andere ist uns beim letzten Hochwasser ertrunken«, heißt es. Und dann das Badehaus, eine Hütte, die bei keinem Lipowanerheim fehlt. Dampfbad, Heimsauna – ein kleiner Raum mit einer hölzernen Liegebank, einem Schöpflöffel aus einem ausgehöhlten, getrockneten Kürbis und schwarze Steine, die von außen erhitzt werden, bis sie glühen. Eines fehlt dem kleinen Raum, die Sauberkeit einer Sauna. Das Bad ist schwarz wie eine altertümliche Selchkammer. Zwischen den Steinen steigt nämlich der Rauch empor. Dennoch wird hier jeden Samstag Feuer gemacht, auch wenn sich jemand in der Familie krank fühlt. »Das ist unsere Medizin, unser Doktor«, sagt die Frau.

Im Haus steht in jedem Zimmer ein Bett, und in jedem Raum hängen in einer Ecke Ikonen – keine alten, nur primitive neuzeitliche Kopien. »Hat man bei Ihnen zu Hause auch Ikonen?« läßt die Frau den Dolmetsch fragen. Und daneben sind Familienbilder ausgestellt, von den verheirateten Töchtern, die in andere Dörfer übersiedelt sind, und von der einen, die sich gar in die Stadt, nach Tulcea, gewagt hat.

Zentrum des Hauses scheint die Küche zu sein. Dort vernimmt man aus dem batteriebetriebenen Radio die melodiöse Stimme der Sprecherin von Radio Ismail. Die Lipowaner hören sowjetische Sender. Von den Russen wollen sie aber nichts wissen. Im Zweiten Weltkrieg zeichneten sie sich in der rumänischen Armee an der Ostfront aus, und man kann einem Lipowaner nichts Ärgeres antun, als ihn einen Russen zu nennen. Vor einem anderen Sakrileg soll man sich beim Besuch eines Lipowanerhauses ebenfalls hüten: Im Haus darf nicht geraucht werden. In der Küche liegt auf einem breiten Ofen das Baby der Schwiegertochter. In den kalten Winternächten hat die ganze Familie auf der zum Schlafen geschaffenen Ofenoberfläche Platz. So wie es Gogol, Tolstoi oder Gorki von den russischen Bauern erzählen.

In einem der nächsten Jahre werden die Leitungsmasten für den elektrischen Strom von Tulcea auch bis nach Vulturul reichen. Vorläufig behilft man sich mit Kerzen und Petroleumlampen. Auch Wasserleitungen kennt man nicht. Nicht einmal Brunnen. Die gibt der Boden nicht her. Darum holt man das Wasser aus der braunen Donau. Die Leute haben heute irgendwelche Filter, um das Wasser zu reinigen. Aber wenn man mit ihnen im Boot unterwegs ist, dann schöpfen sie ab und zu mit einem blechernen Topf Wasser und trinken, unbekümmert um Bakterien, Bazillen und was so ein Viertel Donauwasser noch alles enthält. Krank ist anscheinend noch nie einer davon geworden. Und wenn schon – wenn die Badestube nicht hilft, dann kennt man noch einige Hexenmeister, die neben den Popen den Bedarf an Übernatürlichem decken. Diese verborgenen Hexenmeister oder Zauberinnen, die nach außen hin ein normales Leben führen und vielleicht sogar Mitglied der Kommunistischen Partei sind, wissen außer auf medizinische Fragen auch auf Herzensprobleme Antwort. Sie verschaffen Liebeszauber, Amulette, fördern den Fischfang, bewahren vor dem bösen Blick – als auf dem Schiff ein Ausländer eine Lipowanerin fotografieren wollte, kreuzte sie zur Abwehr sofort zwei Finger –, und gegen gutes Geld werden sie wohl manchmal gegen einen bösen Nachbarn einen wirksamen Fluch liefern. Selbstverständlich erfüllen sie auch Veterinärpflichten.

Die Lipowaner halten auch noch an einigen anderen mittelalterlichen Sitten fest. Eine Braut muß grundsätzlich Jungfrau sein. Und als Beweis dafür wird das von der Hochzeitsnacht gezeichnete Leintuch des Brautbettes wie eine Fahne im Triumph durch das Dorf getragen. Ein rumänischer Ingenieur beschwor, daß er sich von diesem schönen Brauch noch vor kurzem mit eigenen Augen überzeugen konnte.

Und wie leben die Lipowaner im Kommunismus? Was ist ihre wirtschaftliche Basis? Allzuviel hat sich für sie nicht geändert. Sie waren Fischer und sind Fischer geblieben. Die wenigsten wurden in Genossenschaften zusammengefaßt. Die meisten arbeiten frei. Sie erhalten vom Fischverwertungstrust in Tulcea ein monatliches Fixum (etwa 600 bis 800 Lei), müssen eine gewisse Fangnorm erfüllen und bekommen für alles, was sie darüber hinaus fangen, Prämien. So verdienen sie etwa 1200 bis 1500 Lei im Monat. Sie sind anspruchslos und zufrieden. Ihre Hauptmahlzeit ist der tägliche Fischborschtsch, die saure Suppe, in der große Fischstücke schwimmen. Sie sind bei der Partei, und sie empfangen den Popen mit offenen Armen, wenn er einmal ins Dorf kommt. Und das Schilf, das Wasser, die Kanäle, das Delta sind ihr Universum seit Urgroßväterzeiten, als sie Zuflucht vor dem Zorn des Zaren suchen mußten.

Paramon Filippows Horizont hat sich jedoch etwas erweitert, ohne daß er das Delta verlassen mußte. Ihm genügte die Fahrt über den Strom nach Maliuc. Dort haben die Rumänen das moderne Leben installiert, eine Insel auf einer Insel, eine Konzentration von Zivilisation, die neue Zeit, wie mit dem Fallschirm abgeworfen: statt der Bauernhäuser eine Reihe neuer, heller Appartementhäuser, ein Touristenhotel, ein Kino, Geschäfte, eine Sparkasse, ein Kindergarten, ein Kulturhaus, eine Schule, ein Ambulatorium, der Bootssteg und das Institut, das für all das verantwortlich ist. 1957 zählte der Flecken Maliuc knapp 60 Einwohner, heute sind es über 600. Und wenn einem hier jemand vorgestellt wird, dann ist es meist ein Herr Doktor oder ein Herr Ingenieur.

Jeden Morgen, kurz vor halb sieben Uhr früh, fährt Paramon über die Donau. Er arbeitet in der Werkstätte des Instituts. Motoren, Maschinen und Traktoren sind sein Geschäft. Er lebt zu Hause das traditionelle Leben der Lipowaner und gehört gleichzeitig einem der fortschrittlichsten und modernsten Unternehmen Rumäniens an, dem berühmten Schilfforschungsinstitut von Maliuc.

Grigore Antipa, einer der ersten rumänischen Wissenschaftler, die auf die unbekannten Reichtümer des Deltas hingewiesen haben, schrieb vor sechzig Jahren:

»Wie verlassen und unbekannt diese Gegend war, erkennt man auch daran, daß der Staat als Eigentümer der reichen Fischereien, die es hier gab, aus dieser Riesendomäne von mehr als 430000 Hektar bloß 300000 Lei als jährlichen Pachtzins einnahm, daß ihm also dieser Besitz nicht einmal 70 Bani je Hektar einbrachte...«

Von den Fischschätzen des Deltas haben schon griechische und römische Reiseschriftsteller geschwärmt. Ein englischer Kaufmann wunderte sich im Mittelalter, wie billig der Fisch von der Donaumündung sei, und der wandernde italienische Mönch Niccolo Barsi, den es zwischen 1633 und 1639 ins Delta verschlagen hatte, behauptete, daß die Fischer von Chilia täglich 1000 oder gar 2000 Störe heimgebracht hätten. Der rumänische Fischmarkt wird zum wesentlichen Teil aus dem Delta beliefert, und Fachleute schätzen, daß man bei voller Ausnützung aller Möglichkeiten im Delta jährlich zehn Millionen Kilogramm Fisch fangen könnte.

Doch neben Stör, Karpfen, Zander, Wels, Rapfen, Blei, Hecht, Plötze, Barsch, Rotfeder, Karausche, Donauhering, Hausen und noch hundert Fischarten mehr hat das Donaudelta der Wirtschaft einen Stoff zu bieten, der früher nur in kleinem Maß ausgewertet wurde: das Schilf.

Die Römer und Griechen verwendeten es schon als Baumaterial, flochten das Rohr zu Zäunen, deckten ihre Häuser damit; Perserkönig Dareios, der im Deltabereich Krieg führte, ließ aus Schilf eine schwimmende Brücke für den Donauübergang seiner Truppen verfertigen. Und für die Bauern und Fischer ersetzte das Schilf das Holz. Sie schnitten soviel sie brauchten mit dem Tarban (ein türkisches Wort), einer Sichel an einem langen Stiel. Nun werden im Jahr 200000 Tonnen Schilf geerntet. »Wir könnten 600000 Tonnen verwerten«, sagt der Wissenschaftler, dessen Fach das Schilf ist. »Aber unser Maschinenpark reicht dazu noch nicht aus.« Von der Deltafläche sind 270000 Hektar mit Schilf bedeckt. 35000 Hektar sind Wasser, 74000 Hektar stehen zeitweise unter Wasser, 10000 Hektar sind trocken. Und von den 270000 Hektar werden jährlich 30000 bis 40000 Hektar abgeerntet. Die Grundlagen dazu liefert das Institut in Maliuc.

In einem museumartigen Ausstellungssaal verrät eine Graphik, was heute alles aus Schilf erzeugt werden kann. Schilf – das ist vor allem Zellulose. Zellulose, aus der in Braila Papier und Karton und Kunststoffasern gemacht werden. Aber das Warenangebot des Schilfmeeres ist damit nicht abgeschlossen. Schilf wird für Schilfrohrplatten und Holzfaserplatten verwendet, als Isolierstoff in der Bauindustrie. Aus Schilf wird Alkohol destilliert, es wird zu Futterhefe, Kunstdünger, Heizmaterial, und die Wissenschaftler sind davon überzeugt, daß ihnen das Schilf noch einige weitere positive Überraschungen bereiten wird.

Um in das Schilfgeschäft einzusteigen, war jedoch eines notwendig: die Mechanisierung der Ernte. Vor zehn Jahren wurde die Schilfernte im Delta noch in 1000 Tonnen und nicht in 100000 Tonnen gemessen. Dafür, daß es nun so weit gekommen ist, sind die Wissenschaftler von Maliuc verantwortlich.

1953 wurde hier die erste kleine wissenschaftliche Station gegründet, ein Vorposten in der Wildnis. Und in Braila fing man an, das Schilf nach seinem »Inhalt« zu untersuchen. Wie man das Schilf am besten verwertet, danach wird in Braila noch immer gefragt. Wie man das Schilf am besten erntet, wie es am besten gedeiht, welche Sorten die günstigsten für das Deltaklima sind, wie die Erhaltung des Schilfbestandes trotz intensiver Ernte gesichert werden kann, das sind die Probleme, die sich die mehr als 50 Wissenschaftler auf der Deltainsel Maliuc stellen.

Biologen, Chemiker, Hydrologen und Techniker sind dabei, alles über das Schilf zu erforschen. In einem Speziallabor wird mit Hilfe von radioaktivem Phosphor 32 der Kreislauf der Nährstoffe im Schilfrohr analysiert. Chemiker prüfen Methoden zur Entblätterung des Schilfes vor der Ernte – die Blätter sind nutzlos und behindern den Ernteprozeß. Im Garten wachsen italienische und chinesische Schilfsorten. Wissenschaftler aus Rotchina und aus Nordkorea – beide Länder haben eine bedeutende Schilfindustrie – waren in Maliuc. Und man sagt hier selbstbewußt: Das Schilf aus dem Delta ist besser als die meisten anderen Sorten in der Welt, es ist vor allem höher.

Wie kann man aber mit modernen Maschinen in Landstriche oder besser »Wasserstriche«, in die oft nicht einmal Boote vorstoßen konnten, eindringen? Das Delta war ein Raum ohne Maschinen, ohne Autos, ohne Rad. Die Wissenschaft mußte das Delta erst einmal kennenlernen. Forscher waren wochenlang unterwegs, fern von aller Zivilisation. Mit Flugzeugen, Hubschraubern und Booten wurden Vermessungen vorgenommen. In Bukarest baute man im Hydrologischen Institut auf einer Fläche von mehr als zwei Hektar ein Modell des Deltas, mit allem, was dazugehört. Und nach den Forschungsschiffen kamen schon die Arbeitsschiffe. Aus kanadischen Schneeräumern wurden die ersten für das Delta geeigneten Raupenfahrzeuge entwickelt. Auch alle anderen Geräte und Maschinen mußten völlig neu geschaffen werden. Es gab kaum Vorbilder. Die gesamte Erntestrategie wurde zur Generalstabsarbeit. Man unterschied ein Ernteverfahren für Schilf auf trockenem Grund, dann eines für Schilf im Wasser und schließlich eines für Schilf auf den sogenannten Plaurs, den schwimmenden Inseln. Die Wurzeln des abgestorbenen Schilfes bilden über dem Wasser eine Bodenschicht von einem oder eineinhalb Meter Dicke. Und darauf wächst wieder Schilf. »Die Plaurs haben solch eine Tragfähigkeit, daß man ruhig mit einem Traktor darauf fahren kann.« Und manchmal, wenn das Wasser darunter sehr bewegt ist, schlägt der Boden sogar Wellen, bewegt sich, faltet sich. Aber wie kommen die Traktoren und Mähmaschinen in diese unzugänglichen Gegenden? Die natürlichen Kanäle wurden erforscht, erweitert, ausgebaut, Spezialschiffe konstruiert. Militärische Landungsboote mit ihren ausklappbaren Brücken werden an den Ernteort herangeschleppt, und die Maschinen rollen von diesen Rampen ins Schilf hinein. Man baute in Maliuc schwimmende Mähmaschinen und entwarf Schilftransporter. Im ganzen Delta wurden im Schilf Stationen eingerichtet. Der hohe Radiomast auf dem Dach des Instituts empfängt in der Erntezeit die Meldungen der einzelnen Kommandos und hält außerhalb der Saison die Verbindung mit verschiedenen Forschungsabteilungen aufrecht. Maliuc experimentiert, in Tulcea hat das Unternehmen, das Schilf einbringt, sein Hauptquartier. Wenn im November die Ernte beginnt – sie dauert bis April –, dann strömen aus dem ganzen Land Arbeitskräfte ins Delta: Bauern, die im Winter in den Genossenschaften weniger Arbeit haben, Leute aus den Bergen, die endlich etwas mehr Geld verdienen wollen, Freiwillige und Unfreiwillige, Soldaten und Sträflinge. Vier Monate lang schwimmen sie fern der Welt in Wohnschiffen irgendwo drinnen im Schilfmeer. Weil man die Schilfmassen nicht sofort abtransportieren kann, wurden überall Schilfdepots eingerichtet – auf natürlichen oder künstlich erhöhten Plattformen –, damit das Schilf durch das Hochwasser nicht verdorben wird.

Im Moment erlebt die Schilfproduktion einen Wandel, manche sagen auch, sie stecke in einer Krise. Die Traktoren, zu deren Verwendung man sich entschlossen hat, haben einen Nachteil: sie sind zu schwer. Ihre Raupen töten das Schilf. Dort, wo sie gefahren sind, wächst im nächsten Jahr kein Schilf. Im Hof des Instituts sind dänische Fahrzeuge abgestellt – sie haben keine Raupen mehr, sondern riesige Ballonreifen. Ein Ingenieur erläutert: »Die Reifen werden nicht voll aufgepumpt. Sie sind weich. So ein Traktor kann Ihnen ruhig über den Fuß fahren, Sie spüren kaum etwas. Durch diese nachgiebigen Reifen wird das Schilf nicht beschädigt. Mit diesen Reifen können die Schlepper sogar schwimmen.« Eine große Umstellung ist im Gange, aber bis sie abgeschlossen ist, wird es noch lange dauern. Und Rumäniens Wirtschaftsplaner haben Unsummen in die Maschinen alten Typs investiert. Dabei gibt es in Maliuc schon wieder Wissenschaftler, die an Geräten für eine fernere Zukunft basteln.

Aber wer geht nun ins Delta, wer läßt sich ins Schilf verbannen? Auf diesen schmalen Streifen kultivierten Bodens mit seinen Rosenbeeten und dem Kino, das amerikanische, französische, russische, rumänische Filme sowie einen albanischen und einen nordvietnamesischen Film ankündigt. 50 Wissenschaftler und etwa 150 Angestellte beschäftigt das Institut. Die Wissenschaftler kommen meist aus Bukarest: »Ja, der Unterschied zwischen hier und der Stadt ist groß. Aber hier kann ich in Ruhe arbeiten«, meint ein Biologe. »Ich liebe die Natur, ich kümmere mich in meiner Freizeit um meinen Garten. Wenn ich etwas brauche, fahre ich mit dem Motorboot nach Tulcea. Ich gehe angeln, ich habe einen Fernsehapparat und viele Bücher, und ich verdiene wesentlich mehr als in Bukarest.« Die Institutsangehörigen erhalten hohe Prämien und eine monatliche Isolierungszulage in der Höhe von 50 Prozent des Gehalts. Dann werden noch andere Gründe angeführt: zerbrochene Ehen, berufliche Schwierigkeiten, Abenteuerlust und was ein Mann sagte: »Mich hat das Verkehrsproblem in Bukarest fertiggemacht. Ein Auto können sich bei uns die wenigsten leisten. So sind alle öffentlichen Verkehrsmittel in Bukarest zu den Stoßzeiten bis zum Bersten gefüllt. Wenn man das zweimal täglich, sechsmal in der Woche mitmacht, dann muß man einmal davon genug bekommen. Meine Nerven haben das nicht ausgehalten. Deshalb bin ich ins Schilf geflohen.«

Heute hat er von seiner Wohnung zwei Minuten zum Institut. Jeden Morgen, wenige Minuten vor halb sieben, bricht er auf, und um drei Uhr nachmittags hat er Feierabend. Am Abend sitzt er vielleicht vor dem Hotel bei einem Glas Wein, unterhält sich mit Kollegen oder Touristen und betrachtet sinnend die dicken Brocken, die großen Frachter, die fast lautlos durch den schmalen Sulina-Arm gleiten, als ob sie sich in der Adresse geirrt hätten, als ob diese Schiffe aus dem Libanon, aus Piräus, aus Liberia oder anderen fernen Häfen nur versehentlich in das Delta geraten wären. Seine Enge täuscht, dieser Donauarm ist eigens für die Schiffahrt geschaffen worden. Im vorigen Jahrhundert hat man ihn vertieft und reguliert. Minuten hinter dem Hotel endet die Insel Maliuc an der alten Donau, dem weitgeschwungenen Arm, dessen Kurven bei der Regulierung von den Ingenieuren abgeschnitten worden sind. So kommt es auch, daß der Ort Mila 18 (Meile 18) am Sulina-Arm liegt, die Siedlung Mila 23 jedoch weit im Inneren des Deltas an der alten Donau (die Donau ist hier nicht mehr kilometriert, sondern für die Seeschiffahrt mit Meilenzeichen markiert. Deshalb auch die Meilennamen einiger Ortschaften).

Wer sich am Nachmittag oder frühen Abend Zeit nimmt und vor dem Hotel bei einem Glas Murfatlar die Vorübergehenden inspiziert, kennt in Kürze die gesamte Bevölkerung Maliucs und weiß auch bald über ihre Freuden und Sorgen Bescheid. Ein Passagierschiff ist angekommen. Im Laufschritt rennen Soldaten zum Laden, um sich mit kugeligen Brotlaiben einzudecken. Ein schwerfälliger, dicker, dunkelfarbiger Mann spaziert vorbei. Ob seine Vorfahren einmal türkische Negersklaven waren? Und dann tritt Bobo auf, der Casanova von Maliuc, elegant, auf die Wellen seines dunklen Haares bedacht, leicht graumeliert, Kenner guter Fischplätze, Besitzer eines Außenbordmotors und Freund aller Touristinnen. Heute ist er mißgestimmt. Bei einer Exkursion mit einer französischen Gruppe kippten am Lacul Fortuna zwei Ruderboote um. »So viele Scherereien. Die Leute passen nicht auf«, klagt er. Das Schiff hat eine größere Anzahl von Männern aus den umliegenden Dörfern gebracht. Im Kulturhaus ist Parteiversammlung. Und gewichtig wird vorher im Büfett neben dem Hotel lokale Politik durchgehechelt. Ein Ingenieur küßt einer Frau Doktor elegant die Hand und entzückt sich an einer ›Rosenkavalier‹-Aufführung, die er 1936 in der Wiener Staatsoper erlebt hat. Und er summt einige Takte von der Überreichung der silbernen Rose. Der blonde junge Zahnarzt, der mit seinem Französisch viel Mühe hat, ist aufgeregt. Gestern erhielt er einen Brief vom Ministerium, der ihn nach Bukarest rief. Heißt das, daß seine »Verbannung« in Maliuc zu Ende ist, daß man ihn in der Hauptstadt braucht? In der Hotelhalle flimmert Gilbert Bécaud vom Bildschirm, und dann fiedeln rumänische Zigeuner eine heiße Hora. Die Geschäftsführerin des Hotels hat einen deutschen Vater und ist mit einem Banater Schwaben verheiratet, der ebenfalls beim Institut angestellt ist. Zwei Touristen aus Stuttgart kommen enttäuscht vom Fischfang heim. Sie hatten sich hier Wunderdinge erwartet, und nun hat eine Schildkröte angebissen. Das holländische Pärchen, das sich anscheinend auf der Hochzeitsreise befindet, ist in Wirklichkeit auf einer ornithologischen Kundfahrt. Die beiden spüren dem Eisvogel nach. Und eine polnische Biologin studiert Parasiten, die aus dem Wasser über Schnecken in Fische übersiedeln und bei den Vögeln landen. Der blonde Kellner serviert Fischsuppe und dann gebratenen Wels. Im Büfett wird es lauter. Bis spät in die Nacht hinein singen die Männer ihre Lieder, und sie trinken Bier dazu, ägyptisches Stella-Bier, Pyramidenbräu. Es soll besser sein als das rumänische, weil Nasser deutsche Braumeister beschäftigt. Man spaziert vor dem Schlafengehen kurz zur Donau. Grillen zirpen, die Maschinen des Kraftwerkes stampfen, und der Mond hat sich vor sich selbst versteckt. In der Ferne tutet warnend ein Schiff.

Am nächsten Morgen, vier Uhr früh. Im Zimmer steht plötzlich ein Mann. Man weiß nicht recht, wo man ist, wo man hingehört. Aber es ist alles in Ordnung. Paramon erfüllt nur den vereinbarten Weckauftrag. Man will schließlich einen Morgen im Schilf erleben, auf den Kanälen, im Boot. Zur Erfrischung stellt man sich unter die Dusche. Aber die Sprühdose bleibt trocken. Während der Nacht ist in Maliuc die Wasserzufuhr abgesperrt. Ungewaschen stapft man beim ersten Licht hinter dem Lipowaner her, der alten Donau zu. Dort ist die »Flotte« von Maliuc vertäut, dort hat das Institut seine Forschungsschiffe, seine Barkassen und seine Kähne, und auf einem ansehnlichen Wohnschiff verlängert eine Fernsehantenne den Mast. In den ruhigen Jahreszeiten bringt das Institut Gäste auf dem Schiff unter, weil das Hotel meistens für Touristengruppen benötigt wird.

Man hockt sich in das schwankende Boot, Paramon verstaut noch einen Reservekanister mit Benzin und wirft mit Hilfe einer einfachen Schnur den Außenbordmotor an. Langsam rattert das Boot durch den Kanal. Die Sonne steigt aus dem Schilf, zerreißt die Nebelfetzen, und tausendfaches Lärmen übertönt den Motor. Es kreischt, kräht, klopft, keift, knirscht, kichert, klappert, es gackert und gockert und girrt, quietscht und quirlt, trommelt und trompetet, flötet und pfeift, zithert und zirpt. Alle Vögel des Deltas sind erwacht; sie verstecken sich auch nicht im Schilf. Da stolziert ein weißer Kuhreiher, dessen Flügel braun getönt sind, hinter einem anderen her. Kormorane üben sich im Geschwaderflug. Ein Fischreiher erstarrt am Ufer, läßt sich auch vom Motor nicht erschrecken und blickt nur mit hypnotischer Kraft ins Wasser. Er hat sich so aufgestellt, daß sein Schatten nicht auf die Wasseroberfläche fällt. Auch die Fische sind vorsichtig. Und so wartet er und wartet, wie ein Sportangler, bis sich seinem schnellen, langen Schnabel eine Beute bietet.

Wildenten, Möwen und immer wieder Reiher. Sie ziehen über das Boot hinweg mit regelmäßigem, weitem Flügelschlag, den Hals nicht langgestreckt, sondern in einer S-förmigen Krümmung zurückgelegt. Die Reiher sind die Herren dieser Region. Ein großer Purpurreiher fliegt wenige Meter vor dem Boot her und landet am Schilfrand, wartet, bis das Boot näher gekommen ist, und fliegt wieder auf. Dieses Spiel spielt der rötlichgraue Vogel mit der großen Flügelspannweite mehr als einen Kilometer lang. Dann weiße Seidenreiher, die etwas von einer Hochzeitsgesellschaft an sich haben, Löffelreiher mit dem breitgetretenen Schnabel, schwarze Nachtreiher, kleinere Ibisse, die braunen

Sichler, Enten und Bläßhuhnschwärme, die über das Wasser hasten wie Fußgänger über eine Großstadtkreuzung bei Grünlicht. Ein Kuckuck schreit. Frösche, Wasserläufer, Eidechsen. Paramon hält das Boot an, hängt es an eine Weide und bricht in das Schilf ein. Vorher hat er noch Strauchwerk zu einem Knoten geschlungen, damit er den Rückweg findet. Man muß sich mit dem ganzen Körper gegen die Rohrwand stemmen, sie auseinanderbrechen, sich vorwärtskämpfen, und man bleibt dennoch stets nur auf dem Schilf. Der Boden unter einem ist Schilfrohr, und über einem schlägt das Schilf zusammen. Ein Tümpel, von Seerosen bedeckt. Hier macht die polnische Parasitenforscherin Jagd auf Schnecken. Sie haben sich an den Seerosenblättern festgesaugt, Hunderte von Schnecken, Tausende von Schnecken. Und am Rande des Schilfes, wo das Wasser brackig ist, wo es nie bewegt wird, wo kein Boot hinkommt, wo nicht einmal der Wind etwas ausrichten kann, da hat das Delta einen Friedhof. Da treibt ein toter Vogel, da schwimmen Fische mit dem Bauch nach oben und leere Schneckenhäuser. Die Chinesen haben Weiß als die Farbe des Todes und der Trauer. In dieser Deltaecke versteht man es; hier ist Weiß das Zeichen für entschwundenes Leben: die toten Fische werden weiß, die toten Schnecken, die toten Pflanzen, das tote Holz – gebleicht vom Tod und von der Sonne.

Mitten im Schilf erhebt sich eine kleine Kuppe. Man überschaut plötzlich diese unendliche wogende Weite. Eine Rauchfahne – hier versuchen Bauern dem Schilf etwas Land abzuringen. Sie nutzen jeden Flecken festen Bodens aus. Sie haben Mais angebaut und sich Schilfhütten als Unterstand errichtet.

Das Boot fährt wieder weiter. Seitenkanäle sind durch Fischnetze und Reusen abgeriegelt, tote Arme, versumpfte Arme, lebende Arme, breite Fahrstraßen, kleine Seen, Teiche, Tümpel, ein ständiger Wechsel, ständige Bewegung, eine bis oben mit Leben angefüllte Einsamkeit.

Die Szene wechselt – ein Wald, ein Weidenwald. Knorrige uralte Bäume, die wie für einen Mummenschanz falsche Bärte umgebunden haben – staubige Flechten, die über die verkrüppelten Stämme kriechen. Zwischen den Bäumen Ziegen und Schweine. Irgendwo gibt es hier wieder Menschen. Und dann öffnet sich ein Kanal plötzlich zum Lacul Fortuna. Der Wind peitscht die Wellen, die Schwüle der Schilfpassagen ist verweht. Ein Storch stochert am Ufer im Rohr, und ein Schiff mit Touristen schiebt sich aufdringlich in die unberührte Landschaft.

Der Tag im Delta ist lang, das Boot wird von Stunde zu Stunde enger. Fliegen umschwärmen einen. Die Zunge ist trocken. Paramon klappert schläfrig mit den Augendeckeln. Man hat die Natur erlebt, wie man sie heute kaum noch in Europa erleben kann. Das macht müde. Man hat viel gesehen in diesen Stunden im Boot, aber doch nur wenig von alldem, was die große Menagerie des Deltas, dieser botanische Garten, dieses Aquarium und dieser einmalige Vogelkäfig ohne Gitter zu bieten hat: Die Pelikane halten sich zu dieser Jahreszeit in ihren Kolonien beim rätselhaften Schlingpflanzen- und Lianenwald von Letea verborgen. Auch die Störfischer hat man nicht gesehen, die in Chilia und in Sf. Gheorghe an der Arbeit sind, die das schwarze Gold der Fische, den Kaviar, gewinnen. Und die vielen Säugetiere, die sich in den Sumpfregionen des Deltas tummeln, die Wildschweine, Nerze, Iltisse, Marder, Ottern, Füchse. Früher hat man hier noch Wölfe gejagt. Jetzt stößt man höchstens auf schakalartige wilde Hunde aus Asien. Erst in den letzten Jahren sind sie im Winter über den zugefrorenen Chilia-Arm ins Delta eingewandert. Das Delta ist ein großes Buch, in dem man unermüdlich lesen könnte.

Noch immer schweben Reiher in der Luft, zieht ein Bussard seine Kreise. Und im Wasser, unter Wasser, wächst ein Wald von Algen und anderen Lebewesen, Pflanzen und Tieren, deren Namen der Laie nicht kennt. Das Konzert vom Morgen ist verstummt, aus dem Orchester ist eine lose Folge von Solisten geworden. Und langsam nähert sich wieder das Brummen des Kraftwerkes von Maliuc. Man hat die Zeit und die Welt vergessen. Alles war so unwichtig, unbedeutend, die Streiks in Frankreich, der Krieg in Vietnam, das kommunistische System in Rumänien. Man war aus dem Tagesgeschehen ausgestiegen und hatte sich den eigenen Gesetzen des Deltas unterworfen. Und dann verläßt man endlich das Boot, dehnt die steifen Glieder, reibt sich das sonnenverbrannte Gesicht, ist müde, durstig und hungrig, und plötzlich sagt jemand: »In Amerika war etwas mit Senator Robert Kennedy – man hat auf ihn geschossen.« Die Welt läßt sich nicht vergessen. Auch im Delta nicht. Und auch nicht in Sulina, dem weltverlassenen Städtchen am Schwarzen Meer, wo der mittlere Donauarm in die See mündet.

Der Chilia-Arm (116 Kilometer lang) führt 66 Prozent des Donauwassers ins Meer, der Sankt-Georgs-Arm (109 Kilometer) 20 Prozent und der Sulina-Arm (63 Kilometer) 14 Prozent. Aber Sulina war die Stadt, von der aus einst die Mündung verwaltet wurde. Hier hatte die Internationale Donaukommission, deren Hauptsitz in Galatz war, ihren Außenposten, hier legten die großen Schiffe an. Und hier kann man auch im Winter via Donau Bekanntschaft mit dem Meer schließen, denn der Sulina-Arm ist nur selten zugefroren.

Sulina im Dezember. Der Wind weht von der See. Er läßt das braune Wasser des Stromes rückwärts, flußaufwärts, gegen die Strömung fließen. Wie in den Deltadörfern sind auch hier Stadt und Ufer identisch – eine lange Straße am Donaukai und dahinter noch einige ärmliche Hütten und Bauernhäuser, jede Häuserreihe um eine Stufe schäbiger als die der Donau nähere. Die Gebäude, die der Stadt das Aussehen einer Stadt verleihen sollen, sind schnell aufgezählt: das Amtshaus der Donaukommission, das frühere Palais – so sagt man zumindest hier dazu –, in dem nun sämtliche örtlichen Behörden samt Polizei und Hafenkapitänat untergekommen sind, eine große kuppelige rumänische Kirche, die geschlossen ist, ein Kino und fröstelnde, vermummte Menschen. Auf der anderen Donauseite Hafenanlagen und die Werft. Im Hotel hängen in den Gängen billige Drucke von Blumenstilleben, vier vom selben Bild, weil sie vermutlich so geliefert worden sind. Und im Restaurant behält jeder den Mantel an und Hut oder Mütze auf. Es ist kalt, die Fische sind versalzen und die Mititei trocken.

Man flüchtet wieder auf die Straße: eine Kirche, noch eine und wieder eine. Diese gehört den Griechen, die andere den Lipowanern, in der dritten feiern rumänische Frauen ein Totengedenken mit großem Kuchen und Rotwein für den Popen. In der katholischen Kirche sind die Aufschriften fünfsprachig inklusive italienisch. Eine alte Frau, die das Mesneramt versieht, spricht Deutsch. »Ich bin eine der wenigen Deutschen hier. Früher waren es mehr. Einmal im Monat kommt der Pfarrer aus Tulcea. Auch er ist Deutscher. Die Gläubigen stammen aber aus den verschiedensten Völkerschaften.« Früher hat es im Delta einige deutsche Gemeinden gegeben. Sie sind alle untergegangen.

Aber wo ist die Donaumündung? Wo geschieht es, daß die Donau aufhört, Donau zu sein, daß dieser Strom zum Meer wird? Man läßt die letzten Häuser hinter sich und schlägt den Weg zum Strand ein. Die Schuhe versinken im Sand, Dünengräser, ein eisiger Wind, zerzauste Bäume und vorne das Meer. Vorher hält einen ein Friedhof auf – der Zoll, den die Menschen dem Strom und dem Meer gezahlt haben, ist hier fein säuberlich registriert, wie in den Geschäftsbüchern eines Buchhalters. Die

Inschriften auf den wettergeprüften Grabsteinen sind nicht leicht zu entziffern. Da ruhen englische Schiffsbesatzungen, die im Meer und in der Donau ertrunken sind, italienische Händler und französische Beamte, Angehörige der Donaukommission, Kinder eines schottischen Ehepaares, die dem tückischen Fieber oder der Cholera erlegen sind. Deutsche, Belgier, Österreicher. Da hat eine Schiffahrtskompanie einem Thomas Rutherford einen Stein gesetzt, dem Ersten Ingenieur des Dampfschiffes »Kepler«. Da kam einer in Emden zur Welt und starb in Sulina, einer ertrank im Sankt-Georgs-Arm, und andere wieder fielen einem Schiffszusammenstoß zum Opfer. Daneben griechische Gräber, armenische Gräber, rumänische Gräber, eiserne Kreuze, hölzerne Kreuze, Efeu und Unkraut, ein stiller Friedhof am Meer, der so viele Geschichten weiß.

Endlich am Strand. Badehütten, Muscheln und ein Soldat mit umgehängter Maschinenpistole. »Passport«, sagt er mißtrauisch und prüft sorgfältig die Papiere. Man ist verdächtig, wenn man sich so lange bei den Toten aufhält und ziel- und planlos hier umherstreift. Denn ein Stück weiter, direkt am Meer, spielen die Riesenohren zweier Radaranlagen, die eigentlich Augen sind. Und daneben sind Funkwagen abgestellt, schaukeln hohe Antennen, Generatoren summen, wie sie in Raketenbasen zum Betrieb der Elektronenrechner verwendet werden. Die Donaumündung ist gut geschützt.

Aber wo ist die Mündung? Der Weg zu der Hafenanlage ist gesperrt, eine militärische Zone. Man sieht das Meer, man weiß auch, wo die Donau verläuft, aber man sieht die Mündung nicht.

Der rumänische Dichter Mihail Sadoveanu, der dem Delta den poetischen Namen »Land jenseits des Nebels« gegeben hat, schrieb einmal: »An der Mündung des Donauarmes Chilia stand ich vor fünfzig Jahren eines Nachts auf dem Deck einer Schaluppe, sah im Licht des Vollmondes auf das Meer hinaus und lauschte den Nachtigallen. Ein Vierteljahrhundert später suchte ich diesen unvergeßlich bezaubernden Ort. Er fand sich nicht mehr am Ufer. Die Auen und das Neuland waren zwei Kilometer weiter nach Osten gewandert. Da erfaßte mich ein Schauer des Entsetzens angesichts der unaufhörlichen, ewigen und schicksalhaften Wandlung ...«

Die Donau schwemmt jährlich acht Millionen Tonnen Schutt und Sand ins Meer. Der Chilia-Arm schiebt sich in zwölf Monaten um etwa 70 oder 80 Meter ins Meer vor. Bei Sulina ringt der Strom dem Meer jährlich etwa vier Meter ab. Die Wogen schäumen über den Strand und rollen langsam wieder zurück. Dort, wo der Leuchtturm die Schiffe vor der Küste warnt, dort mündet also die Donau. Sie verschwindet nicht einfach. Sie geht nicht sang- und klanglos unter, läßt sich vom Meerwasser nicht wehrlos einsalzen wie ein toter Fisch. Der große Mund des Meeres kann sie nicht so einfach schlucken. Sie beißt zurück. Sie nagt am Meer. Sie arbeitet bis zuletzt. Sie hat diesem Kontinent auf ihrem Weg vom Schwarzwald bis ans Meer so viel geschenkt. Und dort, wo sie endet, wird Europa von Jahr zu Jahr größer – dank der Donau.

Die Donaustaaten

Bundesrepublik Deutschland – *Baden-Württemberg*
Bodenfläche: 35750 Quadratkilometer
Einwohnerzahl: 8909700 – 249 pro Quadratkilometer
Religion: 50,49 Prozent protestantisch, 47,13 Prozent katholisch, 2,38 Prozent Sonstige
Nationalflagge: Schwarz-Gelb (waagrecht)
Staatsform: Bundesland (Name: Baden-Württemberg)
Hauptstadt: Stuttgart, 632485 Einwohner
Wichtigste Ausfuhrgüter: Maschinen, Textilien, Fahrzeuge, elektrotechnische, optische, feinmechanische und chemische Erzeugnisse, Edelmetallwaren
Stromanteil: 262 Kilometer (zweiufrig)

Bundesrepublik Deutschland – *Bayern*
Bodenfläche: 70440 Quadratkilometer
Einwohnerzahl: 10589600 – 150 pro Quadratkilometer
Religion: 71,87 Prozent katholisch, 26,61 Prozent protestantisch, 1,52 Prozent Sonstige
Nationalflagge: Weiß-Blau (waagrecht)
Staatsform: Bundesland (Name: Freistaat Bayern)
Hauptstadt: München, 1368344 Einwohner
Wichtigste Ausfuhrgüter: Maschinen, Textilien, Fahrzeuge, feinmechanische, optische und chemische Erzeugnisse
Stromanteil: 364,85 Kilometer (zweiufrig)

Österreich
Bodenfläche: 83849 Quadratkilometer
Einwohnerzahl: 7443809 – 88,7 pro Quadratkilometer – 50 Prozent städtische Bevölkerung
Bevölkerung: 98 Prozent deutschstämmige Österreicher; kleine kroatische, magyarische, slowenische und tschechische Minderheiten
Religion: 89 Prozent katholisch, 6,2 Prozent protestantisch, 12000 Juden und andere Minderheiten (ein Prozent), ohne religiöses Bekenntnis 3,8 Prozent
Nationalflagge: Rot-Weiß-Rot (waagrecht)

Staatsform: Bundesrepublik
Hauptstadt: Wien, rund 1628000 Einwohner
Wichtigste Ausfuhrgüter: Fertigwaren (Maschinen, Verkehrsmittel, Metallwaren, Textilien, Papier, chemische Produkte), Halbfertigwaren, Rohstoffe (besonders Holz, Erze und Metalle), Energie, Nahrungs- und Genußmittel
Stromanteil: 321,5 Kilometer (zweiufrig)

Tschechoslowakei (CSSR)
Bodenfläche: 127869 Quadratkilometer
Einwohnerzahl: 14467000 – 113 pro Quadratkilometer – etwa 50 Prozent ländliche Bevölkerung (von der Gesamtbevölkerung leben 31 Prozent in der Slowakei; die Fläche der seinerzeit von den 3,5 Millionen ausgewiesenen Sudetendeutschen besiedelten Gebiete betrug 28943 Quadratkilometer)
Bevölkerung: 65,2 Prozent Tschechen, 28,7 Prozent Slowaken, 3,9 Prozent Ungarn, 0,9 Prozent Deutsche, 0,5 Prozent Polen, 0,4 Prozent Ukrainer und Russen
Religion: nahezu 84 Prozent katholisch, 8 Prozent protestantisch, 8 Prozent Angehörige der Tschechoslowakischen Kirche, 15000 Juden und eine griechisch-orthodoxe Minderheit
Nationalflagge: Weiß-Rot (waagrecht) mit blauem Dreieck am Flaggstock
Staatsform: Föderative Sozialistische Republik
Hauptstadt: Prag, 1034000 Einwohner
Wichtigste Ausfuhrgüter: Maschinen und Fahrzeuge, Textilien, Glas, Porzellan, landwirtschaftliche Produkte, Holz und Kohle
Stromanteil: 22,5 Kilometer (zweiufrig), 140,8 Kilometer (einufrig) mit Ungarn

Ungarn
Bodenfläche: 93030 Quadratkilometer
Einwohnerzahl: 10331000 – 111 pro Quadratkilometer – ca. 60 Prozent ländliche Bevölkerung
Bevölkerung: ca. 98 Prozent Magyaren; rund 50800 Deutsche, 30700 Slowaken, 25000 Kroaten, 25000 Rumänen
Religion: rund zwei Drittel katholisch, über ein Viertel protestantisch, 3 Prozent orthodox, 100000 Juden
Nationalflagge: Rot-Weiß-Grün (waagrecht)
Staatsform: Volksrepublik

Hauptstadt: Budapest, 1985000 Einwohner, mit Vororten über zwei Millionen
Wichtigste Ausfuhrgüter: Industrieprodukte (Maschinen und Ausrüstungen fast zwei Fünftel), Bergbauprodukte (Bauxit), Getreide, Textilien
Stromanteil: 275,2 Kilometer (zweiufrig)

Jugoslawien
Bodenfläche: 255804 Quadratkilometer
Einwohnerzahl: 20540000 – 80,3 pro Quadratkilometer – über 50 Prozent ländliche Bevölkerung
Bevölkerung: 41,7 Prozent Serben, 23,5 Prozent Kroaten, 8,8 Prozent Slowenen, ca. 4,4 Prozent Albaner, 7 Prozent Makedonier, über 3 Prozent Ungarn, 2,7 Prozent Montenegriner, Minderheiten: Rumänen, Slowaken, Türken, Italiener, weniger als 10000 Deutsche, kleine Gruppen Zigeuner
Religion: 41,5 Prozent serbisch-orthodoxe Christen (in Altserbien und in Montenegro), 31,8 Prozent römisch-katholische Christen (Slowenien und Kroatien), 12,3 Prozent Mohammedaner (Bosnien-Herzegowina, Makedonien), 200000 Protestanten, 12,3 Prozent Konfessionslose, 7000 Juden
Nationalflagge: Blau-Weiß-Rot (waagrecht), mit goldgerändertem rotem Stern im weißen Feld
Staatsform: Föderative Sozialistische Republik
Hauptstadt: Belgrad, 750000 Einwohner
Wichtigste Ausfuhrgüter: Vieh, Fleisch, Erze, Metalle, Maschinen, Schnittholz, Mais, Obst, Tabak, Zement
Stromanteil: 358 Kilometer (zweiufrig)

Rumänien
Bodenfläche: 237500 Quadratkilometer
Einwohnerzahl: 20253000 – 85 pro Quadratkilometer – über 60 Prozent ländliche Bevölkerung
Bevölkerung: 87,7 Prozent Rumänen, 8,4 Prozent Ungarn, 2 Prozent Deutsche, kleinere Minderheiten: Zigeuner, Ukrainer, Serben, Kroaten, Bulgaren, Slowaken, Tschechen, Russen, Tataren, Türken, Griechen, Armenier, Polen
Religion: ca. 80 Prozent rumänisch-orthodoxe Christen, gegen 8 Prozent griechisch-katholisch Unierte, ca. 5 Prozent römisch-katholisch, über 5 Prozent protestantisch, 120000 Juden, außerdem kleinere mohammedanische Gruppen

Nationalflagge: Blau-Gelb-Rot (senkrecht) mit Staatswappen im Zentrum
Staatsform: Sozialistische Republik
Hauptstadt: Bukarest, 1414643 Einwohner, mit Vororten ca. 1518725
Wichtigste Ausfuhrgüter: Erdöl, Erdölprodukte, Erze, Halbfertigwaren, Verkehrsmittel, Maschinen, Getreide, Viehzuchtprodukte, Holz
Stromanteil: 241 Kilometer (zweiufrig), 233 Kilometer (einufrig) mit Jugoslawien

Bulgarien
Bodenfläche: 110912 Quadratkilometer
Einwohnerzahl: 8500000 – 76,6 pro Quadratkilometer – rund 55 Prozent ländliche Bevölkerung
Bevölkerung: ca. 93 Prozent Bulgaren, je über 1 Prozent Türken, Makedonier und Zigeuner
Religion: ca. 78 Prozent orthodoxe Christen, rund 10 Prozent Mohammedaner, über 50000 Katholiken, ca. 7000 Juden
Nationalflagge: Weiß-Grün-Rot (waagrecht) mit Staatswappen links oben
Staatsform: Volksdemokratische Republik
Hauptstadt: Sofia, 801000 Einwohner
Wichtigste Ausfuhrgüter: Industrieartikel, Bergbauprodukte, Tabak, Obst, Gemüse, Wein und Rosenöl
Stromanteil: 470,6 Kilometer (einufrig) mit Rumänien

Sowjetunion – *Moldauische Sowjetrepublik*
Bodenfläche: 33700 Quadratkilometer
Einwohnerzahl: 3572000 – 106 pro Quadratkilometer – überwiegend ländliche Bevölkerung
Bevölkerung: 65 Prozent Moldauer, die restlichen 35 Prozent verteilen sich auf Ukrainer, Russen, Juden, Bulgaren u. a.
Religion: zum überwiegenden Teil griechisch-orthodoxe Christen, kleinere jüdische und andere Gruppen
Nationalflagge: identisch mit der Staatsflagge der UdSSR
Staatsform: Sozialistische Sowjetrepublik
Hauptstadt: Kischinew, 357000 Einwohner
Wichtigste Ausfuhrgüter: Wein, besonders hochwertige Trauben, ferner Zucker, Sonnenblumenkerne, Kartoffeln, Korn, Mais, Gemüse, Tabak, Seidenstoffe und Pelzwaren
Stromanteil: 134,1 Kilometer (einufrig) mit Rumänien

Register
Orte, Länder, Landschaften